Andreas Klocke · Klaus Hurrelmann (Hrsg.)

Kinder und Jugendliche in Armut

Andreas Klocke · Klaus Hurrelmann (Hrsg.)

Kinder und Jugendliche in Armut

Umfang, Auswirkungen und Konsequenzen

2., vollständig überarbeitete Auflage

Westdeutscher Verlag

Die Deutsche Bibliothek – CIP-Einheitsaufnahme
Ein Titeldatensatz für diese Publikation ist bei
Der Deutschen Bibliothek erhältlich

2., vollständig überarbeitete Auflage Januar 2001

Alle Rechte vorbehalten
© Westdeutscher Verlag GmbH, Wiesbaden, 2001
Lektorat: Dr. Tatjana Rollnik-Manke

Der Westdeutsche Verlag ist ein Unternehmen der Fachverlagsgruppe BertelsmannSpringer.

Das Werk einschließlich aller seiner Teile ist urheberrechtlich geschützt. Jede Verwertung außerhalb der engen Grenzen des Urheberrechtsgesetzes ist ohne Zustimmung des Verlags unzulässig und strafbar. Das gilt insbesondere für Vervielfältigungen, Übersetzungen, Mikroverfilmungen und die Einspeicherung und Verarbeitung in elektronischen Systemen.

www.westdeutschervlg.de

Höchste inhaltliche und technische Qualität unserer Produkte ist unser Ziel. Bei der Produktion und Verbreitung unserer Bücher wollen wir die Umwelt schonen. Dieses Buch ist auf säurefreiem und chlorfrei gebleichtem Papier gedruckt. Die Einschweißfolie besteht aus Polyäthylen und damit aus organischen Grundstoffen, die weder bei der Herstellung noch bei der Verbrennung Schadstoffe freisetzen.

Umschlaggestaltung: Horst Dieter Bürkle, Darmstadt
Umschlagbild: Albert Oehlen: Ohne Titel, 1982 (Öl und Lack auf Leinwand, 250 x 200 cm)
Satz: Reinhard Samson
Druck und buchbinderische Verarbeitung: Druckerei Hubert & Co., Göttingen
Printed in Germany

ISBN 3-531-33062-4

Vorwort zur zweiten aktualisierten und erweiterten Auflage

Bereits eineinhalb Jahre nach seinem Erscheinen war die Erstauflage des Sammelbandes *Kinder und Jugendliche in Armut* ausverkauft. Diese erfreuliche Aufnahme des Bandes durch die interessierte Fachöffentlichkeit bestätigt unseren Eindruck als Herausgeber, dass eine besondere Diskrepanz von einerseits Fachinteresse und andererseits wissenschaftlichen Forschungspublikationen zum Thema vorlag. Diese Situation hat sich mittlerweile verbessert und es sind nun eine ganze Reihe weiterer einschlägiger Arbeiten erschienen.

Die Notwendigkeit einer aktualisierten Neuauflage des Bandes wurde im Frühherbst 1999 schnell deutlich. Die Entscheidung für eine grundlegende Überarbeitung der Beiträge ergab sich auf Grund veränderter gesetzlicher Regelungen, einer neuen und aktuelleren Datenlage sowie neuer Forschungserkenntnisse. Wir Herausgeber sind uns sicher, dass die zeitliche Verzögerung, die mit der Überarbeitung der Beiträge einer ging, verschmerzt werden kann. Alle Beiträge sind grundständig überarbeitet und aktualisiert worden, zudem ist ein neuer Beitrag hinzugekommen. Damit ist nicht nur die Aktualität und Attraktivität des Bandes *Kinder und Jugendliche in Armut* gesichert, sondern - so unsere Hoffnung - auch die fachöffentliche und sozialpolitische Diskussion über Armut bei Kindern und Jugendlichen unterstützt. Wir Herausgeber möchten allen beteiligten Autorinnen und Autoren für die sorgfältige und engagierte Überarbeitung bzw. Neufassung ihrer Beiträge danken.

Andreas Klocke und Klaus Hurrelmann

Inhalt

Andreas Klocke und Klaus Hurrelmann
Einleitung: Kinder und Jugendliche in Armut 9

Kapitel I   Verbreitung und Struktur von Armut bei Kindern und Jugendlichen 27

Hans-Jürgen Andreß und Gero Lipsmeier: Kosten von Kindern –
  Auswirkungen auf die Einkommensposition und den Lebensstandard der
  betroffenen Haushalte 29
Gunter E. Zimmermann: Formen von Armut und Unterversorgung im Kindes-
  und Jugendalter 55
Petra Buhr: Übergangsphase oder Teufelskreis? Dauer und Folgen von Armut
  bei Kindern 78
Thomas Olk und Doris Rentzsch: Kinder in ostdeutschen Armutshaushalten –
  Ergebnisse der Halleschen Längsschnittstudie zur Sozialhilfe (HLS) 93
Andrea Breitfuss, Jens S. Dangschat: Sozialräumliche Aspekte der Armut im
  Jugendalter 120
Jonathan Bradshaw: Armut und Benachteiligung von Kindern im Vereinigten
  Königreich und im internationalen Vergleich 140

Kapitel II   Auswirkungen und Bewältigung von Armutslagen 167

Sabine Walper: Ökonomische Knappheit im Erleben ost- und westdeutscher
  Kinder und Jugendlicher: Einflüsse der Familienstruktur und
  Auswirkungen auf die Befindlichkeit 169
Gerd Hefler, Susanne Rippl und Klaus Boehnke: Armut als Nährboden
  jugendlicher Fremdenfeindlichkeit? Ein Ost-West-Vergleich 188
Matthias Grundmann: Milieuspezifische Einflüsse familialer Sozialisation auf
  die kognitive Entwicklung und den Bildungserfolg 209
Andreas Mielck: Armut und Gesundheit bei Kindern und Jugendlichen:
  Ergebnisse der sozial-epidemiologischen Forschung in Deutschland 230
Lisa Harker und Ruth Lister: Armut und Familienleben am Beispiel der
  britischen Gesellschaft 254
Andreas Klocke: Die Bedeutung von Armut im Kindes- und Jugendalter – Ein
  europäischer Vergleich 272

Kapitel III Armut von Kindern und Jugendlichen als (sozial-)politische Herausforderung 291

Michael-Sebastian Honig und Ilona Ostner: Das Ende der fordistischen Kindheit 293
Roland Merten: Kinder- und Jugendhilfepolitik als Politik gegen Kinder- und Jugendarmut: Möglichkeiten und Grenzen 311
Elisabeth Helming: Sozialpädagogische Familienhilfe – Hilfe zur Selbsthilfe für arme Familien 334
Hilde von Balluseck: Flüchtlingskinder in Berlin 359

Autorenliste 373

Einleitung: Kinder und Jugendliche in Armut

Andreas Klocke und Klaus Hurrelmann

Seit einigen Jahren rechnen Sozialwissenschaftler einvernehmlich vor, dass Kinder inzwischen diejenige Altersgruppe stellen, die am häufigsten von Armut bedroht ist (Hanesch u.a., 1994; Hauser, 1995; Butterwegge, 2000). Die absolute Zahl der Kinder und Jugendlichen unter 18 Jahren, die in der Bundesrepublik in Armut leben, liegt bei etwa 2,7 Millionen. Damit wächst jedes sechste Kind im Alter bis zu 18 Jahren in Armut auf. Kinder und Jugendliche in Armut, das ist eine soziale Tatsache, die in den modernen Wohlfahrtsgesellschaften und besonders in der Bundesrepublik Deutschland seit geraumer Zeit als erledigt oder zumindest als vernachlässigbare Größe angesehen wurde. Die sozialstaatliche Kompensation sozialer Ungleichheit in ihrer Extremausprägung Armut war ein Garant für eine unbeschwerte und chancenreiche Kindheit und Jugend. Wohl gab es immer soziale „Randgruppen" und einkommensschwache Haushalte, in denen natürlich auch Kinder und Jugendliche heranwuchsen, aber diese Haushalte waren zum einen nicht sehr häufig und zum anderen boten die Expansion des Bildungswesens, die Dynamik des Arbeitsmarktes sowie allgemeine Wohlstandszuwächse gerade auch diesen Kindern und Jugendlichen ausreichend Chancen und Teilhabemöglichkeiten.

In den 1990er Jahren hat sich diese Situation in ganz Europa grundlegend geändert (siehe Klocke sowie Bradshaw in diesem Band). Wachsende Arbeitslosigkeit bedroht die Jugendlichen nicht erst bei ihrem Eintritt in die Berufswelt, sondern greift über die Arbeitslosigkeit der Eltern schon früh in die kindliche und jugendliche Sozialisation ein. Hinzu tritt eine neuartige „Spreizung" der Sozialstruktur, eine Zunahme an den Polen „arm" und „reich" des sozialen Ungleichheitsspektrums. Das heißt, wir haben heute mehr Haushalte, die im Bereich der Armut und des „prekären Wohlstands" (Hübinger, 1996) leben, ebenso wie eine wachsende Zahl von Haushalten im gehobenen Einkommensbereich (Zimmermann, 1995; Becker & Hauser, 1997). Diese Scherenentwicklung des sozialen Lebensstandards in der Bundesrepublik führt dazu, dass die gesellschaftliche Norm des „guten Lebens" für immer weniger Kinder und Jugendliche erreichbar ist. Denn Kinder und Jugendliche orientieren ihre Teilhabechancen in Konsum und Freizeit an einer sozialen Welt, die ganz überwiegend dem Lebensstil der oberen Hälfte des sozialen Spektrums entspringt. Auch das „Mithalten-Können" innerhalb der näheren Freundesgruppe, in Nachbarschaft oder Schule ist wichtig und fordert permanent Vergleichsprozesse heraus. Die kommerzielle Werbung und die Massenmedien unterstreichen und verstärken diese Tendenzen.

Aufwachsen in Armut kann deshalb zu einer psychosozialen Belastung fortschreiten, die einen Ausschluss aus vielen sozialen und kulturellen Lebensbereichen nach sich zieht und damit die Startchancen nachhaltig beeinträchtigt. Für Kinder und Jugendliche haben Armutssituationen daher einen oftmals schicksalhaften Charakter, denn sie können die Auswirkungen weniger kaschieren als die Erwachsenen und sie erfahren Armut wohl auch unmittelbarer. Können Erwachsene freigewählte Entscheidungen des Verzichts „vorspielen", so wird ein Nicht-Mithalten-Können an den jugendlichen Alltagsroutinen von den Gleichaltrigen schnell als Mangel entlarvt. So gesehen ist ein regressiver Prozess der sozialen Randstellung und der negativen Attributation und Erwartungshaltung der sozialen Umwelt zu erwarten (Böhnisch, 1995).

Aber nicht alle Kinder und Jugendlichen erfahren Armut als unabänderliches Schicksal sozialer Marginalisierung; viele meistern aktiv ihre Lebensumstände. Von den 2,7 Millionen unter 18-Jährigen, die in der Bundesrepublik in Armut leben, erfahren nicht alle eine signifikante Beeinträchtigung ihrer Entwicklungschancen, sondern auch innerhalb dieser sozialen Gruppe wächst ein großer Teil „unbeeindruckt" von der objektiven Lebenslage auf und berichtet in Umfragen ein subjektiv hohes Wohlbefinden (siehe Walper in diesem Band sowie Klocke, 1996; Klocke, 2000b). Dieser Hinweis ist keine politische Entwarnung oder Verharmlosung, vielmehr soll er einer möglichen Stigmatisierung der von Armut betroffenen Kinder und Jugendlichen entgegenwirken.

Unbestritten ist: Kinder und Jugendliche in Armut tragen ein objektiv höheres Risiko einer misslingenden Sozialisation – das macht die eigentliche sozialpolitische Brisanz dieser Entwicklung aus. Jedoch sind Kurzschlüsse wie „Armut führt zu Gewalt" oder „Armut bedeutet Drogenmissbrauch" unangebracht; denn der weitaus größte Teil der Kinder und Jugendlichen in Armut wächst in einer bescheidenen, aber unauffälligen Familiensituation auf, in der eine Orientierung an den Normen und Werten der bürgerlichen Gesellschaft nicht nur hoch geschätzt wird, sondern oftmals die einzige Form der Teilhabe an der Gesamtgesellschaft darstellt. Der unterschwellige Zwang zur Konformität ist typisch für viele Menschen in Armut, die in der überwiegenden Zahl im Verborgenen leben. Die Pluralität der Lebensformen, die die Soziologie für die breiten Mittelschichten in der Bundesrepublik nachgewiesen hat, findet ihre Verlängerung auch in das untere Armutssegment der sozialen Hierarchie, und zwar nicht als homogener pauperisierter Lebensstil, sondern als heterogene Vielfalt an Haushaltskontexten und Lebensformen in der Armut.

1 Die Verbreitung und Struktur von Armut bei Kindern und Jugendlichen

Das Thema Armut war in Deutschland nach dem Rückgang der Nachkriegsarmut in den Sozialwissenschaften lange Zeit nicht mehr diskutiert und erforscht worden. Erst in den 1980er Jahren begann eine intensive Beschäftigung mit dem Phänomen der „neuen Armut". Unter diesem Stichwort wurde die Heterogenität der Armutspopulation diskutiert. Hintergrund war, dass immer weniger die „traditionellen Armen" (Obdachlose, Gelegenheitsarbeiter) das Bild der Armut beherrschten, sondern aus verschiedenen Gründen zunehmend Normalhaushalte von Armut bedroht wurden und in Armut gerieten. Dies hat das Bild der Armut verändert. Bis dahin bezeichnete Armut eine abgeschottete und damit in beide Richtungen nahezu undurchlässige Grenze zwischen gesellschaftlich integrierten und ausgegrenzten Menschen. Zur Armutsbevölkerung zählten dauerhaft marginalisierte Gruppen wie Obdachlose, Sozialhilfeempfänger, Gelegenheitsarbeiter, ausländische Mitbürger und eine „Randschicht" von sozial schwachen Haushalten, die oftmals in der Generationenfolge in Armut lebten. Die Gruppe der Armen war damit weitgehend der öffentlichen Wahrnehmung entzogen. Armut galt in einer Größenordnung von etwa 5% der Bevölkerung als unabänderlich.

Heute ist das Armutsrisiko in die „normalen Schichten" der Gesellschaft vorgedrungen. So zählt zur Gruppe der Niedrigeinkommensbezieher (weniger als 60% des Durchschnittseinkommens) etwa jeder fünfte Bundesbürger; und sogar 45% aller Westdeutschen waren im Zeitraum von acht Jahren (1984 bis 1992) mindestens ein Jahr lang davon betroffen (Leibfried & Leisering u.a., 1995; siehe Buhr sowie Olk & Rentzsch in diesem Band). Damit hat sich die Perspektive geändert: Armut und Niedrigeinkommen ist nicht mehr das Schicksal einer kleinen, randständigen und sozialpolitisch vernachlässigten Gruppe, sondern das Armutsrisiko gehört heute zur Lebenswirklichkeit einer großen Zahl von Normalfamilien.

Ein Blick auf die Einkommensverteilung in der Bundesrepublik weist aus, dass neben den etwa 9 Millionen Einkommensarmen weitere 20 Millionen Bundesbürger im prekären Wohlstand (50-75% des Durchschnittseinkommens) leben (Hübinger, 1996). Insgesamt steht somit jeder dritte Bundesbürger in unsicheren finanziellen Lebensverhältnissen. Auch kann in der Bundesrepublik mittlerweile eine große Gruppe von Haushalten identifiziert werden, die nach offiziellen Maßstäben in Einkommensarmut leben, obwohl zumindest ein Haushaltsmitglied einer regulären Arbeit nachgeht. Nach Analysen des Sozioökonomischen Panels sind etwa 4% aller *Erwerbstätigen* einkommensarm (siehe Zimmermann in diesem Band). Mit Bezug auf die Altersgruppe der 25- bis 55-Jährigen gibt es etwa 1,3 Millionen erwerbstätige Arme in der Bundesrepublik. Von diesen „working poor" ist die Mehrheit sogar vollzeiterwerbstätig (Strengmann-Kuhn, 1997).

Diese Hinweise auf das gewachsene Armutsrisiko für „Normalhaushalte" deuten schon an, dass Armut jeweils in Relation zum durchschnittlichen Lebensstandard in der Bundesrepublik betrachtet wird. In der Armutsforschung wird diese Konzeption als „relative Armut" bezeichnet. Armut kann aber auch „absolut" definiert werden. Damit ist ein Niveau des Lebensstandards bezeichnet, unterhalb dessen die unumgänglich lebensnotwendigen Grundlagen (Essen, Kleidung und Wohnen) fehlen. Die Gruppe der Obdachlosen, die auf etwa 900.000 geschätzt wird, kann im Großen und Ganzen als in absoluter Armut lebend verstanden werden, denn hier sind die als lebensnotwendig angesehenen Grundlagen des Lebens nicht auf Dauer und in ausreichendem Maße gesichert: Obdach, Nahrung und Kleidung. Obwohl diese Gruppe natürlich Anspruch auf Sozialhilfe hat, löst sie ihn jedoch oftmals nicht ein (verdeckte Armut). Damit lebt sie faktisch in „absoluter" Armut. Gleiches gilt mit Bezug auf die Straßenkinder in den bundesdeutschen Großstädten, deren Zahl auf etwa 50.000 geschätzt wird. Auch hier erhält der Begriff der absoluten Armut seine Berechtigung. Eine weitere Gruppe von Menschen, über die nur wenig sozialwissenschaftliche Erkenntnis vorliegt und die – so kann vermutet werden – oftmals unter absoluten Armutsbedingungen lebt, ist die Gruppe der legalen und illegalen Asylsuchenden und Flüchtlinge in der Bundesrepublik (siehe Balluseck in diesem Band).

Grundsätzlich haben alle Menschen in der Bundesrepublik Anspruch auf staatliche Unterstützungsleistungen, die Hunger und Obdachlosigkeit dämpfen oder vermeiden sollen. Wenn wir trotzdem von Armut in der Bundesrepublik sprechen, dann ist damit eine _relative Armut_ gemeint. Die relative Armut bezeichnet Personen oder Familien (Haushalte), die über nur so geringe materielle, kulturelle und soziale Mittel verfügen, dass sie von der Lebensweise ausgeschlossen sind, die in der Bundesrepublik als unterste Grenze des Akzeptablen annehmbar ist. Um diese Grenze der relativen Armut, also die Nicht-Teilhabe an der üblicherweise vorherrschenden soziokulturellen Lebensweise in der BRD, zu bestimmen, sind verschiedene Wege vorgeschlagen worden (vgl. auch Klocke, 2000a):

1. Es wird der _Bezug von Sozialhilfe_ (laufende Hilfe zum Lebensunterhalt) als Kriterium der Armutsbestimmung gewählt. Die laufende Hilfe zum Lebensunterhalt bezieht sich auf den Mindestbedarf von Personen/Haushalten. Die Regelsätze werden über den Warenkorb bzw. über die Verbrauchsstichprobe bestimmt. Ein besonderes Problem der Sozialhilfe als Gradmesser der Armut ist die Dunkelziffer. Schätzungen gehen, je nach sozialer Gruppe, von 30% bis 50% der Berechtigten aus, die von ihrem Rechtsanspruch keinen Gebrauch machen (Neumann & Hertz, 1998). Die Sozialhilfe ist ein staatliches Instrument zur Bekämpfung der Armut. Konsequenterweise wird die Quote der Sozialhilfeempfänger als Datum der „bekämpften Armut" ausgewiesen. Da jeder Bundesbürger in einer sozial unzureichenden Lebenssituation – unabhängig vom eigenen Verschulden – rechtlich einen Anspruch auf Sozialhilfe hat, ist aus Sicht der Bundesregierung(en) konsequenterweise Armut kein gesellschaftlich relevantes Problem in der Bundesrepublik. Lediglich die Dunkelziffer („verdeckte Armut") und die wachsende Zahl der „bekämpften Armut" (steigende Zahlen der Sozialhilfeempfänger) lässt gesellschaftspolitische Aussagen und Interpretationen zu.

2. Das _Durchschnitts-Äquivalenzeinkommen_. An Hand der Einkommenssituation der Haushalte lässt sich die Einkommensverteilung nach Niedrigeinkommens- und Armutsquoten organisieren. Dies ist der in der Wissenschaft verbreitetste Zugang. Konventionell wird „relative Armut" ausgewiesen, indem sie als 50% vom äquivalenzgewichteten Durchschnittseinkommen (arithmetisches Mittel) definiert ist. Das äquivalenzgewichtete Durchschnittseinkommen berücksichtigt die Anzahl der Personen im Haushalt, die von dem monatlichen Haushaltsnettoeinkommen (inklusive aller staatlichen Transferzahlungen) leben. Dazu werden Personengewichte nach dem Alter und der Anzahl der Personen im Haushalt gebildet. Üblicherweise wird für die erste erwachsene Person der Faktor 1,0, für jede weitere Person über 15 Jahren der Faktor 0,5 und für Kinder unter 15 Jahren der Faktor 0,3 verwendet (neue OECD-Skala). Die Personengewichte, die das rationellere Haushalten von mehreren Personen im

Haushalt berücksichtigen, ermöglichen den Vergleich zwischen unterschiedlich großen Haushalten und resultieren in dem äquivalenzgewichteten Durchschnittseinkommen. Die Hälfte dieses äquivalenzgewichteten Durchschnittseinkommens wird definitorisch als Armutsschwelle festgelegt.

3. Festlegung einer Unterversorgungsschwelle nach dem *Lebenslagenansatz*. Armut wird in diesem Ansatz als kumulative Unterversorgung in mindestens zwei von vier zentralen Lebensbereichen definiert: Einkommen, Arbeit, Ausbildung und Wohnen (Hanesch u.a., 1994). Für die einzelnen Lebensbereiche wird jeweils eine Unterversorgungsschwelle definiert. Für die Dimension Einkommen ist es z.B. die diskutierte 50%-Marke des Durchschnittseinkommens; mit Bezug auf die Wohnbedingungen wird die Schwelle bei weniger als einem Raum je Person und Haushalt angesetzt usw. Liegen in mindestens zwei der vier Lebensbereichen Unterversorgungssituationen von Personen oder Haushalten vor, so wird von Armut gesprochen. Dieser Ansatz geht von mehreren, für ein soziokulturell angemessenes Leben wichtigen Lebensbereichen aus und ist damit der umfassendste und soziologisch gehaltvollste Ansatz. Keineswegs geklärt ist aber die Frage, welche Lebensbereiche in die Analyse einbezogen werden sollten und wie die Schwellenwerte zu bestimmen sind.

4. Ein weiterer Weg der Armutsmessung, der von Hans-Jürgen Andreß in die bundesdeutsche Diskussion eingeführt wurde, geht zurück auf britische und niederländische Arbeiten (Mack & Lansley, 1985; Andreß, 1999). Ausgangspunkt ist, dass zunächst auf empirischer Basis der allgemein notwendige Lebensstandard aus Sicht der Bevölkerung ermittelt wird. Als arm werden dann die Personen klassifiziert, die über eine bestimmte Anzahl dieser als notwendig angesehenen Ausstattungsmerkmale des Lebensstandards nicht verfügen, weil sie sich diese Dinge aus finanziellen Gründen nicht leisten können. Dieses *deprivationsbasierte* Armutsmaß berücksichtigt Dinge, die die befragten Menschen von sich aus als unumgänglich lebensnotwendig ansehen (siehe Andreß & Lipsmeier in diesem Band).

Trotz aller Unterschiede in der Berechnung hat sich als Position durchgesetzt, dass Armut erstens eine relative Größe ist und dass sie zweitens mehrere Facetten und Aspekte der Lebenswelt umfasst, ohne jedoch deren jeweilige Dimensionen einvernehmlich zu benennen. In Tabelle 1 wird ein Überblick über die Armutsbetroffenheit der Kinder und Jugendlichen in den letzten zehn Jahren gegeben. Dazu wird auf das Kriterium der Einkommensarmut Bezug genommen.

Insgesamt entsprechen die Zahlen den bekannten Befunden der Armutsforschung und sie spiegeln über den Zeitraum von zehn Jahren eine überproportionale Armutsbetroffenheit der Kinder und Jugendlichen wider (siehe Zimmermann in diesem Band). Trotz eines Auf und Ab in den Zahlen ist eine Sockelarmut bei Kindern und Jugendlichen (unter 18 Jahren) zu erkennen, die zu allen Messzeitpunkten in Westdeutschland 15% nicht unterschritt und zudem zu allen Zeitpunkten deutlich über der Quote der Erwachsenen lag. Der detaillierte Blick auf die Zahlen zeigt: Die Grenze der relativen Armut lag in Westdeutschland im Jahre 1998 bei 969 DM und in Ostdeutschland bei 791 DM äquivalenzgewichtetem

Durchschnittseinkommen. Werden diese Grenzwerte angelegt, so waren im Jahre 1998 10,5% der Menschen in West- und 5,5% in Ostdeutschland von Armut betroffen. Die Quote der Kinder und Jugendlichen im Alter bis zu 18 Jahren lag im Jahre 1998 bei 18,9% in West- und bei 10,3% in Ostdeutschland. Damit sind die aktuellen Armutsquoten der jungen Menschen doppelt so hoch wie die der Erwachsenen. Die Armutsquoten in Ostdeutschland sind in der ersten Hälfte der 1990er Jahre deutlich angestiegen, seitdem fallen sie wieder. Zugleich sind sie deutlich niedriger als in Westdeutschland. Dies hängt nach wie vor mit der geringeren Einkommensspreizung (insbesondere die geringere Besetzung der oberen Einkommensklassen) in Ostdeutschland zusammen. Insofern handelt es sich hier auch um einen Methodeneffekt, der immer auftritt wenn zwei (unabhängige) Einkommensverteilungen nach Armutsschwellen organisiert werden. Mit Bezug auf die Altersgruppe der Kinder und Jugendlichen wiederholt sich aber in Ostdeutschland dasselbe Muster wie in Westdeutschland: Die nachwachsende Generation lebt überproportional häufig unter Armutsbedingungen (Tab. 1).

Tab. 1: Armutsquoten nach Altersgruppen 1988-1998, Personenquoten, Angaben in Prozent

Armut	1988[a]	1990		1992		1994		1996		1998	
	West	West	Ost	West	Ost	West	Ost	West	Ost	West	Ost
Äquivalenzeinkommen[b]	1402	1573	725	1706	1059	1828	1375	1925	1518	1938	1581
Armutsgrenze[c]	701	786	362	853	530	914	688	963	759	969	791
Armutsquote (%)	11,0	10,6	3,6	9,7	6,0	11,1	8,2	10,4	5,4	10,5	5,5
Nach Altersgruppen											
0-18 Jahre	20,0	17,9	6,1	15,3	9,5	18,2	14,4	16,5	9,5	18,9	10,3
19-65 Jahre	9,2	9,2	2,6	8,2	5,5	9,7	7,1	9,4	4,7	9,3	5,0
Über 65 Jahre	6,9	6,7	3,6	8,2	1,3	7,0	2,8	6,1	1,6	4,5	1,3

Quelle: SOEP 1988-98, gewichtete Daten, eigene Berechnungen
a   Nur Westdeutschland
b   Äquivalenzeinkommen in DM, berechnet nach den BSHG-Regelsatzproportionen, arithmetischer Mittelwert
c   Armutsgrenze in DM, 50% Schwellenwert vom äquivalenzgewichteten Durchschnittseinkommen, für West- und Ostdeutschland getrennt berechnet.

Des Weiteren berichtet die Armutsforschung unisono, dass kinderreiche Familien, allein erziehende Haushalte sowie ausländische Haushalte besonders von Armut betroffen sind (siehe Zimmermann in diesem Band). Die starke Betroffenheit der Kinder und Jugendlichen von Armut hängt mit den strukturellen Veränderungen in der Gruppe der Armutsbevölkerung zusammen:

- Bis etwa Mitte der 1980er Jahre galt, dass überwiegend ältere Menschen und insbesondere Frauen mit unzureichender Rente in Armut lebten. Heute ist die Hauptursache für die Betroffenheit von Armut die Arbeitslosigkeit. Arbeitslosigkeit bezieht sich auf Personen im erwerbsfähigen Alter, also Menschen im Alter von etwa 20 bis 55 Jahren, die in der überwiegenden Zahl in Familien leben. Dies ist der Grund, warum immer mehr Kinder über eine kürzere oder längere Zeit in Armut aufwachsen.

- <u>Trennungen und Scheidungen</u> haben in der Bundesrepublik in den letzten Jahrzehnten deutlich zugenommen, statistisch wird heute jede dritte Ehe geschieden. In jeder zweiten Scheidung sind Kinder betroffen. Frauen und Mütter haben durch die Scheidung mit sehr viel größeren Einkommenseinbußen zu rechnen als Männer, sie sind es aber in der ganz überwiegenden Zahl, die als allein Erziehende die Nachscheidungsfamilie „ernähren" müssen:
- So hat der Anteil von <u>allein Erziehenden</u> in den letzten Jahren stark zugenommen. Insgesamt sind etwa 17% aller Familien in der Bundesrepublik Einelternfamilien und von diesen Familien lebt mehr als ein Drittel an der Armutsgrenze.
- <u>Kinderreiche Familien</u> stellen eine weitere Bevölkerungsgruppe, die von Armut bedroht ist. Kinder verursachen in der Bundesrepublik monatliche Kosten, die gegenwärtig mit etwa 500 bis 800 DM pro Kind zu veranschlagen sind (siehe zu diesen Berechnungen Andreß & Lipsmeier in diesem Band). Bei drei und mehr Kindern kommen schnell monatliche Ausgaben zusammen, die eine Normalverdiener-Familie in den Bereich der Einkommensarmut drängen.

Diese Entwicklungen in den letzten Jahren machen zusammengenommen deutlich, warum Kinder und Jugendliche so stark von Armut betroffen sind. Neben einer wachsenden Minderheit der Kinder und Jugendlichen, die in Armutsverhältnissen aufwachsen, lebt auf der anderen Seite des sozialen Spektrums eine ebenfalls wachsende Zahl in sehr wohlhabenden Familien. Die Auseinanderentwicklung der Lebensbedingungen der heranwachsenden Generation hat erhebliche Auswirkungen auf deren Wohlbefinden, Teilnahmemöglichkeiten und Lebenschancen.

2 Auswirkungen und Bewältigung von Armutslagen

Für Kinder und Jugendliche stellt die Familie die unmittelbare Nahwelt für tägliche Erfahrungen dar. Die Familie und die Wohnung bieten den Raum für die Auseinandersetzung mit der sozialen Umwelt, die den Kern des Sozialisationsprozesses ausmacht. <u>Sozialisation</u> kann verstanden werden als die mehr oder weniger aktive und produktive Form der Auseinandersetzung mit der sozialen Umwelt, deren Anforderungen in Einklang gebracht werden müssen mit den persönlichen Wünschen und Bedürfnissen (Hurrelmann, 1993). Ein Aufwachsen in einer armen Familie bedeutet für Kinder und Jugendliche deswegen eine ganz direkte Beeinflussung des Sozialisationskontextes. Sie erfahren direkt, dass im Unterschied zu anderen Familien keine Urlaubsreise möglich ist, die Freizeitaktivitäten eingeschränkt werden müssen und Anschaffungen teils nicht möglich sind, teils nur auf einem niedrigen Niveau erfolgen können. Sie können beobachten, wie gering ihr Taschengeld im Vergleich zu dem der übrigen Kinder oder Jugendlichen ausfällt und bedrückende und möglicherweise stigmatisierende Erlebnisse können darin bestehen, nicht so ohne weiteres die Mittel aufbringen zu können, die von der Schule oder von Vereinen erwartet werden. Im Laufe der Zeit kann es auch geschehen, dass die Kinder sich im Erscheinungsbild von den anderen absetzen, weil sie bei modischer Kleidung und neuen Kleidungsstücken nicht mithalten können. Inwieweit Kinder und Jugendliche solche feinen Zurücksetzungen verarbeiten können, hängt stark von ihrer Empfindlichkeit für Statuskomponenten ab. Je deutlicher in der Gleichaltrigengruppe – oder auch durch das Betreuungspersonal durch meist unbewusste Anmerkungen und Hinweise – bestimmte Standards gesetzt werden, desto empfindlicher kommen diese Maßstäbe bei den Kindern an. In einer reichen Gesellschaft, die auf hohem Niveau besonders auf die kleinen Unterschiede in Auftreten, Kleidung und Habitus achtet, können deswegen gerade auch für Kinder, die sehr sensible Beobachter sind, in diesen minimalen Abweichungen hohe Belastungen für das eigene Verhalten und die Selbstdefinition versteckt sein.

Eine ganz wichtige Rolle kommt den Eltern als Vermittler und Interpreten der sozialen Umwelt zu (siehe Grundmann in diesem Band). Behalten die Eltern auch in einer Phase der relativen Armut die Souveränität, den Kindern eine selbstbewusste und positiv gefärbte Beziehung zu vermitteln, dann können die Kinder die Zurücksetzungen außerhalb des Familienverbandes vergleichsweise gut ertragen. Genau an dieser Stelle liegt aber das Problem, denn durch den finanziellen Engpass wird meist der Beziehungs- und Erziehungsprozess der Eltern ungünstig beeinflusst. Die finanzielle Knappheit führt nämlich in der überwiegenden Mehrzahl der Fälle zu einer Belastung beider Elternteile, da sie ihre gewohnten Verhaltensweisen und Konsummuster nicht fortführen können. Diese Belastung springt schnell auf die Beziehung zwischen den Eltern über und strahlt von hier auf das Erziehungsverhalten aus. Die Eltern sind also in der Regel gerade nicht souverän, sie sind verunsichert und verkrampft, es kommt zu schlecht abgestimmten Erziehungsimpulsen der beiden Eltern, die sich teilweise widersprechen können, und es kommt in der Rückmeldung wiederum zu Irritationen, die in Aggressivitäten und Kontaktabbrüchen münden. Die bisherigen Untersuchungen können zeigen, wie stark besonders Männer und Väter von diesem Spannungsverhältnis betroffen sind, da bei ihnen die in unserem Kulturkreis immer noch vorherrschende Rolle als Hauptenährer und Hauptgeldverdiener für die Familie getroffen wird (siehe Harker & Lister und Honig & Ostner in diesem Band). Finanzieller Engpass, etwa durch Arbeitslosigkeit bedingt, bedeutet auch eine Amputation von wichtigen traditionellen Elementen der Männerrolle, die von vielen nicht souverän verarbeitet werden kann. Frauen und Mütter hingegen sind aus der Rollentradition eine ausgleichende und teilweise zurückweichende Verhaltensweise gewohnt, sie leiden deswegen zwar nicht weniger unter der finanziellen Knappheit, kommen aber mit ihrem zur Verfügung stehenden Verhaltensrepertoire mit dieser Belastung in der Regel besser zurecht (siehe Harker & Lister in diesem Band). Dennoch: Die Beziehung von Mann und Frau, in der Rolle von Vater und Mutter, wird in fast allen Fällen verschlechtert, und die Auswirkungen auf die Beziehung zu den Kindern und damit die Erziehungsverhaltensweisen sind ganz überwiegend negativ. Die Kinder erfahren Feindseligkeiten und Zurückhaltung ihrer Eltern, sie spüren die mangelnde Fähigkeit der Eltern, mit ihren Problemen mitzudenken und sie zu beraten und zu unterstützen, sie erfahren schließlich die willkürlichen und widersprüchlichen Formen der Disziplinierung, die bis zu aggressivem Verhalten und Übergriffen in die Intimsphäre reichen können. Alles das führt insgesamt zu einer starken emotionalen Belastung von Kindern in Familien mit finanzieller Deprivation und kann je nach Temperament und persönlich-sozialer Ausgangslage des Kindes zu Entwicklungskrisen, Problemverhalten und gesundheitlichen Beeinträchtigungen führen (siehe Mielck in diesem Band).

Aus der einschlägigen Literatur sind verschiedene Risiko- und Schutzfaktoren bekannt, die den hier beschriebenen Prozess positiv oder negativ beeinflussen können. Grundsätzlich lässt sich sagen: Die Verschlechterung von Beziehungs- und Erziehungsklima in der Familie gegenüber den Kindern wird durch die Armutssituation meist nicht ursächlich ausgelöst, sondern es verstärken sich ohnehin schon angelegte Tendenzen (siehe Walper sowie Grundmann in diesem Band). War die Qualität der Familienbeziehungen vor dem Einstieg in die Armut gut, dann lässt sich meist auch zumindest eine vorübergehende Armutssituation einigermaßen bewältigen. War die Familienbeziehung aber schlecht, dann kommt es durch das Armutsereignis zu einer erheblichen qualitativen Verschlechterung der Situation. Meist hängt diese Ausgangssituation mit den sozialen Kompetenzen sowohl der Eltern wie auch der Kinder zusammen. Der Stand der Sozialentwicklung der Kinder ist deswegen ein beschleunigender oder dämpfender Faktor in diesem Prozess. Finden sich in einer Familie in relativer Armut Kinder mit erheblichen Persönlichkeitsstörungen und krisenhaften Ausprägungen der Entwicklung, dann liegt hierin ein zusätzlicher Belastungsfaktor.

Ein weiterer Risikofaktor kann in der bereits angesprochenen Sensibilität für Außenreize insbesondere im Bereich der Bewertung von Statusmerkmalen und Statusgütern liegen. In einer erfolgs- und wettbewerbsbezogenen Kultur ist auch bei Kindern und Jugendlichen die Erarbeitung des sozialen Status in der Gleichaltrigengruppe nur durch bestimmtes demonstratives Verhalten möglich. Oftmals ist es die subjektive Wahrnehmung einer sozialen Deprivation, die für das Wohlbefinden der Jugendlichen ausschlaggebend ist, und weniger die objektive Einkommenssituation der Familie (siehe Walper in diesem Band). Die Wertschätzung in der Gleichaltrigengruppe baut auf bestimmten Verhaltensweisen wie starkem Auftreten und lockerem Stil auf, zugleich aber auch immer auf äußeren Merkmalen wie Kleidung, Ausstattung und Besitz von statusrelevanten Gütern. Kinder und Jugendliche lernen deswegen sehr früh bestimmte Formen der Eindrucksbildung, die sie als soziale Techniken einsetzen. Je stärker sie hierbei auf äußere Reize und Merkmale angewiesen sind, desto ungünstiger stehen sie in Situationen der relativen Armut ihres Familienverbandes dar. Denn der demonstrative Konsum mit äußeren, sichtbaren Zeichen des Lebensstandards und des Lebensstils ist für sie nicht möglich, weswegen sie auf diese Variante entweder verzichten müssen oder dazu gedrängt werden, durch illegale Formen (Diebstahl, demonstrativ aggressives Verhalten usw.) einen Ausgleich herbeizuführen.

Kinder und Jugendliche, die in diesem Bereich über ein eingeschränktes Repertoire der Eindrucksbildung verfügen, sind deswegen in ganz besonderer Gefahr, mit Persönlichkeits- und Sozialproblemen auf Armut zu reagieren. Bei ihnen kann der Druck, zu illegitimen Verhaltensweisen zu greifen, um das Deprivationsgefühl abzubauen und die für so wichtig erachtete Anerkennung in der Gleichaltrigengruppe zu gewinnen, sehr hoch werden (siehe Hefler, Rippl & Boehnke in diesem Band). Günstiger geht es denjenigen Kindern und Jugendlichen, die einen flexiblen und aktiven Bewältigungsstil entwickelt haben und die beim Aufbau ihrer persönlichen Eindrucksbildung gegenüber den Gleichaltrigen auf Verhaltensweisen zurückgreifen können, die nicht durch äußere Signale und Konsummerkmale so stark geprägt sind. Meist handelt es sich hierbei um Kinder, die in der Familie über ihre Eltern einen aktiven und produktiven Bewältigungsstil erlernt haben oder in der Verwandtschaft, der Nachbarschaft, im Kindergarten oder in der Schule genügend Ausgleichsmöglichkeiten und Anregungsmöglichkeiten für einen solchen flexiblen Bewältigungsstil aufbauen konnten. Eine besonders wichtige Rolle scheint in diesem Zusammenhang die Gruppenzugehörigkeit zu spielen, denn ein aktiver Freizeitstil und die Zugehörigkeit zu Sportvereinen und Jugendverbänden kann als eine Art Schutzfaktor für die Problemverarbeitung gewertet werden.

Insgesamt muss konstatiert werden: Armut ist für die Entwicklung von Kindern und Jugendlichen strukturell äußerst ungünstig. In sozialisationstheoretischer Perspektive müssen wir eine Armut der sinnlichen Erlebnisse, der Intelligenzentwicklung und der Chancen zum Aufbau eines differenzierten und vielfältigen Weltbildes der Kinder befürchten. Die tägliche Auseinandersetzung mit Problemen ist energiezehrend, kräfteraubend und lenkt die Aufmerksamkeit auf ausweichendes und abweichendes Verhalten. Eine gesunde produktive Bedürfnisbefriedigung wird deswegen nur für diejenigen Kinder und Jugendlichen möglich bleiben, die über eine sehr starke Persönlichkeit und über ein gutes Unterstützungsnetzwerk innerhalb und auch zusätzlich außerhalb der Familie verfügen. Nur in wenigen Fällen ist die relative Armutssituation eine stimulierende Situation, die Phantasie und Antrieb für neue produktive Lösungen in der Persönlichkeitsentwicklung freisetzt und per Saldo eine Stärkung der Persönlichkeit zur Folge hat. Schwierig wird vor allem für Kinder mit einer schwächeren Persönlichkeitsstruktur die Ausbalancierung von Realitäts- und Lustprinzip sowie die angesprochene Bewältigung der Eindrucksbildung (Impression Management) bei statussensiblen Fragen. Die symbolische Ausgrenzung in Armut lebender Kinder von gesellschaftlicher Teilhabe unterdrückt bei ihnen produktive Persönlichkeitsentwicklung und Kompetenzaufbau.

Insgesamt ist in Familien in Armut die Stärke dieses Verbandes, nämlich Solidarität und Sozialität bei allen Mitgliedern zu entwickeln, nicht voll ausschöpfbar. Die Familie ist in unserem Kulturkreis immer noch diejenige soziale Institution, die die Grundstrukturen der Persönlichkeit aufbaut und damit die Basis für die produktive Verarbeitung von Lebenssituationen auch krisenhafter Form legt. Ist die Familie selbst in einer krisenhaften Konstellation, die zudem noch über längere Zeiträume andauert, dann wird die Familie in ihrer Fähigkeit zur Erziehung und zur Sozialisation strukturell geschädigt und geschwächt. Insofern ist Armuts- und Sozialpolitik immer auch ein direkter Beitrag zu einer Familienpolitik, insbesondere zu einer Familienförderpolitik (siehe Merten in diesem Band).

3 Armut von Kindern und Jugendlichen als (sozial-)politische Herausforderung

Die relativ hohe Armut in der jungen Generation wirft die Frage auf, ob es auch in der Bundesrepublik Anzeichen dafür gibt, dass sich eine Gruppe von dauerhaft marginalisierten Jugendlichen herausbildet, die eine in sich geschlossene und gesellschaftlich kaum noch integrierbare „Randgruppe" bilden. Hiermit wird an die Diskussion in den USA über die sogenannte „underclass" angeknüpft, die nun auch in Europa aufgegriffen wird (Gebhardt, 1995; Kronauer, 1995; Hauser, 1999). Hintergrund ist die wachsende Zahl von Menschen, die in den US-amerikanischen Großstadtghettos einen „Verelendungsprozess" erleiden, der sie zu einer sozial geschlossenen Gruppe der sozialen Unterschicht oder -klasse abstempelt, die keinen Zugang mehr zum Sozialgefüge und Wertekanon der Gesamtgesellschaft hat. Als konstitutive Merkmale der „underclass" werden von Devine und Wright folgende Punkte aufgeführt: Personen, die in Innenstadtbezirken mit hoher Armutsrate und besonders chronischer Armut, einem hohen Maß an sozialer Isolation, Hoffnungslosigkeit und Anomie und einem hohen Niveau von antisozialen und dysfunktionalen Verhaltensmustern leben. Kein Faktor allein ist ausreichend, um eine „underclass" hervorzubringen; sie alle müssen gleichzeitig wirken (Devine & Wright, 1993, S. 82 ff.).

Übertragen wir diese Kriterien auf die bundesdeutsche Situation, so kann zumindest zur Zeit und nicht flächendeckend von einer „underclass" im Kindes- und Jugendalter gesprochen werden. Wohl gibt es ausreichende Hinweise auf eine ökonomische und sozialpsychologische Deprivation im Kindes- und Jugendalter (siehe den Beitrag von Helming in diesem Band). Die Verhaltens- und die sozialökologische Dimension sind hingegen weit weniger klar einzuschätzen, so dass sich keine Hinweise auf die Herausbildung einer dauerhaft marginalisierten Gruppe, der ein eigenes Wertespektrum und Handeln zugehörig ist, ergeben. Es ist aber nicht zu leugnen, dass in einigen sozialen Brennpunkten bundesdeutscher Großstädte jugendliche Armutssubkulturen im Entstehen begriffen sind, die den Kriterien der „underclass" nahe kommen. Breitfuss & Dangschat (in diesem Band) weisen aus stadtsoziologischer Perspektive auf diese Tendenzen hin. Die Konzentration von Jugendarmut in einzelnen Stadtvierteln bundesdeutscher Großstädte ist kaum noch aufzuhalten: Steigende Mieten und soziale Verdrängungsprozesse haben zu deutlich überproportionalen Armutsquoten in einzelnen Stadtteilen der deutschen Großstädte geführt. Jugendarmut, Jugendarbeitslosigkeit und Perspektivlosigkeit paaren sich dann schnell mit kulturellen und räumlichen Ausschließungsprozessen. Die Ausbildung eines eigenen, abweichenden Wertekanons ist unter diesen Bedingungen durchaus konsequent. Da Jugendliche in Armutsgebieten nicht die gleiche Chance für eine gesamtgesellschaftliche Integration bekommen, nutzen sie den Weg, sich wenigstens in der Quartiersnachbarschaft (möglichst ranghoch) zu etablieren, was delinquentes Handeln nach den bürgerlichen Maßstäben beinhalten mag.

Die eingangs schon angesprochene Scherenentwicklung in der Wohlstands- und Lebenslage hat die Ausprägung einer soziokulturell und oftmals auch sozialräumlich unterschiedlichen Lebenswelt für viele Kinder und Jugendliche zur Folge. Der wachsende Wohlstand in den letzten drei Jahrzehnten ermöglicht es auch heute der Mehrheit der Kinder und Jugendlichen, ein unbeschwertes und aufregendes Leben zu führen. Eine wachsende Minderheit aber sieht sich um so deutlicher von Wertemustern und Alltagskulturen der Gleichaltrigenmehrheit abgekoppelt. Hier deuten sich neue Spaltungslinien in der nachwachsenden Generation an, die bisher nur eine verschwindend kleine Gruppe betraf, heute jedoch deutlich zunimmt. Neue Quantitäten am Armuts- ebenso wie am Reichtumspol der sozialen Ungleichheit deuten auf eine neue, fragmentierte Qualität der Sozial- und Systemintegration hin. Dass Aufwachsen im sozialen Abseits sukzessive auch das Wertegefüge der jungen Erwachsenen und langfristig das Erfahrungsspektrum der Gesamtgesellschaft verändert, ist naheliegend.

Die „Familialisierung" der Armut ist symptomatisch für die gegenwärtige Entwicklung. Das heißt: Kinder machen strukturell arm. Die grundgesetzlich geschützte Lebensform „Familie" ist finanziell von erheblichem Nachteil. Nach unseren Berechnungen am Institut für Bevölkerungsforschung und Sozialpolitik der Universität Bielefeld kostet ein Kind heute 150.000,-- DM bis es seine Ausbildung abgeschlossen hat, und zwar unter Verrechnung aller Transferleistungen (Kindergeld, Steuervergünstigungen usw.). Andere Schätzungen liegen noch deutlich darüber (siehe Olk & Rentzsch in diesem Band). Kinder sind zugleich der größte Einzelfaktor für relative Einkommensarmut, die ihrerseits oft Wohnungsprobleme, Versorgungsengpässe und weitere Benachteiligungen nach sich zieht.

Zur Neuverhandlung eines Generationenvertrages gehört die Neudefinition des Familienleistungsausgleichs (siehe hierzu Merten). Die Familie als eine Form des Zusammenlebens, in der Solidarität und Sozialität in vorbildlicher Weise vorgelebt werden, gerät immer stärker in die Krise. Sozialwissenschaftler haben wiederholt darauf hingewiesen, wie immens die Leistungen der Familie zur Wohlfahrtsproduktion in modernen Gesellschaften des Westens sind. Familiale Leistungen werden in unseren Sozialsystemen praktisch als selbstverständlich genommen, insbesondere die Betreuungs- und Erziehungsleistungen von Kindern. Finanziell werden sie aber nur zu einem kleinen Teil durch Steuerentlastung und Transferzahlungen kompensiert. So rechnet Franz-Xaver Kaufmann (1995) vor, dass nur etwa 25% des Aufwandes für Kinder durch kollektive Leistungen gesichert sind, im Vergleich zu den 100% bei der Rente der älteren Generation. Die Leistungen der Familie gehen bis heute nicht in die Berechnung des Volkseinkommens ein, obwohl sie für den Zusammenhalt der Gesellschaft unabdingbar sind: Pflege der emotionalen Verbundenheit der Familienmitglieder, Zuwendung und wechselseitige Hilfe, Führung des gemeinsamen Haushaltes und nicht zuletzt Betreuung und Erziehung der Kinder.

Für die Gesellschaft erfüllt die Familie auch die Funktion der Nachwuchssicherung. Es kann nicht oft genug darauf hingewiesen werden, wie sehr alle Sozialsysteme – Renten-, Kranken-, Arbeitslosigkeits- und Pflegeversicherung – darauf angewiesen sind, dass in einer Gesellschaft Kinder heranwachsen. Seit Mitte der 1960er Jahre erleben wir aber in Deutschland einen fortgesetzten Rückgang der Geburtenhäufigkeit. Ein wachsender Bevölkerungsanteil verzichtet auf die Gründung von Familien. Ob Menschen die Verantwortung für Kinder übernehmen oder nicht, das ist der Gesellschaft und ihren öffentlichen Unterstützungssystemen sozusagen egal, eine ausreichende gesellschaftliche Anerkennung für die spezifischen Erziehungs- und Familienleistungen jedenfalls gibt es nicht. Die Privatisierung der Verantwortung für Kinder bringt für die kinderlosen Familien automatisch Konkurrenzvorteile im Privatleben wie im Beruf (Kaufmann, 1995).

Die mangelnde gesellschaftliche Wertschätzung von Familien und deren Kindern spiegelt die Ökonomisierung sozialer Verhältnisse wider, in denen nur Leistungen honoriert werden, die für das Bruttosozialprodukt wirksam werden. Familien und Kinder stehen trotz aller Beteuerungen nicht an erster Stelle politischer Entscheidungen (siehe Bradshaw in diesem Band). Es ist ein unhaltbares Element des heutigen Generationenvertrages, dass Familien sich auf uneigennützige und unentgeltliche Weise am Aufbau des volkswirtschaftlichen Kapitals beteiligen. Unser Wirtschaftssystem profitiert von den unentgeltlichen Leistungen der Familie in einer parasitären Weise. Die Berücksichtigung der mit der Kindererziehung einhergehenden besonderen Belastungen als ein selbstverständliches Element der Verantwortung des Sozialstaates harrt noch der Anerkennung. Dies faktische Existenzminimum für ein Kind beträgt derzeit etwa 500,-- DM pro Monat. Weder durch Kinderfreibetrag noch durch Kindergeld wird dieser Betrag heute erreicht. Das ist, symbolisch gesprochen, die institutionalisierte finanzielle Ausbeutung von Familien.

Gerecht und konsequent wäre ein Lastenausgleich, der nach dem Modell der dynamischen Rentenanpassung an das Lohn- und Einkommensniveau gekoppelt sein sollte. Von einem über den einfachen Lastenausgleich hinausgehenden echten „Leistungsausgleich" für Familien mit Kindern wäre erst dann zu sprechen, wenn die öffentlichen Leistungen an Eltern zu einer deutlichen Verbesserung ihrer Lage im Vergleich zu Personen ohne Elternverantwortung führen würden. Einer solchen Politik fehlt bis heute die Machtbasis.

4   Die Beiträge

Die in diesem Sammelband vereinten Beiträge spiegeln die interdisziplinären Zugänge wider, die gegenwärtig für die Armutsforschung charakteristisch sind. Der Ausgangspunkt für uns Herausgeber war für die Erstauflage eine beobachtete Diskrepanz von Forschungsinteresse und Forschungslage, die wohl vorrangig damit zu erklären ist, dass über die Gruppe der Kinder und Jugendlichen in Armut nur spärliche und nur verstreut sozialwissenschaftlich aufbereitete Informationen und Materialien vorliegen. Diese Situation hat sich mittlerweile verbessert und es liegen eine ganze Reihe einschlägiger Beiträge vor (siehe stellvertretend die Sammelbände von Mansel & Brinkhoff, 1998; Butterwegge, 2000). Trotz dieser begrüßenswerten Initiativen steckt die wissenschaftliche Forschung zu Armutsverläufen im Jugendalter, den sozialpsychologischen und gesellschaftspolitischen Konsequenzen der Armut für Kinder und Jugendliche, noch in den Anfängen. Studien zur Sozialisation, der Persönlichkeitsentwicklung, der Gesundheit ebenso wie zur Sozial- und

Systemintegration der jungen Generation in Armut sind noch nicht zu einem konsolidierten Feld der deutschsprachigen Sozialwissenschaft geworden. In dem vorliegenden Band haben wir Originalbeiträge aus verschiedenen sozialwissenschaftlichen Disziplinen zusammengestellt. Der Sammelband ist in drei Teile untergliedert:

Im *ersten Teil* werden konzeptionelle und empirische Beiträge zur Verbreitung und Struktur der Kinder- und Jugendarmut vorgestellt. *Hans-Jürgen Andreß und Gero Lipsmeier* geben einen Überblick über die Kosten von Kindern und die Auswirkungen auf die Einkommensposition und den Lebensstandard der Haushalte. Sie bedienen sich dabei verschiedener Studien sowie einer eigenen Erhebung, die das von ihnen in die bundesdeutsche Forschung eingeführte Konzept des deprivationsbasierten Armutsmaßes benutzt. Die Kosten von Kindern betragen demnach in Paar-Haushalten mit zwei Kindern mindestens 352 DM in West- und 331 DM in Ost-Deutschland pro Kind und Monat. *Gunter E. Zimmermann* vergleicht verschiedene Formen von Armut und Unterversorgung im Kindes- und Jugendalter. Neben einer Analyse der Sozialhilfedaten und umfangreichen Berechnungen zur Einkommensarmut wendet er dazu den Lebenslagenansatz der Armutsmessung auf die Gruppe der Kinder und Jugendlichen an (SOEP-Daten) und weist typische Armuts-Haushaltskontexte aus. Die Analysen bestätigen gängige Bilder der „Familienarmut", kinderreiche Familien und allein Erziehende tragen das größte Armutsrisiko. *Petra Buhr* stellt in der Tradition der Bremer Forschergruppe die Frage, wie lange Armut bei Kindern und Jugendlichen dauert. Obwohl Familien deutlich länger im Sozialhilfebezug bleiben, so ist dies für die betroffenen Kinder und Jugendlichen aber kein Dauerzustand, sondern überwiegend eine Übergangsphase, auch wenn etwa ein Fünftel länger als fünf Jahre im Sozialhilfebezug verweilt. Über die Bedeutung dieser Armutsepisoden lässt sich gegenwärtig nur spekulieren – hier sind dringend Längsschnittstudien angezeigt. *Thomas Olk* und *Doris Rentzsch* analysieren in einem Parallelprojekt zu der Bremer Forschergruppe Armutshaushalte in Ostdeutschland. Ausgehend von der grundsätzlich anderen (besseren) sozialpolitischen Absicherung der Familien in der ehemaligen DDR stellen sie die Frage, wie Familien nach der Übertragung des bundesdeutschen Regimes der Sozial- und Familienpolitik heute zurechtkommen. Sie bilanzieren, dass sich das Armutsrisiko im Sinne von Sozialhilfebedürftigkeit für die Kinder bemerkenswert erhöht hat. Ganz besonders hat das Armutsrisiko für allein Erziehende zugenommen. *Andrea Breitfuss* und *Jens Dangschat* betrachten sozialräumliche Aspekte von Armut im Kindes- und Jugendalter. Dabei heben sie die eigene soziale Bedeutung von Raum als positiv oder negativ privilegierende Größe sozialer Vergesellschaftung hervor. Die räumliche Verdichtung von Armut, sogenannte „soziale Brennpunkte", wirkt dann als eigene mächtige Instanz sozialer Deklassierung, da hier Restriktionen aus familialen Armutslagen durch andere Sozialisationsinstanzen (Schule, Freizeit und Nachbarschaft) negativ verstärkt werden. *Jonathan Bradshaw* geht in seinem Beitrag auf die demographischen, ökonomischen und politischen Ursachen der starken Zunahme der Kinderarmut im Vereinigten Königreich ein und gibt an Hand einer eindrucksvollen Palette makrosozialer Indikatoren einen Überblick über die sozialen Auswirkungen dieser Entwicklung. Zugleich stellt er die Ergebnisse in einen internationalen Kontext und zeigt, wie unterschiedlich in Struktur und Effektivität die nationalen Politiken der Armutsbekämpfung sind.

Im *zweiten Teil* werden die Auswirkungen und Bewältigungsformen der Armut analysiert. *Sabine Walper* stellt die Bedeutung der Familienstruktur für die Wahrnehmung und Verarbeitung von Armut in das Zentrum ihres Beitrags. Dabei geht sie speziell auf Trennungsfamilien und allein erziehende Familien ein. Vor dem Hintergrund psychologischer US-amerikanischer Studien können nur vermittelnde Effekte der Familienform auf die Befindlichkeiten der Kinder erwartet werden. In einem ost- westdeutschen Vergleich werden diese Annahmen untersucht und es zeigt sich, dass auch hier nur geringe Effekte gefunden wurden. Weiterhin ist aufschlussreich, dass insbesondere die subjektive Wahrnehmung der sozioökonomischen Lage der Familie durch die Jugendlichen von Bedeutung für das Wohlbefinden ist. Die objektive Einkommensposition der Familie ist demgegenüber zweitrangig. Hier deuten sich wichtige Perspektivenverschiebungen in der weiteren Armutsforschung an. *Gerd Hefler, Susanne Rippl* und *Klaus Boehnke* greifen das Thema Armut und Ausländerfeindlichkeit auf und untersuchen dies bei west- und ostdeutschen Jugendlichen. Ausgehend von dem Elderschen Modell, dass Armut maßgeblich durch familiale Interaktion moderiert wird und damit keine direkte Verbindung von Armut und Delinquenz vermutet wird, zeigt sich in den Analysen, dass für eine Teilgruppe der Jugendlichen jedoch ein solcher direkter Zusammenhang von Deprivation und Ausländerfeindlichkeit vorliegt. Die Autoren vermuten für diese Gruppe eine Hinwendung zu devianten Peeraktivitäten. Familiale Interaktion spielt als „Puffer" zwischen Armut und Ausländerfeindlichkeit eine geringere Rolle als erwartet. *Matthias Grundmann* verfolgt sozialisationstheoretische Arbeiten, die in den letzten Jahren deutlich gemacht haben, dass familiale Interaktionen milieuspezifisch unterschiedlich wirken. Wohl zeigen die Analysen, dass Kinder aus relativ deprivierten sozialen Milieus in ihrer kognitiven und schulischen Leistungsentwicklung sowie in ihrem Bildungsverlauf benachteiligt sind, jedoch ist auch erkennbar, dass dieses Ergebnis nicht für alle Bereiche der kindlichen Entwicklung verallgemeinert werden kann. So zeigt er auf, dass die kognitive Entwicklung, die primär auf familiale Sozialsationserfahrungen basiert, in geringerem Maße von sozio-ökonomischen Deprivationseinflüssen betroffen ist als die schulische Leistungsentwicklung. Dieser Befund legt eine differenzierte Betrachtung der lagespezifischen Bedeutung von Sozialisationsbedingungen nahe und verweist auf milieuspezifische Handlungsorientierungen und -anforderungen. *Andreas Mielck* berichtet in seinem Beitrag über Studien, die in den letzten Jahren den Zusammenhang von Armut und Gesundheit im Kindes- und Jugendalter untersucht haben. Auf Basis einer umfangreichen Recherche sozialepidemiologischer Forschungen wird erkennbar, dass gesundheitliche Beeinträchtigungen ebenso wie Gesundheitsverhaltensmuster signifikant mit der sozialen Lebenslage der Kinder und Jugendlichen variieren. Die Detailergebnisse werden in einem Erklärungsmodell von Armut und Krankheit gebündelt, welches auf den engen Zusammenhang von Gesundheitsgefährdung der Eltern und auch der Kinder verweist. Die erhöhte Morbiditätswahrscheinlichkeit führt, beispielsweise über erhöhte Kinderbetreuungskosten, dann selbst wiederum zu einer Verfestigung sozialer Deprivation und begründet in einem gewissen Umfang einen Zirkelkreis von Armut und Krankheit. *Lisa Harker* und *Ruth Lister* thematisieren in ihrem Beitrag die intrafamiliale Verarbeitung von Armut. Gestützt auf umfangreiche qualitative Armutsstudien in Großbritannien zeigen die Autorinnen auf, welche unterschiedlichen Bewältigungsstrategien Familien in Armut entwickeln und welche Rolle den einzelnen Familienmitgliedern dabei zukommt. So zeigen die Analysen, dass insbesondere die Mütter darum bemüht sind, die Auswirkungen der Armut den Kindern weitestgehend zu ersparen und das knapp bemessene Budget entsprechend umzuschichten. Deutlich wird, dass Familien in Armut verschiedene und einfallsreiche Wege der Armutsbewältigung einschlagen und durchaus aktiv ihre Lebensumstände beeinflussen und mitgestalten. Hier sehen die Autorinnen einen Ansatzpunkt für nachbarschaftliche Hilfe- und Unterstützungsnetzwerke, für die sie verschiedene schon existierende Beispiele kommunaler Selbsthilfe anführen. *Andreas Klocke* analysiert die Bedeutung von Armut im Kindes- und Jugendalter mit Bezug auf psychosoziale und gesundheitliche Beeinträchtigungen. Er betrachtet die Auswirkungen der Armut auf das psychosoziale Wohlbefinden der Kinder im Vergleich dreier europäischer Wohlfahrtsstaaten: Deutschland, Großbritannien und Schweden. Erwartungsgemäß sind die Kinderarmutsquoten in den einzelnen Ländern recht unterschiedlich und ein Blick auf verschiedene Studien zum Thema lässt erkennen, dass dies zum Teil mit den staatlichen Transferleistungen zu begründen ist. Die subjektiven Belastungen der Kinder durch die Armut variieren mit der Verbreitung von Armut in den jeweiligen Ländern, jedoch gilt der Befund des soziallagenabhängigen Wohlbefindens der Kinder und Jugendlichen in allen drei untersuchten Ländern.

Im dritten Teil wird Armut von Kindern und Jugendlichen als sozialpolitische Herausforderung diskutiert. Es werden Konsequenzen und gesellschaftliche Entwicklungslinien betrachtet sowie die sozialpädagogische Praxis auf ihre Tauglichkeit hin überprüft. *Michael Honig* und *Ilona Ostner* gehen der Frage nach, ob es in der Bundesrepublik tatsächlich Kinderarmut gibt. Bezugnehmend auf europäische und US-amerikanische Vergleichsdaten beschreiben sie zunächst den relativ guten Mittelfeldplatz der bundesdeutschen Kinder und Jugendlichen an Hand ausgewählter Indikatoren der Lebenslage: in der Armutsstatistik, im Zugang zum Bildungswesen oder die Versorgung durch das Gesundheitswesen. Hier anschließend wird die Frage gestellt, wie es kommt, dass in der Bundesrepublik trotz dieser Befunde von Kinderarmut gesprochen wird. Beantwortet wird diese Frage von den Autoren mit dem Verweis auf die Diskussion um die Neudefinition von Kindheit im Kontext von Familie und Gesellschaft. Diese Diskussion aufgreifend schlussfolgern die Autoren, dass die Rede über Kinderarmut vornehmlich als ein Hebel im Umbau von Kindheit zu verstehen sei. *Roland Merten* betrachtet die Herausforderungen an die Kinder- und Jugendhilfepolitik, die durch Armut gegeben sind. Dazu werden eingangs Überlegungen zur Sozial- und Familienpolitik für Kinder vorgetragen. Der Kinder- und Jugendhilfe, im Kinder- und Jugendhilfegesetz (KJHG) gesetzlich fixiert, kommt hier eine zentrale Rolle zu und sie wird vom Autor einer eingehenden Analyse unterzogen. Im engeren Bezug zur Kinderarmut werden die Leistungen der Sozialhilfe sowie des Familienlastenausgleichs auf ihre Ausgestaltung und

Angemessenheit hin untersucht. Eine systematische(re) Unterscheidung und Abstimmung von Kinder- und Jugendhilfe einerseits sowie der Sozialpolitik andererseits könne am ehesten den Herausforderungen begegnen, die durch die Kinderarmut gestellt werden. *Elisabeth Helming* analysiert die Praxis der Sozialpädagogischen Familienhilfe und kann dazu auf umfangreiche qualitative Interviews zurückgreifen. Sie arbeitet heraus, in welcher Form die Institution der Sozialpädagogischen Familienhilfe Familien in Armut Hilfe und Unterstützung bieten kann, zugleich zeigt sie deren Grenzen und Unzulänglichkeiten auf. Die Strategie des „Empowerment" ist aus Sicht der Autorin der vielversprechendste Weg, Familien und Kinder in der Bewältigung und womöglich der Überwindung von Armut zu unterstützen. *Hilde von Balluseck* greift das bisher nur unzureichend behandelte Thema Flüchtlingskinder auf. Sie stellt die rechtlichen und sozialen Lebensbedingungen von legal oder illegal sich in Deutschland aufhaltenden Kindern und Jugendlichen vor. Die oftmals mehrere Jahre in Deutschland lebenden Flüchtlingskinder haben praktisch keine Chance auf eine „normale" Kindheit und Sozialisation. Desorientierung und eine materielle Unterversorgung muss in allen Lebensbereichen angenommen werden. Die Autorin streicht heraus, wie wenig erforscht dieses Thema immer noch ist und plädiert für eine deutliche Verbesserung unseres Kenntnisstandes über die Lebensbedingungen und Befindlichkeiten der wachsenden Zahl jugendlicher Flüchtlinge.

In den Beiträgen dieses Bandes wird deutlich, dass Armut im Kindes- und Jugendalter ein vielschichtiges und keineswegs einheitlich zu bewertendes „soziales Problem" darstellt. Armut als relatives Konzept lässt Raum für interkulturelle Vergleiche und Relativierungen, bestimmt sich als oftmals zeitlich begrenzt und ist keineswegs einheitlich auf der individuellen Ebene zu bewerten, sondern durch verschiedene Faktoren moderiert. Trotz dieser Einschränkungen wird in den Beiträgen aber nachhaltig deutlich, dass Armut im Kindes- und Jugendalter ein reales Problem der europäischen Wohlfahrtsgesellschaften ist, sich negative Konsequenzen für die Sozialisation zeigen und Aufforderungen an die sozialpolitischen Instanzen zu richten sind. Die Herausgeber hoffen, dass der aktualisierte und ergänzte Sammelband die sozialwissenschaftliche und politische Diskussion über Kinder- und Jugendarmut wiederum bereichert und die Forschungslage verbessert.

Literatur:

Andreß, H.-J. (1999): Leben in Armut. Analyse der Verhaltensweisen armer Haushalte mit Umfragedaten. Opladen: Westdeutscher Verlag.
Becker, I./Hauser, R. (Hrsg.) (1997): Einkommensverteilung und Armut. Deutschland auf dem Weg zur Vierfünftel-Gesellschaft? Frankfurt a. M., New York: Campus.
Böhnisch, L. (1995): Armut an den Grenzen der Wohlfahrtsgesellschaft. In: Kind, Jugend, Gesellschaft. Zeitschrift für Jugendschutz. Jg. 40, Heft 1.
Butterwegge, C. (Hrsg.) (2000): Kinderarmut in Deutschland. Ursachen, Erscheinungsformen und Gegenmaßnahmen. Frankfurt a. M., New York: Campus.
Devine, J. A./Wright, J. D. (1993): The Greatest of Evils. Urban Poverty and the American Underclass. New York.
Gebhardt, T. (1995): Die „underclass" als neues Phänomen im US-amerikanischen Armutsdiskurs. In: Berliner Debatte/Initial. Heft 1.

Hanesch, W. u.a. (1994): Armut in Deutschland. Der Armutsbericht des DGB und des Paritätischen Wohlfahrtsverbandes. Reinbek.
Hauser, R. (1995): Das empirische Bild der Armut in der Bundesrepublik Deutschland – Ein Überblick. In: Aus Politik und Zeitgeschichte. Beilage zur Wochenzeitung Das Parlament. B 31-32/95. Bonn.
Hauser, R. (1999): Tendenzen zur Herausbildung einer Unterklasse? Ein Problemaufriss aus sozioökonomischer Sicht. In: Glatzer, W./Ostner, I. (Hrsg.): Deutschland im Wandel. Sozialstrukturelle Analysen. Opladen.
Hübinger, W. (1996): Prekärer Wohlstand. Neue Befunde zur Armut und sozialen Ungleichheit. Freiburg.
Hurrelmann, K. (1993): Einführung in die Sozialisationstheorie. Weinheim, Basel.
Kaufmann, F.-X. (1995): Zukunft der Familie im vereinten Deutschland. Gesellschaftliche und politische Bedingungen. München.
Klocke, A. (1996): Aufwachsen in Armut. Auswirkungen und Bewältigungsformen der Armut im Kindes- und Jugendalter. In: Zeitschrift für Sozialisationsforschung und Erziehungssoziologie (ZSE). Jg. 16, Heft 4.
Klocke, A. (2000a): Methoden der Armutsmessung. Einkommens-, Unterversorgungs-, Deprivations- und Sozialhilfekonzept im Vergleich. In: Zeitschrift für Soziologie, Jg. 29, Heft 4.
Klocke, A. (2000b): Bewältigungsressourcen Jugendlicher in armen oder armutsnahen Familien in Deutschland und den USA. In: Zeitschrift für Soziologie der Erziehung und Sozialisation, Jg. 20, Heft 4.
Kronauer, M. (1995): Massenarbeitslosigkeit in Westeuropa: Die Entstehung einer neuen „Underclass"? In: Soziologisches Forschungsinstitut Göttingen (Hrsg.): Im Zeichen des Umbruchs. Opladen.
Leibfried, St./Leisering, L. u.a. (1995): Zeit der Armut. Lebensläufe im Sozialstaat. Frankfurt a. M., New York.
Mack, J./Lansley, S. (1985): Poor Britain. Hemel Hempstead: Allen & Unwin.
Mansel, J./Brinkhoff, K.-P. (Hrsg.) (1998): Armut im Jugendalter. Weinheim, München: Juventa.
Neumann, U./Hertz, M. (1998): Verdeckte Armut in Deutschland. Forschungsbericht der Friedrich-Ebert-Stiftung. Frankfurt a. M.
Strengmann-Kuhn, W. (1997): Erwerbs- und Arbeitsmarktbeteiligung der Armutspopulation in der Bundesrepublik Deutschland. In: Becker, I./Hauser, R. (Hrsg): Einkommensverteilung und Armut. Deutschland auf dem Weg zur Vierfünftel-Gesellschaft?. Frankfurt a. M.
Zimmermann, G. E. (1995): Neue Armut und neuer Reichtum. Zunehmende Polarisierung der materiellen Lebensbedingungen im vereinten Deutschland. In: Gegenwartskunde, Heft 1.

Kapitel I

Verbreitung und Struktur von Armut bei Kindern und Jugendlichen

Kosten von Kindern – Auswirkungen auf die Einkommensposition und den Lebensstandard der betroffenen Haushalte[1]

Hans-Jürgen Andreß und Gero Lipsmeier

1 Einleitung

Kinder und Jugendliche stellen u.a. deshalb ein Armutsrisiko dar, weil ihr Lebensunterhalt mit beträchtlichen finanziellen Aufwendungen für die betroffenen Haushalte verbunden ist und weil die Betreuung der (Klein-)Kinder die Möglichkeiten des Einkommenserwerbs für die Betreuungspersonen (mindestens phasenweise) erheblich einschränkt. Haushalte mit Kindern stehen also vor dem doppelten Problem, den zusätzlichen Einkommensbedarf für Kinder und Jugendliche bei gleichzeitig eingeschränkten Erwerbsmöglichkeiten abzudecken.

Dieser Beitrag beschäftigt sich mit den „Kosten" von Kindern und Jugendlichen (im Folgenden kurz: Kinder) und verbindet damit sowohl inhaltliche als auch methodische Interessen. Obwohl die Ermittlung der Höhe der Lebenshaltungskosten von Kindern seit vielen Jahren ein zentrales Anliegen der Familienpolitik und der Sozialwissenschaften ist, lagen zumindest für die Bundesrepublik über viele Jahre nur geschätzte Zahlen vor, weil eine exakte Aufteilung der Ausgaben privater Haushalte in Aufwendungen für Kinder und Aufwendungen für Erwachsene methodisch überaus schwierig ist. Die Datenlage hat sich hier seit Ende der 1980er Jahre wesentlich verbessert, und wir wollen die wesentlichen Ergebnisse entsprechender Auswertungen amtlicher Erhebungen zusammenfassen, um eine konkretere Vorstellung von den Kosten des Lebensunterhalts von Kindern zu erhalten.

Gleichzeitig ist die Ermittlung von Armutsquoten, wenn sie auf den Indikator Haushaltseinkommen abheben, implizit auf Annahmen über den Einkommensbedarf von Kindern und Erwachsenen angewiesen, um unterschiedlich zusammengesetzte Haushalte miteinander vergleichen zu können. Wenn man beispielsweise einen Ein-Personen-Haushalt mit einem Einkommen von 1.000 DM als einkommensarm bezeichnet, stellt sich die Frage, welches Einkommen dann ein Zwei-Personen-Haushalt – etwa eine allein erziehende Mutter mit einem Kind – maximal haben darf, um ebenfalls noch als *vergleichbar* einkommensarm bezeichnet zu werden. Lautet die Antwort 1.500 DM, dann hat man implizit unterstellt, dass das Kind der allein erziehenden Mutter zusätzlich 500 DM benötigt. Dieses Problem ist bekannt als das Problem der Wahl einer geeigneten Äquivalenzskala, mit Hilfe

---

[1] Danksagung: Die Einschaltung in den Sozialwissenschaften-Bus wurde aus Mitteln des Ministeriums für Wissenschaft und Forschung des Landes Nordrhein-Westfalen und durch einen Studienpreis finanziert, den GFM-GETAS/WBA anlässlich seines 50-jährigen Jubiläums gestiftet hat.

derer man die Einkommen unterschiedlich zusammengesetzter Haushalte *vergleichen* kann. Unterstellt die gewählte Äquivalenzskala einen zu hohen (niedrigen) Einkommensbedarf von Kindern, dann wird die Armutsquote dieser Personengruppen überschätzt (unterschätzt). Bei unserer Darstellung der Kosten von Kindern geht es also auch um die methodische Frage, ob bisherige Untersuchungen das Ausmaß von Einkommensarmut bei Kindern in der Bundesrepublik richtig einschätzen.

Alternativ kann man statt des Armutsindikators Einkommen auch den tatsächlichen Lebensstandard eines Haushaltes und seiner Mitglieder betrachten: sozusagen das *Ergebnis* der Haushaltsaktivitäten nach dem Einsatz der zur Verfügung stehenden Ressourcen, zu denen u.a. das Haushaltseinkommen gehört. Diese Perspektive ermöglicht es zu fragen, ob Haushalte mit Kindern einen signifikant schlechteren Lebensstandard als der bundesdeutsche Durchschnitt aufweisen, ohne mehr oder weniger gut begründete Annahmen über äquivalente Haushaltseinkommen machen zu müssen. Sie setzt allerdings voraus, dass man eine begründete Vorstellung davon hat, was zum notwendigen Lebensstandard in der Bundesrepublik gehört. Ließe sich zeigen, dass sich Haushalte mit Kindern wesentliche Aspekte eines allgemein anerkannten Lebensstandards nicht leisten können, dann wäre dies ein weiterer Hinweis, dass Kinder einem erhöhten Armutsrisiko ausgesetzt sind.

Der Beitrag verwendet Ergebnisse der amtlichen Statistik und einer eigenen Einschaltung in den Sozialwissenschaften-Bus III/1996 (vgl. ZUMA-Nachrichten, 1995). Der Beitrag gliedert sich in zwei Teile und eine Zusammenfassung. Abschnitt 2 fasst die bekannten Daten über die Kosten von Kindern zusammen und ergänzt sie um eigene Schätzungen des Mindesteinkommens von Haushalten mit Kindern, wie sie sich aus Selbsteinschätzungen der Befragten ergeben. Abschnitt 3 untersucht die Auswirkungen dieser finanziellen Belastungen auf die Einkommensposition und den Lebensstandard der betroffenen Haushalte.

Wenn im Folgenden von Kosten für Kinder die Rede ist, dann sind damit ausschließlich die Kosten für den laufenden Lebensunterhalt gemeint. Die sogenannten Opportunitätskosten der Kinderbetreuung (Galler, 1991) werden aufgrund der noch größeren Schwierigkeiten ihrer Operationalisierung hier nicht betrachtet. Hierzu zählen u.a. entgangene Erwerbseinkommen bei Aufgabe oder Unterbrechung der Erwerbstätigkeit, Einkommensminderungen als Folge der während der Unterbrechung eingetretenen Minderung der beruflichen Qualifikation, verlorene Karrierechancen sowie der Verlust von Sozialleistungsansprüchen (vgl. auch BMFSFJ, 1995a, S. 288). Ebensowenig wird hier die (partielle) Kompensation der Kinderkosten durch staatliche Transfers im Rahmen des Familienlastenausgleichs betrachtet.

2 Kosten von Kindern

2.1 Überblick

Kinder wachsen in der Regel mit anderen Personen in einem Haushalt auf. Unter ökonomischen Gesichtspunkten ist ein Kennzeichen von Privathaushalten, dass sich hier mehrere Personen zusammenschließen, um gemeinsam zu wirtschaften. Güter und Dienstleistungen werden teils individuell, teils gemeinsam konsumiert. Durch die Größenvorteile des Zusammenschlusses erzielen die Haushaltsmitglieder Kostenvorteile (Economies of Scale). Die Schwierigkeit der Bestimmung der Lebenshaltungskosten von Kindern besteht nun darin, erstens die Güter und Dienstleistungen zu quantifizieren, die von Kindern individuell konsumiert werden (private Güter), und zweitens den Anteil zu spezifizieren, den Kinder an den gemeinsam konsumierten Gütern und Dienstleistungen (kollektive Güter, Gemeinkosten) verbrauchen.

Dies setzt zum einen geeignete Datenquellen voraus, in denen eine Zurechnung von Kosten zu einzelnen Haushaltsmitgliedern möglich ist, wenn es sich um private Güter handelt (z.B. Kleidung für Kinder). Es wirft zum anderen aber auch grundsätzliche Fragen auf, wenn es um die kollektiv konsumierten Güter geht: Während man den Verbrauch der Kinder an en gros eingekauften Lebensmitteln durch geeignete Erhebungen des Ernährungsverhaltens zumindest näherungsweise erfassen kann, muss man dagegen bestimmte Annahmen machen, um den Anteil anzugeben, den Kinder am PKW des Haushaltes, an anderen langlebigen Gebrauchsgütern oder an den Wohnungskosten (abgesehen von den Kinderzimmern) konsumieren. Erhebungen des Verbrauchsverhaltens nach Mengen und Kosten der konsumierten Güter und deren Aufteilung auf die einzelnen Haushaltsmitglieder sind überaus aufwendig und werden als Instrumente gesellschaftlicher Dauerbeobachtung mit entsprechendem Repräsentationsgrad bisher nur von der amtlichen Statistik durchgeführt (laufende Wirtschaftsrechnungen, Einkommens- und Verbrauchsstichproben). Selbst hier ist eine individuelle Zurechnung der privaten Güter nur bei bestimmten Gütergruppen möglich, so dass eine exakte Ermittlung der Lebenshaltungskosten von Kindern bereits auf der Ebene der Daten mit erheblichen Schwierigkeiten konfrontiert ist.

Dies erklärt, warum „in der Vergangenheit [...] durch schematische Rechenoperationen hilfsweise eine Aufteilung auf Erwachsene und Kinder vorgenommen [wurde]. Die einfachste Form war die Pro-Kopf-Rechnung, wie sie zum Beispiel im Dritten Familienbericht der Sachverständigenkommission der Bundesregierung (BMJFG, 1979a) zu finden ist. Etwas differenzierter, aber nicht weniger formalistisch war die Verbrauchseinheitenrechnung, auf der das Gutachten des Wissenschaftlichen Beirats beim Bundesministerium für Jugend, Familie und Gesundheit über ‚Leistungen für die nachwachsende Generation in der Bundesrepublik Deutschland' aus dem Jahre 1979 basierte (BMJFG, 1979b). Modifiziert war das Verfahren, das für die Berechnung der Ausgaben für Kinder der in den laufenden Wirtschaftsrechnungen der amtlichen Statistik erfassten Ehepaare mit Kindern entwickelt wurde (Euler, 1974), weil hier zumindest bei einem Teil der Ausgaben direkt auf die den Kindern zurechenbaren Beträge zurückgegriffen werden konnte.

Es handelt sich jedoch auch hier im Wesentlichen um eine Modellrechnung, die lediglich Bandbreiten der Kinderkosten aufzeigt" (Euler, 1993, S. 759).

Auch in der Armutsforschung werden bei der Berechnung von Einkommensarmutsquoten durch die Verwendung von Äquivalenzskalen implizite Annahmen über den Einkommensbedarf von Kindern getroffen. In dem ersten umfassenden Armutsbericht für die Bundesrepublik Deutschland von Hauser u.a. (1981) wurden dazu die Regelsatzproportionen des Bundessozialhilfegesetzes (BSHG) verwendet, die sich seitdem quasi als Standard in der bundesrepublikanischen Armutsforschung durchgesetzt haben, obwohl die empirische Gültigkeit dieser Skala mehrfach angezweifelt wurde (z.B. Burkhauser u.a., 1996; früher aber auch schon Klein, 1986). Nach der aktuell geltenden Regelsatzverordnung wird beispielsweise der Einkommensbedarf eines sieben- bis 13-jährigen Kindes auf 65% des Einkommensbedarfes des (erwachsenen) Haushaltsvorstandes festgesetzt (Kinder unter sieben Jahren erhalten 50% bzw. 55% in allein Erziehenden-Haushalten und Kinder über 13 Jahren 90%). Berücksichtigt man weiterhin, dass der Einkommensbedarf eines zusätzlichen Erwachsenen (Person über 18 Jahre) mit 80% angenommen wird, dann ist damit implizit ein Anteil von 26,5% des sieben- bis 13-jährigen Kindes an den Gesamtaufwendungen eines Drei-Personen-Haushaltes festgelegt (zwei Erwachsene plus ein Kind: $65/(100+80+65) = 0{,}265$). Beträgt der private Verbrauch des Haushalts beispielsweise 3.000 DM, dann belaufen sich die Kosten für das Kind nach diesen Annahmen auf 795,92 DM.

Ähnliche Rechnungen lassen sich für andere Äquivalenzskalen durchführen, beispielsweise für die in der internationalen Forschung gebräuchliche OECD-Skala, die den Einkommensbedarf eines maximal 14-jährigen Kindes mit 50% ansetzt und den aller weiteren Haushaltsmitglieder mit 70% (in der neueren Version der OECD-Skala sind es 30% und 50%). Nach der (älteren) OECD-Skala würden die Kosten des Kindes in dem genannten Drei-Personen-Haushalt dann 681,82 DM oder 22,7% ausmachen.

Beim Vergleich der Kostenberechnung auf der Basis der Regelsatzproportionen des BSHG mit anderen, mehr oder weniger datenbasierten Kostenschätzungen ist allerdings zu berücksichtigen, dass die gesetzlichen Regelungen des BSHG ebenfalls bestimmte modellhafte Annahmen über Skalenvorteile und die Verteilung von privaten und kollektiven Gütern implizieren. So decken die Regelsätze des BSHG lediglich den notwendigen laufenden Lebensunterhalt (Regelbedarf) für Ernährung, Energie (ohne Heizkosten), Instandhaltung, Körperpflege und persönliche Bedürfnisse ab, klammern also Aufwendungen für Heizung und Unterkunft aus, die getrennt und in Höhe der tatsächlichen Aufwendungen gewährt werden. Damit bleibt eine ganz entscheidende Komponente des privaten Verbrauchs unberücksichtigt, nämlich die Aufwendungen für die Wohnung, die Anfang der 1990er Jahre je nach Haushaltstyp und Bundesland bis zu ca. einem Viertel (alte Bundesländer) bzw. bis zu ca. einem Zehntel (neue Bundesländer) des privaten Verbrauchs ausmachten (Statistisches Bundesamt, 1994, S. 112, Basis: laufende Wirtschaftsrechnungen). Gleichfalls unberücksichtigt bleiben Anschaffungen oder Aufwendungen, die nicht zum notwendigen Lebensunterhalt gehören und nur gelegentlich oder in unregelmäßigen Abständen anfallen (z.B. Bekleidung, Hausrat,

Renovierungs- und Umzugskosten). Sie werden über einmalige Leistungen abgegolten. Auch hier dürfte der Anteil kollektiver Güter relativ hoch sein. Verbleibende Gemeinkosten, soweit sie zum oben genannten Regelbedarf gehören, werden fast ausschließlich dem Haushaltsvorstand zugerechnet.

Somit basieren die Regelsatzproportionen im Wesentlichen auf einem festgelegten Warenkorb zum notwendigen laufenden Lebensunterhalt, aus dem bis 1990 durch ernährungsphysiologische Untersuchungen (bei den Nahrungsmitteln) bzw. durch Untersuchungen des tatsächlichen Verbrauchsverhaltens unterer Einkommensgruppen (bei den anderen Ausgabenkategorien) der altersspezifische Bedarf der einzelnen Haushaltsmitglieder abgeleitet wurde (vgl. Petersen, 1972). Mit dem Übergang vom Warenkorb- zum sogenannten Statistikmodell (vgl. Schellhorn, 1989) hat sich an der Berechnung der Regelsatzproportionen nur insofern etwas geändert, als ausschließlich das faktische Verbrauchsverhalten unterer Einkommensgruppen zugrundegelegt und der altersgruppenspezifische Bedarf durch Vergleich der Ausgaben von Haushalten bestimmt wurde, die sich genau durch Vorhandensein einer Person der jeweiligen Altersgruppe unterschieden, ansonsten aber strukturgleich waren (Differenzmethode). Als Datenbasis fungierte die Einkommens- und Verbrauchsstichprobe (EVS). Bei der Bestimmung der Ausgaben wurden wiederum nur die Waren und Dienstleistungen in Rechnung gestellt, die durch die Regelsätze abgegolten werden (Schellhorn, 1989, S. 158).

Insgesamt gesehen erfassen die Regelsatzproportionen des BSHG also nur die Kostenrelationen für den notwendigen laufenden Lebensunterhalt unter Vernachlässigung wesentlicher Gemeinkosten, wie etwa der Aufwendungen für Wohnung und größere Anschaffungen (ganz abgesehen von den Kosten für einen PKW oder einen Urlaub, die innerhalb der Sozialhilfe prinzipiell nicht anerkannt werden). Würde man z.B. die Wohnungskosten einbeziehen, dann würde sich der Einkommensbedarf des Haushaltes insgesamt erhöhen, und die Kosten der Kinder würden, verglichen mit den oben genannten Zahlen von 50% bis 90%, einen erheblich kleineren Anteil des Einkommensbedarfes des Haushaltsvorstandes ausmachen, unabhängig davon, wie man die Wohnungskosten auf die Haushaltsmitglieder verteilen würde (vgl. Andreß, 1999, S. 105; Faik, 1995, S. 282 f.; Hauser & Faik, 1996, S. 44 ff.).

Ungenauigkeiten der Abschätzung von Kinderkosten lassen sich nur durch präzisere und differenziertere Daten sowie durch realistischere sozio-ökonomische Modelle des faktischen Ausgabeverhaltens verringern. Die Analyse des Ausgabeverhaltens ist seit langem ein integraler Bestandteil der angewandten, empirischen Mikroökonomie, und mit Hilfe geeigneter ökonometrischer Methoden lassen sich anhand der Ausgaben privater Haushalte wohlstandsäquivalente Einkommen unterschiedlich strukturierter Haushalte und damit die Kosten der darin lebenden Kinder abschätzen. Es würde den Rahmen dieser Arbeit sprengen, wenn wir die dahinterliegende ökonomische Theorie hier referieren würden (vgl. dazu Faik, 1995), jedoch lassen sich ganz grob drei Vorgehensweisen unterscheiden:

1. Rothbarth-Ansatz: Die Einkommen unterschiedlich strukturierter Haushalte werden dann als wohlstandsäquivalent aufgefasst, wenn sie den gleichen *Ab-*

*solut*betrag für typische Erwachsenengüter ausgeben (z.B. für Erwachsenenkleidung, Alkohol, Tabak).
2. Engel-Ansatz: Die Einkommen unterschiedlich strukturierter Haushalte werden dann als wohlstandsäquivalent aufgefasst, wenn sie den gleichen *relativen Anteil* an Ausgaben für notwendige Güter ausgeben (z.B. für Nahrungsmittel).
3. Mehrgleichungsmodelle: Statt einer bestimmten Gütergruppe werden hier *alle* Gütergruppen gemeinsam betrachtet und in der erweiterten Form auch die Entscheidung zwischen Konsum und Sparen modelliert.

Auf der Basis eines solchen erweiterten linearen Ausgabensystems (ELES – extended linear expenditure system) lässt sich der Mindestkonsum für bestimmte Gütergruppen abschätzen sowie die Frage beantworten, wie der verbleibende Rest des Einkommens auf die verschiedenen Gütergruppen aufgeteilt wird. Indem man den Mindestkonsum regressionsanalytisch auf verschiedene Haushaltsmerkmale zurückführt, lassen sich darüber hinaus die Zusatzausgaben (=Zusatzkosten) für einzelne Haushaltsmitglieder berechnen, d.h. auch für die Kinder. Da uns entsprechende Daten über die Ausgaben von Haushalten nicht zur Verfügung stehen, können wir hier keine eigenen Ergebnisse präsentieren (s. jedoch Faik, 1995; BMFSFJ, 1995b).

Auf der Datenseite verbleibt das Problem, wie man Ausgaben für die gemeinsam konsumierten Güter auf die Haushaltsmitglieder aufteilen kann. In einer Zusatzerhebung zur Einkommens- und Verbrauchsstichprobe (EVS) 1983, die allein in Baden-Württemberg durchgeführt wurde, hat man beispielsweise versucht, die nicht eindeutig einzelnen Haushaltsmitgliedern zurechenbaren Aufwendungen durch Selbsteinschätzung der Haushalte auf die einzelnen Mitglieder zu verteilen (Votteler, 1987). Aus dem Kontext der Armutsforschung ergibt sich eine andere Erhebungsmethode, die zur Berechnung sogenannter subjektiver Äquivalenzskalen verwendet werden kann. Der Ansatz geht zurück auf Arbeiten des niederländischen Wohlfahrtsökonomen Bernhard van Praag und beruht im wesentlichen darauf, die Haushaltsmitglieder selbst danach zu befragen, welches Einkommen sie für notwendig erachten. Da dieser Ansatz bis auf wenige Ausnahmen (van Praag u.a., 1982; Plug u.a., 1997; Andreß, 1999) kaum für die Bundesrepublik angewandt wurde, wollen wir einige Ergebnisse auf der Basis unserer eigenen Daten im folgenden Abschnitt 2.3 vorstellen. Zuvor sollen jedoch in Abschnitt 2.2 die aktuellsten Kostenberechnungen der amtlichen Statistik, basierend auf den Ergebnissen der EVS aus den Jahren 1988 und 1993, referiert werden.

2.2 Ergebnisse der Einkommens- und Verbrauchsstichproben 1988 und 1993

Die zur Zeit wohl umfassendste Abschätzung der Kinderkosten (Euler, 1993) beruht auf einer Auswertung der EVS 1988, für die zu diesem Zweck mehrere Fachgutachten eingeholt wurden (BMFSFJ, 1995b). Die Auswertung wurde von einer bereits zu Beginn der 1980er Jahre vom Bundesfamilienministerium eingesetzten Arbeitsgruppe „Lebenshaltungsaufwendungen für Kinder" vorbereitet, der Vertreter des Bundesfamilienministeriums, des Bundesjustizministeriums, des Statistischen Bundesamtes und des Instituts für Sozialforschung und Gesellschaftspolitik (ISG, Köln) angehörten. Die Ergebnisse haben quasi-amtlichen Charakter: nachzulesen etwa in der Antwort der Bundesregierung (1993) auf die Große Anfrage von Abgeordneten der SPD zur wirtschaftlichen Situation von Familien und deren Auswirkungen.

Tab. 1: Aufwendungen für den privaten Verbrauch in Privathaushalten mit Kindern 1988 (früheres Bundesgebiet, Ergebnisse der Einkommens- und Verbrauchsstichprobe)

	Allein Erziehende mit einem Kind		Ehepaare mit einem Kind		Ehepaare mit zwei Kindern	
	DM	%	DM	%	DM	%
Ausgaben der Haushalte insgesamt						
Haushalt	2.178	100,0%	3.543	100,0%	3.779	100,0%
pro Erwachsener	1.634	75,0%	1.426	40,2%	1.398	37,0%
pro Kind	544	25,0%	691	19,5%	492	13,0%
Ausgaben pro Kind nach monatl. Haushaltsnettoeinkommen des Haushalts						
unter 1.500 DM	357	27,0%	-	-	-	-
1.500-2.000 DM	476	25,3%	-	-	-	-
2.000-2.500 DM	541	25,2%	-	-	-	-
2.500-3.000 DM	602	25,1%	565	20,6%	353	13,4%
3.000-4.000 DM	778	24,4%	618	19,4%	410	13,4%
4.000-5.000 DM	-	-	726	19,7%	471	12,9%
5.000-10.000 DM	-	-	846	18,8%	590	12,9%
Ausgaben pro Kind nach sozialer Stellung der Bezugsperson						
Selbstständige/r	-	-	848	19,2%	594	13,3%
Beamter/Beamtin	826	22,8%	773	18,9%	552	12,9%
Angestellte/r	598	24,9%	747	19,4%	516	12,9%
Arbeiter/in	-	-	611	19,7%	425	13,1%
Arbeitslose/r	399	24,6%	-	-	-	-
Nichterwerbst.	494	26,1%	-	-	-	-
Ausgaben pro Kind nach Alter des Kindes						
unter 6 Jahre	482	26,4%	640	18,9%	-	-
6-12 Jahre	534	25,7%	680	19,0%	-	-
12-18 Jahre	579	24,0%	764	20,5%	-	-
Anteilige Ausgaben pro Kind gemäß verschiedener Äquivalenzskalen						
BSHG (7-13-jähr. Kinder)		39,4%		26,5%		21,0%
OECD alt		33,3%		22,7%		18,5%
OECD neu		23,1%		16,7%		14,3%
Faik (7-11-jähr. Kinder)		18,0%		14,1%		12,4%

Anmerkungen:
-     Kein Nachweis aufgrund zu geringer Fallzahlen.
Quelle: Euler (1993), eigene Berechnungen

Der methodische Fortschritt dieser Auswertung besteht weniger in einer Verbesserung der sozio-ökonomischen Modellierung des Verbrauchsverhaltens inklusive seiner ökonometrischen Überprüfung, sondern mehr in einer Verbesserung der Datengrundlagen, um die im vorherigen Abschnitt beschriebenen Zurechnungsprobleme zwischen Erwachsenen und Kindern zu minimieren. So wurden anhand der Nationalen Verzehrstudie (BMFSFJ, 1995b, S. 11 ff.) sowie anhand von zwei repräsentativen Befragungen zum Verkehrsverhalten (BMFSFJ, 1995b, S. 125 ff.) genauere Angaben darüber gewonnen, wie sich die Ausgaben für die Gütergruppen Nahrungsmittel bzw. Verkehr und Nachrichtenübermittlung zwischen Erwachsenen und Kindern aufteilen. Natürlich wurde auch wie in anderen Auswertungen zuvor auf die EVS-Feinklassifikation zurückgegriffen, die bestimmte Ausgabepositionen eindeutig als Ausgaben für Kinder identifiziert (z.B. Ausgaben für Kinderkleidung). Einige Zuordnungsprobleme konnten jedoch weiterhin nicht gelöst werden und mußten daher normativ durch die Arbeitsgruppe entschieden werden (vgl. BMFSFJ, 1995b, S. 4 ff.): a) geleistete Einkommensübertragungen und Ersparnisse wurden den Erwachsenen zugerechnet, b) Energieausgaben und bestimmte Aufwendungen für Möbel, Haushaltsgeräte und andere Güter für die Haushaltsführung, die mit der Anzahl der Haushaltsmitglieder zunehmen, wurden pro Kopf aufgeteilt, c) im Zweifel wurden jedoch Käufe von hochwertigen, langlebigen Gebrauchsgütern als Ausgaben für die Erwachsenen verbucht (z.B. der PKW, aber auch Haushaltsgeräte, die in jedem Haushalt notwendig sind, wie z.B. die Waschmaschine) und schließlich wurde d) „für die Aufteilung der Wohnungsmieten bzw. der Mietwerte von Eigentumswohnungen [...] die Relation zwischen der erstmals in der EVS 1988 erhobenen Wohnfläche der Kinderzimmer und der für die übrigen Räume verbleibenden Wohnfläche herangezogen" (Euler, 1993, S. 760).

Auf der Basis dieser Daten und Annahmen beliefen sich im früheren Bundesgebiet im Jahr 1988 die durchschnittlichen monatlichen Lebenshaltungskosten eines Kindes unter 18 Jahren bei allein Erziehenden mit einem Kind auf 544 DM, bei Ehepaaren mit einem Kind auf 691 DM und bei Ehepaaren mit zwei Kindern auf 492 DM pro Kind (vgl. Tab. 1). Gemessen am gesamten privaten Verbrauch, der je nach Haushaltstyp zwischen 2.178 und 3.779 DM betrug, machen also die Ausgaben für ein Kind an allen Aufwendungen zwischen einem Achtel bei Ehepaaren mit zwei Kindern und einem Viertel bei allein Erziehenden aus. Wichtig für die Einschätzung der wirtschaftlichen Situation der drei Haushaltstypen ist noch der Hinweis, dass der private Verbrauch nach amtlicher Definition nicht mit den sogenannten ausgabefähigen Einkommen und Einnahmen identisch ist, die zusätzlich noch die übrigen Ausgaben (Versicherungsbeiträge, Vereinsbeiträge, Unterhaltszahlungen u.ä.) und die Ersparnisbildung abdecken (vgl. Statistisches Bundesamt, 1994, S. 102 f.). Ersparnisse und übrige Ausgaben machen bei den allein Erziehenden sowohl absolut als auch relativ einen sehr viel kleineren Betrag aus (Euler, 1993: Tab. 2). Anders ausgedrückt: Die engen finanziellen Spielräume vieler allein Erziehender führen dazu, dass laufende notwendige Ausgaben, zu denen u.a. die Aufwendungen für Kinder gehören, einen größeren Anteil des Haushaltsbudgets in Anspruch nehmen, und dieses geht auf Kosten der Ersparnisbildung, d.h. der Absicherung zukünftiger Risiken. Weiterhin werden beim Vergleich der Ehepaare mit einem bzw. zwei Kindern die Einsparungseffekte mit wachsender Kinderzahl deutlich, die u.a. mit der Wiederverwendung gebrauchter Kleidung, Möbel, Spielsachen usw. für das zweite Kind und den günstigeren Einkaufsmöglichkeiten für größere Haushalte erklärt werden können. Relativierend ist aber auch hier auf die Ersparnisbildung hinzuweisen, die auch die Rückzahlung von Krediten für das Eigenheim enthält, das um so häufiger erworben wird, je mehr Kinder im Haushalt leben. Dies berücksichtigend könnte man auch sagen: Die Einsparungseffekte haben etwas damit zu tun, dass Ehepaare mit zwei Kindern auf Kosten der Kinder zugunsten eines Eigenheims sparen.

Diese wenigen Bemerkungen machen bereits deutlich, dass ein Vergleich der oben genannten Kinderkosten nur bedingt zulässig ist, da sich die betrachteten Haushalte in einer ganz unterschiedlichen wirtschaftlichen Lage und in verschiedenen Stadien des Familien- und Erwerbszyklus befinden (vgl. dazu Euler, 1993: Tab. 1). Die betrachteten Haushalte von allein Erziehenden können per definitionem nur ein Erwerbseinkommen erzielen, während es bei den Ehepaar-Haushalten zumindest prinzipiell zwei Einkommen geben kann. Die Ehepaare mit einem Kind befinden sich in der überwiegenden Anzahl zu Beginn des Familien- und Erwerbszyklus mit entsprechend jungen Kindern und geringen Erwerbseinkommen, während die Ehepaare mit zwei Kindern diese Phase bereits mehrheitlich durchlaufen haben und deutlich höhere Erwerbseinkommen erzielen. Gleiches gilt für die Haushalte von allein Erziehenden, in denen mehrheitlich ältere Kinder vorkommen und höhere Erwerbseinkommen nur deshalb nicht anfallen, weil es sich in der überwiegenden Mehrzahl der Fälle um eine weibliche Bezugsperson handelt, die, wenn sie überhaupt erwerbstätig ist, ein durchschnittlich geringeres Einkommen erzielt als Männer gleichen Alters.

Leider konnte in der EVS-Auswertung nur eine begrenzte Anzahl von sozioökonomischen Hintergrundvariablen kontrolliert werden. Hier lägen die Vorteile eines ökonometrisch geschätzten linearen Ausgabensystems, in dem sich unterschiedliche Merkmale der Haushalte und ihrer Mitglieder sowie die damit verbundenen unterschiedlichen Konsumpräferenzen kontrollieren lassen. Die wenigen Merkmale, die im Rahmen der EVS-Auswertung berücksichtigt wurden, sind ebenfalls in Tabelle 1 enthalten. Wie zu erwarten, nehmen die absoluten Ausgaben für Kinder in allen drei Haushaltstypen mit dem Haushaltseinkommen und dem Alter der Kinder zu, und da das Haushaltseinkommen mit der sozialen Stellung der Bezugsperson variiert, sind die Ausgaben für Kinder bei Selbstständigen, Beamten und Angestellten höher als bei Arbeitern, Arbeitslosen und Nichterwerbstätigen. Betrachtet man jedoch den prozentualen Anteil der Kinderkosten am gesamten privaten Verbrauch, dann zeigt sich bis auf eine geringfügige Abnahme mit zunehmendem Einkommen eine erstaunliche Konstanz der oben berichteten relativen Anteile (ein Achtel bis ein Viertel, je nach Haushaltstyp).

Im Ergebnis lässt sich daher festhalten: Soziodemographische Faktoren variieren die relativen Kinderkosten nicht wesentlich, deutlicher sind die Einsparungseffekte mit der Haushaltsgröße, wobei allerdings zum Teil methodische Artefakte eine Rolle spielen. „Musterbeispiel dafür sind die Aufwendungen für Energie, die [...] dadurch ermittelt werden, dass die Aufwendungen des Haushalts durch die Zahl der im Haushalt befindlichen Personen [...] geteilt werden. So entfiel z.B. bei allein Erziehenden mit einem Kind die Hälfte der Ausgaben des Haushalts für Energie (160 DM) auf das Kind (also 80 DM), bei den Ehepaaren mit zwei Kindern von den Gesamtausgaben in Höhe von 213 DM nur ein Viertel (53 DM) je Kind. Ähnliche Effekte hat die vereinbarte Regelung, dass Käufe langlebiger hochwertiger Gebrauchsgüter im Zweifel den Erwachsenen zugerechnet werden" (Euler, 1993, S. 766 f.).

Hertel hat 1998 eine Fortschreibung dieser Ergebnisse mit Daten der Einkommens- und Verbrauchsstichprobe 1993 vorgelegt, die auch Aussagen über die Kinderkosten in den neuen Bundesländern ermöglicht. Allerdings sind hierbei einige Datenbeschränkungen zu beachten: „Bei der EVS 1993 waren personenbezogene Anschreibungen nicht vorgesehen. Ebenso wurde die Detailanschreibung erheblich verringert, so dass sich der größte Teil der in der EVS 1988 noch direkt zuweisbaren Aufwendungen für Kinder für das Jahr 1993 nur indirekt anhand der individuellen Anteilswerte der Artikel aus dem Jahr 1988 festlegen ließ. Diese Anteilswerte wurden auch für die Haushalte aus den neuen Ländern und Berlin-Ost verwendet mit Ausnahme der Kosten für die Wohnung. Sie wurden anhand der jeweiligen Ausstattung, Größe und Aufteilung der Wohnungen ostdeutscher Haushalte berechnet" (Hertel, 1998, S. 525 f.). Unter der Annahme also, dass sich erstens die für die alten Bundesländer gefundenen Verbrauchsstrukturen aus dem Jahr 1988 bis 1993 nicht wesentlich verändert haben und dass sie zweitens auf die neuen Bundesländer übertragbar sind, ergeben sich die in den Tabellen 2a und b ausgewiesenen Kinderkosten. Dabei ist sicherlich die zweite Annahme die problematischere, während die Annahme der zeitlichen Konstanz angesichts des kurzen Zeitraums von fünf Jahren zwischen den beiden Erhebungszeitpunkten tolerierbar ist. Bessere Datenquellen stehen jedoch für die neuen Bundesländer nicht zur Verfügung, so dass sich auch nicht abschätzen lässt, ob und in welcher Weise die Übertragung der Verbrauchsstrukturen auf die neuen Bundesländer die Ergebnisse (möglicherweise) verzerrt.

Vergleicht man zunächst die Zahlen für die alten Bundesländer (Tabellen 1 und 2a), dann wird deutlich, dass sich 1993 für alle drei Haushaltstypen die Ausgaben um 20% bis 25% gegenüber 1988 erhöht haben, wobei die Zuwächse für Erwachsene und Kinder in etwa gleich groß ausfallen. Die Kinderkosten sind bei den allein Erziehenden um 125 DM höher, bei den Ehepaaren mit einem Kind beträgt die Differenz 141 DM, und bei den Ehepaaren mit zwei Kindern sind es 96 DM. Im Ost-West-Vergleich zeigt sich für das Jahr 1993 (vgl. Tabelle 2a und 2b), dass die Ausgaben in den neuen Bundesländern zwischen 75% und 80% der Ausgaben in den alten Bundesländern betragen. Allein Erziehende geben pro Kind 509 DM aus, Ehepaare mit einem Kind 654 DM und mit zwei Kindern 454 DM.

Tab. 2a: Aufwendungen für den privaten Verbrauch in Privathaushalten mit Kindern 1993 (früheres Bundesgebiet, Ergebnisse der Einkommens- und Verbrauchsstichprobe)

	Allein Erziehende mit einem Kind		Ehepaare mit einem Kind		Ehepaare mit zwei Kindern	
	DM	%	DM	%	DM	%
Ausgaben der Haushalte insgesamt						
Haushalt	2.725	100,0%	4.268	100,0%	4.607	100,0%
pro Erwachsener	2.056	75,4%	1.718	40,3%	1.716	37,2%
pro Kind	669	24,6%	832	19,5%	588	12,8%
Ausgaben pro Kind nach monatl. Haushaltsnettoeinkommen des Haushalts						
unter 1.500 DM	-	-				
1.500-2.000 DM	499	25,3%				
2.000-3.000 DM[a]	619	25,4%	589	22,3%	352	13,6%
3.000-4.000 DM	769	24,0%	673	20,4%	443	13,5%
4.000-5.000 DM[b]	995	23,0%	747	19,6%	502	13,2%
5.000-7.500 DM			876	19,4%	589	12,7%
7.500-10.000 DM			1.053	18,5%	722	12,5%
10.000 DM und mehr			1.314	18,5%	906	12,1%
Ausgaben pro Kind nach sozialer Stellung der Bezugsperson						
Selbstständige/r	1.015	22,5%	934	19,1%	715	12,8%
Beamter/Beamtin	951	23,3%	947	18,6%	689	12,4%
Angestellte/r	746	24,9%	918	19,3%	637	12,6%
Arbeiter/in	587	23,8%	738	19,9%	507	12,9%
Arbeitslose/r	582	25,5%	663	22,3%	364	13,4%
Nichterwerbst.	508	25,0%	755	19,5%	536	13,0%
Ausgaben pro Kind nach Alter des Kindes						
unter 6 Jahre	630	25,6%	783	19,6%	532	12,8%
6-12 Jahre	681	25,9%	874	19,7%	607	12,5%
12-18 Jahre	685	23,1%	888	19,1%	654	12,3%

Anmerkungen:
-     Kein Nachweis aufgrund zu geringer Fallzahlen.
- [a] Bei Ehepaaren mit einem oder zwei Kindern: Haushaltsnettoeinkommen unter 3.000 DM.
- [b] Bei allein Erziehenden: Haushaltsnettoeinkommen 4.000 DM und mehr.

Quelle: Hertel (1998), eigene Berechnungen

Tab. 2b: Aufwendungen für den privaten Verbrauch in Privathaushalten mit Kindern 1993 (neue Länder und Berlin-Ost, Ergebnisse der Einkommens- und Verbrauchsstichprobe)

	Allein Erziehende mit einem Kind		Ehepaare mit einem Kind		Ehepaare mit zwei Kindern	
	DM	%	DM	%	DM	%
Ausgaben der Haushalte insgesamt						
Haushalt	2.202	100,0%	3.260	100,0%	3.497	100,0%
pro Erwachsener	1.693	76,9%	1.303	40,0%	1.295	37,0%
pro Kind	509	23,1%	654	20,1%	454	13,0%
Ausgaben pro Kind nach monatl. Haushaltsnettoeinkommen des Haushalts						
unter 1.500 DM	351	25,6%				
1.500-2.000 DM	440	25,0%				
2.000-3.000 DM[a]	526	22,8%	513	21,0%	331	13,9%
3.000-4.000 DM	702	21,9%	624	20,8%	393	13,4%
4.000-5.000 DM[b]	-	-	680	19,9%	476	12,9%
5.000-7.500 DM			768	18,8%	528	12,6%
7.500-10.000 DM			888	18,4%	613	12,3%
10.000 DM und mehr			-	-	-	-
Ausgaben pro Kind nach sozialer Stellung der Bezugsperson						
Selbstständige/r	-	-	649	18,9%	494	12,8%
Beamter/Beamtin	-	-	803	20,3%	485	12,5%
Angestellte/r	573	22,5%	715	19,8%	498	13,0%
Arbeiter/in	481	23,3%	629	20,2%	428	13,0%
Arbeitslose/r	413	24,1%	576	21,3%	391	13,6%
Nichterwerbst.	-	-	564	19,6%	-	-
Ausgaben pro Kind nach Alter des Kindes						
unter 6 Jahre	475	26,0%	650	21,6%	431	13,8%
6-12 Jahre	535	23,6%	634	19,8%	442	12,9%
12-18 Jahre	508	21,5%	672	19,2%	464	12,3%

Anmerkungen:
- Kein Nachweis aufgrund zu geringer Fallzahlen.
a) Bei Ehepaaren mit einem oder zwei Kindern: Haushaltsnettoeinkommen unter 3.000 DM.
b) Bei allein Erziehenden: Haushaltsnettoeinkommen 4.000 DM und mehr.
Quelle: Hertel (1998), eigene Berechnungen

In Ostdeutschland zeigen sich dabei ganz ähnliche Unterschiede zwischen den verschiedenen sozio-demographischen Gruppen wie in Westdeutschland: leicht abnehmende anteilige Kinderkosten mit zunehmendem Haushaltseinkommen und Alter der Kinder sowie bei den ökonomisch eher besser gestellten Gruppen der Beamten, Angestellten und (teilweise) der Selbstständigen. Überdurchschnittliche Kinderkosten sind dagegen bei den unteren Einkommensgruppen, den Arbeitslosen und (teilweise) bei den Nichterwerbstätigen zu verzeichnen. Interessant ist auch der Vergleich der Kosten pro Kind mit dem durchschnittlichen Sozialhilfebedarf eines Kindes (Regelsatz + einmalige Leistungen + anteilige Unterkunftskosten), den die Bundesregierung für 1992/93 auf 584 DM in den alten und auf 487 DM in den neuen Bundesländern bezifferte (vgl. Bundesregierung, 1993: Tab. 5). Die tatsächlichen Kosten liegen danach in Westdeutschland bei allen drei Haushaltstypen (vgl. Tabelle 2a) und in Ostdeutschland bei den allein Erziehenden und den Ehepaaren mit einem Kind (vgl. Tabelle 2b) über dem durchschnittlichen Sozialhilfebedarf.

Betrachtet man schließlich in Tabelle 2a und b den *relativen Anteil* der Kinderkosten an den Gesamtausgaben, dann zeigt sich eine erstaunliche Identität der Kostenstrukturen in Ost und West. Das mag zum Teil mit der oben beschriebenen Übertragung der westdeutschen Verbrauchsstrukturen auf die ostdeutschen Daten zu tun haben. Gleichwohl ist die Konstanz der relativen Kostenanteile über verschiedene sozio-ökonomische Merkmale, unterschiedliche Erhebungszeitpunkte und zwischen verschiedenen Landesteilen frappierend. Erkennbar sind lediglich Einsparungseffekte mit der Größe des Haushaltes und eine leichte Abnahme der relativen Kinderkosten mit steigendem Einkommen. Kommen wir daher zu der Frage, wie sich diese weitgehend identisch geschätzten Anteile zu den implizierten Kinderkostenanteilen gängiger Äquivalenzskalen der Armutsforschung verhalten. Im unteren Teil der Tabelle 1 haben wir dazu den Kinderanteil aufgeführt, der sich bei den drei Haushaltstypen unter Zugrundelegung der Regelsatzproportionen des BSHG, der OECD-Skala bzw. einer von Faik (1995, S. 281) mit Hilfe des Engel-Ansatzes anhand des tatsächlichen Verbrauchsverhaltens geschätzten Äquivalenzskala ergibt (zur Berechnung dieser Anteilswerte vgl. Abschnitt 2.1). Verglichen mit den tatsächlichen Kostenanteilen in der EVS 1988 – 25,0%, 19,5% und 13,0% – liefert nur die neuere OECD-Skala vergleichbare Ergebnisse, während die von Faik geschätzte Skala die Kinderkosten zum Teil erheblich unterschätzt und die ältere OECD- und vor allem die BSHG-Skala die Kinderkosten wesentlich überschätzen. Strenggenommen gilt diese Aussage aber nur für die drei hier betrachteten Haushaltstypen.

2.3 Subjektive Einschätzungen von Befragten einer repräsentativen Bevölkerungsstichprobe

Die Befragten des Sozialwissenschaftenbusses III/96 wurden gebeten, das ihrer Meinung nach für ihren Haushalt notwendige Mindesteinkommen anzugeben. Die entsprechende Frage lautete:

„Welches Haushaltsnettoeinkommen würden Sie persönlich für sich bzw. für Ihren Haushalt – unter Ihren Lebensumständen – als notwendiges Mindesteinkommen betrachten? Gemeint ist der monatliche Nettobetrag, den Ihr Haushalt unbedingt braucht, um zurechtzukommen."

Diese Frage geht auf Forschungsarbeiten niederländischer Forscher zur Bestimmung einer subjektiven Einkommensarmutsgrenze zurück (vgl. u.a. Goedhard u.a., 1977; Hagenaars, 1986; Kapteyn u.a., 1988; van den Bosch u.a., 1993). Hier werden wir die Antworten der Befragungspersonen dazu verwenden, um den Einkommensmehrbedarf für Kinder im Haushalt zu schätzen. Man könnte nun einfach die durchschnittlichen Mindesteinkommen für Haushalte mit und ohne Kinder berechnen und die entsprechenden Ergebnisse vergleichen. Die niederländischen Forscher konnten jedoch zeigen, dass das angegebene Mindesteinkommen u.a. deutlich mit dem aktuellen Haushaltsnettoeinkommen variiert. Deshalb verwenden wir hier ein etwas aufwendigeres Verfahren, um die Mindesteinkommen unter Berücksichtigung des Einflusses des aktuellen Einkommens zu bestimmen. Die Berechnung des subjektiven Mindesteinkommens für einen konkreten Haushalt erfolgt dabei in zwei Schritten: Zunächst wird durch ein geeignetes regressionsanalytisches Verfahren der Zusammenhang des angegebenen Mindesteinkommens mit dem aktuellen Haushaltsnettoeinkommen sowie der Anzahl der Kinder unter 18 Jahren im Haushalt geschätzt. Diese Schätzung wurde getrennt für Paar-Haushalte und Haushalte, in denen nur ein Erwachsener lebt, sowie getrennt für Ost- und Westdeutschland durchgeführt. Die in Tabelle 3 dargestellten Regressionsergebnisse basieren auf folgendem Regressionsmodell:

$$\ln(Y_{min}) = \ln(b_0) + b_1 * \ln(X_1) + b_2 * \ln(X_2)$$

Die nichtlineare Spezifikation wurde gewählt, da aus theoretischen Gründen zu erwarten ist, dass das zusätzlich benötigte Einkommen nicht linear mit Kinderzahl oder aktuellem Einkommen zunimmt, sondern die Zuwächse allmählich kleiner werden (vgl. auch Andreß, 1999, S. 96 ff.). Dabei entsprechen Y_{min} dem subjektiven Haushaltsmindesteinkommen, X_1 der Kinderzahl (plus 1), und X_2 dem aktuellen Haushaltsnettoeinkommen.

Alle geschätzten Koeffizienten sind auf einem Signifikanzniveau von 0.01 signifikant, ebenso die F-Statistiken für den Modellfit. An den Schätzergebnissen ist insbesondere ein deutlicher Ost-West-Unterschied erkennbar. In Ostdeutschland ist sowohl bei Haushalten mit einem Erwachsenen als auch bei Paar-Haushalten der Einfluss des aktuellen Haushaltsnettoeinkommens auf das subjektive Mindesteinkommen nur unwesentlich größer als der Einfluss der Kinderzahl (erkennbar an den standardisierten Regressionskoeffizienten). Demgegenüber ist das subjektive Mindesteinkommen in Westdeutschland wesentlich stärker vom aktuellen Haushaltsnettoeinkommen abhängig als von der Kinderzahl. Die standardisierten Regressionskoeffizienten für den Einfluss des Einkommens sind hier jeweils mehr als doppelt so groß wie die für den Einfluss der Kinderzahl. Zwei Erklärungen kommen hierfür in Betracht: Zum einen ist denkbar, dass die Formulierung „[...] unter ihren Lebensumständen [...]" von den ostdeutschen Befragungspersonen mehr auf die Haushaltsstruktur, von den Westdeutschen hingegen stärker auf die eigene wirtschaftliche Situation bezogen wurde. Zum anderen streuen die Haushaltseinkommen auch sechs Jahre nach der Wende im Westen noch deutlich stärker als im Osten, so dass auch hierdurch möglicherweise ein Teil der Unterschiede erklärt wird.

Tab. 3: Der Zusammenhang zwischen Mindesteinkommen und Haushaltsnettoeinkommen sowie Kinderzahl

	Ostdeutschland			Westdeutschland		
	Koeff.	Std. Fehler	Std. Koeff	Koeff.	Std. Fehler	Std. Koeff
Haushalte mit einem Erwachsenen						
Konstante	6,03	0,36		4,26	0,26	
ln (Haushaltseinkommen)	0,20	0,05	0,30	0,44	0,03	0,58
ln (Kinderzahl + 1) [a]	0,22	0,06	0,25	0,16	0,06	0,12
	N=159, R^2= 0,18			N=343, R^2=0,34		
Paar-Haushalte[b]						
	Ostdeutschland			Westdeutschland		
	Koeff.	Std.Fehler	Std.Koeff	Koeff.	Std.Fehler	Std.Koeff
Konstante	4,88	0,33		4,53	0,21	
ln (Haushaltseinkommen)	0,36	0,04	0,36	0,42	0,02	0,50
ln (Kinderzahl + 1) [a]	0,23	0,03	0,32	0,14	0,02	0,21
	N=476, R^2=0,27			N=763, R^2=0,30		

Anmerkungen:
a) Damit eine Logarithmierung der Kinderzahl auch für Haushalte ohne Kinder möglich war (der Logarithmus von Zahlen ≤ 0 ist nicht definiert), wurde 1 zur Anzahl der Kinder addiert.
b) Haushalte, in denen mindestens zwei Erwachsene als Paar (verheiratet oder unverheiratet) zusammen leben.

Quelle: SoWi-Bus III/96, gewichtete Berechnungen, nur Befragungspersonen bis einschließlich 65 Jahre

Wir wollen hier nicht näher auf die Regressionsergebnisse eingehen, sondern die Schätzergebnisse dazu verwenden, subjektive Mindesteinkommen für verschiedene Haushalte zu berechnen. Der Grundgedanke unseres Vorgehens leitet sich aus der Beobachtung der Einkommensabhängigkeit von subjektiven Mindesteinkommen ab. Wenn Haushalte mit einem hohen Einkommen dazu neigen, vergleichsweise hohe Mindesteinkommen anzugeben, und Haushalte mit niedrigen Einkommen demgegenüber niedrige Mindesteinkommen angeben (auch bei gleicher Haushaltsgröße!), so stellt sich die Frage, ob es eine Möglichkeit gibt, das Mindesteinkommen für Haushalte einer bestimmten Größe so zu bestimmen, dass es im Durchschnitt weder unter- noch überschätzt wird. Eine mögliche Lösung für dieses Problem liegt darin, Haushalte, deren aktuelles Einkommen genau dem angegebenen Mindesteinkommen entspricht, wenn man so will, als Experten zu betrachten, da diese die Lebensumstände bei dieser Einkommenshöhe am besten kennen. Da wir Informationen über den Zusammenhang von aktuellem Einkommen und Mindesteinkommen haben, können wir das bei Gleichheit von aktuellem Einkommen und Mindesteinkommen zu erwartende theoretische Mindesteinkommen rechnerisch für verschiedene Haushalte bestimmen. Aus den in Tabelle 3 dargestellten

Schätzergebnissen lassen sich die theoretisch zu erwartenden Mindesteinkommen für Haushalte mit einer bestimmten Anzahl von Kindern berechnen, wenn man subjektives Mindesteinkommen (Y_{min}) und aktuelles Einkommen (X_2) in Gleichung (1) gleichsetzt. Bezeichnet man das gesuchte Mindesteinkommen mit Y^* und löst die Gleichung nach Y^* auf, so erhält man:

$$Y^* = \exp\left(\frac{\ln(b_0) + b_1 * \ln(X_1)}{(1 - b_2)}\right)$$

Durch einfaches Einsetzen der (um eins erhöhten) Kinderzahl (X_1) in (2) erhält man die in Tabelle 4 dargestellten Mindesteinkommen für verschiedene Haushalte. Betrachtet man zunächst die Ergebnisse für Haushalte mit einem Erwachsenen, so fällt auf, dass das Mindesteinkommen für allein Stehende (ohne Kinder) sowohl in Ost- als auch in Westdeutschland vergleichsweise hoch eingeschätzt wird. In Westdeutschland liegt das so bestimmte subjektive Mindesteinkommen nur knapp 300 DM unter dem Durchschnittseinkommen dieser Gruppe (2.299 DM), in Ostdeutschland ist das errechnete Mindesteinkommen sogar höher als das Durchschnittseinkommen (1.734 DM). Als Mehrbedarfe für Kinder allein Erziehender werden nach dem zugrundeliegenden Berechnungsverfahren zwischen 148 DM (viertes Kind, Ostdeutschland) und 448 DM (erstes Kind, Westdeutschland) veranschlagt. Das entspricht je nach Region und Haushaltsgröße zwischen 5,2 und 18,8% des subjektiven Einkommensbedarfes des gesamten Haushaltes.

Vergleicht man die subjektiven Einkommensbedarfe für Paar-Haushalte ohne Kinder mit denen der allein Stehenden, so stellt man fest, dass für den zusätzlichen Erwachsenen im Haushalt ein vergleichsweise geringer Mehrbedarf angesetzt wird. In Ostdeutschland steigt der Mehrbedarf lediglich um 204 DM und in Westdeutschland um 298 DM. Dieser Einkommensmehrbedarf für Erwachsene ist somit deutlich geringer als der für das jeweils erste Kind errechnete Mehrbedarf. Die subjektiven Mindesteinkommen liegen in beiden Landesteilen deutlich unterhalb der jeweiligen Durchschnittseinkommen für Paare ohne Kinder (4.401 DM im Westen und 3.473 DM im Osten). Für Kinder schwanken die Mehrbedarfe zwischen 181 DM (viertes Kind, Westdeutschland) und 584 DM (erstes Kind, Ostdeutschland). Dieses führt dazu, dass der Einkommensbedarf trotz des niedrigeren Ausgangsniveaus bei Paar-Haushalten ohne Kinder in Ostdeutschland bereits für Haushalte mit zwei Kindern höher eingeschätzt wird als im Westen. Drückt man die Einkommensbedarfe für Kinder wiederum als prozentualen Anteil des gesamten Haushaltseinkommens aus, so ergeben sich Werte von 5,3% (viertes Kind, Westen) und 22,1% (erstes Kind, Osten).

Vergleicht man die anteiligen subjektiven Einkommensbedarfe für Kinder mit den durch die verschiedenen Äquivalenzskalen unterstellten anteiligen Mehrbedarfen (vgl. Tab. 1), so stellt man fest, dass bei den allein Erziehenden alle Äquivalenzskalen mit Ausnahme der Faik-Skala einen höheren Mehrbedarf für Kinder unterstellen. Demgegenüber liegen bei Paarhaushalten mit einem Kind – bei Zugrundelegung der Ergebnisse für Ostdeutschland – lediglich die BSHG-Mehrbedarfe oberhalb der subjektiven Mehrbedarfe. Bei Paaren mit zwei Kindern beträgt der anteilige Mehrbedarf pro Kind im Osten 16,3% und somit weniger als nach der BSHG- und der älteren OECD-Skala. Verwendet man für diesen Vergleich die subjektiven Einkommensberechnungen für Westdeutschland, so unterstellen alle Äquivalenzskalen (mit Ausnahme der Faik-Skala für Haushalte mit einem Kind) höhere relative Einkommensbedarfe.

Tab. 4: Geschätzte Mindesteinkommen für verschiedene Haushalte ohne Kinder und mit Kindern unter 18 Jahren im Haushalt

	Ostdeutschland		Westdeutschland	
	Mindesteink.	zusätzl. Betr.	Mindesteink.	zusätzl. Betr.
Haushalte mit einem Erwachsenen				
Kein Kind[a]	1.853		2.008	
1 Kind	2.247	394	2.380	448
2 Kinder	2.515	268	2.758	307
3 Kinder	2.724	209	2.999	241
4 Kinder	2.872	148	3.201	202
Paar-Haushalte				
Kein Kind	2.057		2.306	
1 Kind	2.641	584	2.732	426
2 Kinder	3.056	415	3.016	284
3 Kinder	3.389	333	3.236	220
4 Kinder	3.673	284	3.417	181

Quelle: Eigene Berechnungen auf Basis der in Tabelle 3 dargestellten Ergebnisse (für Erläuterung siehe Text)

Eine abschließende Bemerkung dieses Abschnittes gilt den (zumindest für Haushalte mit einem Erwachsenen) recht hohen Absolutbeträgen des subjektiven Mindesteinkommens. Unsere Vermutung ist, dass bei der Beantwortung der Frage nach dem subjektiven Mindesteinkommen die regelmäßigen festen Kosten eine erhebliche Rolle spielen. In erster Linie ist dabei an die Belastung durch die Miete zu denken, die gerade bei allein Stehenden einen erheblichen Kostenfaktor darstellt.

3 Einkommensposition und Lebensstandard von Haushalten mit Kindern

3.1 Einkommensarmut

Wie eingangs erwähnt, erfordert die Ermittlung von (Einkommens-)Armutsquoten die Verwendung einer geeigneten Äquivalenzskala. Um der dort aufgeworfenen Frage nach der eventuellen Über- bzw. Unterschätzung des Einkommensbedarfes von Kindern und Jugendlichen nachzugehen, wollen wir hier die Armutsquoten unter Verwendung von drei verschiedenen Äquivalenzskalen miteinander vergleichen. Aufgrund der im Vergleich zu den anderen betrachteten Skalen hoch angesetzten Mehrbedarfe für weitere Haushaltsmitglieder nach der BSHG-Skala erwarten wir für diese die höchsten Armutsquoten für große Haushalte. Demgegenüber erwarten wir nach der neueren OECD-Skala die niedrigsten Armutsquoten für große Haushalte. Da das durchschnittliche Äquivalenzeinkommen in der Stichprobe höher wird, wenn größeren Haushalten (wie bei den OECD-Skalen) ein geringeres Bedarfsgewicht zugeordnet wird, wird nach diesen Skalen die Armutsquote für allein Stehende höher ausfallen als nach der BSHG-Skala. Wir differenzieren unsere Auswertungen wiederum nach Ost- und Westdeutschland sowie nach Haushalten, in denen „nur" ein Erwachsener lebt (allein Stehende und allein Erziehende), und Paarhaushalten. Als arm betrachten wir Haushalte, deren Äquivalenzeinkommen weniger als die Hälfte des durchschnittlichen Äquivalenzeinkommens in der gesamten Stichprobe beträgt. Die entsprechenden Ergebnisse sind in Tabelle 5 zusammengefasst.

Betrachtet man zunächst wieder nur die Ergebnisse für Haushalte mit einem Erwachsenen, so ist zunächst festzustellen, dass das Armutsrisiko für allein Erziehende erheblich höher ist als für allein Stehende. Das gilt für alle betrachteten Äquivalenzskalen in beiden Landesteilen. Weiterhin ist auffällig, dass die Armutsquoten für allein Stehende nach der neueren OECD-Skala (Spalte OECD2) im Vergleich zur BSHG-Skala mehr als doppelt so hoch sind. Die ausgewiesenen Armutsquoten für allein Erziehende sollten aufgrund der geringen Fallzahlen nicht überinterpretiert werden. Dennoch bleibt festzuhalten, dass allein Erziehende in beiden Landesteilen und nach allen Äquivalenzskalen einem erheblichen Armutsrisiko ausgesetzt sind. Besonders deutlich sind die Unterschiede zwischen allein Stehenden und allein Erziehenden in den alten Bundesländern.

Für die Paar-Haushalte ergibt sich ein anderes Bild, und zudem zeigen sich recht auffällige Ost-West-Unterschiede. So fällt z.B. auf, dass trotz recht ähnlicher Armutsquoten für Paare ohne Kinder in Ostdeutschland bereits Haushalte, in denen ein Kind lebt, einem starken Anstieg der Armutsquoten ausgesetzt sind, während dieser Anstieg in Westdeutschland deutlich geringer ausfällt. Vergegenwärtigt man sich die Berechnungsmodi für die einzelnen Äquivalenzskalen, so ist wenig erstaunlich, dass sich bei den Mehrpersonenhaushalten nach der neueren OECD-Skala die geringsten Armutsquoten und nach der BSHG-Skala die höchsten Armutsquoten zeigen. Generell lässt sich jedoch feststellen, dass Haushalte mit drei oder mehr Kindern auch bei Annahme von vergleichsweise geringen Mehrbedarfen für Kinder – wie im Fall der neueren OECD-Skala – einem deutlich höheren Armutsrisiko ausgesetzt sind als Haushalte mit weniger Kindern. Betrachtet man Haushalte mit zwei Kindern, so fällt insbesondere der deutliche Rückgang der Armutsquote nach der neueren OECD-Skala auf. In Westdeutschland geht die Armutsquote sogar unter das Niveau von Paar-Haushalten ohne Kinder zurück. Zur Erklärung dieses Phänomens bedarf es weiterer Forschungen. Es ist jedoch zu vermuten, dass Haushalte mit der Geburt ihres ersten Kindes u.a. aufgrund der Bindung einer Erwerbsperson einem erhöhten Armutsrisiko ausgesetzt sind und sich möglicherweise in erster Linie Paare in einer (z.B. durch ein vergleichsweise hohes Einkommen eines Partners) wirtschaftlich gut abgesicherten Lage für ein weiteres Kind entscheiden. Zwei Beobachtungen lassen sich jedoch festhalten: Unabhängig von der gewählten Äquivalenzskala ist das Armutsrisiko von Paar-Haushalten mit drei oder mehr Kindern sehr viel höher als das von Haushalten mit weniger Kindern. Haushalte, in denen ein oder zwei Kinder leben, haben in Ostdeutschland ein deutlich höheres Armutsrisiko als Paare ohne Kinder und in Westdeutschland ein leicht höheres Armutsrisiko.

Tab. 5: Armutsquoten[a] von Personen in verschiedenen Haushalten nach unterschiedlichen Äquivalenzskalen (in Prozent)

	Ostdeutschland				Westdeutschland			
	BSHG[b]	OECD1[c]	OECD2[d]	N	BSHG	OECD1	OECD2	N
Allein Stehende	13,1	16,3	21,8	139	5,1	7,9	10,4	347
Allein Erziehende	29,3	29,3	26,1	35	57,5	57,5	50,1	34
Paarhaushalte[e]								
Ohne Kind	5,0	3,7	3,7	298	4,2	4,0	4,0	470
1 Kind[f]	16,7	13,4	11,7	125	5,6	5,5	5,1	157
2 Kinder[f]	14,0	11,8	4,7	83	8,6	6,5	3,9	143
3 u. mehr Kinder[f]	68,6	68,6	42,5	17	42,7	30,9	17,7	44

Anmerkungen:
a) Als arm bezeichnen wir Haushalte, deren Äquivalenzeinkommen weniger als 50% des durchschnittlichen Äquivalenzeinkommens beträgt.
Äquivalenzskala in Anlehnung an die Regelsatzproportionen des BSHG (Erste/r Erwachsene/r: 1; weitere Haushaltsmitglieder: 0-6 Jahre: 0,5; 7-13 Jahre: 0,65; 14-17 Jahre: 0,9; 18 Jahre u. älter: 0,8).
Ältere OECD-Skala (Erste/r Erwachsene/r: 1; weitere Haushaltsmitglieder: 0-14 Jahre: 0,5; 15 Jahre u. älter: 0,7).
Neuere OECD-Skala (Erste/r Erwachsene/r: 1; weitere Haushaltsmitglieder: 0-14 Jahre: 0,3; 15 Jahre u. älter: 0,5).
Haushalte, in denen mindestens zwei Erwachsene als Paar (verheiratet oder unverheiratet) zusammen leben.
Kinder unter 18 Jahre im Haushalt.
Quelle: SoWi-Bus III/96, gewichtete Berechnungen, nur Befragungspersonen bis einschließlich 65 Jahre

3.2 Relative Deprivation

Wie im vorangegangenen Abschnitt deutlich wurde, hängen die Armutsquoten von Haushalten mit Kindern in erheblichem Umfang von den mit der Wahl einer bestimmten Äquivalenzskala getroffenen Annahmen über den Einkommensbedarf ab. Wir wollen hier versuchen, den Lebensstandard von Haushalten mit Kindern mit einem Verfahren abzuschätzen, das auf derartige Annahmen nicht angewiesen ist. Die Befragten wurden gebeten, zu einer Vielzahl von Dingen und Tätigkeiten des alltäglichen Lebens (im folgenden Items) anzugeben, in welchem Maße sie diese für einen normalen, ausreichend guten Lebensstandard in Deutschland für notwendig halten. Die Frage lautete:

„Wenn man in Deutschland für alle Menschen und Haushalte einen normalen, ausreichend guten Lebensstandard erreichen bzw. sicherstellen wollte, was wäre dann dazu: unbedingt notwendig, eher notwendig, eher nicht notwendig oder überhaupt nicht notwendig?"

Als Antwortmöglichkeit war also eine vierstufige Antwortskala mit Abstufungen von „überhaupt nicht notwendig" bis „unbedingt notwendig" vorgegeben. Unter der Voraussetzung, dass es uns gelungen ist, einen großen Bereich des alltäglichen Lebensstandards mit den erfragten Items abzudecken, lassen sich die Antworten der Befragten verwenden, um die Bereiche des Lebensstandards auszuwählen, die von einer großen Mehrheit der Befragten für notwendig gehalten werden. Konkret betrachten wir diejenigen Items, die von mindestens zwei Dritteln der Befragten als „unbedingt notwendig" oder „eher notwendig" bewertet wurden, als Bestandteile des *notwendigen Lebensstandards* in Deutschland. Von den 27 erfragten Items erfüllten 20 dieses Kriterium. Darunter befinden sich Items zum Bereich der Wohnraumversorgung (z.B. „In einer Wohnung ohne feuchte Wände leben"), der Ernährung, der Ausstattung mit langlebigen Gebrauchsgütern, zur Gesundheit sowie zu sozialen Kontakten und zur Vermögenssituation (vgl. die Liste dieser Items im Anhang).

Mit einer weiteren Frage wurden die Befragten gebeten anzugeben, welche dieser Items für sie bzw. ihren Haushalt verfügbar sind, bzw. wenn sie fehlen, ob dieses Fehlen durch finanzielle Gründe „erzwungen" oder durch andere Gründe (z.B. den freiwilligen Verzicht) verursacht ist. Die entsprechende Frage lautete:

„Können Sie persönlich oder Ihr Haushalt über die Dinge, die ich Ihnen nun vorlese, verfügen bzw. üben Sie die genannten Tätigkeiten aus?"

Als Antwortvorgabe konnte zwischen a) „ja", b) „nein, ist aus finanziellen Gründen nicht möglich" und c) „nein, trifft aus anderen Gründen nicht zu" gewählt werden. Durch einfaches Aufsummieren der Anzahl von Items des notwendigen Lebensstandards (im oben definierten Sinne), die einem Haushalt aus finanziellen Gründen fehlen (Antwortmöglichkeit b), lässt sich ein einfacher Index des Lebensstandards bilden. Genauer gesagt, misst dieser Index das Gegenteil von Lebensstandard, nämlich Deprivation. Ein Haushalt mit einem Deprivationswert von Null verfügt über alle 20 Items des notwendigen Lebensstandards, ein Haushalt mit dem theoretischen Maximalwert von 20 über keines. Die konkrete Art der Berechnung geht auf eine Arbeit von Mack und Lansley (1985) zurück und steht in der Tradition deprivationsbasierter Armutsmaße (vgl. u.a. Townsend, 1979; Desai & Shah, 1988; Muffels, 1993). An anderer Stelle haben wir erstmals über die empirische Verwendung eines derartigen Maßes für die Armutsforschung in der Bundesrepublik berichtet (Andreß & Lipsmeier, 1995).

Hier wollen wir diesen Index nicht zur Bestimmung einer Armutsgrenze verwenden, sondern untersuchen, ob sich Haushalte mit Kindern deutlich weniger Dinge des notwendigen Lebensstandards leisten können. Tabelle 6 zeigt hierzu – getrennt für Ost- und Westdeutschland – die prozentualen Anteile von Haushalten, denen eine bestimmte Anzahl dieser Items aus finanziellen Gründen fehlt. Dabei verwenden wir wiederum die Differenzierung nach Haushalten mit einem Erwachsenen und Paarhaushalten mit unterschiedlicher Kinderzahl. Weiterhin sind in der Tabelle die durchschnittliche Anzahl fehlender Items für die einzelnen Haushaltstypen sowie die jeweiligen Fallzahlen ausgewiesen. In der Zeile „Deprivation bei

Kindern" ist der prozentuale Anteil von Haushalten ausgewiesen, denen *keines* der vier für den Lebensstandard von Kindern erfragten Merkmale (vgl. Liste im Anhang) aus finanziellen Gründen fehlt.

Tab. 6: Ausmaß der Deprivation[a] für verschiedene Haushalte

	Ostdeutschland						
	0	1	2	3	4 u. mehr	Durch-schnitt[b]	N
Allein Stehende	58,1	17,4	9,7	5,2	9,7	1,08	155
Allein Erziehende	43,6	20,5	18,0	7,7	10,3	1,33	39
Paarhaushalte							
Ohne Kind	68,6	16,8	6,4	3,8	4,4	0,65	384
1 Kind	58,2	22,1	9,3	3,0	7,4	0,87	148
2 Kinder	65,4	14,8	8,1	6,2	5,5	0,74	115
3 u. mehr Kinder	38,4	10,9	17,7	7,4	25,7	2,41***	18
Deprivation bei Kindern[c]	95,7	83,9	75,3	43,7	48,2		320
	Westdeutschland						
	0	1	2	3	4 u. mehr	Durch-schnitt[b]	N
Allein Stehende	56,2	13,5	8,0	6,5	15,7	1,47	393
Allein Erziehende	18,1	7,8	3,7	12,7	57,8	3,74***	37
Paarhaushalte							
Ohne Kind	76,7	11,8	4,2	2,3	4,9	0,58	611
1 Kind	76,2	6,4	4,9	2,9	9,5	1,01**	200
2 Kinder	71,6	12,7	3,6	4,7	7,4	0,75	177
3 u. mehr Kinder	58,4	7,8	10,9	5,0	17,9	1,56***	54
Deprivation bei Kindern[c]	97,1	76,0	60,3	55,6	28,0		468

Anmerkungen:
a) Prozentualer Anteil der Haushalte, denen die in der Spaltenüberschrift ausgewiesene Anzahl von Items des notwendigen Lebensstandards aus finanziellen Gründen fehlt.
b) Signifikanz der jeweiligen Abweichung des Durchschnittswertes vom Durchschnittswert der Haushalte ohne Kinder: * p<0,1, ** p< 0,05, *** p<0,01.
c) Prozentualer Anteil von Haushalten, denen keines der vier kinderspezifischen Lebensstandardmerkmale aus finanziellen Gründen fehlt.
Quelle: SoWi-Bus III/96, gewichtete Berechnungen, nur Befragungspersonen bis einschließlich 65 Jahre

Betrachtet man zunächst die Ergebnisse für Ostdeutschland, so stellt man fest, dass allein Erziehende deutlich seltener über alle erfragten Items des notwendigen Lebensstandards verfügen (43,6%) als allein Stehende (58,1%). Dementsprechend sind auch die Anteile von allein Erziehenden, denen eines oder mehrere Items fehlen, jeweils höher als bei den allein Stehenden. Insgesamt betrachtet sind die Unterschiede jedoch nicht derart gravierend, wie man vielleicht vermuten würde, und die Abweichung der durchschnittlichen Anzahl fehlender Items ist zwischen diesen beiden Gruppen auch statistisch nicht signifikant. Für ostdeutsche Paarhaushalte zeigt sich ebenfalls, dass Kinder im Haushalt die Anzahl der verfügbaren Items reduzieren. Bereits Haushalte mit einem Kind können sich zu ca. 10 Prozentpunkten seltener alle erfragten Items leisten als Paarhaushalte ohne Kinder. Entsprechend ist die durchschnittliche Anzahl fehlender Items für diese Haushalte auch etwas höher, dieser Unterschied ist jedoch ebenfalls statistisch nicht signifikant. Erstaunlicherweise können <u>Haushalte mit zwei Kindern in etwas stärkerem Maße am notwendigen Lebensstandard partizipieren</u> als Haushalte mit einem Kind. Das durchschnittliche Ausmaß der Deprivation ist für diese Haushalte niedriger als für Haushalte mit einem Kind, jedoch immer noch leicht höher als für kinderlose Paare. Demgegenüber sind Haushalte mit drei oder mehr Kindern in ganz erheblichem Ausmaß von Deprivation betroffen. Lediglich 38,4% dieser Haushalte (gegenüber 68,6% der Kinderlosen) verfügen über alle Items und durchschnittlich fehlen hier 2,41 Items aus finanziellen Gründen.

Für Westdeutschland zeigen sich insbesondere bei den Haushalten mit einem Erwachsenen sehr viel deutlichere Unterschiede zwischen Haushalten mit und Haushalten ohne Kinder. Immerhin 56,2% der allein Stehenden – gegenüber nur 18,1% der allein Erziehenden – verfügen über alle erfragten Items. Sehr deutlich wird der Unterschied im Lebensstandard auch am Vergleich der durchschnittlichen Deprivationswerte: allein Erziehenden fehlen durchschnittlich 3,74 Items und allein Stehenden „nur" 1,47. Betrachtet man wiederum die Paarhaushalte, so zeigen sich ähnliche Tendenzen wie in Ostdeutschland: Gegenüber kinderlosen Paaren fehlen den Haushalten mit einem Kind durchschnittlich annähernd doppelt so viele Items. Haushalte mit zwei Kindern haben nach diesem Deprivationsmaß einen etwas besseren Lebensstandard als solche mit einem Kind, bleiben jedoch auch unterhalb des Lebensstandards von Kinderlosen. Nicht zuletzt zeigt sich auch für Westdeutschland ein sehr viel schlechterer Lebensstandard für Haushalte mit drei oder mehr Kindern.

Schließlich ist erkennbar, dass Kinder und Jugendliche in Haushalten, in denen eines oder mehrere Items des oben definierten Lebensstandards fehlen, darüber hinaus auch zu einem nicht unerheblichen Teil auf mindestens eines der kinderspezifischen Merkmale verzichten müssen. Während 95,7% (Ostdeutschland) bzw. 97,1% (Westdeutschland) der Haushalte, die nicht von Deprivation betroffen sind keines dieser vier Merkmale aus finanziellen Gründen fehlt, sinkt dieser Anteil bei Haushalten, die sich vier oder mehr der Lebensstandardmerkmale nicht leisten können auf 48,2% (Ostdeutschland) bzw. 28,0% (Westdeutschland).

Es bleibt festzuhalten, dass sich auch mit dem hier verwendeten Verfahren deutliche Hinweise auf einen erheblich schlechteren Lebensstandard von Haushalten mit Kindern finden lassen. Dieses gilt insbesondere für allein Erziehende im Vergleich zu allein Stehenden (und hier nach unseren Daten vor allem in Westdeutschland), aber auch für Paarhaushalte mit drei oder mehr Kindern. Interessant ist die auch schon für die Einkommensarmut nach der neueren OECD-Skala (vgl. oben Abschnitt 3.1) beobachtete Tatsache des tendenziell besseren Lebensstandards von Haushalten mit zwei Kindern gegenüber Haushalten mit einem Kind. Wie oben bereits angedeutet, besteht hier weiterer Forschungsbedarf.

4 Zusammenfassung

Unsere Sichtung vorhandener Studien sowie Analysen einer eigenen Erhebung lassen keinen Zweifel daran, dass die Finanzierung des laufenden Lebensunterhaltes von Kindern mit erheblichen Kosten verbunden ist. Je nach Einkommensposition betrugen sie 1993 in westdeutschen Paar-Haushalten mit zwei Kindern mindestens 352 DM pro Kind und in Ostdeutschland mindestens 331 DM. Das sind fast ein Siebtel der Gesamtausgaben der Haushalte. In diesen Zahlen spiegeln sich bereits die Einsparungseffekte wieder, die mit der Kinderzahl zunehmen. Haushalte mit einem Kind haben sowohl absolut als auch relativ sehr viel höhere Kinderausgaben.

Während sich 1993 noch erhebliche Ost-West-Unterschiede zeigten, so deuten die Ergebnisse unserer eigenen Daten aus dem Jahr 1996 darauf hin, dass sich die Kostenstrukturen in Ost und West weitgehend angeglichen haben, auch wenn die subjektiven Mindesteinkommensschätzungen in Ostdeutschland möglicherweise durch eine erhöhte Einkommensunzufriedenheit etwas überzeichnet sind.

Relativ zum Gesamtbedarf des Haushaltes macht allerdings der Anteil der Kinderkosten sehr viel weniger aus, als die Regelsatzproportionen des Bundessozialhilfegesetzes unterstellen. Dabei ist jedoch zu berücksichtigen, dass die Regelsätze wichtige Gemeinkosten eines Haushaltes, wie z.B. die Kosten für die Wohnung, ausblenden. Die Bedeutung dieses Kostenfaktors wird z.B. an unseren Mindesteinkommensschätzungen deutlich, die mit 1.800-2.000 DM für allein Stehende erheblich über den aktuellen Regelsätzen für den Haushaltsvorstand liegen. Man beachte dazu, dass bereits für die EVS aus dem Jahre 1983 mit Hilfe eines linearen Ausgabensystems ein Mindestkonsum von 1.017 DM für allein Stehende geschätzt wurde (BMFSFJ, 1995b, S. 274; 942-981 DM sind es unter Ausschluss einiger Gütergruppen bei Faik, 1995, S. 283). Unsere Daten zeigen also auch, dass der Mindestbedarf von Ein-Personen-Haushalten sehr viel höher anzusetzen ist, als gemeinhin angenommen wird.

Beide Feststellungen können nicht ohne Konsequenzen für die Bestimmung der Einkommensarmut bleiben. Unsere Analysen bestätigen die Ergebnisse anderer Autoren (z.B. Burkhauser u.a., 1996; Klein, 1986), dass die Berechnung vergleichbarer (äquivalenter) Haushaltseinkommen mit Hilfe der BSHG-Skala die Einkommensbedarfe der weiteren Haushaltsmitglieder – z.B. die der Kinder – überschätzt und den Einkommensbedarf von Ein-Personen-Haushalten unterschätzt. Dies bedeutet jedoch keine Entwarnung für die These einer „Infantilisierung der Armut" (Hauser, 1995, S. 9). Selbst wenn man mit der neuen OECD-Skala eine entsprechend korrigierte Äquivalenzskala zugrundelegt, ist die Einkommensarmut von Haushalten, in denen Kinder leben, erheblich höher als in Haushalten ohne Kinder. Das gilt in besonderem Maße für Ostdeutschland, aber auch für allein Erziehende und große Familien in Westdeutschland. Dieses Ergebnis wird nachhaltig unterstützt, wenn man sich den tatsächlichen Lebensstandard der befragten Haushalte anschaut: Haushalte mit Kindern können sich signifikant mehr Dinge aus finanziellen Gründen nicht leisten, die eine große Mehrheit der Bundesbürger für notwendig erachtet. Wir stellen daher fest: Kinder sind nicht nur ein Kostenfaktor, sondern auch ein Armutsrisiko.

Literatur

Andreß, H.-J. (1999): Leben in Armut: Analysen der Verhaltensweisen armer Haushalte mit Umfragedaten. Opladen, Wiesbaden: Westdeutscher Verlag.

Andreß, H.-J./Lipsmeier, G. (1995): Was gehört zum notwendigen Lebensstandard und wer kann ihn sich leisten? Ein neues Konzept zur Armutsmessung. In: Aus Politik und Zeitgeschichte, Beilage zur Wochenzeitung Das Parlament, B 31-32/95.

BMFSFJ (Bundesministerium für Familie, Senioren, Frauen und Jugend) (1995a): Fünfter Familienbericht: Familien und Familienpolitik im geeinten Deutschland – Zukunft des Humanvermögens. Bonn: Bundestagsdrucksache 12/7560.

BMFSFJ (Bundesministerium für Familie, Senioren, Frauen und Jugend) (1995b): Lebenshaltungsaufwendungen für Kinder. Band 43 der Schriftenreihe des BMFSFJ. Stuttgart.

BMJFG (Bundesministerium für Jugend, Familie und Gesundheit) (1979b): Dritter Familienbericht: Die Lage der Familien in der Bundesrepublik Deutschland. Bonn: Bundestagsdrucksache 8/3121.

BMJFG (Bundesministerium für Jugend, Familie und Gesundheit) (1979b): Leistungen für die nachwachsende Generation in der Bundesrepublik Deutschland. Band 73 der Schriftenreihe des BMJFG. Stuttgart.

Bundesregierung (1993): Antwort der Bundesregierung auf die Große Anfrage der Abgeordneten Michael Habermann et al. und der Fraktion der SPD. Bundestags-Drucksache 12/6224 vom 24.11.93.

Burkhauser, R. V./Smeeding, T. M./Merz, J. (1996): Relative inequality and poverty in Germany and the United States using alternative equivalence scales. The Review of Income and Wealth 42, 381-400.

Desai, M./Shah, A. (1988): An Econometric Approach to the Measurement of Poverty. Oxford Economic Papers, 40.

Euler, M. (1974): Zur Problematik der Ermittlung des Unterhaltsbedarf und der Unterhaltskosten eines Kindes. In: Wirtschaft und Statistik, Nr. 5.

Euler, M. (1993): Aufwendungen für Kinder. In: Wirtschaft und Statistik, Nr. 10.

Faik, J. (1995): Äquivalenzskalen: Theoretische Erörterung, empirische Ermittlung und verteilungsbezogene Anwendung für die Bundesrepublik Deutschland. Berlin.

Galler, H. P. (1991): Opportunitätskosten der Entscheidung für Familie und Haushalt. In: Gräbe, S. (Hrsg.): Der private Haushalt als Wirtschaftsfaktor. Frankfurt a. M., New York.

Goedhart, T./Halberstadt, V./Kapteyn, A./van Praag, B. (1977): The Poverty Line: Concept and Measurement. Journal of Human Resources, XII, 4.

Hagenaars, A. (1986): The Perception of Poverty. Amsterdam.

Hauser, R. (1995): Das empirische Bild der Armut in der Bundesrepublik Deutschland – ein Überblick. In: Aus Politik und Zeitgeschichte, Beilage zur Wochenzeitung Das Parlament, B31-32/95.

Hauser, R./Cremer-Schefer, H./Nouvertné, U. (1981): Armut, Niedrigeinkommen und Unterversorgung in der Bundesrepublik Deutschland. Bestandsaufnahme und sozialpolitische Perspektiven. Frankfurt a. M.

Hauser, R./Faik, J. (1996): Strukturwandel der unteren Einkommensschichten in der Bundesrepublik Deutschland während eines Vierteljahrhunderts. Eine Untersuchung auf Basis der Einkommens- und Verbrauchsstichprobe unter Berücksichtigung der in der Sozialhilfe implizierten Bedarfsgewichte und der Änderung der Unterkunftskosten. Frankfurt a. M.: unveröff. Gutachten im Auftrag des Bundesministeriums für Gesundheit.

Hertel, J. (1998): Aufwendungen für den Lebensunterhalt von Kindern. Wirtschaft und Statistik, Nr. 6, 523-533.

Kaiser, J. (1993): Einnahmen und Ausgaben ausgewählter privater Haushalte im früheren Bundesgebiet sowie in den neuen Ländern und Berlin Ost. Ergebnis der laufenden Wirtschaftsrechnungen. In: Wirtschaft und Statistik, Nr. 8.

Kapteyn, A./Kooreman, P./Willemse, R. (1988): Some Methodological Issues in the Implementation of Subjective Poverty Definitions. In: The Journal of Human Resources, 23.

Klein, T. (1986): Äquivalenzskalen – ein Literatursurvey. Frankfurt a. M., Mannheim: Arbeitspapier Nr. 195 des Sonderforschungsbereichs 3 „Mikroanalytische Grundlagen der Gesellschaftspolitik".

Mack, J./Lansley, S. (1985): Poor Britain. London.

Muffels, R. J. (1993): Welfare Economic Effects of Social Security. Essays on Poverty, Social Security and Labour Market: Evidence from Panel Data. Tilburg.

Petersen, K. (1972): Die Regelsätze nach dem BSHG – ihre Bedeutung, Bemessung und Festsetzung. Kleinere Schriften des Deutschen Vereins für öffentliche und private Fürsorge, Heft 43. Frankfurt a. M.

Plug, E. J. S./Krause, P./von Praag, B. M. S./Wagner, G. G. (1997): Measurement of poverty – exemplified by the German case. In: Ott, N./Wagner, G. G. (Hrsg.), Income inequality and poverty in Eastern and Western Europe. Heidelberg: Physica. 69-89.

Schellhorn, D. (1989): Neues Bedarfsbemessungssystem für die Regelsätze der Sozialhilfe: Ableitung der Regelsätze für sonstige Haushaltsangehörige. In: Nachrichtendienst des Deutschen Vereins für öffentliche und private Fürsorge 69.

Statistisches Bundesamt in Zusammenarbeit mit dem Wissenschaftszentrum Berlin für Sozialforschung und dem Zentrum für Umfragen Methoden und Analysen, Mannheim (Hrsg.) (1994): Datenreport 1994. Zahlen und Fakten über die Bundesrepublik Deutschland. Band 325 der Schriftenreihe der Bundeszentrale für politische Bildung, Bonn.

Townsend, Peter (1979): Poverty in the United Kingdom. Berkeley, Los Angeles.

van den Bosch, K./Callan, T./Estivill, J./Hausmann, P./Jeandidier, B./Muffels, R. J./Yfanopoulos, J. (1993): A Comparison of Poverty in Seven European Countries and Regions using Subjective and Relative Measures. In: Journal of Population Economics, 6.

van Praag, B. M. S./Hagenaars, A. J. M./van Weeren, H. (1982): Poverty in Europe. Review of Income and Wealth 28.

Votteler, M. (1987): Aufwendungen der Familien für ihre minderjährigen Kinder. In: Materialien und Berichte der Familienwissenschaftlichen Forschungsstelle des Statistischen Landesamtes Baden-Württemberg, Heft 18, Stuttgart.

ZUMA-Nachrichten (1995): Sozialwissenschaften-Bus 1996: Termine und Preise. In: ZUMA-Nachrichten 19.

Anhang: Liste der 20 Items des notwendigen Lebensstandards (vgl. Abschnitt 2.3)

Im Durchschnitt eine warme Mahlzeit pro Tag
Mindestens alle zwei Tage eine warme Mahlzeit mit Fleisch, Geflügel oder Fisch
Eine Waschmaschine
Ein Telefon
Generell mehr auf die Qualität anstatt auf den Preis der Produkte achten können
In einem Haus wohnen, das in einem guten baulichen Zustand ist
Ausreichende Heizung in der kalten Jahreszeit
In einer guten Wohngegend leben
Eine Wohnung ohne feuchte Wände
Ein Bad oder eine Dusche in der eigenen Wohnung
Die Miete für die Wohnung bzw. die Zinsen für das Wohneigentum ohne Probleme zahlen können
Gas-, Wasser-, Heizungs- und Stromrechnungen ohne Probleme zahlen können
Eine abgeschlossene Berufsausbildung haben
Kontakt mit Menschen in der Nachbarschaft
Ein Farbfernseher
Behandlungen in Anspruch nehmen können, die von der Krankenkasse nicht vollständig finanziert werden, wie z.B. Zahnersatz, Brille, Pflegeleistungen
Mindestens einmal im Jahr ein Geschenk für die Familienangehörigen oder die Freunde kaufen können
Sich ein Hobby leisten können
Über finanzielle Rücklagen, z.B. Sparguthaben, Lebensversicherung verfügen
Sich gesund und zureichend ernähren können

Liste der vier Items zur Deprivation von Kindern und Jugendlichen (vgl. Tabelle 6)

Eine außerschulische Ausbildung, z.B. Musik-, Sport- oder Sprachunterricht
Kindergeburtstage mit vielen Freunden und Freundinnen feiern
Für jedes Kind über zehn Jahre ein eigenes Schlafzimmer
Spielzeug und Freizeitartikel, z.B. ein Fahrrad, ein Computer oder ein Sportgerät

Formen von Armut und Unterversorgung im Kindes- und Jugendalter

Gunter E. Zimmermann

1 Einleitung: Kinder und Jugendliche überproportional von Armut betroffen

Vor etwa 25 Jahren wurde durch Heiner Geißlers Buch „Die neue soziale Frage" (1976) in der damaligen BRD das Augenmerk auf ein Problem gelenkt, das bis dahin im Wesentlichen bewältigt schien: Armut im Wohlfahrtsstaat. Im Gegensatz zur Randgruppendiskussion der 1960er und frühen 1970er Jahre, die die gesellschaftliche Marginalisierung und Stigmatisierung bestimmter Gruppen thematisierte, die in den meisten Fällen auch mit materieller Not korrespondierte, identifizierte Geißler breite Bevölkerungsschichten mit den Merkmalen hohes Alter, weibliches Geschlecht und Kinderreichtum als „neue Arme" (ebd. S. 29). Die soziale Struktur der Armutsgefährdeten bzw. von Armut Betroffenen hat sich seitdem grundlegend verändert:

- Während die (vor allem weibliche) Altersarmut zurückgedrängt werden konnte, nahm die Armutsgefährdung von Kindern und Jugendlichen stark zu.
- Nicht nur kinderreiche Familien tragen ein erhöhtes Armutsrisiko, sondern Familien generell (insbesondere Ein-Elternteil-Familien).
- Die Aufteilung der Armutsbetroffenen nach Männern und Frauen hat sich zwar angeglichen, gleichwohl liegt die Betroffenheit von Frauen rund 10% über ihrem demographischen Anteil, und bei bestimmten Gruppen (z.B. Ein-Elternteil-Familien, Langzeitarbeitslose in den neuen Ländern) sind Frauen stark überrepräsentiert.
- Der Anteil der *Ausländer* und *Arbeitslosen* unter den Sozialhilfeempfängern (insbesondere HLU-Empfängern) stieg überdurchschnittlich, worin sich u.a. die Krise des Arbeitsmarktes widerspiegelt.

Erst in jüngsten Untersuchungen stehen die Lebensverhältnisse von Kindern (bzw. die Familien/Haushalte, in denen sie aufwachsen) im Mittelpunkt des Interesses. Ein Blick auf die Sozialhilfestatistik zeigt die Brisanz des Themas Armut im Kindes- und Jugendalter: Die sogenannte „Altersarmut" der 1960er und 1970er Jahre wurde durch die Armutsgefährdung von Kindern und Jugendlichen abgelöst. Die altersspezifischen Sozialhilfeempfängerquoten der Kinder und Jugendlichen sind in den 1980er Jahren laufend angestiegen und betragen nunmehr ein Vielfaches der Quote der über 60-jährigen Empfänger. Wenn man die Altersgruppe der Kinder und Jugendlichen unter 18 Jahren noch weiter aufspaltet, dann zeigt sich, dass die (altersspezifischen) Quoten zunehmen, je jünger die Kinder sind. Zum Stichtag

31.12.1997 lebte in Deutschland jedes elfte Kind unter drei Jahren und etwa jedes zwölfte unter sieben Jahren in einem Sozialhilfeempfängerhaushalt (vgl. Statistisches Bundesamt, 1998, S. 9). Diese Quoten erhöhen sich, wenn man nicht die Stichtagszahlen am Jahresende betrachtet, sondern die kumulierten Jahresgesamtzahlen (Betroffenheit von Sozialhilfe innerhalb eines Jahres), wie dies noch bis einschließlich 1993 auch von Statistischen Bundesamt erfolgte: Demnach wuchs während des Jahres 1993 in Deutschland etwa jedes achte Kind zeitweilig oder länger in einem Sozialhilfeempfängerhaushalt auf (vgl. Statistisches Bundesamt, 1995, S. 106).

Zweifellos darf Armut nicht mit dem Empfang von Sozialhilfe gleichgesetzt werden. Allerdings ist *ein* wesentlicher Indikator für die *Armutsgefährdung* einer sozialen Gruppe der darin enthaltene Anteil an Sozialhilfeempfängern. Weiterhin gilt der Sozialhilfebezug als ein Zeichen sozialen Abstiegs. Sowohl die Anzahl der jungen Hilfeempfänger – fast 40% der Sozialhilfeempfänger im engeren Sinne (Bezieher von laufender Hilfe zum Lebensunterhalt außerhalb von Einrichtungen) sind gegenwärtig jünger als 18 Jahre – als auch die Dynamik der Entwicklung weisen auf die Notwendigkeit einer detaillierten Analyse dieses Problemfeldes hin.

Am Beginn des empirischen Teils dieser Arbeit (Kap. 3) wird daher zunächst auf die Entwicklung der Altersverteilung der Sozialhilfeempfänger eingegangen und der Zusammenhang zur Betroffenheit bestimmter Haushaltstypen bzw. Familienformen aufgezeigt. Die Sozialhilfegrenze, d.h. das Niveau der (laufenden) Hilfe zum Lebensunterhalt (s.u.), stellt die quasi-offizielle (Einkommens-)Armutsgrenze in Deutschland dar, wodurch allerdings nur jene erfasst werden, die ihren Anspruch auf Sozialhilfe auch geltend machen. Weiterhin erhalten seit November 1993 AsylbewerberInnen und ihnen gleichgestellte AusländerInnen zur Sicherung des Lebensunterhaltes nicht mehr Leistungen nach dem Bundessozialhilfegesetz (BSHG), sondern einem eigenständigen Asylbewerberleistungsgesetz (Kap. 4). Das Ausmaß der Betroffenheit von Einkommensarmut bei Kindern und Jugendlichen wird auch über relative Einkommensarmutsgrenzen bestimmt, die Armut als Prozentsatz des durchschnittlichen Nettoeinkommens (nach Anzahl und Alter der Haushaltsmitglieder) vergleichbarer Haushalte definieren (Kap. 5). Obwohl in der sozialpolitischen Diskussion die Ausstattung mit Einkommen nach wie vor als geeigneter Indikator der Lebenssituation angesehen wird, besteht seitens der Armutsforschung Konsens, dass damit das Phänomen Armut nur unzureichend erfasst wird. Die empirischen Analysen dieser Arbeit beschränken sich daher nicht nur auf einen ressourcentheoretischen Armutsbegriff, sondern beziehen auch Aspekte des lebenslagentheoretischen Zuganges mit ein (Kap. 6).

2 Definition und Messung von Armut

Ein zentrales Problem der Armutsforschung besteht seit jeher darin, das Phänomen der Armut theoretisch zu definieren und in der Folge empirisch zu erfassen. Eine absolut verbindliche Definition von Armut im Sinne einer allgemeinen Gültigkeit kann es nicht geben, da letztlich jede Armutsdefinition politisch-normativer Natur

Frage der Verfügbarkeit v. Handlungsspiel-räumen

ist. Die Wahl der Armutsdefinition (bzw. des zugrunde liegenden Konzeptes) und in der Folge deren Operationalisierung bestimmen jedoch nicht nur das Ausmaß von Armut, sondern prägen auch die sozialpolitischen Forderungen (vgl. dazu die ausführliche Darstellung und Diskussion bei Zimmermann, 1993, 2000).

In der wissenschaftlichen Diskussion besteht heute Einigkeit darüber, dass Armut für hochentwickelte Gesellschaften wie Deutschland ein relatives Phänomen ist. Armut ist für diese Gesellschaften in der Regel keine Frage des physischen Überlebens, sondern eine Frage des menschenwürdigen Lebens. Armut ist daher nicht absolut im Sinne eines physischen Existenzminimums zu definieren, sondern relativ zu gesamtgesellschaftlichen Lebensgewohnheiten. Weiterhin besteht Konsens, dass Armut umfassend zu verstehen ist. Armut ist nicht nur eine Frage monetärer Ressourcen (eindimensionaler Ressourcenansatz), sondern betrifft neben weiteren Dimensionen der Unterversorgung (Arbeit, Gesundheit, Bildung, Wohnen etc.) auch die Frage der Verfügbarkeit von Handlungsspielräumen, die die Abhängigkeit von gesellschaftlichen Rahmenbedingungen betonen (Lebenslagenansatz).

2.1 *Ressourcen versus Lebenslagenansatz*

In der amtlichen Sozialstatistik wie in der Armutsforschung der Bundesrepublik (gemeint sind die alten Bundesländer) stand der *ressourcentheoretische Ansatz* stets im Vordergrund. Nach diesem wird Armut als eine Unterausstattung an monetären (Einkommen aus Erwerbsarbeit sowie Vermögen, öffentliche und private Transferleistungen etc.) bzw. nichtmonetären Ressourcen (Ergebnisse hauswirtschaftlicher Produktion usw.) verstanden. Aufgrund der statistischen Datenlage bezieht der überwiegende Teil der Armutsstudien bisher allerdings nur eine einzige Ressource, das verfügbare Einkommen, in die Betrachtungen ein (unter Verwendung der Sozialhilfegrenze bzw. von relativen Einkommensarmutsgrenzen als Armutsschwellen). Zweifellos stellt das Einkommen in marktwirtschaftlich-kapitalistischen Gesellschaften ein zentrales Merkmal der sozio-ökonomischen Lage von Untersuchungseinheiten (Personen/Haushalten (Familien)/Gruppen) dar. Die sozio-ökonomische Lage einer Untersuchungseinheit wird jedoch auch wesentlich durch Faktoren wie Bildung, Arbeit (Erwerbsstatus), Wohnen (Wohnumfeld/Wohnungsausstattung), Gesundheit bestimmt. Dieser multidimensionale Zugang ist ein wichtiger Bestandteil des sogenannten Lebenslagenansatzes.

Der *Lebenslagenansatz* stellt eine wesentlich differenziertere Annäherung an die Komplexität des Armutsphänomens dar, wobei der theoretische Begriff der „Lebenslage" im deutschen Sprachraum nach dem Zweiten Weltkrieg vor allem durch Gerhard Weisser geprägt wurde, dessen Begriffsbildung in der Tradition von Otto Neurath (1931) steht. In einer Volkswirtschaft, wie sie uns als soziale Marktwirtschaft in der Bundesrepublik begegnet, wird nach Weisser (1971, zuerst 1953) nicht nur Geldeinkommen verteilt, sondern „es handelt sich um alle Umstände der Bedarfsdeckung, in die der Einzelne gestellt wird. *Verteilt werden Lebenslagen.* [...] Die Verteilungspolitik darf sich also nicht nur auf Bewertung und gegebenenfalls Regelung der Einkommens- und Vermögensverteilung beschränken. Gestützt auf eine ausgebaute Wirtschaftspsychologie und besonders Motivenlehre hat sie sich um die *Verteilung der Lebenslagen* schlechthin zu bemühen" (S. 110 f., Hervorhebungen im Original).

Seine Überlegungen zum thematischen Begriff „Lebenslage" beruhen auf der plausiblen Annahme, dass Menschen in unterschiedlichen Lebenslagen ungleiche Handlungsspielräume zur Befriedigung ihrer Bedürfnisse haben. 1956 definiert er den Begriff Lebenslage entsprechend als den „Spielraum, den einem Menschen (einer Gruppe von Menschen) die äußeren Umstände nachhaltig für Befriedigung der Interessen bieten, die den Sinn seines Lebens bestimmen" (Weisser, 1956, S. 986).

Aufgrund der vielfältigen empirischen Interpretationsmöglichkeiten des Weisser'schen Lebenslagenbegriffes sind Kriterien bzw. Bedingungskomplexe festzulegen, die eine Lebenslage konstituieren (vgl. Glatzer & Hübinger, 1990; Zimmermann, 1993, 2000). Aus den obigen Zitaten wird deutlich, dass der Lebenslagenansatz in der Tradition von Gerhard Weisser ein multidimensionaler Ansatz ist, in dessen Zentrum „Handlungsspielräume" stehen, die u.a. aus der materiellen und immateriellen Ressourcenausstattung resultieren und sich in materiellen und immateriellen Versorgungslagen im weitesten Sinn widerspiegeln. Hervorgehoben sei, dass neben diesen Kriterien der Ressourcen- und Versorgungslage weitere objektive Faktoren im Sinne von kollektiven Rahmenbedingungen wie beispielsweise die Arbeitsmarkt- und Wohnungsmarktsituation, die wesentlich regional geprägt sind, die Bildungs- und Ausbildungszugänge u.a.m. eine zentrale Rolle spielen. Weiterhin sind subjektive Kriterien im Weisser'schen Sinne basal, die unter dem Sammelbegriff „subjektive Nutzungs-/Handlungskompetenz" zusammengefasst werden können und die unter anderem durch die Dauer der Armutslage maßgeblich beeinflusst sind.

Vor diesem Hintergrund ergeben sich für die Operationalisierung des Begriffs „Lebenslage" stichwortartig folgende Charakteristika:
- multidimensional,
- Handlungsspielräume und ihre Grenzen, u.a. resultierend aus:
- Ressourcenausstattung,
- widergespiegelt in potentiellen und tatsächlichen Versorgungslagen,
- kollektiven Rahmenbedingungen (u.a. regional bedingt),
- subjektiver Nutzungs-/Handlungskompetenz (u.a. zeitlich bedingt).

Zu diesem sehr umfassenden Ansatz, der über den zentralen Begriff des Handlungsspielraumes vor allem auch die Verknüpfung von Makro- und Mikroebene im Rahmen von Verteilungsprozessen anstrebt, existieren mehrere Operationalisierungskonzepte und -versuche, die, entsprechend den obigen Charakteristika, unterschiedliche Schwerpunktsetzungen aufweisen (z.B. Lompe, 1987; Glatzer & Hübinger, 1990; Andreß & Lipsmeier, 1995; Andreß, 1999). Am häufigsten werden, dem *Konzept der „sozialen Indikatoren"* folgend, die objektive Ressourcen- und Versorgungslage von Personen/Haushalten(Familien)/Gruppen in ausgewählten Bereichen (Einkommen, Arbeit, Bildung, Wohnen, Gesundheit etc.) erhoben und fallweise (diesem Konzept entsprechend) auch Aspekte des subjektiven Wohlbefindens (Zufriedenheit) einbezogen, wobei unterstellt wird, dass die soziale Lage die Handlungsspielräume, die Handlungsmotivation etc. der Betroffenen entscheidend beeinflusst.

2.2 Lebenslagenansatz und das Konzept der „sozialen Indikatoren"

Das *Konzept der Lebensqualität* bzw. der *sozialen Indikatoren*, das im Rahmen der Wohlfahrtsforschung entwickelt wurde (vgl. z.B. Glatzer & Zapf, 1984), versucht, die objektiven Lebensbedingungen in allen relevanten Lebensbereichen sowie deren subjektiven Bewertungen zu verknüpfen, um daraus Rückschlüsse auf die Lebensqualität, deren sozialstrukturelle Verteilung, Kumulationen, Disparitäten etc. zu ziehen (z.B. Glatzer & Noll, 1995).

Bei einem in diesem Sinne (lebenslagenorientierten) mehrdimensionalen Armutsbegriff sind zunächst die relevanten Lebensbereiche bzw. die maßgeblichen Dimensionen der Ressourcen-/Versorgungslage und in der Folge die Indikatoren, die diese charakterisieren, festzulegen sowie die Grenzen der Unterausstattung/-versorgung zu bestimmen. In vergleichbaren Untersuchungen (vgl. z.B. Hauser u.a., 1981; Döring u.a., 1990; Hanesch u.a., 1994) wird ausgegangen von der klassischen Triade sozialer Ungleichheit: Einkommen, Bildung und Beruf (Erwerbsstatus), die in der Folge pragmatisch durch weitere Dimensionen wie Gesundheit, Wohnen, Sozialbeziehungen etc. ergänzt wird. Die Operationalisierung der angeführten Versorgungs- bzw. Lebensbereiche (Dimensionen) erfolgt über weitgehend anerkannte Indikatoren (vgl. z.B. Hanesch u.a., 1994, S. 128): So wird die Dimension Arbeit mit dem Indikator „Art und Umfang der Erwerbstätigkeit" erfasst und als Versorgungsdefizit registrierte Arbeitslosigkeit bzw. geringfügige Beschäftigung festgelegt; der Bereich Bildung wird mit den Indikatoren schulische bzw. berufliche Bildung charakterisiert und ein fehlender allgemeiner bzw. beruflicher Bildungsabschluss als Unterversorgung (Defizit) angesehen usw. Diese Indikatoren der „objektiven" Lebensbedingungen werden in einzelnen Studien durch „subjektive" Problemindikatoren (z.B. subjektives Wohlbefinden, subjektive Zufriedenheit) erweitert. Gemeinsam ist den genannten Studien, dass sie Einzelversorgungsdefizite aufzeigen sowie Kumulationen dieser, die als Armut interpretiert werden.

Angemerkt sei, dass die Auswahl der einbezogenen Dimensionen bzw. Indikatoren entscheidend ist für die Erfassung und Definition von Lebensqualität und in der Folge von Armut und Deprivation. Zu hinterfragen ist, ob mit den angeführten (klassischen) Indikatoren alle wesentlichen Armuts-/Deprivationslagen erfasst werden. So wird die monetäre Ausstattung eines Haushaltes in der Regel über die Einnahmenseite (zufließende Ressourcen) charakterisiert, eingegangene Ausgabenverpflichtungen bleiben bis auf wenige Ausnahmen wie die Wohnungsmiete bzw. die Kreditbelastung für selbstgenutzten Wohnraum unberücksichtigt. Dadurch werden etwa vier Mio. Haushalte (davon rund die Hälfte mit Kindern und Jugendlichen), die überschuldet sind bzw. sich an der Schwelle zur Überschuldung befinden (also vor dem Offenbarungseid stehen etc.), aus den Betrachtungen ausgeblendet (vgl. Zimmermann, 2000a, Kap. 1.1 und 4.8). Im Rahmen der traditionellen Armutsanalysen (auf Einnahmen fokussierter Ressourcenansatz) werden nur jene überschuldeten Haushalte erfasst, die gleichzeitig einkommensarm sind (Sozialhilfeempfänger bzw. relativ Einkommensarme), was auf etwa ein Viertel der überschuldeten Haushalte zutrifft (vgl. ebd., Kap. 5.1.3).

Wesentlich ist weiterhin, dass fast ausschließlich die Ausstattung von Individuen mit Einkommen, Bildung, Arbeit etc. analysiert wird, sofern diese Individuen „merkmalsfähig", d.h. im erwerbsfähigen Alter sind, ihre Schulpflicht beendet haben etc. Entsprechend werden Unterversorgungs- und Armutsquoten hauptsächlich vor diesem Hintergrund erstellt. Vernachlässigt wird die Vermittlung von Unterversorgung und Armut durch die Familie bzw. durch den Haushalt. Zwar findet innerhalb der Armutsforschung die Familie/der Haushalt traditionell Berücksichtigung, allerdings nur dahingehend, dass die Betroffenheit unterschiedlicher Familienformen bzw. Haushaltstypen vergleichend analysiert wird. Der Blick von der Familien-/Haushaltsebene zurück auf die Individualebene, auf die Mitbetroffenen innerhalb der Familie bzw. des Haushaltes, unterbleibt weitgehend.

2.3 Vermittlung von Unterversorgung und Armut durch die Familie bzw. durch den Haushalt

Einleitend wurde diskutiert, dass für hoch entwickelte Gesellschaften mit einem allgemein hohen Wohlstand Armut ein relatives Phänomen ist. Armut ist daher relativ zu gesamtgesellschaftlichen Lebensgewohnheiten zu definieren, wodurch die Armutsforschung im Zusammenhang mit der Analyse der Verteilung von gesellschaftlichem Wohlstand und folglich von sozialer Ungleichheit zu sehen ist.

Die traditionelle Analyse sozialer Ungleichheit ist fast ausschließlich auf die Verteilungsmechanismen des Marktes (v.a. des Arbeitsmarktes, aber ebenso – im Falle der Selbstständigen – des Gütermarktes) sowie des Staates konzentriert. In der Folge teilt die Ungleichheitsforschung Gesellschaftsmitgliedern, die über Einkommen, Bildung, Beruf etc. verfügen, eine Position im gesellschaftlichen Gefüge zu. Ungeachtet der Bedeutung, die dem Arbeitsmarkt und somit dem Beruf, der Bildung usw. bei der Erklärung sozialer Ungleichheit und sozialer Mobilität zukommt, gerät dabei aus dem Blickfeld, dass neben den Institutionen Markt und Staat die Familie/der Haushalt eine entscheidende Rolle bei der Verteilung von Ressourcen, Lebenslagen und -chancen spielt. Traditionelle Theorien sozialer Ungleichheit stellen nur auf das Individuum, seine Einkommens-, Erwerbs-, Bildungsposition und andere individuelle Merkmale ab und vernachlässigen, dass einem Großteil der (nicht erwerbstätigen) Bevölkerung erst über die Familie/den Haushalt soziale Ungleichheit vermittelt wird.

Wie weiter oben angeführt, werden traditionell Familie und Haushalt innerhalb der Armutsforschung im Gegensatz zur allgemeinen Ungleichheitsforschung berücksichtigt, indem das Familien-/Haushaltseinkommen und der Familien-/Haushaltsbedarf im Mittelpunkt stehen. In der Folge werden Familien-/Haushaltstypen in Abhängigkeit von Merkmalen wie Haushaltsgröße, Anzahl der Kinder und Erwerbstätigen u.a.m. hinsichtlich Armutsrisiko und -betroffenheit vergleichend analysiert. Der anschließende (differenzierte) Blick zurück auf die Individualebene, d.h. auf die Familien-/Haushaltsmitglieder und ihre, aus dieser Betroffenheit resultierenden, unterschiedlichen Handlungsspielräume und Lebenschancen wird hingegen vernachlässigt.

Im Mittelpunkt der folgenden Ausführungen stehen unterschiedliche Formen von Unterversorgung und Armut bei Kindern und Jugendlichen, die diese größtenteils über die Familie/den Haushalt, in der/dem sie leben, vermittelt bekommen, wobei sich die Analysen auf die Quantifizierung des Betroffenheitsausmaßes konzentrieren. Weiterführende Untersuchungen, die die mehrfach kritisierten (vgl. Ludwig-Mayerhofer, 1995) idealtypischen Annahmen der Umverteilungsprozesse innerhalb der Haushalte/Familien (bedarfsgerechte Verteilungsannahme, Poolannahme) beinhalten, müssen an dieser Stelle ebenso unterbleiben wie eine Diskussion der Auswirkungen der Unterversorgungs-/Deprivationslagen bei Kindern und Jugendlichen (Lebenschancen, Handlungsspielräume etc.), wozu auf Kapitel II dieses Bandes verwiesen sei.

3 Sozialhilfe: Überproportionale Zunahme bei Kindern und Jugendlichen

Da es bisher in der Bundesrepublik keine umfassende und regelmäßige Armutsberichterstattung gibt[1], stellt die Sozialhilfestatistik, die seit 1963 jährlich vom Statistischen Bundesamt veröffentlicht wird, die wichtigste Datenbasis über Umfang und Struktur der Armutsbekämpfung in der Bundesrepublik dar. Wie einleitend angeführt, wird der Anteil an Sozialhilfeempfängern innerhalb einer sozialen Gruppe als Indikator für die Armutsgefährdung dieser angesehen. Jene Bevölkerungsgruppen, die einen überproportional hohen Anteil an Sozialhilfeempfängern aufweisen, werden als *Risikogruppen* bezeichnet, deren sozial-strukturelle Veränderungen in der Zusammensetzung einleitend stichwortartig aufgezeigt wurden.

Auf *Sozialhilfe* hat jeder Bürger (bei gegebenen Voraussetzungen) einen Rechtsanspruch (ohne Rücksicht auf eigenes Verschulden). Die Sozialhilfe soll in Not geratene Bürger „die Führung eines Lebens ermöglichen, das der Würde des Menschen entspricht" (BSHG §1 Abs. 2, Satz 1). Sie wird nach dem geltenden Bundessozialhilfegesetz nachrangig (Subsidiaritätsprinzip) zur Deckung eines individuellen Bedarfs mit dem Ziel der Hilfe zur Selbsthilfe gewährt.[2] Asylbewerber und abgelehnte Bewerber, die zur Ausreise verpflichtet sind, sowie geduldete

---

[1] Die Bundesregierung hat in der Koalitionsvereinbarung zwischen SPD und BÜNDNIS 90/Die Grünen vom 20. Oktober 1998 ihre Absicht erklärt, regelmäßig einen Armuts- und Reichtumsbericht vorzulegen. Der Deutsche Bundestag hat in einem Beschluss vom 27. Januar 2000 auf Antrag der Regierungskoalition die Bundesregierung zur Vorlage eines Armuts- und Reichtumsberichts aufgefordert.

[2] Nachrangig bedeutet, dass die Sozialhilfe als unterstes Netz im gegliederten System der sozialen Sicherung nur dann eingreift, wenn die betroffenen Personen nicht in der Lage sind, sich aus eigener Kraft zu helfen oder die erforderliche Hilfe von anderen, insbesondere von Angehörigen oder von Trägern anderer Sozialleistungen, zu erhalten.

Ausländer erhalten seit November 1993 anstelle der Sozialhilfe *Leistungen nach dem Asylbewerberleistungsgesetz.*

Zwei *Leistungsarten der Sozialhilfe* sind zu unterscheiden: Hilfe zum Lebensunterhalt (HLU) sowie Hilfe in besonderen Lebenslagen (HBL). Bei der HLU wird weiter unterschieden zwischen den „laufenden" und „einmaligen Leistungen", weil der Bedarf teils laufend besteht (z.B. Ernährung, Körperpflege, Unterkunft, Kranken- und Altersversicherung) und teils in Abständen auftritt (z.B. Kleidung und Hausrat mit höherem Anschaffungswert, Heizung usw.). Die laufende HLU, die an Personen außerhalb von Einrichtungen (Krankenanstalten, Pflegeheime, Behinderteneinrichtungen etc.) entrichtet wird, bezeichnet man als *Sozialhilfe im engeren Sinne*. Die Hilfe in besonderen Lebenslagen (HBL) definiert sich aus ihren Einzelhilfen. Sie wird gewährt als: Hilfe zur Pflege, Eingliederungshilfe für Behinderte, Krankenhilfe, Ausbildungshilfe, Hilfe für werdende Mütter und Wöchnerinnen usw.

Die laufende HLU ist von besonderer Bedeutung, da die monetäre Bemessung der *Sozialhilfegrenze* auf ihr basiert, und sie wird daher häufig als Indikator zur Beschreibung von Einkommensarmut in Deutschland herangezogen. Die Bemessung der laufenden HLU ergibt sich aus dem Regelbedarf, dem Unterkunftsbedarf, dem Mehrbedarf[3] und gegebenenfalls Versicherungsbeiträgen. Der Regelbedarf wurde bis 1990 nach einem idealtypischen Bedarfsmengenschema an Waren und Dienstleistungen („Warenkorbmodell") festgelegt, dessen (länderspezifische) preisliche Umsetzung für eine allein stehende Person (bzw. den Haushaltsvorstand) den (länderspezifischen) „Eckregelsatz" ergab. Seitdem orientiert sich die Bemessung des Regelbedarfes an den tatsächlichen, statistisch ermittelten Ausgaben und dem Bedarfsverhalten von Haushalten in den unteren Einkommensgruppen (Statistik-Modell).

Die konkrete Höhe der *Sozialhilfegrenze* (Regelsätze einschließlich einmaliger Leistungen und Warmmiete) wird auf der oben dargelegten Grundlage von den zuständigen Behörden der Bundesländer jeweils zum 1. Juli eines Jahres festgelegt. Für das frühere Bundesgebiet ergibt sich für den Haushaltsvorstand oder für allein stehende Hilfeempfänger folgender durchschnittlicher Bruttobedarf (ohne anrechenbares Einkommen oder Vermögen, Stand: Ende 1999): DM 1.181 (= Regelsatz DM 546 + einmalige Leistungen DM 87 + Warmmiete (ohne Strom) DM 548). Für eine Ein-Elternteil-Familie mit einem Kind (unter sieben Jahren) erhöht sich der durchschnittliche Bruttobedarf (früheres Bundesgebiet) auf DM 1.941 und für ein Ehepaar mit zwei Kindern (früheres Bundesgebiet) beträgt der durchschnittliche Bruttobedarf insgesamt DM 2.931 (vgl. Breuer & Engels, 1999, S. 25). Im früheren Bundesgebiet lag 1997 der Bruttobedarf im Durchschnitt aller Bedarfsgemeinschaften (ohne einmalige Leistungen) bei monatlich DM 1.547 (neue Länder: DM 1.336), abzüglich des angerechneten Einkommens in der Höhe von durchschnittlich DM 738 (neue Länder: DM 700) betrug die durchschnittliche tatsächliche Leistung (Nettoanspruch) DM 809 (neue Länder: DM 636).

---

[3] Sogenannte Mehrbedarfszuschläge erhalten bestimmte Personengruppen (z.B. allein Erziehende, werdende Mütter, Behinderte) aufgrund ihrer besonderen Lebensumstände.

Jene Personen und Haushalte, deren Sozialhilfeberechtigung nach dem BSHG durch Behörden anerkannt ist und die entsprechende Leistungen erhalten, werden nach Hauser u.a. (1981, S. 27) unter dem Begriff „*bekämpfte Armut*" zusammengefasst. Hinzuzurechnen sind Asylbewerber und abgelehnte Bewerber, die zur Ausreise verpflichtet sind, sowie geduldete Ausländer, die seit November 1993 anstelle der Sozialhilfe Leistungen nach dem *Asylbewerberleistungsgesetz* erhalten und entsprechend auch nicht mehr in der Sozialhilfestatistik erfasst sind. Weiterhin werden unter dem Begriff „*verdeckte Armut*" jene Personen subsumiert, die einen ihnen zustehenden Sozialhilfeanspruch nicht geltend machen und folglich nicht in der Sozialhilfestatistik aufscheinen (man spricht auch von der Dunkelziffer der Armut). Am Jahresende 1997 bezogen in Deutschland mehr als 2,9 Mio. Menschen (darunter rund 2,5 Mio. in den alten Bundesländern) laufende Hilfe zum Lebensunterhalt (außerhalb und innerhalb von Einrichtungen). Das entspricht einer Empfängerquote (bezogen auf die Wohnbevölkerung) von 3,8% in den alten und 2,5% in den neuen Bundesländern (vgl. Statistisches Bundesamt, 1998, S. 130). Die Ostquote lag damit zwar 1997 noch unter jener des Westens, die Zuwachsrate im Vergleich zum Vorjahr war jedoch in den neuen Ländern ein Vielfaches der West-Zuwachsrate, so dass diesbezüglich (leider) die Angleichung bald erreicht sein wird. Der Umfang der verdeckten Armut kann nur geschätzt werden. Die Zahl der Sozialhilfebezieher (HLU) ist nach den vorliegenden Untersuchungen (vgl. Hauser & Hübinger, 1993, S. 52 f.; Neumann & Hertz, 1998) um 50% bis 100% zu erhöhen, um die Gesamtzahl der Sozialhilfeberechtigten zu erhalten.[4]

Die Zahl der Empfänger von Sozialhilfe im engeren Sinne (laufende Hilfe zum Lebensunterhalt außerhalb von Einrichtungen) ist seit In-Kraft-Treten des Bundessozialhilfegesetzes im Juni 1962 deutlich angestiegen (vgl. Tab. 1): In den 1960er Jahren gab es im früheren Bundesgebiet bei nur unwesentlichen Veränderungen rund 500.000 Empfänger; mit Beginn der 1970er Jahre setzte ein erster Anstieg ein, der bis 1977 andauerte; nach einem kurzfristigen Rückgang der Empfängerzahlen folgte Anfang der 1980er Jahre die zweite Anstiegsphase, in der 1982 erstmals mehr als eine Million Empfänger erreicht wurden, und 1992 wurde im früheren Bundesgebiet die Zwei-Millionen Marke überschritten (durch die Einbeziehung der neuen Länder und Berlin-Ost wurden in Deutschland bereits 1991 mehr als zwei Mio. Empfänger am Jahresende registriert). Der deutliche Rückgang der Bezieherzahl im Jahr 1994 ist auf die Einführung des Asylbewerberleistungsgesetzes im November 1993 zurückzuführen. In den darauf folgenden Jahren stieg die Zahl der Sozialhilfeempfänger im engeren Sinne wieder an, wobei auf die wesentlich höheren Steigerungsraten in den neuen Bundesländern hinzuweisen ist: Während die Zunahme im früheren Bundesgebiet im Jahr 1997 gegenüber dem Vorjahr 5,4% betrug, war die Zuwachsrate in den neuen Ländern innerhalb dieses Zeitraumes mit fast 25% ein Mehrfaches. 1998 erfolgte ein geringer Rückgang der Anzahl der Hilfeempfänger in den alten Ländern, und im Gegensatz dazu stieg die Anzahl in den neuen Ländern um rund 8%. Der Anteil der Ausländer unter den HLU-

---

[4] Die Nichtinanspruchnahme von Sozialhilfe betrifft fast ausschließliche „Hilfe zum Lebensunterhalt". Der Verzicht auf zustehende Hilfe zum Lebensunterhalt ist bei älteren Menschen wesentlich höher als bei jüngeren Sozialhilfeberechtigten (vgl. Breuer & Engels, 1999, S. 41 f.).

Empfängern außerhalb von Einrichtungen hat sich seit 1980 annähernd verdreifacht.

Tab. 1: Entwicklung der Sozialhilfe im engeren Sinne im Zeitvergleich

	Empfänger von Sozialhilfe im engeren Sinne am Jahresende							
	Insgesamt		Deutsche	Ausländer	früheres Bundesgebiet		neue Länder und Berlin-Ost	
Jahr	Anzahl in 1000	Anteil an Bev. in %	Anzahl in 1000	Anzahl in 1000	Anzahl in 1000	Anteil an Bev. in %	Anzahl in 1000	Anteil an Bev. in %
1963	584	1,0			584	1,0		
1970	528	0,9			528	0,9		
1975	852	1,4			852	1,4		
1980	851	1,4	781	71	851	1,4		
1985	1398	2,3	1214	184	1398	2,3		
1990	1772	2,8	1289	483	1772	2,8		
1991	2036	2,5	1469	567	1819	2,8	217	1,4
1992	2339	2,9	1581	758	2050	3,1	289	1,8
1993	2450	3,0	1705	745	2162	3,3	288	1,8
1994	2258	2,8	1813	445	2017	3,1	241	1,6
1995	2516	3,1	1995	520	2241	3,4	275	1,8
1996	2689	3,3	2052	636	2382	3,6	306	2,0
1997	2893	3,5	2228	665	2511	3,8	382	2,5
1998	2879	3,5	2215	665	2467	3,7	412	2,7

Anm.: Sozialhilfe im engeren Sinne: laufende Hilfe zum Lebensunterhalt außerhalb von Einrichtungen (bis einschließlich 1990: früheres Bundesgebiet, ab 1991: Deutschland).
Quelle: Statistisches Bundesamt, Fachserie 13, Reihe 2, Sozialhilfe (verschiedene Jahrgänge).

Die Anzahl der Empfänger von Hilfe in besonderen Lebenslagen (HBL) liegt seit 1994 bei rund 1,4 Mio. (kumulierte Jahresgesamtzahl) bzw. 900.000 bis 950.000 (jeweils am Jahresende). Die Regelleistungen nach dem Asylbewerberleistungsgesetz erreichten 1998 mit 439.000 das niedrigste Niveau seit der Einführung (höchste Anzahl 1996: 490.000 Empfänger).

3.1 Grundlegende Veränderung der sozialen Struktur der Sozialhilfeempfänger

Die soziodemographische Struktur der Sozialhilfeempfänger hat sich im Zeitverlauf grundlegend verändert (vgl. Tab. 2). So ist der Ausländeranteil zwischen 1965 und 1997 von 3% auf 23% angestiegen. Im selben Zeitraum sank der Frauenanteil von 67% auf nunmehr 56%. Erhebliche Veränderungen waren auch in der altersmäßigen Zusammensetzung der Hilfeempfänger zu verzeichnen: Zwischen 1965 und 1997 erhöhte sich der Anteil der Kinder und Jugendlichen von 32% auf 37% bei einem gleichzeitigen Rückgang des Anteils der über 65-jährigen von 28% auf 6%.

Formen von Armut und Unterversorgung im Kindes- und Jugendalter 65

Tab. 2: Empfänger von Sozialhilfe im engeren Sinne am Jahresende im Zeitvergleich: Anteile am Gesamtbestand

Merkmal	Empfänger von Sozialhilfe im engeren Sinne am Jahresende			
	1965	1970	1980	1997
Insgesamt	100	100	100	100
Deutsche	96,6	97,5	91,7	77,0
Ausländer	3,4	2,5	8,3	23,0
Männer	32,9	33,3	37,2	44,0
Frauen	67,1	66,7	62,8	56,0
Kinder (<18 Jahre)	32,1	34,6	35,2	37,2
Erwachsenen (18-49 Jahre)	17,9	19,8	33,7	45,9
Ältere Personen (50-64 Jahre)	22,3	17,4	11,1	10,9
Ältere Personen (65 und älter)	27,8	28,3	20,1	6,0

Anm.: Sozialhilfe im engeren Sinne: laufende Hilfe zum Lebensunterhalt außerhalb von Einrichtungen (bis einschließlich 1980: früheres Bundesgebiet, 1997: Deutschland).
Quelle: Statistisches Bundesamt.

Aus dem Vergleich der in Tabelle 2 ausgewiesenen Anteile der Bevölkerungsgruppen an den Sozialhilfeempfängern mit den entsprechenden Anteilen, die diese Bevölkerungsgruppen innerhalb der Gesamtbevölkerung einnehmen, wird das Risiko der Sozialhilfeabhängigkeit für die Bevölkerungsgruppen deutlich: So war am Jahresende 1997 der Anteil der ausländischen HLU-Empfänger außerhalb von Einrichtungen (ohne Leistungsempfänger nach dem Asylbewerberleistungsgesetz) mehr als 2,5-fach höher als der Anteil der ausländischen Wohnbevölkerung an der Gesamtbevölkerung; während der Sozialhilfeempfängeranteil der Kinder unter 18 Jahren doppelt überproportional zum Anteil in der Gesamtbevölkerung war (Jahresende 1997, Deutschland), lag der Anteil der 65-jährigen und Älteren mit 6% weit unter ihrem Anteil von 16% der Wohnbevölkerung. Kinder und Jugendliche tragen folglich ein wesentlich höheres Risiko, von Sozialhilfeempfang betroffen zu sein, als ältere Personen. Weiterhin sind Ausländer hoch überproportional betroffen und ebenso Frauen, wenn sie allein erziehend sind (siehe weiter unten).

Für die Diskussion langfristiger Folgen ökonomischer Deprivation ist die Altersstruktur der von Armut betroffenen bzw. der in Armutsnähe lebenden Personen wesentlich. Die Veränderungen in der Altersstruktur der Hilfempfänger drückt sich einerseits in den entsprechenden Anteilsverschiebungen am Gesamtbestand der HLU-Empfänger aus (vgl. Tab. 2) und andererseits ebenso deutlich in den altersspezifischen Quoten der Sozialhilfebezieher (Anteile der Sozialhilfebezieher an der Bevölkerung gleichen Alters): Während 1997 zum Jahresende 9,3% der Kinder unter drei Jahren Sozialhilfeempfänger im engeren Sinne waren, betraf dies nur 1,2% der 70-jährigen und älteren Menschen.

Die Entwicklung der Sozialhilfeabhängigkeit von Kindern und Jugendlichen ist aus Tabelle 3 ersichtlich. Hervorzuheben ist, dass sich der Anteil der Kinder unter sieben Jahren, die von Sozialhilfe im engeren Sinne betroffen sind, seit 1980 mehr als vervierfacht hat. Grundsätzlich gilt: Je jünger die Kinder, umso höher ist die entsprechende Sozialhilfeempfängerquote. Auf Grund dieses äußerst bedenklichen sozialpolitischen Trends sprechen Hauser & Semrau (1990, S. 30) bzw. Hauser & Hübinger (1993, S. 58) von einer „Infantilisierung" der Armut.

Tab. 3: Kinder und Jugendliche in der Sozialhilfe im engeren Sinne am Jahresende im Zeitvergleich

Jahr	Empfänger von Sozialhilfe im engeren Sinne am Jahresende							
	Insgesamt		und zwar im Alter von ... (in Jahren)					
			unter 7		unter 15		unter 18	
	Anzahl in 1000	Anteil an Bev. in %	Anzahl in 1000	Anteil an Bev. in %	Anzahl in 1000	Anteil an Bev. in %	Anzahl in 1000	Anteil an Bev. in %
1980	851	1,4	81	2,0	249	2,3	300	2,1
1985	1398	2,3	176	4,2	387	4,2	471	4,0
1990	1772	2,8	271	5,7	535	5,5	615	5,3
1991	2036	2,5	346	5,5	656	5,0	747	4,8
1992	2339	2,9	4,8	6,5	764	5,8	868	5,5
1993	2450	3,0	434	7,0	806	6,1	915	5,8
1994	2258	2,8	409	6,7	767	5,8	871	5,5
1995	2516	3,1	445	7,5	844	6,4	963	6,1
1996	2689	3,3	458	7,9	884	6,7	1011	6,3
1997	2893	3,5	481	8,5	939	7,2	1077	6,8

Anm.: Sozialhilfe im engeren Sinne: laufende Hilfe zum Lebensunterhalt außerhalb von Einrichtungen (bis einschließlich 1990: früheres Bundesgebiet, ab 1991: Deutschland).
Quelle: Statistisches Bundesamt, Fachserie 13, Reihe 2, Sozialhilfe (verschiedene Jahrgänge).

Von diesen personenbezogenen und altersspezifischen Aussagen können natürlich Rückschlüsse auf die Familien- bzw. Haushaltsebene erfolgen: Wenn eine stark zunehmende Anzahl von Kindern und Jugendlichen von Armut betroffen oder bedroht ist, so gilt dies ebenso für die Familien, in denen diese Kinder leben.

3.2 Überdurchschnittliche Betroffenheit von Familien bzw. Haushalten mit Kindern

Von den insgesamt etwa 1,5 Mio. Bedarfsgemeinschaften von Sozialhilfe im engeren Sinne am Jahresende 1997 entfielen mehr als ein Drittel auf Familien mit minderjährigen Kindern. 60% darunter waren allein erziehende *Frauen* (vgl. Statistisches Bundesamt, 1998, S. 26; siehe auch Tab. 4). Die Haushalte von *allein Erziehenden* weisen mittlerweile die höchsten Empfängerquoten auf: Am Jahresende 1997 betrug die Quote der Haushalte von allein Erziehenden mit minderjährigen Kindern 22% in den alten und 25% in den neuen Bundesländern (vgl. Tab. 4).

Überproportional oft sind auch *Familien* mit drei und mehr *Kindern* unter 18 Jahren betroffen (und zwar nicht nur bei der Gruppe der *allein Erziehenden*). Allgemein sind in den neuen Bundesländern Familien mit Kindern häufiger von Sozialhilfe im engeren Sinne betroffen als im früheren Bundesgebiet (vgl. Tab. 4). Obwohl seit Jahren vom Gesetzgeber eine Entlastung der Familien versprochen wird, tragen kinderreiche Familien nach wie vor ein hohes Verarmungsrisiko. Sehr hoch bei den betroffenen Familien (Sozialhilfeempfänger im engeren Sinne) ist der Anteil jener Haushalte mit ausländischem Haushaltsvorstand. Von den insgesamt 1,5 Mio. Bedarfsgemeinschaften an Sozialhilfe im engeren Sinne sind mit rund 20% überproportional viele Bedarfsgemeinschaften, die einen ausländischen Haushaltsvorstand aufweisen, wovon mehr als 40% Familien mit Kindern sind (vgl. Statistisches Bundesamt, 1998, S. 30).

Tab. 4: Empfänger von Sozialhilfe im engeren Sinne nach Haushaltstypen

Empfänger von Sozialhilfe im engeren Sinne am Jahresende 1997				
	Früheres Bundesgebiet		Neue Länder u. Berlin-Ost	
Bedarfsgemeinschaften	Anzahl	Anteil in Prozent	Anzahl	Anteil in Prozent
Einzelne Haushaltsvorstände	545.115	43,5	76.517	40,9
darunter: Frauen	301.371	24,1	32.191	17,2
Männer	243.744	19,5	44.326	23,7
Paare ohne Kinder unter 18 Jahren	108.474	8,7	12.984	6,9
Ehepaare ohne Kinder	95.206	7,6	9.246	4,9
Nichteheliche Lebensgem. ohne Kinder	13.268	1,1	3.738	2,0
Paare mit Kind(ern) unter 18 Jahren	177.081	14,1	30.252	16,2
Ehepaare mit Kinder	161.742	12,9	22.379	11,9
darunter: mit 1 Kind	59.501	4,7	8.845	4,7
mit 2 Kindern	56.728	4,5	8.573	4,6
mit 3 u. mehr Kindern	45.513	3,6	4.961	2,6
Nichteheliche Lebensgem. mit Kind(ern)	15.339	1,2	7.873	4,2
allein Erziehende mit Kind(ern) unter 18 J.	286.327	22,9	48.996	26,2
allein Erziehende Frauen	277.347	22,1	47.564	25,4
darunter: mit 1 Kind	155.310	12,4	27.119	14,5
mit 2 Kindern	86.386	6,9	13.996	7,5
mit 3 u. mehr Kindern	35.651	2,8	6.449	3,4
allein Erziehende Männer	8.980	0,7	1.432	0,8
Bedarfsgemeinschaften ohne Haushaltsvorstand und sonstige (einzeln nachgewiesene) Bedarfsgem.	136.025	10,9	18.530	9,9
zugeordnete Bedarfsgem. insgesamt	1.253.022	100,0	187.279	100,0
nicht zugeordnete Bedarfsgemeinschaften	43.297		4.886	
Bedarfsgemeinschaften insgesamt	1.296.319		192.165	

Anm.: Sozialhilfe im engeren Sinne: laufende Hilfe zum Lebensunterhalt außerhalb von Einrichtungen (Deutschland).

Quelle: Statistisches Bundesamt.

4 Empfänger von Leistungen nach dem Asylbewerberleistungsgesetz

Einleitend wurde bereits festgehalten, dass ab November 1993 die Sicherstellung des Lebensunterhaltes für AsylbewerberInnen und ihnen gleichgestellte AusländerInnen aus dem BSHG herausgelöst und in einem eigenständigen Asylbewerberleistungsgesetz geregelt wurde. Der Kreis der Leistungsberechtigten wurde 1997 um Bürgerkriegsflüchtlinge erweitert. Zum Jahresende 1997 erhielten 487.000 Personen Regelleistungen nach diesem Gesetz (vgl. Tab. 5) und neben diesen wurden noch in 126.000 Fällen besondere Leistungen (z.B. bei Krankheit, Schwangerschaft etc.) gewährt (Statistisches Bundesamt, 1999, vgl. S. 465).

Die Hilfen an diese Personen nach dem Asylbewerberleistungsgesetz sind im Vergleich zu den Sozialhilfeleistungen deutlich geringer: Die Differenz liegt bei etwa 20%, und entsprechend gelten auch die Grundsätze des Sozialhilferechtes (Individualisierung, Bedarfsdeckung) nur eingeschränkt (vgl. Bäcker u.a., 2000, S. 222). Zu den angeführten 1,5 Mio. Bedarfsgemeinschaften von Sozialhilfe im engeren Sinne (darunter 543.000 Familien mit minderjährigen Kindern) sind rund 240.000 Haushalte hinzuzurechnen, die am Jahresende 1997 Regelleistungen nach dem Asylbewerberleistungsgesetz erhielten (darunter mehr als 80.000 Haushalte mit minderjährigen Kindern). 39% dieser Regelleistungsempfänger waren minderjährig (vgl. Tab. 5).

Insgesamt zeigt sich aus der Sozialhilfe- wie Asylbewerberleistungsstatistik, dass die hohen Deprivationsquoten von Kindern und Jugendlichen bzw. von Familien (insbesondere Ein-Elternteil-Familien) das dominierende Problem bei der Entwicklung der Armut in den alten wie in den neuen Bundesländern darstellen.

Tab. 5: Empfänger von Regelleistungen nach dem Asylbewerberleistungsgesetz am Jahresende 1997 (Deutschland)

Empfänger im Alter von ... Jahren	Empfänger von Regelleistungen	
	Anzahl	Anteil in %
unter 7	84.838	17,4
7 bis unter 11	42.920	8,8
11 bis unter 15	64.697	7,1
15 bis unter 18	27.775	5,7
18 bis unter 21	27.112	5,6
21 bis unter 25	41.229	8,5
25 bis unter 30	64.879	13,3
30 bis unter 40	101.352	20,8
40 bis unter 50	38.530	7,9
50 bis unter 60	12.436	2,6
60 bis unter 65	4.274	0,9
65 und älter	6.601	1,4
Insgesamt	486.643	100,0

Quelle: Statistisches Bundesamt, 1999, S. 465.

5 Relative Einkommensarmut

Wie bereits erwähnt wurde, erfasst die Sozialhilfestatistik nur jene, die ihren Anspruch auch geltend machen, d.h. die oben diskutierten Quoten sind um die jeweiligen Dunkelziffern untererfasst. Weiterhin basiert die Sozialhilfegrenze, indem sie auf ein (sozio-kulturelles) Existenzminimum abstellt, auf dem Subsistenzkonzept, wodurch die Wohlstands*verteilung* und damit soziale Ungleichheit nicht direkt in die Armutsdefinition einfließen. Relative Einkommensarmutsdefinitionen, die auf dem Konzept der sozialen Ungleichheit aufbauen und folglich Armut relativ zu gesellschaftlichen Standards definieren, weisen diese Mängel nicht auf.

In der empirischen Armutsforschung werden als relative Einkommensarmutsgrenzen 40%, 50% und 60% des durchschnittlichen Haushaltsnettoeinkommens (nach Alter und Anzahl der Haushaltsmitglieder) vergleichbarer Haushalte (man spricht auch vom äquivalenzgewichteten Nettoeinkommen) verwendet. Die 40%-Grenze wird häufig auch als strenge Armut und die 60%-Grenze als Armutsnähe bezeichnet. In der Bundesrepublik liegt den meisten Analysen die 50%-Grenze zugrunde, die auch von der Kommission der Europäischen Gemeinschaft für ihre vergleichenden Armutsuntersuchungen (vgl. Dienel, 1994) herangezogen wird. Die Sozialhilfegrenze liegt nach vergleichenden Untersuchungen etwa bei der 40%-Grenze.

Die in Kapitel 3 aus der Sozialhilfestatistik aufgezeigten Tendenzen der Verarmung bestimmter Bevölkerungsgruppen (insbesondere kinderreiche Familien, allein Erziehende und in der Folge Kinder und Jugendliche) werden durch Untersuchungen zur relativen Einkommensarmut bestätigt. Die Tabellen 6 und 7 dokumentieren die Betroffenheit mit Einkommensarmut für das Jahr 1997 getrennt für die alten und die neuen Bundesländer nach ausgewählten personen- bzw. haushaltsbezogenen Merkmalen. Aufgrund der nach wie vor bestehenden Einkommensunterschiede zwischen den alten und den neuen Bundesländern würden im Falle einer gemeinsamen Einkommensarmutsgrenze die Quoten für die neuen Länder wesentlich höher liegen.

1997 waren im alten Bundesgebiet 5% der Bevölkerung von strenger *Einkommensarmut* betroffen und doppelt so viele, wenn die 50%-Grenze zugrunde gelegt wird, was einem Bevölkerungsanteil von 6,7 Mio. Personen entspricht. In Armutsnähe (60%-Grenze) musste 1997 bereits ein Fünftel der Bevölkerung der Alt-BRD, das sind rund 13,4 Mio. Menschen, für einen kürzeren oder längeren Zeitraum leben. In den neuen Ländern waren (unter Verwendung getrennter Armutsgrenzen) 8% oder 1,2 Mio. Personen von der 50%-Einkommensarmut betroffen. Hervorzuheben sind analog zur Sozialhilfestatistik die überproportionale Betroffenheit der *Ausländer* (fast 30% von ihnen ist 50%-einkommensarm) sowie jene von Kindern und Jugendlichen. Bereits etwa jedes vierte Kind im Vorschulalter lebt in (Einkommens-)Armutsnähe an der 60%-Grenze. Zweifellos ist das Armutsrisiko entscheidend durch den Erwerbsstatus geprägt: Ein Viertel der arbeitslos gemeldeten Personen lebt in relativer 50%-Einkommensarmut und fast jeder zweite in Armutsnähe. Allerdings nimmt der Anteil jener, die trotz einer bestehenden Erwerbstätigkeit in Armut leben („*working-poor*") stetig zu: 4% der Vollerwerbstätigen und mehr als doppelt so viele Teilzeitbeschäftigte sind als relativ einkommensarm (50%-Grenze) zu bezeichnen, und jeder zehnte Vollerwerbstätige ist von Armut bedroht (Armutsnähe: 60%-Grenze).

Die Vermittlung sozialer Ungleichheit auf Kinder und Jugendliche durch die Familie/den Haushalt wird im folgenden Kapitel für die Bereiche Arbeit (Erwerbsstatus) wie für andere zentrale Lebensbereiche diskutiert.

Tab. 6: Relative Einkommensarmut (40%-, 50%- und 60%-Grenze) in den alten und neuen Bundesländern 1997 nach Bevölkerungsgruppen (in Prozent)

	alte Bundesländer			neue Bundesländer		
	Einkommensarmutsgrenzen					
	40%	50%	60%	40%	50%	60%
Insgesamt	5	10	20	3	8	15
Geschlecht						
Männer	4	9	19	4	8	16
Frauen	5	11	21	3	8	15
Nationalität des Haushaltsvorstandes						
deutscher Haushaltsvorstand	4	8	18	3	8	15
ausländischer Haushaltsvorstand	14	29	44	-	-	-
Erwerbsstatus						
vollerwerbstätig	2	4	10	(1)	3	7
teilzeitbeschäftigt	(5)	9	17	(1)	(3)	9
betriebl. Ausbildung/Umschulung	10	15	35	(4)	7	17
nichterwerbstätig	6	12	23	4	9	15
arbeitslos gemeldet	13	24	43	12	20	34
Alter						
0-6	5	12	25	8	18	27
7-13	7	16	32	6	14	28
14-17	12	23	40	5	13	25
18-30	6	11	20	3	6	14
31-45	3	9	18	3	9	17
46-60	4	7	16	(4)	7	11
61 u. m.	4	7	15	(1)	(3)	5
Familienstand						
verheiratet, zusammen	4	8	18	2	5	10
verheiratet, getrennt	(3)	(14)	(27)	(5)	(15)	25
ledig	5	9	17	3	7	15
geschieden	5	10	22	(12)	(17)	23
verwitwet		(4)	8	14	(1)	(1)	(4)

( ) Fallzahlen in der Stichprobe (vor der Hochrechnung) unter 30.
Quelle: Eigene Berechnungen nach: Sozioökonomisches-Panel (SOEP) 1997.

Tabelle 7 spiegelt wider, dass die Haushaltsgröße und der Haushaltstyp entscheidend das Armutsrisiko bestimmen: Mit der Anzahl der Haushaltsmitglieder und v.a., wenn Kinder im Haushalt leben, steigt die Verarmungsgefahr überproportional. Am stärksten sind Haushalte von *allein Erziehenden* gefährdet, wovon 40% in Armutsnähe leben (alte Bundesländer; 60%-Grenze). Aber auch (Ehe-)Partner mit *Kindern* weisen überdurchschnittliche Armutsquoten auf. Insgesamt sind in den alten Ländern 8% aller *Haushalte* (rund 2,4 Mio.) als einkommensarm (50%-Grenze) zu bezeichnen. In den neuen Ländern liegt die Quote (noch) niedriger: Hier sind 7% oder 480.000 Haushalte betroffen (50%-Grenze).

Formen von Armut und Unterversorgung im Kindes- und Jugendalter

Tab. 7: Relative Einkommensarmut (40%-, 50%- und 60%-Grenze) in den alten und neuen Bundesländern 1997 im Haushaltskontext (in Prozent)

	alte Bundesländer			neue Bundesländer		
	Einkommensarmutsgrenzen					
	40%	50%	60%	40%	50%	60%
Insgesamt	4	8	16	3	7	13
Haushaltsgröße						
1	4	7	14	(5)	(8)	13
2	2	5	10	(1)	(4)	6
3	5	10	20	(2)	4	12
4	4	10	22	(4)	10	21
5 und mehr	12	21	45	(10)	23	39
Haushaltstypen						
Einpersonenhaushalte	3	7	13	(5)	(9)	13
(Ehe-)Partner ohne Kinder	2	4	9	(0)	(2)	4
Haushalte mit Kindern*	6	14	27	5	11	21
Allein Erziehende	(15)	25	38	(10)	(22)	35
(Ehe-)Partner mit Kindern	6	12	24	3	8	17
Haushalte mit Kindern*						
insgesamt	6	14	27	5	11	21
mit Kindern im Alter bis 2 Jahre	(3)	12	27	(3)	(14)	26
von 3 - 6 Jahren	6	12	26	(3)	15	25
7-13 Jahren	7	16	30	(3)	12	26
14-17 Jahren	11	21	37	(5)	13	24
18 u. älter	10	18	16	(3)	(7)	14

* Als Kinder werden jene Personen im Alter von höchstens 27 Jahren bezeichnet, für die Kindergeld empfangen wird.
( ) Fallzahlen in der Stichprobe (vor der Hochrechnung) unter 30.
Quelle: Eigene Berechnungen nach: Sozioökonomisches-Panel (SOEP) 1997.

Als äußerst bedenklich muss die Situation der Haushalte mit Kindern bezeichnet werden: Jeder siebente Haushalt mit Kindern in den alten und jeder neunte Haushalt mit Kindern in den neuen Bundesländern lebt in relativer Einkommensarmut (50%-Grenze); jeder fünfte bis vierte Haushalte mit Kindern befindet sich in prekärem Wohlstand, d.h. sie leben hinsichtlich ihres äquivalenzgewichteten Einkommens in Armutsnähe an der 60%-Einkommensarmutsgrenze (vgl. Tab. 7). Insgesamt sind im gesamten Bundesgebiet mehr als 600.000 Haushalte mit Kindern von strenger Armut betroffen, 1,4 Mio. Haushalte mit Kindern haben 50% oder weniger des vergleichbaren durchschnittlichen Haushaltsnettoeinkommens zu Verfügung und rund 2,75 Mio. leben in Armutsnähe an oder unter der 60%-Einkommensarmutsgrenze (vgl. Tab. 8).

Tab. 8: Relative Einkommensarmut (40%-, 50%- und 60%-Grenze) von Haushalten mit Kindern nach dem Alter der Kinder (in Prozent), 1997

Haushalte mit Kindern*	Einkommensarmut, alte Budesländer		
	40%	50%	60%
Insgesamt betroffen	100%	100%	100%
	(= 500 Tsd.)	(= 1140 Tsd.)	(= 2250 Tsd.)
davon mit Kind im Alter			
bis 2 Jahre	(11,1%)	18,2%	20,3%
von 3 bis 6 Jahren	36,5%	32,1%	33,6%
von 7 bis 13 Jahren	54,1%	55,2%	52,5%
von 14 bis 17 Jahren	42,6%	35,5%	31,6%
von 18 und älter	23,2%	17,4%	16,2%
	Einkommensarmut, neue Bundesländer		
	40%	50%	60%
Insgesamt betroffen	100%	100%	100%
	(= 115 Tsd.)	(= 260 Tsd.)	(= 510 Tsd.)
davon mit Kind im Alter			
bis 2 Jahre	(14,3%)	(14,3%)	13,3%
von 3 bis 6 Jahren	(33,8%)	(28,5%)	24,2%
von 7 bis 13 Jahren	(60,1%)	63,8%	68,7%
von 14 bis 17 Jahren	(32,9%)	38,2%	37,3%
von 18 und älter	(3,0%)	(10,9%)	10,8%

* Als Kinder werden jene Personen im Alter von höchstens 27 Jahren bezeichnet, für die Kindergeld empfangen wird.
( ) Fallzahlen in der Stichprobe (vor der Hochrechnung) unter 30.
Quelle: Eigene Berechnungen nach: Sozioökonomisches-Panel (SOEP) 1997.

6 Vermittelte Armut und Unterversorgung in zentralen Lebensbereichen

Einleitend wurde diskutiert, dass in Deutschland Armutsuntersuchungen vorwiegend auf die Ausstattung von Personen/Haushalten (Familien)/Gruppen mit Einkommen abzielen. Zweifellos stellt die Ausstattung mit Einkommen ein zentrales Merkmal der sozio-ökonomischen Lage von Personen/Haushalten (Familien)/ Gruppen dar, sie wird jedoch auch wesentlich durch weitere Dimensionen wie Bildung, Arbeit, Gesundheit etc. geprägt. Die mehrdimensionale Analyse von Versorgungslagen, die – wie in Kapitel 2 angeführt – dem Lebenslagenansatz der Armutsforschung zuzurechnen ist, stößt in jüngster Zeit zunehmend auf Resonanz, weil dadurch das Phänomen Armut u.a. in seinen Ausprägungen deutlicher hervortritt.

Bei einem in diesem Sinne (lebenslagenorientierten) mehrdimensionalen Armutsbegriff sind zunächst die relevanten Lebensbereiche bzw. die maßgeblichen Dimensionen der Ressourcen-/Versorgungslage und in der Folge die Indikatoren, die diese charakterisieren, festzulegen sowie die Grenzen der Unterausstattung/

-versorgung zu bestimmen. In der Regel wird zunächst ausgegangen von der klassischen Triade sozialer Ungleichheit: Einkommen, Bildung und Beruf (Erwerbsstatus), die in der Folge pragmatisch durch weitere Dimensionen wie Gesundheit, Wohnen etc. ergänzt wird.

Die Charakterisierung der analysierten Bereiche (Dimensionen) durch Indikatoren sowie die Festlegung der entsprechenden Unterversorgungsschwellen (Tab. 9) orientieren sich an vergleichbaren Untersuchungen (z.B. Hanesch u.a., 1994). Beispielsweise liegt Bildungsunterversorgung vor, wenn ein Schul- oder Berufsbildungsabschluss nicht besteht, sofern sich die Person nicht noch in Schul- oder Berufsausbildung befindet usw.

Tab. 9: Versorgungslagen: Bereiche/Dimensionen, Indikatoren und Unterversorgungsschwellen

Bereich/Dimension	Indikator	Unterversorgungsschwelle
Einkommen	Haushaltsnettoeinkommen	50%-Einkommensarmutsgrenze
Arbeit	Erwerbsstatus	registrierte Arbeitslosigkeit
Bildung	allgem. (schulische) Bildung berufliche Bildung	kein allg. und/oder berufl. Bildungsabschluss
Wohnen	Wohnraumvers. (Belegungsdichte)	weniger als ein Wohnraum pro Haushaltsmitglied
	Wohnungsausstattung	kein Bad und/oder WC innerhalb der Wohneinheit
Gesundheit	Gesundheitszustand	gesundheitlich schwer behindert

In Kapitel 2 wurde diskutiert, dass die mehrdimensionale Analyse von Unterversorgung in der Armutsforschung bisher auf „merkmalsfähige" Personen fokussiert wurde, d.h. auf Personen, die u.a. grundsätzlich einen Bildungsabschluss erreicht haben und erwerbsfähig sein können. Es wurde in diesem Zusammenhang bereits hervorgehoben, dass *soziale Ungleichheiten* zu einem wesentlichen Teil durch die Familie/den Haushalt *vermittelt* werden: Beispielsweise bedeutet Arbeitslosigkeit eines Familien-/Haushaltsmitgliedes häufig Einschränkungen aller weiteren Mitglieder, die hinsichtlich der betrachteten Dimension (z.B. Arbeit) oftmals gar nicht merkmalsfähig sind (Kinder, Jugendliche etc.), d.h. diese anderen Familien-/Haushaltsmitglieder stellen indirekt Betroffene dar. In den folgenden Analysen werden daher Unterversorgungslagen haushaltsbezogen betrachtet, was bedeutet, dass für einen Haushalt und seine Mitglieder eine Unterversorgung in einem zentralen Lebensbereich (Dimension) dann vorliegt, wenn bei (mindestens) einem (merkmalsfähigen) Haushaltsmitglied eine Unterversorgungslage in dem betrachteten Bereich besteht.

Tab. 10: Unterversorgung von Haushalten in zentralen Lebensbereichen 1997

Haushalte (HH)	Bereich (Dimension)					
	Einkommen (50%-Armutsgrenze)		Wohnen			
			Wohnraumversorgung		Wohnungsausstattung	
	%	in % aller HH desselben Typs	%	in % aller HH desselben Typs	%	in % aller HH desselben Typs
alte BL: betroffene HH insgesamt	8,1	100,0	6,4	100,0	1,6	100,0
	(=2,20 Mio.)		(=1,75 Mio.)		(=0,45 Mio.)	
davon HH mit Kind(ern)* bis 13	42,4	14,2	75,7	20,1	18,1	1,2
davon HH mit Kind(ern)* ab 14	24,0	18,8	28,3	17,7	5,2	0,9
davon HH mit Kind(ern)*	51,9	13,8	85,0	17,9	23,2	1,3
neue BL: betroffene HH insgesamt	6,9	100,0	8,7	100,0	7,4	100,0
	(=0,47 Mio.)		(=0,6 Mio.)		(=0,51 Mio.)	
davon HH mit Kind(ern)* ab 14	26,3	11,4	33,1	18,3	7,6	3,6
davon HH mit Kind(ern)*	55,3	10,8	92,4	22,9	28,2	6,0
Deutschland:						
betroffene HH insgesamt	7,8	100,0	6,9	100,0	2,8	100,0
	(=2,67 Mio.)		(=2,35 Mio.)		(=0,96 Mio.)	
davon HH mit Kind(ern)* ab 14	24,4	16,7	29,5	17,8	6,6	1,6
davon HH mit Kind(ern)*	52,5	13,1	86,9	19,1	25,8	2,3

	Bereich (Dimension)					
	Bildung		Arbeit		Gesundheit	
	%	in % aller HH desselben Typs	%	in % aller HH desselben Typs	%	in % aller HH desselben Typs
alte BL: betroffene HH insgesamt	37,0	100,0	8,0	100,0	23,8	100,0
	(=10.1 Mio.)		(=2,20 Mio.)		(=6,5 Mio.)	
davon HH mit Kind(ern)* ab 14	9,3	33,5	11,3	8,7	7,1	16,5
davon HH mit Kind(ern)*	24,0	29,1	28,8	7,5	13,7	10,7
neue BL: betroffene HH insgesamt	13,9	100,0	21,4	100,0	15,4	100,0
	(=0,95 Mio.)		(=1,47 Mio.)		(=1,06 Mio.)	
davon HH mit Kind(ern)* bis 13	10,9	6,0	32,1	27,3	7,4	4,5
davon HH mit Kind(ern)* ab 14	6,7	5,9	17,8	24,0	11,8	11,5
davon HH mit Kind(ern)*	16,3	6,4	42,9	26,0	16,9	73,6
Deutschland:						
betroffene HH insgesamt	32,4	100,0	10,7	100,0	22,1	100,0
	(=11,0 Mio.)		(=3,64 Mio.)		(=7,55 Mio.)	
davon HH mit Kind(ern)* ab 14	9,1	25,8	13,9	13,0	7,8	15,1
davon HH mit Kind(ern)*	23,3	24,0	34,5	11,7	14,2	10,0

* Als Kinder werden jene Personen im Alter von höchstens 27 Jahren bezeichnet, für die Kindergeld empfangen wird.

Quelle: Eigene Berechnungen nach: Sozioökonomisches-Panel (SOEP) 1997.

Tabelle 10 dokumentiert in diesem Sinne Unterversorgungslagen von Haushalten in den zentralen Bereichen Einkommen, Wohnen, Bildung, Arbeit und Gesundheit, wobei zunächst die Anzahl und die Quote der betroffenen Haushalte insgesamt ausgewiesen werden und in der Folge die darin enthaltenen Quoten der Haushalte mit Kindern nach Altersklassen. Als Lesebeispiel sei angeführt: 8% aller Haushalte in den alten Bundesländern, das entspricht 2,2 Mio. Haushalte, sind im Bereich Einkommen unterversorgt (Schwelle: 50%-Einkommensarmutsgrenze), von diesen sind 42% dem Typ „Haushalt mit mindestens einem Kind im Alter von bis zu 13 Jahren" zuzurechnen, bzw. sind 14% aller Haushalte dieses Typs (Haushalt mit mindestens ein Kind im Alter bis zu 13 Jahren) im Bereich Einkommen depriviert. Die generell dramatisch hohen Quotenanteile der Haushalte mit Kindern an den Unterversorgungs- bzw. Unterausstattungsquoten der Haushalte insgesamt (man beachte neben dem mehrfach diskutierten Bereich Einkommen die Bereiche Wohnraumversorgung und Arbeit) müssen nicht kommentiert werden, da sie für sich sprechen.

Zweifellos darf die Unterversorgung in einem der Bereiche Wohnen, Bildung, Gesundheit oder Arbeit nicht mit Armut gleichgesetzt werden. Die Kumulation von Unterversorgung in einem oder mehreren der genannten Bereiche mit Unterversorgung im „Kernbereich" Einkommen wird hingegen als „verschärfte" Armutssituation für die Haushaltsmitglieder angesehen. Für Haushalte mit Kindern wurde die Unterversorgungskumulation und in der Folge die Strenge der Armutsbetroffenheit analysiert.

In den alten wie in den neuen Bundesländern sind mehr als 40% aller Haushalte mit Kindern von keinem der genannten Unterversorgungsbereiche betroffen, allerdings weisen auch fast 60% mindestens eine Unterversorgungslage auf, das sind 5 Mio. Haushalte mit Kindern in den alten und 1,4 Mio. in den neuen Ländern. 14% oder 1,15 Mio. der West-Haushalte mit Kindern (Ost: 11% oder 260.000 Haushalte mit Kindern) sind von relativer Einkommensarmut betroffen. Davon sind etwa ein Drittel oder 380.000 Haushalte *ausschließlich von Einkommensarmut betroffen*, weisen also keine der anderen Unterversorgungslagen auf (Ost: ein Sechstel oder rund 40.000 Haushalte mit Kindern). Entsprechend leben rund 10% aller Haushalte mit Kindern in den alten (das sind 800.000 Haushalte) und rund 9% in den neuen Ländern (etwa 220.000 Haushalte) in „verschärfter" Armut.

Umgekehrt weist ein Anteil von 30% der einkommensarmen West-Haushalte mit Kindern (Ost: 11%) keine weitere der betrachteten Unterversorgungslagen auf, mehr als eine Drittel hat eine weitere Deprivation (Ost: 47%), ein Viertel hat zwei weitere (Ost: 33%) und etwa jeder zwölfte der einkommensarmen West-Haushalte mit Kindern (Ost: 9%) hat mit mindestens drei weiteren Unterausstattungen zu leben.

Die Folgen dieser Entwicklung sind bis auf wenige Teilaspekte kaum erforscht (vgl. Walper, 1988; Huston, 1991). Erst in jüngeren Forschungsprojekten standen die Lebensverhältnisse von Kindern und Jugendlichen (bzw. die Familien/Haushalte in denen sie aufwachsen) im Mittelpunkt des Interesses. Erwähnt seien in diesem Zusammenhang die Analysen auf der Basis des Familiensurveys des Deutschen Jugendinstituts (Nauck & Bertram, 1995), Untersuchungen an Hand des Surveys über Kinder und Eltern der Universität Siegen (Zinnecker & Silbereisen, 1996) sowie die Arbeiten aus dem Sonderforschungsbereich 227 „Prävention und Intervention im Kindes- und Jugendalter" der Universität Bielefeld (z.B. Mansel & Klocke, 1996).

Literatur

Andreß, H. J./Lipsmeier, G. (1995): Was gehört zum notwendigen Lebensstandard und wer kann ihn sich leisten? Ein neues Konzept zur Armutsmessung. In: Aus Politik und Zeitgeschichte (Beilage zur Zeitschrift DAS PARLAMENT), B31-32/95.
Andreß, H. J. (1999): Leben in Armut. Analysen der Verhaltensweisen armer Haushalte mit Umfragedaten. Opladen.
Bäcker, G. u.a. (2000): Sozialpolitik und soziale Lage in Deutschland, Bd. 1, 3. Aufl. Wiesbaden.
Breuer, W./Engels, D. (1999): Grundinformationen und Daten zur Sozialhilfe, Köln: ISG Sozialforschung und Gesellschaftspolitik.
Döring, D. u.a. (1990): Armut im Wohlstand, Frankfurt a. M.
Faik, J. (1997): Institutionelle Äquivalenzskalen als Basis von Verteilungsanalysen – Eine Modifizierung der Sozialhilfeskala. In: Becker, I./Hauser, R. (Hrsg.): Einkommensverteilung und Armut. Frankfurt a. M., New York, 13-42.
Glatzer, W./Hübinger, W. (1990): Lebenslagen in Armut. In: Döring, D./Hanesch, W./Huster, E. U. (Hrsg.): Armut im Wohlstand. Frankfurt a. M.
Glatzer, W./Noll, H.-H. (Hrsg.) (1995): Getrennt vereint. Lebensverhältnisse in Deutschland seit der Wiedervereinigung (Soziale Indikatoren, Band XVIII). Frankfurt a. M., New York.
Glatzer, W./Zapf, W. (1984): Lebensqualität in der Bundesrepublik. Objektive Lebensbedingungen und subjektives Wohlbefinden. Frankfurt a.M., New York.
Hanesch, W. u.a. (1994): Armut in Deutschland. Reinbek.
Hauser R./Hübinger W. (1993): Arme unter uns. Teil 1: Ergebnisse und Konsequenzen der Caritas-Armutsuntersuchung. Freiburg i. Br.
Hauser, R./Semrau, P. (1990): Zur Entwicklung der Einkommensarmut von 1963 bis 1986. In: Sozialer Fortschritt 2.
Hauser, R. u.a. (1981): Armut, Niedrigeinkommen und Unterversorgung in der Bundesrepublik Deutschland. Frankfurt a. M.
Huston, A. C. (Hrsg.) (1991): Children in poverty. Child development and public policy, Cambridge.
Klocke, A. (1996): Aufwachsen in Armut. Auswirkungen und Bewältigungsformen der Armut im Kindes- und Jugendalter. In: Zeitschrift für Sozialisationsforschung und Erziehungssoziologie, Jg. 16, H. 4.
Lompe, K. (Hrsg.) (1987): Die Realität der neuen Armut. Regensburg.
Ludwig-Mayerhofer, W. (1995): Familiale Vermittlung sozialer Ungleichheit. Vernachlässigte Probleme in alter und neuer Ungleichheitsforschung. In: Berger, P. A./Sopp, P. (Hrsg.): Sozialstruktur und Lebenslauf. Opladen, 155-177.
Mansel, J./Klocke, A. (Hrsg.) (1996): Die Jugend von heute. Weinheim, München.
Nauck, B./Bertram, H. (Hrsg.) (1995): Kinder in Deutschland. Lebensverhältnisse von Kindern im Regionalvergleich. Opladen.
Neumann, U./Hertz, M. (1998): Verdeckte Armut in Deutschland. Forschungsbericht im Auftrag der Friedrich-Ebert-Stiftung. Frankfurt a. M.: Institut für Sozialberichterstattung und Lebenslagenforschung.
Neurath, O. (1931): Empirische Soziologie. In: Frank, P./Schlick, M. (Hrsg.): Schriften zur wissenschaftlichen Weltauffassung. Wien.
Statistisches Bundesamt (Hrsg.) (1992): Datenreport 1992. Zahlen und Fakten über die Bundesrepublik Deutschland. Bonn.
Statistisches Bundesamt (Hrsg.) (1994): Sozialhilfe 1992, Fachserie 13/Reihe 2. Wiesbaden.
Statistisches Bundesamt (Hrsg.) (1994a): Statistisches Jahrbuch 1994 für die Bundesrepublik Deutschland. Wiesbaden.
Statistisches Bundesamt (Hrsg.) (1995): Sozialhilfe 1993, Fachserie 13/Reihe 2. Wiesbaden.
Statistisches Bundesamt (Hrsg.) (1998): Sozialhilfe 1997, Fachserie 13/Reihe 2. Wiesbaden.

Statistisches Bundesamt (Hrsg.) (1999): Statistisches Jahrbuch 1999 für die Bundesrepublik Deutschland. Wiesbaden.
Walper, S. (1988): Familiäre Konsequenzen ökonomischer Deprivation. München, Weinheim.
Weisser, G. (1971, zuerst 1953): Grundsätze der Verteilungspolitik. In: Külp, B./Schreiber, W. (Hrsg.): Soziale Sicherheit. Köln, Berlin.
Weisser, G. (1956): Wirtschaft. In: Ziegenfuss, W. (Hrsg.): Handbuch der Soziologie. Stuttgart.
Zimmermann, G. E. (1993): Armut: Konzepte, Definitionen und Operationalisierungsansätze in der BRD. Wider ein Ende der Grundsatzdiskussion. In: Soziale Probleme, 4 Jg., H. 2.
Zimmermann, G. E. (1995): Neue Armut und neuer Reichtum. Zunehmende Polarisierung der materiellen Lebensbedingungen. In: Gegenwartskunde, H. 1.
Zimmermann, G. E. (2000): Ansätze zur Operationalisierung von Armut und Unterversorgung im Kindes- und Jugendalter. In: Butterwegge, Ch. (Hrsg.): Kinderarmut in Deutschland. Ursachen, Erscheinungsformen und Gegenmaßnahmen. Frankfurt a. M., New York, 59-77.
Zimmermann, G. E. (2000a): Überschuldung privater Haushalte. Freiburg i. Br.
Zinnecker, J./Silbereisen, R. K. (1996): Kindheit in Deutschland. Aktueller Survey über Kinder und ihre Eltern. Weinheim, München.

Übergangsphase oder Teufelskreis?
Dauer und Folgen von Armut bei Kindern

Petra Buhr

Armut hat in den letzten Jahren in Deutschland an Bedeutung zugenommen. Familien, insbesondere Ein-Eltern-Familien, gehören dabei zu den Gruppen, die ein besonders hohes Armutsrisiko aufweisen.[1] Von daher sind auch immer mehr Kinder von Armut und Sozialhilfebezug betroffen, häufig in Verbindung mit Arbeitslosigkeit der Eltern. So bezog am Jahresende 1997 fast jedes 14. Kind unter 15 Jahren Hilfe zum Lebensunterhalt außerhalb von Einrichtungen (vgl. Statistisches Bundesamt 1999, S. 463). Das Sozialhilferisiko der Kinder lag damit mehr als doppelt so hoch wie das der Bevölkerung im erwerbsfähigen Alter und mehr als fünfmal so hoch wie bei den über 65-Jährigen! Und auch bei der relativen Einkommensarmut zeigt sich: Die Armutsbetroffenheit von Kindern ist angestiegen, und Kinder fallen deutlich häufiger unter die Armutsgrenze als andere Altersgruppen (vgl. Joos & Meyer, 1998; Hock & Holz, 1998, S. 48).

1 Die vernachlässigte Zeitdimension

Diese Entwicklung gilt als besorgniserregend, weil Kinder, die unter materiell eingeschränkten Bedingungen aufwachsen, in ihren Lebenschancen nachhaltig beeinträchtigt werden können. Die vorliegenden Studien zeichnen ein differenziertes Bild der Erscheinungsformen von Armut im Kindesalter.[2] Gleichwohl muss der Forschungsstand zu den Auswirkungen von Armut auf Kinder in Deutschland nach wie vor – verglichen etwa mit den USA – als unbefriedigend bezeichnet werden. Neben anderen Aspekten ist hier insbesondere die weitgehende *Vernachlässigung der Zeitdimension* von Armut zu nennen.

Zu beklagen ist in diesem Zusammenhang vor allem das *Fehlen von Längsschnittstudien*. Untersuchungen, die auf Querschnittdaten beruhen, können jedoch nur ein lückenhaftes Bild der Auswirkungen von Armut und Sozialhilfebezug auf Familien und Kinder zeichnen: „Veränderungen familialer Entwicklung im Verlauf, Veränderungen von Problemlagen, Überlagerungen von Problemen, Problemakkumulationen, Mehrfachbelastungen, Veränderungen von Bewältigungsstrate-

---

[1] Zur Betroffenheit von Armut im Haushaltskontext vgl. z.B. Buhr, 1998; Hock & Holz, 1998, S. 47.

[2] Zu den Auswirkungen ökonomischer Deprivation auf die familialen Beziehungen und das Erziehungsverhalten der Eltern, die schulische Sozialisation sowie die Lebenslage und die Entwicklung von Kindern vgl. z.B. Walper, 1988, 1995; Napp-Peters, 1995; Otto, 1997; Mansel & Neubauer, 1998; Hock & Holz, 1998 mit weiteren Literaturhinweisen.

gien werden in den einzelnen Studien nur punktuell und selektiv erörtert. Insbesondere die Ergebnisse zum Bewältigungsverhalten, die mittels Fragebögen zu einem gegebenen Zeitpunkt erhoben werden [...], sind in ihrer Aussagekraft in Frage zu stellen" (Neuberger, 1997, S. 118).

Ein weiteres methodisches Problem ist die selektive Stichprobenauswahl bzw. die *Konzentration auf bestimmte (Zeit-) Typen:* In vorliegenden Armutsstudien sind oft Gruppen untersucht worden, die eher längerfristig in Armut leben, etwa Kinder in sozialen Brennpunkten. Die Analyse von Armuts- und Sozialhilfeverläufen auf der Grundlage von Längsschnittdatensätzen wie dem Sozio-ökonomischen Panel und der Bremer Längsschnittstudie von Sozialhilfeakten hat jedoch gezeigt, dass Armut und Sozialhilfebezug häufig nur vorübergehende Phasen im Leben der Betroffenen sind und von den Betroffenen aktiv bewältigt werden.[3] Von daher können die Ergebnisse nicht ohne weiteres auf alle Gruppen von armen Kindern übertragen werden. „Es werden also Verfestigungstendenzen von Armut umschrieben, die in ihrer problemakkumulativen Wirkung massive negative Auswirkungen verursachen. Das bis in mittlere soziale Schichten hineinreichende und nicht mehr auf traditionelle Randgruppen beschränkte Spektrum von – teilweise nur phasenweise – Armutsbetroffenen wird dabei ausgeblendet" (Neuberger, 1997, S.119 f.).

Ebenfalls noch nicht geklärt ist der Zusammenhang zwischen der *Dauer und den Folgen von Armut bei Kindern*. Meist wird angenommen, dass sich die Folgen von Armut mit zunehmender Dauer verschärfen und das Entkommen aus der Armut erschweren. Langzeitarmut gilt von daher als stark belastend und Kurzzeitarmut als relativ unproblematisch: „Eine kurzzeitig anhaltende Ressourcenknappheit ebenso wie ein kurzzeitiges Unterschreiten einzelner Mindeststandards kann leichter ertragen werden als ein langfristiges Unterschreiten, d.h. eine über mehrere Jahre oder über ganze Lebensphasen (Jugend, Erwerbsfähigkeitsalter, Rentenalter) anhaltende Armutslage. Am gravierendsten ist für die Betroffenen sicherlich generationenübergreifende, ‚vererbte' Armut" (Hauser & Hübinger, 1993, S. 70). Wenn diese Annahme stimmt und die Dauer von Armut insoweit ein Problemindikator ist, liegt es nahe, Problemgruppen der Armut anhand zeitlicher Kriterien zu definieren und sozialpolitische Maßnahmen nach Kurz- und Langzeitarmen zu differenzieren (vgl. auch Buhr & Leisering, 1995).

Vor dem Hintergrund der Ergebnisse der dynamischen Armutsforschung wird in diesem Beitrag die Situation von Kindern in Hinblick auf die Zeitdimension von Armut genauer beleuchtet: Wie lange leben Kinder in Armut? Handelt es sich um eine Übergangsphase oder um einen lang andauernden, die gesamte oder einen großen Teil der Kindheit betreffenden Zustand, der gravierende psychosoziale Folgen hat und sich möglicherweise bis ins Erwachsenenalter fortsetzt?

Jede Forschung über Armut erfordert zunächst eine Entscheidung darüber und eine Offenlegung dessen, was unter Armut verstanden bzw. welcher Armutsbegriff

---

[3] In Deutschland werden Fragen der Dauer und Dynamik von Einkommensarmut und Sozialhilfebezug seit Ende der 80er Jahre systematisch untersucht. Vgl. insbesondere Buhr, 1995; Leibfried & Leisering u.a., 1995; Leisering & Leibfried, 1999; Ludwig, 1996; Andreß, 1994; Rendtel & Wagner, 1991; Zwick, 1994; Krause, 1997). In den USA hat die dynamische Armutsforschung bereits eine längere Tradition (vgl. Duncan, 1984; Bane & Ellwood, 1986, 1994).

verwendet werden soll. In diesem Beitrag wird Armut vor allem als Sozialhilfebezug, genauer als Bezug von Hilfe zum Lebensunterhalt operationalisiert. Hierbei handelt sich also um eine Form der Armut, die auch als institutionell bearbeitete Armut oder „bekämpfte Armut" bezeichnet wird.

Ich untersuche zunächst die Dauer des Sozialhilfebezugs bei Kindern in unterschiedlichen sozialen und familialen Kontexten. Anschließend beschäftige ich mich mit den Folgen von Kinderarmut, wobei zwei Aspekte im Mittelpunkt stehen: die These von der intergenerationellen Weitergabe von Armut und Sozialhilfebezug und der Zusammenhang zwischen der Dauer von Armut und ihren Folgen. Weisen Kinder, die in armen Haushalten aufwachsen, auch als Erwachsene ein höheres Armutsrisiko auf? Und ist Langzeitarmut folgenreicher als Kurzzeitarmut?

Da die dynamische Armutsforschung sich bisher weitgehend auf Erwachsene oder Haushalte bzw. Familien bezogen hat, wird mit dieser ausdrücklich kindorientierten Zugangsweise Neuland beschritten.

2 Dauer von Armut bei Kindern

Wenn Kinder vorhanden sind, ist die Aufnahme einer (Vollzeit-)Erwerbstätigkeit für Frauen häufig nicht möglich (oder auch nicht gewünscht), und Sozialleistungen wie Arbeitslosengeld reichen oftmals nicht aus, um eine Familie vor dem Absinken unter die Armutsgrenze zu bewahren. Von daher haben Familien mit Kindern nicht nur ein besonders hohes Risiko arm zu werden, sondern auch deutlich schlechtere Chancen als Haushalte ohne Kinder, der Armut wieder zu entkommen. Allein Erziehende, Familien mit mehreren Kindern und solche mit kleinen Kindern sind dabei besonders lange von Armut betroffen bzw. auf Sozialhilfeleistungen angewiesen.[4]

Das Vorhandensein von Kindern erhöht also die Armutsbetroffenheit und führt zu längerer Dauer von Armut. In dieser Perspektive erscheinen *Kinder als Armutsrisiko* oder „Verstärker" von Armut. Eine andere Perspektive ist es, nach dem *Armutsrisiko von Kindern* zu fragen oder, wie der Schwerpunkt in diesem Beitrag sein soll, nach ihrem *„Verbleibsrisiko" in der Armut*. Im Folgenden sollen deshalb keine weiteren Analysen zur Dauer von Armut bei Familien vorgestellt werden. Vielmehr werden Kinder in den Mittelpunkt der Analysen gerückt und als eigenständige soziale Gruppe betrachtet.[5] Kinder und Familie gehören zusammen, insoweit können Aussagen zur Dauer von Armut bei Familien auch als Trendaussagen für die Dauer von Armut bei Kindern genommen werden, gleichwohl muss die Perspektive der Familie nicht mit der der Kinder identisch sein.

---

[4] Zur Dauer von Armut bei Familien vgl. z.B. Hanesch u.a., 1994, S. 203; Buhr, 1998; Voges u.a., 1996; Voges & Ostner, 1995.

[5] Eine solche kindorientierte Perspektive ist z.B. im Rahmen des internationalen Projektverbundes „Childhood as a social Phenomenon" umgesetzt worden (vgl. zusammenfassend Qvortrup u.a., 1994 sowie zu den Ergebnissen des deutschen Teilprojekts Engelbert & Buhr, 1991).

Im Folgenden soll deshalb anhand der Bremer Langzeitstudie zu Sozialhilfe[6] genauer untersucht werden, wie lange Kinder von Sozialhilfe betroffen sind. Um eine kindorientierte Betrachtungsweise umzusetzen, wurde aus dem Bremer Datensatz ein „Kinderdatensatz" gebildet. Dieser enthält Angaben zu allen Kindern, deren Eltern im Jahre 1989 erstmals in Bremen Hilfe zum Lebensunterhalt bezogen haben („Zugangskohorte 1989"). Der Beobachtungszeitraum beträgt fünfeinhalb Jahre. Dabei handelt es sich insgesamt um 605 Kinder: 443 Kinder sind mit ihren Eltern zusammen in den Sozialhilfebezug eingetreten, die übrigen 162 Kinder sind erst später, d.h. im weiteren Verlaufe des Sozialhilfebezugs ihrer Eltern geboren worden bzw. aus anderen Gründen später dazugekommen. Diese Kinder werden erst ab dem Zeitpunkt im Kinderdatensatz (und damit bei der Berechnung der Bezugsdauer) berücksichtigt, in dem sie tatsächlich in der Familie leben.

Ein Teil dieser Kinder, die in einem „Sozialhilfehaushalt" leben, bezieht selbst keine Sozialhilfe, sondern erhält stattdessen Leistungen nach dem Unterhaltsvorschussgesetz oder Unterhalt vom getrennt lebenden Vater. Umgekehrt gibt es auch Familien, in denen (zeitweise) nur das Kind Sozialhilfe bezieht. Dies trifft etwa bei allein Erziehenden zu, wenn die Mutter eine Ausbildung macht und deshalb keinen Anspruch auf Sozialhilfe hat. Wenn sich eine Familie aufspaltet und Kinder dadurch die zur Stichprobe gehörende Familie verlassen oder – seltener – wenn Kinder ins Heim kommen, werden diese Kinder nicht länger im Kinderdatensatz belassen. Das weitere Schicksal eines abgespaltenen Familienteils, der möglicherweise weiterhin Sozialhilfe aus einer anderen Akte bezieht, kann anhand der vorliegenden Daten nicht beobachtet werden. Auch sobald ein Kind volljährig wird, wird es nicht länger im Kinderdatensatz geführt. Volljährige Kinder erhalten eine eigene Sozialhilfeakte, auch wenn sie weiter bei ihren Eltern wohnen. Wie lange sie dann aus dieser eigenen Akte noch Sozialhilfe beziehen, kann anhand der Daten ebenfalls nicht festgestellt werden.[7]

Betrachten wir zunächst einige Strukturmerkmale der Kinder in Sozialhilfehaushalten sowie die Ursachen für den Sozialhilfebezug (Tab. 1). Die früheren Analysen der Zugangskohorte 1989 hatten ergeben, dass es sich bei den Neuzugängen des Jahres 1989 zu einem großen Teil um Zuwanderer handelt und der Anstieg der Sozialhilfeempfängerzahlen in den 80er Jahren insoweit im Wesentlichen auf Zuwanderung zurückzuführen ist (vgl. Buhr & Weber, 1996). Dieser Befund spiegelt sich auch im Kinderdatensatz wider: Weit über die Hälfte der Kinder sind Kinder von Zuwanderern (59%), d.h. Übersiedler aus der ehemaligen

---

[6] Das Projekt läuft seit 1988 in einem Sonderforschungsbereich der Deutschen Forschungsgemeinschaft an der Universität Bremen und befindet sich zur Zeit in der fünften und letzten Förderphase. Datenbasis ist eine repräsentative 10%-Stichprobe von Sozialhilfeakten der Stadt Bremen. Ausgewertet wurden die Zugangskohorten 1983 und 1989. Darüber hinaus wurden problemzentrierte Interviews mit Hilfeempfängern und ehemaligen Hilfeempfängern durchgeführt, wobei ein Teil der Betroffenen zweimal befragt wurde (qualitatives Panel). Ein weiterer Schwerpunkt ist die Betrachtung von Sozialhilfeverläufen im internationalen Vergleich. Zu den Ergebnissen vgl. insbesondere Bohrhardt & Leibfried, 1999; Buhr, 1995, 1999; Hagen & Niemann, 2000; .Leibfried & Leisering u.a., 1995; Leisering & Leibfried, 1999; Ludwig, 1996.

[7] Wenn der Sozialhilfebezug durch Volljährigkeit „beendet" wird, wird die Bezugsdauer in den statistischen Analysen als „zensiert", d.h. am Ende des Beobachtungszeitraums nicht abgeschlossen, betrachtet.

DDR (11%), Spätaussiedler aus Osteuropa und der ehemaligen Sowjetunion (32%) sowie Asylbewerber (16%). Weniger als ein Drittel der Kinder sind Kinder ansässiger, d.h. nicht zugewanderter Deutscher (32%), und etwa jedes zehnte Kind hat ansässige ausländische Eltern (9%), die bereits seit längerer Zeit in Deutschland leben.

Zuwanderer unterscheiden sich einerseits hinsichtlich ihrer sozialen Zusammensetzung von den „ansässigen Antragstellern". Andererseits weisen Aus- und Übersiedler und Asylbewerber – wenn auch aus unterschiedlichen Gründen (dazu genauer unten) – relativ kurze Bezugszeiten auf. Schließt man die Zuwanderer aus den Analysen aus, betrachtet man also nur die Untergruppe der „Ansässigen", ergeben sich somit unterschiedliche Ergebnisse, sowohl was die Struktur der Hilfeempfänger angeht als auch hinsichtlich der Bezugsdauer.

Tab. 1: Sozialstrukturelle Merkmale der Kinder im Sozialhilfebezug (Prozent)

Merkmal	Ansässige	Zuwanderer	Alle
Familientyp			
Allein Erziehend	53	22	35
Ehepaar	32	70	54
Paar, unverheiratet	13	6	9
Sonstiges	2	2	2
Alter zu Beginn des Bezugs			
0-1 Jahre	43	21	30
2-3 Jahre	12	14	13
4-6 Jahre	12	20	16
7-10 Jahre	14	22	19
11-15 Jahre	13	18	16
16-18 Jahre	7	6	6
Ursachen für den Bezug			
Arbeitslos	39	70	58
Davon: Wartefall	14	68	46
kein Wartefall	25	2	12
Nicht Arbeitslos	61	30	43
N	251	354	605

Quelle: Bremer 10%-Längsschnitt-Stichprobe von Sozialhilfeakten (LSA), Zugangskohorte 1989, Kinderdatensatz, Senator für Frauen, Gesundheit, Jugend, Soziales und Umweltschutz, Bremen; Zentrum für Sozialpolitik und Sonderforschungsbereich 186 der Universität Bremen.

Ein gutes Drittel der Kinder lebt mit einem allein erziehenden Elternteil, bei den ansässigen Antragstellern trifft dies sogar auf mehr als die Hälfte der Kinder zu. Entsprechend ist der Anteil der Kinder, die mit beiden Eltern leben, in der Untergruppe der Ansässigen niedriger. Dieser Befund verweist darauf, dass sich Zuwanderer und Ansässige hinsichtlich der Familienstruktur deutlich unterscheiden: Bei Aus- und Übersiedlern finden wir überproportional häufig Ehepaare mit Kindern. Hinsichtlich der Altersverteilung zeigt sich, dass ein großer Teil der Kinder in den

Sozialhilfebezug „hineingeboren" wird bzw. noch nicht ein Jahr alt ist, wenn der Sozialhilfebezug beginnt. Bei den Kindern ansässiger Antragsteller ist dieser Anteil erwartungsgemäß deutlich höher. Nur ein geringer Anteil der Kinder im Kinderdatensatz ist zu Beginn des Sozialhilfebezugs 16 Jahre und älter. In mehr als der Hälfte der Fälle ist Arbeitslosigkeit die Ursache für den Sozialhilfebezug der Familie, in der das Kind lebt[8], wobei der größte Teil der Familien lediglich auf die Auszahlung von Arbeitslosengeld oder -hilfe wartet. Bei Kindern ansässiger Antragsteller spielt Arbeitslosigkeit mit gut einem Drittel eine geringere Rolle. Auch der Anteil der „Wartefälle" liegt deutlich niedriger. Entsprechend höher ist der Anteil der Fälle, in denen Leistungen nach dem Arbeitsförderungsgesetz zu gering ausfallen und deshalb aufstockende Sozialhilfe bezogen werden muss. Erwartungsgemäß tritt Arbeitslosigkeit bei Ehepaaren häufiger als Ursache auf als bei allein Erziehenden. Bei den Kindern ansässiger Eltern sind in knapp zwei Drittel der Fälle andere Ursachen – familiäre Gründe, Ausbildung, Krankheit o.ä. – für den Sozialhilfebezug verantwortlich.

Wie lange sind Kinder von Sozialhilfeleistungen abhängig? Bei der Berechnung der Bezugsdauer ist zu berücksichtigen, dass es im Verlauf einer „Sozialhilfekarriere" zu mehreren Sozialhilfeepisoden kommen kann, wenn nach dem Ende eines Bezugszeitraums keine dauerhafte Stabilisierung der finanziellen Verhältnisse gelingt und deshalb nach einer mehr oder weniger langen Unterbrechung erneut Sozialhilfe bezogen werden muss. Für die Messung der Bezugsdauer ergeben sich somit zwei Möglichkeiten: Einerseits kann auf die reine Bezugszeit abgestellt werden, d.h. es werden die Monate gezählt, in denen tatsächlich Sozialhilfezahlungen geflossen sind (sog. „Nettodauer"). Andererseits kann die Zeitspanne betrachtet werden, die eine Familie bzw. ein Kind in „Sozialhilfenähe" verbringt, wobei die Zeiten zwischen zwei Sozialhilfeepisoden, in denen die finanzielle Lage also weiterhin als prekär angesehen werden kann, mitgezählt werden. Hierbei wird also die Gesamtdauer des Sozialhilfebezugs einschließlich vorübergehender Unterbrechungen des Bezugs gemessen (sog. „Bruttodauer").[9] Das Schaubild 1 gibt einen Überblick über die Dauer des Bezugs von Sozialhilfe. Wenn die Bruttodauer als umfassendstes Dauerkonzept zugrunde gelegt wird, beträgt die mittlere Bezugsdauer[10] der Kinder knapp eineinhalb Jahre, die im Schaubild nicht ausgewiesene reine Bezugszeit (Nettodauer), liegt mit 13 Monaten erwartungsgemäß niedriger.[11]

---

[8] Da die Ursachen für den Sozialhilfebezug nicht personenspezifisch erhoben wurden, werden hier die Ursachen für den Sozialhilfebezug der Familie betrachtet. Ursachen können sich im Verlauf des Sozialhilfebezugs ändern, d.h. einige Monate nach dem Beginn des Bezugs oder zu Beginn einer weiteren Sozialhilfeepisode können andere Ursachen relevant sein als zu Beginn des Sozialhilfebezugs.

[9] Zu verschiedenen Dauerkonzepten und ihrer sozialpolitischen Bedeutung vgl. Buhr, 1995, S. 44 ff.

[10] Die mittlere Dauer oder Median gibt die Dauer an, bei der die Hälfte der Fälle wieder aus dem Sozialhilfebezug ausgeschieden ist.

[11] In etwa einem Viertel der Fälle ist der Sozialhilfebezug zum Zeitpunkt der Erhebung noch nicht abgeschlossen. Für die Berechnung der Bezugsdauer stellt sich damit das Problem, wie mit diesen „rechtszensierten Fällen" umgegangen werden soll. Wird die Bezugsdauer dieser Fälle nur bis zum Erhebungstag berücksichtigt oder schließt man die Fälle aus den Berechnungen aus, wird die Dauer unterschätzt. Mit ereignisanalytischen Verfahren (z.B. Product-Limit-Schätzungen, wie sie

Abb. 1: Dauer der Sozialhilfe in Monaten bei Kindern (Median)

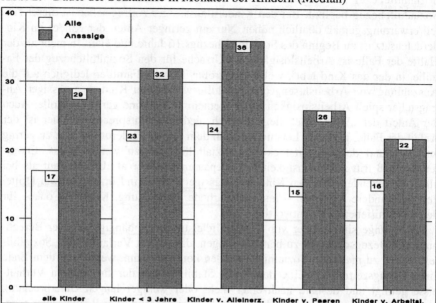

Quelle: Bremer 10%-Längsschnitt-Stichprobe von Sozialhilfeakten (LSA), Zugangskohorte 1989, Kinderdatensatz, Senator für Frauen, Gesundheit, Jugend, Soziales und Umweltschutz, Bremen; Zentrum für Sozialpolitik und Sonderforschungsbereich 186 der Universität Bremen.

Gut 40% der Kinder sind nach längstens einem Jahr wieder aus dem Sozialhilfebezug ausgeschieden. Ein knappes Fünftel bezieht länger als fünf Jahre Sozialhilfe.[12] Zum Vergleich: Legt man die „übliche" Betrachtungsweise zugrunde und geht von Antragstellern oder Aktenfällen als Analyseeinheit aus, so liegt der Anteil der Kurzzeitbezieher mit höchstens einjähriger Bezugsdauer bei 50%, während 16% länger als fünf Jahre Sozialhilfe beziehen (vgl. Buhr & Weber, 1996, S. 15). Kinder von Zuwanderern beziehen, wie bereits angedeutet, besonders kurze Zeit Sozialhilfe. Die mittlere Bezugsdauer beträgt 13 Monate für die Kinder von Aus- und Übersiedlern und 14 Monate für die Kinder von Asylbewerbern.[13]

---

für diesen Beitrag verwendet worden sind) ist es möglich, auch zensierte Fälle in die Dauerberechnungen einzubeziehen.

[12] Eine eindeutige, theoretisch und empirisch begründete Definition von Kurz- und Langzeitarmut liegt nicht vor (vgl. Buhr, 1995, S. 49 ff.). Häufig wird eine Dauer von einem Jahr – in Anlehnung an die Definition von Langzeitarbeitslosigkeit – als Schwellenwert zu Langzeitarmut angesehen. In diesem Beitrag wird eine Bezugszeit bis zu einem Jahr als „Kurzzeitbezug", eine mehr als fünfjährige als „Langzeitbezug" definiert.

[13] Im Jahre 1989 hatten Aus- und Übersiedler in der Regel Ansprüche auf vorrangige Sozialleistungen wie Arbeitslosengeld oder Rente und konnten deshalb den Sozialhilfebezug nach relativ kurzer „Wartezeit" auf diese Leistungen wieder verlassen. Mittlerweile wurden die gesetzlichen Regelungen geändert, und Aussiedler haben nur noch Anspruch auf – niedrigeres und zeitlich befristetes – Übergangsgeld. Die scheinbar günstige Situation der Kinder von Asylbewerbern hängt dagegen damit zusammen, dass ein großer Teil der Asylbewerber nach kurzem Aufenthalt in Bre-

Abb. 2: Kurz- und Langzeitbezug bei Kindern (Ansässige)

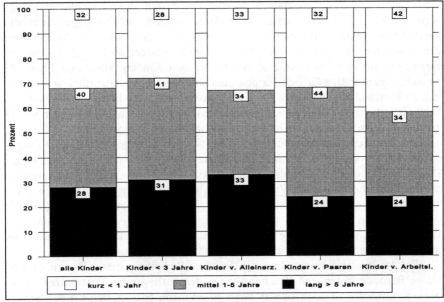

Quelle: Bremer 10%-Längsschnitt-Stichprobe von Sozialhilfeakten (LSA), Zugangskohorte 1989, Kinderdatensatz, Senator für Frauen, Gesundheit, Jugend, Soziales und Umweltschutz, Bremen; Zentrum für Sozialpolitik und Sonderforschungsbereich 186 der Universität Bremen.

Kinder ansässiger Antragsteller beziehen dagegen im Mittel fast zweieinhalb Jahre Sozialhilfe. Dabei bestehen noch einmal deutliche Unterschiede zwischen ansässigen deutschen und ausländischen Kindern. Bei den Kindern ansässiger Ausländer liegt die mittlere Bezugsdauer bei 18 Monaten, bei den Kindern ansässiger Deutscher ist sie mit 35 Monaten fast doppelt so hoch! Nur mehr ein knappes Drittel der ansässigen Kinder ist nach längstens einem Jahr wieder aus der Sozialhilfe ausgeschieden, mehr als ein Viertel verbringt länger als fünf Jahre in der Sozialhilfe bzw. lebt in Sozialhilfenähe. Zum Vergleich: Bei den ansässigen Antragstellern, also der „üblichen" Untersuchungseinheit, die den früheren Analysen mit der Bremer Längsschnittstudie zugrunde lag, liegt der Anteil der Kurzzeitbezieher bei 41%, der der Langzeitbezieher bei 22% (Buhr & Weber, 1996, S. 16). Kinder von allein Erziehenden und kleine Kinder unter 3 Jahren sind besonders lange von Sozialhilfe abhängig, nämlich im Mittel mehr als 30 Monate. Knapp ein Drittel dieser Kinder bezieht fünf Jahre und länger Sozialhilfe. Kinder, die mit beiden Elternteilen aufwachsen, stehen dagegen vergleichsweise besser da, insbesondere ist hier ein geringeres Ausmaß von Langzeitbezug anzutreffen (vgl. Schaubilder 1 und 2).

---

men in andere Bundesländer umverteilt wurde. Diese Kinder dürften somit weiterhin in anderen Städten Sozialhilfe bezogen haben. Anhand unserer Datenbasis lässt sich der weitere Lebensweg dieser Kinder jedoch nicht verfolgen.

Arbeitslosigkeit wird häufig mit Langzeitarmut bzw. Langzeitsozialhilfebezug in Verbindung gebracht. Das empirische Bild der Armut stimmt hiermit allerdings nicht überein. Kinder von arbeitslosen Antragstellern sind im Gegenteil relativ kurze Zeit von Sozialhilfe abhängig, auch dann, wenn die Eltern nicht lediglich auf die Auszahlung von Arbeitslosengeld oder -hilfe warten. So beträgt die mittlere Bezugszeit im Falle von Arbeitslosigkeit bei den Kindern ansässiger Eltern 22 Monate, wenn andere Gründe für den Sozialhilfebezug verantwortlich sind, dagegen 36 Monate. Während 42% der Kinder von arbeitslosen Eltern den Sozialhilfebezug innerhalb eines Jahres wieder verlassen[14], trifft dies nur für 25% der Kinder zu, deren Eltern aus anderen Gründen zum Sozialhilfebezieher wurden.

Die früheren – nicht kinderorientierten – Auswertungen der Bremer Längsschnitt-Stichprobe hatten ergeben, dass Sozialhilfeverläufe häufig nur von kurzer Dauer sind. Über die Hälfte aller Fälle und 40% der Ansässigen beziehen weniger als ein Jahr Sozialhilfe. Im Vergleich dazu haben Familien und Kinder, wie gezeigt, deutlich schlechtere Chancen, den Sozialhilfebezug zu beenden. Wenn wir den Anteil von Kindern mit mehr als fünfjähriger Bezugszeit als Indikator für Langzeitbezug von Sozialhilfe betrachten, müssen die meisten Kinder gleichwohl nicht über viele Jahre hinweg unter eingeschränkten Bedingungen leben.

Bei der Interpretation und sozialpolitischen Bewertung dieser Ergebnisse sind einige Besonderheiten und Beschränkungen des vorliegenden Datensatzes zu bedenken: Zunächst ist noch einmal daran zu erinnern, dass es sich bei der Bremer Studie um eine Längsschnittstudie handelt. Bei einer Querschnittbetrachtung der laufenden Sozialhilfebezieher würden wir niedrigere Anteile von Kurzzeitbeziehern und höhere von Langzeitbeziehern erhalten (vgl. Buhr, 1995, S. 65 ff.; Ludwig u.a., 1995). Mit unserem Datensatz lässt sich zudem nichts über die materielle Situation nach dem Ende des Sozialhilfebezugs aussagen, so dass nicht überprüft werden kann, ob die Betroffenen, wie häufig angenommen, auch weiterhin in Armutsnähe leben. Analysen auf der Grundlage des Sozio-ökonomischen Panels haben gezeigt, dass materielle Aufstiege oft nur in benachbarte Einkommensklassen führen und dass Betroffene nach dem Ende einer Armutsepisode häufig im armutsnahen Bereich verbleiben (vgl. Berntsen & Rendtel, 1991; Sopp, 1994; Hübinger, 1996). Möglicherweise haben aber auch kleinere Einkommenssprünge eine große subjektive Bedeutung für die Betroffenen. Und die Beendigung staatlicher Sozialhilfe kann, selbst wenn sich die finanzielle Lage nicht wesentlich verbessert, ein erster Schritt zu wirtschaftlicher Selbstständigkeit sein und deutlich machen, dass soziale Lagen veränderlich sind.

Um die Tragweite der Ergebnisse einschätzen zu können, ist schließlich auch nach den Folgen von kurz- und langfristiger Armut zu fragen. Möglicherweise prägt auch ein kurzer Sozialhilfebezug den weiteren Lebensweg in dem Sinne, dass Kinder, die in einer Familie mit Sozialhilfebezug aufgewachsen sind, als Erwachsene ein höheres Sozialhilferisiko aufweisen. Hier geht es also um mögliche Langzeitwirkungen von Armut und Sozialhilfebezug im Kindesalter, ein Problem-

---

[14] Bei den „Wartefällen" liegt dieser Anteil sogar bei 48%. Bei denen, die arbeitslos sind und nicht warten, beträgt der Anteil der Kurzzeitbezieher immerhin noch 39%.

kreis, der auch als „Vererbung" oder „intergenerationelle Weitergabe von Armut" thematisiert wird.[15]

3 Intergenerationelle Weitergabe von Armut?

Die Verfechter der „Vererbungsthese" nehmen an, dass Kinder, die in armen Familien aufwachsen, auch als Erwachsene von Armut und Sozialhilfebezug betroffen sein werden, weil sie aufgrund der ungünstigen Sozialisationsbedingungen schlechtere Chancen auf dem Ausbildungs- und Arbeitsmarkt haben und/oder bestimmte Einstellungen und Verhaltensmuster der Eltern übernehmen, die zu „erlernter Hilflosigkeit" führen und eine dauerhafte Abhängigkeit von Sozialhilfe wahrscheinlich machen können: „Konfliktverarbeitungs- und Problemlösungsmechanismen, Zeitstrukturierungs-, Planungs-, Vorsorgeverhalten, Lebensbewältigungsstrategien erlernen Kinder am Modellverhalten von Eltern oder anderen erwachsenen Bezugspersonen. Insofern ist es ein Zentralproblem, wenn Kinder vom Phänomen der Arbeitslosigkeit und des Sozialhilfebezugs betroffen sind, generiert doch dieser Problemzusammenhang die Verhaltensweisen der Eltern" (Lompe u.a., 1987, S. 225). Insoweit wird hier „zugleich ein vertrackter und scheinbar unauflöslicher Wirkungszusammenhang und sozialer Circulus vitiosus offenbar, nämlich eine Verkettung von Sozialhilfebedürftigkeit und entsprechenden Sozialisationsbedingungen, die ihrerseits wiederum die Neu-Produktion oder aber Verfestigung oder zumindest doch Anfälligkeit für Sozialhilfebedürfigkeit und damit [...] Sozialhilfeabhängigkeit bewirken" (Strang, 1985, S. 199).

Für Deutschland liegen zur Frage der intergenerationellen Weitergabe von Armut lediglich einzelne Fallstudien bzw. Beobachtungen, insbesondere aus Obdachlosensiedlungen vor.[16] Systematische Verlaufsuntersuchungen, die einen sehr langen Beobachtungszeitraum benötigen, wurden bisher nicht durchgeführt. In den USA ist dieser Frage dagegen mehr Aufmerksamkeit gewidmet worden, nicht zuletzt weil mit der Panel Study of Income Dynamics eine Längsschnitt-Datenbasis zur Verfügung steht, die es nunmehr erlaubt, Armutsverläufe über fast 30 Jahre zu beobachten. Amerikanische Untersuchungen kamen zu dem Ergebnis, dass junge Erwachsene mit einem „welfare background"[17], d.h. mit Sozialhilfeerfahrungen

---

[15] Diese Annahme ist zentraler Bestandteil der These von der Kultur der Armut: „Once it (the culture of poverty, P.B.) comes into existence, it tends to perpetuate itself from generation to generation because of its effects on children. By the time slum children are age six or seven, they have usually absorbed the basic values and attitudes of their subculture and are not psychologically geared to take full advantage of changing conditions or increased opportunities which may occur in their lifetime" (Lewis, 1961, S. 50; es handelt sich um die berühmte, häufig zitierte Stelle).

[16] „Der Aufenthalt in solchen Siedlungen ist für Kinder und Jugendliche fast immer der Beginn eines Teufelskreises, der mit ungünstiger Schullaufbahn zu niedriger Qualifikation und weiterer sozialer Benachteiligung führt. [...] Armut und Obdachlosigkeit führen so zur Verfestigung von Deprivation und sozialer Diskriminierung, die über Generationen fortgesetzt wird" (Iben, 1989, S. 318).

[17] In den USA wird in der Regel das AFDC-Programm (Aid for Families with Dependent Children) untersucht, für das fast ausschließlich allein Erziehende anspruchsberechtigt sind. Im Zuge der Reform der Sozialhilfe in den USA wurde vor einigen Jahren eine zeitliche Beschränkung der Leistungen eingeführt.

während der Kindheit, in der Tat ein höheres Armuts- und Sozialhilferisiko haben als Kinder aus Haushalten ohne Sozialhilfebezug (vgl. Duncan u.a., 1988; Corcoran u.a., 1990; Gottschalk, 1990; Hill u.a., 1995). Ökonomische Benachteiligung kann insoweit von den Eltern an die Kinder weitergegeben werden. Allerdings handelt es sich keineswegs um eine zwangsläufige Entwicklung, denn der Mehrheit der Kinder, die in armen Elternhäusern aufwachsen, gelingt es, die Armut zu überwinden. „Despite the impression given by case studies focusing on multigeneration welfare use, the majority of daughters who grew up in highly dependent homes did not share the fate of their parents. Only one out of five (20 percent) of the daughters from highly dependent parental families were themselves highly dependent on AFDC in their early 20s; more than three out of five (64 percent) of the daughters with dependent backgrounds received no AFDC [...]" (Duncan u.a., 1988, S. 469, Hervorhebung P.B.).

Auch über die genauen Ursachen und Prozesse, wie es zur intergenerationellen Weitergabe von Armut kommt, herrscht noch Unklarheit: „There is growing evidence that economic disadvantage is passed from parents to their children although the precise mechanisms have yet to be determined in detail" (Hill u.a., 1995, S. 5). So konnte bisher nicht eindeutig geklärt werden, ob der Zusammenhang zwischen elterlichem Sozialhilfebezug und Sozialhilfebezug bei jungen Erwachsenen darauf zurückzuführen ist, dass „sozialhilfefördernde" Einstellungen und Verhaltensweisen („preferences") weitergegeben werden oder ob der Grund nicht vielmehr in mangelnden Ressourcen der Eltern („constraints") zu suchen ist (vgl. Gottschalk, 1990). „Children from AFDC-dependent homes generally have fewer parental resources available to them, live in worse neighbourhoods, go to lower quality schools, and so forth. Any of these factors could have an effect on their chances of receiving AFDC that is independent of the effect of their parents' AFDC receipt" (Duncan u.a., 1988, S. 469).

Auch wenn Armut und Sozialhilfebezug nicht zwangsläufig von Generation zu Generation weitergegeben werden, können sie doch die aktuellen Lebenschancen von Kindern beeinflussen. Vor dem Hintergrund der oben dargestellten Ergebnisse der dynamischen Armutsforschung, dass Armut, auch Kinderarmut häufig von kurzer Dauer ist, stellt sich dabei insbesondere die Frage nach dem Zusammenhang zwischen der Dauer von Armut und ihren Folgen. Ist Kurzzeitarmut weitgehend folgenlos und Langzeitarmut grundsätzlich belastender als Kurzzeitarmut?

4 Auswirkungen von Kurz- und Langzeitarmut

In den meisten deutschen Armutsstudien – und dies gilt insbesondere auch für Untersuchungen, die sich auf die Lebenssituation armer Kinder konzentrieren – wird nicht systematisch nach der Dauer differenziert, wenn es um die Beschreibung der Folgen von Armut geht. Insoweit ist man auch bei dieser Fragestellung fast ausschließlich auf Forschungen aus den USA angewiesen ist: „Die Frage nach der Dynamik von Einkommenslagen [...] wurde, außer in der Forschung zur Arbeitslosigkeit, fast völlig vernachlässigt, so dass wir kaum etwas über die Auswirkungen kurz- versus langfristiger Armut wissen. Einzelne Befunde aus den USA zeigen jedoch, dass diese Differenzierung hinsichtlich der Chronizität von Armut relevant ist. Nicht nur die Qualität der häuslichen Umgebung leidet zunehmend, je länger Kinder in Armut leben [...], sondern überdauernde Armut erweist sich auch als deutlich größeres Risiko für die Intelligenzentwicklung und für internalisierende Verhaltensprobleme der Kinder als gelegentliche Armutslagen [...]" (Walper, 1995, S. 194).

Der Zusammenhang zwischen der Dauer von Armut und ihren Folgen ist jedoch nicht so eindeutig, wie häufig angenommen wird.[18] Die Forschung über die Folgen von Arbeitslosigkeit ergab zumindest keinen eindeutigen, linearen Zusammenhang zwischen der Dauer und den psychosozialen Folgen und Verarbeitungsformen von Arbeitslosigkeit (vgl. zusammenfassend Buhr, 1995, S. 91 ff.). Einige Folgewirkungen scheinen nur schwach oder gar nicht mit der Dauer zusammenzuhängen, und schon der Eintritt von Arbeitslosigkeit bzw. die Antizipation von Arbeitslosigkeit kann belastend sein.[19] Und auch kurzfristige Armutserfahrungen können „biographisch nachwirken" und ein Gefühl der Unsicherheit oder der Armutsbedrohung hinterlassen: „Auch wenn es den betroffenen Männern und Frauen aufgrund eigener Anstrengungen und/oder unter Zuhilfenahme sozialstaatlicher Angebote gelingt, Armut relativ schnell wieder zu überwinden, kann der u.U. nur kurzfristige Aufenthalt in einer Mängellage fortwirken. Und zwar nicht nur in dem ‚objektiven' Sinne, dass kurzfristige Einkommenseinbußen und Einbrüche sich zu einem geringeren Lebenseinkommen aufaddieren und zudem die Höhe der Altersrente verringern, oder dass ein zeit- und zwangsweises Ausscheren aus dem Arbeitsmarkt Qualifikationen entwertet und einen Wiedereinstieg erschwert. Sondern auch in subjektiver Hinsicht, denn das eigene Erleben von Knappheit und Mangel, das als biographische Erfahrung nicht mehr rückgängig gemacht werden kann, wird in vielen Fällen ein Gefühl der fortbestehenden Bedrohung hinterlassen: Armut und knappheitsbedingte Einschränkungen in der Lebensführung sind dann nicht mehr länger seltene Ereignisse und Phasen, die sowieso immer nur andere (be-)treffen und deshalb vergleichsweise leicht verdrängt werden können. Vielmehr bleiben sie als latente Gefahr präsent und können so trotz eines aktuellen (relativen) Wohlstandes nachhaltig verunsichern" (Berger, 1994, S. 37).

Umgekehrt müssen langfristige Armutsphasen nicht notwendigerweise zu schwerwiegenden psychosozialen Problemen, Passivität und Verlust der Handlungsfähigkeit führen. Qualitative Ergebnisse der Bremer Langzeitstudie zeigen vielmehr, dass die Wirkungen der objektiven Bezugsdauer durch subjektive und biographische Aspekte überlagert bzw. relativiert werden können. So sehen einige Langzeitbezieher, insbesondere auch allein Erziehende, den Sozialhilfebezug als Übergangsphase an, etwa „bis die Kinder älter sind" oder bis sie sich beruflich

---

[18] Hinzu kommt, dass nur Längsschnittstudien zuverlässig darüber Auskunft geben können, welche Folgen mit der Zeit auftreten und ob sie sich im Zeitverlauf verschärfen. Zu den Folgen von Arbeitslosigkeit vgl. etwa die Längsschnittstudie des IAB (Brinkmann, 1984).

[19] Dies gilt auch für andere „kritische Lebensereignisse", die mit Einkommenseinbußen oder finanziellem Abstieg einhergehen können, etwa Krankheit.

oder privat neu orientiert haben. Übergreifende positive biographische Funktionen des Bezugs können negative Folgen oder Begleiterscheinungen auch bei Langzeitbeziehern jedenfalls teilweise aufwiegen und tragen dazu bei, dass Langzeitarmut nicht per se problematisch ist (vgl. Buhr, 1995, S. 162 ff.; Ludwig, 1996). Insoweit ist auch die Bedeutung der (objektiven) Bezugsdauer als Problemindikator zu relativieren.

5 Schlussbemerkung

Der vorliegende Beitrag hat eine vernachlässigte Dimension der Forschung über Armut von Kindern aufgegriffen – die Dauer von Armut.

Familien und Kinder stehen deutlich länger im Sozialhilfebezug als andere Gruppen. Die meisten Kinder in Deutschland wachsen jedoch nicht in Armut auf, sondern leben nur zeitweise in Armut. Der Bezug von Sozialhilfe ist in der Regel nicht der Beginn eines Teufelskreises, sondern hat häufig auch für Kinder den Charakter einer Übergangslösung. Allerdings können auch kurzfristige Sozialhilfeepisoden biographisch folgenreich sein, während umgekehrt nicht alle Langzeitbezieher als soziale und sozialpolitische Problemgruppe anzusehen sind.

Der Beitrag konnte nicht alle offenen Fragen hinsichtlich der Bedeutung der Zeitdimension von Armut bei Kindern klären und ist im hinteren Teil eher als Forschungsprogramm zu lesen. Die thesenartig angedeuteten Zusammenhänge zwischen der Dauer von Armut und ihren Folgen beruhen auf den Ergebnissen von Interviews mit *erwachsenen* Sozialhilfeempfängern. Was die Auswirkungen von kurz- und langfristigem Sozialhilfebezug *für Kinder* angeht, besteht weiterer Forschungsbedarf. Wir wissen bisher auch nicht, welcher Anteil Armut in der Kindheit als „kritische Größe" anzusehen ist oder in welcher Phase der Kindheit Armut sich besonders negativ auswirkt. Schließlich ist auch nicht genau bekannt, inwieweit die Lebenswege von Kindern, die Armut erfahren haben, anders verlaufen als bei denen, die diese Erfahrung nicht gemacht haben. Um die aufgeworfenen Fragen zu beantworten, sind Längsschnittstudien über einen langen Beobachtungszeitraum erforderlich, wie sie in Deutschland (noch) nicht zur Verfügung stehen.[20]

Literatur

Andreß, H.-J. (1994): Steigende Sozialhilfezahlen. Wer bleibt, wer geht und wie sollte die Sozialverwaltung darauf reagieren? Eine Analyse der Bezugsdauer von Sozialhilfe mit Hilfe der Bielefelder Datenbank „Sozialhilfe-Statistik". In: Zwick, M. (Hrsg.): Einmal arm – immer arm? Frankfurt a. M., New York.

Bane, M. J./Ellwood, D. T. (1986): Slipping into and out of Poverty: The Dynamics of Spells. In: The Journal of Human Resources, Vol. 21.

---

[20] Insoweit wäre es wünschenswert, wenn bestehende Forschungsprojekte wie die Studie „Lebenslagen und Lebenschancen von Kindern und Jugendlichen", die das Frankfurter Institut für Sozialarbeit und Sozialpädagogik (ISS) im Auftrag des Bundesverbandes der Arbeiterwohlfahrt durchführt (vgl. zuletzt Hock & Holz, 1999; Hock, Holz & Wüstendörfer, 2000), fortgeführt würden, um den weiteren Lebensweg von armen Kindern zu beobachten.

Bane, M. J./Ellwood, D. T. (1994): Welfare Realities. Cambridge, London.
Berger, P. A. (1994): Individualisierung und Armut. In: Zwick, M. (Hrsg.): Einmal arm – immer arm? Frankfurt a. M., New York.
Berntsen, R./Rendtel, U. (1991): Zur Stabilität von Einkommensarmut im Längsschnitt. In: Rendtel, U./Wagner, F. G. (Hrsg.): Lebenslagen im Wandel: Zur Einkommensdynamik in Deutschland seit 1984. Frankfurt a. M., New York.
Bohrhardt, R./Leibfried, S. (1999): Expect the Unexpected. Social Assistance Dynamics of Single or Unemployed Parents in Germany and the U.S. sfb 186, Arbeitspapier Nr. 56. Bremen.
Brinkmann, Ch. (1984): Die individuellen Folgen langfristiger Arbeitslosigkeit. Ergebnisse einer repräsentativen Längsschnittuntersuchung. In: Mitteilungen aus der Arbeitsmarkt- und Berufsforschung, Jg.17, Nr. 4.
Buhr, P. (1995): Dynamik von Armut. Dauer und biographische Bedeutung von Sozialhilfebezug. Opladen.
Buhr, P. (1998): Armut durch Kinder – zur Logik der Benachteiligung von Familienarbeit im Sozialstaat. In: Netzler, A./Opielka, M. (Hrsg.): Neubewertung der Familienarbeit im Sozialstaat. Opladen.
Buhr, P. (1999): Vorbild Schweden? Armut und Sozialhilfe in unterschiedlichen Wohlfahrtsstaaten. In: Leviathan, Jg. 27, Nr. 2.
Buhr, P./Leisering, L. (1995): Armut im Lebenslauf. Armut und Armutspolitik aus der Sicht der dynamischen Armutsforschung. In: Nachrichtendienst des Deutschen Vereins für öffentliche und private Fürsorge, Jg. 75, Nr. 2.
Buhr, P./Weber, A. (1996): The Impact of Social Change on Social Assistance. Two Cohorts of German Welfare Recipients Compared. Sonderforschungsbereich 186, Arbeitspapier Nr. 31. Bremen.
Corcoran, M./Gordon, R./ Laren, D./Solon, G. (1990): Effects of Family and Community Background on Economic Status. In: Papers and Proceedings of the 102nd Annual Meeting of the American Economic Association. The American Economic Review, Jg. 80, Nr. 2.
Duncan, G. J. (1984): Years of Poverty. Years of Plenty. The University of Michigan, Institute for Social Research. Ann Arbor.
Duncan, G. J./Hill, M. S./Hoffman, S. D. (1988): Welfare Dependence Within and Across Generations. In: Science, Jg. 239, Januar.
Engelbert, A./Buhr, P. (1991): Childhood as a Social Phenomenon. National Report Federal Republic of Germany. European Centre for Social Welfare Policy and Research, EUROSOCIAL Reports Volume 36. Wien.
Gottschalk, P. (1990): AFDC Participation Across Generations. In: Papers and Proceedings of the 102nd Annual Meeting of the American Economic Association, The American Economic Review, Jg. 80, Nr. 2.
Hagen, Ch./Niemann, H. (2000): „Arbeit könnte da ´ne ganze Menge helfen..." Schattierungen sozialer Ausgrenzung im qualitativen Längsschnitt, in: Büchel, F./Diewald, M./Krause, P./Mertens, A./Solga, H. (Hrsg.): Zwischen drinnen und draußen. Soziale Ausgrenzung am deutschen Arbeitsmarkt. Opladen (im Erscheinen).
Hanesch, W. u.a. (1994): Armut in Deutschland. Der Armutsbericht des DGB und des Paritätischen Wohlfahrtsverbands. Reinbek.
Hauser, R./Hübinger, W. (1993): Arme unter uns. Teil 1: Ergebnisse und Konsequenzen der Caritas-Armutsuntersuchung. Freiburg i. Br.
Hübinger, W. (1996): Prekärer Wohlstand. Freiburg i. Br.
Hill, M./Hill, D. H./Walker, R. (1995): Poverty Processes in Young Adulthood: Toward a Life-Course Perspective. Vortrag auf der Tagung „Social and Welfare Dynamics" im Oktober 1995 an der Universität Bremen (vervf. Ms.).
Hock, B./Holz G. (1998): Arm dran?! Lebenslagen und Lebenschancen von Kindern und Jugendlichen. Erste Ergebnisse einer Studie im Auftrag des Bundesverbandes der Arbeiterwohlfahrt. Frankfurt a. M. (ISS Pontifex 3/1998).
Hock, B./Holz, G. (1999): ISS Projekt: Kinderarmut in Deutschland, in: Theorie und Praxis der Sozialen Arbeit, Nr. 9.
Hock, B./Holz, G./Wüstendörfer, W. (2000): „Folgen familiärer Armut im frühen Kindesalter – Eine Annäherung anhand von Fallbeispielen". Dritter Zwischenbericht zu einer Studie im Auftrag des Bundesverbandes der Arbeiterwohlfahrt. Frankfurt a. M. (ISS-Pontifex 1/2000).

Iben, G. (1989): Armut der Obdachlosen und Nichtseßhaften. In: DPWV (Hrsg.): „...wessen wir uns schämen müssen in einem reichen Land...". Armutsbericht des Paritätischen Wohlfahrtsverbandes für die Bundesrepublik Deutschland. Blätter der Wohlfahrtspflege, Jg. 136, Heft 11/12.

Joos, M./Meyer, W. (1998): Die Entwicklung der relativen Einkommensarmut von Kindern in Deutschland 1990 bis 1995. In: Mansel, J./Neubauer, G. (Hrsg.): Armut und soziale Ungleichheit bei Kindern. Opladen.

Krause, P. (1997): Zur Messung von Einkommensarmut am Beispiel des vereinigten Deutschlands – Methodische Ansätze und empirische Analysen auf Grundlage der Daten des Soziooekonomischen Panels (SOEP). Berlin (Diss.).

Leibfried, St./Leisering, L./Buhr, P./Ludwig, M./ Mädje, E./Olk, Th./ Voges, W./Zwick, M. (1995): Zeit der Armut. Lebensläufe im Sozialstaat. Frankfurt a. M.

Leisering, L./Leibfried, St. (1999): Time and Poverty in Western Welfare States. United Germany in Perspective. Cambridge.

Lewis, O. (1961): The Children of Sanchez. New York.

Lompe, K. (Hrsg.) (1987): Die Realität der neuen Armut. Analysen der Beziehungen zwischen Arbeitslosigkeit und Armut in einer Problemregion. Regensburg.

Ludwig, M. (1996): Armutskarrieren. Zwischen Abstieg und Aufstieg im Sozialstaat. Opladen.

Ludwig, M./Leisering, L./Buhr, P. (1995): Armut verstehen. Betrachtungen vor dem Hintergrund der Bremer Langzeitstudie. In: Aus Politik und Zeitgeschichte, Beilage zur Wochenzeitung Das Parlament, B 31-32/95.

Mansel, J./Neubauer, G. (Hrsg.) 1998: Armut und soziale Ungleichheit bei Kindern. Opladen.

Napp-Peters, A. (1995): Armut von Alleinerziehenden. In: Bieback, K.-J./ Milz, H. (Hrsg.): Neue Armut. Frankfurt a. M., New York.

Neuberger, Ch. (1997): Auswirkungen elterlicher Arbeitslosigkeit und Armut auf Familien und Kinder. Ein mehrdimensionaler empirisch gestützter Zugang. In: Otto, U. (Hrsg): Aufwachsen in Armut. Erfahrungswelten und soziale Lagen von Kindern armer Familien. Opladen.

Otto, U. (Hrsg). (1997): Aufwachsen in Armut. Erfahrungswelten und soziale Lagen von Kindern armer Familien. Opladen.

Qvortrup, J./Bardy, M./Sgritta, G./Wintersberger, H. (1994): Childhood Matters – Social Theory, Practice and Politics. European Centre Vienna.Wien.

Rendtel, U./Wagner, G.(Hrsg.) (1991): Lebenslagen im Wandel: Zur Einkommensdynamik in Deutschland seit 1984. Frankfurt a. M., New York.

Sopp, P. (1994): Das Ende der Zwei-Drittel-Gesellschaft? Zur Einkommensmobilität in Westdeutschland. In: Zwick, M. (Hrsg.): Einmal arm – immer arm? Neue Befunde zur Armut in Deutschland. Frankfurt a. M., New York.

Statistisches Bundesamt (1999): Statistisches Jahrbuch 1999. Stuttgart.

Strang, H. (1985): Sozialhilfebedürftigkeit. Struktur – Ursachen – Wirkung, unter besonderer Berücksichtigung der Effektivität der Sozialhilfe. Forschungsbericht der Hochschule, Institut für Sozialpädagogik. Hildesheim.

Voges, W./Buhr, P./Zwick, M. (1996): Einmal drin – immer drin? Sozialhilfebezug von Familien. Haushaltskonstellationen und „Welfarization". In: Behrens, J./Voges, W. (Hrsg.): Kritische Übergänge. Statuspassagen und sozialpolitische Institutionalisierung. Frankfurt a. M., New York.

Voges, W./Ostner, I. (1995): Wie arm sind alleinerziehende Frauen? In: Bieback, K.-J./ Milz, H. (Hrsg.): Neue Armut. Frankfurt a. M., New York.

Walper, S. (1988): Familiäre Konsequenzen ökonomischer Deprivation. München, Weinheim.

Walper, S. (1995): Kinder und Jugendliche in Armut, in: Bieback, K.-J./Milz, H. (Hrsg.): Neue Armut. Frankfurt a. M., New York.

Zwick, M. (Hrsg.) (1994): Einmal arm – immer arm? Neue Befunde zur Armut in Deutschland. Frankfurt a. M., New York.

Kinder in ostdeutschen Armutshaushalten – Ergebnisse der Halleschen Längsschnittstudie zur Sozialhilfe (HLS)

Thomas Olk und Doris Rentzsch

1 Einleitung

Armut als ein gesellschaftliches Problem jenseits individueller Einzelschicksale galt in der Bundesrepublik Deutschland – wie nahezu in allen anderen hochentwickelten westlichen Wohlfahrtsstaaten auch – seit den frühen 60er Jahren als weitgehend überwunden. Steigende Zahlen von SozialhilfeempfängerInnen deuteten allerdings im Verlaufe der 70er Jahre darauf hin, dass das Armutsproblem die Lebenswirklichkeit der Bundesrepublik Deutschland wieder einholen würde. Der erneute Anstieg von Armut war mit einer gravierenden Verschiebung gruppenspezifischer Armutsrisiken verbunden. Galten bislang vor allem alte Menschen als überdurchschnittlich von Verarmung bedroht, so betrifft dieses Risiko – folgt man den amtlichen Angaben der Sozialhilfestatistik – seit Ende der 70er Jahre vor allem Kinder und Jugendliche. Die zeitgenössische Armutsforschung spricht deshalb – im Hinblick auf die Wortbedeutung durchaus missverständlich – von einer „Infantilisierung" der Armut (vgl. Hauser, 1988; Hauser & Hübinger, 1993 sowie Hanesch u.a., 1994).

Diese Entwicklung gilt als gesellschafts- und sozialpolitisch brisant. So verweist die Sozialisations- und Kindheitsforschung auf mögliche Zusammenhänge zwischen Armutserfahrungen während der Lebensphase Kindheit und späteren Wertorientierungen, Handlungsmustern und Lebenschancen. Anhaltende negative psychosoziale Folgewirkungen einer frühen Erfahrung von Armut werden daher befürchtet (vgl. Walper, 1995 und 1997; Neuberger, 1997, Lauterbach & Lange, 1999). Da Kinder insbesondere in der frühkindlichen Phase von ihrem unmittelbaren sozialen Umfeld fast alternativlos abhängen, sind sie der Erfahrung materieller und sozialer Mangellagen besonders wehrlos ausgesetzt. Sie verfügen über vergleichsweise wenig Handlungsoptionen, um den Folgen einer solchen Situation aktiv begegnen zu können.[1] In diesem Zusammenhang wird insbesondere der Dauer von Armut eine gewichtige Bedeutung beigemessen. In der Regel wird eine kurze Dauer von Armutsepisoden als wesentlich unproblematischer bewertet als Langzeitarmut. Insgesamt gilt eine lang anhaltende Dauer von Armut bzw. materieller Unterversorgung als besonders belastend. Es wird vermutet, dass sich im Falle lang andauernder ökonomischer Deprivation die Chancen reduzieren, einer Armutslage wieder entkommen zu können. Ihren deutlichsten Ausdruck finden

---

[1] Ferner verfügen sie nicht über eine wirksame politische Lobby, die ihre Anliegen und Bedürfnisse im politischen Raum artikulieren könnte.

solche Vorstellungen und Hypothesen schließlich in Theorien und Erklärungsansätzen einer intergenerationellen „Vererbung" von Armut.

Es stellt sich die Frage, wie eine solche gruppenspezifisch unterschiedliche Betroffenheit von Armutsrisiken unter den Bedingungen einer wohlfahrtsstaatlichen „Rahmung" von Lebensverläufen entstehen konnte. Der deutsche Sozialstaat orientiert sich an bestimmten Normalitätsannahmen sowohl zum Lebensverlauf als auch zur Erwerbsbeteiligung und zum Familienleben. Offensichtlich benachteiligt das bundesdeutsche Modell sozialer Sicherung das Zusammenleben mit Kindern. Insbesondere bestimmte Familienkonstellationen, die vom Idealmodell der „Normalfamilie" abweichen, bei der ein Ehepaar mit seinen leiblichen Kindern in einem Haushalt zusammenlebt, werden vom deutschen Sozialstaat nicht gestützt. Nimmt also deren Anzahl zu, dann steigt in der Gesellschaft das Armutsrisiko. Den Konstruktionsprinzipien des sozialen Sicherungssystems liegt seit der Rentenreform von 1957 ein „verdeckter Geschlechtervertrag" (vgl. Gallon, 1996) zugrunde. Unterstützt wird seitdem das Modell eines lebenslangen Normalarbeitsverhältnisses für Männer und einer sozialen Sicherung ihrer Frauen über die Hausfrauenehe. Bedeutsame Zweige der sozialen Sicherung, wie vor allem die Arbeitslosen- und Rentenversicherung beruhen auf den Leitbildern einer „Normalerwerbsbiographie" und einer „Normalfamilienbiographie", die eine kontinuierliche Teilhabe am Erwerbsleben für Männer und eine lebenslange Ehe für Frauen vorsehen und belohnen.

Ökonomischer, politischer und sozialkultureller Wandel haben inzwischen dazu geführt, dass die Normalitätsfiktionen des deutschen Systems sozialer Sicherung immer weniger mit den tatsächlichen normativen Orientierungen und Verhaltensweisen großer Teile der Bevölkerung übereinstimmen. Neben der zunehmenden Verbreitung vielfältiger Abweichungen vom „Normalarbeitsverhältnis" spielen hier insbesondere veränderte Formen des familialen Zusammenlebens – wie nichteheliche Lebensgemeinschaften, Ein-Elternteil-Familien, Scheidungs- und Wiederverheiratungsehen sowie das Phänomen der Single-Haushalte – eine zentrale Rolle.

Unter veränderten Rahmenbedingungen erweisen sich nun aber die überwiegend privat zu tragenden „Kosten" der Kinder im weitesten Sinne als ein potentielles Hemmnis für ein Zusammenleben mit Kindern sowie als ein Verarmungsrisiko in bestimmten familialen Lebenslagen. Die Gründe hierfür sind vielschichtig (vgl. zum Folgenden Kaufmann, 1995). Da sich unter marktwirtschaftlichen Bedingungen die Entgelte aus Erwerbstätigkeit in ihrer Höhe grundsätzlich nicht nach dem Bedarf des jeweiligen Haushaltes sondern nach der Arbeitsleistung richten, sehen sich größere Familienhaushalte, in denen Erwachsene mit (mehreren) Kindern zusammenleben, bei gleicher Anzahl und Höhe der Erwerbseinkommen gegenüber Haushalten ohne Kinder materiell schlechter gestellt. Dieser Sachverhalt wird noch dadurch verstärkt, dass unzureichende Voraussetzungen für die Vereinbarkeit von Familie und Beruf in der Bundesrepublik einen Ehepartner – und das ist unter gegebenen Bedingungen zumeist die Frau – dazu nötigen, im Falle des Zusammenlebens mit (insbesondere kleinen) Kindern ganz oder teilweise auf Erwerbsarbeit zu verzichten. Dadurch erhöhen sich aber die „Kosten" der Kinder für ihre Eltern zusätzlich, da zu den direkten finanziellen Aufwendungen auch noch die Opportunitätskosten entgangener Erwerbseinkommen und die hieraus resultierenden reduzierten Ansprüche auf Sozialversicherungsleistungen addiert werden müssen.

Diese relative Schlechterstellung konnte bislang durch familienpolitische Maßnahmen, also durch die verschiedenen Leistungen des sogenannten Familienlastenausgleichs, keineswegs kompensiert werden. Ganz im Gegenteil: Das Bundesverfassungsgericht stellte 1990, 1992 und 1998 in seinen Urteilen zur Familienbesteuerung fest, dass Familien mit Kindern bis in die jüngste Vergangenheit hinein verfassungswidrig besteuert wurden, da die Unterhaltsaufwendungen für Familienangehörige nicht in realistischer Höhe von der Besteuerung ausgenommen wurden (vgl. Bäcker, 2000, S. 246 ff.). Im Ergebnis läuft die strukturelle Vernachlässigung der Bedürfnisse und Ansprüche von Kindern im deutschen System sozialer Sicherung darauf hinaus, dass die monetären Kosten des Aufziehens von Kindern, die sich nach Schätzungen im Laufe der ersten achtzehn Lebensjahre auf eine Gesamtsumme von 306.000 DM pro Kind anhäufen (vgl. BMFSFJ, 1998, S. 86), weit überwiegend von den Familien selbst, also privat, aufgebracht werden müssen, während das soziale Risiko Alter nahezu vollständig kollektiv über das System der Alterssicherung abgesichert ist. Angesichts der gegebenen Strukturen sozialer Ungleichheit führt diese Privatisierung der Kosten von Kindern dazu, dass Familien im unteren Einkommensbereich möglicherweise nur deshalb für bestimmte Zeitphasen unter die Armutsschwelle gedrückt werden, weil in ihnen Kinder leben (Bäcker, 2000).

Unter einer armuts- und familienpolitischen Perspektive scheint ein Blick auf Situation und Entwicklung von Kinder- und Familienarmut in den neuen Bundesländern besonders aufschlussreich zu sein. In der DDR herrschte ein gegenüber Westdeutschland völlig anderes sozial- und kinderpolitisches Regime. Hier sorgten Wirtschafts-, Arbeitsmarkt- und Sozialpolitik dafür, dass nahezu die gesamte Bevölkerung – männlich wie weiblich – im erwerbsfähigen Alter in ein „einphasiges" erwerbszentriertes Lebenslaufregime einbezogen war, während die soziale Sicherung über die Institution der Ehe eine allenfalls marginale Rolle spielte (vgl. Leibfried, Leisering u.a., 1995, S. 238 ff.). Familien- und kinderpolitische Maßnahmen förderten eine frühe Familienbildung und das Aufziehen von Kindern unabhängig von der konkreten Form des familialen Zusammenlebens. Während die bundesdeutsche Sozial- und Familienpolitik – nicht zuletzt aus grundsätzlichen ordnungspolitischen Erwägungen – die Institution der Ehe schützt, förderte die DDR-Sozialpolitik Familien, bzw. konkreter: Frauen und ihre Kinder (vgl. Bast & Ostner, 1992; Hauser u.a., 1996, S. 88 ff.). Sind zum Beispiel in der Bundesrepublik allein Erziehende gegenüber kinderlosen Ehepaaren benachteiligt und unterliegen einem vergleichsweise hohen Verarmungsrisiko, so waren dagegen allein Erziehende sowie kinderreiche Familien in der ehemaligen DDR kaum armutsgefährdet. Ein Bündel sozialpolitischer Maßnahmen sorgte dafür, dass die Anzahl der Kinder einen positiven Einfluss auf das Haushaltseinkommen hatte. Neben unspezifischen monetären Transfers (wie den subventionierten Preisen für Waren des täglichen Bedarfs) sorgten gezielte sozialpolitische Leistungen für Familien mit

Kindern (wie das Ehedarlehen, die Reduzierung der Rückzahlungsverpflichtungen bei der Geburt eines bzw. mehrerer Kinder, subventionierte Kinderbekleidung etc.) dafür, dass sowohl junge Familien als auch Erwachsene, die in Lebensformen jenseits der Normalfamilie Kinder aufziehen wollten, sich ihren Kinderwunsch ohne Rücksicht auf ihre soziale Lage erfüllen konnten. Zugleich wurde durch die Bereitstellung eines flächendeckenden Angebotes an Betreuungseinrichtungen für Kinder (Krippen, Kindertageseinrichtungen und Schulhorte) sichergestellt, dass auch Mütter mit kleinen Kindern ununterbrochen erwerbstätig bleiben konnten. Im Ergebnis führte diese primär auf die produktive Bevölkerung und das Aufziehen von Kindern bezogene Sozialpolitik zu einer weitgehenden Vermeidung von Verarmungsrisiken für Kinder und deren Eltern, dieses allerdings zu Lasten der Bevölkerung in der Nacherwerbsphase.

Die Übertragung des bundesdeutschen Regimes der Sozial- und Familienpolitik mit seinen Vernachlässigungseffekten von Kindern und ihren Familien musste also – so war zu befürchten – im Verlaufe der gesellschaftlichen Transformation zu einer spürbaren Umverteilung der Verarmungsrisiken von den älteren zu den jungen Bevölkerungsgruppen – und hier insbesondere zu Kindern bzw. zu bestimmten Familienhaushalten mit Kindern – führen. Dieser „nachholende" Trend zu einer sogenannten Infantilisierung der Armut nun auch in Ostdeutschland wird sowohl durch Angaben der amtlichen Sozialhilfestatistik als auch durch Befunde auf der Basis repräsentativer (Familien-)Survey- und SOEP-Daten (vgl. Nauck & Joos, 1996 sowie Joos, 2000) grundsätzlich bestätigt. Während die Altersarmut in den neuen Bundesländern seit der Wende deutlich zurückgegangen ist, ist das Verarmungsrisiko für Kinder, und hier insbesondere für Kinder in Ein-Eltern-Familien und Familien mit mehreren Kindern, zum Teil dramatisch angewachsen.

Im vorliegenden Beitrag soll der Frage nachgegangen werden, ob und wie die sozialpolitische Benachteiligung ostdeutscher Kinder empirisch nachzuweisen ist. So wird in Abschnitt 2 die zunehmende Sozialhilfebetroffenheit von ostdeutschen Kindern anhand der Angaben der amtlichen Sozialhilfestatistik näher verdeutlicht werden. In Abschnitt 3 stehen Fragen nach der Dauer und nach den Verläufen von Armutsepisoden bei Kindern und Jugendlichen Ostdeutschlands im Mittelpunkt des Interesses. Die hier vorgestellten Analysebefunde stützen sich auf empirische Ergebnisse der Halleschen Längsschnittstudie zur Sozialhilfe (HLS), die es ermöglicht, die zeitliche Dynamik des Sozialhilfebezuges detailliert zu rekonstruieren. Abschließend sollen die empirischen Befunde resümiert und der sozial- und familienpolitische Handlungsbedarf skizziert werden (Abschnitt 4).

2 Kinderarmut und Befunde der amtlichen Statistik

2.1 Ausgangskonzept und -fragestellung

Sozialwissenschaftlich begründete Aussagen über Struktur und Entwicklung von Armut müssen auf theoretische Armutskonzepte und die daraus folgenden empirischen Operationalisierungen bezogen werden. Dies ist erforderlich, da es weder eine gesellschaftspolitische Übereinkunft über das vorherrschende Armutsverständnis gibt noch eine verbindliche sozialwissenschaftliche Definition von Armut. Wir beziehen uns im Folgenden auf ein weit verbreitetes – wenn auch eingeschränktes – Armutsverständnis[2], nach dem Sozialhilfebezug (HLU) als Armut gedeutet wird. Der Logik nach stellt die Sozialhilfegrenze eine politische Definition von Armut dar. Das Sozialhilfebudget eines armen Haushalts wird aus dieser politischen Sicht als Existenzminimum deklariert, wobei dieses nach dem Bundessozialhilfegesetz (BSHG) allerdings über das reine physische Existenzminimum im engeren Sinne, d.h. im Sinne einer Sicherung des Bedarfes an Nahrung, Kleidung etc., hinausgeht und Dimensionen des soziokulturellen bzw. konventionellen Existenzminimums – und damit das Ziel der Führung eines menschenwürdigen Daseins innerhalb der Gesellschaft[3] – einbezieht (vgl. u.a. Schäfers & Zimmermann, 1995; Zimmermann, 2000).

Anknüpfend an dieses Armutsverständnis sollen einige Struktur- und Verlaufsmerkmale des Sozialhilfebezuges in den neuen Bundesländern analysiert werden, die Kinder bzw. Familien mit Kindern im Vergleich charakterisieren. Dabei stehen folgende Fragen im Mittelpunkt des Interesses:

- Sind Kinder und Jugendliche[4] der neuen Bundesländer einem überdurchschnittlichen und seit der Wende gewachsenen Risiko der Verarmung ausgesetzt? Trifft für Kinder ein hohes Sozialhilferisiko ganz generell zu oder gibt es innerhalb dieser Untersuchungsgruppe systematische Differenzierungen?
- Wie lange leben Kinder bzw. Familien mit Kindern unter Sozialhilfebedingungen? Da z.B. ein hohes Zugangsrisiko in die Sozialhilfe nicht zugleich mit einem hohen Verbleibsrisiko verbunden sein muss, stellt sich die Frage, ob Kinder bzw. Familien mit Kindern vergleichsweise langfristig oder eher kurzzeitig mit Sozialhilfe leben und aufwachsen und inwieweit ein mehrfacher So-

---

[2] In der Sozialhilfe kann Armutsbetroffenheit nur anhand des Personenkreises nachvollzogen werden, der seinen gesetzlichen Anspruch auf Unterstützungsleistungen geltend macht. Einkommensarme Personen, die keine Sozialhilfe beziehen, obwohl ihnen Zuwendungen gesetzlich zuständen, die sogenannten verdeckt Armen, sind bei diesem Vorgehen nicht erfasst (vgl. hierzu Neumann & Hertz, 1998).

[3] Die Festlegung dieses soziokulturellen bzw. konventionellen Existenzminimums erfolgte in der Bundesrepublik Deutschland bis 1990 nach der Warenkorbmethode. Seit Juli 1990 galt das sogenannte Statistik-Modell, das bis zum 1. Juli 1992 schrittweise eingeführt werden sollte. Allerdings wurde dieses Vorhaben wieder zurückgenommen, denn zwischen 1993 und 1996 erfolgte die Anpassung der Regelsätze finanzpolitisch „gedeckelt". Mit der BSHG-Reform im Jahre 1996 blieb es nach § 22 II weiterhin dabei, dass die Landesregierungen die Höhe der Regelsätze durch eine Rechtsverordnung festsetzen, wobei dies im Rahmen der Regelsatzverordnung des Bundes erfolgte. Auf dieser Grundlage fand in der Zwischenzeit jährlich einmal eine Anpassung der Regelsätze entsprechend der Rentenveränderung statt. Laut Gesetz sollte dann ab dem 1. Juli 1999 die Bemessung der Regelsätze auf der Grundlage der Einkommens- und Verbrauchsstichprobe (EVS) festgelegt werden. In dem am 20. Januar 1999 von der Bundesregierung beschlossenen Entwurf eines Siebten Änderungsgesetzes zum Bundessozialhilfegesetz wurde dies indes wieder korrigiert, so dass die Regelsätze noch weitere zwei Jahre wie die Renten ansteigen und das neue Bemessungsschema erst ab dem 1. Juli 2001 gelten soll.

[4] In der Regel werden im BSHG Kinder bis zur Volljährigkeit in dem Haushaltszusammenhang miterfasst, in dem sie leben. In den folgenden Auswertungen wurde diese Altergrenze beibehalten, obwohl damit die obere Grenze des Kindesalters überschritten und bis auf die der jüngeren Jugendlichen ausgedehnt wurde.

zialhilfebezug mit zwischenzeitlichen Unterbrechungen für sie zutrifft. Von Interesse ist auch die Frage, welche Zusammenhänge sich zwischen Zugangsrisiko, Verbleibsrisiko und Mehrfachbezugsrisiko für die hier interessierende Untersuchungsgruppe anhand des vorliegenden Datenmaterials feststellen lassen.

- Worin bestehen die zentralen Ursachen des Sozialhilfebezuges bei Familien mit Kindern? Inwieweit wirken sich fehlende Existenzsicherungsmöglichkeiten am Erwerbsarbeitsmarkt und familiale Ereignisse dahingehend aus, dass Familien mit Kindern verstärkt Zuflucht zur Sozialhilfe nehmen müssen? Sowie schließlich:
- Welche Ursachen für die Beendigung des Sozialhilfebezuges sind bei Familien mit Kindern ausgeprägt? Inwieweit gelingt es den betreffenden Familien, durch (erhöhtes) Einkommen aus Erwerbsarbeit oder durch (verbesserte) Zugänge zu staatlichen Transfereinkommen sozialhilfeunabhängig zu werden?

2.2 „Bekämpfte Kinderarmut" in der Sozialhilfestatistik

Da Kinder von Eltern wirtschaftlich abhängig sind und im Normalfall einer Familie im Haushaltszusammenhang angehören, erweist sich ein Analyseansatz als sinnvoll, der den Haushaltskontext berücksichtigt und „arme Kinder" als „in armen Haushalten aufwachsende Kinder" identifiziert. Für eine Analyse der Sozialhilfebedürftigkeit von Kindern und Jugendlichen bis zum achtzehnten Lebensjahr ist ein solcher Haushaltszusammenhang konstitutiv, denn die in der Sozialhilfestatistik erfassten Kinder und Jugendlichen leben in der Regel[5] in Familienhaushalten mit defizitärer Einkommenssituation. Die Eltern oder gesetzlichen Vertreter dieser Kinder beantragen eine soziale Unterstützung im Haushaltszusammenhang, d.h. für eine sogenannte Bedarfsgemeinschaft insgesamt. Dabei ist ohne Bedeutung, ob das Kind in Bezug auf den Antragstellenden den Status eines ehelichen oder nichtehelichen, eines Stief- oder Adoptiv- sowie auch eines Enkelkindes hat.

Einen wichtigen Anhaltspunkt für die Entwicklung von Armut bieten die absoluten Zahlen der EmpfängerInnen der Hilfen zum Lebensunterhalt außerhalb von Einrichtungen. In Tabelle 1 wird der HLU-Umfang der bis 18-jährigen Bevölkerung für die neuen und alten Bundesländer getrennt dargestellt, wodurch es möglich wird, die Entwicklung für Ost- und Westdeutschland miteinander zu vergleichen.

---

[5] Nach §§ 11/12 des BSHG besitzen Kinder und Jugendliche genau wie erwachsene Hilfebedürftige einen eigenen Anspruch auf Hilfe zum Lebensunterhalt. Für minderjährige Kinder werden diese Hilfeansprüche in der Regel von den Eltern wahrgenommen, die hierbei im Rahmen der gesetzlichen Vertretungsmacht handeln. Gesetzlich eingeräumt ist eine selbstständige Beantragung von Sozialhilfe ohne Zustimmung des gesetzlichen Vertreters mit Vollendung des 15. Lebensjahres, allerdings geschieht dieses nur in Sonderfällen.

Tab. 1: Umfang der bis 18-jährigen Bevölkerung im HLU-bezug[6]

	1991	1998
Neue Bundesländer	90.000	160.000
Alte Bundesländer	656.000	913.000

Datenquelle: Statistisches Bundesamt

Die Zahl der Kinder und Jugendlichen mit Sozialhilfe hat demnach in den neuen Bundesländern bemerkenswert schnell zugenommen: Im Jahre 1998 war sie auf 178% des Niveaus von 1991 angestiegen (in den alten Bundesländern: 139%).

Ergänzend zu dieser quantitativen Ausdehnung des Sozialhilfebezuges unter Kindern und Jugendlichen sind vor allem Sozialhilfequoten ein aufschlussreiches Armutsmaß, denn sie drücken die Anzahl der zum Stichtag des Jahres amtlich registrierten SozialhilfeempfängerInnen im Verhältnis zu je 100 Personen der jeweiligen Bevölkerungsgruppe aus. In Tabelle 2 ist die relative HLU-Dichte der bis 18-jährigen für die neuen und alten Bundesländer differenziert ausgewiesen.

Tab. 2: Entwicklung der altersspezifischen HLU-Dichte in der bis 18-jährigen Bevölkerung (%)[1]

	1991	1992	1993	1994[7]	1995	1996	1997	1998
Neue Bundesländer	2,6 (1,4)	3,4 (1,8)	3,6 (1,8)	3,3 (1,5)	3,7 (1,8)	4,0 (2,0)	5,0 (2,5)	5,7 (2,7)
Alte Bundesländer	5,5 (2,8)	6,1 (3,1)	6,4 (3,3)	6,1 (3,1)	6,6 (3,4)	6,9 (3,6)	7,2 (3,8)	7,1 (3,7)

Datenquelle: Statistisches Bundesamt

[1] Vergleichswert in Klammern: HLU- Dichte in der Bevölkerung insgesamt

Aus Tabelle 2 geht hervor, dass in den neuen Bundesländern auch das relative Risiko, im jeweiligen Jahr Hilfe zum Lebensunterhalt benötigt zu haben, für die Gruppe der bis 18-jährigen Bevölkerung stark angewachsen ist und sich im Jahre 1998 gegenüber 1991 mehr als verdoppelt hat (in den alten Bundesländern stieg dieses Risiko, das 1991 bereits deutlich höher als in den neuen Bundesländern lag, um ca. 30%). Sowohl in den alten als auch in den neuen Bundesländern hatten die bis 18-jährigen über die analysierten 90er Jahre hinweg ein kontinuierlich höheres Sozialhilferisiko als die Erwachsenen. Festzustellen ist auch, dass sich das Sozialhilferisiko sowohl der bis 18-jährigen als auch der Bevölkerung insgesamt, das im

---

[6] Hier und bei allen folgenden Angaben der Sozialhilfestatistik handelt es sich um Stichtagsangaben am Jahresende.

[7] Mit dem Berichtsjahr 1994 erfolgte eine Neustrukturierung der Sozialhilfestatistik, die die Vergleichbarkeit zu den vorhergehenden Jahren einschränkt: Da die Sicherstellung des Lebensunterhalts von Asylbewerbern und abgelehnten Bewerbern, die zur Ausreise verpflichtet sind, sowie von geduldeten Ausländern seit November 1993 über das Asylbewerberleistungsgesetz erfolgt, sind im Prinzip nur Eckzahlen über deutsche EmpfängerInnen direkt vergleichbar. Zeitreihen über die altersspezifische HLU-Dichte deutscher Kinder und Jugendlicher zeigen einen kontinuierlichen Anstieg der Sozialhilfebetroffenheit. Die abnehmende Tendenz der analysierten HLU-Dichte im Jahre 1994 muss deshalb als ein statistischer Effekt infolge der Neuregelungen der Statistik gewertet werden.

Analysezeitraum in Ostdeutschland stets niedriger als bei der vergleichbaren westdeutschen Gruppe war, in acht Jahren Transformation immer mehr angeglichen hat. Die Sozialhilfequoten Ost sind auch im letzten Analysejahr 1998 weiter gestiegen, für die alten Bundesländer ist diesbezüglich ein leichter Rückgang zu verzeichnen. Bemerkenswert ist darüber hinaus, dass die vergleichsweise höhere ostdeutsche Sozialhilfedynamik dazu geführt hat, dass die Altersklasse der unter 7-jährigen in Ostdeutschland schon im Jahre 1996 eine höhere Sozialhilfedichte als in Westdeutschland aufwies (Ost: 1996: 8,8%, 1997: 11,2%, 1998: 12,6% gegenüber West: 7,8%, 8,1%, 8,0%, Datenquelle: Statistisches Bundesamt). Die bis dahin gültige Feststellung, dass die Sozialhilfedichte der neuen Bundesländer unter dem Niveau der alten Bundesländer liegt (vgl. zu den Gründen Olk & Rentzsch, 1994 sowie Leibfried, Leisering u.a., 1995, S. 238 ff.), trifft dem zufolge gegenwärtig nur noch auf hohem Aggregationsniveau zu, wie es z.B. in Tabelle 2 wiedergegeben ist.

Die überdurchschnittlich hohe Betroffenheit von Kindern und Jugendlichen vom Risiko, auf Sozialhilfe angewiesen zu sein, lässt sich auch an den Anteilen der Kinder und Jugendlichen an der HLU-Klientel insgesamt belegen.

Tabelle 3 weist aus, dass der Anteil der Kinder und Jugendlichen an der HLU-Klientel außerordentlich hoch ist: mehr als ein Drittel aller HLU-EmpfängerInnen rekrutiert sich aus der Altersgruppe der bis 18-jährigen. Damit sind im analysierbaren Zeitraum die Kinder und Jugendlichen – verglichen mit ihrem Anteil an der bis 18-jährigen Bevölkerung – im Rahmen einer laufenden sozialen Unterstützung auffallend überrepräsentiert. Hervorzuheben ist auch, dass der HLU-Anteil von Kindern und Jugendlichen in den neuen Bundesländern noch höher ausfällt als in den alten Bundesländern.

Tab. 3: Entwicklung des Anteils der bis 18-jährigen HLU-EmpfängerInnen an der HLU-Klientel (%)

	1991	1992	1993	1994	1995	1996	1997	1998
Neue Bundesländer	41,7	41,1	41,6	44,5	43,0	40,1	38,4	38,9
Alte Bundesländer	36,1	36,5	36,8	37,9	37,7	37,3	37,0	37,0

Datenquelle: Statistisches Bundesamt

Nun sind allerdings nicht alle Kinder und Jugendlichen vom Risiko der Sozialhilfebedürftigkeit in gleichem Ausmaß betroffen. Vielmehr ist von Bedeutung, in welcher Familien- bzw. Haushaltskonstellation sie leben.

Bei einem Strukturvergleich von Bevölkerung und Sozialhilfepopulation nach dem Haushaltstyp wird erkennbar, dass Kinder aus (Ehe-)Partnerhaushalten ein weit geringeres Sozialhilferisiko besitzen als Kinder allein Erziehender. Hinsichtlich der Gesamtstruktur der Bedarfsgemeinschaften gilt, dass Haushalte mit Kindern über- und Haushalte ohne Kinder unterdurchschnittlich häufig Sozialhilfe beziehen (vgl. Voges, 1995).

Wie aus Tabelle 4 ersichtlich wird, haben Familien mit Kindern in den neuen im Vergleich mit den alten Bundesländern einen höheren, im Trend allerdings leicht zurückgehenden Anteil an den Bedarfsgemeinschaften. Sowohl der Anteil der allein Erziehenden als auch der Anteil der Paare mit Kindern ist in der ostdeutschen Sozialhilfeklientel etwas höher, d.h. Kinder in diesen Familienkonstellationen sind hier in den neuen etwas häufiger als in den alten Bundesländern anzutreffen. Innerhalb der Teilgruppe der Haushalte mit Kindern stellen die allein Erziehenden allerdings sowohl in den neuen als auch in den alten Bundesländern den größten Gruppenanteil (vgl. Tabelle 4).

Tab. 4: Entwicklung der HLU-Bedarfsgemeinschaften nach dem Haushaltstyp (%)

	1994	1996	1998
Haushalte mit Kindern			
neue Bundesländer	48,9	44,6	41,7
alte Bundesländer	36,2	37,3	35,5
Allein Erziehende			
neue Bundesländer	32,4	28,1	26,5
alte Bundesländer	22,9	23,0	22,5
Ehepaare mit Kindern			
neue Bundesländer	12,1	12,2	10,4
alte Bundesländer	12,3	13,1	11,6
Paare mit Kindern			
neue Bundesländer	4,4	4,3	4,8
alte Bundesländer	1,0	1,2	1,4
Haushalte ohne Kinder			
neue Bundesländer	38,4	45,6	46,3
alte Bundesländer	47,9	51,2	50,9

Datenquelle: Statistisches Bundesamt, eigene Berechnungen;

[1] Die Summe der Angaben „Haushalte mit Kindern" und „Haushalte ohne Kinder" ist kleiner als 100%, da die Position „Bedarfsgemeinschaften ohne Haushaltsvorstand und anderweitig nicht erfasste Bedarfsgemeinschaften" den gewählten Gruppierungen nicht zugeordnet werden kann.

Resümierend lässt sich also festhalten, dass Kinderarmut im Sinne eines Lebens unter den Bedingungen von Sozialhilfebedürftigkeit nach der staatlichen Vereinigung in Ostdeutschland erheblich angewachsen ist. Das Risiko, in einem Sozialhilfehaushalt zu leben, ist für ostdeutsche Kinder und Jugendliche mehr als doppelt so groß wie im Bevölkerungsdurchschnitt. Liegt die als Sozialhilfedichte der bis 18-jährigen zu registrierende Kinderarmut im Osten 1998 auch noch unter dem Niveau des Westens, so führte die höhere ostdeutsche Sozialhilfedynamik bereits im Jahre 1996 dazu, dass bestimmte Altersgruppen, darunter die Jüngsten, in Ostdeutschland eine höhere Sozialhilfebetroffenheit aufweisen als in Westdeutschland. In den neuen Bundesländern rekrutieren sich die HLU-EmpfängerInnen zu einem etwas größeren Anteil als im Westen aus Kindern und Jugendlichen. Hinsichtlich der Struktur der Bedarfsgemeinschaften unterscheidet sich die ostdeutsche von der westdeutschen Sozialhilfeklientel vor allem durch einen etwas höheren Anteil der Haushalte mit Kindern, wobei die Gruppe der allein Erziehenden, die nicht nur in Ost- sondern auch in Westdeutschland die in der Sozialhilfe am häufigsten vertretene Familienform ist, in den neuen Bundesländern noch etwas häufiger vorkommt.

Nun beruht jedoch die Sozialhilfestatistik ausschließlich auf Querschnitts- bzw. Stichtagsdaten, was darauf verweist, dass sie in ihrem Aussagewert für das verfolgte Untersuchungsinteresse – abgesehen von weiteren Mängeln, die hier nicht interessieren (vgl. dazu ausführlich Wolff & Beck, 1993) – ein gewichtiges Defizit besitzt: Sie kann keine Angaben zur Art und Weise von Sozialhilfeverläufen bereitstellen[8]. Die statistisch ausgewiesenen Angaben über die SozialhilfeempfängerInnen unterstützen den Eindruck, dass in jedem Falle ein längerer kontinuierlicher Sozialhilfebezug vorliegt, dass es sich also im Großen und Ganzen immer um dieselben Personen handelt, die jährlich von der Sozialhilfestatistik erfasst werden. Angaben über Zu- und Abgänge sind der Sozialhilfestatistik nicht zu entnehmen. Ob Kinder und Jugendliche kurz- oder langfristig bzw. ob sie im Verlaufe der Lebensphase Kindheit mehrmals mit zeitlichen Unterbrechungen unter Sozialhilfebedingungen leben, dürfte allerdings für den Verlauf der Kindheit sowie für die kindliche Entwicklung relevant sein.

3 Die Hallesche Längsschnittstudie zur Sozialhilfe (HLS) – Zugang, Dauer und Verlauf sowie Ursachen der Beantragung und der Beendigung des Sozialhilfebezuges bei Haushalten mit und ohne Kinder/n

Bislang waren detaillierte Angaben über Dauer und Verlauf des Sozialhilfebezuges in der Bundesrepublik kaum verfügbar. Ausnahmen bildeten seit Ende der 80er Jahre das Sozio-ökonomische Panel (SOEP) und die Bremer Längsschnitt-Stichprobe von Sozialhilfeakten (LSA) (vgl. Buhr, 1995 sowie Leibfried, Leisering u.a., 1995). Mit diesem Beitrag werden Auswertungen aus der Halleschen Längsschnittstudie zur Sozialhilfe (HLS) vorgelegt, die das Forschungsdesign der „dynamischen Armutsforschung" für die neuen Bundesländern einsetzt. Das methodische Vorgehen orientiert sich an der Bremer Längsschnittstudie von Sozialhilfe-

---

[8] Seit 1994 werden in der Sozialhilfestatistik indes auch Angaben zur Dauer des Sozialhilfebezuges bereitgestellt. Methodisch gesehen messen diese Daten anhand des Bestandes am Jahresende die Dauer von Ein-Episoden-Verläufen, d.h. bei wiederholtem Sozialhilfebezug nach einer Unterbrechung beginnt eine neue Dauermessung – die davor liegende Episode gilt als abgeschlossen. Auf diese Weise entstehen Angaben zur mittleren Sozialhilfedauer, die jegliche Sozialhilfeunterbrechung oder -veränderung (z.B. die Geburt eines Kindes) erst einmal als Abgangsmeldung verorten und keinen Gesamtverlauf unter Sozialhilfebedingungen fassbar werden lassen. Ein erheblicher Kunstfehler entsteht daraus in dem Falle, wenn die so gemessenen durchschnittlichen Bezugsdauern zwischen Untergruppen verglichen werden, die hinsichtlich ihrer möglichen veränderlichen Merkmale sehr unterschiedlich sind, z.B. Familien mit Kindern gegenüber allein Stehenden. So belegen z.B. die für 1997 vorliegenden Daten, dass alle Formen von Familienhaushalten mit Kindern unterdurchschnittliche, allein lebende Haushaltsvorstände aber auffallend überdurchschnittliche Bezugsdauern aufweisen, was bei dem vorliegenden Berechnungsverfahren vermutlich durch die hohe Veränderbarkeit der Mehrpersonen-Bedarfsgemeinschaften hervorgerufen wird.

akten, wie sie im SfB 186 „Statuspassagen und Risikolagen im Lebensverlauf" entwickelt worden ist.
Die in der sachsen-anhaltinischen Großstadt Halle a. d. Saale durchgeführte Längsschnittanalyse von individuellen HLU-Verläufen stützt sich auf ereignisorientierte Individualdaten aus Sozialamtsakten. Die dabei gewonnene Längsschnittdatenbasis geht auf einen 58-monatigen retrospektiven Beobachtungszeitraum zurück. Als Auswahlpopulation fungierten jährliche Zugangskohorten in die Sozialhilfe insgesamt, wobei durch die HLS – anders als in Bremen – vier aufeinanderfolgende Zugänge (1990 bis 1993) erhoben und analysiert wurden. Die Datenbasis geht aus drei 10%-Zufallsauswahlen (1990, 1991, 1993) und einer 5%-Zufallsauswahl (1992) aller erstmaligen Sozialhilfe-Antragsstellungen der entsprechenden Jahre in der Stadt Halle a. d. Saale hervor.

Ausgangspunkt der HLS sind Informationen aus Sozialamtsakten, mit denen in erster Linie Aussagen über die Personen möglich sind, die als AntragstellerInnen und damit als Akteninhaber in Erscheinung treten. Erst in zweiter Linie, d.h. bei Erfassung des Haushaltszusammenhangs des Antragstellenden, bietet diese Datenquelle auch Informationen darüber, ob der Bedarfsgemeinschaft Kinder angehören. Die folgende Darstellung empirischer Befunde[9] folgt der Logik, die Sozialhilfesituation von Kindern im Haushaltskontext und in Beziehung zum antragstellenden Haushaltsvorstand zu erfassen und der Sozialhilfesituation kinderloser Haushalte kontrastierend gegenüber zu stellen.

3.1 Sozialhilfehaushalte mit Kindern – Befunde der HLS[10]

Die Untersuchung von vier zeitlich aufeinanderfolgenden Kohorten erstmaliger Sozialhilfe-Antragstellungen in Ostdeutschland verfolgte das Ziel, im gesellschaftlichen Umbruch entstehende Armutslagen hinsichtlich ihrer zeitlichen Dimension aufzudecken und entlang einer einheitlichen Zeitachse mögliche Besonderheiten zu analysieren.

---

[9] Mittlerweile sind anhand von reorganisierten Kinderdatensätzen auch direkt auf Kinder zugeschnittene Auswertungen der HLS vorgelegt worden (vgl. Rentzsch, 2000).

[10] Bei der Wertung der Befunde ist zu bedenken, dass in den Ergebnissen neben Kohorteneffekten auch erhebungstechnisch verursachte Besonderheiten der Kohorten zum Ausdruck kommen, die schwer voneinander zu trennen sind. So geht z.B. die Untersuchungskohorte 1990 im Unterschied zu allen anderen Jahrgängen nur auf einen Halbjahreszeitraum zurück, denn die gesetzliche Einführung einer laufenden Hilfe zum Lebensunterhalt in Form der Sozialhilfe existierte erst ab Juli 1990. Hinzu kommt, dass für diesen ersten Zugang nur eine reduzierte Version des BSHG zutraf. Die Untersuchungskohorte 1992 besitzt hingegen zu allen anderen den erhebungstechnischen Unterschied, auf einer 5%-Stichprobe zu basieren. Dass deshalb ein Vergleich zu anderen Kohorten nur eingeschränkt möglich ist, lässt sich allerdings nur vermuten. Als offensichtliche Besonderheit des Zugangs 1992 ist hingegen zu werten, dass er sich im Unterschied zu den anderen aus einem erheblichen Anteil aus Zuwanderung rekrutiert (Asylbewerber und Kriegsflüchtlinge aus Bosnien stellten hier insgesamt 35% der Antragstellenden gegenüber 1990: 1%, 1991: 7%, und 11% 1993). Da Mechanismen des gesetzlich geregelten Umgangs mit Zugewanderten – wie z.B. Abschiebung oder regionale Umverteilung – für Ansässige nicht zutreffen, sind die Befunde dieses Zugangs nur unter Vorbehalt in den Vergleich mit einzubeziehen.

Wie die Daten im Folgenden zeigen werden, besitzen die untersuchten Zugangskohorten hinsichtlich der zwei Typen von Bedarfsgemeinschaften – Haushalte mit Kindern und Haushalte ohne Kinder – durchaus Gemeinsames: Sie bestehen aus einem überproportional hohen Anteil aus Haushalten mit Kindern, wobei darunter der Anteil der allein Erziehenden-Haushalte besonders auffällt. In dieser Richtung ist folglich bereits in den ersten Transformationsjahren eine Kontinuität sozialer Benachteiligung von Haushalten mit Kindern gegenüber kinderlosen Haushalten in Ostdeutschland festzustellen (vgl. für Westdeutschland hierzu Voges, 1994).

Gleichzeitig wird anhand der halleschen Daten nachgewiesen, dass bestimmte Merkmale der Sozialhilfebetroffenheit in den einzelnen Untersuchungskohorten zum Teil sehr unterschiedlich ausgeprägt sind. Diese aus spezifischen Zeitabhängigkeiten resultierenden Unterschiede zwischen den Untersuchungskohorten können als Beleg dafür gelten, dass der gesellschaftliche Wandel in Ostdeutschland in Bezug auf die Lebenslage von Haushalten mit oder ohne Kinder/n auch Diskontinuitäten erzeugt. Hierzu trägt bei, dass die ostdeutsche Umbruchsituation insgesamt begünstigende Umstände für häufige Zustandsveränderungen (z.B. auch in die Arbeitslosigkeit hinein oder aus ihr heraus) liefert. In diesem Zusammenhang sind insbesondere die unvermittelte Umstellung der sozialen Lebensbedingungen (z.B. Auflösung DDR-spezifischer Arbeitsverhältnisse, rasche Reorganisation sozialpolitischer Maßnahmen nach bundesrepublikanischem Muster) als auch die Veränderung sozio-demographischer Faktoren bzw. des Verhaltens der Ostdeutschen im Rahmen der Umstellungskrise (z.B. einschneidender Rückgang der Geburtenhäufigkeit in Ostdeutschland, deutliche Zunahme von Single-Haushalten) zu nennen.

Im nachfolgenden Abschnitt geht es um den analytischen Nachweis der Kontinuität und Diskontinuität von Prozessen sozialer Benachteiligung, die sich in Form der Sozialhilfebetroffenheit ostdeutscher Haushalte mit Kindern empirisch feststellen lassen.

Durch Gegenüberstellung der Befunde der HLS nach einem einfachen Analyseraster werden folgende Subgruppen näher betrachtet:
- Haushalte mit Kindern unter 18 Jahren
- allein Erziehende mit Kindern unter 18 Jahren
- Haushalte ohne Kinder.

Wegen der hohen Problembetroffenheit wird die Gruppe der allein Erziehenden besonders beachtet.

Im Folgenden werden zunächst drei wesentliche soziale oder zeitdynamische Dimensionen im Zusammenhang mit Sozialhilfebezug behandelt: das Zugangs-, das Verbleibs- und das Rückfallrisiko. Abschließend geht es um eine auf „Arbeitsmarkt" und „Familie" bzw. „Sozialstaat" zugeschnittene Ursachenanalyse hinsichtlich der Auslösungs- und Beendigungsumstände von Sozialhilfebedürftigkeit.

3.1.1 Sozialhilfe-Zugangsrisiko

Haushalte mit Kindern haben in allen Untersuchungskohorten, wie Grafik 1 veranschaulicht, ein überproportionales Sozialhilfezugangsrisiko. Bei näherem Hinsehen zeigt sich allerdings, dass diese Aussage für die einzelnen Kohorten in sehr unterschiedlichem Maße zutrifft.

Abb. 1: HLU-Zugangsrisiko nach dem Haushaltstyp in den Jahren 1990-1993

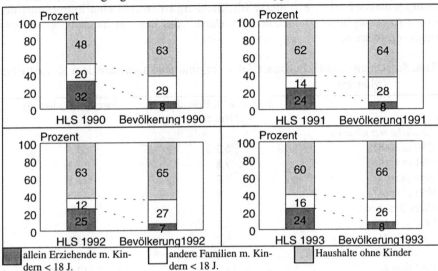

allein Erziehende m. Kindern < 18 J.   andere Familien m. Kindern < 18 J.   Haushalte ohne Kinder

Prüft man das Zugangsrisiko (vgl. die graphische Gegenüberstellung der Strukturen in Abbildung 1), so wird deutlich, dass Haushalte mit Kindern im Zugang 1990 in besonders hohem Maße, im Zugang 1993 deutlich geringer und in den Zugängen 1991 und 1992 nur schwach überproportional vertreten sind. Bei einer Differenzierung nach der Familienform zeigt sich indes, dass die Gruppe der allein Erziehenden durchweg in allen Kohorten merklich überproportional gefährdet ist. Das Zugangsrisiko der Gruppe der Paarhaushalte mit Kindern ist hingegen kontinuierlich unterproportional (ohne Grafik). Dieser Befund der HLS steht im Einklang mit entsprechenden Befunden aus Querschnittserhebungen und bestärkt die Annahme, dass ostdeutsche Kinder in der Familienform des allein Erziehens mit dem vergleichsweise höchsten Risiko eine HLU-Situation erleben.

Wie die Daten belegen, haben Haushalte mit Kindern sehr häufig einen weiblichen Haushaltsvorstand. Das durchschnittliche Alter der mit Kindern lebenden Haushaltsvorstände ist vergleichsweise niedrig. Im Zeitraum der analysierten Zugangskohorten ist es darüber hinaus tendenziell gesunken (1990: 31,5, 1991: 30,2, 1992: 28, 1993: 30 Jahre). Die durchschnittliche Haushaltsgröße der Familien mit Kindern liegt – wie zu erwarten – deutlich über der von Haushalten ohne Kinder.

3.1.2 Sozialhilfe-Verbleibsrisiko

Im Folgenden geht es primär um die zeitliche Dimension der Sozialhilfebedürftigkeit von Kindern und ihren Familien in den neuen Bundesländern. Für eine solche Betrachtungsweise muss zunächst geklärt werden, welche Indikatoren in dieser Hinsicht von Bedeutung sind. Naheliegend ist die Betrachtung der Gesamtdauer[11] des Sozialhilfebezuges. Es muss also geprüft werden, ob und in welchen Hinsichten sich bestimmte Haushaltskonstellationen bezüglich der Dauer des Sozialhilfebezuges unterscheiden. Mit dieser Blickrichtung ist sowohl eine Betrachtung der ersten Armutsepisode als auch der Nettodauer[12] des Bezuges im analysierten Zeitraum von Interesse.

Tab. 5: Durchschnittliche Dauer[13] des Sozialhilfebezuges nach dem Haushaltstyp (Monate)

	Dauer der 1. Episode (Median)	Nettodauer (Median)
Haushalte mit Kindern		
1990 (n = 68)	6,3	7,5
1991 (n = 120)	7,8	12,3
1992 (n = 68)	4,7	11,5
1993 (n = 86)	5,7	11,5
Allein Erziehende		
1990 (n = 41)	7,1	7,5
1991 (n = 75)	9,3	15,2
1992 (n = 37)	4,6	12,5
1993 (n = 44)	11,0	12,5
Haushalte ohne Kinder		
1990 (n = 58)	10,3	12,5
1991 (n = 184)	5,3	8,6
1992 (n = 83)	6,6	7,8
1993 (n = 107)	3,8	5,8

Datenquelle: HLS

Aus Tabelle 5 geht hervor, dass der Sozialhilfebezug in der Regel bei Familien mit Kindern sowohl in der ersten Episode als auch hinsichtlich der Nettodauer durchschnittlich deutlich länger andauert als bei Haushalten ohne Kinder. Allerdings

---

[11] Einzuräumen ist allerdings, dass Längsschnittanalysen unter gegenwärtigen Forschungsbedingungen nur einen sehr begrenzten Beobachtungsrahmen für Gesamtverläufe in der Sozialhilfe ermöglichen (im gegebenen Falle 58 Monate). In der laufenden Projektphase wird im Rahmen der HLS für den Sozialhilfezugang 1991 eine Ausdehnung des Beobachtungsfensters auf neun Jahre vorgenommen, so dass die Rekonstruktion einer längeren Lebensphase unter der Verlaufsperspektive des Sozialhilfebezuges in bevorstehenden Auswertungen möglich wird.

[12] Als Nettodauer wird die im Beobachtungszeitraum insgesamt verbrachte Zeit in der Sozialhilfe definiert, d.h. im Falle mehrfachen Sozialhilfebezuges ist die Nettodauer gleich der Summe des Andauerns aller einzelnen Episoden.

[13] Die zensierten Fälle wurden bei der Dauerberechnung mit berücksichtigt.

bilden die Kohorten 1992 (1. Episode) und 1990 (insgesamt) diesbezüglich Ausnahmen und sind in diesem Befund auszuklammern (vgl. auch Fußnote 10). Familien allein Erziehender haben (mit Ausnahme der ersten Episode 1992 und der Nettodauer 1990) durchschnittlich die längsten HLU-Bezugszeiten.

Das für die Sozialhilfezugänge 1991-1993 feststellbare höhere mittlere Verbleibsrisiko von Familien mit Kindern gegenüber Haushalten ohne Kinder ist in der folgenden Abbildung 2 hinsichtlich des Verlaufs der Nettodauer detailliert dargestellt.

Abb. 2: Survivorfunktionen aus Lifetables für allein Erziehende, andere Familien mit Kindern sowie Haushalte ohne Kinder

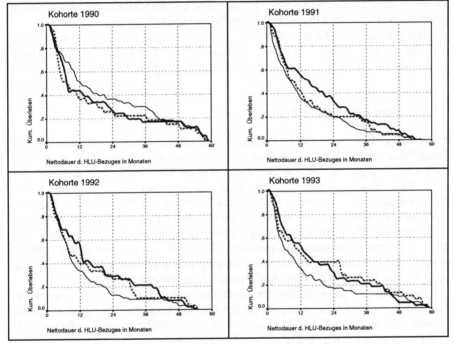

Datenquelle HLS
— allein Erziehende m. Kindern < 18 J.
··· andere Familien m. Kindern < 18 J.
— Haushalte ohne Kinder

Bezüglich des untersuchten Gesamtverlaufs (Nettodauer) verdeutlicht Abbildung 2 unter anderem, dass bei Weglassen der ersten (1990) in den Kohorten 1991, 1992, 1993 ca. 60% aller Haushalte ohne Kinder nach zwölf Monaten HLU-Bezug wieder ohne Sozialhilfe lebt. Die allein Erziehenden-Haushalte haben diesbezüglich einen ungünstigeren Verlauf (nur ca. 40% haben die Sozialhilfe nach zwölf Monaten hinter sich gelassen). Hinsichtlich der anderen Familien mit Kindern lässt sich in diesem Bezugsrahmen eine mittlere Position feststellen (ca. 50-60% haben die

Sozialhilfe nach zwölf Monaten hinter sich gelassen). Für den Zugang 1990 gilt dagegen, dass Haushalte ohne Kinder im Rahmen einer längeren Zeitspanne (bis ca. drei Jahren Nettodauer) das vergleichsweise höchste Verbleibsrisiko aufweisen. Allein Erziehende und andere Haushalte mit Kindern dieser ersten Untersuchungskohorte haben andererseits vor allem im Zeitraum bis zu zwei Jahren Nettodauer ein geringeres Verbleibsrisiko als in den Jahrgängen 1991, 1992, 1993.

Die Eigenheit des Zugangs 1990, der zufolge Haushalte ohne Kinder über eine längere Zeit hinweg das vergleichsweise höchste Verbleibsrisiko aufweisen, hängt vermutlich damit zusammen, dass sich in dieser Gruppe Personen und Lebensverläufe mit besonders schwierigen bzw. kumulierten Problemlagen konzentrieren (z.B. ältere Antragstellende ohne Rentenanspruch oder chronisch Kranke, die zu DDR-Zeiten entweder Sozialfürsorge oder nur ein Mindesteinkommen erhielten und mit Eröffnung der Möglichkeit sogleich Sozialhilfe beantragten).

Als gemeinsames Kennzeichen aller Untersuchungskohorten ist ab vier Jahren Nettodauer eine Angleichung des Verbleibsrisikos aller unterschiedenen Haushaltstypen auf relativ geringem Niveau festzustellen (vgl. Abbildung 2).

3.1.3 Sozialhilfe-Rückfallrisiko

In welchem Maße ist es nun Haushalten mit Kindern möglich, nach einer Zeit des Sozialhilfebezuges den Lebensunterhalt wieder ohne Sozialhilfe zu bestreiten? Eine Datenanalyse im Abstand von zwölf und 24 Monaten nach Beendigung der ersten Episode zeigt, dass allgemein Familien in höherem Maße von einem Mehrfachsozialhilfebezug betroffen sind. Allein im Zugang 1990 gelingt es Familien mit Kindern zu einem höheren Anteil, nicht wieder in den Sozialhilfebezug zurückzukehren. Hinsichtlich der Gruppe der allein Erziehenden ist im Abstand von zwölf Monaten anteilmäßig ein geringeres Rückfallen in die Sozialhilfe vorherrschend, im Abstand von 24 Monaten ist hingegen der vergleichsweise geringste Anteil dieser Gruppe weiterhin ohne erneuten Sozialhilfebezug (vgl. Tab. 6).

Da es für den Lebensverlauf der Kinder, die in einem HLU-Haushalt aufwachsen und leben, von Belang ist, ob es sich um eine einmalige Sozialhilfesituation handelt oder ob in der Kindheitsphase mehrfach Sozialhilfeepisoden auftreten, geht es im Folgenden um die Häufigkeit von Mehrfachbezug.

Abbildung 3 zeigt, dass das Risiko, nach Beendigung der ersten Sozialhilfeepisode weitere Sozialhilfeepisoden zu durchlaufen, in den analysierten Zugangskohorten deutlich differiert und dass es mit der Zeit im Kohortendurchschnitt tendenziell anwächst (von 23% im Zugang 1990 auf 34% im Zugang 1993). Mit Ausnahme des Zugangs 1990 haben Haushalte mit Kindern stets ein höheres Rückfallrisiko als Haushalte ohne Kinder. Weniger eindeutig verhält es sich diesbezüglich bei der Gruppe der allein Erziehenden-Haushalte. Sie haben in den Zugängen 1991 und 1992 zwar das relativ größte Mehrfachrisiko, in den beiden anderen Zugängen jedoch das relativ geringste.

Tab. 6: Anteil der Sozialhilfehaushalte mit Kindern oder ohne Kinder, die 12 (24) Monate nach Beendigung der ersten Episode weiterhin ohne Sozialhilfe lebten (%)

	12 Monate nach Beendigung der 1. Episode	24 Monate nach Beendigung der 1. Episode
Haushalte mit Kindern		
1990	72	67
1991	77	62
1992	93	51
1993	73	59
Allein Erziehende		
1990	68	66
1991	75	61
1992	94	51
1993	81	67
Haushalte ohne Kinder		
1990	67	53
1991	81	70
1992	93	83
1993	77	71

Datenquelle: HLS

Abb. 3: Durchschnittlicher Anteil der Bedarfsgemeinschaften mit Mehrfachbezug nach dem Haushaltstyp (%)

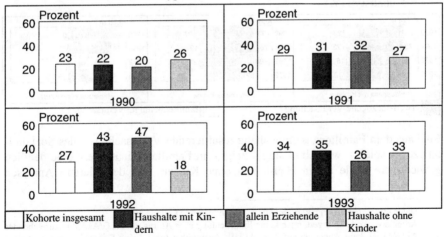

3.1.4 Ursachen der Antragstellung – Ursachen der Beendigung des HLU-Bezuges

Im Folgenden soll geprüft werden, welche Bedeutung erwerbsbezogene und familienbedingte Ursachen für die Beantragung einer HLU in Haushalten mit und ohne Kinder/n in den Zugangskohorten haben (vgl. Abbildung 7).

Laut Abbildung 4 spielen erwerbsbezogene Verursachungen[14] in Haushalten ohne Kinder eine etwas größere Rolle, als bei Haushalten mit Kindern. Dennoch stehen auch bei Haushalten mit Kindern erwerbsbezogene Verursachungen im Vergleich zu den anderen Ursachen im Vordergrund. Im Zeitverlauf nimmt deren Bedeutung allerdings ab (von 1990: 74%, auf 1993: 57% jeweils aller Beginnursachen). Als größte Unterposition der erwerbsbezogenen Verursachung (ohne Grafik) fällt bei den Haushalten mit Kindern – und mehr noch bei den allein Erziehenden-Haushalten – in den Zugängen 1990 und 1991 ein „unzureichendes Erwerbseinkommen" ins Gewicht (1990: 30% bzw. bei allein Erziehenden sogar 45%, 1991: 37% bzw. 42%, 1992: 7% bzw. 8% und 1993: 14% bzw. 17%). Hier zeigt sich, dass vor allem in den ersten Jahrgängen (1990 und 1991) in vielen Familien mit Kindern, und vor allen in Familien von allein Erziehenden, das erzielte Erwerbseinkommen für ein Existenzminimum der Familienmitglieder nicht ausreicht. Hingegen ist eine Sozialhilfebeantragung infolge des Wartens auf einen Arbeitsamtsbescheid über die Gewährung von Arbeitslosengeld, die in allen Kohorten als Verursachungsgrund relativ häufig vorkommt, bei Familien mit Kindern etwas seltener als bei anderen Haushaltstypen festzustellen.

Abb. 4: Beginnursachen des erstmaligen Sozialhilfebezuges nach dem Haushaltstyp (%)

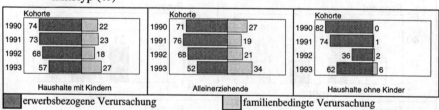

Eine aus dem Familienzusammenhang resultierende Verursachung[15] des Sozialhilfebezuges spielt – wie Abbildung 4 zeigt – in Familien mit Kindern eine deutlich gewichtigere Rolle als in Haushalten ohne Kinder. Wie detailliertere Analysen

---

[14] Unter *erwerbsbezogener Verursachung* werden folgende Gründe erfasst:
Arbeitslosigkeit (Sperrzeit, noch keine Entscheidung über Antrag auf ALG/ALHI, unzureichendes ALG/ALHI, kein Anspruch auf ALG/ALHI); Ausbildung (noch keine Entscheidung über Antrag auf Ausbildungsbeihilfe, unzureichende Ausbildungsvergütung/Unterhaltsgeld, Studium/Ausbildung eines Elternteils/der Eltern oder des Partners, Ausbildungsabbruch); unzureichendes Erwerbseinkommen.

[15] Als *familienbedingte Verursachung* zählen die Einstiegsgründe: Schwangerschaft, Geburt eines Kindes, unzureichendes/kein Mutterschaftsgeld, unzureichender/kein privater Unterhalt für Frau und/oder Kinder, unzureichende/keine sonstigen Unterhaltsleistungen, Trennung, Kinderreichtum.

zeigen, ist hierbei im Zugang 1990 vor allem Kinderreichtum ausschlaggebend, d.h. das Vorhandensein einer relativ großen Kinderzahl. In den späteren Zugängen sind indes Einkommensprobleme im Zusammenhang mit der Geburt eines Kindes oder eines unzureichenden Unterhalts für Mutter und Kind von größerer Bedeutung. Hervorzuheben ist auch, dass allein Erziehende überdurchschnittlich oft infolge familienbedingter Ursachen HLU beantragen. Die familienbedingte Verursachung einer Sozialhilfebeantragung hat im Trend zugenommen (vgl. Abbildung 4).

Im letzten Schritt[16] sollen die Beendigungsursachen des Sozialhilfebezuges analysiert werden. Insbesondere interessiert, welches Gewicht erwerbsbezogenen[17] und sozialstaatsbedingten Übergängen zukommt und ob bzw. wie sich die unterschiedlichen Haushaltskonstellationen in dieser Hinsicht unterscheiden (vgl. Abbildung 5).

Abb. 5: Ursachen der Beendigung des Sozialhilfebezuges nach dem Haushaltstyp am Ende der Beobachtung (%)

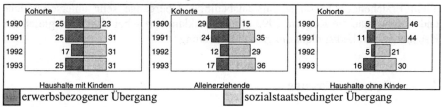

Die Daten belegen, dass erwerbsbezogene Übergänge in allen untersuchten Haushaltstypen weniger häufig vorkommen. Das bedeutet, dass eine Integration in den ersten und zweiten Arbeitsmarkt bzw. die Aufnahme einer Ausbildungs- bzw. Umschulungsmaßnahme etc. relativ selten gelingen. Den häufigen arbeitsmarktbezogenen Verursachungen folgen keineswegs in gleichem Maße erwerbsbezogene Ausstiege aus der Sozialhilfe. Die Analysen zeigen aber auch, dass über drei Kohorten (1990, 1991, 1993) hinweg 25% der Familien mit Kindern auf diesem Wege die Sozialhilfe hinter sich lassen. Dies ist zwar gegenüber dem Anteil der arbeitsmarktbedingten Verursachung (1990: 74%, 1991: 73%, 1993: 57%, vgl. Abbildung 4) ein geringer Wert, gegenüber dem Anteil der erwerbsbezogenen Übergänge in kinderlosen Haushalten ist dieser Wert aber noch immer relativ hoch.

Ein Erklärungsansatz hierfür liegt möglicherweise im jüngeren Alter der Antragstellenden aus Familien mit Kindern und den damit verbundenen besseren

---

[16] Der Analyse von Beendigungsursachen des Sozialhilfebezuges muss vorangestellt werden, dass am Ende des 58-monatigen Beobachtungszeitraums der Untersuchung nicht in allen Fällen der Sozialhilfebezug beendet ist. Es handelt sich hierbei um durchschnittlich weniger als 20% der Kohorten. Die nachfolgenden Befunde über die HLU-Beendigungsgründe beziehen sich somit stets nur auf einen – wenn auch den größten – Teil der Zugänge.

[17] Die unter *erwerbsbezogener Übergang* zusammengefassten Wege aus der Sozialhilfe untergliedern sich nach: Arbeitsaufnahme (des Antragstellers bzw. eines anderen Haushaltsmitgliedes), Erhöhung des Erwerbseinkommens (des Antragstellers bzw. eines anderen Haushaltsmitgliedes), Ausbildungs-/Umschulungsbeginn (des Antragstellers bzw. eines anderen Haushaltsmitgliedes).

Chancen auf dem Arbeitsmarkt. Eine Überprüfung dieser Zusammenhänge bedarf weiterer Analysen. Ein anderer Erklärungsansatz zielt auf subjektive Dispositionen von Eltern. Danach sind Erwachsene, die mit Kindern zusammenleben, aufgrund der hiermit verbundenen Unterhaltspflichten stark motiviert, materielle Existenzprobleme aktiv zu bewältigen.

Die Gruppe der allein Erziehenden hat im Vergleich zu allen Familien mit Kindern im Zugang 1990 günstigere und in den darauf folgenden Kohorten stets schlechtere Chancen zur Integration in den Arbeitsmarkt. Aber auch in dieser Gruppe ist ein erwerbsbezogener Übergang häufiger anzutreffen als bei den Haushalten ohne Kinder (vgl. Abbildung 5), was das starke Bedürfnis nach Erwerbstätigkeit bei allein erziehenden Frauen trotz der damit verbundenen gravierenden Vereinbarkeitsprobleme von Familie und Beruf noch unterstreicht.

Hinsichtlich der sozialstaatsbedingten Sozialhilfebeendigungen – dem am häufigsten festzustellenden Beendigungsgrund – weisen Haushalte ohne Kinder in den beiden ersten Kohorten (1990 und 1991) und Haushalte mit Kindern in den beiden letzten Kohorten (1992 und 1993) die meisten Übergänge auf. Für die Gruppe der allein Erziehenden haben sozialstaatsbedingte Übergänge sehr unterschiedliche und – wenn man die Kohorte 1993 einmal ausklammert – bei einem Vergleich der Haushaltstypen längst nicht die größte Bedeutung.[18]

4 Zusammenfassung

Die folgende Übersicht fasst den empirisch vorgefundenen Zusammenhang von Zugangs-, Verbleibs- und Rückfallrisiko der untersuchten Haushaltskonstellationen noch einmal zusammen.

Tabelle 7 spiegelt die vorgefundene Verteilung des summarischen Risikos wieder, das sich bei komplexer Betrachtung der drei Einzelrisiken – Zugangs-, Verbleibs- und Rückfallrisiko – bezüglich der untersuchten Haushaltstypen herausstellt. Ganz offensichtlich unterscheidet sich die „Übergangs"-Zugangskohorte (1990) hierbei von allen nachfolgenden Kohorten: Familien mit Kindern und darunter auch die Gruppe der allein Erziehenden hatten bei einem Erstzugang zur Sozialhilfe im Jahre 1990 zwar ein *hohes* Zugangs- aber gleichzeitig ein *niedriges* Verbleibs- und Rückfallrisiko. Anders hingegen in den Sozialhilfezugängen 1991 und 1992: Hier hatten Familien mit Kindern und darunter auch die Gruppe der allein Erziehenden sowohl ein *hohes* Zugangs- als auch ein *hohes* Verbleibs- und ein *hohes* Rückfallrisiko. Im Sozialhilfezugang 1993 trifft dies auf die Kategorie

---

[18] Für eine vollständige Darstellung ist zu ergänzen, welche hauptsächlichen weiteren Beendigungsgründe aufgetreten sind. Bei den Haushalten mit und ohne Kinder/n verbirgt sich in der verbleibenden „Restposition" ein erheblicher Anteil von Fällen, in denen die Sozialhilfe aus unbekannten Gründen abgebrochen wird, was Spekulationen weiten Raum lässt. Im Zugang 1992 (seine Besonderheiten vgl. Fußnote 10) konstituieren sich die restlichen Ursachen darüber hinaus vor allem aus einem hohen Anteil behördlich entschiedener Abschiebung von Zugewanderten. Was die Sozialhilfe-Beendigungsmöglichkeit des Schließens einer neuen Partnerschaft oder Ehe anbetrifft, so finden nach den vorliegenden Daten Übergänge dieser Art nur äußerst selten statt.

der Familien mit Kindern insgesamt zu, bei der Gruppe der allein Erziehenden ist das Rückfallrisiko allerdings davon abweichend relativ gering.

Tab. 7: Verteilung des summarischen Ausgrenzungsrisikos[*] der Haushalte mit und ohne Kinder/n in den Sozialhilfe-Zugangskohorten 1990 bis 1993

		1990	1991	1992	1993
1	Zugangsrisiko *hoch* Verbleibsrisiko[1] *hoch* Rückfallrisiko *hoch*		Familien m. Kindern allein Erziehende	Familien m. Kindern allein Erziehende	Familien m. Kindern
2	Zugangsrisiko *hoch* Verbleibsrisiko[1] *hoch* Rückfallrisiko *niedrig*				allein Erziehende
3	Zugangsrisiko *niedrig* Verbleibsrisiko[1] *hoch* Rückfallrisiko *hoch*	Haushalte o. Kinder			
4	Zugangsrisiko *hoch* Verbleibsrisiko[1] *niedrig* Rückfallrisiko *niedrig*	Familien m. Kindern allein Erziehende			
5	Zugangsrisiko *niedrig* Verbleibsrisiko[1] *niedrig* Rückfallrisiko *niedrig*		Haushalte o. Kinder	Haushalte o. Kinder	Haushalte o. Kinder

[1] Berechnungsbasis: Nettodauer
[*] Da in der Kombination „Zugangsrisiko *hoch* und Verbleibsrisiko *niedrig* und Rückfallrisiko *hoch*" kein Befund vorliegt, fehlt eine entsprechende Zeile in der Tabelle.

Mit der Übertragung des westdeutschen sozial- und familienpolitischen Regimes auf Ostdeutschland hat sich das Armutsrisiko – im Sinne von Sozialhilfebedürftigkeit – für Kinder bemerkenswert erhöht. Bei den Familien mit Kindern sind allein Erziehende überproportional betroffen. In der Rangfolge der spezifischen Ursachen der Beantragung von Sozialhilfe stehen bei Familien mit Kindern vor allem „erwerbsbezogene Verursachungen" sowie Gründe des unmittelbaren Familienzusammenhangs, wie Schwangerschaft/Geburt eines Kindes oder unzureichende Unterhaltsleistungen für Frau und Kind/er auf den ersten Plätzen. Als Beendigungsursache kommen „erwerbsbezogene Übergänge" auch bei allein Erziehenden deutlich häufiger zum Tragen als bei Haushalten ohne Kinder, was als Hinweis dafür gelten kann, dass allein erziehende Frauen auch unter veränderten gesellschaftlichen Bedingungen an ihrer starken Erwerbsarbeitsorientierung festhalten.

Hinsichtlich der Dauer der Armutserfahrungen zeigen die Daten der HLS, dass Kinder in allein Erziehenden-Haushalten durchschnittlich am längsten von Sozialhilfe leben müssen (wobei die Zugangskohorte 1990 bei diesem Befund auszuklammern ist). Die Daten weisen indes bei 58-monatiger Beobachtung des HLU-Verlaufs nicht darauf hin, dass Kinder in allein Erziehenden-Haushalten sehr häufig langfristig unter Sozialhilfebedingungen leben (ca. 20% aller allein Erziehenden-Haushalte leben drei Jahre oder länger im Sozialhilfebezug)¹⁹. Dieser Befund taugt allerdings keineswegs dazu, „sozialpolitische Entwarnung" zu geben. Denn zum einen wissen wir auf der Grundlage bisheriger empirischer Daten viel zu wenig über die materielle Situation von Haushalten nach Beendigung eines Sozialhilfebezuges. Die vorliegenden Studien lassen vermuten, dass sich die Einkommenssituation von ehemaligen Sozialhilfe-Haushalten nach dem Bezug in der Mehrzahl nicht wesentlich gegenüber der Situation in der Sozialhilfe verbessert. Ferner sind die sozialisatorischen Effekte von kurz- wie langfristigen Armutserfahrungen in der Kindheit – wie einleitend skizziert – noch wenig erforscht. In dieser Hinsicht muss also ein erheblicher Forschungsbedarf festgestellt werden.

Abschließend stellt sich die Frage, welcher sozial- und familienpolitische Handlungsbedarf durch die vorgestellten empirischen Befunde zur materiellen Lage von Familienhaushalten mit Kindern in Ostdeutschland angezeigt ist. Insgesamt zeigt sich, dass die Übertragung des westdeutschen sozial- und familienpolitischen Regimes nach Ostdeutschland und der tiefgreifende wirtschaftliche Strukturwandel mit seinen Auswirkungen auf den ostdeutschen Arbeitsmarkt die relative Wohlfahrtsposition von Haushalten mit Kindern nachhaltig beeinflusst hat. Im Zuge der allgemeinen Aufwärtsbewegung von Einkommen und Wohlstand ostdeutscher Haushalte sind Familien mit Kindern – und unter ihnen insbesondere Mehrkinderfamilien und allein Erziehenden-Haushalte – relativ zurückgefallen. Das Risiko, in eine Situation der Sozialhilfeabhängigkeit zu geraten, und die Dauer der Sozialhilfeabhängigkeit sind für Familien mit Kindern – und hierunter insbesondere für allein Erziehende – höher als für andere Haushaltsformen. In diesem Zusammenhang hat sich gezeigt, dass erwerbsarbeitsbezogene Ursachen auch für Familien mit Kindern als Beginnursachen für Sozialhilfebezug eine zentrale Rolle spielen. Ein wichtiger Beitrag zur Vermeidung von Verarmungsprozessen und zur Bekämpfung bestehender Armutslagen von Familienhaushalten mit Kindern liegt daher zunächst einmal in einer aktiven Arbeitsmarkt- und Beschäftigungspolitik. Diese Maßnahmen reichen von den verschiedenen Instrumenten der Arbeitsförderung (wie Arbeitsbeschaffungsmaßnahmen, Fortbildungs- und Umschulungsmaßnahmen) über verschiedene Strategien der Schaffung öffentlich finanzierter Beschäftigung auf kommunaler Ebene bis hin zu übergreifenden Maßnahmen der Umverteilung von Arbeit durch Arbeitszeitreduzierung, Abbau von Überstunden sowie Ermöglichung flexibler Übergänge von Phasen der Erwerbs- und Nichterwerbstätigkeit.

Von solchen allgemeinen Maßnahmen der Beschäftigungspolitk, die insbesondere in Ostdeutschland eine hohe Bedeutung haben, lassen sich die eigentlichen familienpolitischen Maßnahmen unterscheiden. Aus armutspolitischer Sicht muss

---

19 Im laufenden Projekt wird der Erkenntnisstand zur Dauer des Sozialhilfebezuges bzw. zum Andauern von Armutslagen in zwei Richtungen weiter verfolgt. Erstens wird anhand der Kohorte 1991 überprüft, ob und inwieweit eine Ausdehnung der Beobachtung von (fast) fünf auf neun Jahre Anhaltspunkte liefert, dass sich eine anwachsende Bevölkerungsgruppe mit langfristigem Sozialhilfebezug herausbildet. Zweitens wird auf dem Wege einer standardisierten Befragung einer Sozialhilfeabgangskohorte in Halle a. d. Saale untersucht, in welcher Lebenslage sich Haushalte unmittelbar nach dem Sozialhilfebezug befinden und ob bzw. inwieweit mit Beendigung der HLU eine Armutslage überwunden ist.

es hier darum gehen, die Belastungen, die sich aus dem Zusammenleben mit Kindern ergeben, derart zu reduzieren, dass auch Familienhaushalte mit niedrigeren Einkommen nicht unter die Armutsschwelle geraten. In dieser Hinsicht lassen sich zwei Ansatzpunkte bzw. Maßnahmenbündel unterscheiden: Zum einen steht die Frage nach der Weiterentwicklung von Kindergeld und Kinderfreibeträgen auf der Tagesordnung und zum anderen geht es um Maßnahmen einer besseren Vereinbarkeit von Erwerbs- und Erziehungstätigkeit.

Zur Weiterentwicklung des Familienlastenausgleichs (Kindergeld, Kinderfreibeträge):

Wenn das Armutsrisiko eines Zusammenlebens mit Kindern reduziert werden soll, dann dürfen sich Leistungen des Familienlastenausgleichs nicht ausschließlich auf den Aspekt der Steuergerechtigkeit – also des horizontalen Ausgleichs zwischen Haushalten mit und ohne Kinder/n – konzentrieren, sondern man muss die Komponente der Bedarfsgerechtigkeit – also des vertikalen Ausgleichs – stärker hervorheben und den Förderanteil des Kindergeldes erhöhen (vgl. zum Folgenden Bäcker, 2000; BMFSFJ, 1998 a und b). Da die Sozialhilfebedürftigkeit von Eltern mit niedrigem Einkommen überwiegend daher rührt, dass sie das soziokulturelle Existenzminimum ihrer Kinder nicht aus eigenem Einkommen bestreiten können, ist es erforderlich, das Kindergeld im unteren Einkommensbereich bedarfsdeckend auszugestalten, um Sozialhilfebedürftigkeit zu vermeiden. Dies könnte erreicht werden, indem das Kindergeld nicht als Pauschalbetrag ausgezahlt, sondern im unteren Einkommensbereich bis zur Höhe des vollen Kinderexistenzminimums aufgestockt werden würde. Allerdings ist durch die Entscheidung des Bundesverfassungsgerichts vom November 1998 eine solche stärkere Ausrichtung des Familienlastenausgleichs auf den vertikalen Aspekt der Bedarfsgerechtigkeit erschwert worden. Mit Blick auf die bisherige ungleiche steuerrechtliche Behandlung von allein erziehenden und verheirateten Eltern hat das Bundesverfassungsgericht festgestellt, dass ab dem Jahr 2000 das Existenzminimum für Kinder (existentieller Sachbedarf plus genereller Betreuungsbedarf und Erziehungsaufwand) nicht mehr besteuert werden darf. Diese Entscheidung zielt ausschließlich auf den horizontalen Lastenausgleich zwischen steuerpflichtigen Erwachsenen mit und ohne Kinder und nicht auf die Verbesserung der Einkommens- und Lebensbedingungen von gering verdienenden Eltern, die aufgrund der Belastungen durch Kinderkosten in Armut geraten. Insofern fällt eine armutspolitische Bewertung dieser Entscheidung des Bundesverfassungsgerichts anders aus als die allgemein positive Bewertung in der Öffentlichkeit: „In Zeiten knapper öffentlicher Kassen engt sie den Spielraum der Familienpolitik zusätzlich stark ein. Relativ wenigen Gewinner(inne)n – gut verdienenden Elternpaaren – stehen viele Verlierer/innen – allein Erziehende und Niedrigeinkommensbezieher/innen – gegenüber." (Bäcker, 2000, S. 265)

In Reaktion auf das BVG-Urteil hat die Regierungskoalition aus SPD und Bündnis 90/Die Grünen die Einführung weiterer Kinderfreibeträge in zwei Schritten beschlossen (Betreuungsfreibetrag ab 1.1.2000: 3.024,- DM je Elternpaar bzw. 1.512,- DM für allein Erziehende; Erziehungsfreibetrag ab 1.1.2002: 2.052,- DM je Elternpaar bzw. 1.026,- DM für allein Erziehende), kombiniert mit einer Anhebung des Kindergeldes von 250,- auf 270,- DM. Ohne die unbestreitbaren Fortschritte in der Entwicklung des Familienlastenausgleichs der letzten Jahre schmälern zu wollen, bleibt dennoch der Sachverhalt bestehen, dass auch durch die neuesten Veränderungen bei Kindergeld und Kinderfreibeträgen weder das Existenzminimum, das sich gegenwärtig auf etwa 625,- DM im Monat bzw. 7.500,- DM im Jahr beläuft, noch die soziokulturellen Mindestaufwendungen für Kinder in ausreichendem Maße (teil-)erstattet werden. Insofern bleiben die Armutsrisiken insbesondere für Eltern im Geringverdiener-Bereich bestehen. Es wird also auch in Zukunft darum gehen müssen, durch geeignete Formen von Zuwendungen und Erstattungen dafür zu sorgen, dass Elternschaft gefördert und gleichzeitig hiermit verbundene Armutsrisiken präventiv verhindert werden. Um eine möglichst effiziente Verwendung verfügbarer Finanzmittel sicherzustellen, sollten Kinder und ihr materieller Unterhalt direkt gefördert werden. Dies bedeutet vor allem, die erhebliche Fehlsteuerung knapper Mittel durch das Ehegattensplitting abzubauen. Durch Reduzierung der Splittingvorteile könnten Mittel freigesetzt werden, die für weitere Anhebungen des Kindergeldes verfügbar wären. Entsprechende Reformvorschläge zielen keineswegs auf eine generelle Abschaffung des Splittingverfahrens, sondern auf Reduzierungen der Einkommensübertragungsmöglichkeiten im sogenannten Realsplittingverfahren, das in der Konsequenz nur höhere Einkommensklassen mehr belasten würde.

Armutsbekämpfung durch verbesserte Möglichkeiten der Vereinbarkeit von Beruf und Familie:

Eine wesentliche Ursache für Armutsrisiken von Familienhaushalten mit Kindern liegt – wie skizziert – darin, dass angesichts entsprechender Barrieren einer Vereinbarkeit von Erwerbstätigkeit und Kindererziehung in vielen Fällen ein Elternteil seine Erwerbsbeteiligung reduzieren bzw. ganz unterbrechen muss, um sich der Aufgabe der Kindererziehung zu widmen. Ansatzpunkte zu einer Vermeidung hiermit verbundener Armutsrisiken sind in zwei Richtungen denkbar. Zum einen geht es darum, ein kontinuierliches, finanzierbares und den familiären Zeitbedürfnissen angepasstes Angebot an Einrichtungen und Diensten zur Betreuung und Erziehung von Kindern – wie es in Ostdeutschland prinzipiell noch besteht – aufrechtzuerhalten. Ein solches flächendeckendes Netz von Kinderbetreuungseinrichtungen würde neben den drei- bis sechsjährigen auch die null- bis dreijährigen Kinder einschließen und durch entsprechende Öffnungszeiten und Elternbeiträge sicherstellen, dass insbesondere auch allein erziehende Elternteile und Mehrkinderfamilien dieses Angebot nutzen können. Darüber hinaus gilt es, in den Betrieben familienfreundliche Arbeitszeiten sowie entsprechende vertraglich vereinbarte Rückkehrrechte von individuell reduzierten Arbeitszeiten zur Vollzeitarbeit einzuführen bzw. sicherzustellen. Ein Modell in diese Richtung stellt die Weiterentwicklung des Erziehungsurlaubs zu sogenannten Elternurlaubszeitkonten dar. Hier können Eltern – z. B. bis zum sechsten Lebensjahr des Kindes – nach individuellen Wünschen ihre Erwerbstätigkeit unterbrechen oder wahlweise auf Teilzeitarbeit reduzieren, wobei insbesondere beide Partner in diese Regelungen einbezogen werden sollten.

Als ausgesprochen problematisch erweist sich dagegen der sowohl von Konservativen als auch von Grün-Alternativen eingebrachte Vorschlag eines „Erziehungsgehaltes". Nach diesem Modell soll das Erziehungsgeld in ein Gehalt für Erziehungstätigkeit umgewandelt werden (in Höhe von 1.200,- DM), das bis zum zwölften Lebensjahr eines Kindes zu zahlen wäre (vgl. Leipert & Opielka, 1998). Ziel ist es, Erziehungs- mit Erwerbstätigkeit gleichzustellen und einem Elternteil die Möglichkeit zu geben, auf Erwerbstätigkeit vorübergehend zu verzichten, um Erziehungsarbeit zu leisten. Dieses Modell ist nicht zuletzt deshalb gerade für die ostdeutsche Situation problematisch, da es eine starre Alternative zwischen entweder Erwerbstätigkeit oder Erziehungstätigkeit konstruiert und damit letztlich zur Verdrängung der Frauen vom Arbeitsmarkt beiträgt. Angesichts der Tatsache, dass weibliche Erwerbseinkommen überwiegend niedriger als männliche Erwerbseinkommen ausfallen, würde die Einführung eines Erziehungsgehaltes, wie es z. B. für Sachsen erwogen wurde, den Ausgrenzungsdruck auf Frauen aus dem Arbeitsmarkt erhöhen. Gerade für ostdeutsche Frauen gilt aber, dass sie – auch wenn sie für kleine Kinder sorgen – subjektiv an der kontinuierlichen Vereinbarkeit von Erwerbstätigkeit und Familienarbeit orientiert sind, weshalb das Modell des Erziehungsgehaltes schon aus diesem Grund die besonderen Bedingungen und Lebensentwürfe in Ostdeutschland verfehlen würde.

Literatur

Bäcker, G. (2000): Armut und Unterversorgung im Kindes- und Jugendalter: Defizite der sozialen Sicherung. In: Butterwegge, Ch. (Hrsg.): Kinderarmut in Deutschland. Frankfurt a. M., New York, 244-269.
Bast, K./Ostner, I. (1992): Ehe und Familie in der Sozialpolitik der DDR und BRD – ein Vergleich. In: Schmähl, W. (Hrsg.): Sozialpolitik im Prozess der deutschen Vereinigung, Frankfurt a. M., 228-270.
Berger, P. A. (1994): Individualisierung und Armut. In: Zwick, M. (Hrsg.): Einmal arm immer arm? Neue Befunde zur Armut in Deutschland. Frankfurt a. M., New York, 21-46.
Buhr, P. (1995): Dynamik von Armut. Dauer und biographische Bedeutung von Sozialhilfebezug. Studien zur Sozialwissenschaft Band 153. Opladen.
Bundesministerium für Familie, Senioren, Frauen und Jugend (BMFSFJ) (1998): Kinder und Kindheit in Deutschland. Eine Politik für Kinder im Kontext von Familienpolitik. Wissenschaftlicher Beirat für Familienfragen. Stuttgart, Berlin, Köln.
Bundesministerium für Familie, Senioren, Frauen und Jugend (BMFSFJ) (1998): Zehnter Kinder- und Jugendbericht. Bonn.
Bundesministerium für Familien und Senioren (1994): Fünfter Familienbericht. Familien und Familienpolitik im geeinten Deutschland. Zukunft des Humanvermögens. Bonn.
Gallon, Th.-P. (1996): Alterslohn für Lebensleistung. Analyse und Vorschlag zum Wandel des Rentensystems. In: Schönig, W./L'Hoest (Hrsg.): Sozialstaat wohin? Darmstadt, 36-55.
Glatzer, W./Hübinger W. (1990): Lebenslagen und Armut. In: Döring, D./Hanesch, W./Huster E.-U. (Hrsg.): Armut im Wohlstand. Frankfurt a. M., 31-55.
Hanesch W./Adamy, W./Martens, R./Rentzsch, D./Schneider, U./Schubert, U./Wisskirchen, M./Bordt, E.-M./Hagelskamp, J./Niermann, Th./Krause, P. (1994): Armut in Deutschland. Reinbek bei Hamburg.
Hanesch, W. (1995): Armut im vereinten Deutschland – Konturen einer Armut im Umbruch. In: Glatzer, W./Noll, H.-H. (Hrsg.): Getrennt vereint. Lebensverhältnisse in Deutschland seit der Wiedervereinigung. Frankfurt, New York, 109-132.
Hauser, R. (1988): Ergebnisse der Armutsforschung in der Bundesrepublik Deutschland. In: Mitteilungen der Akademie der Arbeit, Neue Folge 38, 5-29.
Hauser, R./Glatzer, W./Hradil, St./Kleinhenz, G./Olk, Th./Pankoke, E. (1996): Ungleichheit und Sozialpolitik. Bericht 2 der KSPW. Opladen.

Hauser, R./Hübinger, W. (1993): Arme unter uns. Ergebnisse und Konsequenzen der Caritas-Armutsuntersuchung, 2 Bände. Freiburg.
Hauser, R./Semrau, P. (1989): Trends in Poverty and Low Income in the Federal Republic of Germany. Sfb 3 Arbeitspapier Nr. 306. Frankfurt a. M., Mannheim.
Joos, M. (2000): Wohlfahrtsentwicklung von Kindern in den neuen und alten Bundesländern. In: Butterwegge, Ch. (Hrsg.): Kinderarmut in Deutschland. Frankfurt a. M., New York, 99-114.
Kaufmann, F.-X. (1995): Zukunft der Familie im vereinten Deutschland. München.
Kleinhenz, G. (1994): Familienlastenausgleich. „Cash und Kröten" in der Familienpolitik. In: Diskurs 2/1994, 22-28.
Kleinhenz, G. (1997): Familienleistungsausgleich: Wann sind Kinderlasten gerecht verteilt? In: Textor, M. R. (Koordination): Sozialpolitik. Aktuelle Fragen und Probleme. Opladen, 107-121.
Lauterbach, W./Lange, A. (1999): Armut im Kindesalter. Ausmaß und Folgen ungesicherter Lebensverhältnisse. In: Diskurs 1/99, 88-96.
Leibfried, St./Leisering, L./Buhr, P./Ludwig, M./Mädje, E./Olk, Th./Voges, W./Zwick, M. (1995): Zeit der Armut. Lebensläufe im Sozialstaat. Frankfurt a. M.
Leipert, Ch./Opielka, M. (1998): Erziehungsgehalt 2000. Ein Weg zur Aufwertung der Erziehungsarbeit. Bonn.
Lompe, K. (Hrsg.) (1987): Die Realität der neuen Armut. Analysen der Beziehungen zwischen Arbeitslosigkeit und Armut in einer Problemregion. Regensburg.
Nauck, B. (1993): Lebensqualität von Kindern. Befunde und Lücken der Sozialberichterstattung. In: Deutsches Jugendinstitut (Hrsg.): Was für Kinder. Aufwachsen in Deutschland. Ein Handbuch. München, 222-228.
Nauck, B./Joos, M. (1996): Kinderarmut in Ostdeutschland. Zum Zusammenwirken von Institutionentransfer und familialer Lebensform im Transformationsprozeß. In: Buba, H. P./Schneider, F. (Hrsg.): Familie. Zwischen gesellschaftlicher Prägung und individuellem Design. Opladen, S.165-181.
Neuberger, Chr. (1997): Auswirkungen elterlicher Arbeitslosigkeit und Armut auf Familien und Kinder. Ein mehrdimensionaler empirisch gestützter Zugang. In: Otto, U. (Hrsg.): Aufwachsen in Armut. Erfahrungswelten und soziale Lagen von Kindern armer Familien. Opladen, 79-122.
Neumann, U./Hertz, M. (1998): Verdeckte Armut in Deutschland. Forschungsbericht im Auftrag der Friedrich Ebert-Stiftung. Frankfurt a. M.
Olk, Th./Rentzsch, D. (1994): Zur Transformation von Armut in den neuen Bundesländern. In: Riedmüller, B./Olk, Th. (Hrsg.): Grenzen des Sozialversicherungsstaates. Sonderheft 14 des Leviathan. Opladen, 248-274.
Rentzsch, D. (2000): Kinder in der Sozialhilfe. In: Butterwegge, Ch. (Hrsg.): Kinderarmut in Deutschland, Frankfurt a. M., New York.
Schäfers, B./Zimmermann, G. E. (1995): Armut und Familie – Zunahme der familialen Verarmung seit den 70er Jahren. In: Nauck, B./Onnen-Isemann, C. (Hrsg.): Familie im Brennpunkt von Wissenschaft und Forschung. Neuwied u.a., 561-578.
Statistisches Bundesamt: Information der amtlichen Sozialhilfestatistik von laufender Hilfe zum Lebensunterhalt außerhalb von Einrichtungen nach Haushaltstyp, ausgewählten Altersgruppen sowie nach alten und neuen Bundesländern am 28.03.2000.
Statistisches Bundesamt: Sozialleistungen, Fachserie 13, Reihe 2: Sozialhilfe, 1991, 1992, 1993, 1994, 1995, 1996, 1997.
Statistisches Bundesamt: Statistik der Sozialhilfe, EmpfängerInnen von laufender Hilfe zum Lebensunterhalt am 31.12.1998, Arbeitsunterlage.
Statistisches Landesamt Sachsen-Anhalt (1992, 1993, 1994): Statistische Berichte Bevölkerung und Erwerbstätigkeit, Ergebnisse des Mikrozensus.
Voges, W. (1994): Armut von Familien. Für eine neue Betrachtungsweise familialer Lebenslagen. In: Diskurs 2/94.
Voges, W. (1996): Konsequenzen neuer Familienformen und heterogener Armutslagen. In: Schönig, W./L'Hoest (Hrsg.): Sozialstaat wohin? Darmstadt, 79-99.
Walper, S. (1993): Können wir uns das leisten? Kinder in Armut. In: Deutsches Jugendinstitut (Hrsg.): Was für Kinder. Aufwachsen in Deutschland. Ein Handbuch, München, 267-276.
Walper, S. (1995): Kinder und Jugendliche in Armut. In: Bieback, K.-J./Milz, H. (Hrsg.): Neue Armut. Frankfurt, New York, 181-219.

Walper, S. (1997): Wenn Kinder arm sind. Familienarmut und ihre Betroffenen. In: Böhnisch, L./Lenz, K. (Hrsg.): Familien. Eine interdisziplinäre Einführung. Weinheim, 265-281.

Weick, St. (1998): Relative Einkommensarmut bei Kindern in Deutschland. Zeitschrift für Familienforschung 2, Jg. 10, 75-102.

Weick, St. (1999): Kinder in einkommensschwachen Haushalten. Lebensbedingungen und Lebensqualität von 1984 bis 1995. In: Flora, P./Noll, H.-H. (Hrsg.): Sozialberichterstattung und Sozialstaatsbeobachtung. Frankfurt a. M., New York, 259-278.

Wolff, K./Beck, M. (1993): Defizite der amtlichen Sozialhilfestatistik. Armutsdiskussion und Statistikreform. In: Zeitschrift für Sozialreform 7, Jg. 38, 417-442.

Zimmermann, G. (2000): Ansätze zur Operationalisierung von Armut und Unterversorgung im Kindes- und Jugendalter. In: Butterwegge, Ch. (Hrsg.): Kinderarmut in Deutschland. Frankfurt a. M., New York, 59-77.

Sozialräumliche Aspekte der Armut im Jugendalter

Andrea Breitfuss und Jens S. Dangschat

1 Einleitung

Die räumliche Konzentration der Armut von Kindern und Jugendlichen gehört zu den sensibelsten Problemfeldern gegenwärtiger Sozialpolitik, aber auch zu den Befürchtungen in der Gesellschaft, in denen die Emotionalität am stärksten angesprochen wird. Die (bittere) Erkenntnis über die sich zunehmend räumlich verfestigenden Problemlagen der Armut und des abweichenden Verhaltens steht im Widerspruch dazu, dass verlässliche Fakten zur Situation und vor allem zu den Ursachen und Folgen dünn sind. An deren Stelle treten Skandalisierungen, Schuldzuweisungen (an Regierungsparteien oder die Betroffenen selbst) oder aber ein „Wegsehen" und Verdrängen, ein Entkoppeln der Ursache-Wirkungs-Ketten, ein Weglaufen vor der Verantwortung für Politiken und Handlungen, die unter anderen Prioritäten getroffen wurden.[1]

In Zeiten zunehmender Konkurrenz zwischen Städten werden Innenstädte und die attraktiven, innenstadtnahen Mischgebiete zunehmend zu „Schaufenstern der Selbstdarstellung" der Wirtschaftskraft und Modernität der Städte, ihrer Bewohner und ihrer Fähigkeiten gewandelt. In diesem Zusammenhang ist Armut, sind soziale Probleme, sind Faktoren, die zur Wettbewerbsfähigkeit nur wenig beitragen können, störend; sie werden übergangen und verdrängt. Die Aufmerksamkeit seitens der kommunalen Politik, der Stadt(teil)planung und der Märkte richtet sich nicht mehr auf alle Teile einer Stadt in gleichem Maße (vgl. Dangschat, 1999).

Soziale Gruppen (Berufskategorien, Kohorten, Geschlechter und Ethnien), die zum städtischen Wettbewerb kaum etwas beitragen können, und ihre Aufenthaltsräume werden immer mehr an den Rand der Aufmerksamkeit gedrängt; sie geraten schließlich aus den Augen und aus dem Sinn, verschwinden von der subjektiven Landkarte der Entscheider in Politik, Verwaltung und Wirtschaft, der Gewinner und der sich mühsam im Mainstream Haltenden.

Bourdieu (1983) schrieb im Zusammenhang mit der erstmaligen Erfahrung von Jugendlichen, im Bildungssystem, auf dem Arbeits- und auf dem Wohnungs-

---

[1] Im Manifest „Rettet unsere Städte jetzt!" stellen sich die Oberbürgermeister von acht deutschen Großstädten den Herausforderungen ökonomischer Umstrukturierungen und gesellschaftlicher Prozesse. Ungewollt(?) kommt es hierbei jedoch auch zu Eingeständnissen, die das Dilemma einer kaum noch konsistenten Politik verdeutlichen: „In vielen Bereichen müssen wir sogar Maßnahmen ergreifen, von denen wir wissen, dass sie kontraproduktiv sind: Manche Kürzungen im Jugendbereich zum Beispiel können schnell Erziehungsprobleme verschärfen. [...] Wir wissen auch, dass der Abbau städtischer Dienstleistungen die Ärmsten am stärksten trifft" (Kronawitter (Hrsg.): 1994, S. 12). Rational wissen sie um die Probleme, aber wissen sie wirklich, welche gesellschaftlichen Prozesse Folge ihrer selbst auferlegten Wachstums-Sachzwang-Politiken sind?

markt zu viele zu sein, von der „geprellten Generation". Es ist die erste Generation, in der eine Qualifikation eine falsche sein kann, in der es darauf ankommt, zum richtigen Zeitpunkt an der richtigen Stelle zu sein, eine Generation, in der der Erfolg nicht immer von der eigenen Leistung respektive der Bereitschaft dazu abhängt.

Diese pauschale Aussage gewinnt in ihrer sozialen Brisanz an Bedeutung, wenn man die unterschiedlichen Entwicklungschancen an unterschiedlichen Orten mit reflektiert (und die gesellschaftlichen Prozesse, die Jugendliche benennbarer sozialer Gruppen in diese benachteiligenden örtlichen Kontexte bringt respektive dort hält). Im Prinzip chancenlos zu sein und trotzdem der Gesellschaft seine Fähigkeiten anzubieten, die diesen Jugendlichen doch eher die kalte Schulter zeigt, überfordert viele Jugendliche in der Phase ihrer Identitätsfindung.

2 Arme Kinder an armen Orten = „Soziale Brennpunkte"?

2.1 Arme Kinder und Jugendliche

Seit dem Ende der 80er Jahre wird deutlich, dass nicht nur der Anteil der Kinder und Jugendlichen, die unter Armutsbedingungen leben und aufwachsen, immer höher wird, sondern dass Kinder und Jugendliche mittlerweile diejenige gesellschaftliche Gruppe bilden, die am stärksten von Armut betroffen ist. Vorschulkinder weisen die höchsten Armutsdichten aller Altersgruppen auf, gefolgt von den anderen Kinder- und Jugendgruppen (vgl. Hanesch u.a., 1994; Schmidt, 1995; Teuber, 1995; Trauernicht, 1995; Bieligk, 1996; Dangschat, 1996c; Hurrelmann, 2000). Man spricht seit einigen Jahren bereits von einer „Infantilisierung der Armut".

Armut von Kindern und Jugendlichen wird in dreifacher Hinsicht als problematisch angesehen:
- *strukturell* durch niedrige Einkommen und geringe materielle Ressourcen des Elternhauses, die sich in eingeschränktem Konsum (Kleidung, Freizeit), hoher Verschuldung, schlechter Ernährung, in eingeschränkter Gesundheit, schlechter Wohnraumversorgung, benachteiligendem Wohnumfeld oder gar Obdachlosigkeit und in eingeschränkten Aktivitäts- und Aktionsräumen für Kinder und Jugendliche ausdrücken;
- *bildungsspezifisch* durch schlechtere Lernmöglichkeiten (als Folge überbelegter Wohnungen und häufig geringer Unterstützung des Lernens seitens des Elternhauses und belastender Schulbedingungen) und daher niedrigere Bildungsabschlüsse;
- *entwicklungspsychologisch* durch das Aufwachsen in einem Haushalt mit belastenden oder entmutigenden Milieus und Mustern der Lebensbewältigung [Drogen (illegale, Alkohol, Zigaretten, Tabletten), Aggressivität, Lethargie, Erleben ökonomischer Abhängigkeit der Eltern bis hin zu Hilf- und Hoffnungslosigkeit], was immer häufiger zum Start in eigene „Armutskarrieren" führt.

Die Armutsentwicklung konzentriert sich insbesondere auf spezifische Haushaltstypen: kinderreiche Haushalte und Haushalte von allein Erziehenden. Es ist zu vermuten, dass das Problem der kinderreichen Familien eher unter Nicht-Deutschen, das der allein Erziehen derzeit noch vorwiegend unter Deutschen bedeutsam sein dürfte.

Ausgangspunkt der Betrachtung von Armut von Kindern und Jugendlichen ist in der Regel das Einkommens- und Vermögensdefizit der Herkunftsfamilie, welches den materiellen Versorgungsspielraum der Familie einschränkt und zu einer veränderten oder reduzierten Haushaltsführung zwingt (Wohnung, Ernährung, Kleidung, Freizeit, Teilhabe am Konsum etc.).

Es mehren sich aber kritische Stimmen, dass dabei die Perspektive der Kinder nicht ausreichend berücksichtigt wird (vgl. Milz & Bieback, 1995; Toppe & Dallmann, 2000). Toppe & Dallmann weisen zurecht darauf hin, dass über die intergenerative Verteilung von Gütern bisher wenig bekannt ist. Gerade aus der Perspektive von Kindern geht Armut weit über Einkommensarmut hinaus. Nach einer Studie des Frankfurter Instituts für Sozialarbeit und Sozialpädagogik (ISS) (Hock & Holz, 1998) sind vor allem soziale und seelische Defizite sowie Benachteiligungen im kulturellen und sozialen Bereich bei Kindern und Jugendlichen auszumachen.[2]

Natürlich hat die materielle Versorgungslage der Eltern einen bedeutenden Einfluss auf die Lebenssituation der Kinder, ist Armut doch häufig von einem Statusverlust begleitet, insbesondere wenn sie als Folge von Arbeitslosigkeit oder marginalisierter Beschäftigung auftritt. Das führt häufig zu einer reduzierten elterlichen Autorität, die Spannungen zwischen den einzelnen Mitgliedern des Haushalts erzeugt, die sich in Ehe- und Beziehungskonflikten, in negativem Erziehungsverhalten, in gesteigerten Generationskonflikten und größeren Aggressionen zwischen den Geschwistern, in der Schule oder in den sonstigen Peergroups äußern.

In welchem Maße Armut auf die Kinder und Jugendlichen „durchschlägt" und zu gestörter Kommunikation und mangelndem Selbstbewusstsein führt, ist entscheidend von den im Familiensystem vorhandenen Ressourcen der Stabilisierung und dem Umgang der Eltern mit ihrer eigenen Situation abhängig.

Geldknappheit im Elternhaus führt häufig zu einem starken Bedürfnis, selbst frühzeitig „eigenes" Geld zu haben – sei es durch Arbeit, Überschuldung oder Formen der Illegalität. Dabei arbeiten Kinder und Jugendliche oft in Jobs oder zu Tageszeiten, in denen sie legal nicht arbeiten dürften. Dieses „eigene" Einkommen dient – oft sehr demonstrativ – dazu, sich bestimmte Versatzstücke der Konsumwelt zu besorgen, denn das Nicht-Mithalten-Können (materiell, kulturell) in Peergroups kann eine Quelle subjektiven Armutsempfindens von Kindern und Jugendlichen sein. Die Kinder und Jugendlichen wollen nicht abfallen gegenüber den anderen der Clique respektive den demonstrativ Habenden, auch wenn sie riskieren, sich durch kriminelle Handlungen selbst auszugrenzen. Sich notfalls auch über kriminelle Handlungen in die Lage zu versetzen, mit den Gleichaltrigen mithalten zu können, wird von Kawamura (1994, S. 127) als „sozialer Überlebenswille"

---

[2] Zit. nach: Toppe & Dallmann, 2000.

interpretiert und analytisch von der Phase der Resignation abgesetzt. Weniger auffällig im Straßenbild und auch häufiger als Strategie von Mädchen aufgefunden (vgl. Klink, 2000) ist resignativer Umgang von Jugendlichen mit ihrer als aussichtslos empfundenen Situation. Vor allem bei bereits resignativem, demoralisiertem Umgang der Eltern mit Langzeitarbeitslosigkeit und Armut besteht die Gefahr der sozialen „Vererbung" von Arbeitslosigkeit, beginnend bereits bei schlechtem Schulerfolg, durch resignative Einstellungen und entmutigende Haltungen.

Eingeschränkte finanzielle Ressourcen und eine stark belastete Familiensituation, die die Familie in ihrer Rolle als Erziehungsinstitution häufig überfordert (Nervosität, Reizbarkeit, Depressionen, autoritärer Erziehungsstil oder resignativer Rückzug und das Sich-Selbst-Überlassen der Kinder), können zu massiven Einschränkungen des Lern- und Erfahrungsspielraumes führen – vordergründig durch unzureichende Rückzugsmöglichkeiten zu Hause, durch eingeschränkte Spielmöglichkeiten, durch unzureichende Möglichkeiten, Anregungen und Unterstützung des schulischen Lernens zu erfahren, bis hin zur Übernahme von Präferenzen der zeitlichen Gestaltung des Tagesablaufs, der Abhängigkeit von staatlichen Transferzahlungen und der täglichen Diskussion um das zu knappe Geld oder durch Vernachlässigung.

Aus materiellen, aber auch aus habituellen Gründen werden die Kontakt-, Partizipations- und Kooperationsmöglichkeiten von Kindern und Jugendlichen über das Elternhaus eingeschränkt und fallen entweder ganz aus oder werden über andere Sozialisationsinstanzen (einschließlich der Peers) mehr oder weniger erfolgreich kompensiert.

Da sich die Restriktionen aus Armutslagen für Kinder und Jugendliche voneinander ableiten lassen (als Folge von Einkommensarmut und tendenzieller Überforderung der Eltern), sind Kumulationen von benachteiligenden Effekten sehr wahrscheinlich, gleichwohl empirisch nicht belegt, weil es an entsprechenden Langzeituntersuchungen fehlt. Walper (1995, S. 185) kritisiert, dass die Analysen der Armutslagen von Kindern und Jugendlichen zwar erste Ansätze systematischer Beschreibung zeigen, jedoch auf deren spezifische Deprivationslagen – im Gegensatz zu denen von Erwachsenen – bislang noch keine Aufmerksamkeit gerichtet wurde (vgl. zur Übersicht von Einzelaspekten Walper, 1995, S. 193-203 und Bieligk, 1996, S. 84-91, Toppe & Dallmann, 2000, S. 134 ff).

Es gibt prinzipiell vier Verursachungskomplexe für die Verarmung einer zunehmenden Zahl von Kindern und Jugendlichen:

- Der unzureichende Familienlastenausgleich, der insbesondere kinderreiche Haushalte steuerlich relativ schlecht stellt – es entwickelt sich daher eine neue Trennlinie zwischen Arm und Reich entlang der Dichotomie „Kinderlosigkeit" (insbesondere Double-Income-No-Kids) und „große Familien", was durch die Bemühungen, das Lohnabstandsgebot auch für große Familien durchzusetzen, weiter verschärft würde.
- Die wachsende Arbeitslosigkeit lässt viele Erwachsene in den Arbeitsmarkt nicht wieder eintreten, d.h. die Eltern der hier betrachteten Kinder und Jugendlichen verfügen über keine ausreichenden Erwerbseinkommen. Ein wachsender Teil der Jugendlichen selbst schafft keinen dauerhaften Einstieg in das Er-

werbsleben, Jugendliche und kinderlose junge Erwachsene sind überdurchschnittlich häufig arbeitslos oder geringfügig beschäftigt und daher auf staatliche Transfers angewiesen.
- Lebenszyklen und Haushaltsformen differenzieren sich in Folge steigender Scheidungsquoten, sinkender Wiederverheiratungsquoten und eines wachsenden Anteils Lediger (Spät- und Nicht-Heiraten) aus. Für die Verarmung von Kindern und Jugendlichen (je jünger, umso eher) ist vor allem ein steigender Anteil an allein Erziehenden bedeutsam (vgl. Voges, 1994; Hamburg, 1995; Voges & Ostner, 1995; Weidacher, 1995).
- Insbesondere in den Großstädten besteht ein erheblicher Wohnraummangel, vor allem an großen Wohnungen und Wohnungen mit niedrigen Mietpreisen, von dem große Haushalte, darunter vor allem Nicht-Deutsche, überdurchschnittlich stark betroffen sind (vgl. Breckner, 1995; Mutschler, 1995; Reis, 1997).

Die genannten strukturellen Aspekte werden als Hauptbestandteile eines multidimensionalen Armutskonzeptes verstanden. Die bildungs- und entwicklungsspezifischen Benachteiligungen werden als „incubator" angesehen, durch den die Entwicklungs-, Integrations- und Karrierechancen polarisiert werden: Eingeschränkte Schulausbildung und intellektuelle Lernmöglichkeiten sowie benachteiligende Elternhäuser werden als entscheidene Kontexte für das Risiko „misslingender" Individuation und/oder Integration eingeschätzt. Mangelnde Konkurrenzfähigkeit im Arbeitsmarkt, subkulturelle Wertemuster, abweichendes Verhalten und Stigmatisierung seien die Folgen, aus denen ein selbstverstärkender Prozess der sozialen Isolation (gegenüber dem Mainstream der Gesellschaft) und Armut entstehe (soziale „Vererbung" von Armut).

Gerade zur Beschreibung der Armut von Kindern und Jugendlichen erscheinen multidimensionale Armutskonzepte als vielversprechend, da sie „unterschiedliche Bereiche der relativen Unterversorgung" (Toppe & Dallmann, 2000, S. 135) beschreiben und damit eine gute Voraussetzung für die Analyse der spezifischen Situation junger Menschen bieten, denn unumgänglich für das Verständnis von Armut Heranwachsender ist die Frage, welche Aspekte von Armut bei den Kindern selbst ankommen und mit welchen Strategien sie darauf reagieren.

Während Kinder überwiegend über die Verarmung ihrer Eltern selbst in Armut geraten, gleichwohl sie eigene Umgangsweisen mit Armut entwickeln, beginnen ältere Jugendliche – vor allem aufgrund der eingeschränkten Zugangsmöglichkeiten zu Ausbildungsplätzen und zum Arbeitsmarkt – eigene „Armutskarrieren", die vielfach nahtlos an die der Herkunftsfamilie anschließen. Hierzu gibt es jedoch keine Hinweise aus der Statistik; verallgemeinerbare Ergebnisse über „Armutskarrieren" Jugendlicher fehlen. Es kann in den Statistiken nicht unterschieden werden, ob arme Jugendliche noch in dem Haushalt ihrer armen Eltern leben, ob sie einen eigenständigen Haushalt haben und arm sind, oder ob sie gar ohne eigenständige Haushaltsführung und wohnungslos oder obdachlos sind.

2.2 Sozialisation armer Kinder und Jugendlicher in „sozialen Brennpunkten"[3]

Sozialisation in der Kindheit und im Jugendalter entsteht aus der Spannung des Verarbeiten-Müssens der sozialen Erwartung an die Einpassung in die Gesellschaft (Integration) und dem Anspruch an die Herausbildung einer eigenen Identität aus Motiven, Gefühlen, Denkweisen und Reaktionsmustern. Diese Individuation in der Integration entscheidet über die Identitätsbildung: Gelingt dieses Gleichgewicht, wirken Kindheit und Jugendphase stimulierend, misslingt es, dann sind die Belastungen der Herausbildung der Ich-Identität hoch.

Jedes Kind/jedeR Jugendliche – auch der ärmste – schafft sich ihren/seinen eigenen Sinn aus den „Angeboten" der sozialen Umwelt. Diese sind oft widersprüchlich oder von den Normen des Mainstream abweichend, doch sie sind zugleich Spiegel gesellschaftlicher, psychischer, räumlich-funktionaler und –ästhetischer An- und Zumutungen. In dieser Situation wird insbesondere seitens bürgerlicher Erziehungsinstitutionen auf das Einhalten des Mainstream-Normenkatalogs gepocht. Sehr früh wird damit ein Teil der armen Kinder und Jugendlichen aus den bürgerlich orientierten Systemen wie der Regelschule ausgegrenzt (vgl. Köttgen, 2000), „als nicht erziehungs- und ausbildungsfähig bezeichnet und darüber hinaus bei gleichen Delikten härter bestraft" (Köttgen, 2000, S. 76).

Auch wenn mit „sozialstrukturellen Vorgaben" der Sozialisationsformen von Hurrelmann (1995, S. 77) nicht explizit Armut gemeint ist (weil dort auch das Armuts-Thema ausgeblendet bleibt), kann die strukturelle Benachteiligung dennoch als entscheidendes Risiko des Misslingens einer als „normal" angesehenen Sozialisation und damit einer erfolgreichen Biographie von armen Jugendlichen betrachtet werden. Es ist hier weniger das fehlende Geld und auch nicht das möglicherweise ebenfalls geringe kulturelle und soziale Kapital gemeint, sondern es wird das Versagen der jeweiligen Erziehungs- und Sozialisationsinstanzen in ihrer Aufgabe angesprochen, gesellschaftliche Normen und Werte so zu vermitteln, dass sie weder zu eng noch zu weit gesteckt sind.

Die zentrale These ist also: Soziale Benachteiligungen in den für die Sozialisation zentralen Strukturen und Institutionen führen zu einer krisenhaften Herausbildung von Ich-Identitäten (als der Zusammenführung der individuellen Erwartungen und der Erwartungen des sozialen Umfeldes). Diese gefährdeten, nach bürgerlichen Standards „misslungenen" Ich-Identitäten führen entweder zu geringen beruflichen Integrations- und Karrierechancen und/oder zu abweichendem Verhalten und/oder zur Perpetuierung von Armut.

Es gibt also unter den Bedingungen der räumlichen Konzentration von Armut sehr wahrscheinlich

- entweder ein „falsches", aber konsistentes,
- oder ein (überwiegend) „richtiges", aber inkonsistentes Angebot zur sozialen Integration.

---

[3] Vgl. ausführlich Dangschat (1996c).

Bei einem „falschen", aber konsistenten Angebot wäre im Sinne einer formal gelungenen Sozialisation die Herausbildung einer „falschen" d.h. von den Normen des Mainstream anweichenden Individuation konsequent. Läuft eine Sozialisation unter Armutsbedingungen „normal", dann endet sie jedoch leicht in abweichendem Verhalten. Das begünstigt Subkulturierungen der Jugendlichen, insbesondere bei einer räumlichen Konzentration dieser sozialen Milieus, und führt zu ausgeprägten „Überlebensstrategien" in diesen sozial(räumlich)en Milieus. Von außen wird das Ergebnis dieser Ich-Identität jedoch als „misslungen" bewertet, kriminalisiert oder therapiert.

Erst eine formal „misslungene" Sozialisation (beispielsweise durch widersprüchliche Normen seitens des Elternhauses, der Schule, anderer Ausbildungsstätten, der Peers und der bürgerlichen Umwelt) birgt die (geringe) Chance der Akzeptanz durch den Mainstream der Gesellschaft. Dieses ist nur möglich, wenn sich unter den Sozialisationsinstanzen – trotz Armut – diejenigen mit den akzeptierten gesellschaftlichen Werten durchsetzen oder wenn die Individuation krisenhaft (nämlich gegen die im sozialen Umfeld vorherrschenden sozialen Normen) angelegt ist. Eine Anpassung an die vorherrschenden Normen und Werte ist also unter Armutsbedingungen entweder schwierig oder mit einer Destabilisierung der Persönlichkeit zu bezahlen.

Wie arme Kinder und Jugendliche mit ihrem sozialen Umfeld und den daraus erwachsenen besonderen Problemen tatsächlich umgehen, wird innerhalb der Sozialpsychologie mit dem „Coping"-Konzept analysiert (vgl. Walper, 1995; Bieligk, 1996, S. 103-126). Die Bewältigungshaltungen und die Bewältigungshandlungen von Armut während der intensivsten Sozialisationsphasen entscheiden über die Verschiebungen von Wertesystemen und Präferenzen einerseits und die Zunahme von Handlungen, die als abweichend eingestuft werden, andererseits.

Walper (1995, S. 203-210) unterscheidet in drei Kategorien (eingeschränkter) Ressourcen zur Verarbeitung von Folgen der Armut, geht aber insgesamt nicht über die Position von Hurrelmann (1995) hinaus:

- *kontextuelle Ressourcen* (soziale Unterstützung durch institutionelle Unterstützungssysteme und soziale Netzwerke – insbesondere in Cliquen, die unabhängig von der Armutssituation bestehen, soziales Kapital) – hier sind auch die (oft ambivalenten) Ressourcen des benachteiligenden Wohngebietes anzusiedeln,
- *familiale Ressourcen* (Stabilität der elterlichen Beziehungen, Bildung, Umgangsformen und Erziehungsstile, kulturelles Kapital) und
- *individuelle Ressourcen* (Werthaltungen, Persönlichkeitsmerkmale, reflexives Kapital).[4]

Entscheidend ist, dass Kinder und Jugendliche offensichtlich keine rational geplante und konsistente Coping-Strategie entwickeln; es sind vielmehr – subjektiv

---

[4] Die Unterteilung in drei Ressourcenbündel ist willkürlich. Obwohl eine von der sonstigen sozialen Umwelt getrennte Betrachtung des familialen Unterstützungssystems im Hinblick auf Kinder und Jugendliche sinnvoll ist, kann Walper diese Trennung nicht durchhalten. Zudem könnte die soziale Umwelt weiter differenziert werden (beispielsweise in schulisches Umfeld, Nachbarschaft und Peers).

logische – Reaktionen auf spezifische Situationen. Generell gilt, dass Kinder mit einer als kurzfristig erwarteten und empfundenen Armut relativ gut umgehen und positive Lernerfahrungen machen können, wenn die familiäre Umgebung eine positive Umgehensweise mit den Restriktionen anbieten kann, während eine als langwierig befürchtete und als unentrinnbar erlebte Armut sie verbittern oder fatalistisch reagieren lässt. Diese Gefahr besteht vor allem bei einem missglückten Einstieg in das Berufsleben und damit in die eigene, gesellschaftlich anerkannte Position.

Auf unzureichenden Wohnraum (meist durch Überbelegung, schlechte Ausstattung und benachteiligende Lage gekennzeichnet) wird in zweierlei Weise reagiert: Entweder „treibt" es die Jugendlichen auf die Straße, in die Anonymität, um sich einen Platz zu schaffen, an dem sie unbeobachtet sind und sich weitgehend selbstbestimmt fühlen können. Draußen wird häufig Familienersatz gesucht, Offenheit, Integration in eine Gruppe, gemeinsam entwickelte Wertvorstellungen. Dieses „neue Gleichgewicht" scheint jedoch nur in Ausnahmefällen von langer Dauer zu sein. Bei Jungen wandelt es sich immer stärker zu autoritär geführten Gruppen mit harten Hierarchieregeln und Kämpfen um Machtpositionen; Mädchen spielen hier vor allem die Rolle der Geliebten der „Oberpaviane". Mädchen kompensieren ihre Exit-Strategien sehr häufig, indem sie sehr rasch in Liebesbeziehungen flüchten, in denen „Teenager-Schwangerschaften" auch in Deutschland immer häufiger zu werden scheinen, in denen aber auch die Gefahr der Prostituierung relativ groß ist. Diese Gruppe ist zusätzlich danach zu unterscheiden, ob die Kinder und Jugendlichen zum Schlafen in der Regel in ihre elterliche Wohnung zurückkehren oder ob sie sich wechselnde Schlafplätze suchen, obdachlos werden und auf der Straße leben.

Auch wenn Straßenkinder sehr häufig als die „Spitze des Eisberges" institutionellen und individuellen Versagens in der Sozialisation angesehen werden, gibt es zu diesem Komplex bisher nur unzureichende Forschungsergebnisse aus Deutschland. Der Schwerpunkt des Interesses von Fachöffentlichkeit, Forschung und Medien konzentriert sich auf Straßenkinder, die im zentralen öffentlichen Raum auffallen. Allerdings weisen die vom Deutschen Jugendinstitut befragten ExpertInnen darauf hin, dass sich gerade bei Kindern mit „Jugendhilfekarrieren" und bei Kindern aus benachteiligten Stadtteilen „potentielle Straßenkarrieren oft schon in einem viel früheren Alter" (Jogschies u.a., 1995, S. 8) abzeichnen und dass ein Teil dieser „Kids" im Stadtteil bleibt, während andere „ihre im Stadtteil begonnen Straßenkarrieren z.B. dann in den City-Szenen" (Permien, 2000, S. 31) fortsetzen. Zudem zeigen die Ergebnisse der Studien, „dass es keine typische Straßenkarriere gibt. Einstiege, Verläufe und mögliche Ausstiege sind [...] vielmehr abhängig von einem Bündel von Faktoren, die im Einzelfall sehr unterschiedlich aussehen und kombiniert sein können" (Jogschies u.a., 1995, S. 8).

Oder die Kinder und Jugendlichen klammern sich an ihr enges Zuhause respektive werden von ihren Eltern stark eingebunden; Mädchen haben sehr oft Pflichten der Mutter zu übernehmen (Erziehen der Geschwisterkinder, Hausarbeit). In jedem Fall wird erst sehr spät ausgezogen, was sehr häufig dazu führt, dass sich

Generationenkonflikte zumal unter beengten Wohnverhältnissen zuspitzen und aggressiv ausgetragen werden.

Gleichwohl bleiben armen Kindern und Jugendlichen Möglichkeiten, ihre Beziehungsnetze und ihre Aktivitäten in der Freizeit auszugestalten. Hier unterscheidet Bieligk (1996, S. 118) in positive Initiativen zur Veränderung der eigenen Lage (was sich günstigstenfalls in stark solidarischen Freundschaften manifestiert) und in Resignation. Resignation wird dabei durch die Übernahme der „Looser-Rolle" bewirkt; Kinder und Jugendliche übernehmen hierbei resignativ das Stigma der Armut („Gruppenschande der Außenseiter", vgl. Elias & Scotson, 1993). Resignation wirkt sich in der Regel als Lethargie oder Autoaggressivität aus.

Coping-Strategien sind also eine Gratwanderung, die nur sehr schwer zu bewerten ist. Auf der einen Seite kann eine „perfekte" Assimilation in das (räumliche) Submilieu angestrebt werden. Das sichert eine relativ hohe Position in dieser Subkultur und ermöglicht gleichzeitig, die Folgen von Armut relativ gut ertragen zu können (vgl. zum allgemeinen Problem der „culture of poverty" Goetze, 1992). Auf der anderen Seite stünde eine Orientierung an der bürgerlichen Norm des Mainstreams. Dieser sichert am ehesten ein Verlassen der Armut, bedeutet allerdings auch Probleme der Integration in eine andere, räumlich entfernte Kultur. Dieses wird insbesondere erschwert, wenn aufgrund der relativ schwachen Position im Wohnungsmarkt keine angemessene Wohnung angemietet und das benachteiligende Wohngebiet nicht verlassen werden kann. Mit der Integration in die Subkultur sind für Jugendliche konsistente, aber mehrheitlich abgelehnte und teilweise auch kriminalisierte Sozialisationen verbunden, während für den Anschluss an die Bürgerlichkeit der Preis der gebrochenen Sozialisation droht, d.h. die Biographie ist von Problemen in der Identitätsfindung gekennzeichnet.

Im nächsten Abschnitt sollen die Bedingungen von Orten für die Einstellungen und Verhaltensweisen von Menschen diskutiert werden.

3 Raum – eine vernachlässigte Dimension in den Sozialwissenschaften

Wie die Diskussion um das Coping zeigt, aber auch erzwungen über die Verräumlichung sozialer Problematik, hat der Ort und seine Herstellungsbedingungen sowie Reproduktionsweisen eine erhebliche Bedeutung.

Dass die Bedingungen der Orte unser Verhalten (mit)bestimmen, ist ebenso offensichtlich, wie die Tatsache, dass Orte gesellschaftlich produziert sind. Sie sind Ergebnisse von an ihnen stattfindenden Vergemeinschaftungen und Vergesellschaftungen und bergen – in dem Maße, wie ein permanenter Prozess gesellschaftlicher Überformung dies zulässt – historische Spuren der Gesellschaft. Orte sind also „Speicher" historisch vergangener Zeiten und aktueller gesellschaftlicher Konfigurationen.

Jedes soziale Handeln ist orts- und zeitgebunden (im Sinne, dass es kein Handeln ohne Orts- und Zeitbezug gibt), doch die Auswirkungen des Handelns müssen nicht auf den Ort des Handelns begrenzt sein. Handlungen können sich an anderen

Orten und zu anderen Zeiten niederschlagen und das Handeln dann und dort bestimmen.

Die Entkoppelung vom Handeln und deren Auswirkung ist eine Voraussetzung dafür, dass Armut respektive Räume erhöhter Konzentration von Armut entstehen, dass innerhalb von Wohlstand Armut entsteht. In einer immer stärker hierarchisierten Weltgesellschaft spielt der zunehmende Einfluss auf die Regulation (weit) entfernter Räume eine wichtige Rolle; sie ist die Voraussetzung dazu, die eigene Wettbewerbsfähigkeit und damit den Zugang zu vermehrtem Wohlstand zu sichern. Die Distanz entlastet, weil die Kausalitäten gegenüber den Erzeugern gesellschaftlicher Polarisierung (besser) verborgen bleiben.

Raum ist von dem Ort/dem Territorium abzugrenzen. Orte sind empirisch fassbar, sind erlebbar, sind die Basis täglichen Handelns. Orte werden aber hergestellt, durch Märkte, Investitionen, Stadtplanung und Vorurteile. Orte werden auch wahrgenommen, bewertet, angeeignet und bemerkt, d.h. reproduziert.

Räume haben also eine Makro-Ebene (Herstellungsbedingungen, Ideologien) und eine Mikro-Ebene (Wahrnehmung und Verhalten). Nur so können „tolerante", „integrative" Orte entstehen und erklärt werden, die Kulturen und Wertvorstellungen ausgebildet haben (Habitus des Ortes).

Darüber hinaus überlagern sich an jedem Ort Räume unterschiedlicher Reichweiten: globale Wertemuster, politische Handlungen, Marktgesetze, Identifikationen, Einzugsbereiche, Aktions- und Wahrnehmungsräume, die zudem von NutzerIn zu NutzerIn unterschiedlich sind.

Auch Bronfenbrenner (1981, S. 32-35) hat nicht nur räumliche Distanzzonen des sozialen Handelns[5] unterschieden, sondern vor allem auch die Art der Beziehungen: das „Mikro-System" ist die unmittelbar erlebte Umwelt wie Familie oder Schule (funktionale Netzwerke), das „Meso-System" ist die Menge aller Wechselbeziehungen zwischen den einzelnen wichtigen Lebensbereichen, die in einer Person zusammenlaufen (komplexe Netzwerke), das „Exosystem" bildet als regulativer Überbau der Alltagshandlungen (Behörden, Verkehrssystem, Medien) die Bedingungen der regionalen Vergesellschaftung (Regulation des lokalen Staates durch Stadtplanung und Kommunalpolitik), während im „Makrosystem" kulturelle und subkulturelle Normen verankert sind (sozialer Wandel).

Räumliches Handeln folgt – wie jedes andere Handeln auch – sozialen Gesetzmäßigkeiten. Raumerfahrung wird in einem Sozialisationsprozess angeeignet, der aus räumlichem Denken, räumlicher Wahrnehmung und Interaktion in und mit dem Raum besteht. Für ein Lernen von sozialem Verhalten im Raum sind Wege, Grenzlinien, Bereiche, Brennpunkte und Merk- oder Wahrzeichen von entscheidender Bedeutung. Dass Raumerfahrung in Abhängigkeit der Orte des Erlebens und entlang von Merkmalen sozialer Ungleichheit sowie gemäß sozio-kultureller Regeln verläuft, ist immer wieder belegt worden (vgl. zu den grundlegenden Forschungsergebnissen Mühlich, 1977a). Raum wird daher systematisch differenziert

---

[5] Vgl. auch die Unterscheidung bei Baacke (1993, S. 143-144) in das „ökologische Zentrum" (Privatheit der Familie), den „ökologischen Nahraum" (Nachbarschaft, Wohnquartier), in „ökologische Ausschnitte" (zweck- und aufgabenrelevante Ausschnitte aus dem Aktionsraum) und in die „ökologische Peripherie" (selten aufgesuchte Räume).

wahrgenommen, was die Voraussetzung für einen unterschiedlichen Umgang mit Raum, mithin soziostrukturell unterschiedlicher Aneignungschancen darstellt.

Erst über die Aneignung von Raum kann eine Identität gesichert und es können „soziale Spuren" gelesen werden. Sie vermitteln Verbindungen zwischen zwei nicht benachbarten Orten, sozialräumliche Abgrenzungen, Territorien, die einer Gruppe respektive einer Nutzung gehören, konfliktreiche Überlagerungen von Personenaggregaten oder Nutzungen sowie Symbolisierungen mit hohem Wiedererkennungsgrad (vgl. Mühlich, 1977b). Auch in sozialpsychologischen Arbeiten wird immer wieder hervorgehoben, dass soziale Differenzierungen zu unterschiedlichen Formen der Kognition und Evaluation von Orten führen. In diesem Zusammenhang wurde vor allem auf Entwicklungsstörungen von Kindern hingewiesen, wenn sie unter räumlichen Bedingungen aufwachsen, die stark einschränkend sind.

Territoriales Handeln ist somit den Regeln der sozialen Hierarchisierung und kulturellen Standards unterworfen. Wird das – situativ unterschiedlich große – Territorium verletzt, reagiert man mit Abwehrhaltungen zwischen Rückzug über Verteidigung bis Gegenangriff (vgl. Zinn, 1977); im Extremfall wird das Territorium so abgesichert, dass es von „Fremden" freibleibt respektive deren Zugang kontrolliert werden kann. Wichtig ist es in diesem Zusammenhang, zwischen objektiv messbaren Raumkonstellationen (beispielsweise „Dichte" als Personen pro Raumeinheit) und subjektivem und situativem Raumempfinden (beispielsweise „Crowding" als Gefühl des Beengtseins) zu unterscheiden. Für ein psychologisch wenig belastendes Raumhandeln ist es wichtig, Rückzugsraum („Privacy") nutzen zu können; ist dieses nicht oder kaum gegeben (wie in totalen Institutionen, aber auch bei überbelegten Wohnungen oder bei öffentlich zugänglichen und permanent einsehbaren Arbeitsplätzen), reagieren Menschen mit Stress. Das bedeutet, dass es für eine menschliche Existenz wichtig ist, über eine Raumsouveränität zu verfügen, um sich Raum zu erschließen, zu Orten freien Zugang zu haben und Orte gestalten zu können.

Die Jugendsoziologie und Sozialisationstheorien unterscheiden sich bezüglich ihrer Raumblindheit von anderen sozialwissenschaftlichen Spezialisierungen in keiner Weise. Lediglich Baacke (1993) weist darauf hin, dass neben den freischwebenden Interaktionssystemen der Sozialisation auch „Bedingungen des räumlichen Gefüges" mitgedacht werden müssen. Er rückt deshalb den Begriff der „Szene" als einen „durch Raumelemente und Handlungen durchstrukturierte[n], aber auch situationsgebundene[n] ökologische[n] Handlungskontext" (Baacke, 1993, S. 136) in den Mittelpunkt seiner Überlegungen. Er weist auf die Notwendigkeit der Raumaneignung hin, wenn Jugendliche vor dem Entwicklungsproblem der Identitätsbildung stehen; d.h. wichtige Sozialisationsschritte werden behindert, wenn hierzu kein Raum bleibt.

4 „Soziale Brennpunkte"

Eine Kommission des Deutschen Städtetages legte die Definition „Sozialer Brennpunkte", folgendermaßen fest: „Soziale Brennpunkte sind Wohngebiete, in denen

Faktoren, die die Lebensbedingungen ihrer Bewohner und *insbesondere die Entwicklungschancen von Kindern und Jugendlichen negativ bestimmen*, gehäuft auftreten" (Deutscher Städtetag, 1979, S. 12; Hervorhebung der AutorInnen). Aus dieser Definition geht nicht hervor, welche „Faktoren" die Entwicklungschancen von Kindern und Jugendlichen beeinträchtigen; erst im weiteren Verlauf des Textes wird deutlich, dass es sich um Armut handelt, soweit sie mittels kleinräumlich vorhandener Statistiken beschreibbar ist: Sozialhilfebezug, hoher Ausländeranteil, schlecht ausgestattete Wohnungen etc. Der Städtetag bezieht diese problematische Zuschreibung damit auf alle Armutsgebiete und folgt einem Determinismus, der diesen Gebieten alle Formen sozialer Abweichung zuschreibt, vor dem sich die Bürgerlichkeit fürchtet. Dieser Automatismus wird von vielen WissenschaftlerInnen und den meisten PraktikerInnen geteilt.

Der Begriff „Sozialer Brennpunkt" ist also Ausdruck bewusster und unbewusster Ängste.

„Das Leben in ‚Sozialen Brennpunkten' ist häufig bestimmt von Arbeitslosigkeit, es tritt ein hoher Anteil an Sozialhilfeempfängern und sog. unvollständigen Familien mit fehlender emotionaler Zuwendung, Erziehungsdefiziten und Schulversagen auf, und es liegen eine hohe Sonderschulrate, Analphabetismus, Alkoholismus und andere psychosoziale und psychosomatische Beschädigungen (Deprivation) vor" (Salz, 1991, S. 9; nach Bieligk, 1996, S. 42). Hinzu kommen das negative Image des Wohnquartiers, das geringe Selbstwertgefühl, sozialräumliche Isolation und sozio-kulturelle Benachteiligung. „Soziale Brennpunkte" bieten keine ausreichenden Entfaltungsmöglichkeiten für Kinder, im Gegenteil: Aufgrund der benachteiligenden Rahmenbedingungen muss von einem „Erwerb von ‚Armutsqualifikationen'" gesprochen werden (von Freyberg, 1993, S. 6).

Die Angst vor der Zuspitzung dieser negativen Auswirkungen gerade in räumlichen Konzentrationen armer Kinder und Jugendlicher hat drei Wurzeln:
1. Armut macht Angst: Angst und Verunsicherung bei einer auch flüchtigen Begegnung, denn Auge, Nase und Ohr von manchem Zeitgenossen sind unangenehm berührt; auch die Angst um die eigene Unversehrtheit kann aufsteigen; dann meldet sich das schlechte Gewissen, das wiederum von der Furcht vor dem eigenen sozialen Abstieg angetrieben wird.
2. Die räumliche Konzentration von Armut: Sie verstärkt die Ängste vor Armut; Aggressionen könnten sich aufstauen, eruptiv und unmotiviert sich aus anscheinend nichtigem Anlass entladen, ein soziales Pulverfass, das den Zusammenhalt der (städtischen) Gesellschaft bedroht. Diese Ängste sind Folge und Kehrseite der Garantie, dass durch die räumliche Konzentration der Armut weite Teile einer Stadt „armutsfreie Räume" sind, in denen zu leben Spaß bringt, wo die Ängste vor Drogenspritzen und Prostitution gar nicht erst aufkommen und der schulische Erfolg der Kinder sicherer scheint – wo man also die soziale Problematik einer Stadtgesellschaft schnell verdrängen kann.
3. Kinder und Jugendliche in Armut. Hier läuft rasch die Kette des „Wissens" über die Folgen eingeschränkter und beschädigter Sozialisationen ab: Stress zu Hause, geringer schulischer Lernerfolg, Orientierung an den Peers der Straße, abweichendes Verhalten, Gewalt, Kriminalität, Drogen und Prostitution.

Schon der Deutsche Städtetag (1987) unterschied jedoch drei Grundtypen „sozialer Brennpunkte":
1. Altbauten in früheren Arbeiterwohngebieten, die noch nicht saniert und/oder durch privatwirtschaftliche Aufwertung oder kulturelle Umwertung („Gentrification") erfasst wurden;
2. Schlichtwohnungen der späten 40er oder der 50er Jahre, die zwar aus den Belegungs- und Mietpreisbindungen einer Sozialmietwohnung herausgefallen sind, nicht jedoch in Eigentumswohnungen umgewandelt wurden und sich überwiegend im Besitz kommunaler Wohnungsbaugesellschaften befinden;
3. Großsiedlungen der späten 60er, der 70er und 80er Jahre, in die aufgrund der Belegungspraktiken der kommunalen Wohnungsämter und/oder der kommunalen Wohnungsbaugesellschaften zunehmend Menschen eingewiesen werden, die mit sich selbst Probleme haben und/oder den Nachbarn Probleme machen.

Obwohl die drei Gebietstypen, gemessen an den verfügbaren Statistiken über die Bewohnerzusammensetzung, oft ähnlich strukturiert sind (Anteile an Sozialhilfeempfängern, Arbeitslosen, Bezieher niedriger Einkommen, niedriger Bildung und an Nicht-Deutschen), scheinen sie aber für arme Kinder und Jugendliche sehr unterschiedliche Chancen der sozialen Integration, der Coping-Strategien und der Sozialisationsverläufe zu bieten. Altbaugebiete haben hierzu vermutlich die günstigsten Bedingungen, weil hier in noch sehr starkem Maße lokale Netzwerke vorhanden sind, in die die Eltern stärker eingebunden und in dem sie besser abgesichert sind, durch die auch Arme und Arbeitslose nicht hindurchfallen und die beispielsweise Kindern und Jugendlichen kleine Gelegenheitsjobs ermöglichen. In diesen Gebieten ist zudem die Integration von Migranten am besten gelungen (weil auch die Erfahrung in dieser Integrationsarbeit oft über 30 Jahre währte), was ethnische Konflikte und Streetgangs jedoch nicht ausschließt.

In den Schlichtwohnungen der 40er und 50er Jahre leben kaum Jugendliche (weil die Kinder der noch stark präsenten Erstbeleger deutlich über 30 Jahre alt sind), allerdings gibt es eine rasch wachsende Zahl meist nicht-deutscher Kinder dies- und knapp jenseits der Armutsgrenze – über ihre künftige Entwicklung kann vorerst nur spekuliert werden, weil sich, trotz deutscher Schulabschlüsse, die Ausbildungs- und Arbeitsmärkte immer stärker nach ethischen Kategorien schließen.

Die problematischste Konstellation für ökonomisch und sozial benachteiligte Kinder und Jugendliche bilden sowohl in Westdeutschland als mittlerweile auch in Ostdeutschland vor allem die benachteiligenden Neubaugebiete. Es sind diejenigen städtischen Teilräume, aus denen „entwurzelte", von der Schule und dem Elternhaus frühzeitig distanzierte Kinder und Jugendliche auf der Straße landen. Die gerade für Jugendliche mangelhafte Infrastruktur, die Kritik (der Erwachsenen) an ihrer Präsenz im öffentlichen Raum (insbesondere in der Nähe der Ladenzentren und an ÖPNV-Haltestellen) und die räumliche Abgeschnittenheit vom Rest der Stadt führen entweder zu massiv eingeschränkten Raum- und Erlebniserfahrungen vor Ort, die ein altersgerechtes Abkoppeln vom Elternhaus stark beeinträchtigen können, oder zu einer „Flucht" aus der Nachbarschaft, meist in die zentralen Szene-Treffs der Fußgängerzonen, Hauptbahnhöfe und in Großstädten in Rotlichtviertel, Straßenstriche und Drogen-Umschlagsplätze.

Zwar machen Hochhäuser und Beton als solche weder krank noch kriminell, aber die Monofunktionalität der Räume und die festgelegten Nutzungsformen („Rasenbetretenverboten-Abstandsgrün"), die eingeschränkte Ästhetik der Architektur, die geringe Rücksichtnahme auf die Notwendigkeit zur Raumaneignung gerade für Jugendliche wirken sich benachteiligend aus, wenn weder die Familie noch die Schule Halt oder Anregung geben können. Schließlich wirken sich Diskriminierungen von außen benachteiligend bei der Lehrstellensuche aus, weil durch stadtbekannte Straßennamen die Adresse oft die Chancengleichheit nimmt.

Wenn zudem neben der Familie die weiteren Sozialisationsinstanzen ebenfalls durch Armutslagen gekennzeichnet sind, was in Gebieten mit hoher Konzentration von Armut sehr wahrscheinlich ist, können sich die Negativ-Effekte extrem verstärken. Entscheidend für das Wirksam-Werden der aufgeführten Ursachen (Mediatoren) der Deprivation von Kindern und Jugendlichen sind jedoch die Formen der Verarbeitung (Moderatoren) dieser Effekte, die dazu beitragen können, die benachteiligenden Kontexteffekte abzuschwächen oder eben zu verschärfen. Das bedeutet, dass zwischen Kontextmerkmalen der Armut und (abweichendem) Verhalten keine deterministischen Zusammenhänge bestehen.

5 Arme Orte sind Orte der Armut

„Arme Orte" sind heute in allen Städten statistisch nachweisbar. Als solche sind sie Ergebnis komplexer Prozesse und damit hergestellt.

„Arme Orte" als Extremwert ungleicher Qualitäten von städtischen Teilgebieten werden also produziert und durch die Wohnungsvergabe werden arme Menschen diesn zugewiesen. Innerhalb der Regulations- und Postfordismus-Debatte der Stadt- und Regionalsoziologie wurden Thesen der Umstrukturierung tayloristischer Produktionsbedingungen und fordistischer Regulationsformen des lokalen Staates in ihrer Auswirkung auf Verarmungsprozesse entwickelt (vgl. Jaschke, 1992; von Freyberg, 1992, 1996; Alisch & Dangschat, 1998; Heinelt & Mayer, 1993; Dangschat, 1995; Dangschat & Fasenfest, 1995; Dangschat & Dittrich, 1999). In diesem Ansatz werden die veränderten Formen der Volkswirtschaft und der lokalen Ökonomien (ökonomische Umstrukturierung) sowie die neuen Formen politischer Regulation des lokalen Staates, zu der auch die Stadtplanung gehört („Urban management" und „Stadtverwaltungen als Unternehmer"), als Verursacher und Verstärker von Armut einerseits und deren räumlicher Konzentration andererseits angesehen.

Die geringere Gebrauchswertorientierung des politisch-administrativen Systems führt zu einer tendenziellen Abwertung der peripheren Räume bzgl. des Tauschwertes. Das wiederum beeinflusst das Standortverhalten auch privater Haushalte. In diesem Zusammenhang werden die Wohnungsmarktsegmente stärker segregiert und über selektive Belegungspraktiken „Inseln der Armut" herausgebildet.

Nicht nur die Ausgrenzung aus dem Arbeitsmarkt, eine unzureichende sozialstaatliche Versorgung (vgl. Leibfried & Voges, 1992; insbesondere Leisering & Voges, 1992), sondern vor allem der Wohnungsmarkt und die ungleichen Muster sozialräumlicher Verteilung führen zu sozialer Ausgrenzung resp. verstärken diese (vgl. Breckner, 1995; Mutschler, 1995).

Mit den neuen Herausforderungen einer weltweiten Konkurrenz um immer größere Mengen spekulativen Geldes sowie der zunehmenden Ungebundenheit von Arbeit an feste Orte bringen sich Großstädte mit vergleichbaren Wettbewerbsstrategien in das Dilemma zunehmend widersprüchlicher Zielsetzungen der Pflege des Wirtschaftsstandortes und der am Gemeinwohl orientierten Gedanken des Wohlfahrtsstaates. Auch für bundesdeutsche Städte gilt – wie es für US-amerikanische oder britische seit längerem beobachtbar ist –, dass die fiskalischen Möglichkeiten zum sozialen Ausgleich um so kleiner werden, je rascher die regionale Wirtschaft modernisiert wird, je effizienter kommunale Verwaltungen betriebswirtschaftliches Denken umsetzen und je erfolgreicher die lokale Wertschöpfung gesteigert wird.

Dieses mag auf den ersten Blick paradox erscheinen, bestand doch bis weit in die 70er Jahre hinein für die öffentliche Hand die Möglichkeit, an den Wohlstandszuwächsen zu partizipieren und einen Teil davon in Wohlfahrtspolitik zu investieren (vgl. Huster, 1997). Das Durchschlagen globaler Zusammenhänge und der dadurch geprägten Wettbewerbsstrategien auf die lokale Ebene verhindert es jedoch weitgehend, dass sich der lokale Staat Zugriffsrechte auf den Mehrwert sichern kann; die Kommunen verarmen somit selbst an ihren eigenen Wohlstandsstrategien (vgl. Dangschat, 1996a).

Diese Trends zu erkennen, ist für die lokalen Eliten schwierig, denn sie haben sich geschlossene Weltbilder entwickelt, die auch durch eine 20 Jahre währende Massenarbeitslosigkeit, eine nach jeder Krise ansteigende Sockelarbeitslosigkeit und die Zahlungsunfähigkeit des Sozialstaates nicht in Zweifel gezogen werden. Sie hängen dem „kurzen Traum immerwährender Prosperität" (Lutz) ungebrochen nach und beraten und bestärken sich in ihrer verfestigten Denkweise.

Räumliche Konzentrationen von Armut entstehen, wenn drei Faktoren zusammentreffen:
1. Die Armut muss zunehmen, was durch die ökonomische Umstrukturierung über den Arbeitsmarkt verursacht wird, aber auch durch eine nachlassende Verantwortung des Sozialstaates gegenüber sozialen Notlagen sowie die Unfähigkeit, auf den sozialen Wandel (neue Haushaltsformen, ein Verschwinden des Standard-Lebenszyklus sowie gebrochene Erwerbsbiographien) einzugehen.
2. Die räumliche Ungleichheit muss zunehmen, die zudem über konsistente soziale Bewertungen vermittelt werden muss; die Ursachen hierfür sind massive Aufwertungen der Innenstädte und der angrenzenden attraktiven Wohngebiete („Gentrification") auf der einen Seite und die Vernachlässigung peripherer Gebiete durch die kommunale Planung auf der anderen Seite. Die Unterstützung der zunehmenden Attraktivität der Zentren ist unmittelbar aus der Konkurrenz der Städte um Hightech-Produktionen, moderne (unternehmensbezogene) Dienstleistungen sowie kaufkraftstarke Konsumentengruppen (Kul-

tur- und Einkaufs-Touristen, Messewesen) ableitbar. Das „urban management" identifiziert sich zunehmend mit dem selbst kreierten Image, das in den Innenstädten verräumlicht wird.

3. Der Wohnungs„markt" ist gespalten; im privatwirtschaftlichen Sektor spielen eine hohe Kaufkraft oder Mietzahlungsfähigkeit eine große Rolle, Daneben sind mehr oder weniger subtile Formen der Diskriminierung bedeutsam, was für Nicht-Deutsche, Frauen, allein Erziehende, große Familien und gleichgeschlechtliche Paare zu einer relativ schwachen Position auf dem Wohnungsmarkt führt. Das Ergebnis ist, dass arme Menschen häufig sehr hohe Quadratmeter-Mieten für eine relativ schlechte Wohnqualität bezahlen müssen. Im öffentlich geförderten Sektor wirken sich auslaufende Mietpreis- und Belegungsbindungen dahingehend aus, dass diejenigen Menschen, die Berechtigungsscheine und insbesondere Dringlichkeitsscheine erhalten (was vor allem einkommensabhängig ist), in immer engeren Segmenten (sozialer Mietwohnungsbau der 70er und 80er Jahre) konzentriert werden, die auch räumliche Schwerpunkte bilden. Die Folge ist, dass sowohl über Marktkräfte, als auch über Logiken des öffentlich geförderten Sektors und die kommunale Belegungspolitik sozial Benachteiligte in solche Wohnungs- und Wohnumfeldsituationen konzentriert werden, die sie zusätzlich benachteiligen (vgl. Alisch & Dangschat, 1998). Armut äußert sich in diesem Zusammenhang nicht nur in sehr knappen materiellen Ressourcen (Wohnbedingungen, Wohnumfeld, periphere Lage, Monofunktionalität etc.), sondern auch in dem eingeschränkten (ökonomischen, kulturellen und sozialen) Kapital der Nachbarn, in gesundheitlichen Belastungen, häufigeren sozialen Stresssituationen und Negativ-Images (symbolisches Kapital), die an die Wohnstandorte geknüpft sind („prominente Großsiedlungen", Stadtteile, Adressen).

Armutsviertel werden ebenso wie arme Menschen als (un-)gewollter Nebeneffekt produziert und Orte werden entsprechend sozial hierarchisiert. Durch die hohe räumliche Konzentration von Armut entstehen und verstärken sich soziale Schließungsprozesse, die in den USA unter den Stichworten „culture of poverty" und „underclass" diskutiert werden[6] (vgl. Kronauer, 1997). In Folge der sich international angleichenden strukturellen Rahmenbedingungen (Globalisierung) und einer zunehmend neo-liberalen Regulation (Post-Fordismus) stellt der drohende Verlust der gesellschaftlichen Integration ein drängendes Problem dar. Besteht die Möglichkeit, die marginalisierten Gruppen in die städtische „Gesamtgesellschaft" zu integrieren? Oder ist allenfalls eine Integration auf Quartiersebene noch möglich, mit der Folge der Festschreibung deutlicher sozial-räumlicher Unterschiede (vgl. Friedrich, 1999)?

Wenn der Arbeitsmarkt immer mehr an gesamtgesellschaftlicher Integrationskraft verliert und immer mehr Menschen außerhalb der abgesicherten Vollerwerbstätigkeit ihren Unterhalt bestreiten müssen, kann zur Anknüpfung an die

---

[6] An der Stelle soll nicht auf die unterschiedliche Instrumentalisierung der räumlichen Konzentration von Armut eingegangen werden, zu denen beide Konzepte in sehr ähnlicher Weise herangezogen werden (vgl. Gielnik, 1999).

endogenen Potentiale, und an die spezifischen Formen sozialen und kulturellen Kapitals eine räumliche Konzentration von Armut durchaus sozial-integrative Potentiale bergen. Wenn eine Gesellschaft sozial und räumlich gespalten ist, wäre eine Integration in die erreichbare Teilgesellschaft sinnvoller, als der Imagination nachzuhängen, gesamtgesellschaftliche Interessen verfolgen zu wollen und zu können. Gleichwohl ist dieses nicht die beste aller denkbaren Lösungen, schreibt sie doch nicht nur die Spaltung der Gesellschaft fort, sondern trägt auch zur räumlichen Konzentration bei.

Kinder und Jugendliche stellen die von diesen sozialräumlichen Sortierungsprozessen am negativsten betroffene soziale Gruppe dar; als Kinder von Arbeitslosen und Deklassierten, allein Erziehenden und großer Haushalte, als Kinder von Migranten, sind sie als Starter auf dem Wohnungsmarkt (mit in der Regel sehr hohen Einstiegs-Mieten) und auf dem Arbeitsmarkt (mit schlechter Schulbildung oder ohne Ausbildungsverhältnis) nur eingeschränkt wettbewerbsfähig. Das sind wichtige Gründe dafür, dass der Anteil an Kindern und Jugendlichen unter den Sozialhilfebeziehern sowie deren räumliche Konzentration zunimmt.

Ist es dann noch sinnvoll, auf eine Integration in eine Gesellschaft zu hoffen, die über den Versorgungsgrad mit Konsumgütern zu konkurrieren aufgehört hat, und die Marke, das Image und die Ästhetisierung der Konsumgüter in den Vordergrund stellt? Dass unter solchen Bedingungen Sozialisationen Brüche erfahren, Gefahren des zumindest vorübergehenden Scheiterns beinhalten (was dann zudem von Menschen negativ bewertet wird, die eine eher bruchlose Sozialisation hinter sich haben), ist wahrscheinlich. Dennoch wird diese Abweichung von der Regel (die im Sinne der Gesamtgesellschaft aufgestellt wird) sanktioniert und versucht – wie bei einem Slalomlauf – auf das ordnungsgemäße Durchfahren aller (Richtungs-)Tore zu achten, anstatt den Zieleinlauf zu bewerten.

Selbst wenn es gelingt, Abweichungen von der schmalen generellen Norm zu tolerieren und damit auf räumlich verfestigte und sich verstärkende soziale Ungleichheit zu reagieren, wem ist damit geholfen? Den Jugendlichen doch sicher nur, wenn die in der Sozialisation einer Subkultur gewonnenen Wertesysteme auch relativ ungestört beibehalten werden können. Das setzt voraus, Zielsetzungen für solche „sozialen Brennpunkte" zu entwickeln, die sich nicht darauf beschränken, den Abbau sozialräumlicher Unterschiede zu fordern. Es müssten also auch (Lern-)Konzepte entwickelt werden, die einen besseren Umgang mit bestehenden Ungleichgewichten fördern und die Alternativen zu der ungebrochenen aber für viele in Hinkunft nicht erreichbaren Arbeitsmarktorientierung entwickeln. Genau das ist die Idee der zahlreich entstandenen quartiersbezogenen Sozialpolitiken (und sozial sensibleren Stadtteilpolitiken)[7]. Sie verbleiben in der Regel jedoch mangels Reichweite an der Erscheinungsform (Oberfläche) der sozialen Probleme.

Doch Kehrseite ist, dass trotz bisweilen guter Ausstattung und häufig interessierter Mediatoren diese Strategien dazu beitragen können, die Trennung der städtischen Teilgebiete und damit die soziale Ausgrenzung dieser Jugendlichen festzu-

---

[7] Hiermit sind vor allem die Programme „Stadtteile mit besonderem Erneuerungsbedarf" (in Nordrhein-Westfalen), Armutsbekämpfungsprogramm (Hamburg) oder das neue Bund-Länder-Programm „Stadtteile mit besonderem Entwicklungsbedarf – die soziale Stadt" gemeint.

schreiben. Auf diese Weise bleibt den Jugendlichen kaum eine andere Möglichkeit, als sich in die sozialen Bezüge der Quartiersnachbarschaft möglichst gut zu integrieren. Die Integration auf Quartiersebene (im Gegensatz zur gesamtstädtischen) ist also eine zweitbeste Lösung, aber unter Umständen die einzig realistische.

Die räumliche Konzentration strukturell und institutionell benachteiligter Menschen (meist in Innenstadtrand-Lage wohnend) hat in amerikanischen und britischen Städten zu Konstellationen geführt, die mit „culture of poverty" (wenn kulturelle, Milieus konstituierende Aspekte betont werden) respektive „underclass" (wenn die Arbeitsmarktabhängigkeit, ethnische und rassistische Diskriminierungen und die daraus abgeleitete systematische soziale Benachteiligung thematisiert wird) bezeichnet werden. Beide Ansätze werden unterschiedlich ausbuchstabiert, was sehr deutlich zeigt, dass die Begrifflichkeit vor allem zur Instrumentalisierung spezifischer Interessen an der räumlich konzentrierten Armut herangezogen wird und nicht etwa zur Bekämpfung der Armut.

Also bedarf es sehr genauer örtlicher Kenntnisse und eines Diskurses über Entwicklungsziele von Jugendlichen unter diesen benachteiligenden Rahmenbedingungen, wenn man in den räumlich-sozialen Prozessen intervenieren möchte. Das bedeutet auch, über die Bewertung von Segregationen neu zu diskutieren. Für Sozialwissenschaften heißt das, in stärkerem Maße als bisher über die soziale Bedeutung des Raumes, insbesondere in Form von benachteiligenden Kontexten zu arbeiten.

Es reicht eben nicht aus, Orte unterschiedlicher Ausstattungen, Lagen und Sozialstrukturen miteinander zu vergleichen, sondern „Raum" ist in einem komplexen Verständnis das Resultat der Produktion determinierender Strukturen systematischer sozialer Benachteiligung und wenig beachteter Nebeneffekte demonstrativer In- und Außer-Wert-Setzung sowie von Alltagspraktiken.

Wenn um einen Ort nun mit unterschiedlichen Alltagspraktiken konkurriert wird – am offensichtlichsten zwischen Bettlern, Menschen, die sich ein Einkaufserlebnis gönnen wollen, und dem Einzelhandel, dann sind Konflikte vorprogrammiert. Die Selbstgerechtigkeit der Gesellschaft wird diese Konflikte immer zu Lasten der Armen, Fremden und Ausgegrenzten auflösen wollen.

Literatur

Alisch, M./Dangschat, J. S. (1998): Armut und soziale Integration. Strategien sozialer Stadtentwicklung und lokaler Nachhaltigkeit. Opladen.
Baacke, D. (1993): Sozialökologische Ansätze in der Jugendforschung. In: H.-H. Krüger (Hrsg.): Handbuch der Jugendforschung. Opladen.
Bieligk, A. (1996): „Die armen Kinder". Armut und Unterversorgung bei Kindern. Belastungen und ihre Bewältigung. Essen.
Bourdieu, P. (1983): Ökonomisches Kapital, kulturelles Kapital und soziales Kapital. In: Kreckel, R. (Hrsg.): Soziale Ungleichheiten. Soziale Welt, Sonderheft 2. Göttingen.
Breckner, I. (1995): Wohnungsarmut als Aspekt der Lebenslage. In: Bieback/Milz (Hrsg.): Neue Armut. Frankfurt a. M.
Bronfenbrenner, U. (1981): Die Ökologie menschlicher Entwicklung. Stuttgart.
Büchner P. (1998): „Die wollten irgendwie nich ..." Wenn Kinder keinen Anschluss finden. In: Büchner et.al.: Teenie-Welten. Aufwachsen in drei europäischen Regionen. Opladen.

Dangschat, J. S. (1995): "Stadt" als Ort und als Ursache von Armut und sozialer Ausgrenzung. Aus Politik und Zeitgeschichte B31-32/95.
Dangschat, J. S. (1996a): Zur Armutsentwicklung in deutschen Städten. In: Strubelt, W./Schön, P. (Hrsg.): Agglomerationsräume in Deutschland. Ansichten, Einsichten, Aussichten. Forschungs- und Sitzungsberichte, Band 199. Hannover.
Dangschat, J. S. (1996b): Du hast keine Chance, also nutze sie! Arme Kinder und Jugendliche in benachteiligten Stadtteilen. In: Mansel, J./Klocke, A. (Hrsg.): Die Jugend von heute. Selbstanspruch, Stigma und Wirklichkeit. Weinheim, München.
Dangschat, J. S. (1997): Entwicklung sozialer Problemlagen als Herausforderung für die soziale Stadt. In: Hanesch, W. (Hrsg.): Überlebt die soziale Stadt? Konzeptionen, Krise und Perspektiven kommunaler Sozialstaatlichkeit. Opladen.
Dangschat, J. S. (Hrsg.) (1999): Modernisierte Stadt – gespaltene Gesellschaft. Ursachen von Armut und sozialer Ausgrenzung. Opladen.
Dangschat, J. S./Dittrich, B. (1999): Die Produktion „neuer" Armut – Regulation, Nach-Fordismus und „global cities". In: Dangschat, J. S. (Hrsg.): Modernisierte Stadt – gespaltene Gesellschaft. Ursachen von Armut und sozialer Ausgrenzung. Opladen.
Dangschat, J. S./Fasenfest, D. (1995): (Re)structuring Urban Poverty: The Impact of Globalization on Its Extent and Spatial Concentration. In:. Chekki, D. A. (Hrsg.): Urban Poverty in Affluent Nations. Research in Community Sociology, Vol. V.
Deutscher Städtetag (Hrsg.) (1979): Hinweise zur Arbeit in Sozialen Brennpunkten. Reihe D, DST-Beiträge zur Sozialpolitik, Heft 10.
Deutscher Städtetag (Hrsg.) (1987): Sicherung der Wohnungsversorgung in Wohnungsnotfällen und Verbesserung der Lebensbedingungen in sozialen Brennpunkten. Köln.
Elias, N./Scotson J. L. (1993): Etablierte und Außenseiter. Frankfurt a. M. Zuerst: 1965: The Established and the Outsiders. A Sociological Inquiry to Community Problems. London.
Friedrich, M. (1999): Die räumliche Dimension städtischer Armut. In: Dangschat, J. S. (Hrsg.): Modernisierte Stadt – gespaltene Gesellschaft. Ursachen von Armut und sozialer Ausgrenzung. Opladen.
Gielnik, K. (1999): Play it again, Sam – die Underclass-Debatte in Großbritannien und Deutschland. In: Dangschat, J. S. (Hrsg.): Modernisierte Stadt – gespaltene Gesellschaft. Ursachen von Armut und sozialer Ausgrenzung. Opladen.
Goetze, D. (1992): „Culture of Poverty" – Eine Spurensuche. In: Leibfrid/Voges (Hrsg.): Armut im modernen Wohlfahrtsstaat. Kölner Zeitschrift für Soziologie und Sozialpsychologie, Sonderheft 32. Opladen.
Hamburg (Senatsamt für die Gleichstellung der Freien und Hansestadt Hamburg/Universität Hamburg, Forschungsstelle Vergleichende Stadtforschung) (Hrsg.) (1995): Armut alleinerziehender Frauen. FHH. Hamburg.
Hanesch, W. u.a. (Hrsg.) (1994): Armut in Deutschland. Der Armutsbericht des DGB und des Paritätischen Wohlfahrtsverbandes. Reinbek.
Hurrelmann, K. (1995): Lebensphase Jugend. Eine Einführung in die sozialwissenschaftliche Jugendforschung. 5. Aufl. Weinheim, München.
Hurrelmann, K. (2000): Gesundheitsrisiken von sozial benachteiligten Kindern. In: Altgeld, T./Hofrichter, P. (Hrsg.): Reiches Land – kranke Kinder? Frankfurt a. M.
Huster, E.-U. (1997): Zentralisierung der Politik und Globalisierung der Ökonomie: Veränderung der Rahmenbedingungen für die soziale Stadt. In: Hanesch, W. (Hrsg.): Überlebt die soziale Stadt? Konzeption, Krise und Perspektiven kommunaler Sozialstaatlichkeit. Opladen.
Jaschke, H.-G. (1992): Neue Armut und Stadtentwicklung. Welche Rolle spielt „Armut" in der neueren politischen und wirtschaftlichen Stadtdebatte?. In: von Freyberg, Th./Koch, K./Petersen, K. H. (Hrsg.): Armut in Frankfurt. Probleme der Armutsberichterstattung. Offenbach.
Jogschies, P./Permien, H./Zink, G. (1995): „Straßenkinder". Zur Vielschichtigkeit eines sozialen Phänomens. In: DJI-Bulletin 35.
Kawamura, G. (1994): Kriminalisierung durch Armut? Theorie und Praxis der sozialen Arbeit 45.
Klink F. (2000): Psychosoziale und gesundheitliche Auswirkungen bei von Arbeitslosigkeit betroffenen und bedrohten Jugendlichen – geschlechtsspezifisch betrachtet. In: Altgeld, T./Hofrichter, P. (Hrsg.): Reiches Land – kranke Kinder? Frankfurt a. M.
Klocke, A./Hurrelmann, K. (1995): Armut und Gesundheit. Inwieweit sind Kinder und Jugendliche betroffen? Zeitschrift für Gesundheitswissenschaften, 2. Beiheft.

Kronauer, M. (1997): „Soziale Ausgrenzung" und „Underclass": Über neue Formen der gesellschaftlichen Spaltung. Leviathan 25, Heft 1.

Kronawitter, G. (Hrsg.) (1994): Rettet unsere Städte jetzt! Manifest der Oberbürgermeister. Düsseldorf u.a.

Leibfried, S./Voges, W. (Hrsg.) (1992): Armut im modernen Wohlfahrtsstaat. Kölner Zeitschrift für Soziologie und Sozialpsychologie, Sonderheft 32.

Leisering, L/Voges, W. (1992): Erzeugt der Wohlfahrtsstaat seine eigene Klientel? Eine theoretische und empirische Analyse von Armutsprozessen. In: Leibfried, S./Voges, W. (Hrsg.): Armut im modernen Wohlfahrtsstaat. Kölner Zeitschrift für Soziologie und Sozialpsychologie, Sonderheft 32.

Mühlich, E. (1977a): Entwicklung von Handlungsfähigkeit in der gebauten Umwelt. In: Mühlich, E. u.a. (Hrsg.): Zusammenhang von gebauter Umwelt und sozialem Verhalten im Wohn- und Wohnumweltbereich. Schriftenreihe des BMBau, 03.062/1978. Bonn.

Mühlich, E. (1977b): Wahrnehmen, Denken, Empfinden und soziales Verhalten in der gebauten Umwelt. In: Mühlich, E. u.a. (Hrsg.): Zusammenhang von gebauter Umwelt und sozialem Verhalten im Wohn- und Wohnumweltbereich. Schriftenreihe des BMBau, 03.062/1978. Bonn.

Mutschler, R. (1995): Wohnungsnot und Armut. In: Bieback & Milz (Hrsg.): Neue Armut. Frankfurt a. M.

Permien H. (2000): „Mit einem Bein zu Hause, mit einem Bein auf der Straße" – „Straßenkinder" in sozialen Brennpunkten. In: In: Altgeld, T./Hofrichter, P. (Hrsg.): Reiches Land – kranke Kinder? Frankfurt a. M.

Reis, C. (1997): Gibt es eine Zukunft für die Wohnungsversorgung einkommensschwacher Haushalte? Zum Verhältnis staatlicher und kommunaler Wohnungspolitik. In: Hanesch (Hrsg.): Überlebt die soziale Stadt? Konzeption, Krise und Perspektiven kommunaler Sozialstaatlichkeit. Opladen.

Salz, G. (1991): Armut durch Reichtum. Soziale Brennpunkte als Erbe der sozialen Frage: Praktische Erfahrungen und theoretische Einsichten. Freiburg.

Schacht, A. (1999): Sozialräumliche Milieus der Armut. Zur Bedeutung des Wohnens für Benachteiligte in benachteiligenden Wohngebieten. In: J. Dangschat (Hrsg.): Modernisierte Stadt – gespaltene Gesellschaft. Ursachen von Armut und sozialer Ausgrenzung. Opladen.

Schmidt, W. (1995): Armut – sozialer Wandel – Sozialpolitik. Kinder und Armut – die Verlierer der Konsumgesellschaft sind jung. In: Perik, M./Schmidt, W. /Wendt P.-U. (Hrsg.): Arm dran. Armut, sozialer Wandel, Sozialpolitik. Marburg.

Teuber, R. (1995): „Du hast keine Chance, also nutze sie ...". Pauperisierungsprozesse unter Jugendlichen. In: Perik u.a. (Hrsg.) 1995.

Toppe S./Dallmann A. (2000): Armutsbegriffe und ihre Anwendung in Wissenschaft und Praxis bei Kindern. In: Alttgeld T./Hofrichter P. (Hrsg.): Reiches Land – kranke Kinder? Frankfurt a. M.

Trauernicht, G. (1995): Armut von Kindern und Jugendlichen und kommunale Armutspolitik. In: Bieback & Milz (Hrsg.): Neue Armut. Frankfurt a. M.

von Freyberg, Th. (1992): Städtische Modernisierung und soziale Polarisierung. Anmerkungen zur Armutsentwicklung in Frankfurt a. M. In: von Freyberg, Th. u.a. (Hrsg.): Armut in Frankfurt. Probleme der Armutsberichterstattung. Offenbach.

von Freyberg, Th. (1993): Thesen zur sozialen Polarisierung und zur Entwicklung von Langzeitarmut. Frankfurter Kinderbüro.

von Freyberg, Th. (1996): Der gespaltene Fortschritt. Zur städtischen Modernisierung am Beispiel Frankfurt am Main. Frankfurt a. M., New York.

Voges, W. (1994): Armut von Familien. Für eine neue Betrachtungsweise familialer Lebenslagen. Diskurs 2.

Voges, W./Ostner, I. (1995): Wie arm sind alleinerziehende Frauen? In: Bieback, K. J./Milz, H. (Hrsg.): Neue Armut. Frankfurt a. M.

Walper, S. (1995): Kinder und Jugendliche in Armut. In: Bieback, K. J./Milz, H. (Hrsg.): Neue Armut. Frankfurt a. M.

Weidacher, A. (1995): Einkommenslagen in Familien ohne Kinder und mit Kindern. In: Bieback, K. H./Milz, H. (Hrsg.): Neue Armut. Frankfurt a. M.

Zinn, H (1977): Raumgebundenes „territoriales" Handeln und Verhalten. Forschungskonzepte und empirische Ergebnisse. In: Mühlich, E. u.a. (Hrsg.): Zusammenhang von gebauter Umwelt und sozialem Verhalten im Wohn- und Wohnumweltbereich. Schriftenreihe des BMBau, 03.062/1978. Bonn.

Armut und Benachteiligung von Kindern im Vereinigten Königreich und im internationalen Vergleich

Jonathan Bradshaw

1 Einleitung

Der moralische Wert einer Gesellschaft spiegelt sich nicht nur im Wohlbefinden ihrer Kinder wider, sondern Kinder sind vielmehr ihr menschliches Kapital, die wichtigste Ressource für die nationale Zukunft einer Gesellschaft. Dies wurde von der amtierenden Regierung Großbritanniens in den 1980er Jahren erkannt:

[...] Kinder müssen an erster Stelle stehen, da sie unser wertvollstes Vermögen darstellen. Sie besitzen außerdem den Schlüssel für unsere Zukunft in einem ganz praktischen Sinne. Ihr Gedankengut und Einfallsreichtum sind es, die dazu beitragen werden, Probleme wie Krankheiten, Hunger und Umweltgefahren zu lösen und es werden ihre Ideen und Werte sein, die den zukünftigen Charakter und die Kultur unserer Nation formen. Wir müssen alles, was in unserer Macht steht, unternehmen, um sicherzustellen, dass unsere Kinder ihre Kindheit auf der Grundlage eines sicheren und liebevollen Familienlebens genießen können. Auf diese Weise ist es ihnen möglich, ihr volles Potential zu entwickeln und zu verantwortungsvollen Erwachsenen heranzuwachsen und selbst gute Eltern zu werden. (Margaret Thatcher, George Thomas Society, Antrittsrede, 17 Januar 1990).[1]

Es stellt sich heute jedoch als traurige Wahrheit heraus, dass die Kinder in den letzten 20 Jahren im Vereinigten Königreich nicht an erster Stelle standen. Dieser Beitrag beginnt mit einem Überblick über nationale Tendenzen des Auftretens von Kinderarmut. Danach stellen wir all dies in einen europäischen Zusammenhang und werden versuchen, herauszufinden, warum es den Kindern im Vereinigten Königreich im Vergleich zu den meisten anderen EU– Ländern so viel schlechter geht. Am Ende steht ein Überblick über die Auswirkungen der Kinderarmut auf das Wohlergehen der Kinder.

2 Kinderarmut im Vereinigten Königreich

Seit dem Jahre 1977 hat die ungleiche Verteilung der Einkommen und Vermögen im Vereinigten Königreich rapide und in einem noch nie da gewesenen Ausmaß zugenommen. Es leben heute mehr Kinder in Familien mit niedrigem Einkommen und viele von ihnen sind real schlechter gestellt als im Jahre 1977. Vor der weite-

---

[1] Alle im Text enthaltenen Zitate wurden übersetzt (die Hrsg.).

ren Analyse müssen zunächst bestimmte Bezeichnungen genauer definiert werden, da es im Vereinigten Königreich keine offizielle und allgemein anerkannte Definition von Armut gibt. Im Jahre 1989 hat John Moore, damals Staatsekretär für soziale Sicherheit, sogar behauptet, dass das „Ende der Armut erreicht worden sei" und er sagte, dass sich der Lebensstandard seit Anfang dieses Jahrhunderts und der Vorkriegszeit dermaßen erhöht habe, dass das Wort Armut keinerlei reale Bedeutung mehr besitze und „Individuen und Organisationen", die sich mit der Armut befassten, lediglich das politische Ziel der Gleichheit im Sinne hätten (Rede vom 11. Mai 1989).

Meiner Ansicht nach kann Armut nur relativ verstanden werden, nämlich als Entzug normaler Lebensmuster, was moralisch nicht vertretbar ist. Armut ist eine Form des sozialen Ausschlusses, was eine potentielle Gefährdung der Gesundheit und des Wohlergehens der Individuen sowie der betroffenen Familien und möglicherweise sogar der Gesellschaft als Ganzes darstellt. Es gibt keine übereinstimmende Auffassung von Armut im Vereinigten Königreich, jedoch führt man hitzige Debatten über die Gültigkeit der Armutsstatistiken. Meist wird Armut indirekt gemessen. Die von der Regierung herausgegebene Reihe „Statistics on Low Income Families" (Niedrigeinkommen – nicht Armut!) stellte über Jahre hinweg die wichtigste indirekte Quelle zur Bestimmung der Armut dar. Diese Schätzungen beruhen auf dem jährlich erscheinenden „Family Expenditure Survey", der von 1974 bis 1979 jährlich und danach alle zwei Jahre erschien, bis er im Jahre 1985 eingestellt wurde. Darin werden Familieneinkommen mit den landesweit als Sozialhilfe an Arbeitslose bezahlten Leistungen verglichen. Diese sollen, wie das Parlament beschlossen hat, effektiv das Mindest-„Sicherheitsnetz" für Personen ohne andere Einkommensmöglichkeiten darstellen. Es handelt sich dabei außerdem um einen äquivalenzgewichteten Maßstab, der verschiedene Haushaltszusammensetzungen berücksichtigt. Sein Ursprung war das Existenzminimum, das zur Beschreibung der Armut in der Vorkriegszeit herangezogen wurde. Der Anteil der Kinder, die in Familien mit einem Einkommen bis zu 140% des Grenzwerts für Sozialleistungen (Supplementary Benefit) leben, hat zwischen 1979 und 1989 um 47% zugenommen. Die Rechtfertigung für das Heranziehen eines höheren Grenzwertes (140%) als den der Sozialhilfeunterstützung für die Bestimmung der Armut ist die, dass Familien, die von Sozialunterstützung abhängig sind, häufig über der Einkommensschwelle liegen, da zusätzliche Einkommen, Ersparnisse und zusätzliche Zahlungen nicht in Betracht gezogen werden. Trotzdem war diese Statistikreihe bei der Regierung nicht allzu beliebt, nicht zuletzt deshalb, weil die Zahl der „armen Menschen" anwuchs, wenn der Grenzwert der Sozialunterstützung angehoben wurde. Trotz der Kritik von Seiten verschiedener Körperschaften, einschließlich des Sozialkomitees des House of Commons (Social Services Committee, 1988a), stellte die Regierung die Herausgabe der Statistikreihe im Jahre 1985 ein. Danach wurde die Statistik mit Bezug auf Haushalte mit unterdurchschnittlichem Einkommen umgestellt. Die neue Reihe wurde lediglich für den Zeitraum von 1979 bis 1997/1998 herausgegeben. In Tabelle 1 sind die Ergebnisse zusammengefasst. Daraus kann ersehen werden, dass im Jahre 1979 10% der Kinder in Haushalten mit Einkommen (nach Wohnkosten) von weniger als 50% des jeweiligen Durchschnitts lebten. Bis 1997/1998 stieg dieser Anteil auf 34% an. Aus der Tabelle wird klar, dass der größte Anstieg der Kinderarmut am Anfang und dann wieder Ende der 1980er Jahre auftrat. Während der 1990er Jahre blieb die Armutsrate für die Altersgruppe der Kinder relativ stabil und bis jetzt gibt es keine Anzeichen für eine Abwärtsbewegung.

Abb. 1: Prozentsatz der in Armut lebenden Kinder nach Wohnkosten

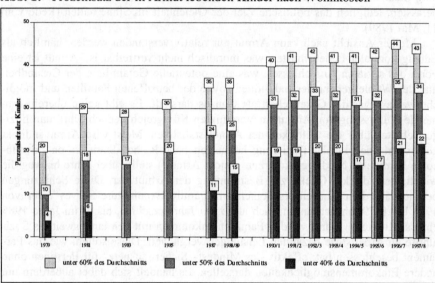

Diese Trends stehen im Zusammenhang mit dem enormen Anstieg der Einkommensspreizung seit dem Jahre 1977. Die Daten des Central Statistical Office (1999) zeigen, dass der Einkommensanteil der unteren beiden Quintile von 14% im Jahre 1979 auf 9% im Jahre 1997 gefallen ist, während der Anteil des oberen Quintils von 43% auf 51% angestiegen ist. Der Anteil des Einkommens nach Steuern des unteren Quintils fiel von 9% auf 7% und der des oberen Quintils stieg von 37% auf 44%. Die Gini-Koeffizienten (Maßstab für Ungleichheit) sind sowohl für das ursprüngliche Einkommen als auch für das Einkommen nach Steuern gestiegen. Es gibt außerdem Hinweise darauf, dass Familien mit Kindern jene Gruppe in der Gesellschaft sind, die in besonderem Maße von dieser zunehmenden Ungleichheit im Einkommen betroffen sind.

Bis jetzt wurden indirekte Maßstäbe der Armut und Ungleichheit betrachtet. Direkte Maßstäbe stehen nicht so häufig zur Verfügung. Eine Ausnahme bildet der „Breadline Britain Survey", der im Jahre 1983 und 1990 herausgegeben wurde (Gordon u.a., 1997). In diesen Berichten wird Armut definiert als das Fehlen von einem oder mehrerer Dinge oder Ausstattungsmerkmale, die von mindestens der Hälfte der Bevölkerung als soziale Notwendigkeiten betrachtet werden (vgl. auch Andreß & Lipsmeier in diesem Band). Im Bericht des Jahres 1990 wurde festgestellt, dass 20% der britischen Bevölkerung drei oder mehr dieser Notwendigkeiten fehlten, 11% konnten sich fünf oder mehr nicht leisten und 6% mangelte es an sieben solcher Dinge. Im Allgemeinen ist der Anteil der Bevölkerung, dem bestimmte Dinge des notwendigen Lebensstandards fehlen, im Zeitraum zwischen diesen Berichten zurückgegangen. Die Situation der Familien mit Kindern zeigt hingegen eine Zunahme der Deprivation, weil sie es sich beispielsweise nicht leisten können, Spielzeug für ihre Kinder zu kaufen, Feiern zu speziellen Anlässen zu veranstalten, Geschenke für Familienmitglieder oder Freunde zu kaufen, einem Hobby oder Freizeitaktivitäten nachzugehen und die dafür notwendige Ausrüstung für die Kinder zu bezahlen. Oder der Anteil dieser deprivierten Familien stieg, da sie sich Folgendes nicht leisten konnten: ein separates Schlafzimmer für jedes Kind im Alter über zehn Jahren und von verschiedenem Geschlecht, die Möglichkeiten, dass sich die Kinder zumindest einmal in der Woche mit Freunden treffen bzw. ausgehen oder die Eltern es sich nicht leisten können, mit Freunden auszugehen. Familien mit Kindern, die von Sozialunterstützung abhängig sind, stellen hier die größte Gruppe (hauptsächlich Familien mit einem arbeitslosen Hauptverdiener oder allein erziehende Elternteile) dar. Eine andere Art, die Realität der Armut darzustellen, ist die der Erforschung dessen, was sich Menschen leisten können. „The Family Budget Unit" untersuchte, was sich Familien mit niederem Einkommen leisten können (Bradshaw, 1993). Es wurde ein Niedrigkosten-Haushaltsplan erstellt, der festlegt, wie viel für einen modernen Mindestlebensstandard erforderlich ist. Diese Berechnungen zeigen, dass die ausgezahlten Zuschüsse an Familien mit Sozialunterstützung zu niedrig sind, um sich einen Mindestlebensstandard leisten zu können. Für Familien mit Kindern waren die Zuschüsse in ganz besonderem Maße inadäquat: Die geschätzten Werte der Mindestkosten pro Kind lagen um 61% höher als das ausgezahlte Kindergeld und um 41% höher als die Werte der Sozialunterstützung für ein Kind (Oldfield & Yu, 1993). Diese Analysen belegen deutlich, dass besonders Familien mit Sozialunterstützung die Hauptlast der Armut in Großbritannien tragen. Da es keine geeignete Statistik über Armut in den letzten 15 Jahre gibt, greifen wir stattdessen zu Behördenstatistiken, um Trendbeobachtungen durchführen zu können. Danach schwankt die Zahl der von Sozialunterstützung abhängigen Kinder (da ihre Eltern krank, behindert, arbeitslos oder allein stehend sind), jedoch zeigt sich insgesamt ein enormer Trend nach oben. In den Jahren zwischen 1979 und 1998 stieg die Zahl der Kinder in sozialunterstützten Familien von 920.000 auf 2,2 Millionen bzw. von 7% auf 19% aller Kinder.

Der Betrag, der im Mai 2000 an ein Ehepaar mit zwei Kindern unter elf Jahren ausgezahlt wird, beträgt £149,30 pro Woche plus Wohngeld. Davon sind alle normalen Anschaffungen zu bezahlen. Eine Studie über den Lebensstandard beschreibt die Situation der von der Sozialunterstützung abhängigen Familien wie folgt:

Das Bild, das man aus dieser detaillierten Studie über das Familienleben gewinnt, ist ein Leben, gezeichnet von konstanten Einschränkungen bei fast jeglichem Aspekt menschlicher Aktivität [...]. Das Leben dieser Familien und vielleicht in noch ernst zu nehmenderem Maße das der Kinder ist gezeichnet von dem ständigen Kampf, mit einfachen Mahlzeiten und schäbiger Kleidung zurechtkommen zu müssen. Sie leiden weiterhin unter einer kulturellen Abkapselung in ihren Wohnungen, wobei in unserer Gesellschaft das Ausgehen und Geldausgeben für Erholung und Freizeit in jeder sonstigen Einkommensklasse ganz normal ist [...]. (Bradshaw & Holmes, 1989)

Was sind nun die Kräfte, die zu diesem rapiden Anstieg der Armut und der Ungleichheit geführt haben und welche Konsequenzen werden daraus gezogen?

3 Die Gründe für Kinderarmut seit den frühen 1980er Jahren

Obwohl es noch immer Debatten über die Gründe und Konsequenzen dieser Trends gibt, ist es dennoch klar, dass drei miteinander in Verbindung stehende Faktoren zu dem Anstieg der Kinderarmut im Vereinigten Königreich in den Jahren zwischen 1980 und 1990 geführt haben: Demographische Veränderungen, ökonomische Entwicklungstendenzen und sozialpolitische Maßnahmen. Wir werden diese Punkte der Reihe nach diskutieren.

3.1 *Demographische Veränderungen*

Die Familie, wie wir sie in Großbritannien seit ungefähr Anfang der Jahrhundertwende kennen, hat sich grundlegend gewandelt. Eheschließungen gehen zurück. Die Eheschließungsraten von England und Wales für Männer haben sich von 69 (pro 1.000 Personen über 16 Jahren) im Jahre 1971 auf 29 im Jahre 1997 mehr als halbiert. Das Alter für eine Ersteheschließung hat sich erhöht. Wiederverheiratungen sind ein wachsender Bestandteil der Eheschließungsraten, jedoch ist der Anteil der Wiederverheiratungen sogar noch schneller zurückgegangen. Es gibt allerdings Hinweise darauf, dass Lebensgemeinschaften (Kohabitation) zumindest zu Beginn einer Beziehung anstelle der Eheschließungen treten. Da die Ehe weniger populär ist, wurden Scheidungen und außereheliche Geburten immer häufiger. Vier von zehn Ehen enden heute mit einer Scheidung. Der Rückgang der Zahlen der Eheschließungen und die Zunahme der nichtehelichen Gemeinschaften wurden mit einem rapiden Anstieg der außerehelichen Geburten in Verbindung gebracht. Der Anteil der außerehelichen Geburten ist erheblich gestiegen: von 6% aller Geburten im Jahre 1961 auf 38% aller Geburten im Jahre 1997. Es wurden jedoch über drei Viertel der unehelichen Geburten auf den Namen beider Elternteile registriert und drei Viertel von diesen lebten unter gleicher Adresse. Es scheinen also die Eltern der außerehelichen Geburten zur Hälfte in eheähnlicher Gemeinschaft zu leben.

Der Anstieg der außerehelichen Geburten, Scheidungen und Trennungen hat zu mehr als einer Verdoppelung der Zahl der allein erziehenden Familien zwischen den Jahren 1971 und 1992 geführt. Im Jahre 1997 gab es 1,6 Millionen allein erziehende Elternfamilien (91% Frauen), bestehend aus 2,5 Millionen Kindern. Mit derzeit 21% aller Familien mit Kindern besitzt das Vereinigte Königreich den höchsten Anteil von allein erziehenden Eltern in der Europäischen Union (Bradshaw u.a., 1996). Armut ist für den mit der Pflege der Kinder betrauten Partner eine normale Erfahrung: Ungefähr zwei Drittel der allein erziehenden Mütter sind von der Einkommensunterstützung abhängig und über 80% besitzen Ansprüche auf Zuschüsse oder sonstige Unterstützungsleistungen.

Es gibt keinen Zweifel, dass die Größe und Struktur der Familien mit Kindern einen wichtigen Faktor bei der Bestimmung der Kinderarmut darstellt. In den meisten Ländern sind Kinder am häufigsten arm, wenn:

- sie in einer allein erziehenden Elternfamilie leben,
- sie in einer großen Familie (mit anderen Kindern) leben,
- sie jung sind (unterhalb des Schulalters),
- ihre Mutter jung ist,
- ihre Eltern eine nichteheliche Lebensgemeinschaft bilden.

Ein Grund dafür, warum das Vereinigte Königreich die höchste Kinderarmutsrate in Europa und sogar eine der höchsten in der industrialisierten Welt besitzt, ist der, dass unsere Familiendemographie nichts Kompensierendes dazu beiträgt. Das Vereinigte Königreich hat eine verhältnismäßig hohe Fertilitätsrate, ein niedriges Alter für Ersteheschließungen, eine hohe Scheidungsrate, ein niedriges mittleres Schwangerschaftsalter, eine hohe Rate an außerehelichen Geburten, einen hohen Anteil an allein erziehenden Eltern, eine hohe Rate der in nichtehelichen Gemeinschaften lebenden Paare, einen hohen Anteil von Familien mit drei oder mehr Kindern und einen niedrigen Anteil an generationenübergreifenden Haushalten (Ditch u.a., 1998). All diese Faktoren werden mit hohen Raten bei der Kinderarmut in Verbindung gebracht.

Rein demographische Erklärungsversuche der Kinderarmut sind jedoch nicht befriedigend. Es gibt Länder mit niedriger oder niedrigerer Kinderarmut als die im Vereinigten Königreich, jedoch mit ähnlichen demographischen Charakteristika. Frankreich, beispielsweise, ähnelt dem Vereinigten Königreich sehr in Bezug auf seine Familiendemographie; es hat aber – wie wir noch sehen werden – eine weitaus niedrigere Kinderarmutsrate.

3.2 Ökonomische Trends

Der offensichtlichste ökonomische Faktor ist der, dass die Nachfrage nach Arbeit nicht mit dem Angebot an Arbeitskräften Schritt halten konnte. Die Zahl der männlichen Vollzeitarbeitsstellen ist seit dem Jahre 1979 um über 2 Millionen Stellen gesunken, weibliche Vollzeitstellen stiegen hingegen leicht an. Insgesamt gab es eine Verlagerung von Vollzeit- zu Teilzeitarbeit: Teilzeitstellen sind seit 1979 ebenfalls um über 2 Millionen Stellen angestiegen. Allgemein wurden die Arbeitsplätze unsicherer, episodenhafter und zufälliger. Es gab eine starke Zunahme in dem Bereich der Selbstständigkeit und diese haben eine weit größere Einkommensdispersion als Angestellte. Obgleich insgesamt mehr Menschen eine Beschäftigung aufgrund eines Anstiegs bei den Teilzeitarbeitsstellen hatten, konzentrieren sich diese Stellen auf weniger Haushalte. Im Jahre 1993 kam ein Arbeitsloser auf einen von sieben Haushalten, während es Mitte der siebziger Jahre nur einer von 20 Haushalten war. Im Gegensatz dazu stieg der Anteil der Haushalte mit zwei Verdienern von 52% auf 61% in den Jahren zwischen 1975 und 1993. Die gestiegene Einkommensspreizung ist ein weiterer ökonomischer Faktor. Im Jahre 1990 lag der Unterschied in den Verdiensten bei Männern weit höher als zu irgendeiner Zeit in diesem Jahrhundert. Es gab einen rapiden Anstieg bei den gering bezahlten Arbeitsstellen und eine große Einkommensspanne zwischen gelernten und ungelernten Arbeitskräften, weniger und besser gebildeten Menschen, jüngeren Menschen und älteren und natürlich riesige Zuwachsraten an der Einkommensspitze. Weibliche Einkommen spielen eine immer größere Rolle in Bezug auf Lebensstandard und Schutz der Haushalte vor Armut. Ohne weibliche Einkommen, so schätzen Harkness u.a. (1994), wäre die Armutsrate bei Paaren mit Kindern um 50% höher (Hills, 1995).

Natürlich kann die Erhaltung der Arbeitsstellen und deren Förderung als Teil staatlicher Sozialpolitik angesehen und nicht losgelöst davon betrachtet werden. In Schweden beispielsweise stellten bis zum Rückgang der Wirtschaft Anfang 1990 aktive Arbeitsmarktmaßnahmen ein Schlüsselelement des Wohlfahrtsstaates dar. Aktive Arbeitsmarktpolitik sind inzwischen Standard in allen OECD-Ländern, wenn auch nicht in dem Maße, wie dies in der Vergangenheit in Schweden der Fall war[2]. Es spielen dennoch eine Reihe von ökonomischen Faktoren eine wichtige Rolle für die Entwicklung der Armutsraten:

- das Ausmaß der Arbeitslosigkeit – eigentlich nicht das Ausmaß der Arbeitslosigkeit, sondern der zahlenmäßige Anteil der Arbeitslosigkeit in Familien mit Kindern,
- in Zusammenhang damit die Beteiligung verheirateter Frauen am Arbeitsmarkt und die Frage, ob diese über eine Teilzeit- oder Vollzeitarbeitsstelle verfügen,
- ebenfalls damit verbunden die Beteiligung der allein erziehenden Eltern und wiederum die Frage, ob sie im Besitz einer Vollzeit- oder Teilzeitarbeitsstelle sind,
- das Einkommen, ob es ein Mindestgehalt gibt und ob Unterschiede zwischen männlichen und weiblichen Einkommen vorhanden sind.

Das Vereinigte Königreich hat so hohe Armutsraten, da die Arbeitslosenrate bei Eltern mit Kindern im Vergleich zu der anderer Erwachsener angestiegen ist (Atkinson, 1998). Es wird aus Tabelle 1 ersichtlich, dass die Arbeitslosenrate des Vereinigten Königreichs bei Paaren mit Kindern unter insgesamt 16 Ländern am zweithöchsten (nach Irland) und bei allein erziehenden Elternfamilien am höchsten (zusammen mit Irland) ist (OECD, 1998).

---

[2] Im Laufe der Rezession der schwedischen Wirtschaft verließen verheiratete Frauen, insbesondere allein erziehende Mütter, den Arbeitsmarkt bzw. wurden dazu gezwungen. Deren Anteil hat sich seither nicht erholt – ungefähr ein Drittel der allein erziehenden Mütter in Schweden erhält heute Sozialhilfe.

Tab. 1: Arbeitslosigkeit bei Familien mit Kindern im Jahre 1998

	Allein erziehende Eltern		Paare mit Kindern	
	Arbeitslosenrate in Prozent	Prozentabweichung bei der Arbeitslosigkeit 1985-1996	Arbeitslosenrate in Prozent	Prozentabweichung bei der Arbeitslosigkeit 1985-1996
Belgien	51	16	6	1
Deutschland	38	-6	6	1
Griechenland	35	-7	3	-2
Spanien	39	2	9	1
Frankreich	34	5	6	2
Irland	61	-19	12	-6
Italien	29	-2	7	4
Luxemburg	30	-8	2	1
Niederlande	55	-14	6	-1
Österreich	24	-	3	-
Polen	25	2	3	-1
Finland	42	-	7	-
Ver. Königreich	61	-4	11	-1

Quelle: OECD (1998) Tabelle 1.7

3.3 Politik

Von den sozial- und finanzpolitischen Ursachen für die gestiegene Armut waren insbesondere die folgenden relevant: die Entscheidung von 1980, die Koppelung der Anpassung einiger Unterstützungen an die Lohnentwicklung aufzubrechen (Bradshaw & Lynes, 1995), die Abschaffung bestimmter Unterstützungen insbesondere für 16-18-Jährige, Studenten und Langzeitarbeitslose, die bedeutende Verschiebung von direkter zu indirekter Besteuerung und effektive Kürzungen beim Vorhalten von bestimmten Dienstleistungen. Am folgenschwersten davon betroffen waren das Wohnungsbauprogramm und die Wohnungsbaubeihilfe, woraus ein rascher Anstieg der Realmieten folgte. Einige Regierungssprecher haben zu argumentieren versucht, dass die gestiegene Armut und Ungleichheit nicht nur auf Großbritannien beschränkt sei, es seien die natürlichen Folgen des internationalen Wettbewerbs oder die notwendigen Begleiterscheinungen der Wettbewerbsfreiheit. Das „JRF Inquiry" (Hills, 1995) zeigte, dass die wachsende Ungleichheit im Vereinigten Königreich in den 1980er Jahren nur von Neuseeland übertroffen wurde. Der „Luxembourg Income Survey" – um 1990 herum erstellt – enthüllt, dass von 20 untersuchten Ländern das Vereinigte Königreich die sechsthöchsten Armutsquoten (vor staatlichen Transferleistungen) verzeichnet. Nach den Transfers sind sie die dritthöchsten innerhalb der 20 Länder (Bradshaw & Chen, 1997). Daraus lässt sich schlussfolgern, dass Armutsquoten bei Familien mit Kindern nicht (nur) eine unausweichliche Folge internationaler Kräfte sind, sondern (auch) das Produkt einer fehlgeschlagenen Politik in manchen Ländern, inklusive des Vereinigten Königreichs.

4 Kinderarmut im internationalen Vergleich

Wir möchten nun die Kinderarmut im internationalen Vergleich betrachten. Im letzten Jahrzehnt haben sich die Möglichkeiten der internationalen Armutsanalyse durch das Vorhandensein von neuem Datenmaterial stark verbessert. In der Luxembourg Income Study wurden mehr Länder aufgenommen, wodurch sie zu einer sehr guten Datenbasis für die Analyse geworden ist (Bradbury & Jantti, 1999; Bradshaw, 1999). Die OECD (Oxley u.a., 1999) hat erst kürzlich Datenmaterial von 16 Ländern zusammengestellt und eine detaillierte Analyse der Kinderarmutsraten und Trends durchgeführt. Schließlich gibt es den European Community Household Panel Survey (ECHP) (Eurostat, 1999), der ebenfalls zu einer ergiebigen Quelle für Vergleichsanalysen innerhalb der EU genutzt werden kann.

Der Luxembourg Income Survey (LIS) verwendet, wie auch die OECD, einen Grenzwert von 50% des mittleren äquivalensgewichteten Durchschnittseinkommens. Eurostat legt seit kurzem einen Schwellenwert von 60% an. Die meisten Analysen haben sich auf den modifizierten OECD-Äquivalenzmaßstab eingependelt, trotz der Tatsache, dass Analysen darauf hinweisen, dass die realen Kosten für Kinder in dieser Aquivalenzskala zu niedrig angesetzt sind (Bradshaw, 1993). Diese relativen Einkommensarmutszahlen stellen an sich keine besonders guten Indikatoren zur Feststellung von Armut dar, da sie sehr stark von der Einkommensverteilung und -konzentration bestimmt sind.³ Weiterhin berücksichtigen diese Maße nicht die Verteilung bzw. Verwendung der Einkommen innerhalb der Familien. Die meisten Analysen zeigen zudem Armutsraten und nicht Armutslücken, d.h. wie weit Kinder unter der Armutslinie leben. Die Querschnittsdaten erlauben weiterhin keine Analyse, wie oft und wie lange Kinder in Armut leben (siehe Jenkins, 1999; Hill & Jenkins, 1999; Bradbury, Jenkins & Micklewright, 2001). Schließlich wird zur Erfassung und Aufbereitung dieser Daten ein gewisser Zeitraum benötigt, da sie auf Umfrageergebnisse beruhen. Momentan stammen die aktuell verfügbaren LIS-Daten aus dem Jahr 1995, wobei die OECD-Daten aus dem Zeitraum zwischen 1993 und 1995 und die letzten veröffentlichten ECHP-Armutsanalysen für die zweite Erhebung aus dem Jahre 1995 (Einkommensdaten von 1994) stammen. Es gibt noch unveröffentlichte Analysen der Erhebung aus dem Jahre 1996.

Aus diesen und anderen methodischen Gründen stellt die Armutsmessung aufgrund des Einkommens lediglich einen Teilaspekt der Benachteiligung, des sozialen Ausschlusses und der Wünsche und Bedürfnisse der Menschen dar. In der Tabelle 3 sind Kinderarmutsraten auf Basis der drei wichtigsten momentan zur Verfügung stehenden internationalen Datenquellen zusammengestellt. Ein Vergleich erweist sich wegen der unterschiedlichen Zeitpunkte und der verwendeten Grenzwerte zur Bestimmung von Armut als schwierig. Es können dennoch Über-

---

[3] Ein Beispiel dafür kann bei Bradbury und Jantti (1999) nachgelesen werden. Die Slowakei und die tschechische Republik hatten den niedrigsten Kinderanteil aus Haushalten mit einem Einkommen von unter 50% unterhalb des mittleren Einkommens (von insgesamt 25 Ländern). Verwendet man jedoch die offiziellen amerikanischen Armutsgrenzwerte, dann hatte die Slowakei die zweithöchsten Armutsraten und die tschechische Republik lag unter 25 Ländern an fünfter Stelle.

einstimmungen festgestellt werden. Das Vereinigte Königreich beispielsweise hat die höchste Armutsrate bei allen drei relativen Armutsmaßstäben. Deutschland, Irland, Italien, Griechenland, Spanien und Portugal besitzen ebenfalls vergleichsweise hohe Kinderarmutsraten. Die Werte von Dänemark, Schweden, Finnland liegen beständig niedrig. Die anderen Länder wie Belgien, Frankreich, Luxemburg, die Niederlande und Österreich haben Werte, die zwischen diesen Extremen liegen, auch wenn sich ihre Rangstellung gemäß den unterschiedlich verwendeten Maßstäben ändert.

Tab. 2: Kinderarmutsraten

	ECHP 1995 Erhebung Kinder unter 16 Jahren in Haushalten mit einem Gesamteinkommen unter 60% des mittleren äquivalisierten Gesamteinkommens im Jahre 1994*	Luxembourg Income Survey(LIS)		OECD Kinder in Haushalten mit einem Gesamteinkommen unter 50% des mittleren äquivlisierten Einkommens**
		Kinder in Haushalten mit einem Gesamteinkommen unter 50% des mittleren äquivalisierten Einkommens**	Kinder in Haushalten mit einem Gesamteinkommen unterhalb der offiziellen US-Armutsgrenze**	
B	18	6(92)	8	4(95)
DK	6	6(92)	5	3(94)
D	22	12(94)	12	11(94)
EL	16			12(94)
E	22	13(90)	47	
F	17	10(89)	17	
IRE	28	15(87)	54	
I	22	21(95)	38	19(93)
L	19	6(94)	1	
NL	12	8(91)	10	9(95)
A	21	6(87)	5	
P	26			
FIN		3(94)	3	2(95)
SWE		4(92)	4	3(95)
UK	28	21(95)	29	19(95)

Quellen: * Eurostat (1999), Tabelle C1.7.
** Bradbury & Jantti (1999), Tabelle 3.3.
*** Oxley u.a. (1999), Tabelle 7.

Die ECHP-Daten ermöglichen es, Armutsraten aufgrund des Einkommens mit einigen anderen Indikatoren der Benachteiligung zu vergleichen. In Tabelle 3 ist eine Auswahl präsentiert. Die erste Rubrik stellt nochmals die Kinderarmut aufgrund des Einkommens aus Tabelle 2 dar und vergleicht diese mit acht anderen Indikatoren. Daraus wird ersichtlich, dass Deutschland, Irland, Luxemburg und das Vereinigte Königreich bei den nicht auf dem Einkommen basierenden Indikatoren relativ besser abschneiden und besonders Griechenland, jedoch auch Frankreich und Spanien, ziemlich schlecht davonkommen. Diese Einteilungen haben einen *a priori* besseren Ansatz und kommen den Einstufungen gemäß der absoluteren Armut (offizielle amerikanische Armutsgrenze) aus Tabelle 2 am nächsten.

Tab. 3: Ausgewählte Indikatoren für das Wohlergehen von Kindern European Community Household Panel Survey 1995.

	% der Kinder in Haushalten							% der Paare mit abhängigen Kindern		
	A	B	C	D	E	F	G	a	b	c
Belgien	18(5)	36(5)	42(5)	49(2)	13(3)	21(4)	24(6)	16(7)	24(7)	4.9(4)
Dänemark	6(1)	21(2)	39(4)	51(3)	5(1)	16(1)	2(1)	9(1)	13(3)	1.8(1)
Deutschland	22(8)	42(6)	37(3)	56(5)	14(4)	27(6)	13(3)	13(5)	17(4)	4.9(4)
Griechenland	16(3)	61(12)	76(12)	88(13)	42(12)	48(14)	82(12)	19(9)	29(10)	12.4(13)
Spanien	22(8)	60(11)	70(10)	64(8)	38(11)	34(8)	64(10)	24(12)	41(13)	10.0(11)
Frankreich	17(4)	49(7)	52(6)	70(10)	14(4)	35(12)	44(9)	20(10)	22(6)	7.5(7)
Irland	28(12)	55(9)	73(11)	72(11)	20(7)	20(3)	31(8)	9(1)	28(9)	7.9(8)
Italien	22(8)	55(9)	66(8)	68(9)	27(8)	37(13)	80(11)	18(8)	40(12)	9.6(10)
Luxemburg	19(6)	31(3)	23(1)	57(6)	27(8)	17(2)	15(4)	11(3)	5(2)	3.9(3)
Niederlande	12(2)	19(1)	32(2)	44(1)	9(2)	24(5)	6(2)	13(5)	4(1)	2.3(2)
Österreich	21(7)	31(3)	66(8)	51(3)	15(6)	34(8)	25(7)	12(4)	17(4)	5.6(6)
Portugal	26(11)	71(13)	81(13)	87(12)	59(13)	34(8)	93(13)	35(13)	26(8)	11.6(12)
Vereinigtes Königreich	28(12)	54(8)	61(7)	62(7)	27(8)	30(7)	22(5)	23(11)	30(11)	8.4(9)
EU Durchschnitt	21	49	55	63	23	32	40	18	26	

A: Mit äquivalisiertem Einkommen unter 60% des Mittels
B: Unzufriedenheit mit ihrer finanziellen Situation
C: Schwierigkeiten auszukommen
D: Unfähig regelmäßig zu sparen
E: Diejenigen, die sich 3 der grundlegenden Notwendigkeiten nicht leisten können
F: Diejenigen, deren finanzielle Situation sich seit dem vorigen Jahr verschlechtert hat
G: Mit minimalem äquivalisierten Einkommen, das notwendig ist, um mit 105% des tatsächlichen Einkommens zurechtzukommen
a: Mit 3 oder mehr Wohnproblemen
b: Mit finanziellen Belastungen oder Schulden
c: Durchschnittsstellenwert (Stelle)

Quelle: Eurostat (1999)

Die nächsten drei Tabellen vergleichen die Umstände armer Kinder miteinander. Zur Zeit der Analyse standen lediglich Daten einiger EU-Länder zur Verfügung, einschließlich Norwegen. In Tabelle 4 werden die Kinderarmutsraten für Kinder aus Paar- und allein erziehenden Familien verglichen. In allen Ländern liegt die Kinderarmut für allein erziehende Familien höher als für Paarfamilien und sie ist für Paarfamilien mit drei und mehr Kindern höher als bei einem Paar mit nur einem Kind. Die Zahlen unterscheiden sich jedoch in den einzelnen Ländern. So lebt beispielsweise in Deutschland beinahe ein Fünftel der Kinder aus allein erziehenden Familien in Armut, verglichen mit 2% der Kinder aus Familien mit nur einem Kind, was einem Verhältnis von 10:1 entspricht. In Schweden beträgt dasselbe Verhältnis weniger als 2:1. In Italien ist die Kinderarmutsrate in großen Familien fünfmal so hoch wie die für kleine Familien und in Großbritannien ist sie dreimal so groß. In Frankreich hingegen ist die Kinderarmutsrate für große Familien nur ein drittel höher als die für Familien mit einem Kind. Diese Unterschiede ergeben sich wahrscheinlich aufgrund der verschiedenen Besteuerungs- und Leistungssysteme – mit denen die Folgen eines niedrigeren Einkommens abgeschwächt werden können.

Tab. 4: Prozentsatz der Kinder in Familien mit Einkommen unterhalb 50% des mittleren Einkommens, nach Familientyp (ca. 1990)

	Familientyp			
	Paar, 1 Kind	Paar, 2 Kinder	Paar, 3+ Kinder	Allein erziehender Elternteil
Belgien	3	4	4	9
Dänemark	2	3	8	6
Spanien	6	6	16	18
Deutschland	2	2	4	23
Frankreich	7	7	9	19
Italien	6	12	26	-
Niederlande	4	4	10	19
Norwegen	2	1	4	6
Finnland	2	2	4	5
Schweden	3	3	4	4
Vereinigtes Königreich	7	11	23	27

Quelle: Bradshaw (1999)

In Tabelle 5 werden die Kinderarmutsraten anhand der Anzahl der Einkommensbezieher in der Familie präsentiert. Bei Paaren ist die Kinderarmutsrate in allen Ländern erhöht, wenn keine oder nur ein Einkommensbezieher im Haushalt vorhanden ist. Die Wahrscheinlichkeit, dass Kinder aus allein erziehenden Familien in Armut leben, ist viel geringer, wenn dieser Elternteil Arbeit hat. Trotzdem gibt es auch hier einige sehr interessante Variationen zwischen den Ländern. In den Niederlanden und Norwegen beispielsweise haben Kinder aus allein erziehenden Elternfamilien bei keinem Erwerbstätigen niedrigere Armutsraten als Kinder aus Paarfamilien ohne Einkommensbezieher. Die skandinavischen Länder haben bemerkenswert niedrige Armutsraten sogar dann, wenn es keinen Einkommensbezieher in Paarfamilien gibt. Das Vorhandensein eines Erwerbstätigen macht in Frankreich beispielsweise einen größeren Unterschied bei den Armutsraten aus als dies im Vereinigten Königreich der Fall ist. Diese Unterschiede stehen wahrscheinlich in einem Zusammenhang mit den Arbeitslosenraten, dem Ausmaß des Sozialschutzes, der den Familien außerhalb des Arbeitsmarktes zur Verfügung steht, und der Tatsache, ob diese Voll- oder Teilzeit beschäftigt sind, sowie mit der Höhe der Unterstützung, die aufgrund des Steuer- oder Leistungspakets zur Verfügung steht.

Tab. 5: Prozentsatz der Kinder in Familien mit einem Einkommen unter 50% des mittleren Einkommens, nach Zahl der Einkommensbezieher

	Familientyp und Zahl der Einkommensbezieher				
	Paar, kein Einkommensbezieher	Paar, 1 Einkommensbezieher	Paar, 2+ Einkommensbezieher	Allein erziehender Elternteil, kein Einkommensbezieher	Allein erziehender Elternteil, 1+ Einkommensbezieher
Belgien	16	3	1	23	11
Dänemark	6	4	-	34	10
Deutschland	45	6	1	62	33
Griechenland	22	15	5	37	16
Frankreich	38	7	2	45	13
Finnland	4	4	2	10	3
Italien	70	21	6	79	25
Niederlande	51	5	1	41	17
Norwegen	31	4	-	30	5
Schweden	10	6	1	24	4
UK	50	19	3	69	26

Quelle: Oxley u.a. (1999)

Ein wichtiger Faktor, der darüber entscheidet, ob eine Arbeit aufgenommen werden kann, ist das Alter des jüngsten Kindes (sowie die Tatsache, ob eine geeignete und erschwingliche Kinderbetreuungsstätte verfügbar ist). In Tabelle 6 sind die Kinderarmutsraten aufgrund des Alters des jüngsten Kindes verglichen. Für Paare gibt es in den meisten Ländern wenig Unterschiede in Bezug auf das Alter des jüngsten Kindes. Eine Ausnahme bildet hier das Vereinigte Königreich, wo die Armutsraten für Kinder unter sechs Jahren höher liegen. Für allein erziehende Eltern hat das Alter des jüngsten Kindes einen sehr viel dramatischeren Einfluss: In den meisten Ländern haben allein erziehende Eltern mit einem Kind unter sechs Jahren weit höhere Armutsraten. Ausnahmen bilden hier jedoch Dänemark, Frankreich und das Vereinigte Königreich.

Wir haben gesehen, dass Kinderarmutsraten aufgrund des Familientyps, Anzahl der Kinder, Alter der Kinder und dem Beschäftigungsstatus der Eltern sowohl innerhalb der einzelnen Länder als auch zwischen den Ländern beträchtlich variieren. Kinderarmut ist nicht unvermeidbar; die einzelnen Länder haben mehr oder weniger explizit die Wahl, ob sie soziale und steuerliche Maßnahmen ergreifen, um die Einflüsse des Marktes abzuschwächen. Einige Länder haben darin mehr Erfolg als andere. Man könnte von einem Abwägen zwischen der Investition in Maßnahmen gegen Kinderarmut oder gegen die Armut von älteren Menschen sprechen, wenn man davon ausgeht, dass dies die beiden größten Gruppen sind, die von der Sozialhilfe abhängig sind. In Abbildung 3 wird der Anteil der Kinder und der Anteil der älteren Leute, die seit ungefähr 1995 in armen Haushalten leben, gegenübergestellt. Es kann daraus ersehen werden, dass die meisten Länder höhere Kinderarmutsraten als Armutsraten bei älteren Personen besitzen und diese Unterschiede im Vereinigten Königreich und Italien am größten sind. Im Gegensatz dazu sind die Unterschiede in Frankreich und Österreich sehr klein und Belgien und Finnland haben viel höhere Armutsraten bei älteren Menschen als bei Kindern.

Tab. 6: Prozentsatz der Kinder in Familien mit Einkommen unter 50% des mittleren Einkommens, nach Familientyp und Alter des jüngsten Kindes (ungefähr 1990)

	Familientyp und Alter des jüngsten abhängigen Kindes			
	Paar, Kind < 6	Paar, Kind > 6	Allein erziehender Elternteil, Kind < 6	Allein erziehender Elternteil, Kind > 6
Belgien	3	4	23	2
Dänemark	4	4	7	6
Deutschland	2	3	39	14
Spain	9	9	21	16
Frankreich	5	10	18	20
Finnland	2	3	7	4
Italien	13	13	-	-
Niederlande	5	7	30	15
Norwegen	3	2	8	3
Schweden	3	3	7	3
Vereinigtes Königreich	16	12	25	29

Quelle: Bradshaw (1999)

Abb. 2: Anteil der Armut (äquiv. Einkommen weniger als 50% des Mittels)

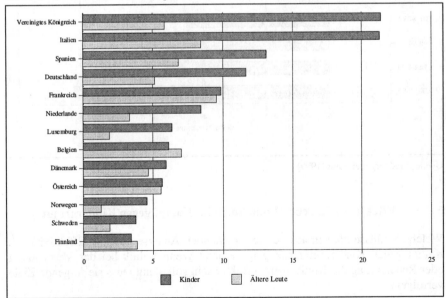

Quelle: Luxembourg Income Survey (Bradbury and Jantti 1999)

Bradbury & Jantti (1999) führten Längsschnittanalysen der Kinderarmut durch und ihre Ergebnisse werden in Abbildung 4 präsentiert. Der Bezugszeitraum ist in den Ländern unterschiedlich und dies sollte bei der Interpretation dieser Daten in Betracht gezogen werden. Die Kinderarmutsraten blieben in sechs von 13 Ländern stabil oder sind über diesen Zeitraum gefallen. In den anderen Ländern hat es einen Anstieg der Kinderarmut gegeben, wobei das Vereinigte Königreich den größten Zuwachs zu verzeichnen hat.

Abb. 3: Trends bei der Kinderarmut

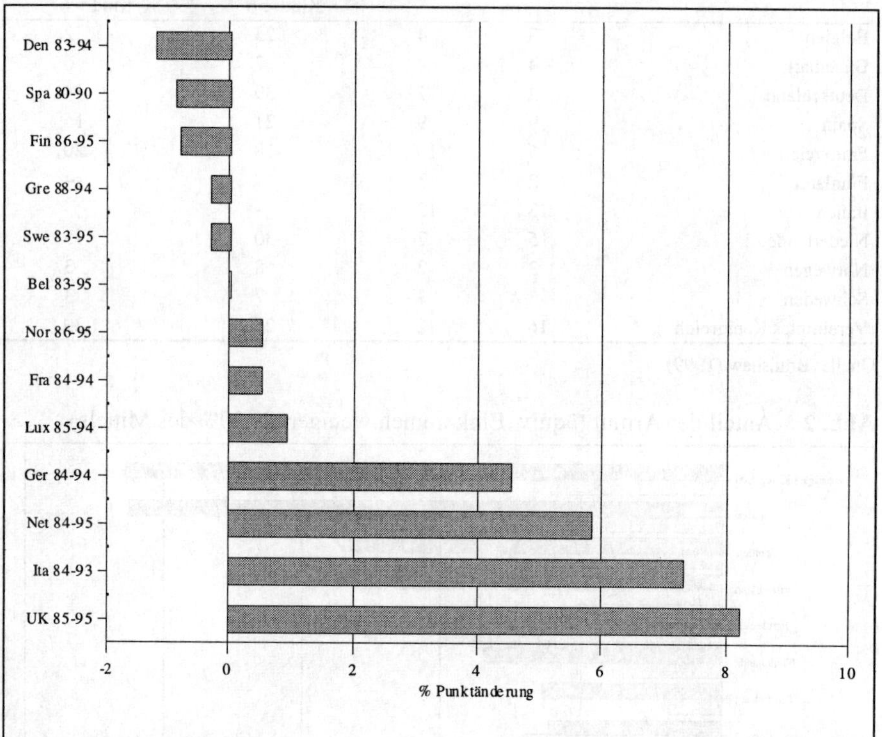

Quelle: Bradbury und Jantii (1999)

5 Effektive politische Maßnahmen im Kampf gegen Kinderarmut

Welche Schlüsse können aus der vergleichenden Analyse über die Effektivität im Kampf gegen Kinderarmut gezogen werden? Wenn Politik bei der Vermeidung oder Reduzierung der Kinderarmut effektiv sein soll, dann muss sie folgende Ziele verfolgen:
- eine Maximierung der Beschäftigung der Eltern – insbesondere der Mütter,
- ein großzügiges Paket an Steuererleichterungen, das den Eltern, die über eine Beschäftigung verfügen, eine Hilfestellung bietet,

- ein großzügiges Kompensationspaket für alle Eltern ohne Arbeitsstelle.

5.1 Maximierung der Arbeitsstellen für Mütter

Wir konnten in Tabelle 5 sehen, dass die Kinderarmutsraten rapide abnehmen, wenn es in einer Paarfamilie zwei Verdiener gibt oder in allein erziehenden Elternfamilien der Elternteil berufstätig ist. Das Vereinigte Königreich hat verhältnismäßig geringe Beschäftigungsraten für Mütter, insbesondere für allein erziehende Mütter. Bradshaw u.a. (1996) untersuchten die Faktoren, die sich auf die Tatsache auswirken, warum im Vereinigten Königreich so wenig Arbeitsstellen für *allein erziehende Mütter* vorhanden sind. Sie konnten feststellen:
Die Charakteristika für allein erziehende Mütter im Vereinigten Königreich sind zwar konsistent, dennoch erklären sie nicht in vollem Maße die niedrigen Beschäftigungsraten [...]. Faktoren die allein erziehende Mütter hindern eine Arbeitsstelle anzunehmen sind ein relativ großzügiger Test bezüglich der Einkommensunterstützung, ein ineffektives Programm für den Unterhalt von Kindern, ein nicht existierendes Weiterbildungsprogramm und eine fehlende Unterstützung bei der Arbeitssuche, niedrige Unterstützung bei Mutterschaft und Erziehungsurlaub und ein Wohngeld, das bei Wegfall der Einkommensunterstützung zu einem enormen Anstieg der Wohnkosten führt. Ein Schlüsselfaktor, der das Verhalten der Mütter bezüglich der Arbeitsaufnahme beeinflusst, scheinen die sehr hohen Kosten für die Kinderbetreuung im Vereinigten Königreich zu sein. Diese werden im Gegensatz zu den meisten anderen Ländern nicht subventioniert. Sie sind nach den Wohnkosten die größte Belastung und erweisen sich als höher als in irgendeinem anderen Land innerhalb dieser Studie. (Bradshaw u.a., 1996, S. 76)

Es können noch mehrere solcher Erklärungsansätze für die Berufstätigkeit von Müttern in anderen Länder vorgelegt werden (um einen genauen Einblick in dieses Thema zu erhalten, siehe Kilkey, 2000 sowie Kilkey & Bradshaw, 1999).

5.2 Die Zahlung eines großzügigen Kindergeldes an Eltern mit einer Beschäftigung

Wie wir in Tabelle 5 gesehen haben, „verdient" eine große Minderheit der Paare mit Kindern und allein erziehenden Eltern ihre Armut. Jedes Land besitzt ein Steuerbegünstigungssystem, Bargeldzuschüsse, Reduzierungen von Kosten, um die Ausgaben der Eltern bei der Kindererziehung zu mindern. Bradshaw u.a. (1993) verglichen die Struktur und die Höhe dieses Paketes für das Jahr 1992 in 18 Ländern, indem sie eine Modellfamilienmatrix verwendeten. Das Ergebnis dieser Studie war, dass der Wert dieses Gesamtpakets variiert, und zwar je nach Verdienst, Anzahl und Alter der Kinder, dem Familientypus und der Frage, ob der Vergleich vor oder nach der Berücksichtigung von Wohnkosten durchgeführt wurde. Ebenso ist der Wert dieses Paketes an sich sehr unterschiedlich, denn seine Leistungen erstrecken sich über einen großen Bereich. Insgesamt gesehen liegt das Vereinigte

Königreich ohne Berücksichtigung der Wohnkosten unterhalb des Durchschnitts aller Länder und etwa im Durchschnittsbereich bei Berücksichtigung der Wohnkosten, jedoch rangiert es in beiden Fällen weit hinter Ländern wie Frankreich und Belgien. Wenn die Kinderbetreuungsmaßnahmen miteinbezogen werden, fällt der Nettowert des Pakets des Vereinigten Königreichs an das Ende der Tabelle zurück. Diese Analyse wurde für die EU-Länder in den Jahren 1994, 1995 und 1996 als Teil des European Observatory on National Family Policies durchgeführt und wird in Tabelle 7 präsentiert (siehe Ditch u.a., 1998). Bradshaw u.a. (1993) suchten eine Erklärung für den unterschiedlichen Wirkungsgrad bei dem Leistungspaket für Kinder und sie untersuchten deshalb eine Vielzahl möglicher ökonomischer, arbeitsmarktbezogener, demographischer und historisch-politischer Faktoren. Der einzige Faktor, der den Unterschied bei den Kinderleistungen erklären konnte, war die Pro-Kopf-Steuerbelastung im jeweiligen Land (nach Kaufkraftparitäten kontrolliert). Der Schluss, der daraus gezogen werden kann, ist einfach: Ein Land kann nicht Ressourcen zugunsten von Familien mit Kindern verteilen, wenn sie nicht zuvor von allein Stehenden, Kinderlosen und Bessergestellten eingezogen werden.

Tab. 7: Rangstelle des Wertes des Pakets Kindergeld (nur Steuern und Zuschüsse), ausbezahlt an 20 verschiedene Paarfamilien, ohne Berücksichtigung der Kosten für Gesundheitssystem, Schule, Kinderbetreuung und Wohnung.

Land	% Unterschied zum Mittel aller Länder
Luxemburg	170
Belgien	76
Finnland	44
Österreich	43
Frankreich	34
Deutschland	7
Vereinigtes Königreich	-6
Schweden	-9
Dänemark	-27
Niederlande	-27
Irland	-28
Italien	-51
Portugal	-66
Spanien	-80
Griechenland	-81

Quelle: Ditch u.a. (1998)

5.3 Kompensation der Arbeitslosigkeit

Wie wir in Tabelle 5 gesehen haben, sind die Armutsraten für Kinder in jedem Land bedeutend höher, wenn es keinen Einkommensbezieher gibt. Aber auch in diesen Familien variieren die Zahlen der Kinderarmut zwischen den Ländern. Der Grund dafür ist der, dass jedes Land ein unterschiedliches Paket zur Kompensation der Arbeitslosigkeit besitzt. Papadopoulos (2000) hat einen systematischen Vergleich der Maßnahmen gegen die Arbeitslosigkeit in den EU-Ländern erstellt, indem er eine Mikrosimulation verwendete. Offensichtlich ist der Einfluss des Grades der Arbeitslosenkompensation abhängig von dem Ausmaß der Arbeitslosigkeit bei Familien mit Kindern, von der Länge der Arbeitslosigkeit sowie davon, ob der Arbeitslose aufgrund einer Versicherung Ansprüche auf Zuschüsse oder Sozialhilfe besitzt. In den meisten Ländern sind Langzeitarbeitslose und insbesondere allein erziehende Eltern auf Sozialhilfe angewiesen. Eardley u.a. (1996) verglichen den Grad und die Struktur der Sozialhilfe in den OECD-Ländern im Jahre 1992 und verwendeten dafür ebenfalls Techniken der Mikrosimulation. Bradshaw u.a. erstellten eine ähnliche Analyse für allein erziehende Eltern in 20 Ländern für das Jahr 1994. In Tabelle 8 wird das Ausmaß des Sozialhilfepakets, die garantierte Mindestunterstützung für Familien mit Kindern, verglichen. Es ist auffallend, dass das Leistungspaket für diese Familien in Frankreich weniger großzügig ist als im Vereinigten Königreich.

Tab. 8: Sozialhilfe Leistungen in ECU PPPs pro Monat im Jahre 1994

	Allein erziehender Elternteil +1 Kind	Allein erziehender Elternteil +2 Kinder	Paar +1 Kind	Paar +2 Kinder	Paar +3 Kinder
Belgien	743	885	723	862	1059
Dänemark	793	958	1256	1310	1389
Deutschland	794	986	913	1076	1232
Griechenland	27	54	27	54	81
Spanien	334	391	365	421	470
Frankreich	445	570	519	662	806
Irland	530	653	703	844	956
Italien	345	488	496	651	807
Luxemburg	994	1301	1387	1687	2129
Niederlande	782	861	852	930	980
Österreich	658	848	699	759	916
Portugal	323	330	315	358	370
Finnland	630	987	694	945	1154
Schweden	491	669	694	872	1077
Vereinigtes Königreich	497	617	626	746	916

Quelle: Originaldaten von der Datenbank der EU über Nationale Familienpolitik, University of York.

5.4 Der Umverteilungseffekt von Mindesteinkommenssystemen

Es ist möglich, den Einfluss der Steuern und der gesamten Zuschüsse zu vergleichen, indem man Kinderarmutsraten vor und nach Transferleistungen betrachtet. In Abbildung 5 wird dies für Familien mit Kindern in ausgewählten EU-Ländern durchgeführt. Das Vereinigte Königreich besitzt eine Kinderarmutsrate vor Transferleistungen von 33%. Das ist die höchste Quote aller Länder. Nach der Berücksichtigung von Steuern und Zuschüssen fällt die Armutsrate auf 19%, was immer noch die höchste ist (zusammen mit Italien). Die Reduzierung der Kinderarmut aufgrund von Transferleistungen liegt bei 42%, im Vergleich zu 76% in Frankreich, 88% in Finnland und 88% in Schweden. Trotzdem ist das Steuer- und Zuschusssystem im Vereinigten Königreich redistributiver als das in Italien, wo der Anteil von in Armut lebenden Kindern aufgrund von Steuern und Transferleistungen *zunimmt*.

Abb. 4: Einfluss des Transferleistungen auf Kinderarmutsraten

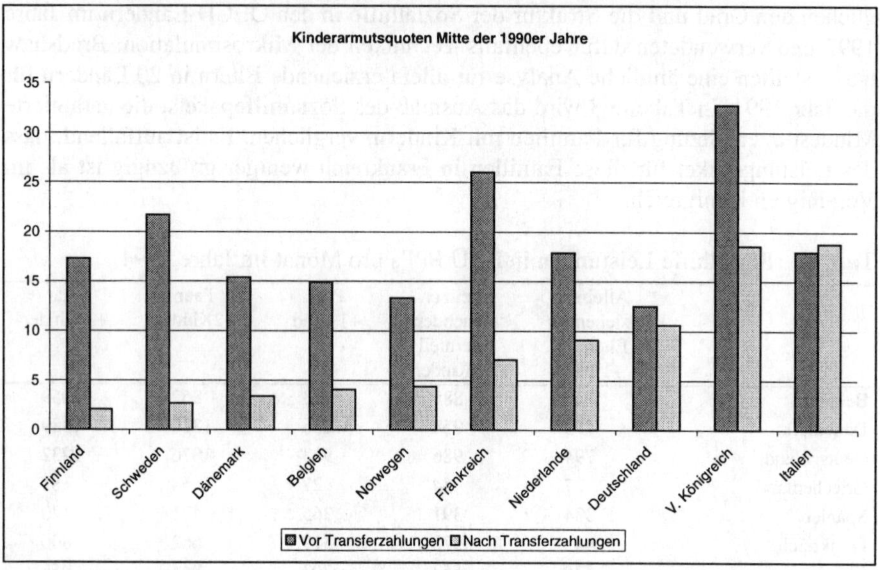

Quelle: Oxley u.a. (1999)

6 Auswirkungen der Kinderarmut

Der nächste Teil beschäftigt sich mit den Auswirkungen der Kinderarmut. Wir wollen untersuchen, welche Hinweise es darauf gibt, wie das Wohlergehen der Kinder durch die enorme Zunahme der Kinderarmut, die wir in diesem Kapitel bisher beobachten konnten, beeinflusst wird. Aus diesem Grund haben wir die Ergebnisse in vier Gebiete aufgeteilt:

1. *physische Auswirkungen* inklusive Sterblichkeit, Morbidität, Unfälle, Kindesmisshandlungen, Schwangerschaften im Teenageralter, Degradierungen von Seiten der Umwelt und Obdachlosigkeit,
2. *kognitive Auswirkungen* inklusive Ausbildungsniveau,
3. *Auswirkungen in Bezug auf das Verhalten* inklusive Schulausschlüsse, Jugendkriminalität, Rauchen, Alkohol, Drogen, Suizid und Kinderarbeit,
4. *emotionale Auswirkungen* inklusive Selbstbild, Glücksgefühl, subjektives Wohlergehen.

Die hier zusammengefassten Ergebnisse basieren auf früheren (weniger detaillierten) Untersuchungen (Bradshaw, 1990; Kumar, 1995), die im Rahmen der Bemühungen von Seiten der UNICEF durchgeführt wurden, um ein genaueres Bild über das Wohlergehen der Kinder in den industrialisierten Ländern zu erhalten (Cornia & Danziger, 1996; Micklewright & Stewart, 1999). Ebenso wurden sie in Zusammenhang mit dem neuen und positiven Engagement der Britischen Regierung durchgeführt, um deren Strategie im Kampf gegen die Armut zu beobachten (Cm 4445, 1999): Es bestand die Sorge, dass die Auswirkungen der Armut auf das Wohlergehen der Kinder vernachlässigt würden. Das Vereinigte Königreich verfasst keine routinemäßigen, umfassenden Analysen über das Befinden von Kindern. Es gibt kein Ministerium für Kinder (oder Familien) im Vereinigten Königreich und auch keinen Rat für Kinder oder einen Obmann, der einen solchen Bericht erstellen könnte. Natürlich gibt es offizielle Datenquellen über das Befinden der Kinder (beispielsweise Botting u.a., 1996; Woodroffe u.a., 1993); das Central Statistical Office veröffentlichte im Jahre 1994 den *Social Focus on Children* (CSO, 1994), in dem einige der relevanten Daten gesammelt wurden, jedoch konzentrierten diese sich nicht auf den Anstieg der Armut. Es gibt außerdem eine Vielzahl von Datenquellen über das Wohlergehen von Kindern, die von der Forschung zusammengestellt werden. Hervorzuheben ist die Kohortenstudie, die Informationen von Menschen enthält, die innerhalb einer bestimmten Woche der Jahrgänge 1949, 1958 und 1970 (eine weitere ist für das Jahr 2001 geplant) geboren sind. Diese Quellen sind zwar nützlich, sie eignen sich dennoch nicht zur Beobachtung des Wohlergehens von Kindern über einen längeren Zeitraum hinweg.

Die neue Regierung verpflichtete sich, einen jährlichen Bericht über ihre Fortschritte in Bezug auf die Reduzierung der Armut zu veröffentlichen (Cm 3805, 1998; Cm 4101, 1998). Das New Policy Institute erstellte einen Modellbericht, der Indikatoren für Kinderarmut enthält, wobei es sich bei einigen Indikatoren um Auswirkungen der Armut handelt (Howarth u.a., 1999a).[4] Für einige dieser Auswirkungen ist die Verbindung zur Armut leichter festzustellen als für andere. Sehr häufig sind sie aber die einzigen zur Verfügung stehenden Indikatoren indirekter Art, wie soziale Klassenzugehörigkeit, Beschäftigungsstatus oder Zusammensetzung der Familie. Es gibt große Probleme bei der Erforschung der Beziehung zwischen Armut und ihren Auswirkungen auf Kinder. Zunächst ist die Kinderarmut erst seit Ende 1970 in Großbritannien angestiegen und danach nur noch relativ.[5] Letztlich versuchen wir, den Einfluss des Anstiegs der relativen Armut auf Kinder zu beobachten. Dieser Anstieg war jedoch so hoch wie noch niemals zuvor; er hat sich verdreifacht. Auch wenn eine solch dramatische Veränderung des Lebens der

---

[4] Sie enthalten folgende Indikatoren: Kinder, die in Haushalten leben, die von Arbeitslosigkeit betroffen sind; Kinder aus Haushalten mit einem Einkommen unterhalb des Durchschnitts; Prozentsatz der Neugeborenen mit niedrigem Geburtsgewicht; Zahl der Sterbefälle durch Unfälle; Anzahl derer, die keinen GCSE über der Stufe D erreichen; Anzahl der Kinder, die permanent aus der Schule ausgeschlossen sind; Anzahl der Kinder mit geschiedenen Eltern; Geburten von Mädchen mit einem Empfängnisalter unter 16 Jahren; Anzahl derjenigen in Jugendstrafanstalten.

[5] Tatsächlich hat es bis 1995/1996 einen Anstieg der Zahl der Kinder von 3.000.000 (DSS, 1998) gegeben, die unterhalb der realen Armutsgrenze des Jahres 1979 lebten, jedoch wurde diese Reihe seit dieser Zeit nicht mehr veröffentlicht.

Kinder nicht in einen direkten linearen Zusammenhang mit der Verschlechterung ihres Wohlergehens gebracht werden kann, so könnte sie dennoch die generelle Verbesserung ihres Wohlergehens behindert haben.

Die Auswirkungen der Armut können kurz- oder langfristig sein. Obgleich sie sich auf die ärmste Schicht der Gesellschaft konzentrieren, zeigen sie auch Konsequenzen für andere soziale Gruppen. Die Erfahrung mit der Armut kann über eine Anzahl anderer Faktoren vermittelt werden (sowohl positiv als auch negativ) und die Form, die Armut annimmt, ist von einer zur anderen Person unterschiedlich. Ebenso ist klar, dass einige negative Auswirkungen, die Kinder erfahren müssen, nicht notwendigerweise Folgen der Armut sind, obwohl sie insgesamt gesehen in hohem Maße mit der Armut assoziiert werden. In einem Bericht des Family Policy Study Centre (Bradshaw, 2000) werden Antworten auf drei Hauptfragen gegeben:

5. Gibt es Hinweise darauf, dass sich die Auswirkungen der Armut auf Kinder verschärft haben?
6. Gibt es Hinweise, dass diese negativen Auswirkungen mit der relativen Kinderarmut assoziiert werden können?
7. Ist es armen Kindern in den letzten 20 Jahren relativ schlechter ergangen als Kindern, die nicht als arm bezeichnet werden?

In Tabelle 9 wird ein Überblick über diese Fragen geben. Es handelt sich um eine Zusammenfassung und wir haben uns bei diesem Resümee absichtlich auf Antworten wie „Ja", „Nein", „Möglicherweise" etc. beschränkt.

Tab. 9: Zusammenfassung der Ergebnisse und ihr Zusammenhang mit der Armut

Ergebnis	*Hat zugenommen*	*Schlechte Ergebnisse im Zusammenhang mit Armut*	*Unterschiede sind größer geworden*
Mortalität	Nein	Ja. Starke Verbindung zu sozialer Klassenzugehörigkeit	Nein für Säuglingssterblichkeit. Ja für Kindersterblichkeit. Ja für postneonatalen Zeitraum für allein erziehende Mütter.
Morbidität	• Niedriges Geburtsgewicht: Ja	Ja	Ja
	• Angeborene Anomalien: Unterschiedlich	Einige	Unbekannt
	• Chronische Krankheiten: Falls ja, wenig, außer Asthma	Ja, abhängig vom Einkommen	Nein
	• Infektionskrankheiten: Unterschiedlich	Die meisten ja	Unbekannt
	• Zahnärztlich: Nein		Unbekannt
	• Fettleibigkeit: Möglich	Möglich	Unbekannt
	• Physische Aktivität: Nicht bekannt	Ja für 2-10	Unbekannt

Ergebnis	Hat zugenommen	Schlechte Ergebnisse im Zusammenhang mit Armut	Unterschiede sind größer geworden
Unfälle	• Nicht für Unfälle mit Todesfolge. • Unbekannt für Morbidität durch Unfälle.	• Ja für Unfälle mit Todesfolge. • Möglicherweise nicht für Morbidität durch Unfälle.	Möglich
Kindesmisshandlung	Unbekannt	Ja, außer sexueller Missbrauch	Unbekannt
Schwangerschaft im Teenageralter	Nicht in den letzten 20 Jahren	Ja	Möglicherweise – sicherlich räumlich begrenzt
Umgebung/ Wohnverhältnisse	Nein, außer allein erziehende Elternteile und ethnische Gruppen	Ja	Ja
Obdachlosigkeit	Ja bis 1991	Ja	Möglich
Bildung	Nein	Ja	Ja
Schulausschlüsse	Ja	Möglich	Unbekannt
Kriminalität	Ja	Nein	Unbekannt
Rauchen	Ja, leicht bei Mädchen	Möglich, aber hauptsächlich nach der Kindheit	Unbekannt
Alkohol	Ja für Häufigkeit	Nein	Möglicherweise nein
Drogen	Ja, zumindest bis Anfang der 1990er Jahre	Nein	Möglicherweise nein
Suizid	Ja für Männer im Alter zwischen 15-24	Ja	Möglicherweise
Kinderarbeit	Unbekannt	Nein	Möglicherweise nein
Mentales Wohlbefinden	Unbekannt	Nein für 11-15-Jährige, außer vielleicht der Selbsteinschätzung, jedoch möglicher-weise ja für jüngere und ältere Kinder und Jugendliche	Unbekannt

Sind diese Auswirkungen über einen gewissen Zeitraum größer geworden (Haben sie sich verschlechtert)?
- JA für: niedriges Geburtsgewicht, einige Infektionen, Obdachlosigkeit, Schulausschlüsse, Kriminalität, Rauchen bei Mädchen, Alkohol, Drogen, Suizid bei männlichen Jugendlichen;
- NEIN für: Mortalität, Zahngesundheit, Unfälle mit Todesfolge, Teenagerschwangerschaft, schlechte Wohnverhältnisse, Bildung.

Gibt es einen klaren Hinweis darauf, dass dieses Ergebnis mit Armut assoziiert werden kann?
- JA für: Mortalität, die meisten Fälle der Morbidität, Unfälle mit Todesfolge, Vernachlässigung und physische Misshandlung, Teenagerschwangerschaft, schlechte Wohnverhältnisse, Obdachlosigkeit, Bildung, Rauchen, Suizid;

- NEIN für: Kriminalität, sexuelle Misshandlung, Alkohol, Drogen, Kinderarbeit.

Gibt es für die letzten 20 Jahre Hinweise auf eine unterschiedliche Entwicklung für die arme und die nicht arme Bevölkerung?
- JA für: Kindersterblichkeit, niedriges Geburtsgewicht, Unfälle, Teenagerschwangerschaft, schlechte Wohnverhältnisse, Bildung und Suizid;
- NEIN für: Säuglingsmortalität, chronische Krankheiten, Alkohol, Drogen und Kinderarbeit.

Die interessantesten Ergebnisse sind diejenigen, bei denen es deutliche Hinweise darauf gibt, dass sie mit der Armut assoziiert sind, die aber dennoch in den letzten Jahren eine Verbesserung erfahren haben. Natürlich ist es möglich, dass diese Ergebnisse sich deutlicher verbessert hätten, wenn es keine so große Kinderarmut gegeben hätte. Es handelt sich hier um Auswirkungen, bei denen der Einfluss der zunehmenden Armut abgeschwächt ist oder keinen wirklichen Effekt zeigt:
- Säuglingssterblichkeit,
- Zahngesundheit,
- Unfälle mit Todesfolge,
- Schwangerschaft im Teenageralter,
- schlechte Wohnverhältnisse,
- Bildung.

Zu jeder dieser Auswirkungen gibt es Hinweise darauf, wie man den Trend stoppen konnte:
- die Säuglingssterblichkeit wurde durch Verbesserungen in der Säuglingspflege reduziert,
- die Zahngesundheit durch Fluoride,
- die Unfälle mit Todesfolge durch Präventivmaßnahmen reduziert,
- die Teenagerschwangerschaften durch Sexualerziehung, Empfängnisverhütung und Abtreibung,
- die schlechten Wohnverhältnisse durch Verbesserung derselben,
- die Bildung durch Investitionen in höhere Standards.

Die Auswirkungen der Armut, die nicht verbessert werden konnten und/oder deren Unterschiede bei den sozioökonomischen Gruppen größer wurden, sind:
- Kindersterblichkeit,
- niedriges Geburtsgewicht,
- Unfälle,
- Obdachlosigkeit,
- Bildung,
- Schulausschlüsse,
- Suizidfälle.

Einigen dieser Auswirkungen können Gründe zugeordnet werden: Ein Teil des Anstiegs der Geburten mit niedrigem Gewicht kann mit der Zunahme der Geburten von ethnischen Minderheiten und der zunehmenden Möglichkeiten, frühreife Säuglinge am Leben zu erhalten, erklärt werden. Unfälle mit Todesfolge stellen die Hauptursache für die Todesursache bei Kindern dar, denn ärmere Kinder sterben häufiger auf der Straße oder bei Unfällen zu Hause. Obdachlosigkeit ist eine Krise, die sich fast ausschließlich per Definition auf Arme bezieht. Außerdem wurde der Zugang zu Sozialwohnungen durch eine Reihe von Maßnahmen in der Wohnpolitik verhindert, was Auswirkungen auf die Verfügbarkeit hatte. Obgleich das Niveau in Schulen insgesamt verbessert wurde, nehmen unterschiedliche Standards zu – die Auswirkungen der Armut auf Bildung sind enorm – höchstwahrscheinlich zu groß, als dass sie durch Investitionen in Schulen beseitigt werden könnten. Schulausschlüsse sind schwierig zu interpretieren und hängen teilweise von den geforderten Leistungen ab. Suizid ist wahrscheinlich die problematischste Auswirkung der Armut. Ganz grob kann festgehalten werden, dass Politik ein wichtiger Faktor ist. Sie muss jedoch sowohl an der zugrunde liegenden Armut als auch an deren Auswirkungen ansetzen. Dies trifft speziell auf die gesundheitlichen und erziehungsbedingten Auswirkungen zu – Interventionen im Bereich Gesundheit und Erziehung können nur in einem gewissen Maße ohne direkten Zugriff auf Armut erfolgen. Wie kann beispielsweise eine Gesundheitsintervention niedriges Geburtsgewicht verhindern, wenn ein Drittel aller schwangeren Frauen von der Einkommensunterstützung abhängig ist, die real in den letzten 20 Jahren mehr oder weniger eingefroren wurde?

7 Zusammenfassung

Es ist sehr schwierig, von Beispielen aus dem Ausland zu lernen, wie am besten auf Kinderarmut zu reagieren ist. Um Kinderarmut verstehen zu können, muss eine Vergleichsanalyse der Demographie, Arbeitsmärkte, Einkommen, Steuern und sozialen Unterstützungsleistungen durchgeführt werden. Leider lassen die zur Verfügung stehenden Quellen an mikrosozialen Daten sehr zu wünschen übrig. Die Kinderarmutsraten innerhalb der EU unterscheiden sich beträchtlich. Eine der großen Herausforderungen der Vergleichsforschung ist es, das Warum zu klären, d.h. Variationen bei den Kinderarmutsraten in Beziehung zu den Inputs zu setzen, also eine Verbindung zu der Reihe der politischen Maßnahmen, die sie beeinflussen, herzustellen. Einige der relevanten Forschungsarbeiten werden in diesem Beitrag nochmals wiedergegeben. Um ein detailliertes Verständnis der politischen Maßnahmen zu erhalten, müssen wir uns noch immer auf individuelle und national unterstützte Forschungsstudien verlassen. Die EU hat in der Vergangenheit wichtige Arbeiten gefördert, insbesondere durch Netzwerke und Observatorien, aber es ist ihr bisher nicht gelungen, ein kontinuierliches Programm der politischen Analyse mit genügend Tiefgang und einer ausreichenden konsistenten Basis zu etablieren. Die meisten Studien dieses Beitrags wurden Anfang der 1990er Jahre initiiert und es scheint so, als ob es keine neueren Arbeiten als die vom Europäischen Observatorium für nationale Familienpolitik gibt, die auf das Jahr 1996 Bezug nehmen. Es ist ganz klar, dass es vorteilhaft wäre, bei solch einer Fülle von Veränderungen in der EU zukünftig aktuelle Analysen der Beziehung zwischen Kinderarmut und sozialpolitischen Maßnahmen durchzuführen.

Die Politik spielt dabei eine sehr wichtige Rolle. Wie auch immer die grundlegende Verteilung des Einkommens aussehen mag, Länder sind in der Lage, ein Transfersystem zu schaffen, mit Hilfe dessen Kinderarmut gelindert werden kann. Wie Atkinson (1999) in einem internationalen Vergleich der Ungleichheitsstrukturen erkannte, ist Kinderarmut kein unumgängliches Resultat des globalen ökonomischen Drucks oder demographischer Übergänge. Regierungen können äußerst erfolgreiche Maßnahmen zur Linderung der Kinderarmut treffen und tun dies auch. Einigen Ländern gelingt dies sehr viel besser als anderen – Tatsache ist, dass das Vereinigte Königreich in den letzten 20 Jahren diese Aufgabe sehr schlecht erledigt und beispielsweise Frankreich relativ gute Arbeit geleistet hat.

Im Jahre 1997, nach 17 Jahren konservativer Regierung, kam die Labourregierung an die Macht. Vor der Wahl erklärte Tony Blair, „Wenn die nächste Labourregierung den Lebensstandard der Ärmsten bis zum Ende ihrer Amtszeit nicht angehoben hat, dann hat sie versagt" (Interview im Independent on Sunday von Tony Blair am 26. Juli 1996). Während der Wahlkampagne hat jedoch die Führung der Labourpartei versprochen, die öffentlichen Ausgaben zwei Jahre lang nicht anzuheben und die Steuern während der Laufzeit des Parlaments (bis zu fünf Jahren) ebenfalls nicht zu erhöhen. Beinahe ihre erste sozialpolitische Amtshandlung war jedoch die Einführung des Vorschlags der Konservativen, den One Parent Benefit (Zuschüsse für einen Elternteil) und den Bonus für allein erziehende Eltern bei der Einkommensunterstützung abzuschaffen. Auf diese Weise wurden mehr als 2 Millionen der ärmsten Kinder in Großbritannien noch ärmer. Der Zustand der Kinderarmut im Vereinigten Königreich und die Beweise unserer Vergleichsstudie haben allerdings begonnen, ins politische Bewusstsein einzudringen. Am 18. März 1999 verkündete Tony Blair: „Unser historisches Ziel ist es, die erste Generation zu sein, die mit der Kinderarmut aufgeräumt hat. Dies dauert eine Generation. Es ist eine Mission von 20 Jahren, aber ich glaube, sie kann erfolgreich erledigt werden." Wenn man diese Ankündigung im Zusammenhang mit der Rhetorik und den Handlungen der ersten zwei Regierungsjahre betrachtet, dann ist dies eine äußerst unerwartete Deklaration – und eine tapfere und willkommene außerdem. Der Finanzminister versprach in seinem Haushaltsbericht für das Jahr 2000, dass durch die bereits angekündigten Maßnahmen 1 Million Kinder im Jahre 2000 von der Armut befreit würden und im Jahre 2001 würden es 1,2 Millionen sein. Es ist uns bis jetzt noch nicht mitgeteilt worden, welcher Armutsgrenzwert bei diesen Schätzungen verwendet wird. Einen Hinweis auf die Herausforderung, mit der die Regierung konfrontiert ist, gibt jedoch die Tatsache, dass in der neuesten Statistik des Department of Social Security (DSS, 1999) eine Zahl von 4,4 Millionen Kindern für 1997/1998 angegeben wird, die in Haushalten mit einem äquivalenten Einkommen unterhalb des Durchschnitts leben (Piachaud & Sutherland, 2000).

Übersetzung von der englischen in die deutsche Sprache: Spracheninstitut Hartmann-Vincken, Bamberg.

Literatur

Adelman, L./Bradshaw, J. (1998): Children in Poverty in Britain: An analysis of the Family Resources Survey 1994/95. Social Policy Research Unit, University of York.
Atkinson, A. (1998): EMU, Macroeconomics and Children. Innocenti Occasional Papers 68, (UNICEF, Florence).
Atkinson, A. (1999): Is Rising Inequality Inevitable? A Critique of the Transatlantic Consensus. WIDER Annual Lectures 3. The United Nations University.
Barnes, H. (2000): How do other nations monitor the well-being of their children, In: Bradshaw, J. (Hrsg.): Poverty: the outcomes for children. London: Family Policy Studies Centre.
Botting, B. u.a. (1996): Health of Children. London: HMSO.
Bradbury B./Jenkins S. P./Micklewright, J. (2001): Child Poverty Dynamics in Seven Nations. In: Bradbury, B./Jenkins S. P./Micklewright, J. (Hrsg.): The Dynamics of Child Poverty in Industrialised Countries. (Chapter 4) Cambridge University Press (im Erscheinen).
Bradbury, B./Jantti, M. (1999): Child Poverty Across Industrialised Countries. Innocenti Occasional Paper, Economic and Social Policy Series, No 71. Florence: UNICEF International Child Development Centre.
Bradshaw, J. (1999): Child poverty in comparative perspective. In: Journal of European Social Security, 1/4, 383-404.
Bradshaw, J. (1997): Children in poverty. Paper presented at the launch of Breadline Britain in the 1990s, at the House of Commons 22 July 1997, University of York, Social Policy Research Unit.
Bradshaw, J. (1990): Child poverty and deprivation in the UK. National Children's Bureau.
Bradshaw, J./Barnes, H. (1999): How do nations monitor the well-being of their children. Paper to the LIS Child Poverty Conference, Luxembourg, 30 September 1999-2 October 1999.
Bradshaw, J. (Hrsg.) (2000): Poverty: the outcomes for children. London: Family Policy Studies Centre.
Bradshaw, J. (Hrsg.) (1993): Budget Standards for the United Kingdom. Aldershot: Ashgate.
Bradshaw, J. (2000): Prospects for poverty in Britain in the first 25 years of the next century. In: Sociology, 34, 1, 1-18.
Bradshaw, J./Kennedy, S./Kilkey, M./Hutton, S./Corden, A./Eardley, T./Holmes, H./Neale, J. (1996): Policy and the Employment of Lone Parents in 20 Countries. The EU Report, European Observatory on National Family Policies. EU/University of York.
Bradshaw, J./Barnes, H. (1998): Relating inputs to outcomes: Child poverty and family transfers in comparative perspective. In: Ringen, S./De Jong, P. (Hrsg.): Fighting poverty: Caring for children, parents, the elderly and health. Volume 5 International Studies in Social Security. Aldershot: FISS/Ashgate.
Bradshaw, J./Ditch, J./Holmes, H./Whiteford, P. (1993): Support for Children: A comparison of arrangements in fifteen countries. Department of Social Security Research Report 21. London: HMSO.
Bradshaw, J. (Hrsg.) (1993): Budget Standards for the UK. Avebury: Gower.
Bradshaw, J./Holmes, H. (1989): Living on the Edge: a study of the living standards of families on benefit in Tyne and Wear. Tyneside: Child Poverty Action Group.
Brown, J. (1994): Children on Income Support. Board for Social Responsibility.
Central Statistical Office (1994): Social Focus on Children. London: HMSO.
Central Statistical Office (1999): Economic Trends. London: HMSO.
Clarke, L./Bradshaw, J./Williams, J. (2000): Family diversity, poverty and the mental well-being of young people. Health Education Authority forthcoming.
Cm 3805 (1998): New ambitions for our country: A new contract for welfare. London: The Stationery Office.
Cm 4101 (1998): A new contract for welfare: Principles into practice. London:The Stationery Office.
Cm 4445 (1999): The Changing Welfare State: Opportunity for All, Tackling Poverty and Social Exclusion, First Annual Report. Department of Social Security, London: Stationery Office.
Cornia, G./Danziger, S. (Hrsg.) (1996): Child poverty and deprivation in the industrialised countries 1994-1995. Oxford: Clarendon Press.
Department of Social Security (1999): Households Below Average Income. A Statistical Analysis, 1994/95-1997/98. London: The Stationery Office.
Ditch, J./Barnes, H./Bradshaw, J. (1996): A synthesis of National Family Policies in 1995. York: EU Observatory on National family Policies, CEC.

Ditch, J./Barnes, H./Bradshaw, J./Commaille, J./Eardley, T. (1995): A Synthesis of National Family Policies in 1994. York: The European Observatory on National family Policies, CEC.
Ditch, J./Barnes, H./Bradshaw, J./Kilkey, M. (1998): A Synthesis of National Family Policies. European Observatory on National Family Policies, EC/University of York.
Eardley, T./Bradshaw, J./Ditch, J./Gough, I./Whiteford, P. (1996): Social Assistance in OECD Countries: Synthesis Report. Department of Social Security Research Report 46. London: HMSO.
Eardley, T. (1996): Lessons from a study of social assistance in OECD countries. In: Hantrais, L./Mangen, S. (Hrsg.): Cross National Research Methods in the Social Sciences. London: Pinter.
Eurostat (1997): Income Distribution and Poverty in the EU. In: Statistics in Focus: Population and Social Conditions, Vol. 6.
Gordon, D. u.a. (1997): Breadline Britain 1990. Avebury/Gower, Aldershot.
Hill M./Jenkins S. P. (1999): Poverty amongst British children: chronic or transitory? ESRC Research Centre on Micro-Social Change Working Paper 99-23. Available from http://www.iser.essex. ac.uk/pubs/workpaps/wp-23.htm, Chapter 7. In: Bradbury B./Jenkins S. P./Micklewright, J. (Hrsg.): The Dynamics of Child Poverty in Industrialised Countries. Cambridge: University Press.
Hills, J. (1995): The Rowntree Inquiry into Income and Wealth, Joseph Rowntree Foundation, York.
Howarth, C./Kenway, P./Palmer, G./Miorelli, R. (1999): Monitoring poverty and social exclusion 1999. New Policy Institute/Joseph Rowntree Foundation.
Jenkins S. P. (1999): Modelling household income dynamics. Presidential address, European Society for Population Economics Twelfth Annual Congress, Amsterdam, 4-6 June 1998. ESRC Research Centre on Micro-Social Change Working Paper 99-1. Available from http://www.iser.essex. ac.uk/pubs/workpaps/wp99-1.htm. Journal of Population Economics, forthcoming.
Kilkey, M. (2000): Lone mothers between paid work and care: the policy regime in 20 countries. Aldershot: Ashgate.
Kilkey, M./Bradshaw, J. (1999): Lone mothers, economic well-being and policies. In: Sainsbury, D. (Hrsg.): Gender and Welfare Regimes. Oxford University Press.
Kumar, V. (1995): Poverty and inequality in the UK: The effects on children. National Children's Bureau.
Micklewright, J./Stewart, K. (1999): Is Child Welfare Converging in the European Union? Innocenti Occasional Papers, Economic and Social Policy Series, 69. Florence: UNICEF International Child Development Centre.
OECD (1998): Recent labour market developments and prospects. Employment Outlook, June 1998.
Oldfield, N./Yu, A. (1993): The Cost of a Child. London: CPAG.
Oxley, H./Dang, T./Forster, M./Pellizzari, M. (1999): Income inequalities and poverty among children and households with children in selected OECD countries: Trends and Determinants. Paper to the LIS/DGV Conference, Child Well-being in Rich and Transition Countries.
Papadopoulos, T. (2000): Welfare support for the unemployed: A comparative analysis of social policy responses to unemployment in twelve EU member states. Aldershot: Ashgate.
Piachaud, D./Sutherland, H. (2000): How effective is the British Government's attempt to reduce child poverty? CASE Paper 38. London:LSE/STICERD.
Social Services Committee (1989a): Social Security: Changes Implemented in April 1988. Ninth Report, HC 437. London: HMSO.
Whiteford, P./Kennedy, S./Bradshaw, J. (1996): The economic circumstances of children in ten countries. In: Brannen, J./O'Brien, M. (Hrsg.): Children in families: Research and Policy. London: Falmer.
Woodroffe, C. u.a. (1993): Children, teenagers and health: the key data. Milton Keynes: Open University Press.

Kapitel II

Auswirkungen und Bewältigung von Armutslagen

Ökonomische Knappheit im Erleben ost- und westdeutscher Kinder und Jugendlicher: Einflüsse der Familienstruktur und Auswirkungen auf die Befindlichkeit

Sabine Walper

Welche Auswirkungen Armut und elterliche Arbeitslosigkeit auf die Entwicklung von Kindern und Jugendlichen haben, ist in jüngerer Vergangenheit wieder stärker in den Blickwinkel der Öffentlichkeit geraten. Beigetragen hat hierzu vermutlich zum einen die Erkenntnis, dass das Armutsrisiko für Kinder in Deutschland deutlich gestiegen ist und nicht nur die durchschnittliche Armutsquote der Gesamtbevölkerung übertrifft (z.B. Hanesch u.a., 1994), sondern mittlerweile auch das Armutsrisiko der Senioren weit hinter sich gelassen hat (vgl. Walper, 1997). Zum anderen haben weitreichende Forschungsaktivitäten vor allem aus den U.S.A. auf die nachteiligen Konsequenzen von Armut und finanzieller Knappheit für die psycho-soziale und intellektuelle Entwicklung von Kindern aufmerksam gemacht (z.B. Conger & Elder, 1994; Duncan, Brooks-Gunn & Klebanov, 1994; Walper, 1999). Dies dürfte ebenfalls dazu angeregt haben, auch in Deutschland danach zu fragen, welche Entwicklungsbelastungen Kinder aus finanziell deprivierten Familien kurz- und mittelfristig in Kauf nehmen müssen.

Hierbei haben sich die entsprechenden Ansätze und Konzepte der Armutsforschung zunehmend differenziert (siehe Huston, McLoyd & Coll, 1994). So sind die Konzeptualisierungen von Armut zunehmend *komplexer* geworden, wobei Armut weder als eindimensionales Phänomen behandelt wird noch mit niedrigem sozioökonomischem Status gleichgesetzt ist. Zudem wird der *Dynamik* von Beschäftigungsverhältnissen und Einkommenslagen stärker Rechnung getragen, so dass nun auch die zeitliche Dimension von Armut immer mehr in den Blick gerät (z.B. Buhr, 1995). Ökologische Ansätze finden zunehmend Berücksichtigung, die den Blick über den innerfamiliären Kontext hinaus auf *kontextuelle Einflüsse* von z.B. Schulen und neuerdings vor allem Nachbarschaften lenken (z.B. Klebanov, Brooks-Gunn & Duncan, 1994; Dangschat in diesem Band). Auch der Bereich untersuchter *Konsequenzen* seitens der Kinder hat sich ausgeweitet, wobei neben Risiken für die kognitive und intellektuelle Entwicklung zunehmend Belastungen der sozio-emotionalen Entwicklung und der körperlichen sowie seelischen Gesundheit aufgezeigt werden. Und schließlich geht es nicht mehr nur primär darum, die Konsequenzen von Armut zu beschreiben, sondern die *Prozesse* zu analysieren, die hierfür ausschlaggebend sind (z.B. Walper, Gerhard, Schwarz & Gödde, in Druck).

Weitgehend unberücksichtigt blieb hierbei die doch zentrale Frage, wie Kinder und Jugendliche Armut und finanzielle Verknappung in der Familie erleben, und welche Rolle diese subjektive Betroffenheit für ihre Reaktionen hat. Aus verschiedenen Bereichen der Stressforschung ist bekannt, dass es weniger die objektiven Lebensbedingungen oder Stressoren per se sind, die nachteilige Konsequenzen für die Entwicklung der Kinder nach sich ziehen, sondern dass vielmehr die subjektive Einschätzung der Situation hierbei eine wesentliche Rolle spielt (Compas, 1987). Dieser Punkt soll im Folgenden aufgegriffen und näher untersucht werden. Gleichzeitig wird nach Risikofaktoren ökonomischer Deprivation und ihrem möglicherweise differentiellem Gewicht in Ost- und Westdeutschland gefragt. Eine zentrale Rolle spielt hierbei neben den elterlichen Bildungsressourcen die Familienstruktur, denn bekanntlich sind Familien mit allein erziehender Mutter einem erhöhten Armutsrisiko ausgesetzt (Hanesch u.a., 1994; Walper, 1991). Ob dies in Ost- und Westdeutschland gleichermaßen gilt, ist eine der Fragen, die im Rahmen der hier berichteten Studie geklärt werden sollen. Im Folgenden werden zunächst einschlägige Forschungsbefunde referiert, vor deren Hintergrund die Hypothesen der vorliegenden Studie entwickelt wurden.

1 Risikofaktoren ökonomischer Deprivation und ihr Einfluss auf die Befindlichkeit von Kindern und Jugendlichen

Vor allem zwei Risikofaktoren für Armut sind in jüngerer Zeit mehrfach hervorgehoben worden, die sich beide auf familienstrukturelle Merkmale beziehen (z.B. Hanesch u.a., 1994). Erstens betrifft dies die finanziellen Folgen einer Trennung oder Scheidung. Die Einkommensverluste, die Mütter mit einer Trennung vom Partner hinnehmen müssen, fallen in Westdeutschland mindestens ebenso gravierend aus wie in den U.S.A. (Burkhauser, Duncan, Hauser & Berntsen, 1991), so dass das Armutsrisiko für Kinder allein erziehender Mütter deutlich erhöht ist (Joos, 1997). Ausschlaggebend hierfür ist vor allem, dass Mütter in Westdeutschland ihre beruflichen Ambitionen in der Regel nach der Geburt eines Kindes – zumindest vorübergehend – zurücknehmen und vielfach eine Teilzeitbeschäftigung anstreben, um für die Kinder verfügbar zu sein. Dies war in der DDR nicht gleichermaßen gegeben, da die Erwerbstätigkeit von Frauen und Müttern staatlich stark gefördert wurde, nicht zuletzt durch ein wesentlich breiteres Angebot an ganztägigen Kinderbetreuungsmöglichkeiten. Entsprechend traten ostdeutsche Mütter nach dem „Babyjahr" relativ rasch wieder in eine Vollzeitbeschäftigung ein (Schneider, 1994; Walper & Galambos, 1997). Wenngleich sich seit der Vereinigung von Ost- und Westdeutschland die Risikofaktoren für Armut weitgehend angeglichen haben, scheinen in dieser Hinsicht westdeutsche Kinder allein erziehender Mütter noch stärker von finanziellen Nachteilen betroffen zu sein als ihre Altersgenoss/innen im Osten. Nach Daten aus dem Familiensurvey des Deutschen Jugendinstituts (Joos, 1997) waren 1994 in Westdeutschland 26,7% der Kinder allein Erziehender, aber nur 1,4% der Kinder mit verheiratet zusammenlebenden Eltern von Sozialhilfe abhängig, während die Vergleichszahlen für Ostdeutschland 11,7% (Kinder allein Erziehender) versus 2,0% (Kinder mit verheirateten Eltern) betrugen. Der Bezug von Transferzahlungen diverser Art (einschließlich Arbeitslosengeld, Wohngeld) war zwar insgesamt im Westen seltener als im Osten, aber die

Diskrepanz zwischen Kindern allein Erziehender (40,8%) und Kindern mit verheirateten Eltern (8,1%) fiel im Westen deutlich größer aus als im Osten (56,6% versus 34,6%).

Welchen Stellenwert die mangelnden finanziellen Ressourcen allein Erziehender für die Erklärung von Entwicklungsbelastungen ihrer Kinder haben, wird mitunter kontrovers diskutiert. Obwohl fraglos auch andere familiäre Belastungsfaktoren zu Nachteilen von Scheidungskindern beitragen, sprechen doch eine Reihe von Studien dafür, dass die angespannte Einkommenslage in Trennungs- und Scheidungsfamilien zumindest einen Teil der negativen Scheidungsfolgen für das Befinden der Kinder erklärt (z.b. Duncan, Brooks-Gunn & Klebanov, 1994; McLanahan & Sandefur, 1994; Amato, 1993). Wir werden die Deprivationshypothese im Folgenden prüfen und zunächst davon ausgehen, dass die problematischere Finanzlage allein erziehender Mütter das entscheidende Bindeglied zwischen Familienstruktur und Befindlichkeit der Kinder und Jugendlichen darstellt. Gleichzeitig soll geklärt werden, inwieweit die Bildung von Stieffamilien durch das Zusammenziehen der Mutter mit einem neuen Partner dazu beiträgt, finanzielle Nachteile von Trennungsfamilien zu kompensieren. Zwar scheinen Stiefkinder im Vergleich zu Kindern in Ein-Eltern-Familien nach Befunden aus den U.S.A. im Allgemeinen keine Entwicklungsvorteile zu genießen (vgl. Amato, 1994), aber vielleicht lassen sich damit zumindest indirekt günstigere Ausgangsbedingungen identifizieren.

Der zweite Faktor betrifft die Kinderzahl. Kinderreichtum ist schon lange als Armutsrisiko bekannt, und auch Hanesch u.a. (1994) berichten, dass das Pro-Kopf-Einkommen 1992 in 16,2 Prozent der westdeutschen Familien mit drei und mehr Kindern unter die Armutsschwelle fiel (Bevölkerungsdurchschnitt West: 6,5%). In Ostdeutschland beträgt die Vergleichszahl sogar 45,5 Prozent (vs. 12,7% für den Bevölkerungsdurchschnitt). Hierin spiegeln sich zum einen der kumulative Effekt hoher Kinderkosten (siehe Andreß & Lipsmeier in diesem Band), zum anderen aber vermutlich auch die größeren Restriktionen hinsichtlich der Erwerbstätigkeit von Müttern, da sich bei mehreren Kindern ein höherer Betreuungsaufwand ergibt. Entsprechend ist zu erwarten, dass mit steigender Anzahl der Kinder, die im Haushalt leben, das Pro-Kopf-Einkommen der Familie geringer ausfällt. Viele Geschwister zu haben, könnte sich somit als indirekter Belastungsfaktor für die Kinder erweisen. Allerdings dürfte er sich nur sehr indirekt – vermittelt über die knapperen finanziellen Ressourcen der Familie – nachteilig auf deren Befindlichkeit auswirken.

Schließlich ist das Bildungsniveau der Eltern zu berücksichtigen, das über den Zugang zu höher qualifizierten Berufen entscheidet und damit auch die finanziellen Ressourcen der Familien beeinflusst (z.B. Hanesch u.a., 1994). Die Bildung der Eltern stellt einen zentralen Schichtindikator dar, der sich in vielfältiger Weise für die Gestaltung des Familienlebens – nicht zuletzt das elterliche Erziehungsverhalten – als relevant erwiesen hat (Hoff-Ginsberg & Tardif, 1995; Kohn, 1981). Auch hier ist jedoch hinsichtlich seiner Bedeutung für die Befindlichkeit der Kinder von lediglich indirekten Effekten auszugehen, die vermutlich über die finanzielle Situation der Familie vermittelt werden.

1.1 Die Wahrnehmung finanzieller Verknappung und ökonomischer Benachteiligung als Mediator

Vor allem die Studien von Glen Elder und Rand D. Conger sowie ihren Kollegen (z.B. Conger u.a., 1994; Lorenz, Conger & Montague, 1994) haben deutlich gemacht, dass objektive Merkmale der Einkommenssituation von Familien wie das Pro-Kopf-Einkommen oder die Beschäftigungssituation der Eltern nur indirekte Auswirkungen auf die Befindlichkeit von Eltern und Kindern haben. Ausschlaggebend ist nach ihren Befunden die Verknappung in der Haushaltsführung, die in notwendigen Einsparungen sichtbar wird und die Mobilisierung alternativer Einkommensquellen durch Verschuldung oder finanzielle Zuwendungen seitens Verwandter oder durch den Rückgriff auf Erspartes notwendig macht. Der so entstandene ökonomische Druck stellt den entscheidenden Belastungsfaktor dar, über den sich Einflüsse einer inadäquaten Einkommenssituation in der angespannten psychischen Lage von Eltern und Kindern sowie Beeinträchtigungen der Beziehungen und Interaktionen niederschlagen. Erst wenn auf diesem Wege die Verknappung der Ressourcen deutlich wird, entsteht auch vermehrter psychischer Stress seitens der Familienmitglieder.

In dieser Hinsicht scheinen jedoch die Perspektiven von Eltern und Kindern nicht deckungsgleich zu sein. So weisen etwa Baarda u.a. (1990) in ihrer Studie zu Arbeitslosigkeit der Eltern darauf hin, dass die Eltern zunächst ihren eigenen Konsum einschränken und bemüht sind, die Kinder möglichst wenig von den finanziellen Belastungen spüren zu lassen, die mit den Einkommenseinbußen durch Arbeitslosigkeit verbunden sind. Interessanterweise finden sich in dieser Studie auch kaum nachteilige Auswirkungen der elterlichen Arbeitslosigkeit auf die Kinder. Inwiefern Kinder tatsächlich die familiären Einschränkungen bei knappen Ressourcen erfahren und wie stark sie selbst ihre Bedürfnisse zurückstellen müssen, wird allerdings in den verfügbaren Untersuchungen kaum berücksichtigt. Immerhin zeigt sich, dass mit steigendem finanziellen Druck in der Haushaltsführung auch finanzielle Konflikte zwischen Eltern und Jugendlichen zunehmen, und zwar nicht nur aufgrund der größeren emotionalen Belastungen der Eltern (Conger u.a., 1994). Dies lässt darauf schließen, dass Kinder bei zunehmender Verknappung auch selbst Konsumverzicht leisten müssen.

Besonders relevant dürfte in dieser Hinsicht sein, wie Kinder und Jugendliche ihre Situation mit der von Gleichaltrigen vergleichen. Aus der Forschung bei Erwachsenen ist bekannt, dass ungünstige soziale Vergleiche mit finanziell besser Gestellten die Bewältigung von finanziellem Stress erschweren (Pearlin & Schooler, 1978). Gerade unter Schulkindern und vor allem im Jugendalter ist die Gefahr, sich gegenüber Peers benachteiligt zu fühlen, erhöht, da Gleichaltrige als Bezugssystem zunehmend wichtiger werden und der Konformitätsdruck steigt (z.B. Steinberg & Silverberg, 1986). Kinder arbeitsloser Eltern erleben oftmals Scham und versuchen, ihre familiäre Situation vor Klassenkameraden zu verbergen (Schindler & Wetzels, 1985). Die vermehrte Sensibilität dafür, inwieweit man selbst z.B. den Kleidungsnormen entspricht, scheint vor allem Mädchen aus ökonomisch deprivierten Familien anfällig für emotionale Belastungen zu machen (Elder, Nguyen &

Caspi, 1985). Insofern ist zu erwarten, dass nicht nur die Wahrnehmung finanzieller Verknappung seitens der mitbetroffenen Kinder für deren Befindlichkeit ausschlaggebend ist, sondern mehr noch deren Gefühl, im Vergleich zu ihren Peers finanziell zurückstehen zu müssen.

2 Zusammenfassung der Hypothesen

In der nachstehend berichteten Studie soll geprüft werden, wie sich die familiäre Einkommenssituation auf die Befindlichkeit von Kindern und Jugendlichen aus Ost- und Westdeutschland auswirkt. Erwartet wird, dass sich ein geringes Pro-Kopf-Einkommen der Familien für die mitbetroffenen Kinder und Jugendlichen nur indirekt als belastend erweist: Der Einfluss des Einkommens auf die Befindlichkeit der Kinder sollte über die finanzielle Verknappung in der Haushaltsführung, deren Wahrnehmung durch die Kinder und schließlich die subjektive Benachteiligung im Vergleich zu Peers vermittelt werden.

Da ökonomische Deprivation in der Regel mit spezifischen Risikofaktoren einhergeht, soll gleichzeitig deren Relevanz für die Befindlichkeit von Kindern und Jugendlichen geklärt werden. Erwartet wird, dass das Pro-Kopf-Einkommen der Familie umso geringer ausfällt, je niedriger die Bildung der Eltern und je höher die Kinderzahl im Haushalt ist. Auch wird für Trennungsfamilien und speziell Familien mit allein erziehender Mutter ein geringeres Einkommen erwartet als für Kernfamilien (mit beiden leiblichen Eltern). Für diese Armutsrisiken vermuten wir jedoch keinen direkten Einfluss auf die Befindlichkeit von Kindern und Jugendlichen, sondern nur einen indirekten Effekt, der über finanzielle Knappheit und deren Wahrnehmung seitens der Kinder vermittelt wird.

Diese Annahmen werden anhand eines entsprechend spezifizierten Pfadmodells geprüft, das für Ost und West-Deutschland separat getestet wird, um mögliche Abweichungen in den Zusammenhängen zu explorieren. Von besonderem Interesse sind hierbei die jeweiligen Effekte der Familienstruktur, genauer: der Vergleich von Kern- und Trennungsfamilien in beiden Regionen, da hier am ehesten Unterschiede erwartet werden.

3 Testung des Pfadmodells: Datenbasis und Indikatoren

3.1 Stichprobe

Die Daten stammen aus dem von der Deutschen Forschungsgemeinschaft geförderten Projekt „Familienentwicklung nach Trennung der Eltern", das von zwei Forschergruppen der Universität München (Leitung: Sabine Walper und Klaus A. Schneewind) sowie der Technischen Universität Dresden (Leitung: Karl Lenz) initiiert wurde und derzeit von der Münchner Arbeitsgruppe sowie einer Projektgruppe an der Universität Jena (Leitung: Peter Noack) weitergeführt wird. Die folgenden Analysen basieren auf Daten der ersten Erhebungswelle (1996), an der insgesamt 743 Kinder und Jugendliche teilnahmen, beschränken sich jedoch auf

455 Kinder und Jugendliche, deren Mütter ebenfalls befragt werden konnten, und für die vollständige Daten zu allen hier einbezogenen Indikatoren vorliegen. Die Stichprobe wurde in fünf größeren Städten (München, Essen, Halle/Saale, Leipzig und Dresden) durch ein Screeningverfahren in den 5. bis 10. Klassen von Haupt-, Real-, Gesamt-, Mittelschulen und Gymnasien rekrutiert, um weitgehend gleich große Vergleichsgruppen von Kernfamilien, Familien mit allein erziehender Mutter und Stiefvaterfamilien (verheiratet oder unverheiratet zusammenlebend) auswählen zu können.

Die hier verwendete Stichprobe umfasst 169 (37,1%) Kernfamilien, 164 (36,0%) Mutterfamilien und 122 (26,8%) Stiefvaterfamilien, in denen jeweils ein Zielkind sowie die Eltern befragt wurden. 275 der Familien leben in Westdeutschland, 180 in Ostdeutschland. Das durchschnittliche Alter der Kinder beträgt 14,2 Jahre (SD = 1,7 Jahre) mit einem Range von 9 bis 19 Jahren. Jungen (48,4%) und Mädchen (51,6%) sind gleichermaßen vertreten. Die Daten stammen aus schriftlichen und mündlichen Befragungen der Kinder und ihrer Mütter, die jeweils separat durchgeführt wurden und mit wenigen Ausnahmen im Haushalt der Familie stattfanden.

3.2 Indikatoren

Neben der Zuordnung zu Kern-, Mutter- und Stiefvaterfamilien, die anhand von Angaben der Mütter und Kinder erfolgte, stammen vier Indikatoren aus schriftlichen und mündlichen Angaben der Mütter und weitere vier aus der schriftlichen Befragung der Kinder. Als Indikator für das *elterliche Bildungsniveau* wurde die höchste Schulbildung der Eltern (Angaben der Mütter) herangezogen, wobei in Zwei-Eltern-Familien der Schulabschluss von sowohl Mutter als auch (Stief-)Vater berücksichtigt wurde, während in den Mutterfamilien nur die Schulbildung der Mutter herangezogen wurde. Die Skala ist vierstufig (von 1 = ohne Abschluß bis 4 = Abitur) Die *Anzahl der Kinder im Haushalt* wurde ebenfalls von den Müttern berichtet und variiert zwischen eins und fünf (M = 1.78, SD = .80). Das gewichtete *Pro-Kopf-Einkommen* der Familie wurde aus Angaben der Mütter zum Haushalts-Netto-Einkommen mit einer Gewichtung der einzelnen Haushaltsmitglieder nach der neuen OECD-Skala berechnet. Es beträgt im Durchschnitt DM 2.380,- (SD = 1.267) und variiert zwischen DM 416,- und DM 11.110,-. Um eine höhere Präzision der Angaben zu erzielen, wurden vorher unterschiedliche Einnahmequellen der einzelnen Haushaltsmitglieder erfragt.

Zur Erfassung des *ökonomischen Drucks* (Angaben der Mütter) wurden die insgesamt 19 Items des entsprechenden Indikators von Elder, Conger, Foster und Ardelt (1992) ins Deutsche übersetzt. Da die Items unterschiedliche Antwortskalen haben, wurden sie z-standardisiert und anschließend gemittelt. Beispielitems und die interne Konsistenz dieses sowie der folgenden Indikatoren sind in Tabelle 1 ersichtlich, genauere Angaben finden sich bei Schwarz, Walper, Gödde und Jurasic (1997). Die Skalen zur Erfassung *finanzieller Verknappung aus Sicht der Jugendlichen* und *wahrgenommener finanzieller Benachteiligung* wurden für diese Untersuchung neu entwickelt. Sie umfassen drei bzw. sechs Items, die jeweils anhand einer vierstufigen Antwortskala eingestuft werden sollten, und weisen eine gute interne Konsistenz auf. Schließlich wurde hinsichtlich der Befindlichkeit der Kinder und Jugendlichen auf zwei Indikatoren zurückgegriffen, die sowohl emotionale Belastungen als auch körperliche Symptome anzeigen. Zum einen ist dies die Depressivitätsskala von Hautzinger und Bailer (1993), zum anderen wurden aus der 40 Items umfassenden Liste somatischer Beschwerden (Brähler, 1992) 13 Items ausgewählt, die einen relativ breiten Bereich gängiger Beschwerden erfassen (siehe Schwarz u.a., 1997). Entsprechend liegt die interne Konsistenz der letztgenannten Skala im mittleren Bereich.

Tab. 1: Beispielitems und interne Konsistenzen der Indikatoren

Skala (Quelle)	Anzahl Items	Beispielitem	Cronbach's Alpha
Ökonomischer Druck (Mutter)	19	„Wir haben genügend Geld für [...] die Wohnung / Kleidung / Haushalt (7 Items mit 5-stufigem Rating) „Wie viel Geld bleibt Ihnen in der Regel am Ende des Monats übrig?"(3-stufige Antwort)	.88
Finanzielle Verknappung (Kind)	3	„Unser Geld ist meistens ziemlich knapp" (4 stufiges Rating)	.82
Wahrgenommene finanzielle Benachteiligung (Kind)	6	„Andere in meinem Alter haben meistens mehr Geld für Unternehmungen als ich." (4-stufiges Rating)	.82
Depressivität (Kind)	15	„Während der letzten Wochen war ich deprimiert / niedergeschlagen." (4-stufiges Rating)	.84
Somatische Beschwerden (Kind)	13	„Was hast du in den letzten 2 Monaten gehabt? Bauchweh / Schwindelgefühl / Übelkeit (4-stufiges Rating)	.74

4 Ergebnisse

4.1 Erster Modelltest und Revisionen

Da Alter und Geschlecht lediglich mit den beiden Indikatoren für die Befindlichkeit der Kinder korrelieren, mit einer Ausnahme[1] jedoch keine Zusammenhänge zu den anderen Modellvariablen aufweisen, wurden sie aus Gründen der Sparsamkeit nicht in das Modell aufgenommen. Das zunächst spezifizierte Modell sieht Effekte der drei Risikofaktoren ökonomischer Deprivation (Familientyp, Kinderzahl und elterliche Schulbildung) als exogene Variablen vor, die jeweils das Pro-Kopf-Einkommen der Familie beeinflussen. Da der Familientyp eine dreistufige Variable ist (Kern-, Mutter-, Stiefvaterfamilien), wurden mittels Effektkodierung zwei

---

[1] Die Anzahl der Kinder im Haushalt ist negativ mit dem Alter der befragten Kinder und Jugendlichen korreliert (r = -.13, p < ,01).

Dummy-Variablen gebildet. Die erste stellt Kernfamilien beider Typen von Trennungsfamilien (Mutter- und Stiefvaterfamilien) gegenüber, während die zweite Unterschiede zwischen Mutterfamilien und beiden Typen von Zwei-Eltern-Familien testet. Vorgesehen waren entsprechend der Modellspezifikation zunächst nur Effekte dieser vier Prädiktoren auf das Pro-Kopf-Einkommen der Familie, das seinerseits den von der Mutter berichteten ökonomischen Druck beeinflussen sollte. Dieser wiederum sollte die von den Kindern und Jugendlichen wahrgenommene finanzielle Verknappung in der Familie beeinflussen, die ihrerseits – als nachgeordneter Effekt – zu vermehrter wahrgenommener Benachteiligung beitragen sollte. Beide Indikatoren perzipierter Deprivation aus Sicht der Kinder und Jugendlichen wurden dann ihrerseits als Prädiktoren für deren Befindlichkeit getestet, wobei die Befindlichkeit als latente Variable anhand der beiden Indikatoren Depressivität und somatische Beschwerden modelliert wurde. Die Testung des Modells erfolgte mittels AMOS 6.0.

Dieses Ausgangsmodell wies jedoch nur eine schlechte Passung zu den Daten auf ($\chi^2 = 46.46$, df = 25, p = .006). Entsprechend wurden mehrere Erweiterungen vorgenommen, die durch die Modifikationsindizes nahegelegt wurden. Erstens erwies es sich als notwendig, sowohl für den Familientyp als auch für die Kinderzahl nicht nur Effekte auf das Einkommen, sondern auch auf den ökonomischen Druck nach Angaben der Mütter zuzulassen. Dies verweist darauf, dass nicht alle relevanten Aspekte der finanziellen Situation durch das Einkommen indiziert werden, sondern dass der ökonomische Druck vermutlich einen aussagekräftigeren Indikator darstellt. Zweitens zeigt sich, dass die wahrgenommene Benachteiligung der Kinder und Jugendlichen auch direkt durch die elterliche Bildung beeinflusst wird, was für stabile Schichtunterschiede jenseits der aktuellen Einkommenssituation spricht. Und schließlich ergab sich ein direkter Effekt des Pro-Kopf-Einkommens auf die Befindlichkeit der Kinder und Jugendlichen, der jedoch erwartungswidrig, nämlich positiv, ausfällt. Hierbei scheint es sich um einen Suppressoreffekt zu handeln, da kein bivariater Zusammenhang zwischen der Einkommenssituation und Depressivität ($r = .04$, n.s.) oder somatischen Beschwerden ($r = .08$, n.s.) der Kinder und Jugendlichen besteht. Die Korrelationen sind in Tabelle 2 wiedergegeben.

Abbildung 1 zeigt das resultierende Gesamtmodell, das die genannten Erweiterungen einbezieht. Wie dort ersichtlich ist, weist dieses Modell eine sehr gute Passung zu den Daten auf. Der χ^2-Test fällt nicht signifikant aus, so dass die Modellspezifikationen nicht signifikant von den empirischen Befunden abweichen. Auch die anderen Fit-Indizes bestätigen diese Einschätzung.

Tab. 2: Interkorrelationen der Indikatoren in der Gesamtstichprobe (n=455)

	max.elterl. Schulbildg.	Anzahl Kinder im Haushalt	Kernfam. vs. andere	Mutterfam. vs. andere	Pro-Kopf-Einkommen	Ökonom. Druck	Finanz. Knappheit (Kind)	Ökonom. Benachteiligung	Depressivität
Anzahl Kinder im Haushalt	-.01	-							
Kernfamilien vs. andere	.08	.12**	-						
Mutterfamilien vs. andere	-.11*	-.09*	.41**	-					
Pro-Kopf-Einkommen	.32**	-.24**	-.03	-.10*	-				
Ökonomischer Druck (Mutter)	-.22**	.24**	-.10*	.15**	-.43**	-			
Finanz. Knapph. (Kindersicht)	-.14**	.14**	-.08	.09*	-.25**	.54**	-		
Ökonom. Benachteilg (Kind)	-.20**	.12**	.07	.16**	-.20**	.33**	.49**	-	
Depressivität	.06	.01	.06	.02	.04	.02	.15**	.22**	-
Somat. Beschwerden	.02	-.02	.05	.01	.08	.01	.15**	.18**	.56**

* p<.05; ** p<.01 (2-seitig)

Wie sehen nun die Befunde im Einzelnen aus? Erwartungsgemäß steigt das Pro-Kopf-Einkomen der Familie mit dem Bildungsniveau der Eltern (β = .31, p < .05), während es bei höherer Kinderzahl niedriger ausfällt (β = -.25, p < .05). Demgegenüber erweist sich der Familientyp in dieser Hinsicht als irrelevant, d.h. die Effekte beider Dummy-Variablen sind nicht signifikant. Der Familientyp hat jedoch einen direkten Effekt auf den ökonomischen Druck, den die Mütter berichten, wobei Kernfamilien geringeren Druck erleben als Trennungsfamilien (β = -.23, p < .05) und Familien mit allein erziehender Mutter einen zusätzlichen Nachteil haben, d.h. mehr ökonomischen Druck angeben als beide Typen von Zwei-Eltern-

Familien (β = .23, p < .05). Auch mit der Kinderzahl steigt der ökonomische Druck in der Haushaltsführung (β = .20, p < .05). Wie erwartet hat das Pro-Kopf-Einkommen der Familie jedoch den größten (negativen) Einfluss auf den ökonomischen Druck (β = -.37, p < .05).

Abb. 1: Risikofaktoren und Effekte ökonomischer Deprivation auf die Befindlichkeit von Kindern und Jugendlichen: Finanzielle Knappheit und Benachteiligung der Kinder als Mediator (Gesamtstichprobe, n = 455)

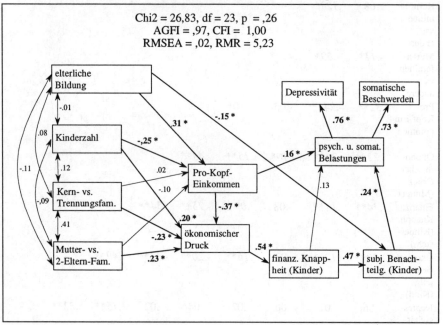

Tatsächlich erweist sich dieser ökonomische Druck als einzig relevanter Prädiktor für die finanzielle Verknappung, die die Kinder angeben (β = .54, p < .05), die wiederum einen engen Zusammenhang zur subjektiven Benachteiligung der Kinder aufweist (β = .48, p < .05). Zusätzlich zeigt das elterliche Bildungsniveau einen negativen Effekt auf die subjektive Benachteiligung, der allerdings nur schwach ausfällt (β = -.15, p < .05) und etwas geringer ist als die bivariate Korrelation (r = .20, p < .01). Ein kleiner Teil dieses Zusammenhangs scheint also über die anderen ökonomischen Variablen – das geringere Pro-Kopf-Einkommen, den höheren ökonomischen Druck aus Sicht der Mütter und die von den Kindern wahrgenommene finanzielle Verknappung – vermittelt zu werden.

Schließlich bestätigt sich auch der erwartete Effekt von ökonomischer Deprivation, wie Kinder und Jugendliche sie erleben, auf Belastungen ihrer Befindlichkeit. Obwohl die Pfade beider Indikatoren positiv ausfallen, erweist sich nur der Einfluss der subjektiven Benachteiligung als statistisch signifikant (β = .24, p < .05). Die wahrgenommene finanzielle Verknappung steht zwar auf der Ebene einfacher Korrelationen auch in signifikantem Zusammenhang zu beiden Indikatoren der Befindlichkeit, aber diese Zusammenhänge scheinen über Gefühle subjektiver Benachteiligung vermittelt zu werden, die der stärkere Prädiktor für Beeinträchtigungen der Befindlichkeit ist.

Wie schon erwähnt, findet sich noch ein zusätzlicher direkter Einfluss des Pro-Kopf-Einkommens auf psychische und somatische Belastungen der Kinder und Jugendlichen, der per se und auch in seiner Richtung unerwartet war. Er ist zwar nur schwach ($\beta = .16$, $p < .05$), legt jedoch nahe, dass mit steigendem Einkommen mehr Belastungen der Befindlichkeit berichtet werden – wenn man den gegenläufigen Einfluss des Einkommens über ökonomischen Druck und Deprivation aus Sicht der Kinder in Rechnung stellt. Dieser Befund wird in der Diskussion ausführlicher behandelt. Zunächst wollen wir jedoch der Frage nachgehen, ob dieses Modell für ost- und westdeutsche Familien gleichermaßen tragfähig ist, oder ob sich abweichende Befunde ergeben.

4.2 Vergleich der west- und ostdeutschen Teilstichproben

Vor einem Vergleich der Pfadmodelle wurde mittels t-Tests geprüft, ob sich die im Modell verwendeten Indikatoren hinsichtlich ihrer Mittelwerte und Varianzen in beiden Gruppen unterschieden. Hierbei zeigten sich sowohl bei der elterlichen Schulbildung als auch hinsichtlich des Pro-Kopf-Einkommens deutliche Unterschiede zwischen beiden Landesteilen. So übertrifft das elterliche Bildungsniveau im Osten das der Eltern im Westen ($M = 3.48$ vs. 3.24; $t(452,3) = -4.07$, $p < .001$) und hat im Osten eine geringere Varianz ($SD = .51$ vs. $.75$; $F = 25.53$, $p < .001$). Auch die Streubreite des Einkommens ist im Osten deutlich geringer als im Westen ($SD = 710$ vs. 1.472; $F = 29.08$, $p < .001$). Allerdings liegt das durchschnittliche Pro-Kopf-Einkommen im Westen weit über dem mittleren Einkommensniveau im Osten ($M = 2.634$ vs. 1.993; $t(421,8) = 6.19$, $p < .001$). Hinsichtlich der anderen Indikatoren ergeben sich keine Unterschiede, weder in den Mittelwerten, noch in den Varianzen.

Betrachten wir nun im ersten Schritt die Ergebnisse für die westdeutsche Teilstichprobe ($n = 275$). Abbildung 2 zeigt, dass das Modell auch in dieser Gruppe eine sehr gute Passung zu den Daten aufweist. Die Effekte entsprechen weitgehend dem, was schon für die Gesamtstichprobe berichtet wurde. Allerdings fallen die Einflüsse des Familientyps auf den ökonomischen Druck, den die Mütter berichten, etwas stärker aus (Kern- vs. Trennungsfamilien: $\beta = -.30$; Mutter- vs. Zwei-Eltern-Familien: $\beta = .33$, jeweils $p < .05$). Hinzu kommt noch ein signifikanter Effekt des Familientyps auf das Pro-Kopf-Einkommen der Familie, der jedoch nur einen schwachen Nachteil von Mutterfamilien anzeigt ($\beta = -.17$, $p < .05$).

In Abbildung 3 sind die Befunde für die ostdeutsche Teilstichprobe wiedergegeben. Auch hier weist das Modell eine exzellente Entsprechung zu den Daten auf. Ein Gruppenvergleich ohne Restriktionen hinsichtlich der Höhe der Pfadkoeffizienten bestätigt, dass die Annahmen, die dem Modell zugrunde liegen, für beide Gruppen gleichermaßen Gültigkeit beanspruchen können ($\chi^2 = 42.79$, $df = 46$, p = 61). Allerdings ergeben sich auch einige Abweichungen in der Stärke der Effekte, die wir hier näher explorieren.

Abb. 2: Risikofaktoren und Effekte ökonomischer Deprivation in westdeutschen Familien

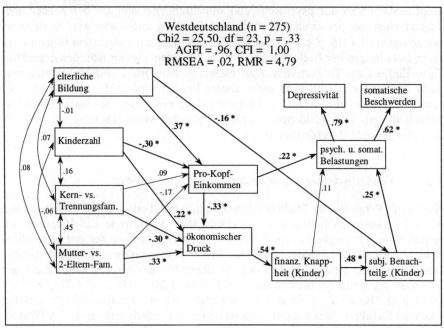

So ist der Einfluss des Familientyps auf den ökonomischen Druck, den die Mütter berichten, in ostdeutschen Familien – anders als im Westen – statistisch unbedeutend (Kern- vs. Trennungsfamilien: β = -.07 und Mutter- vs. Zwei-Eltern-Familien: β = .01). Dies entspricht insofern unseren Erwartungen, als zu vermuten war, dass allein erziehende Mütter in Ostdeutschland eine weniger herausgehobene Risikogruppe für ökonomische Verknappung darstellen als im Westen. Nach unseren Befunden müssen allein erziehende Mütter mit Kindern im Jugendalter – zumindest nach eigenen Angaben – nicht mit einem nennenswert geringeren Pro-Kopf-Einkommen wirtschaften als vergleichbare Familien mit zwei Eltern. Nun können solche Abweichungen in den Effekten eines Faktors (hier: Familienkonstellation) für einzelne Gruppen allerdings auch in den Bereich von Zufallsvariationen fallen. Um dies abzuklären, wurde geprüft, ob sich die Pfadkoeffizienten der beiden Dummy-Variablen in ost- und westdeutschen Familien statistisch signifikant unterscheiden. Hierzu wurde als zusätzliche Modellspezifikation die Annahme eingeführt, dass die Pfade hinsichtlich ihrer Höhe gleich sind. Erwartungsgemäß ergibt dies eine signifikante Verschlechterung der Modellgüte ($\delta\chi^2 = 14.60$, df = 2, p < .001).

Abb. 3: Risikofaktoren und Effekte ökonomischer Deprivation in ostdeutschen Familien

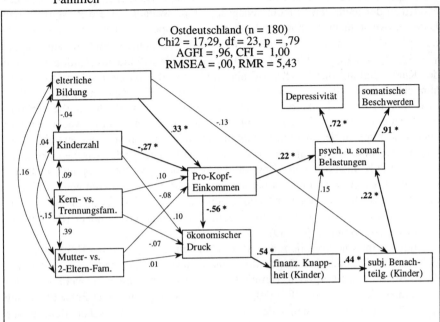

Ein noch prägnanterer Unterschied zeigt sich hinsichtlich des Effekts, den das Einkommen auf den ökonomischen Druck hat. Dieser Pfad ist zwar in beiden Gruppen signifikant, fällt aber im Osten mit β = -.56 deutlich höher aus als im Westen (β = -.33). Setzt man diesen Pfad in beiden Gruppen gleich, so verschlechtert sich das Modell entscheidend ($\chi^2 = 70.64$, df = 47, p = .014; $\delta\chi^2 = 27.85$, df = 1, p < .001). Demnach ist vor allem in den ostdeutschen Familien ein enger Zusammenhang zwischen berichtetem Pro-Kopf-Einkommen und finanzieller Verknappung in der Haushaltsführung gegeben.

Schließlich ist noch darauf hinzuweisen, dass der Effekt des Einkommens auf die Befindlichkeitsbelastungen der Kinder und Jugendlichen im Osten mit β = .01 nicht signifikant ist. Allerdings erweist sich diese Abweichung als statistisch nicht reliabel ($\delta\chi^2 = 1.18$, df = 1, n.s.), fällt also in den Zufallsbereich.

4.3 Vergleich der Effekte finanzieller Knappheit im unteren und oberen Einkommensbereich

Da deutliche Einkommensunterschiede zwischen Ost- und Westdeutschland bestehen, wurde in einem letzten Schritt geprüft, ob die berichteten Abweichungen zwischen den Modellen nicht auf unterschiedliche Effekte in Abhängigkeit vom Einkommensspektrum zurückzuführen sind. Hierzu wurden die Stichprobe am

Median des Pro-Kopf-Einkommens (DM = 2.140) halbiert, und für jede der beiden Subgruppen wurde nochmals das Modell geschätzt. Hierbei zeigte sich, dass das Modell in der niedrigen Einkommensgruppe eine weitaus bessere Passung zu den Daten aufweist als in der höheren Einkommensgruppe (niedrige Einkommensgruppe: $\chi^2 = 19.37$, df = 23, p = .68; CFI = 1.00 vs. höhere Einkommensgruppe: $\chi^2 = 32.42$, df = 23, p = .09; CFI = .97). Während die Effekte des Familientyps und der Kinderzahl auf das Pro-Kopf-Einkommen und den ökonomischen Druck sehr ähnlich ausfallen und weitgehend dem Gesamtmodell entsprechen, ist der Pfad zwischen Pro-Kopf-Einkommen und ökonomischem Druck durch die einkommensbezogene Stichprobenaufteilung in beiden Gruppen abgeschwächt. Er fällt aber tatsächlich in der unteren Einkommensgruppe merklich höher aus als in der Gruppe mit hohem Einkommen (β = -.38 vs. -.17). Die Pfade zwischen ökonomischem Druck und von den Kindern wahrgenommener Verknappung sind vergleichbar hoch (β = .48 und .53 bei niedrigem und hohem Einkommen), und auch die Pfade zwischen perzipierter Verknappung und subjektiver Benachteiligung sind jeweils ähnlich, wenngleich bei niedrigem Einkommen etwas höher (β = .49) als bei hohem Einkommen (β = .39).

Interessant sind vor allem die Abweichungen, die sich in den Effekten beider Indikatoren ökonomischer Deprivation aus Sicht der Kinder und Jugendlichen auf deren Befindlichkeit ergeben: Bei niedrigem Einkommen tragen sowohl die wahrgenommene Verknappung (β = .20) als auch die wahrgenommene Benachteiligung (β = .17) unabhängig voneinander zu psychischen und somatischen Belastungen bei. Demgegenüber ist in der Gruppe mit hohem Einkommen ausschließlich die subjektive Benachteiligung ein Risikofaktor für Beeinträchtigungen der Befindlichkeit (β = .33), während sich die perzipierte Verknappung als irrelevant erweist (β = .01). Der unerwartete Effekt des Pro-Kopf-Einkommens auf die Befindlichkeitsbelastungen ist auf die Gruppe mit höherem Einkommen beschränkt (β = .13 vs. β = -.06 bei niedrigem Einkommen). Dies verweist darauf, dass sich tatsächlich zumindest teilweise unterschiedliche Effekte ökonomischer Faktoren – vor allem auf die Befindlichkeit der betroffenen Kinder und Jugendlichen – ergeben, wenn man das untere und obere Einkommensspektrum gegenüberstellt.

5   Diskussion und Ausblick

Die vorliegende Studie ist der Frage nachgegangen, ob ein Zusammenhang zwischen finanziellen Belastungen der Familie und Beeinträchtigungen der psychischen sowie somatischen Befindlichkeit von Kindern und Jugendlichen besteht und welche Rolle hierbei die Wahrnehmung ökonomischer Deprivation seitens der betroffenen Kinder und Jugendlichen spielt. Angenommen wurde, dass sie ein wesentliches Bindeglied darstellt, über das nachteilige Einflüsse finanzieller Belastungen auf die Befindlichkeit der Kinder vermittelt werden. Hierbei wurden mögliche Unterschiede der Effekte in Ost- und Westdeutschland sowie im oberen und unteren Einkommensspektrum exploriert.

Bevor wir auf die Befunde näher eingehen, ist einschränkend anzumerken, dass die Analysen auf querschnittliche Daten zurückgreifen, die keine schlüssige Auskunft über die Kausalität der Zusammenhänge erlauben. Drittfaktoren, die in dieser Studie nicht berücksichtigt wurden, mögen den gefundenen Zusammenhängen zugrunde liegen. Allerdings haben wir drei wesentliche Risikofaktoren ökonomischer Deprivation in die Analyse einbezogen, wobei vor allem die Familienstruktur von besonderem Interesse war, da eine Trennung der Eltern oftmals als wesentliche Belastung für die Kinder und Jugendlichen herausgestellt wurde (Amato, 1993). Werden solche konfundierten Faktoren nicht in Rechnung gestellt, lassen sich Einflüsse der familialen Einkommenssituation auf die Kinder nicht eindeutig interpretieren.

Neben diesem „technischen" Anliegen war die Berücksichtigung der Risikofaktoren jedoch auch inhaltlich motiviert: Es galt vor allem zu prüfen, ob eine elterliche Trennung und der resultierende Familientyp primär aufgrund der hiermit verbundenen finanziellen Konsequenzen nachteilige Auswirkungen auf die betroffenen Kinder und Jugendlichen haben. Tatsächlich zeigen sich neben der indirekten Verbindung zwischen Familientyp und Befindlichkeit der Kinder, die über die finanziellen Faktoren hergestellt wird, keine direkten Effekte des Familientyps. Allerdings ist hierbei zu beachten, dass auch auf der Ebene einfacher bivariater Korrelationen keine Effekte des Familientyps auszumachen sind. Kinder und Jugendliche aus Trennungsfamilien weisen demnach keine höhere Depressivität oder stärkere gesundheitliche Beeinträchtigungen auf als Kinder, die mit beiden leiblichen Eltern aufwachsen. Dies dürfte vor allem darauf zurückzuführen sein, dass es sich in unserer Stichprobe überwiegend um schon länger getrennte Familien handelt. Auch Schmidt-Denter (2000), der die Entwicklung von Kindern im Zeitverlauf nach einer Trennung der Eltern untersuchte, findet schon zwei Jahre nach der Trennung kaum noch Entwicklungsnachteile der Kinder, und nach vier Jahren haben sich die anfänglichen Unterschiede zur Normgruppe vollständig verwischt.

Kommen wir nun jedoch zur zentralen Frage, die die Effekte ökonomischer Deprivation auf die Befindlichkeit der Kinder betrifft. Das zugrunde gelegte Modell orientiert sich an stresstheoretischen Konzepten, die in der Armutsforschung überwiegen (vgl. Walper, 1999). Zentral ist hierbei erstens die Annahme, dass ein geringes Einkommen vor allem dann zum Belastungsfaktor für die Familien wird, wenn es zu merklichem finanziellen Druck in der Haushaltsführung führt. Zweitens sollten nachteilige Einflüsse des finanziellen Drucks auf die Befindlichkeit der Kinder und Jugendlichen über deren Wahrnehmung der finanziellen Verknappung sowie ihre eigene Betroffenheit von Einsparungen – d.h. subjektive Gefühle der finanziellen Benachteiligung – vermittelt werden. Diese Annahmen wurden nur partiell bestätigt. Zwar weist das zugrunde gelegte Modell eine gute Passung zu den Daten auf und die vermutete Verkettung von geringem Pro-Kopf-Einkommen, vermehrtem ökonomischen Druck, einer stärkeren Wahrnehmung finanzieller Verknappung seitens der Kinder und Jugendlichen und deren subjektiv erlebter Benachteiligung bis hin zu Belastungen ihrer Befindlichkeit wird durch die Befunde deutlich bestätigt. Allerdings ist dieser indirekte Einfluss der Einkommenssituation auf die Befindlichkeit der Kinder so schwach, dass er nicht in einfachen bivariaten

Zusammenhängen aufscheint. Das gleiche gilt auch für den von den Müttern berichteten ökonomischen Druck. Lediglich die von den Kindern und Jugendlichen wahrgenommene ökonomische Deprivation erweist sich für ihre Befindlichkeit als relevant.

Dass weder das Einkommen noch der von den Müttern berichtete finanzielle Druck einen einfachen Zusammenhang zur Depressivität und zu somatischen Beschwerden der Kinder und Jugendlichen aufweisen, dürfte darauf zurückzuführen sein, dass sich viele Eltern darum bemühen, ihre Kinder möglichst wenig von den finanziellen Belastungen der Familie spüren zu lassen und Einsparungen eher in Bereichen vorzunehmen, welche die Kinder wenig tangieren (Baarda u.a., 1990). Nach unseren Befunden ist hierbei nicht nur zu berücksichtigen, ob die Kinder selbst von Konsumverzicht betroffen sind und sich entsprechend finanziell benachteiligt fühlen, sondern auch, ob sie die Einkommensknappheit der Familie überhaupt wahrnehmen. So scheint der finanzielle Druck, wie die Mütter ihn erleben und zu managen haben, nicht automatisch bzw. in gleichem Ausmaß auch von den Kindern registriert zu werden. Der Zusammenhang zwischen der Perspektive von Müttern und Kindern ist zwar prägnant, aber bei weitem nicht perfekt. So ist denkbar, dass es manchen Familien gelingt, den finanziellen Stress weitgehend vor den Kindern zu verbergen, indem entsprechende Probleme vor den Kindern gar nicht erst thematisiert und Einsparungen anders begründet werden.

Allerdings ist nicht auszuschließen, dass die geringen Effekte des Einkommens auch auf Einschränkungen hinsichtlich der Validität dieses Indikators zurückzuführen sind. Dass das von den Müttern berichtete Pro-Kopf-Einkommen nur begrenzt der faktischen Einkommenssituation entspricht, wird vor allem durch den Befund zu Einflüssen der Familienstruktur auf die finanzielle Situation der Familie nahegelegt. Obwohl Familien mit allein erziehender Mutter im Vergleich zu Familien mit verheirateten Eltern nach allen verfügbaren Daten deutliche Einkommensnachteile aufweisen (Hanesch u.a., 1994; Burkhauser u.a., 1991), ist dieser Unterschied zwischen den Familientypen nach unseren Daten nur sehr schwach und auf die westdeutsche Stichprobe beschränkt. Wesentlich deutlichere Unterschiede zwischen den Familientypen finden sich im von den Müttern berichteten ökonomischen Druck, der vermutlich den valideren Indikator für die finanziellen Ressourcen der Familie darstellt. Tatsächlich zeigen Daten der zweiten Erhebungswelle unserer Studie, in der auch die Väter zum Familieneinkommen befragt wurden, dass vor allem in der westdeutschen Stichprobe die Angaben von Müttern und Vätern teils deutlich divergieren (Gerhard & Walper, 1998). Dies könnte erklären, warum finanzielle Nachteile von Trennungs- und speziell Mutterfamilien in Westdeutschland stärker im ökonomischen Druck sichtbar werden als im von den Müttern berichteten Pro-Kopf-Einkommen.

Ähnliche Überlegungen sind auch bei einem weiteren erwartungswidrigen Befund dieser Studie in Rechnung zu stellen. Dies betrifft den direkten Einfluss des Einkommens auf Beeinträchtigungen der Befindlichkeit seitens der Kinder und Jugendlichen, der neben dem erwarteten indirekten Zusammenhang (vermittelt über die Verkettung des Einkommens mit ökonomischem Druck im Haushalt und von den Kindern perzipierter Deprivation) gefunden wurde. Dieser direkte Effekt widerspricht sowohl prinzipiell als auch in seiner Richtung den Erwartungen, da er dem indirekten Effekt entgegen läuft und bei höherem Einkommen stärkere Belastungen der Befindlichkeit anzeigt. Demnach hätte ein höheres Einkommen, wenn es sich nicht positiv auf eine „entspanntere", großzügigere Haushaltsführung auswirkt, die vor allem auch von den Kindern so erlebt wird und ihnen zugute kommt, einen eher negativen Einfluss auf ihr Wohlbefinden. Da sich dieser Effekt vor allem im oberen Bereich des Einkommensspektrums zeigt, mag man geneigt sein, an Phänomene der „Wohlstandsverwahrlosung" zu denken. Es liegt jedoch nicht minder nahe, diesen Effekt vor allem auf Validitätsprobleme des Einkommensindikators zurückzuführen. So über- oder unterschätzen vermutlich manche Familien ihr Einkommen, was den Zusammenhang zwischen Einkommen und ökonomischem Druck in der Haushaltsführung schmälern sollte und Problemsituationen unerkannt lässt, die sich dennoch nachteilig auf das Befinden der Kinder und Jugendlichen auswirken. Dass sich die Validitätsprobleme des Einkommensindikators vor allem in der westdeutschen Stichprobe zeigen, stützt diese Deutung zusätzlich: Der positive direkte Effekt des Einkommens auf die Befindlichkeit der Kinder ist nämlich im Westen stärker, und vor allem fällt der Zusammenhang zwischen Pro-Kopf-Einkommen und ökonomischem Druck im Westen schwächer aus als im Osten. Da der direkte Effekt des Einkommens insbesondere in der höheren Einkommensgruppe sichtbar ist, liegt es nahe, dass das Einkommen eher über- als unterschätzt wird bzw. dass es bewusst positiver dargestellt wird, so dass finanzielle Problemsituationen mit ihren nachteiligen Auswirkungen auf die Kinder unerkannt bleiben.

Wie steht es nun vor diesem Hintergrund um Unterschiede zwischen ost- und westdeutschen Familien? Folgt man den genannten Überlegungen, so bleibt lediglich ein Unterschied bestehen, der inhaltlich zu interpretieren ist. Er entspricht der eingangs geäußerten Erwartung, dass Trennungsfamilien und speziell Familien mit allein erziehender Mutter im Westen eine stärkere finanzielle Benachteiligung erfahren als im Osten. Tatsächlich finden wir keinen Effekt des Familientyps auf das Einkommen oder den ökonomischen Druck in den ostdeutschen Familien, während im Westen Trennungsfamilien und besonders allein erziehende Mütter deutlich im Nachteil sind. Dies spiegelt sich auch in den Angaben der Kinder zur erlebten finanziellen Benachteiligung wider, die dann das Bindeglied zu deren Befindlichkeit darstellt.

Die hier berichteten Befunde stellen vor allem heraus, wie <u>wichtig es ist, die Perspektive der mitbetroffenen Kinder und Jugendlichen zu berücksichtigen, wenn man nach den Konsequenzen von Armut und ökonomischer Knappheit für ihre Entwicklung fragt</u>. Man könnte sogar geneigt sein zu schlussfolgern, dass das faktische Einkommen per se eher irrelevant für die Befindlichkeit der Kinder ist. Angesichts der angedeuteten Probleme in der Erfassung von Einkommensdaten anhand einfacher Fragen scheint dieser Schluss jedoch voreilig. Um den Validitätsproblemen zu begegnen und auch gleichzeitig komplexeren Armutskonzeptionen zu genügen, sollten zukünftige Analysen Deprivationslagen nicht nur am Einkommen festmachen, sondern auch andere Informationen – etwa zur Wohnsituation – berücksichtigen. Vor allem wäre nach der Dauer ökonomischer Deprivation zu fragen, die in den hier berichteten Analysen unberücksichtigt blieb. Und schließlich gilt es, jene Prozesse stärker in den Blick zu rücken, die die Bewältigung finanzieller Problemsituationen in den Familien charakterisieren oder umgekehrt Kinder für nachteilige Effekte verletzlich machen. Wie andere Analysen aus der hier berichteten Studie nahe legen, erweisen sich hierbei das Erziehungsverhalten der Eltern und mehr noch die Beziehungen der Kinder und Jugendlichen zu Gleichaltrigen als wesentliche Ressourcen, die jedoch gleichzeitig in der Gefahr stehen, durch finanzielle Belastungen unterminiert zu werden (Walper, Gerhard, Schwarz & Gödde, in Druck).

Literatur

Amato, P. R. (1993): Children's adjustment to divorce: Theories, hypotheses, and empirical support. Journal of Marriage and the Family, 55, 23-38.
Amato, P. R. (1994): The implications of research findings on children in stepfamilies. In: A. Booth & J. Dunn (Hrsg.): Stepfamilies. Who benefits? Who does not?. Hillsdale, NJ: Erlbaum, 81-87.
Baarda, D. B./de Goede, M. P. M./Frowijn, A. P. M./Postma, M. E. (1990): Der Einfluss von Arbeitslosigkeit auf Kinder. In: Schindler, H./Wacker, A./Wetzels, P. (Hrsg.): Familienleben in der Arbeitslosigkeit. Heidelberg: Asanger, 145-170.
Brähler, E. (1992): Gießener Beschwerdebogen für Kinder und Jugendliche (GBB-KJ). Bern: Huber.
Buhr, P. (1995): Dynamik von Armut. Dauer und biographische Bedeutung von Sozialhilfebezug. Opladen: Westdeutscher Verlag.
Burkhauser, R. V./Duncan, G. J./Hauser, R./Berntsen, R. (1991): Wife or Frau, women do worse: A comparison of men and women in the United States and Germany after marital dissolution. Demography, 28(3), 353-360.
Compas, B. E. (1987): Coping with stress during childhood and adolescence. Psychological Bulletin, 101, 393-403.
Conger, R. D./Elder, G. H. Jr. in Zusammenarbeit mit Lorenz, F. O./Simons, R. L./Whitbeck, L. B. (1994): Families in troubled times. Adapting to change in rural America. New York: Aldine de Gruyter, 167-186.
Conger, R. D./Ge, X./Elder, G. H. Jr./Lorenz, F. O./Simons, R. L. (1994): Economic stress, coercive family process, and developmental problems of adolescents. Child Development, 65, 541-561.
Duncan, G. J./Brooks-Gunn, J./Klebanov, P. K. (1994): Economic deprivation and early childhood development. Child Development, 65, 296-318.
Elder, G. H. Jr./Conger, R. D./Foster, E. M./Ardelt, M. (1992): Families under economic pressure. Journal of Family Issues, 13, 5-37.
Elder, G. H. Jr./Nguyen, T. V./Caspi, A. (1985): Linking family hardship to children's lives. Child Development, 56, 361-375.
Gerhard, K./Walper, S. (1998): Wenn an den Kindern gespart werden muß: Finanzielle Knappheit und ihre Folgen für das Erziehungsverhalten von Müttern. Poster auf dem 41. Kongress der Deutschen Gesellschaft für Psychologie, Dresden, 27.09. – 01.10.1998.
Hoff-Ginsberg, E./Tardif, T. (1995): Socioeconomic status and parenting. In: Bornstein, M. H. (Hrsg.): Handbook of parenting. Vol 2: Biology and ecology of parenting. Mahwah, N.J.: Lawrence Erlbaum, 161-188.
Hanesch, W. u.a. (1994): Armut in Deutschland. Der Armutsbericht des DGB und des Paritätischen Wohlfahrtsverbands. Reinbek: Rowohlt.
Hautzinger, M./Bailer, M. (1993): Allgemeine Depressions Skala (ADS). Deutsche Form der Center for Epidemiological Studies Depression Scale (CES-D). Weinheim: Beltz Test.
Huston, A. C./McLoyd, V. C./Coll, C. G. (1994): Children and poverty: Issues in contemporary research. Child Development, 65, 275-282.

Joos, M. (1997): Armutsentwicklung und familiale Armutsrisiken von Kindern in den neuen und alten Bundesländern. In: U. Otto (Hrsg.): Aufwachsen in Armut. Erfahrungswelten und soziale Lage von Kindern armer Familien. Opladen: Leske + Budrich, 47-78.

Klebanov, P. K./Brooks-Gunn, J./Duncan, G. J. (1994): Does neighborhood and family poverty affect mothers' parenting, mental health, and social support? Journal of Marriage and the Family, 56, 441-455.

Kohn, M. L. (1981): Persönlichkeit, Beruf und soziale Schichtung. Stuttgart: Klett-Cotta.

Lorenz, F. O./Conger, R. D./Montagne, R. (1994): Doing worse and feelings worse: Psychological consequences of economic hardship. In: Conger, R. D./Elder, G. H. Jr. in Zusammenarbeit mit Lorenz, F. O./Simons, R. L./Whitbeck, L. B.: Families in troubles times. Adapting to change in rural America. New York: de Gruyter, 167-186.

McLanahan, S./Sandefur, G. (1994): Growing up with a single parent. Cambridge, MA: Harvard University Press.

Pearlin, L. I./Schooler, C. (1978): The structure of coping. Journal of Health and Social Behavior, 19, 2-21.

Schindler, H./Wetzels, P. (1985): Subjektive Bedeutung familiärer Arbeitslosigkeit bei Schülern in einem Bremer Arbeiterstadtteil. In: Kieselbach, T./Wacker, A. (Hrsg.): Individuelle und gesellschaftliche Kosten der Massenarbeitslosigkeit – Psychologische Theorie und Praxis. Weinheim: Beltz, 120-138.

Schmidt-Denter, U. (2000): Entwicklung von Trennungs- und Scheidungsfamilien: Die Kölner Längsschnittstudie. In: K. A. Schneewind (Hrsg.): Familienpsychologie im Aufwind. Göttingen: Hogrefe, 203-221.

Schneider, N. (1994): Familie und private Lebensführung in West- und Ostdeutschland. Stuttgart: Enke.

Schwarz, B./Walper, S./Gödde, M./Jurasic, S. (1997): Dokumentation der Erhebungsinstrumente der 1. Haupterhebung (überarb. Version). Berichte aus der Arbeitsgruppe "Familienentwicklung nach der Trennung" #14/1997.

Steinberg, L./Silverberg, S. B. (1986): The vicissitudes of autonomy in early adolescence. Child Development, 57, 841-851.

Walper, S. (1991): Finanzielle Belastungen und soziale Beziehungen. In: Bertram, H. (Hrsg.): Die Familie in Westdeutschland. Stabilität und Wandel familialer Lebensformen. Opladen, Leske + Budrich, 351-386.

Walper, S. (1997): Wenn Kinder arm sind – Familienarmut und ihre Betroffenen. In: Böhnisch, L./Lenz, K. (Hrsg.): Familien. Eine interdisziplinäre Einführung. Weinheim/München: Juventa, 265-282.

Walper, S. (1999): Auswirkungen von Armut auf die Entwicklung von Kindern. In: Lepenies, A./Nummer-Winkler, G./Schäfer/G. E./Walper, S.: Kindliche Entwicklungspotentiale. Normalität, Abweichung und ihre Ursachen (Materialien zum 10. Kinder- und Jugendbericht, Band 1). München: DJI-Verlag.

Walper, S./Gerhard, A.-K./Schwarz, B./Gödde, M. (in Druck): Wenn an den Kindern gespart werden muß: Einflüsse der Familienstruktur und finanzieller Knappheit auf die Befindlichkeit von Kindern und Jugendlichen. In: Walper, S./Pekrun, R. (Hrsg.): Familie und Entwicklung. Perspektiven der Familienpsychologie. Göttingen: Hogrefe.

Walper, S./Galambos, N. L. (1997): Employed mothers in Germany. In: J. Frankel (Hrsg.): Families of employed mothers. An international perspective. New York: Garland, 35-65.

Armut als Nährboden jugendlicher Fremdenfeindlichkeit? Ein Ost-West-Vergleich

Gerd Hefler, Susanne Rippl und Klaus Boehnke

1 Einleitung

Die wirtschaftliche Entwicklung der letzten Jahre, insbesondere die Krise am Arbeitsmarkt mit einem erheblichen Anstieg von Arbeitslosigkeit und Unterbeschäftigung, wirft zunehmend die Frage nach den psychosozialen Auswirkungen von Armut und ökonomischer Deprivation auf (Walper, 1995). In der vorliegenden Studie geht es darum zu analysieren, wie sozialstrukturelle Bedingungen im Zuge des sozialen und ökonomischen Wandels jugendliche Werthaltungen und politische Orientierungen beeinflussen. Ausgangspunkt unserer Studie ist die These, dass Jugendliche, die in einem als bedrohlich erfahrenen soziopolitischen Umfeld aufwachsen, in der Anpassung an diese Bedingungen eine Haltung der Selbstverteidigung und Aggression sowie antisoziale Verhaltensmuster entwickeln. Jugendliche adaptieren Verhaltensmuster, die sie selbst in ihrer Familie in der Erziehung erfahren und die sie auch bei ihren Eltern als Konfliktlösungsstrategien wahrnehmen. Gleichzeitig führen Erfahrungen der Deprivation – so unsere These im Weiteren – zu einer pessimistischen Zukunftssicht und einer desorientiert-anomischen Haltung gegenüber den gesellschaftlichen Institutionen. Diese schlagen sich in Frustrationen und überzogen kompetitiven Orientierungen nieder und münden – etwa in Form von Fremdenfeindlichkeit – in die Verachtung sozial schwächerer Gruppen. Im Einklang mit Ergebnissen anderer Studien (s. u.) wird in unserer Untersuchung davon ausgegangen, dass es keine direkte Beziehung zwischen Armut und Verhaltensauffälligkeiten oder spezifischen Einstellungen gibt: Armut und Deprivationserleben sind nicht in einem einfachen, mechanistischen (Stimulus-Response-)Sinne „Schuld" an Fremdenfeindlichkeit.

Glueck und Glueck werfen bereits 1950 die Frage auf, warum Jugendliche, die während der Großen Depression in der gleichen Umgebung unter ähnlichen Bedingungen aufwuchsen, zwar zum Teil delinquentes Verhalten zeigten, zu einem wesentlich größeren Teil solches Verhalten aber eben nicht zeigten. Sampson und Laub (1994) kommen in einer Reanalyse dieser Studie zu dem Schluss, dass sozialstrukturelle Bedingungen (wie z. B. Armut) zwar sehr bedeutsam sind, dass die soziologische Forschung aber oftmals deren Auswirkungen auf familiales Verhalten vernachlässigt. An diesem Kritikpunkt setzt auch die vorliegende Studie an.

2   Armut bei Kindern und Jugendlichen in Deutschland

Das Armutsrisiko für Kinder in der Bundesrepublik Deutschland hat in den letzten Jahren deutlich zugenommen (Nauck, 1999). Diese Feststellung gilt unabhängig davon, welches Kriterium zur Definition von Armut herangezogen wird. Lag die Sozialhilfequote der Minderjährigen 1963 noch bei 1,8%, so stieg sie bis 1986 auf 5,9% (Semrau, 1990, S. 114). Im Jahre 1991 lag die Quote für Kinder und Jugendliche in den alten Bundesländern bei 8,9% (Hanesch, 1994, S. 219). Folgt man dem Konzept der relativen Einkommensarmut[1], so wird deutlich, dass Kinder und Jugendliche überdurchschnittlich stark von Armut betroffen sind. Dies gilt nach Walper (1995, S. 184) unabhängig davon, ob für die neuen und alten Bundesländer ein gemeinsamer oder ein separater Einkommensmedian zugrunde gelegt wird. Bei getrennter Berechnung kommt Hanesch (1994, S. 144) zu dem Ergebnis, dass 1990 4,9% der Kinder in Ostdeutschland in relativer Armut leben, 1992 sind es schon 9,3%, während in Westdeutschland der Anteil von 15,6% (1990) auf 14,9% (1992) geringfügig gesunken ist. Wird ein für Ost und West gemeinsames Durchschnittseinkommen festlegt, ist der Anteil der Einkommensarmen in Ostdeutschland erwartungsgemäß größer als in Westdeutschland. Während nach solchen Berechnungen zwar der Anteil der Einkommensarmen an der Gesamtbevölkerung in Ostdeutschland von 21,1% (1990) auf 14,8% (1992) zurückging, verringerte sich die Quote bei den Kindern im selben Zeitraum nur von 23,9% auf 21,9% (Walper, 1995, S. 185).

Auf der Basis des Familiensurveys des Deutschen Jugendinstitutes von 1990 und des Surveys der Kommission für sozialen und politischen Wandel in den Neuen Bundesländern (KSPW) von 1993 kommen Nauck und Joos (1996) aufgrund anderer Gewichtungsfaktoren zwar zu anderen Anteilswerten der Einkommensarmen an der Bevölkerung Ostdeutschlands, die Tendenz der Befunde ist jedoch weitgehend identisch. Besondere Beachtung verdient vor allem der Befund, dass sich die Quoten relativer Einkommensarmut in Ostdeutschland von 1990 bis 1993 bei Erwachsenen und Kindern unterschiedlich verändern. Nauck und Joos (1996, S. 172) machen 1990 bei Erwachsenen 10% Einkommensarme aus, bei Kindern 11,6%. Bis 1993 sinkt der Anteil Einkommensarmer bei den Erwachsenen auf 6%, der Anteil bei den Kindern steigt dagegen auf 13% an.

Diese Zahlen entsprechen in der Tendenz den Befunden von Hanesch (1994) für Ostdeutschland bei getrennter Berechnung. Sie untermauern, dass die Armut bei Kindern zunimmt. Der wirtschaftliche Aufschwung in den neuen Bundesländern ist offensichtlich an Kindern und Jugendlichen vorbeigegangen. Dieser Befund korrespondiert mit Ergebnissen von Studien zu relativer Einkommensarmut und zum Sozialhilfebezug. Sowohl der Anteil der relativ Einkommensarmen in Ein-Eltern-Familien und Familien mit mehreren Kindern als auch die Quote der Empfänger ständiger Hilfe zum Lebensunterhalt ist im Vergleich zu allein Stehenden bzw. Eltern mit einem Kind deutlich erhöht (Semrau, 1990, S. 122; Nauck & Joos, 1996, S. 171). Die hier nur kursorisch vorgestellten Zahlen machen deutlich,

---

[1] Personen bzw. Haushalte mit weniger als 50% des Durchschnittseinkommens, gewichtet nach dem Bedarf bzw. der Größe des Haushalts.

dass Kinder und Jugendliche unabhängig davon, welches Kriterium zur Definition von Armut man verwendet, im Vergleich zu anderen Bevölkerungsgruppen das größere Armutsrisiko tragen und umgekehrt die Anzahl der Kinder das Armutsrisiko der Familien erhöht.

Arbeitslosigkeit, aber auch ein niedriges Erwerbseinkommen (vgl. Welzmüller, 1990) sind dabei die ausschlaggebenden Bedingungen für ein Abrutschen in die Sozialhilfe oder in relative Einkommensarmut. Die wirtschaftliche Entwicklung der letzten Jahre und die noch nicht überwundene Krise auf dem Arbeitsmarkt – vor allem in Ostdeutschland – sowie die Einschnitte ins soziale Netz werfen zunehmend die Frage nach den individuellen und gesellschaftlichen Auswirkungen von Armut und ökonomischer Deprivation auf.

3 Auswirkungen von Armut auf Einstellungen und Wertorientierungen von Kindern und Jugendlichen

Ansatzpunkte zur Klärung der Frage, welche Auswirkungen Armut und ökonomische Deprivation auf die Entwicklung von Einstellungen und Wertorientierungen Jugendlicher haben und welche anderen Einflussgrößen damit in Wechselwirkung stehen, finden sich hauptsächlich in der amerikanischen Forschung, etwa in der klassischen Studie von Elder (1974) über die Auswirkungen der Weltwirtschaftskrise der 30er Jahre auf die Entwicklung von Kindern. Elder zeigt an einer Stichprobe von Kindern aus Oakland, die ihre späte Kindheit bzw. frühe Adoleszenz in der Zeit der „Great Depression" verbrachten, dass ökonomische Deprivation das Familienklima und die Eltern-Kind-Interaktion, vor allem die Vater-Kind-Interaktion negativ beeinflusst. Negative Eltern-Kind-Beziehungen wiederum führen zu Verhaltensauffälligkeiten bei Kindern.

Auch Conger u.a. (1994) weisen darauf hin, dass ökonomischer Druck in hohem Maße für die Störung von Eltern-Kind-Beziehungen verantwortlich ist, aber nicht unmittelbar Verhaltensauffälligkeiten verursacht. Anhand einer Längsschnittuntersuchung (1989, 1990, 1991) von 378 Familien aus dem mittleren Westen, die von der Farmkrise der achtziger Jahre betroffen waren, entwickeln sie ein Modell, nach dem ökonomischer Druck in unterschiedlicher Weise auf die familiäre Situation wirkt. Zum einen führt ökonomischer Druck verstärkt zu depressiven Stimmungen der Eltern und zu einer konflikthaften Beziehung zwischen ihnen (Conger, Rueter & Conger, 2000), aus denen sich indirekte Auswirkungen des ökonomischen Drucks auf die Kinder herleiten. Zum anderen führt ökonomischer Druck zu Konflikten zwischen Eltern und Kindern (z.B. über finanzielle Angelegenheiten). Beide Wirkmuster haben problematische Eltern-Kind-Interaktionen zur Folge (z. B. allgemein feindseliges Elternverhalten gegenüber Kindern), die ihrerseits externalisierte (aggressives und antisoziales Verhalten) oder internalisierte (depressive Stimmungen) Symptome bei Jugendlichen nach sich ziehen können (Conger u.a., 1994, S. 557). Im Gegensatz zu Elders (1974) Ergebnissen anhand der Oakland-Stichprobe aus der Zeit der „Great Depression" konnten Conger u.a. keine nennenswerten Differenzen zwischen Einflüssen der Mütter und Einflüssen der

Väter ausmachen, ebensowenig Unterschiede in den Auswirkungen ökonomischen Drucks auf Jungen und Mädchen.

Wie bereits erwähnt, untersuchen Sampson und Laub (1994) im Rahmen einer Reanalyse der klassischen Studie von Glueck und Glueck (1950) die Auswirkungen von Armut auf delinquentes Verhalten Jugendlicher. Ausgangspunkt ist hierbei die Fragestellung, die schon für die Gluecks von zentraler Bedeutung war: Warum zeigen Jugendliche, die unter sehr ähnlichen sozialstrukturellen Bedingungen aufwachsen, zum Teil delinquentes Verhalten, zu einem größeren Teil aber kein solches Verhalten? Sampson und Laub kommen zu dem Ergebnis, dass Armut neben anderen strukturellen Einflüssen die familialen Ressourcen „angreift" und zu eher strengem, strafendem und inkonsistentem Erziehungsverhalten führt. Sind in Familien die vorhandenen Ressourcen nicht hinreichend groß, führen verschlechterte Eltern-Kind-Beziehungen letztlich zu delinquentem Verhalten der Kinder. Es gelingt Sampson und Laub in ihren Reanalysen zu zeigen, dass signifikante direkte Effekte von Armut auf Delinquenz verschwinden, wenn Variablen der familialen Interaktion als Mediatoren berücksichtigt werden (Sampson & Laub, 1994, S. 536).

Eine Reihe weiterer Studien untermauern den Befund, dass ökonomischer Druck bzw. ökonomische Deprivation die Eltern-Kind-Beziehungen nachteilig beeinflussen. Dodge, Pettit und Bates (1994, S. 661 ff.) belegen, dass Kinder niedriger sozialer Schichten strenger erzogen werden, weniger Wärme erfahren, aber mehr Aggressivität und Gewalt in Familie und Nachbarschaft erleben. McLoyd (1990) macht darauf aufmerksam, dass Armut und der Verlust ökonomischer Ressourcen die Kapazitäten der Eltern für unterstützendes und konsistentes Verhalten reduzieren (vgl. auch Hashima & Amato, 1994). Weiterhin gut belegt ist, dass antisoziales, aggressives und delinquentes Verhalten von Kindern und Jugendlichen als Ergebnis negativer Eltern-Kind-Beziehungen betrachtet werden müssen (Farrington, 1991).

Zusammenfassend ist mit Elder u.a. (1985), Conger u.a. (1994) und Sampson und Laub (1994) davon auszugehen, dass ökonomischer Druck bzw. ökonomische Deprivation keinen direkten Einfluss auf Verhaltensauffälligkeiten oder gar delinquentes Verhalten haben, sondern dass sozialstrukturelle Einflüsse (Arbeitslosigkeit, Armut, Sozialhilfe) sich durch ihren Einfluss auf Familienklima und familiale Interaktion vermitteln. Conger u.a., die ökonomischen Druck als Stressor begreifen, gehen dabei davon aus, dass ein Stressor seine negative Wirkung vor allem durch die Konflikte und Zerwürfnisse entfaltet, die er in den engsten Sozialbeziehungen der Betreffenden hervorruft (Conger u.a., 1994, S. 542).

3.1   Armut und Fremdenfeindlichkeit – Erkenntnisinteresse

Die vorliegende Studie untersucht, wie strukturelle Bedingungen in der Folge des sozialen und ökonomischen Wandels, der sich vor allem für Jugendliche in den neuen Bundesländern in rasantem Tempo vollzogen hat, jugendliche Einstellungen und Wertorientierungen tangieren. Deprivationseffekte, wie sie auf Grund der oben skizzierten Entwicklung von relativer Einkommensarmut und zunehmender Abhängigkeit von Sozialhilfe zu erwarten sind, stehen dabei im Mittelpunkt des Interesses. Die oben zitierten Studien belegen die vermittelnde Funktion der Familie in Zeiten struktureller Krisen. Was allerdings bezogen auf den bundesrepublikanischen Kontext fehlt, sind nach Ansicht Walpers (1995, S. 210) Studien, die stärker auf die Relevanz ökonomischer Disparitäten für die Herausbildung sozialer und politischer Einstellungen fokussieren. Diesen Hinweis aufgreifend, sollen im Folgenden Zusammenhänge von ökonomischer Deprivation, familialen Beziehungen, Zukunftsvorstellungen und Einstellungen zu Immigranten analysiert werden.

Die Einstellung zu Immigranten (Ausländern, Fremden) als „abhängige Variable" ist für uns deshalb von Interesse, weil die nach der Wende zunächst in Ostdeutschland, dann auch in den alten Bundesländern aufgebrochenen fremdenfeindlichen Ressentiments häufig mit sozialstrukturellen Veränderungen im Transformationsprozess in Verbindung gebracht werden. Deprivationseffekte aufgrund langanhaltender Arbeitslosigkeit und besonders die Arbeitslosigkeit unter Jugendlichen spielen dabei keine unbedeutende Rolle. So wendet sich Wulf Hopf (1991, 1994) gegen Ansätze, die Fremdenfeindlichkeit ausschließlich mit zunehmenden Individualisierungs- und Pluralisierungstendenzen der Gesellschaft erklären, und weist nachdrücklich darauf hin, dass bei der Erklärung von Fremdenfeindlichkeit sozialer Status und ökonomische Deprivation durchaus von Bedeutung sind. Es finden sich in der deutschen Rechtsextremismusforschung zudem Hinweise auf die Bedeutung familiärer Bedingungen für die Entstehung von Fremdenfeindlichkeit und Rechtsextremismus (Hefler, Boehnke & Butz, 1999). Exemplarisch ist hier die Untersuchung von Hopf, Rieker, Sanden-Marcus & Schmidt (1995) anzuführen. Sie analysieren rechtsextreme Einstellungen Jugendlicher unter Bezugnahme auf die Attachment-Forschung und können zeigen, dass die problematische Verarbeitung gestörter Familienbeziehungen eine wichtige Ursache für die Entstehung rechtsextremer Orientierungsmuster ist. Wir wollen nun versuchen, diese Erklärungsstränge und ihre Interdependenzen in einem Modell zusammenzufassen.

3.2 Hypothesen

Analog zu den Ergebnissen von Elder u.a. (1985), Conger, Rueter & Conger (2000) bzw. Sampson und Laub (1994) gehen wir davon aus, dass ökonomische Deprivation sich vermittelt über die familiale Interaktion in Fremdenfeindlichkeit niederschlägt. Eine Erweiterung der Modelle von Elder u.a. (1985), Conger u.a. (1994) sowie Sampson und Laub (1994), die ursprünglich der Analyse abweichenden bzw. antisozialen Verhaltens Jugendlicher dienten, erscheint uns sinnvoll, wenn es um die Erklärung von Fremdenfeindlichkeit geht. Wir leiten dies aus der These von Ogbu (1981) ab, der behauptet, dass sich Kinder, die in einem ständig als bedrohlich erfahrenen Umfeld aufwachsen, diesem Milieu in Form einer Haltung zur Selbstverteidigung und Aggression anpassen. Dieser These folgend gehen wir davon aus, dass Jugendliche im Sinne eines „Lernens am Modell" Verhaltensmuster der Selbstdurchsetzung entwickeln, die sie in Form eines strengen Erziehungsstils und mangelnder Kompromißbereitschaft auch bei ihren Eltern als „erfolgreiche" Konfliktlösungsstrategien wahrnehmen. Erfahrungen der Deprivation können auf diesem Wege zu Verhaltensmustern der Selbstdurchsetzung führen, die sich an sozial schwächeren Gruppen wie beispielsweise Ausländern entladen können.

Abb. 1: Theoretisches Modell

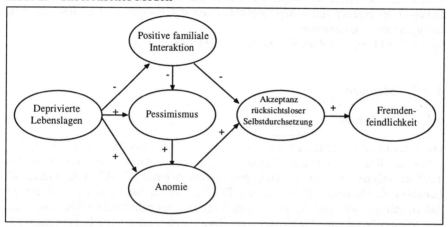

Zusammenhänge zwischen Mechanismen der sozialen Selbstdurchsetzung und Fremdenfeindlichkeit postulieren in der deutschen Forschung auch Heitmeyer u.a. (1995). Sie können zeigen, dass machiavellistische Orientierungen, die als gewaltaffine Orientierungen der rücksichtslosen Selbstdurchsetzung begriffen werden, mit fremdenfeindlicher Gewalt in Verbindung stehen. Des weiteren wird festgestellt, dass die Ausprägung dieser Orientierungen nach sozialen Milieus differiert, wobei im Arbeitermilieu diese Orientierungen verstärkt vorkommen (Heitmeyer u.a., 1995, S. 226 ff.). Individuelle Verunsicherungen, anomische Gefühle und schlechte Zukunftsperspektiven sehen die Autoren als ursächlich für die Entstehung fremdenfeindlicher Gewalt. Verbindet man die Erkenntnisse der amerikanischen Forschungstradition zu Armut, familialer Interaktion und dem Verhalten von Kindern und Jugendlichen mit den Ergebnissen deutscher Forschungen zu Rechtsextremismus und Gewalt, so lassen sich folgende Hypothesen zum Einfluss ökonomischer Deprivation auf fremdenfeindliche Einstellungen formulieren:

- Ökonomische Deprivation führt zu einer Verschlechterung der familialen Interaktion.
- Tendenzen rücksichtsloser Selbstdurchsetzung werden über die Wahrnehmung eines entsprechenden elterlichen Verhaltens als erfolgversprechende Konfliktlösungsstrategien und Handlungsoptionen erlernt.
- Ökonomische Deprivation reduziert eine hoffnungsvolle Zukunftssicht der Jugendlichen und führt zu Desintegrations- und Verunsicherungspotentialen (Anomie).

- Tendenzen zur Ausbildung von Mechanismen der rücksichtslosen Selbstdurchsetzung werden durch Desintegrations- und Verunsicherungsgefühle (Anomie) verstärkt.

Positive Einstellungen zu entsprechenden Konfliktlösungsstrategien und Handlungsoptionen bilden die Basis fremdenfeindlicher Einstellungen, da sie die Möglichkeit bieten, erfahrene Deprivation und Sozialneid durch das Einfordern und Durchsetzen eigener Interessen gegenüber sozial schwächeren Gruppen wie z.B. Immigranten zu kompensieren.

In der Abbildung 1 sind die skizzierten Modellannahmen illustriert.

4 Methode

4.1 Stichprobe

Die skizzierten Modellannahmen werden an einer Stichprobe von 1269 Jugendlichen der Klassen 8-10 aus Chemnitz und Siegen überprüft. Die Daten wurden 1995 im Rahmen des von der DFG geförderten Projekts „Ost-West Jugendstudie" (Boehnke & Merkens, 1993) erhoben. Die Schüler im Alter zwischen 13 und 18 Jahren nahmen während des Regelunterrichts an einer schriftlichen Befragung teil. Die Stichprobe ist sozial heterogen zusammengesetzt, ohne volle Repräsentativität zu beanspruchen. Tabelle 1 zeigt die wichtigsten Stichprobenkennwerte. Verschiedene Schultypen (außer Förder- bzw. Sonderschulen) wurden anteilig in die Befragung einbezogen, wobei ein Ost-West-Vergleich nur hinsichtlich der Anteile von Gymnasiasten und Nichtgymnasiasten sinnvoll ist, da es in Chemnitz neben Förderschulen in der Sekundarstufe I nur Gymnasien und Mittelschulen, in Siegen hingegen neben Sonderschulen noch Hauptschulen, Realschulen, Gesamtschulen und Gymnasien gibt.

Tab. 1: Stichprobe nach Ort, Geschlecht, Schultyp und Alter

Geschlecht	Chemnitz	Siegen	Gesamt
Jungen	299	305	604
Mädchen	327	338	665
Schultyp			
Gymnasiasten	253	165	418
Nicht-Gymnasiasten	373	478	851
Alter			
13 Jahre	1	8	9
14 Jahre	163	187	350
15 Jahre	205	195	400
16 Jahre	240	177	417
17 Jahre	14	61	75
18 Jahre	3	15	18
Gesamt	626	643	1.269

Armut als Nährboden jugendlicher Fremdenfeindlichkeit?

Handschriftliche Notizen am oberen Rand:
Lebenslagenansatz: Armut als mehrdimensionales Konstrukt:
- *ökonom. Ressourcen*
- *Wohnraumversorgung*
- *subjektive Einschätzg. d. Wohnsit.*
- *Bildungs- Berufs- + Erwerbsstatus*

4.2 Messinstrumente

Deprivation/Armut. Die Überlegungen zu diesem Messbereich müssen ausführlicher dargelegt werden, da, wie Piachaud zutreffend ausführt, „Armut äußerst schwer zu definieren und zu messen ist" (Piachaud, 1992, S. 63). In der Literatur zur Armutsforschung gibt es wenig Übereinstimmung über die Quantifizierung von Armut.

Traditionelle Ansätze der Armutsforschung verwenden meist die Begriffe absolute versus relative Armut. Absolute Armut geht im Unterschied zur relativen Armut von einem absoluten Standard gewisser Grundbedürfnisse aus, der unabhängig von der ökonomischen Lage anderer und der Gesellschaft, in der man lebt, feststellbar sei. Relative Armut hingegen wird in der Regel entweder als relative Einkommensarmut (weniger als 50% des durchschnittlichen Haushaltsnettoeinkommens) oder als „bekämpfte Armut" (Anspruch auf Transferleistungen aus der Sozialhilfe) definiert. Beide Konzepte sind mit je unterschiedlichen Schwierigkeiten behaftet, die aus der Festlegung von Äquivalenzskalen, Schwellenwerten, Bedarfsberechnungen etc. resultieren (vgl. Nauck & Joos, 1996; Walper, 1995; Piachaud, 1992).

Neuere Ansätze in der Armutsforschung begreifen Armut nicht mehr lediglich als Mangel an vorwiegend ökonomischen Ressourcen (z. B. Einkommen), sondern als deprivierte Lebenslage, die durch Unterversorgung in einem oder mehreren zentralen Lebensbereichen wie „Arbeit, Bildung, Wohnen, Gesundheit und die Teilhabe am gesellschaftlichen, kulturellen und politischen Leben" charakterisiert ist (Döring, Hanesch & Huster, 1990, S. 11). Für unsere Analysen zu den Auswirkungen von Armut auf Fremdenfeindlichkeit haben wir uns für den Lebenslagenansatz entschieden und wollen Armut als ein mehrdimensionales Konstrukt operationalisieren. Nun haben wir nicht zu allen Lebensbereichen, die in einem solchen Konzept zu berücksichtigen sind, die nötigen Daten. Vier wesentliche Bereiche können wir aber abdecken, und damit einen ersten Ansatz zu einer mehrdimensionalen Konzeptualisierung von Armut vorstellen. Dieser mehrdimensionale Ansatz erlaubt es uns, auch Unterschiede in der Bedeutung einzelner potentiell deprivierter Lebensbereiche zwischen Ost- und Westdeutschland innerhalb des Messmodells angemessen zu berücksichtigen.

Den ersten Aspekt von Armut in unserem Konzept bilden die ökonomischen Ressourcen der Familie. Wir greifen zu diesem Zweck auf die Angaben der Jugendlichen zum Besitz ihrer Familie zurück, einen Bereich über den Jugendliche zuverlässig Auskunft geben können. Dieser indirekte Zugang wurde gewählt, da die Validität der Angaben von Jugendlichen im Alter von 13-18 Jahren zum Familieneinkommen erfahrungsgemäß gering ist. Der zweite von uns operationalisierte Aspekt von Armut sind die Angaben der Jugendlichen zur Wohnraumversorgung. Walper (1995, S. 187) weist darauf hin, dass Kinder nicht nur überdurchschnittlich von Einkommensarmut, sondern auch von Unterversorgungslagen im Bereich des Wohnens betroffen sind, wobei sie besonders die Bedeutung des eigenen Zimmers hervorhebt. Wohnraumknappheit kann nach Walpers Auffassung mit spezifischen sozialen Restriktionen verbunden sein, wie z. B. einer Beschränkung der Möglichkeit Freunde einzuladen, die wiederum zur Einschränkung sozialer Kontakte führen können. Wir berücksichtigten daher die Angaben zur Wohnungsgröße und das Vorhandensein eines eigenen Zimmers. Neben den Angaben zur Ausstattung und zur Wohnraumversorgung der Familie, haben wir als dritten Aspekt auch die subjektive Einschätzung der Wohnsituation und der Qualität des Wohnumfeldes mit drei Items berücksichtigt. Auf diese Weise fließen nicht nur „objektive" Deprivationen in verschiedenen Bereichen in das Konstrukt mit ein, sondern auch subjektiv empfundene Deprivationen.

Den vierten Aspekt schließlich sollten die Angaben der Jugendlichen zu Bildungs-, Berufs- und Erwerbsstatus ihrer Eltern bilden. Der Berufsstatus muss als mögliches Kriterium für deprivierte Lebenslagen gelten, da ein niedriger Berufsstatus in der Regel mit geringerem Einkommen und höheren Beschäftigungsrisiken verbunden ist (Adamy & Hanesch, 1990, S. 162). Berufsstatus und Stellung im Erwerbsleben sind maßgeblich vom Grad des erreichten Bildungs- bzw. Ausbildungsstandes abhängig. Bildung gilt nach Hanesch (1990, S. 185) „als eine zentrale ökonomische Ressource", die maßgeblich die Stellung am Arbeitsmarkt und damit Beschäftigungs- und Einkommensrisiken determiniert. „Bildung kann aber ebenso als ein zentraler Lebensbereich verstanden werden, dessen Versorgungssituation die gesamte Lebenslage maßgeblich beeinflusst" (Hanesch, 1990, S. 185). In einer Unterversorgung mit Bildungsgütern kommt eine generell deprivierte Lebenslage zum Ausdruck. Leider konnten die Angaben der Jugendlichen zum Bildungs- und Berufsstatus ihrer Eltern keinen Eingang in die Analyse finden, da die befragten Jugendlichen offensichtlich Schwierigkeiten hatten, hierzu zuverlässige Angaben zu machen, was an der großen Zahl von Antwortverweigerungen oder Antworten in der Kategorie „weiß ich nicht" abzulesen ist. Bei fast 50% der Jugendlichen aus unserer Stichprobe fehlten die entsprechenden Angaben. Verwertbar waren daher in diesem Zusammenhang nur die Angaben der Jugendlichen zum Erwerbsstatus (Arbeitslosigkeit, Teilzeiterwerbstätigkeit oder Vollerwerbstätigkeit) ihres Vaters.

Insgesamt wurden folgende Angaben der Jugendlichen analysiert: (1) Besitz der Familie (fünf Items, Beispiel: Geschirrspülmaschine), (2a) Raumanzahl der elterlichen Wohnung (ein Item), (2b) eigenes Zimmer des/der Befragten (ein Item), (3) Einschätzung des Wohnumfeldes (drei Items nach Silbereisen, Boehnke & Noack, 1994, Beispiel: „Die Gegend, in der ich wohne, finde ich schön.") und (4) Umfang der Erwerbstätigkeit des Vaters (ein Item).

Wir gingen davon aus, dass alle fünf Aspekte eigenständige Größen sind, die zudem aber bei negativer Ausprägung verschiedene Aspekte von Armut widerspiegeln. Da uns nur jene Anteile interessieren, die allen Aspekten gemeinsam sind, war eine *summarische* Zusammenfassung zu einem Index nicht sinnvoll, da in einen summarischen Index auch die Anteile Eingang finden würden, die nicht Armut widerspiegeln.[2] Wir konzeptualisieren daher Armut als eine „latente" Variable, die sich aus den einzelnen Aspekten (Ausstattung, Wohnraum, eigenes Zimmer, subjektive Wohnqualität und Erwerbsstatus des Vaters) zusammensetzt. Zur

---

[2] Man denke etwa an aktiven Konsumverzicht bei den Ausstattungsitems oder an nicht ökonomisch bedingte Teilzeitarbeit des Vaters.

Überprüfung dieser Annahme haben wir – getrennt für die Chemnitzer und die Siegener Stichprobe – mit LISREL 8 (Jöreskog & Sörbom, 1993) konfirmatorische Faktorenanalysen mit den insgesamt elf Einzelitems durchgeführt. Alle Items wurden hierfür „sachlogisch" gepolt, d.h. hohe Ausprägungen stehen für deprivierte Lebenslagen. In einem schrittweisen Vorgehen prüften wir zunächst (A) das sog. Nullmodell der Unabhängigkeit aller elf Items, in einem zweiten Schritt (B) die Annahme von fünf orthogonalen Faktoren Ausstattung (mit fünf Items), Wohnungsgröße (mit einem Item), eigenes Zimmer (mit einem Item), subjektive Wohnqualität (mit drei Items) und Erwerbsstatus des Vaters (ein Item), (C) von drei orthogonalen Faktoren (Ausstattung, Wohnqualität, Erwerbsstatus) und zwei korrelierten Faktoren (Wohnungsgröße, eigenes Zimmer) und (D) von fünf korrelierten Faktoren. Die Berechnungen zeigen für beide Teilstichproben jeweils von Modell zu Modell signifikant (p < 0,01) bessere Anpassungswerte, auf deren detaillierten Bericht hier allerdings verzichtet wird.

Abb. 2: Messmodell deprivierter Lebenslagen

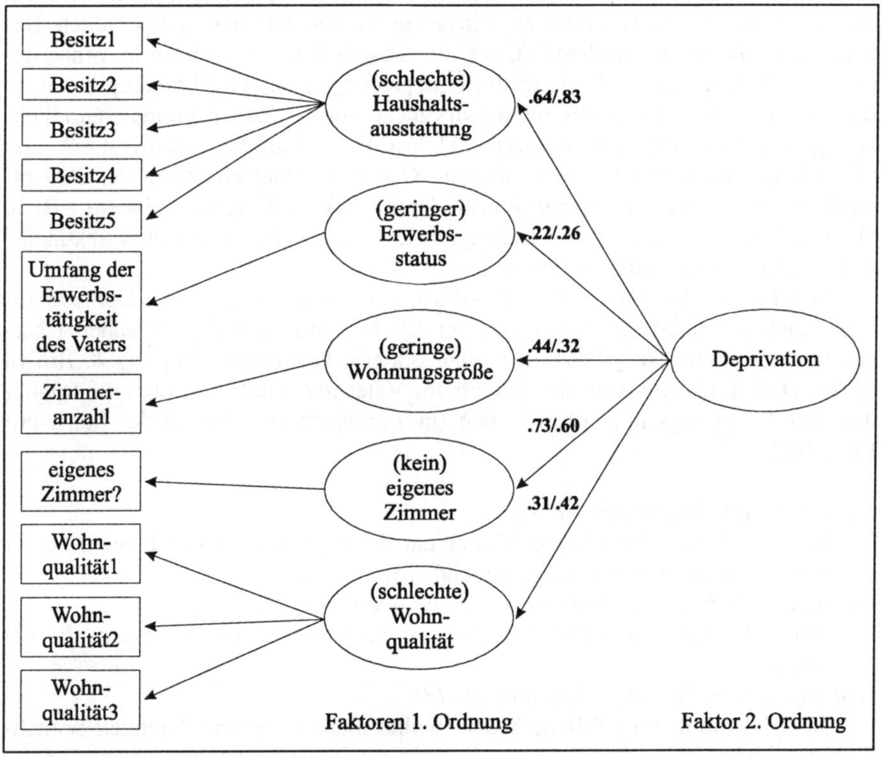

Dieser Befund reicht jedoch noch nicht aus, um zu behaupten, dass die Zusammenhänge zwischen den Aspekten auf etwas „latentes" Gemeinsames zurückgeführt werden können. Um zu prüfen, ob und in welchem Umfang die Zusammenhänge zwischen den fünf Aspekten durch einen gemeinsamen Faktor erklärbar sind, haben wir in einem weiteren Schritt (E) die konfirmatorischen Faktorenanalysen um einen Faktor zweiter Ordnung ergänzt, den wir Deprivation nennen, und der die Gemeinsamkeiten aller fünf Aspekte abbildet. Am besten lassen sich die Befunde zu Modell (E) graphisch darstellen.

Dieses Modell (E) zur Konstruktion einer latenten Deprivationsvariable erreicht hinreichend gute Anpassungswerte: In der Siegener Stichprobe ist $\chi^2 = 97$ bei 42 Freiheitsgraden ($p < 0,01$), der Goodness-of-Fit-Index (GFI) beträgt 0,97, der Adjusted Goodness-of-Fit-Index (AGFI) beträgt 0,96. Für die Chemnitzer Stichprobe lauten die Kennwerte $\chi^2 = 99$ bei 42 Freiheitsgraden ($p < 0,01$), GFI = 0,97 und AGFI = 0,95. Wie aus der Abbildung ersichtlich ist, variieren die Faktorenladungen zwischen Ost und West zum Teil recht deutlich. Der Übersichtlichkeit halber wurden nur die Ladungen der Faktoren erster Ordnung (Einzelaspekte) auf dem Faktor zweiter Ordnung (Deprivation) angeben. Der erste Wert steht für die Siegener, der zweite Wert für die Chemnitzer Stichprobe.

Insgesamt lässt sich festhalten, dass alle elf Einzelitems und die aus ihnen gebildeten fünf Aspekte von Armut nicht nur miteinander korreliert sind, sondern dass ein wesentlicher Teil ihrer gemeinsamen Varianz auf eine übergeordnete (latente) Variable zurückzuführen ist, die – so postulieren wir – Armut im Sinne deprivierter Lebenslagen erfasst. In die Überprüfungen des in Abbildung 1 dargestellten theoretischen Modells zu Auswirkungen von Armut auf Fremdenfeindlichkeit geht jeweils die wie beschrieben konstruierte Variable „Deprivation" ein. Diese Konzeption erlaubt es im übrigen, Ost-West-Unterschiede in der Bedeutsamkeit der Aspekte, die Armut konstituieren, zu berücksichtigen, indem z.B. in Ost und West unterschiedliche Ladungen der Primärfaktoren auf dem Sekundärfaktor „Deprivation" zugelassen werden.

Positive familiale Interaktion (kindzugewandter Erziehungsstil). Der von Jugendlichen perzipierte Erziehungsstil der Eltern wurde mit der deutschen Übersetzung (vgl. Boehnke, 1996) einer Item-Batterie von Parker, Tupling & Brown (1979) erfasst. Dabei lassen sich jeweils für Vater und Mutter getrennt die folgenden vier Erziehungsstile unterscheiden (in Klammern die Anzahl der Items pro Elternteil):

unterstützender Erziehungsstil (8).
   Beispiel: Mein Vater/Meine Mutter hat dafür gesorgt, dass ich mich besser fühlte, wenn ich einmal aufgeregt und ärgerlich war.
freizügiger, Selbstständigkeit betonender Erziehungsstil (3).
   Beispiel: Mein Vater/Meine Mutter hat mich die Dinge tun lassen, die ich wollte.
repressiv-überbehütender Erziehungsstil (3).
   Beispiel: Mein Vater/Meine Mutter wollte nicht, dass ich allmählich erwachsen werde.
strafender Erziehungsstil (4).
   Beispiel: Mein Vater/Meine Mutter hat mich oft geschlagen.

Eine explorative Faktorenanalyse der zwei mal vier Erziehungsstil-Skalenwerte zeigt einen starken ersten Faktor, der 36% der Varianz erklärt. Freizügiger und unterstützender Erziehungsstil von Mutter und Vater laden dabei hoch positiv, repressiv-überbehütender und strafender Erziehungsstil von Mutter und Vater hoch negativ auf diesem Faktor. Die Faktorenlösung legt es nahe, den strafenden und den repressiv-überbehütenden Erziehungsstil invers zu kodieren und die Einzelskalen zu einem Index zusammenzufassen. Die so konzipierte Gesamtskala, die der Erfassung einer positiven familialen Interaktion dient, erreicht eine Reliabilität von $\alpha = 0{,}73$.

Pessimismus. Die Skala besteht aus 16 Items und gibt Auskunft darüber, wie optimistisch beziehungsweise pessimistisch Jugendliche ihre Zukunft sehen. Die Jugendlichen wurden gefragt, für wie wahrscheinlich sie es halten, dass bestimmte Ereignisse eintreten (Beispiel: „immer genügend Geld haben", „gesund bleiben", „Erfolg haben", „...dass es in Deutschland wirtschaftlich bergauf geht"). Es werden Fragen zur persönlichen wie zur gesellschaftlich-politischen Zukunft gestellt. Die Skala enthält übersetzte Items der „hope scale" von Staats und Partlo (1993), die mit einer leicht veränderten Frageformulierung verwendet wurde. Die Reliabilität der Skala beträgt $\alpha = 0{,}89$.

Anomie. Anomie wurde mit einer 12-Item-Skala gemessen. Den Kern bilden sechs Items aus der Anomieskala von Fischer und Kohr (1980), die um sechs weitere Items ergänzt wurden. Inhaltlich soll die Skala das Ausmaß der Verunsicherung gegenüber einer Gesellschaft messen, die als zunehmend unübersichtlich und undurchschaubar erlebt wird, was zu Gefühlen der Desintegration und Entfremdung führt (Beispiel: „Heute ändert sich alles so schnell, dass man oft nicht weiß, woran man sich halten soll"). Die Reliabilität der Skala liegt bei $\alpha = 0{,}81$.

Akzeptanz rücksichtsloser Selbstdurchsetzung. Die Skala lehnt sich an die Machiavellismusskala von Hennig und Six (1977) an, aus der zwei Items übernommen wurden. Insgesamt enthält die Skala sieben Items und bildet eine Werthaltung ab, die durch eine egozentrische, gegenüber anderen rücksichtslose Tendenz zur Durchsetzung eigener Interessen charakterisiert ist, wobei explizit auch Normverstöße in Kauf genommen werden, wenn es der Durchsetzung eigener Interessen dient. Hagan, Rippl, Boehnke & Merkens (1998) bezeichnen derartige Haltungen als „hierarchisches Eigeninteresse". Beispielitem: „Trottel haben es nicht anders verdient, als dass man sie ausnutzt." Die Reliabilität der Skala beträgt $\alpha = 0{,}79$.

Fremdenfeindlichkeit. Dieser Aspekt wurde mit fünf Items erfasst, die sowohl die konkrete Ablehnung in der Bundesrepublik lebender Ausländer als auch nationalistische Tendenzen im Sinne von Forderungen nach Macht und Geltung der deutschen Nation enthält. Beispielitem: „Es ist nicht gut, viele Ausländer im Land zu haben, weil sie oft unangenehm und anmaßend sind." Die Reliabilität beträgt $\alpha = 0{,}76$.

5 Die Auswirkungen von Armut auf Fremdenfeindlichkeit – Ergebnisse

Das in Abbildung 1 dargestellte theoretische Modell wurde zunächst mit LISREL 8 an der Gesamtstichprobe (N = 1258)[3] auf seine empirische Gültigkeit hin überprüft.[4] Daran anschließend wurde ein Gruppenvergleich durchgeführt: Das Strukturmodell wurde simultan an der Chemnitzer und der Siegener Stichprobe geprüft. Der Ost-West-Vergleich scheint uns vor allem deswegen nötig, weil, wie im vorangegangenen Abschnitt bereits ausgeführt, Armut in Ost und West nicht völlig gleichartig konstituiert zu sein scheint. Der Vergleich hat vorrangig explorativen Charakter. Die Hypothese einer womöglich unterschiedlichen Genese von Fremdenfeindlichkeit in Ost und West haben wir nicht.

5.1 Ergebnisse in der Gesamtstichprobe

Die empirische Prüfung des theoretischen Modells an der Gesamtstichprobe bestätigt im Wesentlichen die formulierten Hypothesen. Die standardisierten Pfadkoeffizienten finden sich in Abbildung 3:

Abb. 3: Standardisierte Pfadkoeffizienten des Strukturmodells für die Gesamtstichprobe

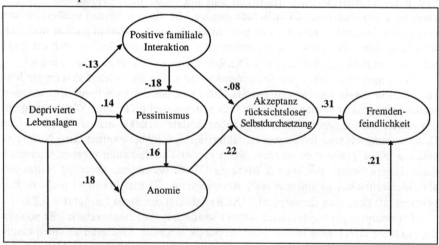

Wie erwartet, berichten Jugendliche in deprivierten Lebenslagen stärker von negativen familialen Interaktionsformen, d.h. sie erfahren weniger Unterstützung und Anleitung zur Selbstständigkeit und sind einer eher repressiven und strafenden Erziehung ausgesetzt (γ = -.13). Deprivierte Jugendliche sind eher pessimistisch

---

[3] Elf Personen hatten fehlende Werte auf allen einbezogenen Variablen.
[4] Jenseits der latenten Deprivationsvariable wurden die Skalenwerte aller anderen Variablen als manifeste Variablen in die Strukturgleichung einbezogen.

eingestellt ($\gamma = .14$) und zeigen in höherem Maße anomische Gefühle ($\gamma = .18$), wobei solche Gefühle durch die pessimistische Zukunftssicht noch verstärkt werden ($ß = .16$). Die Anomiegefühle verstärken ihrerseits Werthaltungen der Akzeptanz rücksichtsloser Selbstdurchsetzung ($ß = .22$). Ein als positiv wahrgenommenes Erziehungsverhalten der Eltern zeigt nur schwache, aber wie erwartet reduzierende Effekte auf die Akzeptanz rücksichtsloser Selbstdurchsetzung ($ß = -.08$). Des Weiteren vermindert ein als positiv wahrgenommenes Erziehungsverhalten der Eltern die pessimistische Zukunftssicht der Jugendlichen ($ß = -.18$) und damit indirekt Gefühle von Anomie. Werthaltungen der Akzeptanz rücksichtsloser Selbstdurchsetzung bilden, wie erwartet, das Verbindungsglied zu fremdenfeindlichen Einstellungen: Diese sind höher bei Jugendlichen, die rücksichtslose Selbstdurchsetzung stärker akzeptieren ($ß = .31$). Insgesamt zeigt das empirische Modell deutlich die vielfältigen Einflüsse, die von deprivierten Lebenslagen ausgehen und die letztlich auch relevant sind für Ausbildung politischer Einstellungen. Die familiale Interaktion, die in vielen Studien als wichtige Mediatorvariable diskutiert wird, ist auch für die Genese von Fremdenfeindlichkeit von Bedeutung. Sie kann negative Auswirkungen deprivierter Lebenslagen reduzieren und helfen, dass Deprivationserleben sich nicht in Fremdenfeindlichkeit niederschlägt.

Im Widerspruch zu der im theoretischen Modell postulierten zentralen Annahme, dass Deprivationserfahrungen nur vermittelt über die anderen Modellvariablen die Übernahme fremdenfeindlicher Orientierungen fördern, zeigt die empirische Lösung einen direkten, unmittelbaren Einfluss deprivierter Lebenslagen auf fremdenfeindliche Einstellungen, den es theoretisch wie empirisch noch zu diskutieren gilt.

5.2 Deprivation und Fremdenfeindlichkeit im Ost-West-Vergleich

Eine Mittelwertschätzung der latenten Variable „Deprivation" im Rahmen von LISREL-Modellierungen zeigt, dass das Ausmaß deprivierter Lebenslagen in der Chemnitzer Stichprobe signifikant größer ist als in der Siegener Stichprobe. Gleichzeitig lässt sich auch in unserer Stichprobe wie in vielen anderen empirischen Jugenduntersuchungen (vgl. Schnabel, 1993) nachweisen, dass fremdenfeindliche Einstellungen unter ostdeutschen Jugendlichen stärker ausgeprägt sind als bei westdeutschen Jugendlichen. So liegt in unserer Stichprobe der Mittelwert der ostdeutschen Jugendlichen auf der Skala „Fremdenfeindlichkeit" mit 1,26 signifikant höher als der der westdeutschen Jugendlichen (0,91). Diese Ergebnisse lassen die Vermutung zu, dass der direkte Einfluss deprivierter Lebenslagen auf Fremdenfeindlichkeit in der Gesamtstichprobe auf das unterschiedliche Ausmaß von Deprivation und Fremdenfeindlichkeit bzw. auf eine in Ost und West unterschiedliche Stärke des Zusammenhangs zwischen beiden Variablen zurückzuführen ist. Da im übrigen auch Anomie und die Akzeptanz rücksichtsloser Selbstdurchsetzung (!) in der Chemnitzer Stichprobe signifikant höher sind, liegt es nahe, das vorgestellte Modell im Ost-West-Vergleich zu überprüfen.

Die folgende Analyse wurde als „Multi-Sample"-Analyse mit LISREL 8 durchgeführt. Begonnen wurde die Analyse mit einem Modell, in dem für beide Gruppen zunächst unterstellt wurde, dass die Beziehungen der Variablen untereinander, aber auch die Bedeutung einzelner Armutsaspekte für die Deprivation zwischen Ost und West nicht differieren. Dieses Modell zeigte einen Modell-Fit von $\chi^2 = 418$ bei 87 Freiheitsgraden; GFI lag bei 0,94. Aufgrund der Annahme, dass sich Armut im Westen anders konstituiert als im Osten, die von uns einbezogenen Subdimensionen also unterschiedliche Bedeutung haben, wurden zunächst die Ladungen der fünf Einzelaspekte auf dem Konstrukt zweiter Ordnung freigesetzt. Dieses Modell erreichte Anpassungswerte von $\chi^2 = 397$ bei 82 Freiheitsgraden, bei einer Differenz von $\chi^2 = 21$ bei 5 Freiheitsgraden also eine signifikant ($p < 0,01$) bessere Modellanpassung. Danach wurden schrittweise weitere Pfade freigesetzt, d.h. einzelne Zusammenhänge als unterschiedlich zwischen beiden Gruppen definiert, sofern die LISREL-eigenen Modifikationsindizes dies nahelegten. Die endgültige Lösung erreichte eine Modellanpassung von $\chi^2 = 197$ bei 71 Freiheitsgraden und ein GFI = 0,98. Abbildung 4 zeigt die gefundenen Zusammenhänge. Ist nur ein Koeffizient angegeben, ist der Effekt in beiden Gruppen gleich. Pfade mit signifikanten Unterschieden zwischen den Gruppen sind umrahmt, der erste Wert steht für die Gruppe der westdeutschen Jugendlichen, der zweite Wert für die Gruppe der ostdeutschen Jugendlichen.

Abb. 4: Standardisierte Pfadkoeffizienten des Strukturmodells im Ost-West-Vergleich

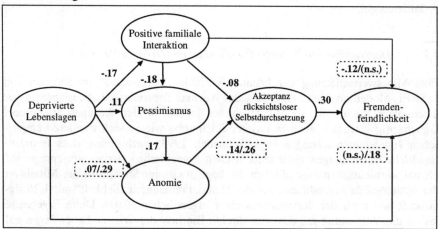

Wie Abbildung 4 zu entnehmen ist, wirken sich deprivierte Lebenslagen in beiden Gruppen in gleicher Weise negativ auf die familiale Interaktion aus ($\gamma = -.17$). Interessant ist dabei die Tatsache, dass sich Deprivation zwar in Ost und West gleich negativ auf die familiale Interaktion auswirkt, der Zusammenhang bei einer für die Subgruppen getrennten Schätzung von Deprivation (unterschiedliche Ladungen in Ost und West) aber stärker ist als bei einer einheitlichen Konzeptualisierung des Deprivationskonstrukts für die Gesamtstichprobe (vgl. Abb. 3). Ein negatives Erziehungsklima seinerseits erhöht die pessimistische Zukunftssicht der Jugendlichen (ß = -.18); hier gibt es keine Differenzen zwischen Ost und West. Deprivierte Lebenslagen erhöhen den Pessimismus der Jugendlichen in beiden Gruppen aber auch unmittelbar (γ = .11). Eine pessimistische Zukunftssicht erhöht in beiden Teilstichproben in gleichem Maße Gefühle von Anomie (ß = .17). Wesentlich stärker als im Westen sind anomische Gefühle im Osten allerdings die Konsequenz deprivierter Lebenslagen, der entsprechende Koeffizient ist im Osten numerisch etwa viermal so groß wie im Westen (γ = .29 vs. γ = .07). Auch die Stärke der Auswirkungen von Anomie unterscheiden sich zwischen Ost und West deutlich. Während sie sich im Westen in einer Größenordnung von ß = .14 in der Akzeptanz rücksichtsloser Selbstdurchsetzung niederschlägt, ist der Koeffizient im Osten numerisch fast doppelt so hoch (ß = .26). Die Akzeptanz rücksichtsloser Selbstdurchsetzung erhöht in beiden Teilstichproben die negativen Einstellungen zu Fremden gleichermaßen (ß = .30).

Unterschiede zwischen beiden Teilstichproben ergeben sich in der Bedeutung der familialen Interaktion. Eine positive familiale Interaktion hat zwar, wie bereits an der Gesamtstichprobe gezeigt, in Ost und West gleichermaßen nur einen schwachen reduzierenden Einfluss auf die Akzeptanz rücksichtsloser Selbstdurchsetzung (ß = -.08). Bei westdeutschen Jugendlichen kommt allerdings ein direkter reduzierender Einfluss eines positiven familialen Interaktionsklimas auf die Zustimmung zu fremdenfeindlichen Einstellungen hinzu (ß = -.12), ein Einfluss, der bei ostdeutschen Jugendlichen völlig fehlt. Für ostdeutsche Jugendliche zeigt sich hingegen, dass die von uns aufgestellte These, deprivierte Lebenslagen hätten keinen direkten Einfluss auf die Einstellungen zu Fremden, nicht aufrecht erhalten werden kann. In unseren Analysen ergibt sich ein signifikanter *direkter* Zusammenhang. Die beiden zuletzt vorgestellten Ergebnisse – der direkte Einfluss familialer Interaktionen im Westen und der direkte Einfluss deprivierter Lebenslagen im Osten auf Fremdenfeindlichkeit – markieren die wesentlichen Unterschiede zwischen Ost und West und sind theoretisch nicht aus unseren Vorannahmen zu erklären.

6 Diskussion und Ausblick

Wir waren in Anlehnung an die Arbeiten von Elder u.a. (1985) und Conger, Rueter & Conger (2000) davon ausgegangen, dass die Auswirkungen von Armut und Deprivation auf Jugendliche durch das Familienklima bzw. die familiale Interaktion vermittelt werden. Als zu erklärende Variable interessierte uns aber nicht delinquentes, gewalttätiges oder psychisch auffälliges Verhalten Jugendlicher, sondern ihre Einstellung zu Fremden. Dies war vor allem deshalb unser Thema, weil gerade im Zusammenhang mit fremdenfeindlichen Aktionen – nicht nur in Ostdeutschland – häufig die Erklärung ins Feld geführt wird, dass zunehmende Jugendarbeitslosigkeit und die damit verbundene Perspektivlosigkeit, Konkurrenz- und Bedrohungsgefühle gegenüber Ausländern entstehen lassen, die fremdenfeindliche Einstellungen fördern. Da Fremdenfeindlichkeit als politische Einstellung Zusammenhänge mit problematischem Verhalten (Gewalttätigkeit, Aggression, Devianz) ebenso wie mit Familienklima und familialer Interaktion (Boehnke & Hefler, 1996) aufweist, erschien es uns plausibel, die Annahmen von Elder und Conger für diesen Zusammenhang zu übernehmen. Zudem ergänzten wir das Modell um die Aspekte Pessimismus, Anomie und Akzeptanz rücksichtsloser Selbstdurchsetzung, womit eine sinnvolle Verknüpfung der amerikanischen Forschungstradition mit der deutschen Forschung zu Fremdenfeindlichkeit (vgl. Boehnke, Hagan & Hefler, 1999) und fremdenfeindlicher Gewalt hergestellt wurde. Die Überprüfung des am Anfang vorgestellten Modells an der Gesamtstichprobe sowie im Ost-West-Vergleich bestätigt viele unserer Hypothesen, legt aber auch einige Modifikationen nahe und lässt letztlich auch Fragen offen.

Bevor wir die Ergebnisse im Einzelnen diskutieren, sollte jedoch ein allgemeines Defizit der hier berichteten Studie benannt werden: Sie verarbeitet nur Daten aus einer Informationsquelle, nämlich aus Selbstauskünften von Jugendlichen. Daten etwa von Eltern oder aus anderen unabhängigen Quellen konnten nicht einbezogen werden. Nicht bearbeitet werden konnte deshalb die Frage, welche Rolle Prozesse der Wertetransmission zwischen Jugendlichen, ihren Eltern (vgl. z.B. Kohn, Slomczynski & Schoenbach, 1986) und ihrem sozialem Umfeld spielen.

Unsere zentrale Hypothese, dass Armut nicht direkt Fremdenfeindlichkeit erhöht, konnte an der Gesamtstichprobe nur zum Teil bestätigt werden. Es zeigten sich zwar wie erwartet signifikante vermittelnde Effekte von familialer Interaktion und Anomie, dennoch ergab sich auch ein direkter Zusammenhang zwischen Deprivation und Fremdenfeindlichkeit. Der nachfolgende Ost-West-Vergleich zeigt dann allerdings, dass der direkte Zusammenhang nur in der Chemnitzer Stichprobe existiert. Anhand weiterer, hier nicht berichteter Analysen lässt sich darüber hinaus deutlich machen, dass der gefundene direkte Zusammenhang eigentlich wohl nur in der Teilgruppe der männlichen, ostdeutschen Nichtgymnasiasten existiert, es sich also *nicht* um ein „DDR-Phänomen" handelt. Immerhin aber gibt es Teilgruppen von Jugendlichen, bei denen Auswirkungen von Deprivation auf Fremdenfeindlichkeit nicht ohne weiteres im Rahmen des Elderschen Mediationsmodells erklärt werden können. Für diese Gruppe scheint es zusätzliche Mechanismen zu geben, die unabhängig von anomischen Gefühlen, repressiven Erziehungserfahrungen und rücksichtslosen Selbstdurchsetzungstendenzen fremdenfeindliche Einstellungen befördern.

Man könnte gehalten sein, dies als nachgeordneten Befund zu betrachten, wie man ihn bei empirischen Überprüfungen komplexer theoretischer Modelle – sozusagen per Zufall – immer wieder einmal findet. Es gilt jedoch zu bedenken, dass die eingegrenzte Gruppe männlicher ostdeutscher Nichtgymnasiasten ja nicht nur eine Gruppe Jugendlicher unter vielen ist, sondern dass sich aus ihr überproportional Täter von Überfallen auf Ausländer rekrutiert haben dürften und weiterhin rekrutieren. Wenn nun gerade für diese Gruppe und bis zu einem gewissen Grad (s. Abb. 4) für ostdeutsche Jugendliche allgemein ein *unmittelbarer* Zusammenhang zwischen Deprivation und Fremdenfeindlichkeit besteht und das „Warum" dieses Zusammenhangs weiterhin im Dunkeln bleibt, so wird deutlich, dass ein Erkenntnisdefizit besteht, das dringlich der weiteren Zuwendung bedarf.

Eine mögliche intervenierende Variable haben Hagan, Merkens und Boehnke (1995) diskutiert, nämlich die Hinwendung zu devianten Peeraktivitäten. Diese hat ihre Ursache in geringem Schulerfolg, geringer elterlicher Kontrolle und hoher Anomie, wurde aber als eigenständige intervenierende Variable in das hier getestete Modell nicht einbezogen. Armut/Deprivation könnte eine weitere Antezedenzvariable für die Hinwendung zu devianten Peeraktivitäten sein: Fremdenfeindlichkeit wäre dann eine in devianten, armutsnahen Peerkulturen überproportional „belohnte" Einstellung. Hierzu bedarf es weiterer Analysen, die auch im Rahmen unseres Projekts möglich sind.

Bestätigt werden konnte der Teil unseres Modells zur Bedeutung von Armut für die Genese von Fremdenfeindlichkeit, der annimmt, dass mit zunehmender Deprivation familiale Interaktionen vermehrt durch Repressivität, Strafe, geringe Unterstützung und wenig Gewähren von Autonomie gekennzeichnet sind. Dieser Befund erwies sich in allen Modellberechnungen als robust. Als ebenso robust erwies sich der reduzierende Einfluss einer positiven familialen Interaktion auf die durch Deprivation geförderten pessimistischen Zukunftssichten und dadurch auf Anomie. Auch die von Ogbu (1981) vertretene lerntheoretische These, dass Jugendliche, die einem familialen Interaktionsklima von Repression, Strafe, geringer Freizügigkeit und mangelnder Unterstützung ausgesetzt sind, Verhaltensdispositionen der rücksichtslosen Selbstdurchsetzung entwickeln, die sie bei ihren Eltern als „erfolgreiche" Konfliktlösungsstrategien wahrnehmen, konnte weitgehend bestätigt werden. Allerdings erwies sich dieser Zusammenhang als nicht besonders stark.

Erwartungswidrig war der Befund, dass sich ein positives familiales Interaktionsklima bei Siegener Jugendlichen unmittelbar reduzierend auf Fremdenfeindlichkeit auswirkt. Bei genaueren, hier wiederum nicht berichteten Analysen wird deutlich, dass abermals die Nichtgymnasiasten die Gruppe sind, bei der der direkte Zusammenhang existiert. Der Befund lautet also, dass in weniger privilegierten westdeutschen Haushalten positive familiale Interaktion einen Protektionsfaktor gegen Fremdenfeindlichkeit darstellt, der *nicht* dadurch zustandekommt, dass ein solches Interaktionsklima Werthaltungen der Akzeptanz rücksichtsloser Selbstdurchsetzung verhindern hilft. Für eine spekulative Beantwortung der Frage nach dem „Warum" einer unmittelbaren Wirksamkeit eines positiven familialen Interaktionsklimas sind relativ komplexe Überlegungen notwendig, deren Darlegung wir im Folgenden versuchen wollen.

In erster Linie bietet sich erneut die jugendliche Tendenz der Hinwendung zu devianten Peeraktivitäten als intervenierende, nicht in unser Modell einbezogene Variable an. Wie Hagan, Merkens und Boehnke (1995) zeigen, ist das Ausmaß der Hinwendung zu solchen Aktivitäten (die sie „delinquent drift" nennen) ein guter Prädiktor für Rechtsextremismus. In Ostdeutschland versuchen Eltern jugendlichen „delinquent drift" über alle sozialen Milieus hinweg durch ein hohes Maß an Kontrolle zu unterbinden. Elterliches Handeln hat dort allerdings, da allgemein viel kontrolliert wird, weniger differenzierende Auswirkungen auf „delinquent drift" und damit auch auf Fremdenfeindlichkeit. In Westdeutschland hingegen ist die Bedeutung elterlichen Erziehungshandelns zwischen verschiedenen sozialen Milieus unterschiedlich. Besonders in deprivierteren sozialen Milieus („Nicht-Gymnasiasten-Haushalten") kann positive Eltern-Kind-Interaktion „delinquent drift" reduzieren und so indirekt Fremdenfeindlichkeit senken. Wurde (wie in der hier vorgelegten Studie) „delinquent drift" nicht erhoben, wird so ein direkter, nicht über jugendliche Werthaltungen vermittelter Zusammenhang zwischen Erziehungshandeln und Fremdenfeindlichkeit plausibel.

Weiterhin diskussionsbedürftig ist die in Ostdeutschland höhere Bedeutung von Armut/Deprivation für die Entwicklung anomischer Gefühle bzw. von anomischen Gefühlen für die Akzeptanz rücksichtsloser Selbstdurchsetzung. Armut/Deprivation hat in Ostdeutschland offenbar in wesentlich stärkerem Maße ein anomisches, von Rücksichtslosigkeit geprägtes gesellschaftliches Klima zur Folge als in Westdeutschland. Befunde von Stromberg (1996) in einem Vergleich von Studierenden aus Chemnitz und Westberlin lassen hierzu folgende Interpretation zu: Sicherheitswerte sind, wie auch Bovier und Boehnke (1994) belegen, für Ostdeutsche wesentlich bedeutsamer als für Westdeutsche. Ökonomische Sicherheit war – wenn auch bei geringerem Lebensstandard – in Ostdeutschland bis zur Wende gegeben. Verschwindet nun ökonomische Sicherheit und dies ist für arme bzw. deprivierte Jugendliche in besonderem Maße der Fall – in einem sozialen Kontext hoher Präferenz von Sicherheitswerten, so sind besonders gravierende Konsequenzen nur folgerichtig. Zusammenfassend lässt sich festhalten:

1. Armut bzw. Deprivation geht mit einem schlechteren Familienklima, einer pessimistischeren Zukunftssicht und vermehrter Anomie einher.
2. Das Eldersche Mediationsmodell zu Auswirkungen von Armut auf jugendliches Problemverhalten gilt für die Erklärung der Genese problematischer jugendlicher Einstellungen (hier zu Immigranten/Ausländern/Fremden) nur bedingt. Es trifft eher für Jugendliche zu, die in sozialen Kontexten leben, die a priori über größere Ressourcen verfügen, nämlich für westdeutsche eher als für ostdeutsche Jugendliche, für Gymnasiasten eher als für Nicht-Gymnasiasten.
3. Positive familiale Interaktion spielt alles in allem als „Puffer" zwischen Armut und Fremdenfeindlichkeit eine geringere Rolle als wir vermutet hatten. Zusätzlicher Aufmerksamkeit in zukünftiger Forschung zum Zusammenhang von Armut und Fremdenfeindlichkeit bedürfen Peergruppeneinflüsse zwischen Jugendlichen und vor allem die Wertetransmission zwischen Eltern und Kindern.
4. Armut hat in Ostdeutschland nachhaltigere Folgen für die Herausbildung fremdenfeindlicher Orientierungen. Jenseits der Tatsache, dass solche Orientierungen in Ostdeutschland etwas häufiger anzutreffen sind, lassen sie sich dort auch eindeutiger aus deprivierten Lebenslagen herleiten als in Westdeutschland. In Ostdeutschland klärt Wissen über deprivierte Lebenslagen – direkte und indirekte Effekte zusammengenommen – knapp 5% der Unterschiedlichkeit jugendlicher Fremdenfeindlichkeit auf, in Westdeutschland ist es nur knapp 1%. Besonders für Ostdeutschland gilt, dass die Bekämpfung von Armut und ihren Folgen mehr bedeutet als lediglich die Sicherstellung der Befriedigung grundsätzlicher materieller Bedürfnisse, ein Umstand der im Zuge der Debatte um den „Standort Deutschland" und die vorgesehenen Einschnitte ins soziale Netz bisher kaum Berücksichtigung findet.

Literatur

Adamy, W./Hanesch, W. (1990): Erwerbsarbeit und soziale Ungleichheit. Benachteiligung und Ausgrenzung am Arbeitsmarkt. In: Döring, D./Hanesch, W./Huster, E.-U. (Hrsg.): Armut im Wohlstand. Frankfurt a. M.
Boehnke, K. (1996). Is intelligence negligible? The relationship of family climate and school behavior in a cross-cultural perspective. Münster.
Boehnke, K./Hagan, J./Hefler, G. (1999). On the development of xenophobia in Germany: The adolescent years. In: Journal of Social Issues, 54.
Boehnke, K./Hefler, G. (1996): Die Bedeutung familialer Interaktionsmodi für die Genese fremdenfeindlicher Einstellungen bei Jugendlichen. Vortrag auf dem 28. Kongreß der Deutschen Gesellschaft für Soziologie. Dresden.
Boehnke, K./Merkens, H. (1993): Jugend im Prozeß des Zusammenwachsens einer Stadt. Zweiter Fortsetzungsantrag an die Deutsche Forschungsgemeinschaft. Chemnitz, Berlin.
Bovier, E./Boehnke, K. (1994): Einheit? Ein Vergleich der Werthaltungen von Ost- und Westberliner Lehramtsstudentinnen und -studenten vor der Währungsunion. In: Dudek, P./Tenorth, H.-E. (Hrsg.): Transformationen der deutschen Bildungslandschaft. Weinheim.
Conger, K. J./Rueter, M. A./Conger, R. A. (2000): The role of economic pressure in the lives of parents and their adolescents: The Family Stress Model. In: Crokett, L. J./Silbereisen, R. K. (Hrsg.): Negotiating adolescence in times of social change. Cambridge.
Conger, R. D./Ge, X./Elder, G. H./Lorenz, F. O./Simons, R. L. (1994): Economic stress, coercive family process, and developmental problems of adolescents. In: Child Development, 65.
Döring, D./Hanesch, W./Huster, E.-U. (1990): Armut als Lebenslage. In: Döring, D./Hanesch, W./Huster, E.-U. (Hrsg.): Armut im Wohlstand. Frankfurt a. M.
Dodge, K. A./Pettit, G. S./Bates, J. E. (1994): Socialization mediators of the relation between socioeconomic status and child conduct problems. In: Child Development, 65.
Elder, G. H. (1974): Children of the Great Depression: Social change in life experience. Chicago.
Elder, G. H./Nguyen, T. V./Caspi, A. (1985): Linking family hardship to children's lives. In: Child Development, 56.
Farrington, D. P. (1991): Childhood aggression and adult violence. Early precursors and later-life outcomes. In: Pepler, D. J./Rubin, K. H. (Hrsg.): The development and treatment of childhood aggression. Hillsdale, NJ.
Fischer, A./Kohr, H. U. (1980): Politisches Verhalten und empirische Sozialforschung. Weinheim, München.
Glueck, S./Glueck, E. (1950): Unraveling juvenile delinquency. New York.
Hagan, J./Merkens, H./Boehnke, K. (1995): Delinquency and disdain: Social capital and the control of right-wing extremism among East and West Berlin youth. In : American Journal of Sociology, 100.
Hagan, J./Rippl, S./Boehnke, K./Merkens, H. (1998): The interest in evil: Hierarchic self-interest and right-wing extremism among East and West German Youth. In: Social Science Research, 28.
Hanesch, W. (1990): Unterversorgung im Bildungssystem: Das Beispiel berufliche Bildung. In: Döring, D./Hanesch, W./Huster, E.-U. (Hrsg.): Armut im Wohlstand. Frankfurt a. M.
Hanesch, W. u.a. (Hrsg.) (1994): Armut in Deutschland. Der Armutsbericht des DGB und des Paritätischen Wohlfahrtsverbandes. Reinbek.
Hashima, P. Y./Amato, P. R. (1994): Poverty, social support, and parental behavior. In: Child Development, 65.
Hefler, G./Boehnke, K./Butz, P. (1999): Zur Bedeutung der Familie für die Genese von Fremdenfeindlichkeit bei Jugendlichen – eine Längsschnittanalyse. In: Zeitschrift für Soziologie der Erziehung und Sozialisation, 19.
Heitmeyer, W./Kollmann, B./Conrads, J./Kraul, D./Kühnel, W./Matuschek, I./Möller, R./Ulbrich-Herrmann, M. (1995): Gewalt – Schattenseiten der Individualisierung bei Jugendlichen aus unterschiedlichen Milieus. Weinheim.
Henning, H./Six, B. (1977): Konstruktion einer Machiavellismus-Skala. In: Zeitschrift für Sozialpsychologie, 8.
Hopf, C./Rieker, P./Sanden-Marcus, M./Schmidt, C. (1995): Familie und Rechtsextremismus. Familiale Sozialisation und rechtsextreme Orientierungen junger Männer. Weinheim.

Hopf, W. (1991): Familiale und schulische Bedingungen rechtsextremer Orientierungen von Jugendlichen. In: Zeitschrift für Sozialisationsforschung und Erziehungssoziologie, 11.
Hopf, W. (1994): Rechtsextremismus von Jugendlichen: Kein Deprivationsproblem? In: Zeitschrift für Sozialisationsforschung und Erziehungssoziologie, 14.
Jöreskog, K./Sörbom, D. (1993): LISREL 8: Structural equation modeling with the SIMPLIS command language. Chicago.
Kohn, M. L./Slomczynski, K. M./Schoenbach, C. (1986): Social stratification and the transmission of values in the family: A cross-national assessment. In: Sociological Forum, 1.
McLoyd, V. C. (1990): Minority children: Introduction to the special issue. In: Child Development, 61.
Nauck, B. (1999): Changes in the Quality of Life for Children and Families in Germany and Central and Eastern Europe. In: Konstantopoulou, Ino (Hrsg.), Family – Europe – 21st Century: Visions and Institutions. Athens.
Nauck, B./Joos, M. (1996): Kinderarmut in Ostdeutschland. In: Buba, H. P./Schneider, N. (Hrsg.): Familie zwischen gesellschaftlicher Prägung und individuellem Design. Opladen.
Ogbu, J. U. (1981): Origins of human competence: A cultural-ecological perspective. In: Child Development, 51.
Parker, G./Tupling, H./Brown, L. B. (1979): A parental bonding instrument. In: British Journal of Medical Psychology, 52.
Piachaud, D. (1992): Wie mißt man Armut? In: Leibfried, S./Voges, W. (Hrsg.): Armut im modernen Wohlfahrtsstaat. Sonderheft 32 der Kölner Zeitschrift für Soziologie und Sozialpsychologie. Opladen.
Sampson, R. J./Laub, J. H. (1994): Urban poverty and the family context of delinquency: A new look at structure and process in a classic study. In: Child Development, 65.
Schnabel, K.-U. (1993): Ausländerfeindlichkeit bei Jugendlichen in Deutschland – eine Synopse empirischer Befunde seit 1990. In: Zeitschrift für Pädagogik, 39.
Semrau, P. (1990): Entwicklung der Einkommensarmut. In: Döring, D./Hanesch, W./Huster, E.-U. (Hrsg.): Armut im Wohlstand. Frankfurt a. M.
Silbereisen, R. K./Boehnke, K./Noack, P. (1994). „Sag mir wo Du wohnst..." – Stadterleben und jugendliches Problemverhalten. In: Meyer, S./Schulze, E. (Hrsg.): Soziale Lage und soziale Beziehungen. Boppard.
Staats, S./Partlo, C. (1993): A brief report on hope in peace and war, and in good times and bad. In: Social Indicators Research, 29.
Stromberg, C. (1996): Sociocultural change and the relation of values and well-being. Vortrag auf dem XIIIth Congress of the International Association for Cross-Cultural Psychology, Montreal.
Walper, S. (1988). Familiäre Konsequenzen ökonomischer Deprivation. München, Weinheim.
Walper, S. (1995): Kinder und Jugendliche in Armut. In: Bieback, K.-J./Milz, H. (Hrsg.): Neue Armut. Frankfurt a. M.
Welzmüller, R. (1990): Niedrige Arbeitseinkommen. In: Döring, D./Hanesch, W./Huster, E.-U. (Hrsg.): Armut im Wohlstand. Frankfurt a. M.

Milieuspezifische Einflüsse familialer Sozialisation auf die kognitive Entwicklung und den Bildungserfolg

Matthias Grundmann

1   Einleitung

Im vorliegenden Aufsatz wird der Frage nachgegangen, wie sich die kognitive Kompetenz, die Schulleistungen und der Bildungserfolg bei Kindern aus unterschiedlichen sozialen Milieus entwickelt. Dabei wird ein besonderes Augenmerk auf das von Armut betroffene Milieu der ungelernten Arbeiter gerichtet, welches durch intergenerationale Deprivationszirkel gekennzeichnet ist. Bezogen auf die Deprivations- und die neuere Armutsforschung wird angenommen, dass Kinder aus diesem Milieu durch kumulative Risiken in ihrer Entwicklung beeinträchtigt werden. Diese Überlegungen werden in Hinblick auf neuere Befunde der Lebensverlaufs- und sozialstrukturellen Sozialisationsforschung ergänzt, die darauf hinweisen, dass bei diesen kumulativen Risiken keinesfalls von einer linearen Kombination lagespezifischer Ressourcen und Opportunitätsbedingungen und familialen Sozialisationsbedingungen ausgegangen werden kann. Vielmehr, so wird begründet, ergeben sich die Risiken aus den spezifischen Anforderungen an familiale Interaktionsstrukturen in den deprivierten Milieus. Die tagesspezifischen Anforderungen führen zu unterschiedlichen Bewertungen identischer familialer Sozialisationsbedingungen in den sozialen Milieus und damit zu unterschiedlichen Konsequenzen der Sozialisationsbedingungen für die kindliche Entwicklung. Aufgrund neuerer Befunde aus der Unterstützungs- und der Sozialisationsforschung wird darüber hinaus argumentiert, dass sich die Einflüsse der sozialen Lage und der familialen Sozialisation auf die kognitive Entwicklung und die Leistungsentwicklung deutlich unterscheiden können. Um den spezifischen Einfluss der familialen Sozialisation von dem Einfluss der sozio-ökonomischen Ressourcen der Herkunftsfamilie zu trennen, wird geprüft, inwieweit die lagespezifischen Entwicklungen der Leistungs- und der kognitiven Kompetenzentwicklung über familiale Sozialisationsprozesse vermittelt werden.

2   Sozialisationstheoretische Überlegungen zum Aufwachsen in Armut

In der Armuts- und Deprivationsforschung wird davon ausgegangen, dass Armut nicht nur als ein Merkmal der sozio-ökonomischen Ressourcen zu definieren ist, die die materiellen Lebensbedingungen von Individuen maßgeblich bestimmen, sondern als ein relationaler, multidimensionaler Zusammenhang zwischen materiellen, kulturellen und psycho-sozialen Merkmalen der lebensweltlichen Bedingungen anzusehen ist (Glatzer & Hübinger, 1990; Klocke & Hurrelmann, 1995). Das gilt insbesondere dann, wenn die Konsequenzen ökonomischer Deprivation für Kinder und Jugendliche analysiert werden sollen (Walper, 1988, 1995). So herrscht z.B. Übereinstimmung darüber, dass die Konsequenzen von Armut sich auch aus den eingeschränkten sozio-kulturellen Orientierungen und belasteten familialen Interaktionsstrukturen ergeben, die das Anregungspotential und die Gestaltungsmöglichkeiten des familialen Sozialisationskontextes in besonderer Weise prägen. Folgt man bisherigen Deprivationsstudien, dann sind die Lebensbedingungen in Armutsfamilien durch eine Kumulation restriktiver Sozialisationsbedingungen geprägt. Verglichen mit Familien, die nicht unter die Armutsgrenze fallen, wachsen Kinder in Armutsfamilien häufiger in sozial belasteten Nachbarschaften und und beengten Wohnverhältnissen auf. Hinzu kommt, dass Eltern deprivierter Familien ein vergleichsweise geringes Bildungsniveau, geringe sozio-kulturelle Orientierungen haben und – möglicherweise aufgrund der restriktiven Lebensbedingungen – zu einem kontrollierenden und einengenden Erziehungsstil neigen (Walper, 1995; Klocke, 1996).

Dieser Befund korrespondiert mit Annahmen der sozialstrukturellen Sozialisationsforschung, die einen Zusammenhang zwischen familialen Sozialisationsbedingungen und der sozialen Lage, also den sozio-ökonomischen und kulturellen Ressourcen der Familie, postulieren (Hurrelmann, 1985; Engel & Hurrelmann, 1989a; Steinkamp, 1991; Grundmann, 1994). Bereits in den 60er Jahren wurden Zusammenhänge zwischen elterlichen Handlungsorientierungen und dem familialen Sozialisationsklima formuliert, wie sie auch in neueren Deprivationsstudien betont werden. So stellte Kohn (1969) fest, dass Eltern in unteren sozialen Lagen aufgrund eigener Erfahrungen im Erwerbsleben eher zu einer konformistischen Handlungsorientierung neigen, während Eltern aus oberen sozialen Lagen eher selbstbestimmte Handlungsstrategien verfolgen. Diese Überzeugungen finden sich auch in den elterlichen Erziehungsvorstellungen, die dem Kind in besonderer Weise die Handlungs- und Lernstrategien der Eltern nahebringen (Peterson & Rollins, 1988; Baumrind, 1989; Sigel, 1994). Aber auch die von Bernstein (1972) postulierte lagespezifische Bedeutung von Kommunikationsstilen für die kindliche Entwicklung konnte mittlerweile in einer Reihe von Studien bestätigt werden (Burleson, Delia & Applegate, 1995). Dabei stellten sich das Bildungsniveau, die soziokulturellen Orientierungen, die Lebensstile und sozialen Netzwerke als ebenso bedeutsam heraus wie die Zeit und die Aufmerksamkeit, die Eltern für ihr Kind aufbrachten, und die Art der Eltern-Kind-Interaktion, die durch elterliche Kontrollstrategien und Reziprozitätsvorstellungen definiert werden kann.

Diese Einflüsse, so legten Studien zur sozialökologischen und familialen Sozialisation nahe, definieren unterschiedliche sozialstrukturelle Bedingungen des Aufwachsens. Während die Bildung der Eltern und deren Handlungsorientierungen primär auf makrosoziale Prozesse verweisen, die für die Bildungschancen der Kinder bedeutsam sind, verweisen Indikatoren des Familienklimas und der Eltern-Kind-Interaktion auf mikrosoziale Prozesse, in denen allgemeine Handlungsweisen und psycho-soziale Aspekte der familialen Erfahrungswelt vermittelt werden. Die Bedeutung von Sozialisationserfahrungen für die kindliche Entwicklung ergibt sich demnach nicht allein aus den unterschiedlichen sozio-ökonomischen und kulturellen Handlungsressourcen, die Kindern in den unterschiedlichen sozialen Lagen zugute kommen. Vielmehr spielen auch die in den sozialen Lagen vorherrschenden typischen Interaktionserfahrungen und soziale Handlungsorientierungen eine wichtige Rolle, die sich aus den jeweiligen Handlungsanforderungen in den sozialen Milieus ergeben. Diese Handlungsanforderungen wirken sich unmittelbar auf die Qualität der Eltern-Kind-Interaktion aus (Grundmann, 1995). Das bestätigten eine Reihe von empirischen Studien, in denen familiale Sozialisationsbedingungen auf lagespezifische ökonomische und kulturelle Ressourcen zurückgeführt wurden (Bertram, 1981). Dabei zeigte sich, dass familiale Sozialisationsbedingungen einen eigenständigen Einfluss auf die kindliche Entwicklung haben. Dieser Einfluss variiert innerhalb und zwischen den sozialen Lagen (bzw. Milieus, ethnischen Gruppen) (Grundmann, 1994). So fanden sich für einzelne Sozialisationsbedingungen, wie z.B. das autoritäre Erziehungsverhalten, unterschiedliche – z.T. konträre Einflüsse auf die kindliche Entwicklung (Dornbusch u.a., 1987). Die Befunde widersprachen der Annahme eines linearen Zusammenhangs zwischen dem Erziehungsverhalten und der sozialen Lage, wie er noch in der schichtspezifischen Sozialisationsforschung postuliert wurde, und legten spezifische Bedeutungen einzelner Sozialisationsvariablen für unterschiedliche soziale Milieus nahe (vgl. Bronfenbrenner, 1993). Diese Bedeutungen äußern sich in typischen Sozialisationsbedingungen, die sich aufgrund intergenerationaler Transmissionen verfestigen und in tradierten Sozialisationsvorstellungen ihren Ausdruck finden. Dieser Zusammenhang ist für unterschiedliche ethnische Gruppen vielfach beschrieben worden (Maccoby, 1992).

Folgt man der sozialen Unterstützungsforschung (Rollins & Thomas, 1979; Nestmann & Hurrelmann, 1994), dann lassen sich familiale Sozialisationsbedingungen – unabhängig von milieuspezifischen Besonderheiten – zwei Sozialisationsfaktoren zuordnen: elterliche Unterstützung und elterliche Kontrolle. Während elterliche Kontrolle in besonderem Maße die kindlichen Explorationsmöglichkeiten und Erfahrungsräume einschränkt und vom Kind abverlangt, sich auf die Handlungsvorgaben der Eltern zu beschränken, ermöglicht elterliche Unterstützung dem Kind, sich eigene Handlungsspielräume und -möglichkeiten zu erschließen. Während sich nun für die unterstützenden Sozialisationsbedingungen generelle entwicklungsförderliche Einflüsse auf die sozialkognitive Entwicklung, die kognitive Entwicklung, die Leistungsentwicklung und die Persönlichkeitsentwicklung fanden, konnten diese für elterliche Kontrolle nicht nachgewiesen werden. Vielmehr legten die Befunde nahe, elterliche Kontrolle danach zu differenzieren, ob sie auf autoritäre Eltern-Kind-Beziehungen beruht oder aber auf psycho-soziale Aspekte wie Liebesentzug und Schuldzuschreibungen zurückzuführen ist. So fanden sich für autoritäre Beziehungsstrukturen nur vereinzelt nachteilige Konsequenzen für die kindliche Entwicklung. Vielmehr zeigte sich, dass autoritäres Erziehungsverhalten (z.B. in traditionell autoritär organisierten sozialen Milieus wie asiatischen Bevölkerungsgruppen) dem Kind erlaubt, sich an den Handlungsanweisungen der Eltern zu orientieren und sich so auf soziale Handlungsanforderungen in der Gleichaltrigengruppe oder des Bildungssystems zu beziehen. Lediglich für elterliche Kontrolle, die auf ein abwartend-abwehrendes Erziehungsverhalten zurückzuführen war und vom Kind verlangt, die Beziehungen zu den Eltern trotz abweisenden elterlichen Verhaltens aufrechtzuerhalten, fanden sich deutliche negative Einflüsse auf die sozialkognitive Entwicklung (zur Übersicht vgl. Peterson & Rollins, 1988). Diese können mit einer Verunsicherung der Kinder in Bezug auf soziale Handlungsanforderungen interpretiert werden, die zu Rückzug und sozialer Isolation führen können (Bateson u.a., 1969; Hurrelmann, 1988; Garmezy, 1991). Elterliche Unterstützung hingegen verwies auf verbal-unterstützende Erziehungsstile der Eltern und ein anregendes Kommunikationsklima in der Familie sowie eine selbstbezogene Wert- und Netzwerkorientierung. Diese Sozialisationsbedingungen regten die kindliche Entwicklung deswegen an, weil sie dem Kind die Sicherheit vermitteln, sich die Welt selbständig zu erschließen. Gleichzeitig werden dem Kind darüber soziale Handlungsorientierungen und -kompetenzen nahegebracht, die es dem Kind erleichtern, neue oder konfligierende Handlungsanforderungen zu bewältigen und so Handlungsstrategien zu erproben, die für ihre Leistungs- und Kompetenzentwicklung wichtig sind (Burleson, Delia & Applegate, 1995). Dabei spielen u.a. auch die Bildungsaspirationen und die elterlichen Überzeugungen zum Problemlösungsverhalten eine Rolle (Sigel, 1994). Gerade diese werden von den Kindern im späteren schulischen Leistungskontext, aber auch in der Gleichaltrigengruppe gefordert (Oswald & Krappmann, 1991) und können somit als bedeutender Einflussfaktor für die Leistungs- und Kompetenzentwicklung angesehen werden (Grundmann, 1998).

Diese elterlichen Unterstützungen, die für die kindliche Entwicklung so bedeutsam sind, werden Kindern aus Armutsfamilien häufig nicht zuteil. Im Gegenteil: Das relativ geringe Bildungsniveau, die schlechten Arbeitsbedingungen und die sozio-kulturellen Einschränkungen, die in Armutsfamilien zu beobachten sind, versperren dem Kind Erfahrungen und Lernmöglichkeiten, die später – insbesondere im Bildungssystem – aber auch der Gleichaltrigengruppe abverlangt werden (Grundmann, 1999). Hinzu kommt aber, dass das Familiensystem durch eine dauerhafte Deprivation instabil wird und dass Konflikte und Belastungen innerhalb der Familie das Zusammenleben belasten und den Kindern so die elterliche Unterstützung verwehren, die sie für ihre Entwicklung brauchen. So können beengte Wohnverhältnisse und alltägliche Belastungen des Familienklimas aufgrund der unbefriedigenden Arbeits-, Einkommens- und Lebenssituation die Aufmerksamkeit der Eltern für die Belange der Kinder erschweren. Mehr noch, die alltäglichen Belastungen des Familienlebens in deprivierten Milieus erhöhen die Wahrscheinlichkeit elterlicher Kontrolle über die Aktivitäten des Kindes und führen häufig – möglicherweise aufgrund psycho-sozialer Stressfaktoren – auch zu einem autoritären Erziehungsverhalten. Dieses, so muss betont werden, führt jedoch nicht zwangsläufig zu einer emotionalen Deprivation durch Liebesentzug und Schuldzuweisungen. Im Gegenteil, für Armutsfamilien kann angenommen werden, dass die innerfamilialen Interaktionsstrukturen trotz psycho-sozialer Belastungen und autoritären Erziehungsverhaltens auf einem engen sozio-emotionalen Zusammengehörigkeitsgefühl der Familienmitglieder beruht. Für die kindliche Entwicklung in Armutsfamilien dürften daher vor allem die unsicheren Erwerbs- und Lebensbedingungen in diesen Milieus bedeutsam sein (Klocke & Hurrelmann, 1995; Harris & Marmer, 1996).

3 Mögliche Konsequenzen des Aufwachsens in Armut für die kognitive Entwicklung, die schulische Leistungsentwicklung und den Bildungserfolg

Bis heute liegen nur wenige Studien über den Zusammenhang zwischen ökonomischer Deprivation, familialer Sozialisation, der kognitiven Entwicklung und der Schulleistungsentwicklung vor. Folgt man aber den obigen Überlegungen, dann lassen sich einige Hypothesen über die Konsequenzen des Aufwachsens in Armut für die kindliche Entwicklung ableiten. So würde man im Allgemeinen davon ausgehen, dass Kinder aus deprivierten Milieus sowohl in ihrer kognitiven Entwicklung als auch in ihrer schulischen Leistungsentwicklung und schließlich ihrem Bildungserfolg deutlich benachteiligt sind. Dieser Annahme kann aufgrund der in der Armuts- bzw. Deprivationsforschung beschriebenen kumulativen Risiken, denen Kinder aus Armutsmilieus ausgesetzt sind, sicherlich zugestimmt werden. Dennoch, so zeigen bisherige Sozialisationsstudien, folgt daraus nicht ein gleichsinniger Einfluss dieser Risiken auf unterschiedliche Bereiche der kindlichen Entwicklung. So zeigte sich, dass sozio-ökonomische und sozio-kulturelle Restriktionen die Handlungsopportunitäten der Kinder vor allem in sozial-normierten Leistungskontexten (z.B. des Bildungs- und Erwerbssystems) beeinflussen, während mikrosoziale Restriktionen, wie sie durch die psycho-sozialen Belastungen der familialen Interaktion erfasst werden, die allgemeinen Handlungsorientierungen und das psycho-soziale Befinden der Kinder beeinflussen (Oevermann, 1972; Lüscher, 1975; Edelstein, 1993). Diese Differenzierungen in den Konsequenzen familialer Sozialisation für die kindliche Entwicklung ergeben sich u.a. aus der sozialen Normierung von Leistungs- und Handlungsanforderungen, die in unterschiedlichem Maße für die kognitive Kompetenzentwicklung und den Bildungsverlauf (gemessen an der Leistungsentwicklung und dem Bildungserfolg) bedeutsam werden (Grundmann, 1998).

Die Besonderheiten der kognitiven Kompetenz- und schulischen Leistungsentwicklung können etwa folgendermaßen skizziert werden. Da sich die *Leistungsentwicklung* primär auf situationsspezifische, im schulischen Leistungskontext weitgehend sozial normierte Handlungsstrategien bezieht, dürfte diese im stärkeren Maße von den sozio-ökonomischen und sozio-kulturellen Restriktionen beeinflusst werden, unter denen Kinder in deprivierten Milieus aufwachsen. Diese Benachteiligungen ergeben sich auch aus den sozialen Selektionseinflüssen, die den Bildungserwerbsprozess (und damit die schulische Leistungsentwicklung und den Bildungserfolg) maßgeblich beeinflussen (Hurrelmann, 1985; Engel & Hurrelmann, 1989a). Natürlich spielen dabei auch die milieuspezifischen Sozialisationserfahrungen – wie z.B. die Bildungsaspirationen und Leistungsorientierungen der Eltern – eine Rolle, da diese für die kindlichen Leistungsmotivationen und deren Selbstwirksamkeitsüberzeugungen bedeutsam sind (Schneewind, 1995). Die *kognitive Entwicklung*, in der – ganz im Gegensatz zur Leistungsentwicklung – allgemeines Handlungswissen, z.B. die Fähigkeit der Handlungskoordinierung, der Logik und formaler Operationen ausgebildet wird, spielen soziale Selektionseinflüsse eine geringere Rolle. Kognitive Fähigkeiten sind im Wesentlichen von den in den Familien vorherrschenden Kommunikationsstrukturen, dem sozialen Interaktionsklima und elterlichen Anregungspotentialen geprägt, über die dem Kind kognitive Erfahrungsobjekte nahegebracht werden (Powers, 1988; Burleson, Delia & Applegate, 1995). Dennoch wirken sich auch dort milieuspezifische Sozialisationserfahrungen aus. Gerade für die kognitive Kompetenzentwicklung kann angenommen werden, dass sich einschränkende Eltern-Kind-Interaktionen und autoritär-kontrollierende Erziehungsstile auf die Kommunikations- und allgemeine Handlungskompetenz der Kinder nachteilig auswirken.

Neben diesen unterschiedlichen Konsequenzen makro- und mikrosozialer Sozialisationsbedingungen für verschiedene Bereiche der kindlichen Entwicklung ist zu berücksichtigen, dass sich die Bedeutung der mikrosozialen Sozialisationsbedingungen für die kindliche Entwicklung nicht im gleichen Maße aus den sozialen Bildungs- und Leistungsanforderungen ableiten lassen wie die Bedeutung sozioökonomischer Ressourcen (Grundmann, 1999). Sie werden vielmehr durch die spezifischen Handlungsanforderungen und Sozialisationserfahrungen innerhalb der sozialen Milieus bestimmt. Das gilt z.B. für Belastungen der Eltern-Kind-Interaktion aufgrund eines autoritär-kontrollierenden Sozialisationsklimas, welche sich aus den alltäglichen, oft stresshaften Situationen des Familienlebens in deprivierten Milieus ergeben. So kann elterliche Kontrolle in der Erfahrungswelt sozial deprivierter Kinder sehr wohl funktional beziehungsweise unproblematisch sein, da sie den Handlungsorientierungen der Eltern entsprechen und somit die Handlungsorientierungen und -möglichkeiten der Kinder in den milieutypischen Interaktionen prägen (vgl. dazu Merton, 1995). In diesem Sinne kann elterliche Unterstützung – die im Großen und Ganzen als protektiver Faktor der kindlichen Entwicklung angesehen werden kann (Peterson & Rollins, 1988) – die Handlungsfähigkeit des Kindes deswegen beeinträchtigen, da sich diese nicht mit den faktischen Lebensbedingungen in den deprivierten Milieus decken. Diese milieuspezifische Bedeutung familialer Sozialisation konnte auch in Untersuchungen über das Erziehungsverhalten in unterschiedlichen ethnischen Gruppen nachgewiesen werden. Gerade in solchen Ethnien, in denen das Gemeinschaftsinteresse dem Individuum vorgeordnet ist, stellten elterliche Kontrolle und elterliche Autorität kein Entwicklungsrisiko für die kindliche Entwicklung dar (Maccoby, 1992). Diese Befunde sprechen für eine differenzierte Bewertung sozialisatorischer Einflussfaktoren, wobei milieuspezifische Handlungsanforderungen und Handlungsmuster in Rechnung gestellt werden müssen. Bezogen auf Armutsmilieus kann man daher davon ausgehen, dass solche Handlungsstrategien und -möglichkeiten, wie sie durch unterstützende Sozialisationsbedingungen erfasst werden, den faktischen Handlungseinschränkungen in Armutsmilieus nicht entsprechen und daher das Kind in seinen Handlungsorientierungen verunsichern (Grundmann, 1998).

Gerade in Deprivationsmilieus kann sich diese Verunsicherung in besonderer Weise auf die Leistungsentwicklung und den Bildungserfolg auswirken. In einigen Studien zeigte sich nämlich, dass Kinder aus unteren sozialen Lagen, trotz eigener Handlungskompetenzen, den sozial-normierten Leistungserwartungen im mittelschichtorientierten Bildungssystem nicht entsprechen konnten und so die Selbstwirksamkeitserfahrungen das Kind negativ beeinflussten und Gefühle relativer

Hilflosigkeit zur Folge hatten (Pettilion, 1991; Stöckli, 1991; Grundmann, 1999). Das dürfte in besonderer Weise für Kinder aus Armutsfamilien zutreffen, da weder die Bildungsaspirationen noch die Leistungsorientierungen der Eltern den Anforderungen des Bildungssystems genügen (Engel & Hurrelmann, 1989; Fend, 1991). Schließlich haben diese Restriktionen aber, wie Walper (1988) überzeugend nachweisen konnte, besonders dann eine einschneidende Bedeutung für die langfristigen Handlungsmöglichkeiten der Kinder, wenn sie mit häufig finanziell begründeten Entscheidungen über den weiterführenden Bildungsweg der Kinder einhergehen (Bowen & Chapman, 1996). Diese Entscheidungen sind für den weiteren Lebensverlauf der Kinder deswegen so einschneidend, da sie den intergenerationalen Armutszirkel begünstigen, der ihnen auch im Erwachsenenalter schlechtere Erwerbschancen eröffnet, und damit die Gefahr einer dauerhaften Arbeitslosigkeit erhöhen. Kindern aus Armutsfamilien wird auf diese Weise häufig auch die Möglichkeit genommen, aus dem intergenerationalen Zirkel auszubrechen (Garmezy, 1991; Furstenberg & Hughes, 1995). Dabei widerspricht dieser Zirkel den Vorstellungen von Chancengleichheit in modernen Industriestaaten, die u.a. auf der Annahme individueller Gestaltbarkeit von Lebenschancen beruhen (Klocke & Hurrelmann, 1995). Demnach ist zu erwarten, dass der Bildungsverlauf von Kindern aus Armutsfamilien durch einen frühzeitigen Abbruch der Bildungslaufbahn charakterisiert ist, der sich aus den beschriebenen sozialen und ökonomischen Restriktionen ergibt.

4   Zur Analyse milieuspezifischer Einflüsse auf die kognitive Entwicklung, die Schulleistungsentwicklung und den Bildungserfolg

In den folgenden Analysen wird nun in einem ersten Schritt beschrieben, inwieweit sich die Entwicklung der kognitiven Kompetenz, der schulischen Leistungen und des weiterführenden Bildungsverlaufs von Kindern aus unterschiedlichen sozialen Milieus unterscheidet. Aufgrund der milieuspezifischen Opportunitätsstrukturen, Bildungsaspirationen und Leistungsorientierungen sind in Hinblick auf die schulische Leistungsentwicklung und den Bildungserfolg deutliche Differenzen zwischen den sozialen Milieus zu erwarten. Gerade für deprivierte soziale Milieus dürften die kumulativen Restriktionen in den Handlungsspielräumen die Leistungsentwicklung und den Bildungserfolg nachhaltig beeinflussen. Kinder aus diesen Milieus können die schulischen Leistungsanforderungen häufig deswegen nicht erfüllen, weil die alltäglichen Lebensbedingungen die notwendige elterliche Unterstützung erschweren, die vom Bildungssystem gefordert wird. Hinzu kommt, dass Kinder aus diesen Milieus aufgrund finanzieller und struktureller Benachteiligungen gezwungen sind, den Bildungsverlauf frühzeitig, d.h. nach der Regelschule abzubrechen. Bezogen auf den Bildungserfolg müsste sich auch in den vorliegenden Daten der beschriebene intergenerationalen Deprivationszirkel zeigen, der sich insbesondere bei Kindern aus unteren sozialen Milieus in einem frühzeitigen Abbruch der Bildungslaufbahn äußert.

In einem zweiten Analyseschritt wird der Frage nachgegangen, welche Bedeutung unterstützende und restriktive Sozialisationsbedingungen für die kognitive Entwicklung, die schulische Leistungsentwicklung und den Bildungserfolg in den unterschiedlichen sozialen Milieus haben. Wirken unterstützende und restriktive Sozialisationsbedingungen in den sozialen Milieus auf die gleiche Weise, oder lassen sich milieuspezifische Konsequenzen für die kindliche Entwicklung identifizieren? Das Hauptaugenmerk wird auf die sozialen Milieus gerichtet, die in besonderer Weise von Armut betroffen sind. Für die kognitive Entwicklung stellt sich die Frage, inwieweit die spezifischen familialen Sozialisationsbedingungen in den sozialen Milieus die Entwicklung der Kinder beeinflusst. So kann man erwarten, dass sich die familiale Sozialisation gerade bei Kindern aus deprivierten sozialen Milieus in besonderer Weise auf die kognitive Entwicklung auswirkt, während sie für die schulische Leistungsentwicklung nur einen vermittelnden Einfluss darstellen dürfte.

4.1   Die Daten

Um den Einfluss sozialer Strukturen auf individuelle Entwicklungsverläufe analysieren zu können, wurde Mitte der 70er Jahre ein längsschnittliches Forschungsprojekt begonnen, mit dem die damaligen Beschränkungen der sozialstrukturellen Sozialisationsforschung überwunden werden sollten (Edelstein u.a., 1977, 1984; Edelstein, Keller & Schröder, 1990). Diese Beschränkungen ergaben sich einerseits aus fehlenden Daten zur individuellen Entwicklung, zum anderen aber aus demographischen Störfaktoren (z.B. Migrationsprozesse), die ein nach sozialen Lagen kontrolliertes Forschungsdesign unmöglich machten (Bertram, 1981; Grundmann, 1998). Aus diesem Grunde wurde die Erhebung an einer isländischen Stichprobe realisiert. Durch die relativ abgeschlossene Sozialökologie Islands ließen sich so familiale und schulische Sozialisations- und Selektionseinflüsse besonders gut analysieren, da diese nicht – wie in den meisten anderen westlichen Gesellschaften üblich – durch regionale Disparitäten und kulturelle Migrationsprozesse beeinflusst wurden (Edelstein, 1983).[1] Gleichzeitig kann Island hinsichtlich seiner sozialstrukturellen Verfassung, der wirtschaftlichen und politischen Verhältnisse als typisches Beispiel einer modernen Industrienation angesehen werden. Weder in Hinblick auf demographische Merkmale noch in Hinblick auf Bildungs-, Erwerbs-

---

[1] Im Gegensatz zu anderen westlichen Ländern zeichnet sich Island dadurch aus, dass es ein idealtypisches ökologisches System darstellt, in dem die Schichtungsdynamik zwischen den Generationen besonders gut zu beschreiben ist. „The case of Iceland has the advantage of historically accessibility and of observability. It is a secularized western system, and thus can be understood rather intuitively on the basis of meanings shared around the West, and relatively free from the cultural specificity needed to explain the cross pressures operating within, say, an Islamic system. [...] Moreover, Iceland is a good example of a closed educational system demonstrating that the boundary conditions of closedness do not necessarily derive from substantive values from outside the system, but substitute the contestatory value of a disequilibrating feature from outside the system (like religion or nation) with values generated from within (like equality of opportunity or nationalism), whose operation on the system leads to contradictions that subvert it." (Edelstein 1995, S. 13 f.).

und Familienstrukturen lassen sich bedeutsame Unterschiede zu den USA oder der Bundesrepublik Deutschland feststellen. Somit vereint die Stichprobe zwei wesentliche Vorteile für die Analyse sozialstruktureller Sozialisationsprozesse: ökologische Validität (Bronfenbrenner, 1976) und internationale Vergleichbarkeit der Befunde.

Die Erhebung der Daten wurde von der Überlegung geleitet, die kindliche Entwicklung innerhalb spezifischer sozialer und ökologischer Milieus zu erfassen.[2] Um die Kontraste in den Entwicklungsverläufen der Kinder aus unterschiedlichen lebensweltlichen Ökologien hervorzuheben, wurde ein quasi experimentelles, parallelisiertes Erhebungsdesign gewählt (Grundmann, 1998). Dieses Design erlaubt in besonderem Maße das Wechselspiel zwischen sozialstrukturellen Ressourcen, familialer Sozialisation und individueller Entwicklung zu analysieren. Hinzu kommt, dass die relativ gleich großen Subgruppen einen Kontrastgruppenvergleich der entsprechenden Entwicklungsprozesse für die einzelnen sozialen Milieus erlauben. In den folgenden varianzanalytischen Modellen werden diese Vorteile genutzt.

Tab. 1: Definition der sozialen Lage und lagespezifische Verteilung der Stichprobe

Soziale Lage	Stellung im Beruf	Klassifikation der Berufe	N
1.	ungelernte Arbeiter	Fahrer, Bauer, Handlanger, Hilfsarbeiter	17
2.	gelernte Arbeiter/Handwerker	Schmiede, Fleischer, Mechaniker	30
3.	einfache Angestellte	Büroangestellte, Verkäufer	18
4.	mittlere Angestellte, Lehrberufe, technische Berufe	Bürovorsteher, Lehrer, Ingenieure	20
5.	Selbstständige	Firmenbesitzer und Manager	19
6.	Akademiker, leitende Staatsbedienstete	Abgeordnete, Ärzte, Richter	17
		Insgesamt	121

Die milieuspezifische Stichprobenverteilung ist in Tabelle 1 beschrieben. Im Zentrum steht dabei die Erfassung der sozialen Milieus. Das verwendete Maß basiert auf der von Björnsson, Edelstein und Kreppner (1977) durchgeführten Exploration des isländischen Schichtungssystems. Dabei wurde das soziale Milieu (bzw. die soziale Schicht oder die soziale Lage) über eine 6-stufige Variable definiert, in der die berufliche Tätigkeit über die Nähe/Distanz zur Natur, die Verfügbarkeit über

---

[2] „The design maximizes the chances that the data disclose systematic developmental differences due to important socio-structural factors and contexts of childhood experience. In this sense, the project is an attempt both to study the relationship between macro-contexts and the microprocesses of individual developmental theory, and to integrate a sociologically based socialization perspective with a psychological view of developmental dynamics." (Edelstein, Keller & Schröder 1990, S. 153).

Arbeitsmittel und Autorität über Personen sowie Bildungsvoraussetzungen für berufliche Tätigkeiten gemessen wurde.

Dieses Maß entspricht dem in der sozialstrukturellen Sozialisationsforschung und der Armutsforschung geforderten multidimensionalen Messung sozialer Stratifikation (Bildung, Arbeitsbedingungen, Einkommen, Verfügbarkeit über Ressourcen) (vgl. Bertram, 1981; Grundmann, 1994; Glatzer & Hübinger, 1990). Somit werden also auch die materiellen und kulturellen Ressourcen der Familie berücksichtigt, die sich aus den finanziellen und den inhaltlichen Aspekten der beruflichen Tätigkeit ergeben. Gleichzeitig werden so die Handlungsspielräume der Familie erfasst, die den Befunden der Unterstützungs- und Sozialisationsforschung zufolge für familiale Sozialisationsbedingungen konstitutiv sind.

In der vorliegenden Stichprobe stellt das soziale Milieu der ungelernten Arbeiter, Landwirte und Fischer ein Beispiel eines relativ deprivierten Milieus dar, für welches deutliche intergenerationale Schließungsprozesse zu beobachten sind. Diese entsprechen den in der Armutsforschung beschriebenen Deprivationszirkeln.[3] Diese Gruppe, so konnte in einigen Untersuchungen nachgewiesen werden, ist traditionell durch ein relativ geringes Bildungsniveau und schlechte Arbeitsbedingungen gekennzeichnet, die ihnen einen sozialen Aufstieg verwehrt haben (Björnsson, Edelstein & Kreppner, 1977; Thorlindsson, 1988; Grundmann, 1998). Familien in dieser sozialen Lage dürften in besonderem Maße unter sozio-ökonomischen und kulturellen Restriktionen leben, die der traditionellen Definition von Armut am nächsten kommen; intergenerational verfestigte sozio-ökonomische und sozio-kulturelle Deprivationen, schlechte Erwerbschancen und anhaltende Arbeitslosigkeit. In den folgenden Analysen wird dieser sozialen Lage daher besondere Aufmerksamkeit geschenkt.

Zusätzlich zum sozialen Milieu wurden sowohl Aspekte der individuellen Entwicklung (kognitive und sozialkognitive Aspekte des kindlichen Denkens) als auch eine Vielzahl familialer Sozialisationsbedingungen erhoben.[4] Die hier verwendeten Sozialisationsvariablen sind in Tabelle 2 dargestellt. Sie decken sich mit den Sozialisationsbedingungen, die in der familialen Sozialisations- und sozialen Unterstützungsforschung als zentrale Einflussgrößen des kindlichen Erfahrungskontextes diskutiert werden.

---

[3] Neueste sozialstatistische Daten belegen, dass in Island – ähnlich wie in der Bundesrepublik Deutschland – der relative Anteil von Menschen, die in Armut leben, zwischen 1986 und 1995 von 10% auf 12,5% gestiegen ist (Statistisches Jahrbuch, 1995). Verglichen mit den Durchschnittswerten über diesen Zeitraum sind vor allem Rentner (21%) und Arbeitslose (36%) sowie allein Erziehende mit Kind (21%) von Armut betroffen (Mogenbladid v. 12.10.1996). Das entspricht in etwa den Trends, die von Klocke (1996) auch für die Bundesrepublik Deutschland berichtet werden.

[4] Die Variablen wurden zum größten Teil mit standardisierten Erhebungsinstrumenten erfasst und stammen aus verschiedenen Quellen: Elternbefragung, Lehrerbefragung und Schülerfragebogen. Diese unterschiedlichen Datenquellen haben den Vorteil, dass die erhobenen Variablen als unabhängige Einschätzungen der Individuen gelten können.

Tab. 2: Hauptkomponentenladungen der Sozialisationsvariablen; Nichtlineare, kanonische Hauptkomenentenanalyse (Overals-Analyse; N = 121)

Variablen	Faktorladungen	
	Unterstützung	Restriktivität
Soziale Lage; 1. Dimension	.66	-.34
Soziale Lage; 2. Dimension	-.32	.71
Bildung	.61	-.58
kulturelle Orientierung	.45	-.22
Netzwerke (Freunde)	.49	-.20
Netzwerke (Kollegen)	.52	.08
Selbstbestimmung/Konformität (Kohn-Skala)	.53	.16
Aktivitäten mit dem Kind	.57	.36
verbal unterstützender Erziehungsstil	.43	.31
punitiv- restriktiver Erziehungsstil	.27	.54
Kontrolle über schulische Aktivitäten	.12	.61
Aufsicht über kindliche (Freizeit-) Aktivitäten	.18	.33
Zeit für das Kind	.01	37

Diese Sozialisationsbedingungen lassen sich mittels kanonischer Korrelationsanalysen für kategoriale Daten (vgl. zu dem Verfahren Gifi, 1991; VanDeGeer, 1993; Grundmann, 1998) bei gleichzeitiger Berücksichtigung der sozialen Lage (als multinominale Variable[5]) nach zwei Sozialisationsfaktoren gruppieren. Diese entsprechen den in der Sozialisations- und Unterstützungsforschung beschriebenen Faktoren elterlicher Unterstützungen und elterlicher Kontrolle. Der erste Faktor ist durch unterstützende Sozialisationsbedingungen charakterisiert, die sich auf soziokulturelle und personorientierte soziale Orientierung beziehen und auf ein kommunikationsreiches Familienklima verweisen. Dieser Faktor korreliert in hohem Maße mit dem Bildungsniveau der Eltern. Das verweist auf den Umstand, dass die erfassten unterstützenden Sozialisationsbedingungen vornehmlich in den oberen, bildungsnahen Sozialschichten vorherrschen. Der zweite Faktor hingegen vereint restriktive Sozialisationsbedingungen, die sich aus kontrollierenden und einschränkenden, positionsorientierten und konformistischen Sozialisationseinflüssen sowie punitiv-restriktiven Erziehungsstilen zusammensetzen. Damit wird vor allem die Dimension elterlicher Kontrolle erfasst, die auf das Machtgefälle – also auf autoritäre Strukturen – in der Eltern-Kind-Interaktion verweist. Dieser Faktor korreliert negativ mit dem Bildungsniveau der Eltern und ist vornehmlich in unteren sozialen Schichten, insbesondere im Armutsmilieu anzutreffen.

Das verwendete *Kognitionsmaß* basiert auf einer Batterie von Piaget-Aufgaben zu konkreten und formalen Operationen. Insgesamt gingen in die Analysen folgende Aufgaben des kognitiven Messinstrumentariums ein: Konservierung, Klassen-

---

[5] Daraus resultiert, dass die soziale Lage auf beiden Dimensionen lädt; die sozialen Lagen können sich als multinominale Kategorien frei im multiplen Datenraum verteilen. Für die Sozialisationsvariablen wurde hingegen ein ordinales Datenniveau angenommen, für das gilt, dass die Kategorien in einer definierten Abfolge zueinander stehen; sie sich folglich auf einer Dimension bzw. Geraden anordnen lassen.

inklusion, verbale Klassifikation, logische Multiplikation, multiple Kompensation, Syllogismen und Pendelaufgabe[6]. Eine ausführliche Beschreibung der Kognitionsmaße und -analysen liegt bereits in mehreren Veröffentlichungen vor (Schröder, 1989, 1992; Teo & Schröder, 1991). Insgesamt ergeben sich für die unterschiedlichen Messzeitpunkte die unten angeführten Mittelwerte und Standardabweichungen. Im Gegensatz zu den in der Statuserwerbsforschung und der Sozialisationsforschung häufig verwandten Intelligenzmaßen stellt die kognitive Kompetenz nach Piaget ein Entwicklungsmaß dar, mit dem die Veränderung der kognitiven Kompetenz erfasst werden kann. Zudem zeichnet sich die kognitive Kompetenz durch ihre Generalisierbarkeit und ihre Kontextunabhängigkeit aus.

Tab. 3: Kognitive Kompetenz und schulische Leistungen mit 7, 9, 12 und 15 Jahren und Bildungsniveau mit 21 Jahren

Variablen	Kategorien	Mittelwert	Std.	N
Kognition mit 7	0	0,19	.14	121
Kognition mit 9	0-1	0,39	.14	105
Kognition mit 12	0-1	0,57	.15	110
Kognition mit 15	0-1	0,69	.15	106
Noten mit 7	1-5	2,71	1.08	121
Noten mit 9	1-5	2,23	.78	121
Noten mit 12	1-5	2,14	.83	121
Noten mit 15	1-5	2,62	.87	121
Bildungsniveau im Alter von 21	allg. Schulbildung; Lehre; Fachgymnasium; Gymnasium	2,77	1.10	101

Die Leistungsentwicklung wurde anhand der Schulleistungsentwicklung von der Einschulung bis zum Abschluss der primären Bildungseinrichtungen erhoben. Die *Schulleistungen* wurden über den standardisierten Mittelwert der Schulnoten in den Kernfächern (z.B. Sprache, Mathematik) erfasst (Edelstein, Keller & Schröder, 1990, S. 174). Die Angaben zum *Bildungsniveau* sind schließlich einem Lebensverlaufsfragebogen entnommen, der den mittlerweile jungen Erwachsenen mit 21 Jahren vorgelegt wurde. Die Angaben konnten danach unterschieden werden, ob der Bildungsverlauf bereits nach der allgemeinbildenden Schule abgebrochen, eine berufliche Ausbildung begonnen (und bereits abgeschlossen) oder zum Zeitpunkt der Erhebung ein Fachgymnasium bzw. ein Abitur-Gymnasium besucht oder be-

---

[6] Die Ableitung des verwendeten allgemeinen kognitiven Entwicklungsniveaus zu den unterschiedlichen Messzeitpunkten basiert auf Hauptkomponentenanalysen, in denen sowohl nach dem Kaiser-Kriterium als auch nach dem Scree-Test hypothesenentsprechende Faktoren extrahiert wurden. Dabei ist zu bedenken, dass die Aufgaben nicht zu allen Messzeitpunkten berücksichtigt wurden: Einige spielen erst in späteren Entwicklungsstadien eine Rolle. Für den verwendeten Gesamtscore wurden die längsschnittlich erhobenen Leistungen in den verschiedenen Aufgaben für jeden Messzeitpunkt gemittelt. Der Bildung des Gesamtscores liegt die empirisch bestätigte Annahme zugrunde, „[...] dass die Aufgaben zu den formalen Operationen im Alter von sieben Jahren ungelöst, und die Aufgaben zu den konkreten Operationen mit fünfzehn Jahren alle gelöst sind" (Teo/Schröder 1991, S. 7).

reits abgeschlossen wurde. Die verwendeten Variablen sind in Tabelle 3 aufgeführt.

4.2 Soziale Lage, kognitive Entwicklung und schulische Leistungsentwicklung

Die Besonderheit der familialen Sozialisationsbedingungen für die kognitive Entwicklung und die schulische Leistungsentwicklung wird in den folgenden Varianzanalysen deutlich, in denen die Verläufe der Kinder aus den unterschiedlichen sozialen Lagen verglichen werden. In Abbildung 1 zeigt sich, dass Kinder aus der unteren sozialen Lage in ihrer kognitiven Entwicklung und den schulischen Leistungen schlechter abschneiden als Kinder aus den oberen sozialen Lagen.

Abb. 1: Mittelwerte der kognitiven Kompetenz und schulischen Leistungen mit 7, 9, 12 und 15 Jahren nach sozialer Lage; messwiederholte Varianzanalyse

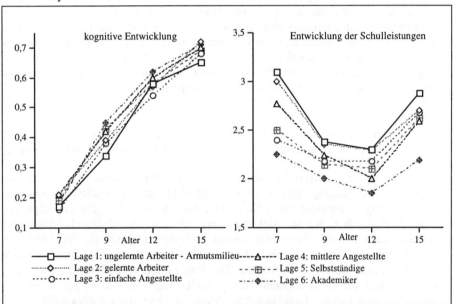

Bei der kognitiven Entwicklung treten deutliche alterspezifische Varianzen auf, die dazu führen, dass sich über den Entwicklungsverlauf keine signifikanten Unterschiede zwischen den sozialen Lagen nachweisen lassen. Während sich die kognitive Kompetenz der Kinder im Alter von sieben Jahren nicht wesentlich unterscheidet, zeichnen sich im Alter von neun und 15 Jahren Differenzen ab. Dabei heben sich die Verläufe der Kinder aus der untersten sozialen Lage deutlich von denen der Kinder aus den anderen sozialen Lagen ab. Allerdings sind diese Unterschiede verglichen mit Kindern aus Schicht 6 lediglich mit neun Jahren signifikant (b -.29*). Mit zwölf Jahren holen Kinder aus der untersten, von Armut betroffenen sozialen Lage in ihrer kognitiven Entwicklung hingegen deutlich auf, fallen mit 15 Jahren jedoch wieder hinter das Kompetenzniveau der Kinder aus den anderen sozialen Lagen zurück.

Im Gegensatz zur kognitiven Entwicklung zeichnen sich in den *schulischen Leistungen* bereits zu Beginn der Entwicklung deutliche Unterschiede ab. Verglichen mit Kindern aus Schicht 6 haben Kinder aus Schicht 1 und 2 signifikant schlechtere Schulleistungen (Schicht 1: b .32**, Schicht 2: b .37**). Diese Differenzen verringern sich zwar mit neun und zwölf Jahren, treten aber mit 15 Jahren beim Übergang in das weiterführende Bildungssystem wieder auf. Dort zeichnet sich zudem ab, dass insbesondere Kinder aus Schicht 1 in ihrer schulischen Leistungsentwicklung benachteiligt sind und sich auch von Kindern aus Schicht 2 unterscheiden.

Diese Befunde bestätigen die Vermutung, dass die Kompetenz- und Schulleistungsentwicklung in unterschiedlichem Maße von sozialen Umweltbedingungen, insbesondere aber der sozialen Lage der Kinder abhängen. Während die kognitive Entwicklung nur partiell durch die soziale Lage der Kinder, also die sozioökonomischen Ressourcen der Familie beeinflusst wird, zeichnen sich bei den schulischen Leistungen bedeutsame Unterschiede ab. Da diese Differenzen über den Verlauf relativ konstant bleiben, verweist das auf unterschiedliche Bildungschancen von Kindern aus den unterschiedlichen sozialen Lagen, die bereits zum Beginn des Bildungsverlaufs wirksam werden, wobei Kinder aus dem Armutsmilieu (soziale Lage 1) in besonderer Weise benachteiligt sind.

4.3 Lagespezifische Einflüsse familialer Sozialisation auf die kognitive Entwicklung, die schulische Leistungsentwicklung und den Bildungserfolg

Folgt man nun den obigen Ausführungen, sind die lagespezifischen Verläufe der kognitiven Entwicklung und der schulischen Leistungen auch durch die familialen Sozialisationsbedingungen beeinflusst. Das soll insbesondere für die kognitive Entwicklung gelten, bei der sich nur marginale altersspezifische Einflüsse der sozialen Lage zeigten. Außerdem werden differentielle Einflüsse der familialen Sozialisation in den unterschiedlichen sozialen Lagen erwartet. Die folgenden Analysen bestätigen diese Vermutung. So können die beschriebenen Einflüsse der sozialen Lage auf die Kompetenz- und Schulleistungsentwicklung nur in einigen sozialen Lagen auf die familialen Sozialisationsbedingungen zurückgeführt werden. Das wird in den folgenden Abbildungen deutlich, in denen das mittlere Kompetenzniveau über alle Messzeitpunkte einmal mit und einmal ohne Kontrolle der familialen Sozialisationsbedingungen dargestellt wird. Die lagespezifischen Verteilungen ohne Kontrollvariablen entsprechen den Mustern, die sich in den beschriebenen Entwicklungsverläufen abzeichneten.

Bei der *kognitiven Kompetenzentwicklung* (Abb. 2) ist das mittlere Entwicklungsniveau der Kognition über alle Messzeitpunkte in Schicht 1 und 3 am niedrigsten, liegt in Schicht 2 und 5 auf einem mittleren Niveau und ist in Schicht 4 und 6 am höchsten.

Abb. 2: Mittelwerte der kognitiven Kompetenz über alle vier Messzeitpunkte; mit und ohne Kontrolle von Sozialisationsfaktoren (N = 93); messwiederholte Varianzanalyse

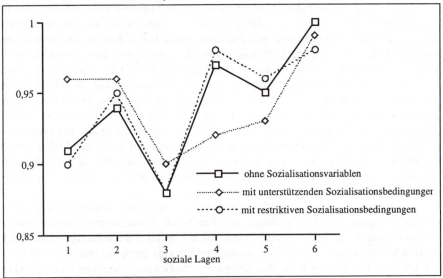

Bei Kontrolle der Sozialisationsbedingungen ändert sich das Bild jedoch schlagartig. In den unteren sozialen Lagen, vornehmlich in Schicht 1, führen unterstützende Sozialisationsbedingungen – die für diese sozialen Lagen eher untypisch sind – offensichtlich zu einer Verzögerung der kognitiven Entwicklung. So ist das relativ geringe Kompetenzniveau in Schicht 1 auf die Familien mit unterstützendem Sozialisationsklima zurückzuführen. Bei Kontrolle der unterstützenden Sozialisationsbedingungen steigt das Kompetenzniveau in diesen sozialen Lagen an (b .25; t-value 2.4; p < .02). In den oberen sozialen Lagen hingegen, vornehmlich in Schicht 4, verringert sich das Kompetenzniveau bei Kontrolle der Familien mit unterstützendem Sozialisationsklima. In diesen Lagen sind unterstützende Sozialisationsbedingungen also als entwicklungsförderliche Einflussgröße anzusehen.

Diese Befunde bestätigen die Annahme, dass sich einzelne Sozialisationsfaktoren in unterschiedlicher Weise auf die kognitive Entwicklung auswirken können. Während unterstützende Sozialisationsbedingungen – unabhängig von ihrer lagespezifischen Bedeutung – einen positiven Einfluss auf die kognitive Entwicklung ausüben, haben die restriktiven Sozialisationsbedingungen einen negativen Einfluss auf die kognitive Kompetenz der Kinder. Damit kann für die kognitive Entwicklung ein bedeutsamer Einfluss der familialen Sozialisation nachgewiesen werden, der sich jedoch für die einzelnen sozialen Lagen sehr unterschiedlich auswirkt. Dabei zeigt sich, dass beide Sozialisationsfaktoren in einem wechselseitigen Verhältnis zueinander stehen: Nicht der Umstand ausgeprägter unterstützender oder restriktiver Sozialisationsbedingungen allein, sondern die Kombination restriktiver und unterstützender Einflussfaktoren spielt eine besondere Rolle für die kognitive Entwicklung. Das wird daran deutlich, dass beide Sozialisationsfaktoren erst dann signifikante Effekte aufweisen, wenn beide Faktoren gleichzeitig berücksichtigt werden (Unterstützung: b .33**; Restriktivität b -.24*).

Bei der _Entwicklung der Schulleistungen_ (Abb. 3) zeigen sich – ähnlich wie in Abbildung 1 – Einflüsse der sozialen Lage über den gesamten Entwicklungsverlauf am deutlichsten. Gemittelt über alle Messzeitpunkte haben Kinder aus den unteren sozialen Lagen schlechtere Schulleistungen als Kinder aus den oberen sozialen Lagen (Interaktion von Schicht und Verlauf: Phillais .19+). Diese Einflüsse können auf die im Bildungssystem angelegte soziale Normierung von Schulleistungen zurückgeführt werden, die sich aus der Einbindung des Bildungssystems in das System sozialer Ungleichheit ergibt. Dennoch sind die lagespezifischen Schulleistungen – wie im Modell der sozialstrukturellen Sozialisationsforschung postuliert – ebenfalls durch die familialen Sozialisationsbedingungen erklärbar. Dabei dominieren aber die unterstützenden Sozialisationseinflüsse auf das mittlere Kompetenzniveau über alle Messzeitpunkte (restriktive Sozialisation b .17+; Unterstützung b -.26**).

Bei Kontrolle jeweils eines Sozialisationsfaktors werden wiederum sehr differenzierte lagespezifische Einflüsse der familialen Sozialisation sichtbar (hohe Werte indizieren schlechte Schulnoten). Auch bei der Schulleistungsentwicklung spielen unterstützende Sozialisationsbedingungen eine dominierende Rolle (ß -.22, t-Wert -2.4, p < .05). Wie in der Kompetenzentwicklung zeichnen sich negative Einflüsse in den unteren sozialen Lagen, insbesondere Schicht 1, und positive Einflüsse in den oberen sozialen Lagen ab. So verbessern sich die Schulleistungen in Schicht 1 bei Kontrolle unterstützender Sozialisationsbedingungen, während sie sich in Schicht 4 verschlechtern[7]. Auch bei den schulischen Leistungen zeigt sich demnach der Suppressor-Effekt unterstützender Sozialisationsbedingungen in der untersten sozialen Lage. Demnach haben unterstützende Sozialisationsbedingungen in dieser sozialen Lage einen negativen Einfluss auf die Schulleistungsentwicklung. In den oberen sozialen Lagen hingegen wirken sich die gemessenen unterstützenden Sozialisationsvariablen im Sinne der Unterstützungsforschung positiv auf die Leistungsentwicklung aus.

---

[7] Zusätzlich zu diesen offensichtlich in Schicht 1 und 4 besonderen Bedeutungen unterstützender Sozialisationsbedingungen wird bei den Schulleistungen ein interessanter Effekt der restriktiven Sozialisationsbedingungen sichtbar. Vor allem in Schicht 5 spielen restriktive Sozialisationsbedingungen für die Schulleistungen eine besondere Rolle. Bei Kontrolle dieses Sozialisationsfaktors verschlechtern sich die schulischen Leistungen der Kinder aus dieser sozialen Lage beachtlich. Dieser Befund kann auf das besonders ausgeprägte Maß kontrollierender, restriktiver Sozialisationsbedingungen zurückgeführt werden, das sich aus dem hohen Anteil von Eltern ergibt, die aufgrund des rapiden Modernisierungsprozesses in Island aus unteren sozialen Lagen aufgestiegen sind und die ihre eigenen Sozialisationserfahrungen, die für untere soziale Lagen typisch sind, selbst praktizieren (vgl. dazu Björnsson, Edelstein & Kreppner, 1977; Grundmann, 1998). Damit unterstreicht dieser Befund zum einen die Vermutung der intergenerationalen Transmission von Sozialisationspraktiken und -überzeugungen. Zum anderen verdeutlicht er, dass diese für Schicht 5 untypischen Sozialisationsbedingungen die Leistungsentwicklung der Kinder deutlich einschränken.

Abb. 3: Mittelwerte der Schulleistungen über alle vier Messzeitpunkte; mit und ohne Kontrolle von Sozialisationsfaktoren (N = 86); messwiederholte Varianzanalyse

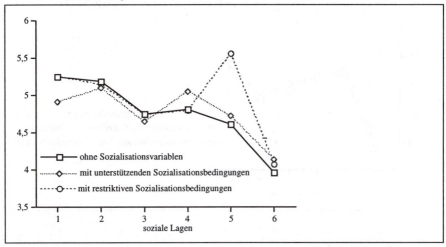

Wie sehen diese Einflüsse nun für den *Bildungsabschluss* aus? Folgt man den oben angeführten Vermutungen, dass Kinder aus Armutsfamilien vor allem in ihren weiterführenden Bildungsverläufen durch die restriktiven sozialen und ökonomischen Lebensbedingungen beeinträchtigt werden, da sie frühzeitig das Bildungssystem verlassen, um selbst eine Erwerbstätigkeit aufnehmen zu können, dann müsste sich das besonders deutlich am realisierten Bildungsniveau der Kinder zeigen, also darin, ob die Kinder den weiterführenden Bildungsweg abgebrochen haben (niedrige Werte), eine Berufsausbildung gemacht haben (mittlere Werte) oder aber ein Abitur machen konnten (hohe Werte).

Tatsächlich bestätigt der Mittelwertvergleich des Bildungsniveaus (Abb. 4), dass Kinder aus der untersten sozialen Lage mit Abstand das geringste Bildungsniveau erreichen. Allerdings haben familiale Sozialisationsbedingungen auf diese Verteilungen einen bedeutsamen Einfluss (Restriktivität F 3.4; p < .10; Unterstützung F 6.4. p < .01), der sich jedoch in erster Linie auf das Bildungsniveau der Kinder aus Schicht 4 und 5 niederschlägt. Bei Kindern aus Schicht 1 zeichnet sich jedoch ab, dass unterstützende Sozialisationsbedingungen bezüglich des Bildungsniveaus sehr wohl einen positiven Einfluss haben. Das hängt möglicherweise damit zusammen, dass Eltern mit einem unterstützenden Erziehungsstil in dieser sozialen Lage die Kinder nicht dazu drängen, den Bildungsprozess frühzeitig abzubrechen, um selbst eine Erwerbstätigkeit aufnehmen zu können. Auch diese Befunde bestärken demnach die Annahme, dass sich die Bedeutung der familialen Sozialisationsbedingungen in den sozialen Lagen unterscheidet. Sie zeigen zudem, dass diese Bedingungen für die Leistungs- und kognitive Kompetenzentwicklung unterschiedlich ausfallen, je nachdem, ob sie sich auf sozial normierte oder allgemeine Handlungskompetenzen beziehen.

Abb. 4: Bildungsniveau mit 21 mit und ohne Sozialisationsbedingungen (N = 101); Abweichungen vom Mittelwert; multiple Klassifikationsanalyse

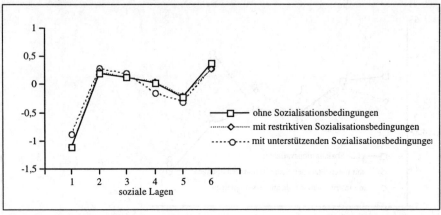

5 Zusammenfassung

Im vorliegenden Aufsatz wurden die Annahmen der Deprivations- und Armutsforschung über multiple Benachteiligungen von Kindern aus Armutsmilieus an einem längsschnittlichen Datensatz bestätigt. Insgesamt, so zeigen die Analysen, sind Kinder aus relativ deprivierten sozialen Lagen gegenüber Kindern aus anderen sozialen Lagen sowohl in ihrer kognitiven, ihrer schulischen Leistungsentwicklung und ihrem Bildungsverlauf benachteiligt. Unabhängig von diesen Benachteiligungen, die sich im Wesentlichen aus den sozio-ökonomischen und sozio-kulturellen Restriktionen erklären, unter denen Kinder in Armut aufwachsen, fanden sich bedeutsame Einflüsse der familialen Sozialisation, die jedoch nur in einzelnen sozialen Lagen wirksam wurden. Demnach bestätigen die Befunde die Annahme, dass diese Benachteiligungen nicht über alle sozialen Lagen und alle Bereiche der kindlichen Entwicklung verallgemeinert werden können. Vielmehr unterstreichen sie die Vermutung, dass familiale Sozialisationsbedingungen, die sich aus den spezifischen Handlungsanforderungen in den einzelnen sozialen Lagen ergeben, eine unterschiedliche Bedeutung für die kindliche Erfahrungswelt haben können. So zeigte sich, dass unterstützende Sozialisationsbedingungen vor allem in den oberen sozialen Lagen einen positiven Einfluss auf die kindliche Entwicklung hatten. Diese Befunde bestätigen die Annahme der sozialen Unterstützungsforschung. Gleichzeitig wirkten sich diese Sozialisationsbedingungen bei Kindern aus der – in besonderer Weise von Armut betroffenen – untersten sozialen Lage hemmend auf die Entwicklung aus. Dieser Befund kann mit den lagespezifischen, in diesen Milieus typischen Sozialisationserfahrungen erklärt werden, die sich aus den alltäglichen Handlungserfordernissen ergeben, denen Menschen in diesen Lagen entsprechen müssen. Gleichzeitig konnten die Analysen verdeutlichen, dass die Benachteiligung in deprivierten sozialen Milieus im wesentlichen für sozial-normierte

Entwicklungskontexte gelten, wie z.B. den schulischen Bildungsverlauf (schulische Leistungsentwicklung und den Bildungserfolg). So zeigten die Analysen, dass die kognitive Entwicklung, die auf allgemeine Handlungskompetenzen verweist und primär durch familiale Sozialisationserfahrungen angeregt wird, in geringerem Maße von sozio-ökonomischen und sozio-kulturellen Deprivationseinflüssen betroffen ist als die Leistungsentwicklung. Die kognitive Entwicklung unterlag daher auch weniger einschneidenden Benachteiligungen bei Kindern aus deprivierten Milieus als die Leistungsentwicklung. Als besonders gravierend stellte sich der bereits von Walper (1988) beschriebene frühzeitige Abbruch des Bildungsverlaufs heraus. Diese Benachteiligung konnte im Wesentlichen auf unterschiedliche Bildungschancen zurückgeführt werden, die bereits zum Beginn der Schullaufbahn deutlich wurden.

Literatur

Bateson, J. u.a. (1969): Schizophrenie und Familie. Frankfurt a. M.
Baumrind, D. (1989): Rearing Competent Children. In: Damon, W. (Hrsg.): Child development today and tomorrow. San Francisco.
Bernstein, B. (1972): Studien zur sprachlichen Sozialisation. Düsseldorf.
Bertram, H. (1978): Gesellschaft, Familie und moralisches Urteil. Analysen kognitiver, familialer und sozialstruktureller Bedingungszusammenhänge moralischer Entwicklung. Weinheim.
Bertram, H. (1981): Sozialstruktur und Sozialisation. Zur mikroanalytischen Analyse von Chancenungleichheit. Darmstadt.
Björnsson, S./Edelstein, W./Kreppner, K. (1977): Exploration in Social Inequality Stratification Dynamics in Social and Individual Development in Iceland. Studien und Berichte 38, Max-Planck-Institut für Bildungsforschung, Berlin.
Bowen, G. L./Chapman, M. V. (1996): Poverty, neighbourhood danger, social support, and the individual adaptation among at-risk youth in urban areas. In: Journal of Family Issues, 17 (5).
Bronfenbrenner, U. (1993): The Ecology of Cognitive Development. In: Wozniak, R. H./Fischer, K. W. (Hrsg.): Development in Context. Acting and Thinking in Specific Environments, Hillsdale.
Burleson, B. R./Delia, J. G./Applegate, J. L. (1995): The socialization of person-centered communication. In: Fitzpattrick, M. A./Vangelisti, A. L. (Hrsg.): Explaining family interactions. London.
Dornbusch, S. M./Ritter, P. L./Lerman, P. H./Rogers, D. F./Fraleigh, M. J. (1987): The relation of parenting style to adolescent school performance. In: Child Development, 58.
Döring, D./Hanesch, W./Luster, E. (1990): Armut als Lebenslage. Ein Konzept für Armutsberichterstattung und Armutspolitik. In: Döring, D./Hanisch, W./Luster, E. (Hrsg.): Armut im Wohlstand. Frankfurt a. M.
Duncan, G. J./Brooks-Gunn, J./Klebanov, P. K. (1994): Economic deprivation and early childhood development. In: Child Development, 65.
Edelstein, W. (1983): Cultural Constraints on development and the vicissitudes of progress. In: Kessel, F. S./Siegel, A. W. (Hrsg.): The child and other cultural inventions. New York.
Edelstein, W. (1993): Soziale Konstruktion und die Äquilibration kognitiver Strukturen: Zur Entstehung individueller Unterschiede in der Entwicklung. In: Edelstein, W./Hoppe-Graff, S. (Hrsg.): Die Konstruktion kognitiver Strukturen. Bern.
Edelstein, W. (1995): Universal Functions in Particular Systems: A Developmental View of Educational Regulation in Closed Educational Systems. In: Roeder, P. M./Richter, I./Füssel, H.-P. (Hrsg.): Pluralism and Education, Berkeley, Institute of Governmental Studies Press.
Edelstein, W. (1996): The social construction of cognitive development. In: Fischer, K./Noam, G. (Hrsg.): Development and vulnerability in close relationships. Hillsdale.
Edelstein, W. u.a. (1977): Projekt „Kindliche Entwicklung und soziale Struktur". Zwischenbericht für die Grundsatzkonferenz. Max-Planck-Institut für Bildungsforschung, Berlin.

Edelstein, W. u.a. (1984): Das Projekt „Kindliche Entwicklung und soziale Struktur". In: Grossmann, K. E./Lütkenhaus, P. (Hrsg.): Bericht über die 6. Tagung Entwicklungspsychologie. Regensburg: Universität Regensburg.
Edelstein, W./Keller, M./Schröder, E. (1990): Child Development and Social Structure: A Longitudinal Study of Individual Differences. In: Baltes, P. B./Featherman, D. L./Lerner, R. M. (Hrsg.): Life-Span Development and Behavior, Vol. 10, Hillsdale, NJ.
Elder, G. H. Jr. (1974): Children of the Great Depression. Chicago.
Engel, U./Hurrelmann, K. (1989a): Familie und Bildungschancen. Zum Verhältnis von Familie, Schule und Berufsausbildung. In: Nave-Herz, R./Markefka, M. (Hrsg.): Handbuch der Familien- und Jugendforschung, Bd. 1, Familienforschung. Frankfurt a. M.
Engel, U./Hurrelmann, K. (Hrsg.) (1989b): Psychosoziale Belastung im Jugendalter. Empirische Befunde zum Einfluß von Familie, Schule und Gleichaltrigengruppe. Berlin.
Fend, H. (1991): Schule und Persönlichkeit: Eine Bilanz der Konstanzer Forschung zur „Sozialisation in Bildungsinstitutionen". In: Pekrun, R./Fend, H. (Hrsg.): Schule und Persönlichkeitsentwicklung. Stuttgart.
Furstenberg, F. F./Hughes, M. E. (1995): Social capital and successful development among at-risk youth. In: Journal of Marriage and the Family, 57.
Garbarino, J. (1992): Children in danger. Coping with the consequences of community violence. San Francisco.
Garbarino, J. (1995): Raising children in a socially toxic environment. San Francisco.
Garmezy, N. (1991): Resiliency and Vulnerability to Adverse Developmental Outcomes Associated with Poverty. In: American Behavioral Scientist, 34.
Gifi, A. (1990): Nonlinear Multivariate Analysis. New York.
Glatzer, W./Hübinger, W. (1990): Lebenslagen und Armut. In: Döring, D./Hanisch, W./Luster, E. (Hrsg.): Armut im Wohlstand. Frankfurt a. M.
Grundmann, M. (1992): Familienstruktur und Lebensverlauf. Historische und gesellschaftliche Bedingungen individueller Entwicklung. Frankfurt a. M.
Grundmann, M. (1994): Das „Scheitern" der sozialstrukturellen Sozialisationsforschung oder frühzeitiger Abbruch einer fruchtbaren Diskussion. In: Zeitschrift für Sozialisationsforschung und Erziehungssoziologie, 14 (2).
Grundmann, M. (1995): Sozialökologie und kindliche Erfahrungswelten. Argumente für eine altersgemischte Kinderbetreuung. In: Krappmann, L./Peukert, U. (Hrsg.): Altersgemischte Gruppen in Kindertagesstätten: Reflexionen und Praxisberichte zu einer neuen Betreuungsform. Freiburg i. Br.
Grundmann, M. (1996): Historical context of father absence: Some consequences for the family formation of german men. In: International Journal of Behavioral Development, 19 (2).
Grundmann, M. (1997): Individuation und Vergesellschaftung: Sozialisationstheoretische Überlegungen im Anschluß an Alfred Schütz und Jean Piaget. In: Schweizerische Zeitschrift für Soziologie, 23 (1).
Grundmann, M. (1998): Norm und Konstruktion: Zur Dialektik von Bildungsvererbung und Bildungsaneignung. Opladen.
Harris, K. M./Marmer, J. K. (1996): Poverty, paternal involvement, and adolescent well-being. In: Journal of Family Issues, 17 (5).
Hurrelmann, K. (1985): Soziale Ungleichheit und Selektion im Erziehungssystem. Ergebnisse und Implikationen der sozialstrukturellen Sozialisationsforschung. In: Strasser, H./Goldthorpe, J. H. (Hrsg.): Die Analyse sozialer Ungleichheit. Kontinuität, Erneuerung, Innovation. Opladen.
Hurrelmann, K. (1988): Sozialisation und Gesundheit. Somatische, psychische und soziale Risikofaktoren im Lebenslauf. Weinheim.
Klocke, A. (1996): Aufwachsen in Armut. Auswirkungen und Bewältigungsformen der Armut im Kindes- und Jugendalter. In: Zeitschrift für Sozialisationsforschung und Erziehungssoziologie, 16.
Klocke, A./Hurrelmann, K. (1995): Armut und Gesundheit. Inwieweit sind Kinder und Jugendliche betroffen? In: Zeitschrift für Gesundheitswissenschaften; 2. Beiheft.
Kohn, M. L. (1969): Class and Conformity. Homewood.
Lüscher, K. (1975): Perspektiven einer Soziologie der Sozialisation – Die Entwicklung der Rolle des Kindes. Zeitschrift für Soziologie, 4.
Maccoby, E. (1992): The Role of Parents in the Socialization of Children: An Historical Overview. In: Developmental Psychology, 28.

Merton, R. K. (1995): Sozialstruktur und Anomie. In: Merton, R. K: Soziologische Theorie und soziale Struktur. Berlin.
Nestmann, F./Hurrelmann, K. (Hrsg.) (1994): Social networks and social support in childhood and adolescence. Berlin.
OECD (1979): Iceland. OECD Economic Survey. Paris.
Oevermann, U. (1972): Sprache und soziale Herkunft. Frankfurt a. M.
Oswald/Krappmann (1991): Der Beitrag der Gleichaltrigen zur sozialen Entwicklung von Kindern in der Grundschule. In: Pekrun, R./Fend, H. (Hrsg.): Schule und Persönlichkeitsentwicklung. Stuttgart.
Peterson G. W./Rollins, B. C. (1988): Parent-Child Socialization. In: Sussman, M. B./Stenmetz S. K. (Hrsg.): Handbook of Marriage and the Family. New York.
Petillon, H. (1991): Soziale Erfahrungen in der Schulanfangszeit. In: Pekrun, R./Fend, H. (Hrsg.): Schule und Persönlichkeitsentwicklung. Stuttgart.
Powers, S. I. (1988): Moral Judgement Development Within the Family. In: Journal of Moral Education, 17.
Rollins, B. C./Thomas, D. L. (1979): Parental Support, Power, and Control Techniques in the Socialization of Children. In: Burr, W. R./Hill, R./Nye, I./Reiss, I. (Hrsg.): Contemporary Theories about the families. New York.
Schneewind, K. (1995): Impact of family processes on control beliefs. In: Bandura A. (Hrsg.): Self-efficacy in changing societies. Cambridge.
Schröder, E. (1989): Vom konkreten zum formalen Denken. Individuelle Entwicklungsverläufe von der Kindheit bis zum Jugendalter. Bern.
Schröder, E. (1992): Strukturbildung und Kontexte in der Entwicklung: Bedingungen und Prozesse kognitiver Selbstorganisation. Beiträge aus dem Forschungsbereich Entwicklung und Sozialisation. Sozialer Konstruktivismus. Berlin, Max-Planck-Institut für Bildungsforschung.
Sigel, I. E. (1994): Elterliche Überzeugungen und deren Rolle bei der kognitiven Entwicklung von Kindern. In: Unterrichtswissenschaft, 22.
Statistisches Jahrbuch (1995): Árbók Reykjavikurborgar 1995 No. Fjámála-og Hags´ysludeild Reykjavikurborgar.
Steinkamp, G. (1991): Sozialstruktur und Sozialisation. In: Hurrelmann, K./Ulich, D. (Hrsg.): Neues Handbuch der Sozialisationsforschung. Weinheim.
Stöckli, G. (1991): Nicht erreichte Schullaufbahn – enttäuschte Lebenspläne: Physiologische und emotionale Korrelate von Ist-Soll-Diskrepanzen bei Mutter und Kind. In: Pekrun, R./Fend, H. (Hrsg.): Schule und Persönlichkeitsentwicklung. Stuttgart.
Teo, T./Schröder, E. (1991): Latente Wachstumsmodelle der kognitiven Entwicklung: Ein Modellversuch. Beiträge aus dem Forschungsbereich Entwicklung und Sozialisation. Max-Planck-Institut für Bildungsforschung, Berlin.
Thorlindson, T. (1988): Equality and Educational Opportunity in Iceland. In: Skandinavian Journal of Educational Research, 32.
VanDeGeer, J. P. (1993): Multivariate Analysis of Categorical Data: Applications. Newbury Park.
Walper, S. (1988): Familiäre Konsequenzen ökonomischer Deprivation. München/Weinheim.
Walper, S. (1995): Kinder und Jugendliche in Armut. In: Bieback, K.-J./Milz, H. (Hrsg.): Neue Armut. Frankfurt a. M.

Armut und Gesundheit bei Kindern und Jugendlichen: Ergebnisse der sozial-epidemiologischen Forschung in Deutschland

Andreas Mielck

1 Einleitung

In Deutschland zeigt sich die zunehmende Verarmung breiter Bevölkerungsschichten vor allem bei Kindern und Jugendlichen. Keine andere Altersgruppe ist inzwischen stärker von Armut betroffen als sie. Im „Zehnten Kinder- und Jugendbericht" (1998) heißt es z.B.: „Immer wieder wurde belegt, dass aus der Altersarmut der 1960er Jahre eine Armut junger Menschen geworden ist" (ebd., S. 90). In einer Analyse von Daten aus den Jahren 1990 bis 1995 haben R. Habich und P. Krause (1997) berechnet, wieviel Prozent der Bevölkerung mit einem Einkommen unterhalb der Armutsgrenze auskommen müssen. Als Armutsgrenze galt dabei (ähnlich wie in vielen anderen Studien) ein Haushalts-Nettoeinkommen von maximal 50% des durchschnittlichen Haushalts-Nettoeinkommens. Die Ergebnisse sind eindeutig: Die Armut ist in der Altersgruppe „0 bis 15 Jahre" am weitesten verbreitet; 1990 lebten 16,7% der Kinder und Jugendlichen in armen Haushalten, und 1995 war der Anteil auf 21,8% angestiegen.

In dieser Situation wird auch der Ruf nach einer wissenschaftlichen Untersuchung der Folgen von Armut immer lauter, auch und vor allem nach einer wissenschaftlichen Untersuchung der *gesundheitlichen* Folgen von Armut. Angesprochen ist hier in erster Linie die Sozial-Epidemiologie. Sie beschäftigt sich mit der empirischen Erfassung und Erklärung von Unterschieden im Gesundheitszustand zwischen verschiedenen Bevölkerungsgruppen, und daher auch mit den gesundheitlichen Unterschieden zwischen armen und nicht-armen Personen. Etwas allgemeiner formuliert geht es hier um den Zusammenhang zwischen der sozialen Ungleichheit und dem Gesundheitszustand; in der wissenschaftlichen Diskussion wird dieser Zusammenhang häufig mit dem Begriff „gesundheitliche Ungleichheit" umschrieben. Die meisten empirischen Arbeiten zur gesundheitlichen Ungleichheit konzentrieren sich auf die 20- bis 65-jährigen Erwachsenen; Untersuchungen zu Kindern und Jugendlichen sind (noch) relativ selten (Mielck, 2000).

Bisher liegt jedoch für keine Altersgruppe eine umfassende empirische Analyse des Zusammenhangs zwischen Armut und Gesundheit vor. Da es in Deutschland nur relativ wenige Sozial-Epidemiologen gibt, die sich mit einer Vielzahl von Themen beschäftigen müssen, ist auch das Thema „Armut und Gesundheit" bisher kaum erforscht worden. Dieser Mangel an empirischen Studien wird häufig bedauert, da in der heutigen Zeit jedes Argument mit Zahlen untermauert werden muss. Man könnte einwenden, dass es eigentlich nicht mehr empirisch belegt werden muss, dass Armut und Krankheit zusammenhängen, da niemand diesen Zusammenhang ernsthaft in Frage stellt. Selbst wenn man diesem Einwand zustimmt, bleibt jedoch die Frage nach der *Stärke* des Zusammenhangs, d.h. danach, wie *groß* die Unterschiede in Morbidität und Mortalität zwischen Armen und Nicht-Armen sind. Eine mit Zahlen belegte Vermutung ist auch dann überzeugender, wenn die Vermutung allgemein geteilt wird.

Empirische Untersuchungen über den Zusammenhang zwischen Armut und Gesundheit besitzen daher einen hohen Stellenwert, der jedoch nicht überschätzt werden darf. In den Daten und Statistiken, die durch sozial-epidemiologische Untersuchungen produziert werden, spiegelt sich immer nur ein kleiner Teil der Wirklichkeit wider, eben der Teil, der mit einem Fragebogen erfasst, auf einem Formblatt notiert oder irgendwie gemessen werden kann. Durch derartige Daten lässt sich die Komplexität des Lebens nur sehr unzureichend abbilden. Die sozial-epidemiologischen Ergebnisse können daher immer nur ein erstes Alarmzeichen sein. Sie zeigen ein Problem auf, können jedoch relativ wenig beitragen zu seiner Erklärung und zur Entwicklung von konkreten Vorschlägen zur Verringerung des Problems.

In der sozial-epidemiologischen Forschung wird häufig der Begriff „soziale Schicht" verwendet; darunter werden Unterschiede zwischen Bevölkerungsgruppen nach Ausbildung, Beruf und/oder Einkommen verstanden. In der Soziologie wird heute häufig die Meinung vertreten, dass es in Deutschland keine klar abgrenzbaren sozialen Schichten mehr gäbe, dass sich die Vielfalt der heute existierenden Lebensstile nicht mehr mit dem Konzept der sozialen Schicht erfassen ließe (Hradil, 1994). Erst seit wenigen Jahren findet eine Rückbesinnung darauf statt, dass es nach wie vor große Unterschiede in der Ausbildung, im Berufsstatus und im Einkommen gibt, und dass sich diese Unterschiede auf viele Bereiche des Lebens auswirken (Geißler, 1996). In den folgenden Abschnitten wird ein Überblick über die aus Deutschland vorliegenden Studien über den Zusammenhang zwischen Armut und Gesundheit bei Kindern und Jugendlichen gegeben. „Armut" wird dabei nicht nur über den Indikator „Einkommen" (der Eltern) definiert, sondern auch über die Indikatoren „Ausbildung" (der Kinder oder der Eltern) und „Beruf" (der Eltern). Die drei sozio-ökonomischen Indikatoren (Ausbildung, Beruf, Einkommen) hängen häufig so eng zusammen, dass eine Beschränkung auf den Indikator „Einkommen" nicht sinnvoll erscheint. Es sind zudem nur sehr wenige Studien vorhanden, in denen der Indikator „Einkommen" isoliert verwendet wird.

2 Mortalität

Wie oben bereits angedeutet wurde, beziehen sich die aus Deutschland vorliegenden Studien über sozio-ökonomische Unterschiede in der Mortalität zumeist auf Erwachsene. Diese Beschränkung ist vermutlich vor allem darin begründet, dass bei uns – ebenso wie in den anderen industrialisierten Staaten – in den jüngeren Altersgruppen die Sterblichkeit relativ gering ist. Eine Ausweitung der empirischen Analysen auf jüngere Altersgruppen ist dennoch wichtig, da trotz einer allgemein geringen Sterblichkeit wichtige sozio-ökonomische Unterschiede vorhanden sein können. Zumindest die Säuglings-Mortalität (d.h. die Mortalität im ersten Lebensjahr) ist von großer epidemiologischer und gesundheitspolitischer Bedeutung, und entsprechend konzentrieren sich die vorhandenen Studien über sozio-ökonomische Unterschiede in der Mortalität bei Nicht-Erwachsenen auf diese jüngste Altersgruppe. Das „Angebot" an empirischen Ergebnissen ist jedoch gering, die folgende Auswahl beinhaltet daher nur vier Studien, die zum Teil älter, regional begrenzt und mit methodischen Mängeln behaftet sind. Trotz der Einschränkungen können sie einen Einblick in diese Forschungsrichtung geben und vielleicht auch dazu anregen, diesem Thema in Zukunft mehr Aufmerksamkeit zu widmen.

2.1 Schulbildung und Perinatale Mortalität

Die erste Studie beruht auf einer 1979 in Bremen und Niedersachsen durchgeführten Befragung von 1.626 Müttern (Collatz u.a., 1983). Die Befragung beinhaltete auch Angaben über totgeborene oder in der ersten Woche gestorbene Kinder. Der sozio-ökonomische Status der Mutter wurde mit Hilfe ihrer Schulbildung definiert. Die Ergebnisse zeigen, dass die Häufigkeit von Totgeburten bei Frauen mit Sonderschulbildung ca. dreimal so hoch ist wie bei Frauen mit Abitur, und dass auch bei der perinatalen Mortalität (d.h. der Sterblichkeit in der ersten Woche) ein ähnlich großer Unterschied vorhanden ist (vgl. Tab. 1). Die Häufigkeit von Totgeburten und die perinatale Mortalität nehmen mit zunehmender Schulbildung der Mutter kontinuierlich ab; dieser „Trend" ist eine zusätzliche Bestätigung dafür, dass die Sterblichkeit von ungeborenen oder neugeborenen Kindern von der Schulbildung der Mutter beeinflusst wird. Unklar bleibt jedoch, ob dieser Zusammenhang bei statistischer Kontrolle von anderen potentiellen Einflüssen – vor allem dem Alter der Mutter – erhalten bleibt.

Tab. 1: Schulbildung und Perinatale Mortalität

	Schulbildung der Mutter			
	Sonderschule	Volksschule	Mittl. Reife	Abitur
Anteil in der Stichprobe (in %)	7,0	59,3	23,2	10,5
Totgeburten (in ‰)[a]	10	6	5	3
Perinatale Mortalität (in ‰)[b]	21	13	11	8

a: Totgeborene pro 1.000 Geborene
b: Totgeborene und in den ersten 7 Lebenstagen Gestorbene pro 1.000 Geborene
Stichprobe: 370 Mütter (Deutsche) tot geborener oder gestorbener Säuglingen (Fälle), 1.256 Mütter (Deutsche) lebender Säuglinge (Kontrollen) in Bremen und Niedersachsen
Datenbasis: Befragung 1979.
Quelle: Collatz u.a., 1983.

2.2 Beruflicher Status und Säuglingssterblichkeit

Die zweite ausgewählte Studie über sozio-ökonomische Unterschiede in der Säuglingsmortalität hat eine erheblich breitere Datenbasis als die erste. Einbezogen werden alle Säuglinge, die 1960 in den alten Bundesländern geboren wurden. Es fehlen nur die Angaben für Hamburg, da dort die benötigten Unterlagen durch die Flutkatastrophe von 1962 vernichtet wurden. Im Rahmen einer Sonderauszählung stellten die übrigen Statistischen Landesämter dem Statistischen Bundesamt die standesamtlichen Geburten- und Sterbefall-Zählkarten zur Verfügung. Auf der einen Zählkarte stehen die Angaben, die auf der anderen fehlen. Durch manuelle (!) Zusammenführung der Geburten-Zählkarten mit den Zählkarten für die ca. 30.000 gestorbenen Säuglinge konnte so ein Datensatz erstellt werden, in dem für alle gestorbenen Säuglinge u.a. Angaben zum Beruf des Vaters, zum Alter der Mutter bei Geburt des Kindes und zur Todesursache enthalten sind.

Damit steht ein außerordentlich reichhaltiges Datenmaterial zur Verfügung, welches zudem den Vorteil besitzt, auf „prozess-produzierten" Daten zu basieren. Die für Bevölkerungsbefragungen typischen Probleme der Repräsentativität (Auswahl der Teilnehmer, Teilnahme-Verweigerung) und Validität (Zuverlässigkeit der Angaben) sind daher weitgehend ausgeschaltet. Einen vergleichbaren Datensatz gibt es meines Wissens heute nicht mehr. Trotz der Reichhaltigkeit des Datenmaterials entstand daraus offenbar aber nur eine einzige Publikation, in der die Säuglingssterblichkeit in Abhängigkeit vom Beruf des Vaters berechnet wurde (Schwarz, 1966). In dieser Publikation werden leider nur wenige, grobe Berufsgruppen unterschieden, eine statistische Kontrolle weiterer Faktoren (z.B. Alter der Mutter bei der Geburt) fehlt. Die Daten sind zudem relativ alt. Dennoch besitzt die Studie einen hohen Stellenwert, da meines Wissens keine anderen Ergebnisse vorhanden sind zu sozio-ökonomischen Unterschieden in der Säuglingssterblichkeit auf der Basis von personenbezogenen und „prozess-produzierten" Daten.

Tab. 2: Beruf und Säuglingssterblichkeit

Berufliche Stellung des Vaters	(in %) [b]	Säuglingssterblichkeit [a]		
		männlich	weiblich	insg.
Arbeiter in der Land- und Forstwirtschaft	1,6	46,5	35,6	41,1
übrige Arbeiter	58,0	37,5	29,2	33,5
Selbstständige, Mithelfende (Land- und Forstwirtschaft)	8,2	35,5	27,4	31,6
Selbstständige, Mithelfende (andere)	8,0	31,2	25,6	28,5
Beamte	6,4	29,8	21,0	25,6
Angestellte	16,3	26,9	21,0	24,1
(keine Angabe zum Beruf)	(1,5)	(24,2)	(17,8)	(21,0)

a: Gestorbene im 1. Lebensjahr pro 1.000 Lebendgeborene
b: Anteil der Lebendgeborenen pro Berufskategorie
Datenbasis: 26.980 gestorbene eheliche Säuglinge, Geburtsjahrg. 1960, alte Bundesländer.
Quelle: Schwarz, 1966.

Wenn die bei Schwarz (1966) genannten Berufsgruppen nach abnehmender Säuglingssterblichkeit geordnet werden, wird ein klarer Zusammenhang deutlich: Die Säuglingssterblichkeit ist in der unteren sozio-ökonomischen Gruppe (z.B. Arbeiter) bedeutend höher als in der oberen (z.B. Angestellte), und zwar sowohl bei männlichen als auch bei weiblichen Säuglingen (vgl. Tab. 2). Der gleiche Zusammenhang zeigt sich auch bei den meisten spezifischen Todesursachen. Die größten Unterschiede zwischen den Berufsgruppen sind vorhanden bei den Todesfällen durch Unfälle, Vergiftungen oder Gewalteinwirkungen, den Todesfällen durch infektiöse oder parasitäre Krankheiten und bei den Todesfällen durch Krankheiten der Verdauungsorgane; sie sind bei den „übrigen Arbeitern" ca. 2,4-mal so häufig wie bei den Angestellten. Da es sich um eine Vollerhebung handelt mit insgesamt ca. 30.000 Todesfällen, kann an dem Wahrheitsgehalt der Ergebnisse kaum gezweifelt werden. Auch hier wurden wichtige potentielle Einflussfaktoren (wie z.B. das Alter der Mutter) jedoch nicht kontrolliert.

2.3 Regionale Unterschiede in der Säuglingssterblichkeit

Einige Studien über Unterschiede in der Säuglingssterblichkeit zwischen sozialen Schichten basieren auf einem „ökologischen Design", d.h. auf regionalen Vergleichen der Mortalität. In diesen Studien werden Angaben zur durchschnittlichen Mortalität in einer Region verglichen mit Angaben zur sozio-ökonomischen Struktur der Region, z.B. mit dem durchschnittlichen Bruttolohn der Erwerbstätigen.

Tab. 3: Soziale Schicht und Säuglingssterblichkeit

	1970-1979		1980-1989	
	untere Schicht[a]	obere Schicht[b]	untere Schicht[a]	obere Schicht[b]
Säuglingssterblichkeit[c]				
- Jungen	26	18	13	6
- Mädchen	15	14	8	8

a: Ortsteile in Bremen aus dem Cluster der unteren sozialen Schicht
b: Ortsteile in Bremen aus dem Cluster der oberen sozialen Schicht
c: Gestorbene im 1. Lebensjahr pro 1.000 Lebendgeborene
Daten: Volkszählung 1987.
Quelle: Tempel & Witzko, 1994.

Die erste hier vorgestellte Studie bezieht sich auf Bremen. Auf Basis der Volkszählung 1987 wurden die 78 Ortsteile in fünf Gruppen (Cluster) unterteilt, von hoher sozialer Schicht (Cluster 1) bis hin zu niedriger sozialer Schicht (Cluster 5). Die Einteilung beruht dabei z.B. auf Angaben über den Anteil der Akademiker und der Arbeiter pro Ortsteil (Tempel & Witzko, 1994). In der nächsten Tabelle (vgl. Tab. 3) ist zu sehen, dass bei Jungen die Säuglingssterblichkeit in den Ortsteilen der unteren sozialen Schicht erheblich höher ist als in den Ortsteilen der oberen sozialen Schicht. Diese Unterschiede sind zudem sehr stabil, sie wurden in zwei verschiedenen Zeiträumen gefunden. Bei Mädchen zeigen sich dagegen kaum Unterschiede zwischen den Ortsteilen.

In einer ähnlichen aus Berlin vorgelegten Studie werden die zwölf Westberliner Bezirke in drei Gruppen unterteilt (Elkeles, 1994): untere soziale Schicht (Wedding, Tiergarten, Kreuzberg, Neukölln), mittlere soziale Schicht (Reinickendorf, Spandau, Charlottenburg, Schöneberg, Tempelhof), obere soziale Schicht (Wilmersdorf, Zehlendorf, Steglitz). Als Maß für die Morbidität bzw. Mortalität von Säuglingen wird pro Gruppe von Bezirken unterschieden zwischen dem „Anteil der Frühgeburten" (Anzahl der Geborenen mit weniger als 2.500g Geburtsgewicht pro 1.000 Lebendgeborene), der „Früh-Sterblichkeit" (Todesfälle vom ersten bis siebten Lebenstag in $^0/_{00}$ aller Lebendgeborenen) und der „Spät-Sterblichkeit" (Todesfälle vom achten bis 365. Lebenstag in $^0/_{00}$ aller Lebendgeborenen). Des Weiteren werden auch Angaben zur Nationalität, zum Alter, zum Familienstand und zur Erwerbstätigkeit der Mutter einbezogen.

Die Ergebnisse (vgl. Tab. 4) zeigen, dass – unabhängig von Nationalität, Alter, Familienstand und Erwerbstätigkeit der Mutter – in den Bezirken aus der unteren sozialen Schicht die Morbidität bzw. Mortalität der Säuglinge fast immer höher ist als im Durchschnitt aller Bezirke. Die Unterschiede sind zum Teil relativ klein; das liegt vor allem daran, dass die Bezirke aus der unteren sozialen Schicht mit dem *Durchschnitt* aus allen Westberliner Bezirken verglichen werden und nicht speziell mit den Bezirken aus der *oberen* sozialen Schicht. Da die Bezirke aus der unteren sozialen Schicht in dem Durchschnitt aus allen Westberliner Bezirken enthalten sind, drücken sie den Durchschnitt herunter. Um so auffälliger ist es, dass trotzdem erhebliche Unterschiede zwischen der unteren sozialen Schicht und dem Durchschnitt gefunden werden. In der Studie wird auch eine Grafik präsentiert zur Säuglingssterblichkeit (Anzahl der im ersten Lebensjahr Gestorbenen pro 1.000 Lebendgeborene) in jeder der drei Gruppen von Bezirken zwischen 1970 und 1985. Im Unterschied zur Tabelle 4 werden in der Grafik jedoch keine möglichen Einflüsse kontrolliert wie Nationalität, Alter, Familienstand und Erwerbstätigkeit der Mutter. Wenn der Durchschnitt aller Westberliner Bezirke gleich 100 gesetzt wird, liegt die Säuglingssterblichkeit in den statusniedrigen Bezirken bei ca. 120 und in den statushohen Bezirken bei ca. 80; sie ist in den statusniedrigen Bezirken also ca. 1,5-mal so hoch wie in den statushohen Bezirken.

Besonders bemerkenswert ist, dass dieser Unterschied zwischen 1970 und 1985 ungefähr gleich groß geblieben ist. Ähnlich wie in Bremen (vgl. Tab. 3) ist offenbar auch in Berlin der Unterschied in der Säuglingssterblichkeit zwischen statushohen und statusniedrigen Gebieten sehr stabil.

Tab. 4: Frühgeburten und Säuglingssterblichkeit

Merkmale der Mutter	Frühgeburten [a]		Früh-Sterblichkeit [b]		Spät-Sterblichkeit [c]	
	unt. Sch.[d]	Gesamt[e]	unt. Sch.[d]	Gesamt[e]	unt. Sch.[d]	Gesamt[e]
Nationalität						
- Deutsch	8,5	7,3	5,9	4,9	9,5	7,2
- Türkisch	7,8	7,3	8,1	8,3	7,8	8,3
Alter						
- unter 18	10,4	10,1	4,1	4,7	20,7	18,6
- über 35	9,9	8,9	6,8	5,5	7,4	5,2
Verheiratet						
- ja	7,7	6,8	6,1	5,1	7,8	6,4
- nein	9,9	9,2	7,7	6,5	11,8	10,6
Erwerbstätig						
- ja	8,0	7,2	6,3	5,3	6,8	5,7
- nein	8,5	7,4	6,6	5,5	11,0	9,3

a:	Anzahl der Geborenen mit weniger als 2.500g Geburtsgewicht pro 1.000 Lebendgeborene
b:	Todesfälle vom 1. bis 7. Lebenstag in $^0/_{00}$ aller Lebendgeborenen
c:	Todesfälle vom 8. bis 365. Lebenstag in $^0/_{00}$ aller Lebendgeborenen
d:	Bezirke der unteren Schicht
e:	alle Bezirke in West-Berlin zusammengefasst
Daten:	Volkszählung 1987, Geburten- und Sterbefallzählkarten für Säuglinge 1982-1985.
Quelle:	Elkeles u.a., 1994.

3   Morbidität

Wie oben ausgeführt, beziehen sich die aus Deutschland vorhandenen Angaben über sozio-ökonomische Unterschiede in der *Mortalität* bei Kindern und Jugendlichen vor allem auf das erste Lebensjahr. Die Studien über sozio-ökonomische Unterschiede in der *Morbidität* beziehen sich dagegen auf das Alter zwischen der Einschulung und der Volljährigkeit. Mit dem Wechsel des Schwerpunkts von Mortalität zu Morbidität wird also zugleich ein Wechsel von Säuglingen zu Kindern und Jugendlichen vollzogen.

Ähnlich wie in den Studien zur Mortalität wird auch in den Studien zur Morbidität die Schichtzugehörigkeit der *Kinder* zumeist über die Ausbildung, den Beruf und/oder das Einkommen der *Eltern* definiert. Diese Methode bietet sich an, da die Kinder vor der Volljährigkeit in der Regel noch keine abgeschlossene Ausbildung, keinen Beruf und kein größeres eigenes Einkommen besitzen. Die Methode ist auch deswegen sinnvoll, weil Kinder häufig nach der Volljährigkeit in der gleichen sozialen Schicht bleiben wie ihre Eltern. Die einzige Möglichkeit, die soziale Schicht der Kinder nicht über Angaben der Eltern zu definieren, bietet die Art der Schule, die das Kind besucht. Wenn z.B. Hauptschüler mit Gymnasiasten aus der gleichen Altersgruppe verglichen werden, wird dadurch auch ein Vergleich zwischen zwei unterschiedlichen sozialen Schichten durchgeführt. Es sind nur wenige Beispiele für diese Art von Studie vorhanden, und eine davon ist unten wiedergegeben. Empirische Arbeiten über den Zusammenhang zwischen dem *beruflichen*

Status der Eltern und dem Gesundheitszustand ihrer Kinder werden hier aus Platzgründen nicht ausführlicher dargestellt (z.B. Geyer & Peter, 1998). Arbeiten über den Zusammenhang zwischen dem *Einkommen* der Eltern und dem Gesundheitszustand ihrer Kinder liegen aus Deutschland meines Wissens bisher nicht vor.

3.1 Soziale Schicht und Morbidität

In diesem Abschnitt werden zwei Studien vorgestellt. In der ersten werden nur Kinder und in der zweiten werden Kinder gemeinsam mit ihren Eltern befragt bzw. untersucht. Dieser Unterschied ist wichtig. Wie oben ausgeführt, wird die Zugehörigkeit zu einer sozialen Schicht auf Grundlage der Indikatoren Ausbildung, Beruf und/oder Einkommen berechnet. Wenn in einer Studie sowohl Kinder als auch ihre Eltern einbezogen werden, können diese Angaben von den Eltern direkt erfragt werden. Wenn aber die Eltern an der Befragung von Kindern nicht teilnehmen, ist die Zuordnung zu einer sozialen Schicht problematisch, da Kinder zumeist nur eine ungenaue Vorstellung von der Ausbildung, dem Beruf und/oder dem Einkommen ihrer Eltern besitzen. In diesen Fällen muss versucht werden, den sozio-ökonomischen Status der Familie mit kindgemäßen Fragen zu erfassen.

Tab. 5: Soziale Schicht und Gesundheit bei Schulkindern

| | Prävalenz (Angaben in %) [a] | | | | | |
| | Soziale Schicht der Eltern [b] | | | | | |
	1 (unten)	2	3	4	5 (oben)	Insg.
Anteil in der Stichprobe	5,3	38,1	24,2	26,2	6,2	100,0
allgemein schlechter Gesundheitszustand [c]	16	7	8	5	1	7
Kopfschmerzen [c]	22	11	13	11	9	12
Rückenschmerzen [c]	16	10	9	7	7	9
Nervosität [c]	22	12	15	13	8	13
schlechtes Einschlafen [c]	26	17	18	15	16	17
Hilflosigkeit [d]	14	7	6	5	3	6
Einsamkeit [e]	19	14	9	8	9	11

a: Kontrolle von Alter und Geschlecht beim Vergleich zwischen den sozialen Schichten
b: Index aus Ausbildung und Beruf der Eltern, finanzielle Lage der Familie
c: täglich oder öfters pro Woche
d: immer oder sehr oft
e: sehr oft oder ziemlich oft
Stichprobe: 3.328 Schüler (11-15 Jahre) in Nordrhein-Westfalen
Datenbasis: Befragung 1994.
Quelle: Klocke & Hurrelmann, 1995.

Dies trifft auch auf die erste Studie zu. Sie beruht auf einer 1994 durchgeführten Befragung von 3.328 Schülern zwischen elf und 15 Jahren in Nordrhein-Westfalen (Klocke & Hurrelmann, 1995). Zur Bestimmung der sozialen Schicht wurden die Schüler danach gefragt, welchen Bildungsabschluss und welchen Beruf ihre Eltern aufweisen, wie viele PKWs ihre Eltern besitzen, wie viele Urlaubsreisen die Familie im letzten Jahr unternommen hat und ob der Schüler ein eigenes Zimmer hat. Nach Zusammenfassung dieser Angaben wurden fünf soziale Schichten unterschieden. Die Fragen zum Gesundheitszustand betreffen sowohl die physischen als auch die mehr psychischen Beschwerden (vgl. Tab. 5). Die Ergebnisse zeigen, dass sich die Schüler in der unteren sozialen Schicht erheblich kränker fühlen als die Schüler in der oberen sozialen Schicht.

Tab. 6: Soziale Schicht und Zahngesundheit bei Schulkindern

		Anzahl erkrankter oder fehlender Zähne [a]		
	Indikator [c]	Soziale Schicht der Eltern [b]		
		untere Schicht	mittlere Schicht	obere Schicht
Anteil in der Stichprobe				
Alte Bundesländer		37,3	47,9	14,8
Neue Bundesländer		34,6	47,6	17,8
Alte Bundesländer				
8-9 Jahre	dmft	5,0	3,4	2,2
8-9 Jahre	DMFT	2,1	1,3	1,0
13-14 Jahre	DMFT	6,1	5,1	2,9
Neue Bundesländer				
8-9 Jahre	dmft	4,3	3,9	3,2
8-9 Jahre	DMFT	1,1	1,0	1,1
13-14 Jahre	DMFT	4,9	4,3	3,6

a: Anzahl der kariösen, wegen Karies entfernten oder gefüllten Zähne
b: Index aus Ausbildung und beruflicher Stellung der Eltern
c: „Decayed, Missing or Filled Teeth" (kariöse, wegen Karies entfernte oder gefüllte Zähne) (Kleinschreibung: Milchzähne)
Stichprobe: 895 bzw. 788 Kinder aus den alten bzw. neuen Bundesländern (Deutsche)
Datenbasis: Befragung/Untersuchung in den alten (1989) und neuen (1992) Bundesländern.
Quelle: Micheelis & Bauch, 1991, 1993.

Eine andere Studie über Schulkinder schloss eine Befragung der Eltern zu ihrer Ausbildung und zu ihrem Beruf ein; die Berechnung der Zugehörigkeit zu einer sozialen Schicht ist daher vermutlich zuverlässiger als in der obigen Studie. Diese Studie bezieht sich auf die Zahngesundheit und weist auch deswegen relativ valide Ergebnisse auf, weil sie nicht nur auf einer Befragung, sondern auch auf einer ärztlichen Untersuchung beruht. In einer Studie zur Zahngesundheit in den alten und neuen Bundesländern wurde auch eine repräsentative Auswahl von Kindern zwischen acht und neun bzw. zwischen 13 und 14 Jahren einbezogen (Micheelis & Bauch, 1991, 1993). Eine Analyse der Angaben zur Anzahl der erkrankten oder fehlenden Zähne zeigt, dass die Zahngesundheit in der unteren sozialen Schicht erheblich schlechter ist als in der oberen (vgl. Tab. 6). In den alten Bundesländern ist die Anzahl erkrankter oder fehlender Zähne in der unteren sozialen Schicht ungefähr doppelt so hoch wie in der oberen, in beiden Altersgruppen und für Milchzähne sowohl als auch für die bleibenden Zähne. Auffallend ist ebenfalls, dass die Zahngesundheit von der oberen über die mittlere zur unteren sozialen Schicht kontinuierlich schlechter wird. Für die neuen Bundesländer wird ein ähnliches – wenn auch weniger ausgeprägtes – Ergebnis gefunden.

3.2 Schulbildung der Eltern und Morbidität der Kinder

Die folgende Studie bezieht sich auf kindliches Asthma. Asthma ist in den industrialisierten Staaten eine der häufigsten chronischen Krankheiten bei Kindern. Als grobe Schätzung kann davon ausgegangen werden, dass ca. 5% aller Kinder unter Asthma leiden. Besonders alarmierend sind neuere Berichte, nach denen die Häufigkeit kindlichen Asthmas in den letzten Jahren offenbar noch zugenommen hat. Eine zentrale Fragestellung lautet: Welche Kinder sind von Asthma besonders stark betroffen, und auf welche Faktoren lässt sich das Asthma bei ihnen zurückführen? Diese Formulierung beinhaltet eine Fülle von spezifischen Fragen. Besondere Aufmerksamkeit wurde bisher der Frage gewidmet, ob es Unterschiede in der Häufigkeit kindlichen Asthmas zwischen den sozialen Schichten gibt.

Aus den industrialisierten Staaten liegen mehrere Studien vor, in denen die Beziehung zwischen kindlichem Asthma und Indikatoren der sozialen Schicht untersucht wurde. Eine klare Antwort auf die Frage, ob und wie kindliches Asthma und soziale Schicht zusammenhängen, geben sie jedoch nicht. Die meines Erachtens aussagekräftigsten Ergebnisse aus Deutschland stammen aus einer Studie, in der Daten aus München ausgewertet wurden (Mielck u.a., 1996). Dabei standen die beiden folgenden Fragen im Mittelpunkt: Welche Beziehung besteht in Deutschland zwischen dem sozio-ökonomischen Status und dem kindlichen Asthma? Hängt diese Beziehung vom Schweregrad des kindlichen Asthmas ab?

Die Datenanalyse beruht auf einer Befragung und einer Untersuchung von allen Kindern der vierten Schulklasse in München. Die Datenerhebung wurde 1989 und 1990 durchgeführt; ausgewertet wurden Angaben von insgesamt 4.434 Kindern zwischen neun und elf Jahren mit deutscher Nationalität. Der Fragebogen wurde von den Eltern ausgefüllt, die Untersuchung bestand vor allem aus einem Allergie-Test beim Kind („Skin Prick Test" auf Birken-, Hasel- und Gräserpollen, auf Katzen- und Hundehaare sowie auf Hausstaubmilben). Die Eltern wurden u.a. gebeten, die beiden folgenden Fragen zu beantworten: „Ist von einem Arzt bei Ihrem Kind schon einmal Asthma bronchiale, asthmoide oder spastische Bronchitis festgestellt worden?" und „Wenn Ja: Wie häufig traten die Beschwerden (Asthmaanfälle, Atemnot, Hustenattacken) in den letzten zwölf Monaten auf?" Aus der letzten Frage wurde der Schweregrad gebildet mit den drei Stufen *leichtes* Asthma (ein bis vier Anfälle im letzten Jahr), *mittleres* Asthma (fünf bis zehn Anfälle) und *schweres* Asthma (mehr als zehn Anfälle). Als Merkmal für die soziale Schicht wird die Schulbildung der Eltern verwendet; dabei werden die folgenden drei Gruppen unterschieden: Hauptschulabschluss, Mittlere Reife oder Realschulabschluss, Fachhochschulreife oder Abitur. Eine einfache Auszählung der Häufigkeit kindlichen Asthmas nach Schweregrad und Schulbildung der Eltern zeigt, dass insgesamt 5,6% aller Kinder unter Asthma leiden und dass leichtes Asthma erheblich häufiger ist als mittleres oder schweres Asthma (vgl. Tab. 7).

Tab. 7: Schulbildung der Eltern und Schweregrad kindlichen Asthmas (in %)

	Haupt-, Grund-schule	Mittlere Reife	Fachhochschulreife, Abitur	Insgesamt
Anteil in der Stichprobe	24,0	27,6	48,4	100,0
Schweregrade [a]				
leichtes Asthma	2,2	3,6	3,4	3,1
mittleres Asthma	0,9	1,7	1,2	1,2
schweres Asthma	2,1	1,2	0,9	1,3
	5,2	6,5	5,4	5,6

a: leicht: 1-4 Anfälle, mittel: 5-10 Anfälle; schwer: mehr als 10 Anfälle pro Jahr
Stichprobe: 4.434 Kinder (9-11 Jahre, Deutsche) aus München
Datenbasis: Befragung/Untersuchung, 1989, 1990 (Münchner Asthma- und Allergiestudie)
Quelle: Mielck u.a., 1996

Es wird auch deutlich, dass in der unteren Schulbildungsgruppe *leichtes* Asthma seltener und *schweres* Asthma häufiger ist als in der oberen Schulbildungsgruppe. Bei einer Zusammenfassung aller Schweregrade zeigt sich daher auch kein größerer Unterschied nach der Schulbildung der Eltern. Die gesundheitliche Belastung ist bei schwerem Asthma definitionsgemäß größer als bei mittlerem oder leichtem Asthma, und entsprechend ist die Erklärung und Verringerung des schweren Asthmas von besonders großer Bedeutung. In einem weiteren Schritt der Auswertung der Münchener Daten wurde daher versucht, das erhöhte Auftreten schweren kindlichen Asthmas in der unteren sozialen Schicht zu erklären. Als mögliche erklärende Faktoren werden dabei die folgenden Variablen untersucht: Geschlecht des Kindes, asthmatische oder allergische Erkrankungen bei Eltern oder Geschwistern, positiver Allergie-Test beim Kind, Rauchen der Mutter im ersten Lebensjahr des Kindes, gegenwärtiges Rauchen der Mutter, Geburtsgewicht des Kindes unter 2.500 Gramm, feuchte Wohnung, Kohle- oder Gas-Heizung, Verkehrsbelastung mit mehr als 75.000 Autos pro Tag im Schul-Einzugsgebiet. Diese Variablen entsprechen den bekannten potentiellen Risikofaktoren für kindliches Asthma. Eine Kontrolle des Alters der Kinder ist nicht erforderlich, da ohnehin nur Kinder zwischen neun und elf Jahren einbezogen wurden.

In einem ersten Auswertungsschritt wird nur die Variable „Geschlecht des Kindes" kontrolliert: Es zeigt sich, dass schweres Asthma bei der unteren Schulbildung ca. 2,4-mal häufiger ist als bei der oberen und bei Jungen ca. 2,1-mal häufiger als bei Mädchen. Die Unterschiede sind statistisch signifikant. In dem nächsten Schritt werden auch die anderen erklärenden Variablen einbezogen. Es wird deutlich, dass bei Kontrolle dieser Variablen das schwere Asthma bei der unteren Schulbildung immer noch 1,8-mal häufiger ist als bei der oberen. Da die Zahl der Kinder mit schwerem Asthma relativ klein ist (insgesamt 58 Kinder), ist dieses Ergebnis nicht mehr statistisch signifikant. Es weist jedoch darauf hin, dass Kinder aus der unteren sozialen Schicht erheblich häufiger unter schwerem Asthma leiden als Kinder aus der oberen sozialen Schicht und dass sich dieser Unterschied nicht durch die bekannten Risikofaktoren für Asthma erklären lässt. Als mögliche Erklärung für den Zusammenhang zwischen sozialer Schicht und schwerem Asthma bietet sich daher die Hypothese an, dass es schichtspezifische Unterschiede in der Betreuung und in der gesundheitlichen Versorgung von asthmatischen Kindern gibt.

Die Analyse ist hier aus einem weiteren Grund von Interesse. Die Frage, ob sich die sozio-ökonomischen Unterschiede im Gesundheitszustand mit dem *Schweregrad* einer Erkrankung verändern, wurde bisher weitestgehend vernachlässigt. Die Studie zum kindlichen Asthma ist meines Wissens die bisher einzige aus Deutschland, in der diese Frage explizit untersucht wird. Aus ihren Ergebnissen lässt sich die folgende Hypothese ableiten: Die gesundheitliche Benachteiligung von Personen aus der unteren sozialen Schicht ist umso größer, je schwerer eine Erkrankung ist. Da in den vorhandenen Studien zumeist alle Schweregrade einer Erkrankung zusammengefasst werden, würde daraus auch folgen, dass die dort gefundenen schichtspezifischen Unterschiede im Gesundheitszustand *kleiner* sind als die Unterschiede bei *schweren* Erkrankungen. Die schweren Erkrankungen stellen jedoch definitionsgemäß eine größere gesundheitliche Belastung dar als die leichten, das Problem „soziale Ungleichheit und Krankheit" ist daher möglicherweise noch ausgeprägter, als die bisher vorliegenden empirischen Ergebnisse vermuten lassen.

3.3 Schultyp und Morbidität

In der folgenden Studie wird die soziale Schicht des Kindes nicht über Angaben der Eltern definiert, sondern über den durch das Kind besuchten Schultyp. Die Studie basiert zudem nicht auf Daten, die im Rahmen einer Studie speziell erhoben wurden, sondern auf vorhandenen Routinedaten des öffentlichen Gesundheitsdienstes. Sie ist somit ein Beispiel dafür, dass sich auf der Grundlage von Routinedaten mit relativ geringem Aufwand aussagekräftige Ergebnisse erhalten lassen; diese Möglichkeit wurde bisher viel zu selten genutzt. Ausgangspunkt der Studie sind die schulärztlichen Untersuchungen. Diese Daten bilden eine hervorragende Quelle für sozial-epidemiologische Untersuchungen, da alle Kinder eines Jahrgangs in einem weitgehend standardisierten Verfahren von Medizinern untersucht werden; für Erwachsene sind vergleichbare Daten nicht vorhanden. Eine der wenigen Auswertungen bezieht sich auf die Untersuchungen in der achten Klasse in zwei Hamburger Bezirken aus den Jahren 1989 und 1990 (Glaser-Möller u.a., 1992).

Wenn man die in dieser Publikation genannten Angaben zum Gesundheitszustand nach Schultyp unterscheidet, zeigt sich eindeutig, dass der Gesundheitszustand bei Haupt- oder Realschülern erheblich schlechter ist als bei Gymnasiasten (vgl. Tab. 8). Dieses Ergebnis ist sehr zuverlässig, da es – ähnlich wie die oben wiedergegebenen Ergebnisse über den Zusammenhang zwischen Beruf und Säuglingssterblichkeit (vgl. Tab. 2) – auf „prozess-produzierten" Daten basiert, d.h. auf

Daten, bei denen die für eine Bevölkerungsbefragung typischen Probleme der Repräsentativität (Auswahl der Teilnehmer, Teilnahmeverweigerung) und Validität (Zuverlässigkeit der Angaben) weitgehend ausgeschaltet sind.

Tab. 8: Ergebnisse schulärztlicher Untersuchungen nach Schultyp (in %)

	Haupt-, Realschule	Gymnasium
Anteil in der Stichprobe [a]	32,5	30,6
Erkrankungen (in den letzten 4 Jahren)		
Masern	8	3
Mumps	6	3
Mittelohrentzündungen	12	8
Unfälle, die zu einer ärztlichen Behandlung geführt haben	30	23
Krankenhaus-Aufenthalte	15	7
Krankhafter Befund, der eine Überweisung an niedergelassenen Arzt erforderlich macht	33	20

a: weitere Schüler: 24,9% Gesamtschule, 3% Sonderschule, 9% keine Information
Stichprobe: 1.722 Schüler der 8. Klasse aus zwei Bezirken in Hamburg
Datenbasis: Schulärztliche Untersuchung 1989, 1990.
Quelle: Glaser-Möller u.a., 1992.

Eine wichtige Datenquelle stellen auch die Einschulungsuntersuchungen dar, sozial-epidemiologische Analysen sind bisher jedoch sehr selten. Eine Auswertung von Hamburger Daten aus dem Jahr 1979 zeigte z.B., dass die Schulanfänger von Arbeitern erheblich seltener einen guten Gesundheitszustand aufweisen als andere Schulanfänger (Mielck, 1985). Eine Studie auf Basis der 1994 in Brandenburg durchgeführten Schuleingangs-Untersuchungen weist ebenfalls auf die erhöhte Morbidität in der unteren sozialen Schicht hin (Ministerium, 1997a/b).

4 Erklärungsansätze

Bei dem Versuch, die höhere Mortalität und Morbidität in der unteren sozialen Schicht zu erklären, wird zumeist zwischen drei möglichen Einflussbereichen unterschieden, und zwar den Lebensbedingungen, dem Gesundheitsverhalten und der gesundheitlichen Versorgung. Bezogen auf Kinder und Jugendliche können schichtspezifische Unterschiede in den Lebensbedingungen, z.B. bei den Wohnbedingungen und beim Angebot von Freizeiteinrichtungen in der Wohnumgebung vorhanden sein. Wenn die Eltern der unteren sozialen Schicht angehören und arm sind, sind die Lebensbedingungen zumeist erheblich belastender als bei anderen Eltern, und es liegt auf der Hand, dass dadurch auch eine besonders große gesundheitliche Belastung für die Kinder entsteht. Dieser Zusammenhang ist bisher leider kaum empirisch belegt worden; die wenigen Ausnahmen (z.B. Heinrich u.a., 1998, 2000) bestätigen auch hier die Regel. Beim Gesundheitsverhalten wird zudem unterschieden zwischen dem Verhalten der Eltern und dem Verhalten der Kinder.

Das Gesundheitsverhalten der Eltern kann dabei auch als Teil der Lebensbedingungen des Kindes verstanden werden.

4.1 Wohnbedingungen

Aus den alten und neuen Bundesländern lag meines Wissens bis vor wenigen Jahren nur eine empirische Studie zum Thema „soziale Ungleichheit und Luftverschmutzung" vor. Dort wurde untersucht, ob im Ruhrgebiet eine schichtspezifische Schadstoffbelastung der Außenluft vorhanden ist. Grundlage ist ein Vergleich der Schadstoffbelastungen zwischen Wohngebieten mit unterschiedlicher Sozialstruktur. Das Ergebnis ist eindeutig: „Zusammenfassend ist festzustellen, dass nach den vorliegenden Untersuchungsergebnissen Arbeiter am Wohnort weitaus stärker durch Staub-, Schwefeldioxid- und Fluorionen-Immissionen belastet werden als die Gruppe der Angestellten und Selbstständigen" (Jarre, 1975, S. 68). Die wenigen in der Folgezeit publizierten Studien (Mielck, 1985; Ministerium, 1997a/b; Heinrich u.a., 1998) konzentrieren sich auf Kinder und weisen übereinstimmend darauf hin, dass Kinder aus der unteren sozialen Schicht häufiger als andere Kinder an Hauptverkehrsstraßen und in Regionen mit erhöhter Konzentration an Außenluft-Schadstoffen wohnen.

Tab. 9: Schulbildung und Belastung durch die Wohnbedingungen

	Prävalenz (in %)		
	Schulbildung der Eltern [a]		
	< 10 Jahre	10 Jahre	> 10 Jahre
Anteil in der Stichprobe (in %)	8,0	49,2	42,8
Wohnung liegt an verkehrsreicher Straße [b]*	21,5	14,6	8,2
Wohnung ist feucht*	16,3	8,5	4,8

*: signifikanter Unterschied zwischen den Bildungsgruppen (p < 0,001)
a: höchster Schulabschluss von Mutter oder Vater
b: mehr als 50 Kfz. pro Minute
Stichprobe: 2.471 Kinder (5-14 Jahre) aus Hettstedt, Zerbst und Bitterfeld
Datenbasis: Befragung 1992, 1993 (Bitterfeld-Studie).

Quelle: Heinrich u.a., 1998.

In der „Bitterfeld-Studie" wurden die Eltern der fünf bis 14 Jahre alten Schulkinder auch nach der Straßenverkehrs-Belastung und nach der Ausstattung der Wohnung gefragt (Heinrich u.a., 1998). Die Ergebnisse sind wiederum eindeutig: Mit zunehmender Schulbildung der Eltern nimmt die Belastung der Kinder erheblich ab (vgl. Tab. 9).

4.2 Gesundheitsverhalten

In der schon oben dargestellten Schülerbefragung in Nordrhein-Westfalen (vgl. Tab. 5) wurde auch nach der Ernährung gefragt (Klocke, 1995). Die Auswertung zeigt, dass sich die Schüler aus der unteren sozialen Schicht weniger gesund ernähren als die Schüler aus der oberen sozialen Schicht (vgl. Tab. 10). So nimmt z.B. der tägliche Verzehr von Vollkornbrot von der unteren bis zur oberen sozialen Schicht kontinuierlich *zu*. Besonders deutlich wird der schichtspezifische Unterschied auch beim Konsum von Chips und von Pommes Frites, er nimmt von der unteren bis zur oberen sozialen Schicht kontinuierlich *ab*. Unklar bleibt, warum diese schichtspezifischen Unterschiede in der Ernährung vorhanden sind, ein Grund ist vermutlich das Ernährungsverhalten der Eltern.

Tab. 10: Soziale Schicht und Ernährung bei Schulkindern

Ausgewählte Nahrungsmittel [b]	Derzeitiger Konsum (Angaben in %) Soziale Schicht [a]				
	1 (unten)	2	3	4	5 (oben)
Anteil in der Stichprobe	5,3	38,1	24,2	26,2	6,2
Gemüse (wöchentlich)	48	50	47	54	54
Obst (mehrmals täglich)	32	37	40	45	42
Vollkornbrot (täglich)	26	40	45	47	51
Vollmilch (mehrmals täglich)	31	35	40	43	43
Chips (wöchentlich)	54	46	46	43	36
Pommes Frites (wöchentlich)	55	49	49	44	37
Cola, Süßgetränke (täglich)	45	44	40	32	28
Kaffee (wöchentlich)	37	33	24	23	24

a: Index aus Ausbildung und Beruf der Eltern, finanzielle Lage der Familie,
b: Nahrungsmittel mit sign. Unterschieden (5%-Niveau) zwischen den sozialen Schichten
Stichprobe: 3.328 Schüler (11-15 Jahre) in Nordrhein-Westfalen
Datenbasis: Befragung von Schülern 1994.
Quelle: Klocke, 1995.

In der oben bereits erwähnten Studie zur Zahngesundheit (vgl. Tab. 6) wurde in den alten Bundesländern auch nach dem Konsum von Zucker gefragt (Micheelis & Bauch, 1991). Leider wird nicht erwähnt, was mit der Angabe „hoher Zuckerkonsum" genau gemeint ist. Die Ergebnisse sind dennoch aufschlussreich. Im Vergleich zur oberen sozialen Schicht ist ein „hoher Zuckerkonsum" in der unteren sozialen Schicht bei Kindern zwischen acht und neun Jahren 3,5-mal häufiger und bei Jugendlichen zwischen 13 und 14 Jahren sogar 4,9-mal häufiger als in der Oberschicht (ebd.). Interessant ist auch, dass sich bei Erwachsenen ein ähnlicher – wenn auch etwas kleinerer – Unterschied im Zuckerkonsum zwischen den sozialen Schichten zeigt. Bei den in der Studie befragten Erwachsenen handelt es sich zwar nicht um die Eltern der befragten Kindern, aber der Schluss liegt trotzdem nahe, dass die Kinder aus der unteren sozialen Schicht ihren hohen Zuckerkonsum von den Eltern „gelernt" haben.

Die meisten sozial-epidemiologischen Arbeiten zum Gesundheitsverhalten beschäftigen sich mit dem Thema „Rauchen". In einer etwas älteren Studie aus Südbaden wird beschrieben, wie sich das Rauchverhalten bei Schülern zwischen der 7siebten und der neunten Klasse verändert (Gohlke u.a., 1989). Bei einer Unterscheidung nach Schultyp wird deutlich, dass der Anteil der Raucher bei den Hauptschülern am höchsten und bei den Gymnasiasten am niedrigsten ist, bei Jungen sowohl als auch bei Mädchen, und in der 7. Klasse ebenso wie in der 9. Klasse (vgl. Tab. 11). Der Zusammenhang zwischen Schultyp und Rauchen wird noch dadurch verstärkt, dass mehr Hauptschüler als Gymnasiasten schon mindestens 100 Zigaretten geraucht haben, vor allem in der 9. Klasse. Besonders hervorzuheben ist, dass die Unterschiede zwischen der Hauptschule und dem Gymnasium zwischen der 7. und der 9. Klasse zugenommen haben. In der Hauptschule hat sich der Anteil der Raucher bei Jungen um 15% und bei Mädchen sogar um 26% erhöht; im Gymnasium jedoch nur um 5% bei Jungen und um 6% bei Mädchen. Ähnlich ist auch die Zunahme bei den Schülern, die schon mindestens 100 Zigaretten geraucht haben, in der Hauptschule größer als im Gymnasium.

Tab. 11: Schultyp und Rauchen bei Schülern (in %)

	Hauptschule		Realschule		Gymnasium	
	Jungen	Mädchen	Jungen	Mädchen	Jungen	Mädchen
Schon einmal geraucht						
- 7. Klasse	62,0	54,0	57,0	37,0	52,0	19,0
- 9. Klasse	77,0	80,0	72,0	54,0	57,0	25,0
- Änderung 7. bis 9. Klasse	+ 15,0	+ 26,0	+ 15,0	+ 17,0	+ 5,0	+ 6,0
Schon mehr als 100 Zigaretten geraucht						
- 7. Klasse	3,0	3,7	2,4	0,0	0,0	0,0
- 9. Klasse	22,0	25,0	16,0	2,4	6,0	0,0
- Änderung 7. bis 9. Klasse	+ 19,0	+ 21,3	+ 13,6	+ 2,4	+ 6,0	+ 0,0

Stichprobe: 569 Schulkinder (301 Jungen, 278 Mädchen) aus 6 Ortschaften in Südbaden
Datenbasis: Befragung ca. 1984 und 1986.
Quelle: Gohlke u.a., 1989.

Bei derartigen Befragungen ist immer etwas unklar, wie zuverlässig die Angaben sind. Das Ergebnis in Tabelle 11 könnte theoretisch auch dadurch zustande kommen, dass bei gleichem Rauchverhalten die Hauptschüler ihren Konsum stark *über*treiben und die Gymnasiasten ihren Konsum stark *unter*treiben. Auch wenn es derartige Verzerrungen geben kann, so ist jedoch die Wahrscheinlichkeit sehr klein, dass sich dadurch die Ergebnisse vollständig erklären lassen. Wenn die Verzerrungen überhaupt vorhanden sind, dann sind sie vermutlich so klein, dass sie die Aussage der Tabelle nur unwesentlich beeinflussen.

Zu einem vergleichbaren Ergebnis kommt auch eine neuere Studie aus Offenbach und Hanau (Scholz & Kaltenbach, 1995). Hier wurden die Schüler danach gefragt, ob sie mindestens 1- bis 2-mal pro Woche rauchen und wie viele Zigaretten sie in den letzten 24 Stunden geraucht haben, und immer war der Anteil der Raucher in der Hauptschule am höchsten und im Gymnasium am niedrigsten (vgl. Tab. 12). In dieser Studie wurde zudem nach dem Rauchverhalten der Eltern gefragt. Auch hier zeigt sich ein ganz ähnlicher Zusammenhang: Der Anteil der Raucher ist bei den Eltern der Hauptschüler deutlich höher als bei den Eltern der Gymnasiasten. Es liegt daher die Vermutung nahe, dass das erhöhte Rauchen bei den Schülern aus der unteren sozialen Schicht zu einem wesentlichen Teil durch das erhöhte Rauchen ihrer Eltern zu erklären ist. In diesem Sinne kann also von einem schichtspezifischen „Lernen" des Rauchens gesprochen werden. Die Studie aus Offenbach und Hanau beinhaltet auch Angaben zum Alkohol- und zum Drogenkonsum der Schüler. Der Konsum von Bier und von Drogen wie Haschisch oder Marihuana ist in der Hauptschule wieder deutlich erhöht (vgl. Tab. 12).

Tab. 12: Schultyp und Rauchen, Alkohol- und Drogenkonsum bei Schülern (in %)

	Hauptschule	integrierte Gesamtschule	Realschule	Gymnasium
Eigenes Rauchen				
mind. 1-2-mal pro Woche	14,3***	8,2***	5,6*	2,7
Rauchen der Eltern				
Vater raucht	54,1***	42,9***	40,1***	29,7
Mutter raucht	40,2***	39,6***	41,3***	26,1
Alkoholkonsum pro Woche				
1 oder mehr Gläser Bier	15,6***	12,3**	13,4***	6,9
1 oder mehr Gläser Wein	10,9***	10,0**	10,4***	5,2
Drogen mindesten einmal probiert [a]	9,4**	5,3	5,3	4,4

*: $p < 0,05$; **: $p < 0,01$; ***: $p < 0,001$ (jeweils vs. Gymnasium)
a: z.B. Konsum von Haschisch, Marihuana, Klebstoff/Lösungsmittel („schnüffeln"), LSD
Stichprobe: 2.979 Schüler (12-13 Jahre) in Offenbach und Hanau
Datenbasis: Befragung 1991, 1992.
Quelle: Scholz & Kaltenbach, 1995.

Besonders wichtig ist hier die Feststellung, dass sich die verschiedenen gesundheitlichen Risiken bei den Hauptschülern häufen. Sie rauchen mehr, trinken mehr Alkohol *und* konsumieren mehr Drogen als die Gymnasiasten. Durch diese Kumulierung von Risiken entsteht eine besonders große gesundheitliche Gefährdung. Das oben dargestellte Ergebnis zur Schichtabhängigkeit des Rauchens bei den Eltern wird in einer weiteren Studie bestätigt, die sich speziell mit dem Passivrauchen von Kindern beschäftigt (Brenner & Mielck, 1993a). Aufschlussreich sind auch die Ergebnisse aus einer Studie, in der untersucht wird, ob eine Schwangerschaft bei Rauchern dazu führt, das Rauchen zu beenden (Brenner & Mielck, 1993b): Wenn Frauen mit dem Rauchen aufhören, dann tun sie dies zumeist beim Beginn einer Schwangerschaft. Auch die rauchenden Männer aus der *oberen* sozialen Schicht stellen ihr Rauchen zumeist dann ein, wenn ihre Partnerin schwanger ist. Wenn dagegen die rauchenden Männer aus der *unteren* sozialen Schicht ihr Rauchen einstellen, dann tun sie dies vollkommen unabhängig von einer Schwangerschaft ihrer Partnerin. In der gesundheitlichen Aufklärung wird seit Jahren darauf hingewiesen, dass schwangere Frauen weder selbst rauchen noch Passivrauchen ausgesetzt sein sollten. Offenbar fällt es ihren Männern aus der unteren sozialen Schicht besonders schwer, sich an diese Empfehlung zu halten.

Das Thema „aktives und passives Rauchen" wird hier nicht nur wegen der gesundheitlichen Bedeutung des Rauchens betont. Es verdeutlicht zudem zwei Probleme, auf die immer wieder hingewiesen werden muss. Das erste Problem bezieht sich auf die „Vererbbarkeit" von schichtspezifischen Unterschieden im Gesundheitszustand. Wenn Eltern rauchen, dann werden die Kinder ebenfalls vermehrt zur Zigarette greifen, und in ähnlicher Weise werden vermutlich auch andere schichtspezifische Gesundheitsrisiken von den Eltern auf die Kinder übertragen. Um so wichtiger ist es, diese Kette zu durchbrechen, vor allem durch Präventionsprogramme speziell für die Eltern und die Kinder aus der unteren sozialen Schicht.

Das zweite Problem bezieht sich auf die Gefahr, dass die „Schuld" für die schichtspezifischen Unterschiede den Angehörigen der unteren sozialen Schicht in die Schuhe geschoben wird. Man kann immer wieder die Meinung hören, dass die Angehörigen der unteren sozialen Schicht nicht genug für ihre Gesundheit tun. Dabei wird jedoch leicht übersehen, dass das Gesundheitsverhalten durch die Lebensbedingungen entscheidend geprägt wird. Wenn die Kinder durch die Eltern dem passiven Rauchen ausgesetzt sind, liegt es nahe, die „Schuld" bei den Eltern zu suchen; aber es muss auch gefragt werden, warum die Eltern rauchen. Ein Grund könnte z.B. sein, dass das Rauchen der Eltern eine Reaktion auf besonders belastende Arbeitsbedingungen ist. Dann sollte überlegt werden, wie die Arbeitsbedingungen verbessert und/oder wie die Abwehrkräfte der Eltern verstärkt werden können. Auch bei anderen Aspekten des Gesundheitsverhaltens sollte immer nach den Ursachen des Verhaltens gesucht werden, bevor man die „Opfer" zusätzlich mit „Schuld" belädt.

4.3 Gesundheitliche Versorgung

Beim Thema „gesundheitliche Versorgung" lassen sich zwei Schwerpunkte unterscheiden. Zum einen sind empirische Ergebnisse vorhanden zur schichtspezifischen Inanspruchnahme der Früherkennungsuntersuchungen für Säuglinge und Kleinkinder und zu schichtspezifischen Unterschieden beim Impfschutz. Zum anderen erscheint es bei der gegenwärtigen Diskussion über die „Kostenexplosion" im Gesundheitswesen wichtig, auch kurz auf die möglichen schichtspezifischen Auswirkungen der bereits etablierten und der geplanten Kostendämpfungsmaßnahmen einzugehen.

Zur schichtspezifischen Inanspruchnahme der Früherkennungsuntersuchungen für Säuglinge und Kleinkinder sind aus Deutschland bisher nur sehr wenige Studien vorhanden. Es ist kennzeichnend für den hiesigen Stand der sozial-epidemiologischen Forschung, dass die Daten von zwei noch heute häufig zitierten Studien eigentlich schon überholt sind. Die Daten der einen Studie wurden vor über 20 Jahren und die Daten der anderen Studie vor ca. 15 Jahren erhoben. Da sich die gesundheitliche Versorgung in 20 bzw. in 15 Jahren erheblich ändern kann, bleibt unklar, ob diese Ergebnisse auch etwas über die gegenwärtigen Bedingungen aussagen. Die ersten Ergebnisse basieren auf einer in Düsseldorf durchgeführten Auswertung von Vorsorgeheften aus dem Jahr 1976 (Collatz u.a., 1979). Die Studie zeigt, dass die Inanspruchnahme der U3- bis U5-Untersuchungen bei Müttern mit Sonder- oder Volksschulbildung deutlich geringer ist als bei Müttern mit Oberschulbildung. Die zweite Studie basiert auf „Daten einer AOK" aus dem Zeitraum 1979 bis 1982 (Albrecht-Richter & Thiele, 1985); vermutlich aus Gründen des Datenschutzes wird dabei allerdings nicht angegeben, um welche AOK es sich genau handelt. Die Auswertungen weisen darauf hin, dass die Inanspruchnahme der U3- bis U8-Untersuchungen bei Arbeiter-Haushalten deutlich geringer ist als bei Facharbeiter-Haushalten.

Vergleichbare aktuellere Daten liegen meines Wissens nur aus Braunschweig vor. Dort wird bei der Einschulungs-Untersuchung nach dem SOPHIA-Modell verfahren, d.h. die Eltern werden nach ihrem Beruf gefragt und die Antworten auf dem Untersuchungsbogen notiert (Schubert, 1996). Da bei der Untersuchung auch Angaben über die Teilnahme an den U1- bis U9 Untersuchungen erhoben werden, lassen sich Unterschiede in der Teilnahme nach dem beruflichen Status der Eltern ermitteln. Ein Vergleich der Nicht-Teilnahme an den U1- bis U9- Untersuchungen zeigt, dass dieses Problem in der unteren Berufsgruppe häufiger zu finden ist als in der oberen (vgl. Tab. 13). Dieser statusspezifische Unterschied ist bei allen Untersuchungen vorhanden, besonders deutlich jedoch bei den U1- bis U7- Untersuchungen.

Tab. 13: Nicht-Teilnahme an den U1- bis U9-Untersuchungen (in %)

Untersuchungen	Niedriger beruflicher Status der Eltern	Mittlerer oder höherer beruflicher Status der Eltern
U 1 (1. Lebenstag)	4,8	1,9
U 2 (3.- 10. Lebenstag)	4,6	2,1
U 3 (4.- 6. Woche)	7,4	2,8
U 4 (3.- 4. Monat)	7,9	2,8
U 5 (6.- 7. Monat)	9,4	4,0
U 6 (10.- 12. Monat)	10,5	4,8
U 7 (21.- 24. Monat)	12,2	6,7
U 8 (43.- 48. Monat)	13,5	9,4
U 9 (60.- 64. Monat)	31,4	29,8

Stichprobe: 1.588 Schulanfänger in Braunschweig
Datenbasis: Einschulungs-Untersuchung 1993.
Quelle: Schubert, 1996.

In der oben bereits angesprochenen Studie von Glaser-Möller u.a. (1992; vgl. Tab. 8), in der Ergebnisse der schulärztlichen Untersuchungen aus zwei Bezirken in Hamburg ausgewertet wurden, sind auch Angaben zum Impfschutz enthalten. Bei einer Unterscheidung nach Schultyp wird deutlich, dass der Impfschutz bei Schülern der achten Klasse im Gymnasium erheblich besser ist als bei Schülern der achten Klasse in der Haupt- oder Realschule. So wiesen 50% an den Gymnasien einen vollständigen Impfschutz gegen Diphterie, Tetanus, Polio, Masern und Mumps auf, aber nur 20% an den Haupt- und Realschulen (ebd.). Insgesamt betrachtet sind nur sehr wenige empirische Informationen vorhanden über schichtspezifische Unterschiede in der gesundheitlichen Versorgung von Kindern und Jugendlichen, und die vorhandenen Informationen sind zum Teil schon veraltet. Die oben dargestellten schichtspezifischen Unterschiede in Mortalität und Morbidität lassen jedoch vermuten, dass Defizite in der gesundheitlichen Versorgung speziell bei den Kindern und Jugendlichen vorhanden sind, die in die untere soziale Schicht hineingeboren worden sind. Um umsetzbare gesundheitspolitische Empfehlungen zur Verringerung derartiger Defizite entwickeln zu können, ist jedoch eine empirische Überprüfung dieser Vermutung mit aktuellen Daten an konkreten Beispielen erforderlich.

Wenn über den möglichen Einfluss der gesundheitlichen Versorgung auf die schichtspezifischen Unterschiede in Mortalität und Morbidität gesprochen wird, muss auch das Solidaritätsprinzip der Gesetzlichen Krankenversicherung (GKV) angesprochen werden. In Deutschland sind ca. 90% der Bevölkerung in der GKV versichert, auch und vor allem die Personen aus der unteren sozialen Schicht. Durch das Solidaritätsprinzip ist gewährleistet, dass alle Versicherten unabhängig vom Einkommen die gleiche gesundheitliche Versorgung erhalten können. Ein Blick über die Grenzen (z.B. in die USA) zeigt, dass wir diese Stärke der GKV nicht gering schätzen sollten. Die formale Gleichbehandlung von Versicherten aus allen sozialen Schichten heißt jedoch nicht, dass damit auch alle schichtspezifischen Probleme der gesundheitlichen Versorgung gelöst sind. Wie die oben dargestellten Studien verdeutlichen, können schichtspezifische Unterschiede in der Inanspruchnahme auch bei formal gleicher Anspruchsberechtigung auftreten.

Besondere Brisanz erhält das Thema „schichtspezifische Probleme der gesundheitlichen Versorgung" durch die gegenwärtige Diskussion über eine Reform der GKV. Die These von der „Kostenexplosion" im Gesundheitswesen hat dazu geführt, dass die Forderung nach Ausgrenzung von Leistungen aus dem Leistungskatalog der GKV immer mehr Rückhalt findet. Dabei hat sich der Anteil der GKV-Ausgaben am Brutto-Nationalprodukt in den letzten Jahren kaum verändert; von einer „Kostenexplosion" kann daher gar keine Rede sein (vgl. Tab. 14)!

Erhöht hat sich der mittlere Beitragssatz der GKV, vor allem, da die Löhne und Gehälter nicht im gleichen Maße gestiegen sind wie das Brutto-Nationalprodukt, so dass ein größerer Anteil der Löhne und Gehälter für die Krankenversicherung aufgebracht werden musste (Mielck & John, 1996). Wenn ausgegrenzte Leistungen privat finanziert werden müssen, kann dies dazu führen, dass sich Versicherte mit geringem Einkommen diese gesundheitliche Versorgung nicht mehr leisten können oder wollen. Noch ist nicht abzusehen, ob und wie sich die Diskussion über die „Kostenexplosion" im Gesundheitswesen auf die gesundheitliche Versorgung von Kindern und Jugendlichen aus der unteren sozialen Schicht auswirkt. Anlass zur Sorge gibt es jedoch genug.

Tab. 14: Gesundheitsausgaben in der Bundesrepublik

	Ausgaben der GKV (in %) vom Brutto-Nationalprodukt [a]	Mittlerer Beitragssatz der GKV	
		Alte Bundesländer	Neue Bundesländer
1991	6,5	12,2	12,8
1992	6,6	12,7	12,6
1993	6,5	13,4	12,6
1994	6,9	13,2	13,0
1995	6,9	13,2	12,8
1996	7,0	13,5	13,5
1997	6,7	13,5	13,9
1998	6,6	13,5	13,9

a: in jeweiligen Preisen, alte und neue Bundesländer zusammengefasst
Quelle: VdAK & AEV, 2000, S. 14, 16.

5 Zusammenfassendes Erklärungsmodell

Wie oben angedeutet, wird bei dem Versuch, die höhere Mortalität und Morbidität in der unteren sozialen Schicht zu erklären, zumeist zwischen den Lebensbedingungen, dem Gesundheitsverhalten und der gesundheitlichen Versorgung unterschieden. Ein Modell, in dem dargestellt wird, welche spezifischen Elemente der Lebensbedingungen, des Gesundheitsverhaltens und der gesundheitlichen Versorgung wichtig sind und wie diese Elemente untereinander zusammenhängen, wurde meines Wissens bisher jedoch noch nicht vorgestellt, weder für Erwachsene noch für Kinder. Dies liegt vor allem an der Komplexität des Problems. Schon der Bereich „Lebensbedingungen" ist äußerst vielfältig. Kinder, die in Armut aufwachsen, sind z.B. weniger in Vereine und Freundescliquen integriert als andere Kinder (Klocke, 1996). Zur Lebensbedingung „Armut" kommt also die Lebensbedingung „soziale Isolation" hinzu, und in ähnlicher Weise ist Armut mit einer Vielzahl weiterer Lebensbedingungen verbunden. Die Lebensbedingungen der Kinder werden zudem wesentlich bestimmt durch die Lebensbedingungen der Eltern, und ähnlich ist es auch beim Gesundheitsverhalten und bei der gesundheitlichen Versorgung. Bezogen auf Kinder müsste ein umfassendes Modell daher alle gesundheitsrelevanten Elemente der Lebensbedingungen, des Gesundheitsverhaltens und der gesundheitlichen Versorgung erfassen, und zwar nicht nur für die Kinder, sondern auch für ihre Eltern.

Ein solches „Maximal-Modell" lässt sich vermutlich gar nicht erstellen, und es würde wohl auch mehr Verwirrung als Klarheit stiften. Um die möglichen Ansatzpunkte für gesundheitspolitische Maßnahmen zur Verringerung der schichtspezifischen Unterschiede im Gesundheitszustand zu verdeutlichen, erscheint es jedoch sinnvoll, in einem „Minimal-Modell" die grundlegenden Zusammenhänge darzustellen. Ein allgemeines Erklärungsmodell wurde durch Elkeles & Mielck (1997) vorgestellt, es bezieht sich allerdings nicht speziell auf Kinder. In Abbildung 1 wird ein einfaches Modell zur Erklärung der Beziehung zwischen Armut und Krankheit bei Kindern vorgeschlagen.

Abb. 1: Modell der Verknüpfung von Armut und Krankheit

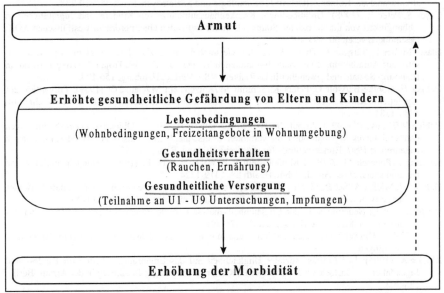

Das Modell soll auch und vor allem auf die folgenden Punkte hinweisen: (1) Eine Verbesserung des Gesundheitszustandes von Kindern aus der unteren sozialen Schicht ist nur möglich, wenn auch die Gesundheitsgefährdungen für ihre Eltern verringert werden. (2) Die Lebensbedingungen üben einen starken Einfluss auf das Gesundheitsverhalten und auf die Inanspruchnahme der gesundheitlichen Versorgung aus. (3) Ein schlechter Gesundheitszustand kann zu einem Abgleiten in die Armut oder zu einer Verfestigung der Armut führen (vgl. den nach oben gerichteten Pfeil); es kann sich daher ein „Teufelskreis" aus Armut und Krankheit bilden.

Literatur

Albrecht-Richter J./Thiele W. (1985): Wer nutzt das Früherkennungsprogramm für Kinder – Wer nicht? Sozialpädiatrie 7, 205-209.
Brenner H./Mielck A. (1993a): Children's exposure to parental smoking in West Germany. International Journal of Epidemiology 22, 818-823.
Brenner H./Mielck A. (1993b): The role of childbirth in smoking cessation. Preventive Medicine 22, 225-236.
Collatz J./Malzahn P./Schmidt E. (1979): Erreichen die gesetzlichen Früherkennungsuntersuchungen für Säuglinge und Kleinkinder ihre Zielgruppen? Öff. Gesundh.-Wesen 41, 173-190.
Collatz J./Hecker H./Oeter K./Rohde J. J./Wilken M./Wolf E. (1983): Perinatalstudie Niedersachsen und Bremen. Soziale Lage, medizinische Versorgung, Schwangerschaft und perinatale Mortalität. Verlag Urban & Schwarzenberg, München.
Elkeles Th./Frank M./Korporal J. (1994): Säuglingssterblichkeit und soziale Ungleichheit. Regionale Analyse der Säuglingssterblichkeit und der Totgeburtlichkeit für Berlin (West) 1970-1985. In: Mielck, A. (Hrsg.): a.a.O., 347-371.
Elkeles Th./Mielck A. (1997): Entwicklung eines Modells zur Erklärung gesundheitlicher Ungleichheit. Gesundheitswesen 59, 137-143.

Geißler R. (1996): Kein Abschied von Klasse und Schicht. Ideologische Gefahren der deutschen Sozialstrukturanalyse. Kölner Zeitschrift für Soziologie und Sozialpsychologie; 48, 319-338.
Geyer S./Peter R. (1998): Unfallbedingte Krankenhausaufnahme von Kindern und Jugendlichen in Abhängigkeit von ihrem sozialen Status – Befunde mit Daten einer nordrhein-westfälischen AOK. Gesundheitswesen 60, 493-499.
Glaser-Möller N./Jürgens R./Thiele W. (1992): Gesundheit und soziale Lage in Hamburg. Neue Ansätze zur Aufarbeitung eines weiterhin aktuellen Themas. In: Süß W./Trojan A. (Hrsg.): Armut in Hamburg. Soziale und gesundheitliche Risiken. VSA-Verlag, Hamburg, 156-173.
Gohlke H./Gohlke-Bärwolf C./Peters K./Schmitt M./Katzenstein M./Gaida C. (1989): Prävention des Zigarettenrauchens in der Schule. Eine prospektive kontrollierte Studie. Dtsch. med. Wschr. 114, 1780-1784.
Habich R./Krause P. (1997): Armut. In: Habich R./Noll H. H. (Hrsg.): Objektive Lebensbedingungen und subjektives Wohlbefinden im vereinten Deutschland. In: Statistisches Bundesamt (Hrsg.): Datenreport 1997, Bundeszentrale für politische Bildung, Bonn, 515-525.
Heinrich J./Popescu M. A./Wjst M./Goldstein I. F./Wichmann H. E. (1998): Atopy in children and parental social class. Am. J. Public Health 88, 1319-1324.
Heinrich J./Mielck A./Schäfer I./Mey W. (2000): Social inequality and environmentally-related diseases in Germany. Review of empirical results. Sozial- und Präventivmedizin (im Druck).
Hradil S. (1994): Neuerungen in der Ungleichheitsanalyse und die Programmatik künftiger Sozialepidemiologie. In: Mielck, A. (Hrsg.): a.a.O., 375-392.
Jarre J. (1975): Umweltbelastungen und ihre Verteilung auf soziale Schichten. Verlag Otto Schwartz & Co., Göttingen.
Klocke A. (1995): Der Einfluss sozialer Ungleichheit auf das Ernährungsverhalten im Kindes- und Jugendalter. In: Barlösius E./Feichtinger E./Köhler B. M. (Hrsg.): Ernährung in der Armut. Berlin, 185-203.
Klocke A. (1996): Aufwachsen in Armut. Auswirkungen und Bewältigungsformen der Armut im Kindes- und Jugendalter. In: Zeitschrift für Sozialisationsforschung und Erziehungssoziologie (ZSE), 16.
Klocke A./Hurrelmann K. (1995a): Armut und Gesundheit. Inwieweit sind Kinder und Jugendliche betroffen? Z. f. Gesundheitswiss., 2. Beiheft: 138-151.
Micheelis W./Bauch J. (Gesamtbearbeitung) (1991): Mundgesundheitszustand und -verhalten in der Bundesrepublik Deutschland. Ergebnisse des nationalen IDZ-Survey 1989. Institut der Deutschen Zahnärzte (IDZ), Deutscher Ärzte-Verlag, Köln.
Micheelis W./Bauch J. (Gesamtbearbeitung) (1993): Mundgesundheitszustand und -verhalten in Ostdeutschland. Ergebnisse des IDZ-Ergänzungssurvey 1992. Institut der Deutschen Zahnärzte (IDZ), Deutscher Ärzte-Verlag, Köln.
Mielck A. (1985): Kind – Gesundheit – Stadt. Gesundheitliche Belastungen des Kindes durch die städtische Umwelt – am Beispiel Hamburg. Verlag P. Lang, Frankfurt a. M.
Mielck A. (Hrsg.) (1994): Krankheit und soziale Ungleichheit. Ergebnisse der sozialepidemiologischen Forschung in Deutschland. Leske & Budrich, Opladen.
Mielck A./John J. (1996): Kostendämpfung im Gesundheitswesen durch Rationierung: Was spricht dafür und was dagegen? Gesundheitswesen 58, 1-9.
Mielck A./Reitmeir P./Wjst M. (1996): Severity of Childhood Asthma by Socioeconomic Status. Int. J. Epidem. 25, 388-393.
Mielck A. (2000): Soziale Ungleichheit und Gesundheit: Empirische Ergebnisse, Erklärungsansätze, Interventionsmöglichkeiten. Verlag Hans Huber, Bern u.a. (im Druck).
Ministerium (1997a): Ministerium für Arbeit, Soziales, Gesundheit und Frauen des Landes Brandenburg (Hrsg.): Zur Gesundheit der Schulanfänger im Land Brandenburg. Potsdam.
Ministerium (1997b): Ministerium für Arbeit, Soziales, Gesundheit und Frauen des Landes Brandenburg (Hrsg.): Aktionsprogramm des Landes Brandenburg. Gesundheit von Kindern und Jugendlichen. Potsdam.
Scholz M./Kaltenbach M. (1995): Zigaretten-, Alkohol- und Drogenkonsum bei 12- bis 13jährigen Jugendlichen – eine anonyme Befragung bei 2979 Schülern. Gesundh.-Wes. 57, 339-344.
Schubert R. (1996): Studie zum Gesundheitsverhalten von Kindern während der Einschulungsuntersuchung am Beispiel von Impfungen und Früherkennungsuntersuchungen. In: Murza G./Hurrelmann K. (Hrsg.): Regionale Gesundheitsberichterstattung. Juventa Verlag, Weinheim, München, 122-137.

Schwarz K. (1966): Die Säuglingssterblichkeit. Ergebnisse einer Sonderuntersuchung über die Säuglingssterblichkeit der 1960 geborenen Kinder. Wirtschaft und Statistik, 737-748.

Tempel G./Witzko K. H. (1994): Soziale Polarisierung und Mortalitätsentwicklung. Erste Ergebnisse der kommunalen Gesundheitsberichterstattung des Landes Bremen. In: Mielck, A. (Hrsg.): a.a.O., 331-345.

Verband der Angestellten-Krankenkassen e.V. (VdAK), AEV – Arbeiter-Ersatzkassen-Verband e.V. (Hrsg.) (2000): Ausgewählte Basisdaten des Gesundheitswesens. Siegburg.

Zehnter Kinder- und Jugendbericht (1998): Bericht über die Lebenssituation von Kindern und die Leistungen der Kinderhilfe in Deutschland. Deutscher Bundestag, Drucksache 13/11368.

Armut und Familienleben am Beispiel der britischen Gesellschaft[1]

Lisa Harker und Ruth Lister[2]

1 Einleitung

Armut prägt das Leben von fast vier Millionen Kindern im Vereinigten Königreich (DSS, 1999a). Ihr Muster hat sich seit Mitte 1970 merklich gewandelt, was einerseits auf vorherrschende wirtschaftliche und soziale Veränderungen zurückzuführen ist und andererseits durch Maßnahmen der britischen Regierung hervorgerufen wurde. Die Auswirkungen eines Lebens auf niedrigem Einkommensniveau sind in der Forschung ausführlich dokumentiert. Armut beeinflusst das Familienleben, sowohl unmittelbar als auch langfristig. Gleichzeitig versuchen Individuen aus armen Familien Mittel und Wege zu finden, um mit ihrer Armut zurechtzukommen. In diesem Beitrag soll anhand von Statistiken und Fallstudien untersucht werden, wie sich Armut in der Familie in den letzten Jahren verändert hat, was die Gründe dafür sind und welche Auswirkungen sie auf das Familienleben hat.

2 Das Ausmaß der Armut bei Familien mit Kindern

Eine Hauptbezugsquelle in Bezug auf Armut und niedriges Einkommen ist in Großbritannien das statistische Material des „Department of Social Security" (DSS): „Household below Average Incomes, a statistical analysis" (HBAI) (DSS, 1999a). Tabelle 1 zeigt das Risiko und die Zusammensetzung derjenigen, die nach Abzug der Wohnkosten über weniger als 50% des durchschnittlichen Einkommens verfügen. Dieses Kriterium wird in Großbritannien oft als Orientierungswert für die Armutsgrenze verwendet.[3] Im Jahre 1997/98 lagen 7.540.000 Familien mit Kindern unterhalb dieser Grenze. Im Vergleich zu 2.461.000 im Jahr 1979 bedeutet dies einen Anstieg von über 200%. Die Zahl der in Armut lebenden Kinder erhöhte sich von 1,4 Millionen auf 4,4 Millionen im gleichen Zeitraum, also von einem Zehntel auf ein Drittel aller Kindern.[4] Die Kinderarmut im Vereinigten Königreich weist eine der größten Zuwachsraten von allen industrialisierten Ländern innerhalb

---

[1] Alle im Text enthaltenen Zitate wurden übersetzt.
[2] Dieser Beitrag basiert auf der Originalversion von Carey Oppenheim und Ruth Lister (1998).
[3] In Großbritannien existiert keine offizielle amtliche Armutsgrenze. Viele Kommentatoren und Organisationen haben 50% des Durchschnittseinkommens als Orientierungswert für die Armutsgrenze verwendet (s. Oppenheim & Harker, 1996).
[4] Anmerkung: Die Zahlen aus dem Jahre 1979 wurden etwas anders berechnet als die der Jahre 1997/98. Vor 1994/95 wurden die HBAI-Zahlen vom Family Expenditure Survey abgeleitet. Seit 1994/95 bezieht man die HBAI-Zahlen vom Family Resources Survey.

der letzten zwanzig Jahre auf, was zugleich eine der höchsten Kinderarmutsraten in der EU und sogar innerhalb aller industrialisierten Länder mit Ausnahme der Vereinigten Staaten bedeutet (Bradbury & Jäntti, 1999). Nicht alle Familien haben jedoch das gleiche Armutsrisiko. Auch wenn Paare mit Kindern mehr als 60% der Familien mit Kindern in Armut ausmachen, so besitzt diese Gruppe dennoch ein weit geringeres Risiko, arm zu werden, als allein erziehende Elternteile: 62% der allein erziehenden Familien waren 1997/98 arm, im Vergleich zu 23% der Paare mit Kindern (vgl. Tab.1).

Tab. 1: Armutsrisiko und Armutszahlen nach Haushaltszusammensetzung

	Armutsrisiko, in Prozent		Armutszahlen, in Tausend	
	1979	1997/98	1979	1997/8
Rentnerpaare	21%	24%	966	1.270
Allein stehende Rentner	12%	35%	516	1.470
Paare mit Kindern	8%	23%	2.024	4.690
Paare ohne Kinder	5%	12%	495	1.480
Allein Stehende mit Kindern	19%	62%	437	2.850
Allein Stehende ohne Kinder	7%	22%	539	2.110
Gesamt	9%	25%	5.000	14.100

Anmerkungen zu der Tabelle:
Die Rubriken Armutsrisiko zeigen den Anteil der Individuen jeder Gruppe, die in Armut leben, z.B. 23% der Individuen leben in Familien, die als Paar mit Kindern seit 1997/98 in Armut leben.
Die Gesamtzahlen wurden gerundet.
Die Zahlen des Jahres 1979 wurden etwas anders berechnet als jene der Jahre 1997/98. Vor 1994/95 bezog man die HBAI-Zahlen aus dem Family Resource Survey. Die hier verwendeten Zahlen aus dem Jahre 1979 wurden der Ausgabe 1994/95 entnommen und unterscheiden sich geringfügig von denen früherer Ausgaben.
Quelle: DSS, Households below Average Income, 1994/5- 1997/8, London.

Familien mit Kindern hatten im Laufe der letzten Jahrzehnte nicht den gleichen Anteil am allgemeinen Einkommenswachstum. Es hat eine Verlagerung bei der Zusammensetzung des ärmsten Zehntels der Bevölkerung gegeben, von den Rentnern hin zu jener Bevölkerung unterhalb des Rentenalters. Kinder sind heutzutage die Gruppe, die am ehesten in Haushalten mit niedrigem Einkommen aufwachsen und mit großer Wahrscheinlichkeit auch für einen längeren Zeitraum in solchen Haushalten leben müssen (HM Treasury, 1999). 70% aller Kinder unter fünf Jahren aus Haushalten mit niedrigem Einkommen leben in ständiger Armut, im Vergleich zu ungefähr der Hälfte aller Haushalte mit niedrigem Einkommen (Hill & Jenkins, 1999). Trotz eines im Allgemeinen gestiegenen Lebensstandards haben sich die Einkommen der Familien mit Kindern innerhalb der letzten zwanzig Jahre absolut und relativ nicht signifikant verbessert. Im Zeitraum zwischen den Jahren 1979 und 1995/6 fielen die Einkommen der 10% ärmsten Haushalte um 9%, während die Einkommen der 10% reichsten Haushalte um 70% stiegen (DSS, 1997). Bis 1995/96 gab es 300.000 Kinder mehr als im Jahre 1979, die in Haushalten mit

Einkommen unterhalb der Hälfte des Durchschnittseinkommens dieses Jahres lebten (HM Treasury, 1999)[5].

Das Bild der Armut, wie vom HBAI dargestellt, wird von Sozialhilfestatistiken bestätigt, die den zahlenmäßigen Anstieg der Personen zeigen, die in den letzten zwei Jahrzehnten auf Zuschüsse angewiesen waren. Obgleich die Zahl der von Sozialhilfe abhängigen Familien (Einkommensunterstützung oder zusätzliche Leistungen) in den letzten Jahren gefallen ist, bleibt diese Zahl dennoch alarmierend: Im Jahre 1999 gab es noch 1.191.000 Familien mit Einkommensunterstützung, davon ungefähr 2.187.000 Kinder unter 16 Jahren (DSS, 1999b), verglichen mit 477.000 Familien mit 923.000 Kindern im Jahre 1979 (DSS, 1980). Die Armut der Familien spiegelt sich nicht nur in einer angespannten Einkommenssituation wider, sondern auch auf viel breiterer Ebene in einem geringeren Geburtsgewicht bei Säuglingen, in einer schlechteren Wohnsituation und der großen Schar von 16- bis 18-jährigen Jugendlichen, die weder eine Bildungseinrichtung besuchen noch eine Ausbildung erhalten (DSS, 1999c).

Die präsentierten Statistiken weisen jedoch entscheidende Mängel auf. So beziehen sich viele Indikatoren auf Daten, die entweder unvollständig oder zu alt sind, um die Auswirkungen der politischen Maßnahmen der Regierung beurteilen zu können (Harker, 2000). Das Zahlenmaterial des HBAI basiert weiterhin auf den Daten des Family Resources Survey, der jedoch nur die Privathaushalte abdeckt (und daher die Zahlen der Obdachlosen nicht enthält) und über keine geschlechtsspezifische Aufgliederung verfügt. Vielmehr wird angenommen, dass beide Partner in gleichem Maße am Haushaltseinkommen partizipieren. Daher liefert er kein exaktes Bild über das Einkommen der einzelnen Personen. Es gibt heute mehrere Anzeichen für das Ausmaß und die Struktur der Armut bei Frauen. Eine zentrale These dieses Beitrags ist, dass die Schlüsselstellung der Frau innerhalb der Familie und ihre periphere Rolle auf dem Arbeitsmarkt größere Auswirkungen darauf hat, wie die Armut zuhause erfahren wird. 56% der in Haushalten mit weniger als der Hälfte des Durchschnittseinkommens lebenden Erwachsenen sind Frauen (DSS, 1999a). Das höhere Armutsrisiko von Frauen wird durch europäische Vergleichswerte bestätigt. Allein Erziehende Elternteile (größtenteils Frauen) sind jene Gruppe, die in vielen EU-Ländern, inklusive Deutschland, Spanien und den Niederlanden, überproportional in Armut leben (Bradshaw & Chen, 1997).

Die Einschätzung des Ausmaßes der Armut bei Frauen hängt von den Annahmen bezüglich der Einkommensaufteilung und -verwendung innerhalb der Familien ab. Die offizielle Statistik verschleiert die versteckte Armut, die bei Frauen und Kindern vorhanden ist, wenn das Einkommen nicht gleichmäßig aufgeteilt wird, was nach aktuellen Forschungsergebnissen immer häufiger der Fall ist (Goode u.a., 1998). Davies und Joshi (1994) haben berechnet, dass, wenn man Armut basierend auf dem individuellen Einkommen berechnet und nicht von der Annahme ausgeht, dass eine gleichmäßige Aufteilung innerhalb des Haushalts vorgenommen wird,

---

[5] Zwischen 1995/96 und 1997/98 stiegen die Einkommen der ärmsten 10% real an, wenn auch nicht genauso schnell wie die Durchschnittseinkommen. Nach 1995/96 wurden die Veränderungen bei den Realeinkommen, die von den Statistiken des HBAI dargestellt wurden, mithilfe des Family Resources Survey berechnet und nicht mit dem Family Expenditure Survey.

52% der verheirateten Frauen unter die Armutsgrenze fallen, im Vergleich zu 11% der verheirateten Männer. Neuere Forschungsergebnisse zeigen, dass eine Frau ohne Qualifikation £197.000 weniger im Laufe ihres Lebens verdient als ein Mann ohne Qualifikation. Die lebenslange Kluft zwischen den Geschlechtern bedeutet für Frauen, die die Schule im Alter von 16 Jahren mit einer Qualifikation verlassen haben, eine Differenz von £241.000. Frauen mit Kindern sehen sich ebenfalls mit einem Nachteil konfrontiert: Eine Frau mit Schulabschluss und zwei Kindern hat ein zusätzliches Einkommensdefizit von £140.000 (Rake, 2000). Interessanterweise zeigte sich, dass die Kluft bei den Einkommen, die nur auf das Geschlecht zurückzuführen ist, größer ist, als jene, basierend auf der Mutterschaft. Obgleich insgesamt gesehen Frauen im ärmsten Dezil überrepräsentiert sind, hat sich ihre Situation dennoch erheblich gebessert und ihr Einkommen gewinnt zunehmend an Bedeutung: Es stieg in den Jahren zwischen 1971 und 1991 von 27% auf 35,6% des Haushaltseinkommens. Die Bedeutung des weiblichen Einkommens für den Schutz der Familie vor wirtschaftlichen Schwierigkeiten wird durch Forschungsarbeiten erhärtet (Harkness u.a., 1996). Machin und Waldfogel (1994) stellten fest, dass die Armutsrate bei Paaren in den Jahren 1990/91 um 50% höher ausgefallen wäre, wenn Frauen nicht mitverdient hätten.[6]

Frauen aus ethnischen Minderheitsgruppierungen sind generell häufiger arbeitslos, werden geringer bezahlt und sind auf niedrige Einkommensklassen verwiesen (Bloch, 1997). Sie arbeiten häufiger auf Vollzeitbasis und müssen sowohl als Vollzeit- als auch als Teilzeitarbeitskräfte länger arbeiten als weiße Frauen (Bhavnani, 1994; Owen, 1994). Bei Paaren ethnischer Minderheiten stellen die weiblichen Einkommen einen entscheidenden Faktor dar, Arbeitslosigkeit oder Niedrigeinkommen der Männer zu kompensieren. Sowohl bei Männern als auch bei Frauen gibt es in ethnischen Minderheiten ein höheres Armutsrisiko. In den Jahren 1997/98 hatten 42% der schwarzen, 25% der indischen, 57% der pakistanischen und aus Bangladesh stammenden Bevölkerung und 42% aus „anderen" ethnischen Minderheiten Einkommen, die im ärmsten Fünftel lagen, im Vergleich zu 18% der weißen Bevölkerung (DSS, 1999a). Das Armutsrisiko bei Kindern aus ethnischen Minderheitsgruppen liegt sogar noch höher. Das wöchentliche Durchschnittseinkommen einer Familie aus Bangladesh beträgt nur zwei Drittel des durchschnittlichen Einkommens weißer Familien (Berthoud, 1997). Diese Ergebnisse bestärken die Einsicht, dass es zunehmend wichtiger wird, die Unterschiede

---

[6] Machin und Waldfogel (1994) betonen den Rückgang des männlichen Verdienstanteils am Familieneinkommen bei gleichzeitigem Anstieg des weiblichen Anteils. Sie argumentieren, dass dies insgesamt einen ausgleichenden Effekt auf die Verteilung des Familieneinkommens gehabt und die Beteiligung der Frauen am Arbeitsmarkt erhöht habe. Sie zeigen außerdem, dass die mit arbeitslosen Männern verheirateten Frauen am Arbeitsmarkt weniger repräsentiert gewesen sind. Es scheint unterschiedliche Schwerpunkte in dieser Arbeit und der von Balls & Gregg (1993) zu geben, was darauf hindeutet, dass der Anstieg der Teilzeitbeschäftigung Ungleichheiten zwischen den „arbeitenden Reichen" und „arbeitenden Armen" verstärkt hat. Tatsächlich untersuchen Machin und Waldfogel ausschließlich Paare und erfassen damit die zurückgehende Beteiligung am Arbeitsmarkt bei allein erziehenden Elternteilen über diesen Zeitraum nicht. Ihre Forschung zeigt jedoch, dass die Aufteilung „arbeitende Reiche" und „arbeitende Arme" nur eine grobe Kategorisierung ist, die weiter untersucht werden muss, sowohl in Hinblick auf das Einkommensniveau als auch in Bezug auf geleistete Arbeitsstunden.

zwischen und innerhalb der ethnischen Minderheitsgruppierungen zu untersuchen, auch wenn es gemeinsame Muster bei der Benachteiligung gibt (Modood u.a., 1997).

3 Gründe für die zunehmende Armut

Wir konnten sehen, dass die Armut bei Familien mit Kindern in den letzten 20 Jahren zugenommen hat, und dass die Auswirkungen auf verschiedene Gruppen und innerhalb der Familien ganz unterschiedlich ausfallen. Diese Zunahme kann zum einen auf großräumige soziale und wirtschaftliche Trends zurückgeführt werden, die sich durch eine gewisse Fragmentierung – das Auseinanderbrechen des traditionellen Familienmodells und die Umwälzung der traditionellen Arbeitsstruktur – charakterisieren lassen, und zum anderen auf das Versagen der staatlichen Maßnahmen, hierauf effektiv zu reagieren. Die Veränderungen auf dem Arbeitsmarkt, sowohl die zunehmende Arbeitslosigkeit als auch die Zunahme von Teilzeitarbeit und Selbstständigkeit, hatten einen markanten Effekt auf das Ausmaß und die Art der Armut. Arbeitslosigkeit war der entscheidendste Faktor beim Anstieg der Kinder- und Familienarmut. Sie stieg bis zu einem Spitzenwert von fast 12% der gesamten Arbeitskräfte im Jahre 1984 an und ist nun wieder zurückgegangen. Es bleibt aber für Familien mit Kindern ein relativ hohes Arbeitslosenrisiko bestehen.

Tabelle 2 zeigt die Armutsbetroffenheit nach dem ökonomischen Status. Es ist nicht erstaunlich, dass sich etwa drei Viertel der Arbeitslosen in Armut befinden, aber auch andere Gruppen unterhalb des Rentenalters haben ein hohes Armutsrisiko: die Teilzeitarbeitenden (32%), die Selbstständigen (25%) und diejenigen Familien mit nur einem Vollzeitarbeitenden (20%) (DSS, 1999a). In zunehmendem Maße zeigt sich, dass bezahlte Arbeit nicht notwendigerweise ein Garant für ein adäquates Einkommen ist. Bis 1995/96 gab es doppelt so viele arme Kinder in Haushalten, die eine Arbeitsstelle hatten, wie im Jahre 1979 (Gregg u.a., 1999). Arbeitsstellen mit Niedriglöhnen haben inzwischen erheblich zugenommen und das Vereinigte Königreich zeigte das stärkste Wachstum in Bezug auf Lohnungleichheiten unter allen industrialisierten Ländern (HM Treasury, 1999), was größtenteils auf den Rückgang der Stellen für ungelernte Arbeiter zurückzuführen ist. Die Zunahme der Teilzeitarbeitsstellen wirkt ebenfalls in diese Richtung, da sie oftmals kein ausreichendes Einkommen sichern, um für den Unterhalt einer Familie aufkommen zu können. Weiterhin ist eine Verlängerung der Arbeitszeiten bei geringer Bezahlung festzustellen, die wichtige Fragen über den Einfluss auf das Familienleben und hier insbesondere auf die mit den Kindern gemeinsam verbrachte Zeit aufwirft. In Großbritannien arbeiten Väter mit Kindern unter zehn Jahren durchschnittlich 47 Stunden in der Woche und haben damit die längsten Arbeitszeiten in ganz Europa (European Network on Child Care, 1996).

Armut und Familienleben am Beispiel der britischen Gesellschaft 259

Tab. 2: Armutsrisiko und Armutszahlen 1979 und 1998 nach Erwerbsstatus

	Armutsrisiko, in Prozent		Armutszahlen, in Tausend	
	1979	1997/98	1979	1997/8
Selbstständige	15	25	510	1.350
Allein Stehende/Paare, beide Vollzeit beschäftigt	1	4	132	520
Eine Person Vollzeit beschäftigt, eine Person Teilzeit beschäftigt	1	5	107	430
Eine Person Vollzeit beschäftigt, eine Person ohne Arbeit	4	20	452	1.360
Eine oder mehr Personen Teilzeit beschäftigt	15	32	510	1.440
Hauptverdiener/Ehefrau im Alter von 60+	20	32	1.580	3.140
Hauptverdiener/Ehefrau ohne Beschäftigung	58	78	812	1.950
Sonstige	35	64	945	3.780
Gesamt	9	25	5.000	14.100

Anmerkungen zu der Tabelle:
Die Rubriken Armutsrisiko zeigen den in Armut lebenden Anteil der Individuen jeder Gruppe, z.B. 78% der Personen ohne Beschäftigung lebten in den Jahren 1997/8 in Armut. „Sonstige" beinhalten langfristig kranke, behinderte und nicht-arbeitende allein erziehende Eltern.
Die Gesamtzahlen wurden gerundet.
Quelle: DSS, Households below Average Income, 1994/5- 1997/8, London.

Die sozialwissenschaftliche Forschung hat die Bedeutung der Nichtbeschäftigung (was weit über die offizielle Arbeitslosigkeit hinausgeht) und die wachsende Trennlinie zwischen „arbeitenden-reichen" und „arbeitenden-armen" Familien zur Kenntnis genommen (Balls & Gregg, 1993). Der Anteil von Paaren im Erwerbsalter, von denen kein Partner eine Beschäftigung hat, stieg von 3% im Jahre 1971 auf 9% im Jahre 1991, zugleich stieg der Anteil von Paaren, in denen beide Partner eine Beschäftigung hatten, von 46% auf 60%. Das Fehlen eines Verdienstes in einem Haushalt trifft heute auf die Mehrheit der in Armut lebenden Familien zu: Über die Hälfte der in Armut lebenden Kinder stammen aus Haushalten ohne Erwerbsquelle, wohingegen vor 30 Jahren über zwei Drittel der armen Kinder zumindest einen arbeitenden Elternteil hatten (Gregg u.a., 1999). Es muss festgehalten werden, dass allein erziehende Eltern und arbeitslose Paare keinen Vorteil aus der Zunahme der Teilzeitarbeitsverhältnisse ziehen, da solche Arbeitsstellen zum größten Teil von verheirateten Frauen aus Paaren übernommen werden, deren Partner bereits eine Beschäftigung haben. Die behördliche Festsetzung des einkommensabhängigen Sozialhilfesatzes stellt in diesem Kontext eine bedeutende Barriere für die Aufnahme einer Teilzeitbeschäftigung dar.[7]

---

[7] Paare, die von Zuschüssen leben, die der Bedürftigkeitsprüfung unterliegen, können ihr Einkommen zusammen veranschlagen. Sollte ein Mann arbeitslos werden und dessen Ehefrau verfügt über eine Teilzeitstelle, so muss ihr Einkommen relativ hoch sein, damit sich ihre Arbeit lohnt.

Die Regierungspolitik der 1980er und 1990er Jahre hat in vielen Fällen die zugrundeliegenden ökonomischen Trends verstärkt. Für die Arbeitslosen führte die britische Sozialpolitik zu beträchtlichen Einschnitten im relativen Lebensstandard sowie zu starken Einschränkungen der Rechte und Ansprüche auf Leistungen. Für die Arbeitnehmer beschleunigte die Abschaffung von Lohnklauseln und die Schwächung der Arbeitssicherung die Deregulierung von Löhnen und Konditionen. Erst vor kurzem haben sich staatliche Maßnahmen durch die neu an die Macht gekommene Labourregierung mit den Problemen auseinandergesetzt, denen Familien ohne Arbeitsstelle oder mit Niedriglöhnen ausgesetzt sind. Die Einführung von wohlfahrtsstaatlichen Arbeitsmaßnahmen im Jahre 1997, wie der New Deal für allein erziehende Eltern und die „National Childcare Strategy", hatten die direkte Reduzierung der Familienarmut zum Ziel. Gleichzeitig hat ein wirtschaftlich günstiges Klima dazu beigetragen, die Familienarmut in Verbindung mit der Arbeitslosigkeit zu vermindern und der Anteil der Kinder, die in Haushalten ohne Beschäftigung leben, ist seit 1994 gefallen. Dennoch hat das Vereinigte Königreich noch immer den höchsten Anteil an Kindern in Haushalten ohne Arbeitsverhältnis in der EU.

Es wurden außerdem neue Maßnahmen ergriffen, die darauf abzielen, die Armut unter denjenigen, die einer gering bezahlten Arbeit nachgehen, zu reduzieren: ein Mindestlohn und die Ersetzung des bedürftigkeitsgetesteten Zuschusses zum Familieneinkommen durch einen großzügigeren Steuererlass für arbeitende Familien.[8] Beide Maßnahmen werden zur Reduzierung der Armut beitragen. Piachaud (1999) schätzt, dass die Einführung eines Mindestlohns die Armutszahlen um ca. 300.000 reduzieren wird. Von diesen und weiteren Maßnahmen wird eine Reduzierung der Kinderarmut um ungefähr eine Million bis zum Jahre 2002 erwartet (Piachaud & Sutherland, 2000). Bei einer derart hohen Zahl von Menschen, die an der Armutsgrenze leben, ist es jedoch ganz offensichtlich, dass auf diesem Gebiet noch viel getan werden muss.

Elternschaft an sich ist eng verbunden mit Armut. Eine von sechs Familien fällt schon durch die Geburt eines Kindes unter die Armutsgrenze (HM Treasury, 1999). Der Anstieg der Familienarmut wurde durch die Veränderung der Familienformen mit einem rapiden Anwachsen von allein erziehenden Elternteilen stark beschleunigt. Im Jahre 1996 gab es 1,6 Millionen allein erziehende Familien mit 2,8 Millionen abhängigen Kindern (Haskey, 1998). Mehr als ein Fünftel der Kinder (21%) leben heute in Großbritannien in allein erziehenden Familien, ausgehend von 7% im Jahre 1972 (Social Trends, 1999). Eine allein erziehende Elternschaft selbst ist noch nicht der Grund für Armut, jedoch sind die große Mehrzahl der allein erziehenden Elternteile Frauen, die typischerweise lange Perioden außerhalb des Arbeitsmarktes, einen unzureichenden Zugang zu unterstützenden Kinderbetreuungsmaßnahmen, einen niedrigen Ausbildungsstand und schlecht bezahlte

---

[8] Da es sich hier um eine Steuererleichterung handelt, die normalerweise über den Lohn ausgezahlt wird, wurde befürchtet, dass das Geld eher nicht für die Kinder verwendet wird, als wenn der Zuschuss direkt an die Mütter ausbezahlt würde (siehe Goode u.a., 1998). Die Regierung hat einen Kompromiss geschlossen, indem sie die Wahl lässt, an wen der Zuschuss bei Paaren mit einem Verdienst gezahlt werden soll und der integrierte Kinderzuschuss, der langfristig vorgeschlagen wurde, soll nun an die Pflegeperson ausbezahlt werden.

Arbeit aufweisen. Dies alles erklärt, warum diese Gruppe ein derart hohes Armutsrisiko besitzt. Laut Gregg u.a. (1999) kann ein Fünftel des gesamten Anstiegs der Kinderarmut auf den wachsenden Anteil der Kinder mit allein erziehenden Elternteilen zurückgeführt werden.

In den letzen zwei Jahrzehnten gelang es den Regierungsmaßnahmen nicht, Familien während dieser Zeit der rapiden Veränderungen ausreichend zu unterstützen. Zwischen 1969 und 1997 erhöhte sich die Steuerbelastung für Familien mit Kindern um fast 20% (HM Treasury, 1999). Die bedeutendste Antwort von Seiten der Politik darauf war das Kinderunterstützungsgesetz („Child Support Act"). Mittlerweile ist jedoch klar geworden, dass diese Reform eher eine Verschiebung der Grenzen der Verantwortlichkeiten vom Staat zur Familie bedeutet als eine Milderung der Armut von Kindern und Familien (s. hierzu Barnes u.a., 1998). Im Jahre 1998 lief zudem die besondere Hilfestellung für allein erziehende Eltern im Rahmen der Sozialhilfe aus, obwohl bewiesen ist, dass allein erziehenden Eltern größere Kosten entstehen. Existierenden Maßnahmen, die allein erziehenden Eltern helfen, eine Berufstätigkeit aufzunehmen, stehen bislang noch keine entsprechenden Hilfen für jene Eltern gegenüber, die nicht arbeiten können oder möchten.

Das Anliegen des Premierministers, die Armut von Kindern innerhalb der nächsten 20 Jahre zu beseitigen, stellt ein neues Moment in der Regierungspolitik dar. Ein beträchtlicher Zuwachs beim Kindergeld und den Sozialhilfemaßnahmen für Kinder unter elf Jahren (und in geringerem Maße auch für ältere Kinder), zusammen mit der Einführung des Programms „Sure Start", einer Initiative zur Unterstützung von Kindern im Alter von unter vier Jahren und ihren Familien in besonders benachteiligten Gebieten, zielen auf eine Reduzierung der Kinderarmut, unabhängig von der Familienstruktur. Das politische Erbe für die gegenwärtige Regierung, das sich aus unzähligen nachteiligen politischen Maßnahmen der Thatcher-Regierung ergab, muss noch in Angriff genommen werden. Die Einführung des Sozialfonds in den Jahren 1987/88 war beispielsweise eine Maßnahme, welche die Familienarmut weiter anwachsen ließ. Der Sozialfonds stellt Sozialhilfeberechtigten zum Großteil Darlehen nach Ermessen für einmalige Bedürfnisse, wie beispielsweise Möbel, Bekleidung, Haushaltseinrichtung zur Verfügung. Er trat an die Stelle der Ansprüche auf Zuschüsse (einmalige Zahlungen) zur Deckung derartiger Bedürfnisse. Das individuelle Einspruchsrecht, das bis 1988 bestand, wurde abgeschafft. Der Sozialfonds führte zu einer Reduzierung des Lebensstandards des Antragstellers, wobei viele unter das Sozialhilfeniveau fielen, da sie diese Kredite zurückzahlen mussten. Mehrere Studien haben den Effekt des Sozialfonds auf Familien mit Kindern dokumentiert. (Huby & Dix, 1992). Während der Sozialfonds nur auf einen kleinen Teil des Sozialhilfebudgets zutrifft, zeigt er dennoch die Ideologie, auf der viele Änderungen im Bereich der Sozialhilfe in den 1980er Jahren basierten. Dies beinhaltet ganz besonders eine größere Betonung der Verantwortung des Einzelnen und eine Reduzierung der „Abhängigkeit" und Erwartungshaltung vom Staat.

4 Auswirkungen der Armut

Die Auswirkungen der Armut können sowohl unmittelbar als auch langfristig sein, wobei sie dann Beziehungen innerhalb der Familie oder die zukünftigen Lebenschancen der Kinder beeinträchtigen. Bei der Aufzeichnung von Armutsverläufen haben wir versucht, eine Linie zu ziehen zwischen der Identifizierung der Form, in der finanzielle Not materielle, soziale und psychologische Auswirkungen für die Individuen innerhalb der Familien hat, sowie der Hervorhebung der Art und Weise, in der Individuen innerhalb von Familien Strategien entwickeln, um ihre jeweiligen Umstände zu bewältigen. Es ist ein dynamischer Prozess, in dem Frauen sehr oft eine entscheidende Rolle spielen. Als die „Stoßdämpfer" der Armut (Lister, 1995) schützen Frauen häufig ihre Kinder und in manchen Fällen ihre Partner vor dem vollen Ausmaß der Armut.

Mit Hilfe leitfadengestützter qualitativer Studien zur Armut wird beschrieben, auf welche Weise Armut auf das alltägliche Leben einwirkt (Kempson, 1996).[9] Zuerst einmal gibt es starke Indizien dafür, dass die Familien die Ausgaben bei grundlegenden Notwendigkeiten wie Lebensmitteln und Kleidung reduzieren. Zweitens schränken sie sehr stark die Ausgaben für Dinge ein, die die Lebensqualität erweitern und steigern, wie zum Beispiel soziale Aktivitäten und Freizeitaktivitäten. Drittens sickern emotionale und psychologische Konsequenzen in die Beziehungen innerhalb der Familien durch. Alle drei Elemente können auf unterschiedliche Art und Weise durch die einzelnen Mitglieder einer Familie erfahren werden und bei der Analyse haben wir versucht, einige dieser Unterschiede auszuweisen. Eine vierte Thematik umfasst die Art und Weise, wie Familien Strategien der Bewältigung finden: zum Beispiel Eltern, die versuchen, ihre Kinder vor der Armut zu schützen, was eine Form intrafamilialer Redistribution darstellt, oder die Unterstützung und Hilfe durch die Verwandtschaft, Freunde, Nachbarn oder die Gemeinde, was einer interfamilialen Redistribution entspricht (Kempson u.a., 1994).

4.1 Der unmittelbare Einfluss: Beschneidung der Grundlagen

Nicht genug zu essen zu haben ist der am meisten mit Emotionen besetzte Aspekt der Armut. Neuere durch das „Centre for Research in Social Policy" durchgeführte Untersuchungen beschäftigten sich mit der Art und Weise, wie Armut die Ernährung und die Auswahl der Nahrungsmittel beeinflusst (Dobson u.a., 1994). Die Autoren stellen heraus, dass insbesondere Lebensmittel als flexibles Element des Budgets angesehen und behandelt werden. Dies wird von anderen qualitativen Studien bestätigt. Morris & Ritchie (1994) bezeichnen dementsprechend in ihrer Studie Ausgaben für Dinge wie Lebensmittel, Freizeit und Kleidung als „nichtverbindlich", im Gegensatz zu Gas- und Elektrizitätsrechnungen, die „verbindlich" sind. Dobson u.a. (1994) zeigen, wieso nie genug Geld dafür da war, die Lebens-

---

[9] Siehe Kempson (1996) für weitere Details. Sie fasst mehr als 30 qualitative, von der Joseph-Rowntree-Foundation gesammelte Forschungsarbeiten zur Armut zusammen.

mittel zu kaufen, die sie gerne gehabt hätten, unabhängig davon, wie gut die Familien ihr Budget verwalteten. Im Allgemeinen waren die Mütter für die Budgetierung verantwortlich und verbrachten viel Zeit damit, die Vorlieben ihrer Kinder zu berücksichtigen, während sie gleichzeitig Entscheidungen darüber fällten, wo und wie eingekauft werden sollte, um ihre knappen Geldmittel zu strecken. Diese Studie betont die psychologischen Kosten des Wirtschaftens auf der Basis derart niedriger Einkommen: *„Mittwoch, Charlotte ging zum Postamt, um unsere Sozialhilfe zu holen: £74,49. Ausgaben für: £10,00 Benzingutschein, £10,00 Elektrizität, £5,00 Wassergutschein, £4,87 Zigaretten und Tabak, £5,18 Milch, £0,69 Kartoffeln, £0,49 Margarine, £1,96 2 Packungen Plätzchen, £0,60 2 Dosen Bohnen, £1,40 Busfahrkarte für Deidre. Ich habe £40,96 ausgegeben und habe noch £33,53 übrig. Gilbert geht zur Zeit nicht in die Schule, da er neue Schuhe braucht und die kosten £10,00. Ich kann sie mir momentan nicht leisten und muss abwarten, was ich für ihn tun kann. Die Kinder kommen von der Schule heim. Gott sei Dank, dass sie dort eine Mahlzeit bekommen"* (Erica in Holman, 1998).

Kempson u.a. (1994) analysieren den Einfluss eines niedrigen Einkommens auf Strategien der Haushaltsführung. Sie untersuchten 74 von niedrigem Einkommen lebende Familien und identifizierten die Art und Weise, wie Menschen sich in den grundlegenden Dingen einschränken: „Familien waren dazu gezwungen, Prioritäten innerhalb ihrer notwendigen Bedürfnisse zu setzen", schreiben die Autoren (1994, S. 106), zum Beispiel bei den Lebensmitteln: *„Als ich mit dem Vater meines Sohnes noch zusammenlebte, habe ich einfach besser gegessen. Das Essen hatte eine bessere Qualität. Das ist etwas, was sich sehr verändert hat. Ich stelle immer mehr fest, dass ich es mir nicht leisten kann, frisches Obst und Gemüse zu kaufen. Man beschränkt sich wirklich nur noch auf die einfachsten Dinge, die einen gerade so am Laufen halten [...]. Wenn du deine Telefonrechnung bezahlen musst, ist das erste, bei dem du anfängst, sparsam zu wirtschaften, das Essen. Wir leben von Reis und Bohnen und Haferflockenbrei. Alles ist so teuer. Wochen vergehen, und ich kann kein Obst kaufen. Ich kann meinem Sohn keine großen Mengen Reis anbieten, denn wenn er es verschwendet, tut es weh, etwas wegwerfen zu müssen [...]."* Oder bei Energie: *„Trudy hatte auch einen Münz-Stromzähler und [...] stellte oft fest, dass sie am Ende der Woche kein Geld mehr für die Marken hatte. Um noch ein bisschen Energie zu erhalten, kaufte Trudy eine Campinglampe und schloss den Fernseher an eine Autobatterie an, so dass die Kinder immer noch fernsehen konnten, wenn der Zähler abgelaufen war"* (Kempson u.a., 1994, S. 122).

4.2 Einschränkungen der sozialen Aktivitäten

Soziale Aktivitäten sind häufig für Menschen mit geringem Einkommen nur sehr eingeschränkt möglich, insbesondere für Erwachsene, aber auch für Kinder: *„Sonntag: Ich wollte heute nicht aufstehen, weil ich einfach nicht mehr weitermachen wollte. Tagein, tagaus dasselbe. Ich kann weder alleine noch mit Ivor ausgehen, weil wir es uns nicht leisten können. Ich kann mich gar nicht mehr erinnern, wann wir das letzte Mal zusammen ausgegangen sind. Wir können auch keinen*

Urlaub machen. Das letzte Mal waren wir in Urlaub, als wir in Easterhouse wohnten und mit der Heilsarmee ins Butlins Feriencamp fuhren. Das war vor sieben Jahren. Donnerstag: Heute abend ist Halloween. Ich kann es mir nicht leisten, kleine Geschenke zu besorgen und deshalb verschließe ich die Türen, falls Kinder anklopfen. Ich hasse so etwas, aber ich habe keine andere Wahl. Die Kinder wollen auch in dieser Nacht von Tür zu Tür gehen, aber ich möchte nicht, dass sie von anderen Leuten etwas bekommen und ich nichts als Gegenleistung geben kann" (Erica in Holman, 1998).

In der Studie „Family Fortunes" analysierten Middleton, Ashworth & Walker die Kosten von Kindern (1994). Sie fanden heraus, dass Ausgaben, die für Aktivitäten außerhalb des Hauses ausgegeben wurden, in hohem Maße von den sozioökonomischen Umständen abhängen, insbesondere jene für jüngere Kinder. Kleinkinder aus Familien mit Sozialhilfe erhielten 61% weniger für diese Aktivitäten als jene aus Familien ohne Einkommensunterstützung. Familien bestehend aus einem Elternteil oder Familien mit Einkommensunterstützung gaben auch weit weniger für Urlaub, Tagesausflüge und für sonstige Freizeitaktivitäten aus.

4.3 Der Einfluss auf Kinder

Trotz Versuchen der Eltern, ihre Kinder vor den Folgen der Armut zu schützen, lassen Forschungsergebnisse vermuten, dass Kinder aus gering verdienenden Familien sich der familiären finanziellen Umstände bewusst sind und dass dies natürlich Auswirkungen auf ihre Erwartungshaltung und ihr Verhalten hat (Shropshire & Middleton, 1999). Eltern sind sich häufig vollkommen im Klaren über die Auswirkungen, welche die Armut auf ihre Kinder hat: *„Ich mache mir wirklich Sorgen, dass meine Kinder in Easterhouse aufwachsen. Ich möchte, dass sie von hier wegkommen, wenn die Dinge schlimmer werden [...]. Meine finanziellen Probleme werden nicht besser. Ich bekomme nur £52,30 in der Woche und £27,60 Kindergeld. Meine Einkommensunterstützung ist niedrig, weil Geld für den Kredit abgezogen wird, den ich an die Sozialhilfe für Dinge wie Betten und Bettwäsche, Kocher und Waschmaschine [...] zurückzahlen muss [...]. Ich habe Angst, was meinen Kindern in der Zukunft noch alles bevorsteht"* (Anita in Holman, 1998). Middelton u.a. (1997) stellten fest, dass, obgleich die Eltern versuchen, die Armut für die Kinder zu mildern, die Auswirkungen auf Kinder dennoch gravierend waren: Etwa eines von 20 Kindern hatte keine neuen oder richtig passenden Schuhe oder lebte in feuchten Wohnverhältnissen. Solche Erfahrungen können einen langfristigen Einfluss auf die Gesundheit eines Menschen haben und sind teilweise der Grund für zunehmende Gesundheitsprobleme, die sich im Lauf des Lebens einstellen (Benzeval, 1997).

4.4 Der Einfluss auf Beziehungen innerhalb der Familie

In einer qualitativen Studie über 30 arbeitslose Familien untersuchte Jane Ritchie die psychologischen und sozialen Konsequenzen längerer Zeiträume von Arbeitslosigkeit bei Paaren. Für die Männer konnten zwei zentrale Grundzüge identifiziert werden, die Tatsache, mit den Einkünften auskommen zu müssen und der Verlust der „Versorger"-Rolle: *„Ich denke, das Schlimme ist, dass du dich am Existenzminimum bewegst und dass du deine Familie nicht durch deine eigenen Anstrengungen unterstützt. Ich denke, das demütigt dich mehr als alles andere. Und das Leben stellt Forderungen, wenn die Kinder (drei im Alter von vier bis neun Jahren) nach Hause kommen und sagen ‚können wir dies haben und können wir jenes haben' und du sagen musst ‚Nein' "* (in Ritchie, 1990, S. 53 f.). Ritchie zeigt weiterhin, dass die Frauen sich unter einem ähnlichen oder sogar höherem Stress befanden, da sie für die Verwaltung des Budgets verantwortlich sind und sich Sorgen machen um das Wohlergehen der Kinder *und* die Gefühlslage ihrer Ehemänner: *„Ich kann nicht zu ihm gehen und sagen, nun, die Jungen brauchen eine neue Winterjacke oder was auch immer. Es ist unnütz, dass ich zu ihm gehe, er hat kein Geld. Er tut mir leid, denn ich weiß, dass ihn das auch verletzt. Aber da lastet ein ungeheurer Druck auf mir und manchmal – ich weiß nicht, ich muss stärker sein als ich denke, dass ich es bin, denn ich mache weiter, obwohl ich manchmal dasitze und mich ordentlich ausweine und das Gefühl habe, es sollte besser sein"* (Mrs. Jackson; in: Ritchie, 1990, S. 55).

Diese Thematik kehrt wieder in den durch die „Church Action on Poverty" durchgeführten „National Poverty Hearings", die Menschen zusammenbringen, die Armut selbst erfahren haben. Eine Mutter von fünf Kindern, deren Ehemann gelernter Schweißer war, beschrieb die Auswirkungen seiner Verletzung und der folgenden Langzeitarbeitslosigkeit auf ihr Familienleben: *„Mein Mann war früher ein sehr stolzer Mann. Er kann* (heute, d. Verf.) *nicht dazu gebracht werden, sich zu rasieren, und mit seinem Aussehen ging es schnell bergab. Wir stritten uns oft, weder ich noch die Kinder konnten es ihm recht machen. Die Anspannung, mit einem Mann zu leben, der nicht einmal lächeln wollte, brachte mich an den Punkt, wo ich es nicht mehr aushalten konnte, und so verließ ich ihn zweimal, aber das funktionierte nicht, also kam ich wieder nach Hause [...]. Jetzt sind die Dinge viel leichter: Mein Mann macht lange Spaziergänge mit den Kindern, er hat sich für Unterricht in der Erwachsenenbildung angemeldet und kann jetzt einen Computer bedienen. Er findet immer noch keine Arbeit, aber zumindest hat er das Gefühl, dass er etwas tut"* (Alison; in: Church Action on Poverty, 1996, S. 13). Bei einigen der von Ritchie untersuchten Paare verstärkte und verbesserte sich wohl die eheliche Beziehung während der Zeit der Arbeitslosigkeit, diese Gruppen hatten aber auch schon vor der Arbeitslosigkeit starke Beziehungen. Die Mehrheit der Paare jedoch beschrieb Schwierigkeiten innerhalb ihrer Beziehungen, hier insbesondere das Problem, dass die Männer wesentlich mehr Zeit zu Hause verbrachten, sowie Streit über die Verwaltung des Budgets: *„Wir haben viel öfter Krach gehabt, seitdem ich arbeitslos bin. Genauer gesagt, jede Menge Streit über Geld. Vorher hatten wir das nie [...]. Weißt du, manchmal sagt Sylvia, warum gehst du nicht raus und suchst dir einen Job', obwohl sie genau weiß, dass es nichts gibt"* (Mr. Ward; in: Ritchie, 1990, S. 57).

5 Bewältigungsstrategien

Ein Thema, das immer wieder in Armutsstudien auftaucht, ist das Opfer, das Eltern, insbesondere Frauen, für ihre Kinder bringen und die Priorität, die Kinder im Zusammenhang mit den Ausgaben haben. Die Bedürfnisse der Kinder stehen vor denen der Eltern und in einigen Fällen vor der Begleichung von ausstehenden Rechnungen (Kempson u.a., 1994; Middleton u.a., 1997): *„Nein, ich habe mich nie an die erste Stelle gesetzt. Immer waren die Kinder zuerst dran. Ich habe immer alles getan [...], manchmal konnte ich mir nicht einmal ein Paar Strümpfe kaufen"* (Mrs Stirland; in: Goode u.a., 1998). Oder: *„Wir kommen mit ‚baked beans' aus oder mit irgendwas aus dem Kühlschrank. Wir machen komische Mahlzeiten. Wir, ich und mein Mann, essen normalerweise nur einmal am Tag – weil wir tagsüber nicht viel essen. Und die Kinder, wir machen's halt so, dass sie haben, was sie brauchen, und wir nehmen uns etwas, wenn etwas da ist."* (Mrs Thackeray; in: Goode u.a., 1998). In der ersten britischen Dokumentation über Ausgaben für Kinder zeigte sich, dass jede zwanzigste Mutter auf eigene Nahrung verzichtete, um sie ihren Kindern zu geben und mehr als jede achte Mutter verzichtete auf neue Kleidung und Schuhe, Unterhaltung oder Urlaub (Middleton u.a., 1997). Oft bewahrten diese Opfer der Eltern die Kinder vor der unmittelbaren Armut, die Hälfte aller armen Eltern hatte Kinder, die so betrachtet nicht arm waren. Mütter übten eher Verzicht als Väter und allein erziehende Mütter eher als Mütter aus vollständigen Familien. Die Rolle der Frau als Verwalterin des Familienbudgets ermöglicht es ihr, das Einkommen innerhalb der Familie umzuverteilen, häufig indem sie ihre eigenen Bedürfnisse hinter die der Kinder und des Partners stellt; jedoch ist sie durch diese Rolle auch ganz bestimmten Gefahren ausgesetzt, insbesondere der Angst und dem Stress, mit einem sehr knappen Haushaltsbudget über einen langen Zeitraum zurechtkommen zu müssen.

Kempsons Arbeit konturierte zwei wesentliche Modelle der Bewältigung: Ein Erstes besteht in dem Versuch, die Ausgaben mittels Einschränkungen notwendiger Dinge zu minimieren, um die Aufnahme von Krediten und damit Verschuldung zu verhindern: *„Ich muss halt mit dem auskommen, was ich habe, und damit hat es sich [...]. Es ist zum Beispiel Mitte der Woche, und ich kriege erst am Freitag Geld, und dann fühle ich es [...]. Ich denke, es ist am besten, nichts zu leihen, es ist am besten, sich mit dem durchzukämpfen, was ich habe"* (Gail; in: Kempson u.a., 1994, S. 271). Die zweite Strategie besteht in dem, was die Autoren mit „Rechnungs-Schwindel" beteiln – eher Schulden zu machen, als die Ausgaben drastisch zu reduzieren: *„Wenn ich weiß, dass wir nichts zu Essen haben, und der Gasmann wartet, tut mir leid, dann mache ich meinen Einkauf. Die sind OK. Das Gas wird überleben. Wir nicht [...] Ganz egal, was ist, meine Familie geht bei einer Rechnung vor. Ich rufe einfach an und sage, dass ich für 14 Tage in Urlaub fahre und es erledige, wenn ich wiederkomme. Weißt du, ich denke mir ein paar Lügen für sie aus"* (Laura; in: Kempson u.a., 1994, S. 272).

6 Die Langzeitauswirkungen

Es gibt mehrere Anzeichen dafür, dass Armut langfristige Auswirkungen auf Kinder hat. Studien mit Längsschnittdaten der National Child Development Studie aus dem Jahre 1958 zeigen, dass Kinderarmut einen anhaltenden Einfluss auf eine Benachteiligung im späteren Erwachsenenalter hat (Gregg u.a., 1998; Hobcraft, 1998). Es gibt Hinweise darauf, dass die Auswirkungen der Armut auf die Bildung und Gesundheit des Einzelnen frühzeitig beginnen und bis ins Erwachsenenalter reichen können. Feinstein (1998) fand einen signifikanten Unterschied in der kognitiven Entwicklung eines Kindes mit 22 Monaten entsprechend der sozialen Schichtzugehörigkeit seiner Familie. Der Unterschied verstärkt sich mit jedem hinzukommenden Lebensmonat. Holtermann (1995) erkannte, dass Kinder aus armen Familien das Risiko einer niedrigeren Lebenserwartung haben, über einen schlechteren Gesundheitszustand und niedrige Bildung verfügen, eine höhere Arbeitslosenrate aufweisen und häufiger kriminell und obdachlos werden. Wilkinson (1994) zeigte, wie die Ungleichheit im Einkommen direkt und indirekt die Gesundheit der Kinder, ihre Bildung sowie Obdachlosigkeit und die Selbstmordrate beeinflusst.

Ein wichtiges, durch diese Studien aufgeworfenes Thema ist der exakte Zusammenhang zwischen Armut und der Beeinträchtigung der Lebenschancen der Kinder. Armut formt zwar die Zukunft, aber sie ist nicht der entscheidende Faktor dafür. Die Eltern übermitteln vielmehr die Erfahrungen der Kinder mit der Armut (mit oder ohne formelle Unterstützung). Mehrere Autoren argumentieren, dass durch die reduzierten Kapazitäten und Mittel die Eltern bei ihrer Erziehungsarbeit beeinträchtigt sind. Diese Tatsache macht es notwendig, die Prozesse innerhalb der Familie zu untersuchen, um die Auswirkungen der Armut exakter klären zu können. Wir haben bereits die wichtigen sozioökonomischen Faktoren hier behandelt. Es gibt jedoch eine kontroverse Debatte darüber, wie verschiedene Familienstrukturen die Zukunftsaussichten der Kinder beeinflussen (insbesondere im Zusammenhang mit den immer häufiger vorkommenden allein erziehenden Müttern). Wichtig ist hierbei, die Auswirkungen der sozioökonomischen Umstände zeitlich vor der Familienphase, während und nach einer Trennung zu betrachten. Deshalb ist es für die Gewichtung der verschiedenen Faktoren, die das Leben der Kinder beeinflussen, entscheidend, die psychologischen, ökonomischen und sozialen Dimensionen und Prozesse mit einzubeziehen und sich nicht nur auf die Familienstruktur als solche zu konzentrieren (Lister, 1994).

7 Herausforderungen der Armut

Bei der Betrachtung der Art und Weise, in der Armut das Leben und die Lebenschancen von Menschen beeinflusst, besteht das Risiko, Familien als passiv im Angesicht des Ansturms externer Kräfte darzustellen. Tatsächlich sind, wie wir gezeigt haben, Strategien des Jonglierens mit Ressourcen, des Schutzes einzelner Familienmitglieder, besonders der Kinder, vor den schlimmsten Auswirkungen der Armut allesamt aktive Handlungen, mittels derer die Auswirkungen der Armut im Zaum gehalten werden. Andere Beispiele sind die Gemeindeinitiativen, in denen Familien und besonders Frauen trotz oder wegen ihrer Armut engagiert sind. Die Bedeutung solcher Gemeindeinitiativen und freiwilligen Aktionen findet in den sozialpolitischen Debatten eine immer größere Beachtung (Commission on Social Justice, 1994; Oppenheim, 1998; Social Exclusion Unit, 1998). Sie bilden in zunehmendem Maße die Grundlage für das Zustandekommen neuer Regierungsinitiativen, wie beispielsweise den „New Deal for Communities" und den Vorschlag, einen neuen Hilfsfonds zur Unterstützung der Arbeit von Freiwilligen einzurichten. Die Energie, mit der einige Menschen, vor allem Frauen, mit der Armut zurechtkommen und sie bekämpfen, straft das Bild Lügen, dass die Armutsschicht sich damit zufrieden geben würde, passiv von der Fürsorge abhängig zu sein. Weiterhin unterminiert dies die Ansicht, dass es eine „Kultur der Abhängigkeit" gäbe, die eine Gruppe von Antragstellern miteinander verbindet.

Der weibliche Kampf gegen die Armut, sowohl innerhalb als auch außerhalb der Familie, kann nicht nur als Beweis gegen die These der „Unterschicht" angeführt werden, sondern kann auch als positives Beispiel für das Vorhandensein einer aktiven Staatsbürgerschaft gelten (Lister, 1997). Die Regierung hat inzwischen die Notwendigkeit erkannt, Gemeindeaktionen zu unterstützen, wenn es um den Kampf gegen die Armut geht: *„Viel zu lange haben die Regierungen die Bedürfnisse vieler Gemeinden einfach ignoriert [...]. Es wurde zu viel dafür ausgegeben, einzelne Stücke zusammenzusetzen, statt erfolgreiche Gemeinden aufzubauen oder Präventivmaßnahmen zu ergreifen, so dass Probleme erst gar nicht entstehen. Es wurden häufig riesige Summen für die Reparatur von Gebäuden oder neue Anstriche für Siedlungen ausgegeben, anstatt in die Fähigkeiten, Bildung oder Möglichkeiten der Menschen, die dort leben, zu investieren. Es wurde viel zu viel von oben auferlegt, obgleich die Erfahrung zeigt, dass der Erfolg von den Gemeinden selbst abhängt, welche die Kraft haben und die Verantwortlichkeit übernehmen, Dinge zu verbessern"* (Tony Blair, MP; in: Social Exclusion Unit, 1998).

8 Zusammenfassung

Das Zunahme von Armut seit den späten 1970er Jahren bedeutet, dass eine signifikante Minderheit von Kindern nicht nur die Erfahrung von physischer, sozialer und emotionaler Deprivation macht, sondern dass auch viele nicht in der Lage sein werden, ihr Entwicklungspotential voll auszuschöpfen. Die Armut hat ihre Lebenschancen verringert. Qualitative Untersuchungen haben gezeigt, wie Familien ihre Ausgaben bei grundsätzlich notwendigen Dingen und sozialen Aktivitäten beschneiden. Es wurde auch gezeigt, wie das Leben mit den Beschränkungen durch ein niedriges Einkommen mit der Zeit auf die Beziehungen innerhalb einer Familie einwirkt. Die Längsschnittbetrachtung legt die Annahme nahe, dass Deprivation einen Einfluss auf die Zukunftschancen von Kindern hat, dass aber diese Beziehung eine komplexe und vielgesichtige ist. Wir haben die charakteristischen Einflüsse von Armut auf die Individuen betont, welche Familien auf zwei Arten betreffen. Erstens wird Armut verdeckt, wenn die Ressourcen nicht gleichmäßig innerhalb der Familie verteilt werden, größtenteils zum Nachteil der Frauen. Zweitens schützen Frauen ihre Kinder oft vor den schlimmsten Auswirkungen der Armut und sind erfinderisch in der Art und Weise, in der sie Strategien ersinnen, um zu sichern, dass ihre Kinder so wenig wie möglich missen müssen. Dabei opfern sie aber oft ihre eigenen Bedürfnisse mit nachhaltigen Konsequenzen für ihre physische und psychologische Gesundheit.

Der Entwurf einer umfassenden Strategie gegen die Armut würde den Rahmen dieses Beitrags sprengen. Statt dessen schlagen wir eine breitere Ausrichtung der Politik vor, die auf drei Ebenen operieren sollte. Erstens werden zur *Prävention* von Armut weitere Maßnahmen benötigt, um den Zugang – vor allem für Familien mit niedrigem Einkommen – zu bezahlter Arbeit über Kinderbetreuung und andere familienfreundliche Beschäftigungsformen zu verbessern. Das allgemeine Kindergeld bleibt ein wichtiges Werkzeug für einen gewissen Grad an Sicherheit innerhalb sich wandelnder Familien- und Arbeitsmarktstrukturen. Die Integration verschiedener Kinderzuschüsse im Zusammenhang mit einer Arbeitsstelle oder außerhalb derselben in eine einzige Zahlung, wie dies kürzlich von der Regierung vorgeschlagen wurde, könnte einen umfassenden Schutz für Kinder sowohl individuell als auch politisch darstellen. Zum Zweiten bleibt die Notwendigkeit bestehen, die Auswirkungen der Armut *zu mildern*. Es müssen in größerem Umfang Unterstützungsmaßnahmen für Arbeitslose zur Verfügung gestellt werden. Trotz der kürzlichen Anhebung des Kindergelds sind weitere Zahlungen erforderlich, wenn Eltern nicht ihre eigenen Zuschüsse für ihre Kinder opfern sollen. Ganz dringend wird eine umfassende Prüfung des Zuschussniveaus in Hinblick auf dessen Angemessenheit benötigt. Ein Mindesteinkommen, wie es von der Europäischen Kommission empfohlen wurde, könnte einen Maßstab dafür liefern, wie künftige Zuschusserhöhungen aussehen sollen. Zusätzlich dazu ist eine Reform des Sozialfonds notwendig, um den Lebensstandard der Familien anzuheben. Die dritte Ebene ist *die Unterstützung der Familien in Bezug auf Dienstleistungen* mit der Betonung auf präventive Maßnahmen. Trotz verschiedener Initiativen, wie beispielsweise das Programm „Sure Start", ist der Zugang zu qualitativ hochstehenden Unterstützungsleistungen nach wie vor begrenzt. Nach den momentanen Plänen soll „Sure Start" lediglich 5% der Kinder unter vier Jahren erreichen. Die Ergebnisse zeigen, dass Dienstleistungen am effektivsten sind, wenn sie durch breit angelegte Arbeit erfolgen und nicht auf arme Familien gerichtet sind, sondern allen offen stehen. Diese drei Ansätze liefern Mittel im breitesten Sinne. Geld, Dienstleistungen und Gemeindehilfe unterstützen Eltern bei der Aufgabe, „gute" Eltern zu sein. Die spezifischen Maßnahmen, die dafür nötig wären, rangieren vom makro-ökonomischen Bereich bis hin zur Findung von Möglichkeiten, Familien darin zu unterstützen, eine größere Selbstkontrolle über ihr Leben zu erreichen und die Auswirkungen der Armut in ihren eigenen Gemeinden bekämpfen zu können.

Übersetzung von der englischen in die deutsche Sprache: Sprachinstitut Hartmann-Vincken, Bamberg

Literatur

Balls. E./Gregg, P. (1993): Work and Welfare, Tackling the jobs deficit. Commission on Social Justice, No. 3, Institute for Public Policy Research.
Barnes, H./Day, P./Cronin N. (1998): Trial and Error: A Review of UK Child Support Policy. London: Family Policy Studies Centre.
Benzeval, M. (1997): Health. In: Walker, A./Walker, C. (Hrsg.): Britain Divided: the growth of social exclusion in the 1980s and 1990s. London: Child Poverty Action Group.
Berthoud, R. (1997): Income and Standards of Living. In: Modood u.a. (Hrsg.) (1997) Ethnic Minorities in Britain: diversities and disadvantage. London: Policy Studies Institute.
Bhavnani, R. (1994): Black Women in the Labour Market: A research review. Equal Opportunities Commission.
Bloch, A. (1997): Ethnic inequality and social security policy. In: Walker, A./Walker, C. (Hrsg.): Britain Divided: the growth of social exclusion in the 1980s and 1990s. London: Child Poverty Action Group.
Bradbury, B./Janti, M. (1999): Child poverty across the industrialized nations. UNICEF International Child Development Centre, Innocenti Occassional paper, Economic and Social Policy series no. 71.
Bradshaw, J./Chen, J. (1997): Poverty in the UK: a comparison with nineteen other countries. Benefits, 18.
Church Action on Poverty (1996): Speaking from Experience, Voices at the National Poverty Hearing. Church Action on Poverty.
Commission on Social Justice (1994): Social Justice, Strategies for National Renewal. Vintage.
Davies, H./Joshi, H. (1994): Sex, sharing and the distribution of income. Journal of Social Policy, 23, 3, 30-40.
Dobson, B./Deardsworth, A./Keil, T./Walker, R. (1994): Diet, Choice and Poverty: social, cultural and nutritional aspects of food consumption among low income families. Family Policies Studies Centre.
DSS (1980): Social Security Statistics. London: HMSO.
DSS (1997): Households below Average Income 1994/5 – 1995/6. London: Government Statistical Service.
DSS (1999a): Households below Average Income 1994/5 – 1997/8. London: Government Statistical Service.
DSS (1999b): Social Security Statistics. London: HMSO.
DSS (1999c): Opportunity for all: tackling poverty and social exclusion. First Annual Report. Cm 4445.
European Network on Childcare (1996): A review of childcare services for young children in the EU 1990-95. Equal Opportunities Unit.
Feinstein, L. (1998): Pre-school Educational Inequality? British children in the 1970 cohort. Discussion Paper 404, Centre for Economic Performance. London: LSE.
Goode, J./Callender, C./Lister, R. (1998): Purse or wallet? Gender inequalities and income distribution within families on benefits. London: Policy Studies Institute.
Gregg, P./Harkness, S./Machin, S./Thomas, J. (1998): Child Development and Family Income Report for the Joseph Rowntree Foundation, mimeo.
Gregg, P./Harkness, S./Machin, S. (1999): Child development and family income. York: Joseph Rowntree Foundation.
Harker, L. Tracking poverty: Monitoring the Government's progress towards reducing poverty. New Economy (forthcoming, Spring 2000).
Harkness, S./Machin, S./Waldfogel, J. (1996): Women's pay and family incomes in Britain 1979-1991. In: Hills, J. (Hrsg.) New Inequalities: the changing distribution of income and wealth in the UK.

Haskey, J. (1998): Birth cohort analyses of dependent children and lone mothers living in one-parent families in Great Britain. Population Trends 92, Summer 1998, ONS. London: The Stationery Office.
Hill, M./Jenkins, S. (1999): Poverty among British children: chronic or transitory? ESRC Research Centre on Micro-Social Change Working Paper No. 99-23. University of Essex, Colchester.
HM Treasury (1999): The Modernisation of Britain's Tax and Benefit System Number Five: Supporting children through the tax and benefit system.
Hobcraft, J. (1998): Intergenerational and Life Course Transmission of Social Exclusion: Influences of Childhood Poverty, Family Disruption and Contact with the Police. Case-paper 15, Centre for the Analysis of Social Exclusion. London: LSE.
Holman, B. (1998): Faith in the Poor. Oxford: Lion publishing.
Holtermann, S. (1995): All Our Futures: the impact of public expenditure and fiscal policies on children and young people. London: Barnardos.
Huby, M./Dix, G. (1992): Evaluating the Social Fund, DSS Research Report, No. 9. London: HMSO.
Kempson, E./Bryson, A./Rowlingson, K. (1994): Hard Times. London: Policy Studies Institute.
Kempson, E. (1996): Life on a low income. York: Joseph Rowntree Foundation.
Lister, R. (1994): The Future of Families. Edge Hill.
Lister, R. (1997): Citizenship: Feminist Perspectives. Macmillan.
Machin, S./Waldfogel, J. (1994): The Decline of the Male Breadwinner, WSP/103. London: STICERD, LSE.
Middleton, S./Ashworth, K./Braithwaite, I. (1997): Small Fortunes: spending on children, childhood poverty and parental sacrifice. Joseph Rowntree Foundation.
Modood, T./Berthoud, R./Lakey, J./Nazroo, J./Smith, P./Wirdee, S./Beishon, S. (1997): Ethnic Minorities in Britain: diversity and disadvantage. London: Policy Studies Institute.
Morris, L./Ritchie, J. (1994): Income Maintenance and Living Standards. London: Social Community Planning and Research.
Oppenheim, C. (Hrsg.) (1998): An Inclusive Society: strategies for tackling poverty. London: IPPR.
Oppenheim, C./Lister, R. (1998): Poverty and Family Life. In: Klocke, A./Hurrelmann, K. (Hrsg.): Kinder und Jugendliche in Armut. Westdeutscher Verlag.
Owen, D. (1994): Ethnic Minority Women and the Labour Market: analysis of the 1991 census. Equal Opportunities Commission.
Piachaud, D. (1999): Progress on poverty? New Economy, September 1999. London: IPPR.
Piachaud, D./Sutherland, H. (2000): How Effective is the British Government's Attempt to Reduce Child Poverty? CASE paper 38. London School of Economics.
Rake, K. (Hrsg.) (2000): Women's Incomes over the Lifetime – Explaining the Female Forfeit. Women's Unit.
Ritchie, J. (1990): Thirty unemployed families: their living standards in unemployment. London: HMSO.
Social Exclusion Unit (1998): Bringing Britain Together: a strategy for neighbourhood renewal. Jult 1998, CM 4045.
Social Trends 29 (1999): Office for National Statistics. London: The Stationery Office.
Shropshire, J./Middleton, S. (1999): Small Expectations: Learning to be poor? York: Joseph Rowntree Foundation.
Wilkinson, R. (1994): Unfair Shares, The effects of widening income differences on the welfare of the young. London: Barnardos.

Die Bedeutung von Armut im Kindes- und Jugendalter – Ein europäischer Vergleich

Andreas Klocke

1 Einleitung

Armut ist ein gesellschaftliches Problem, das sich in vielen Gesellschaften Europas beharrlich hält. Trotz einer gegenwärtigen wirtschaftlichen Belebung in Europa verringern sich die Armutsraten nicht in dem Maße, wie die Kennziffern der Arbeitslosigkeit ab- und die des wirtschaftlichen Wachstums zunehmen. Offenbar koexistiert die wirtschaftliche Erholung mit einem Niedrigeinkommensbereich und/oder einer strukturellen Sockelarbeitslosigkeit, die zu vergleichsweise konstanten Armutsproportionen führen. Da die Länder Europas in ihrer Wirtschaftsstruktur, in ihrer Wirtschaftsleistung und in ihrem Lebensstandard sehr heterogen sind, ist auch das Bild der Armut in Europa sehr vielschichtig. Sowohl im Umfang als auch in den Ursachen und der Struktur der Armut können Unterschiede zwischen den eher rückständigen Agrargesellschaften Südeuropas, den Transformationsstaaten Osteuropas und den hochindustrialisierten Gesellschaften im Norden hervorgehoben werden (Huster, 1996). Auch wenn viele der Armutsursachen zwischen den Nationen variieren, so lassen sich doch einige benennen, die in allen Ländern Europas eine Rolle spielen: Arbeitslosigkeit und die Zunahme der Sozialhilfeempfänger, die wachsende Zahl allein Erziehender-Haushalte und die Zunahme der Einkommensungleichheit (Kennedy, Whiteford & Bradshaw, 1996). Insbesondere die Zunahme des Ungleichgewichts zwischen Arbeitssuchenden und dem Arbeitsplatzangebot bedeutet für eine wachsende Minderheit eine mehr oder weniger dauerhafte Ausgrenzung von der allgemeinen Wohlstandsentwicklung, die nur noch schwer zu durchbrechen ist. Jeder zweite Arbeitslose in der EU ist ein Langzeitarbeitsloser, der im Jahre 1997 länger als ein Jahr ohne Beschäftigung war (eurostat, 1999a). Rückblickend bescherte die immer kapitalintensivere Produktion in den 1990er Jahren den Ökonomien Europas einen anhaltenden Boom, von dem aber eine Minderheit der Arbeitssuchenden und der Niedrigeinkommensbezieher ausgeschlossen blieb. Das Statistische Amt der Europäischen Gemeinschaft konstatiert seit der zweiten Hälfte der 1990er Jahre wohl eine leicht abnehmende Arbeitslosigkeit, ungleiche Einkommens- und Vermögenszuwächse lassen jedoch einen Armutssockel zwischen 5%-20% der Bevölkerung in den europäischen Gesellschaften bestehen, wie die entsprechenden Statistiken ausweisen (eurostat, 1999b).

Neben ökonomisch induzierten Armutsrisiken können aber auch kritische Lebensereignisse wie schwere Krankheit oder Tod eines Familienmitglieds sowie Scheidungen Haushalte in den Bereich der Armut drängen. Verarmung vormals sozial gesicherter Haushalte und Schichten wird so unerwartet möglich. Das Verarmungsrisiko, so können die skizzierten Tendenzen zusammengefasst werden, gehört zur Lebenswirklichkeit einer wachsenden Zahl von Familien in Europa. Ausgrenzung einer Minderheit von Menschen entlang ihrer Fähigkeit oder Chance, sich mit neuen Arbeits-, Technik-, Mobilitäts- und Lebensanforderungen zu arrangieren, hat den Prozess der Verarmung auf die politische Agenda gehoben. Verarmung bezeichnet einen Prozess, der die gesamte Lebenswelt umfasst und die kulturelle Teilhabe sowie die soziale Teilnahme am gesellschaftlichen Leben einschränkt oder gar verunmöglicht. Das Weißbuch der EU zur Sozialpolitik (1994) hebt diese Tendenz hervor: „Exklusionsprozesse sind ihrer Natur nach dynamisch und multidimensional. Sie sind nicht nur an Arbeitslosigkeit und/oder Niedrigeinkommen gekoppelt, sondern beziehen sich auch auf Wohnbedingungen, Bildungsabschlüsse und -chancen, Gesundheit, Diskriminierung sowie auf Bürgerrechte und Integrationsgrade in die lokale Gemeinschaft" (zit. nach Oppenheim & Harker, 1996, S. 156; Übersetzung A. K.).

Mit Bezug auf die Mitgliedsländer der Europäischen Union leben Anfang der 1990er Jahre ca. 14% der Haushalte in der EU unterhalb der Armutsgrenze, dies entspricht etwa 52 Millionen Menschen (eurostat, 1995, S. 212). Dabei wird von der Europäischen Union die allgemeine Definition der relativen Armut zugrunde gelegt. Unter relativer Armut fasst die EU-Kommission Personen, Familien und Gruppen, deren Ressourcen (materiell, kulturell und sozial) so begrenzt sind, dass sie von der untersten Grenze des akzeptablen Lebensstandards im jeweiligen Mitgliedsland ausgeschlossen sind. Grundlage der Armutsberechnung bildet auf Grund pragmatischer Erwägungen aber ausschließlich das Kriterium der relativen Einkommensarmut, die als 50% vom äquivalenzgewichteten Haushaltsnettoeinkommen des jeweiligen Mitgliedslandes der EU definiert ist. Aktuellere Zahlen auf Basis des Erhebungsjahres 1995, die jedoch auf Basis des 60%-Einkommenmedians berechnet sind, weisen einen Armutsanteil von 26% der europäischen Bürgerinnen und Bürger aus, die ein Primäreinkommen unterhalb der Armutsgrenze beziehen (eurostat, 1999b).[1]

Eine komparative Analyse kann sinnvollerweise nur von einer relativen Armut innerhalb eines Mitgliedslandes ausgehen, da nur so die unterschiedlichen Lebensstandards in den Mitgliedsländern kontrolliert werden können. Eine europaweite einheitliche relative Armutsdefinition würde demgegenüber zu einer inadäquaten Darstellung führen, da dies zu vergleichsweise großen Armutsanteilen in den rückständigeren und entsprechend geringen Armutsanteilen in den wohlhabenderen Staaten führen würde, denn das Bruttosozialprodukt pro Kopf der Mitgliedsländer schwankt von 65% bis zu 160% des europäischen Durchschnitts (Statistisches Bundesamt, 1998; Smeeding, 1997; eurostat, 2000).

Die Auswirkungen der Armut in Europa auf das Wohlbefinden und das Lebensgefühl der jungen Generation werden in den nächsten Abschnitten betrachtet. Zunächst wird es darum gehen, den Umfang der Armut im Kindes- und Jugendalter in den europäischen Wohlfahrtsstaaten zu bestimmen. Es werden ausschließlich

---

[1] Datenbasis ist das Europäische Haushaltspanel (ECHP) in der zweiten Erhebungswelle 1995. Es waren 13 EU-Länder an der Erhebung beteiligt (EU-15 ohne Schweden und Finnland).

westeuropäische Wohlfahrtsstaaten betrachtet. Zum einen liegen nur für diese Staaten international vergleichbare und aufbereitete Daten vor und zum anderen ist eine Beschränkung auf diese Staaten aus heuristischer Sicht sinnvoll, da so der Gefahr der komparativen „Hilflosigkeit" ein Stück weit begegnet werden kann. Die Zusammenstellung von Daten aus den osteuropäischen Gesellschaften, in denen viele Menschen einen gravierenden Veränderungsprozess durchlaufen, lässt kaum systematische Verknüpfungen zur Lebenslage armer Menschen in den westeuropäischen Wohlfahrtsstaaten zu. Nicht nur die großen Unterschiede im absoluten Niveau des Lebensstandards, sondern auch der ungleiche Umfang sozialstaatlicher Leistungen erschwert einen integralen Ansatz. Die osteuropäischen Transitionsstaaten verlangen eine eigene Analyse, die, so verdienstvoll dies auch wäre, an dieser Stelle nicht geleistet werden kann (vgl. Huster, 1996).

In der Analyse der Kinderarmut in Westeuropa kann insbesondere auf die stimulierende Studie von Rainwater & Smeeding (1995) und die ähnlich angelegten Arbeiten von Kennedy, Whiteford & Bradshaw (1996), Smeeding (1997), Bradbury & Jäntti (1999) und UNICEF (2000) zurückgegriffen werden, die sich alle auf den „Luxembourg Income Survey" beziehen. In einem zweiten Schritt wird auf eine eigene Studie unter Federführung der Weltgesundheitsorganisation zurückgegriffen, die den Gesundheitszustand und das Gesundheitsverhalten von Kindern und Jugendlichen in einer Reihe europäischer Länder untersucht. Hier ist es möglich, Kinder und Jugendliche in sozial unterprivilegierten Haushalten international vergleichend zu identifizieren und psychosoziale Befindlichkeiten zu analysieren. Auch wenn die Studien zur Kinderarmut und zur psychosozialen Gesundheit nicht unmittelbar miteinander verknüpfbar sind, so ergeben sie doch die Möglichkeit einer zweistufigen Betrachtung, indem nach der einkommensstatistischen Quantifizierung der Kinderarmut in Europa in einem zweiten Schritt der Auswirkung und Bewältigung der Kinderarmut in der WHO-Studie nachgegangen wird.

2 Armut von Kindern in Europa

Wie kommt es, dass überproportional viele Kinder und Jugendliche in Europa in Armut leben? Kinder und Jugendliche leben in Armut, wenn der Haushalt, in dem sie aufwachsen, von Armut betroffen ist. Arbeitslosigkeit, Sozialhilfebezug, Einkommensarmut und Niedrigeinkommen von Haushalten betrifft immer zugleich auch die Kinder und Jugendlichen. Möchte man also das Ausmaß der Kinderarmut erfassen, so ist der Zugang über den Haushaltskontext zu wählen. Hierzu können eine ganze Reihe von Statistiken herangezogen werden, die wohl nicht immer auf identischen Konstrukten basieren, wohl aber ein robustes und aktuelles Gesamtbild der Kinder- und Jugendarmut in den Kernstaaten Europas zeichnen. Ein Problem stellt hierbei die Messung bzw. Berechnung der Armutsgrenze dar. Neben unterschiedlichen nationalen Konventionen der Berechnungsgrundlage ist zudem der Umfang staatlicher Sozialleistungen für den internationalen Vergleich von Bedeutung. Es macht nämlich einen erheblichen Unterschied, inwieweit Armut von Individuen oder Haushalten durch sozialstaatliche Transfers bzw. nichtmonetäre Leistungen jenseits der Arbeitslosen- und Sozialhilfe kompensiert wird. Zu denken ist hierbei insbesondere an die öffentlich bereitgestellten oder privat zu finanzierenden Leistungen des Gesundheitswesens, aber auch an Einrichtungen wie beispielsweise der Kinderbetreuung oder der Wohngeldzuschüsse. Generell lassen sich die staatlichen Transfers nicht vollständig in den vergleichenden Analysen berücksichtigen und entsprechende Zusammenstellungen bleiben notwendigerweise arbiträr. Nicht zuletzt ist aber versucht worden, den Einfluss staatlicher Steuerpolitik auf die Armutsvermeidung bzw. -milderung in den einzelnen Ländern genauer zu bestimmen (Rainwater & Smeeding, 1995; Kennedy, Whiteford & Bradshaw, 1996; Bradbury & Jäntti, 1999; eurostat, 2000).

Um diesen Unwägbarkeiten in der internationalen Betrachtung ein Stück weit zu entgehen, bietet es sich an, auf Daten der multinationalen Organisationen (EU, OECD, Weltbank) sowie auf international abgestimmte und entsprechend aufbereitete Studien (der Luxembourg Income Survey (LIS) oder das Europäische Haushaltspanel (ECHP)) zurückzugreifen. Obwohl auch bei diesen Daten zu bedenken ist, dass sie in der Regel eine Zusammenstellung nationaler Datensätze darstellen, die zum einen unterschiedlichen Stichprobendesigns entspringen und nur sehr bedingt identische Konstrukte abfragen. Zum anderen sind die so zusammengeführten internationalen Daten nicht zum selben Zeitpunkt erhoben und oftmals zum Zeitpunkt der Bereitstellung der Daten schon mehrere Jahre alt. Schauen wir zunächst auf die Einkommensverteilung, so ist für die wichtigsten europäischen OECD-Staaten belegt: Die Einkommensverteilung wird ungleicher, die reichen Haushalte werden immer reicher und die armen Haushalte werden immer ärmer (Atkinson, Rainwater & Smeeding, 1995; Smeeding, 1997; Oxley u.a., 1997). Die Spannweite der Einkommensverteilung reicht von Großbritannien, wo das oberste Zehntel 4,67 mal so viel Einkommen zur Verfügung hat wie das unterste Zehntel, bis zu Schweden, wo das Verhältnis 2,78 beträgt. Deutschland liegt mit einem Wert von 3,21 im Mittelfeld (Smeeding, 1997, S.24). Anhand der Einkommenssituation der Haushalte lässt sich die Einkommensverteilung in den einzelnen Ländern weiterhin nach Armutsquoten ausweisen. Konventionell wird die „relative Armut" ausgewiesen, die als 50% des äquivalenzgewichteten Durchschnittseinkommen definiert ist (vgl. Ramprakash, 1994; Hauser, 1995; Smeeding, 1997).[2] Bezugsgröße des Durchschnittseinkommens ist in den internationalen Analysen häufig der Median in der Einkommensverteilung, obwohl in der Bundesrepublik überwiegend der arithmetische Mittelwert benutzt wird. Die Berechnung von Armutsquoten mit dem Median führt bei einer rechtsschiefen Kurve wie der Einkommensverteilung notwendigerweise zu geringeren Armutsquoten als die in Deutschland überwiegend benutzte Berechnungsmethode über den arithmetischen Mittelwert (Ramprakash, 1994; Hauser, 1995). Eine Armutsberechnung kommt auf

---

[2] Das äquivalenzgewichtete Durchschnittseinkommen ist ein fiktives Pro-Kopf-Einkommen. Die Personengewichte, die das rationale Haushalten von mehreren Personen im Haushalt berücksichtigen, ermöglichen den Vergleich zwischen unterschiedlich großen Haushalten und resultieren in dem äquivalenzgewichteten Durchschnittseinkommen. Die Personengewichte werden nach dem Alter und der Anzahl der Personen im Haushalt gebildet. Für die erste erwachsene Person wird der Faktor 1.0, für jede weitere Person (über 14 Jahre) der Faktor 0.5 und für Kinder unter 14 Jahren der Faktor 0.3 verwendet (OECD, neue Skala; vgl. Ramprakash, 1994).

Basis von Umfragedaten Mitte der 1990er Jahre zu folgendem Ergebnis (siehe Tab. 1).

Tab. 1: Kinderarmutsquoten in Europa und USA (Angaben in Prozent)

Land und Erhebungsjahr	Armutsquote 50% vom Median	Rangfolge nach der Medianberechnung	Armutsquote US-Armutsgrenze	Rangfolge nach der US-Armutsgrenze
USA (1994)	26,3	1	18,5	5
Großbritannien (1995)	21,3	2	28,6	4
Italien (1995)	21,2	3	38,1	3
Polen (1992)	14,2	4	90,9	1
Deutschland (1994)	11,6	5	12,4	6
Ungarn (1994)	11,5	6	90,6	2
Luxemburg (1994)	6,3	7	1,1	8
Schweden (1992)	3,7	8	3,7	7

Quelle: Bradbury & Jäntti, 1999, S.18, Luxembourg Income Survey.

Die Länder sind in der Rangfolge des „Armutsproblems" geordnet. Die USA sind hier zu Vergleichszwecken mit aufgeführt und weisen mit einer Quote von 26,3% die größte Kinderarmutsquote auf, gefolgt von Großbritannien und Italien, beide mit knapp über 20%. Polen, Deutschland und Ungarn belegen einen Mittelplatz (11%-14%), Luxemburg und Schweden weisen mit 6,3% bzw. 3,7% die geringsten Armutsquoten im Kindes- und Jugendalter auf. Immerhin zeigt sich in Großbritannien im Vergleich zu Schweden ein mehr als fünfmal so großes Armutspotential. Werden die Länder nach der US-Armutsschwelle in eine Rangfolge gebracht, so sticht hervor, dass nach diesem Schwellenwert in Polen und Ungarn über 90% aller Kinder in Armut leben. Hier wird deutlich, wie ungleich der Lebensstandard ist und wie notwendig nationale relative Armutsquoten sind, um international vergleichende Analysen durchführen zu können.

In der folgenden Tabelle 2 werden die Armutszahlen nach dem Familientyp aufgebrochen. Dabei zeigt sich, dass in allen untersuchten Ländern, mit der Ausnahme von Italien, die Armutsbetroffenheit bei den allein Erziehenden deutlich ansteigt. Deutschland liegt bei dieser Gruppe mit 43% aller allein Erziehenden, die in Armut leben, an der Spitze, mittlerweile dicht gefolgt von Großbritannien (40%). Die „Zwei-Eltern-Familien" spiegeln naturgemäß die Durchschnittswerte wider, und die „anderen" Familienformen sind als Residualkategorie nicht inhaltlich zu interpretieren.

Mit Bezug auf die Armutsbetroffenheit von Kindern und Jugendlichen in einzelnen Haushaltstypen haben Bradshaw u.a. (1993) ebenso wie Smeeding & Rainwater (1995) und Kennedy u.a. (1996) versucht, den Einfluss staatlicher Sozialleistungen genauer zu bestimmen. Das wichtigste Ergebnis lautet hier, dass staatliche Familien- und Kinderpolitik unmittelbar Kinderarmut abbauen oder vermeiden kann (Kennedy u.a., 1996; vgl. auch eurostat, 1999b). Trotz einiger methodischer Schwierigkeiten, staatliche Transferleistungen und nichtmonetäre Sozialleistungen vergleichend zu analysieren, konvergieren beide Analysen in diesem Ergebnis. Smeeding & Rainwater fassen zusammen: „Einige Nationen mit hohen Kinderarmutsquoten auf Basis der Einkommenssituation der Haushalte nutzen staatliche Abgaben, Steuern und Transferleistungen sehr effektiv, um Kinderarmut zu reduzieren" (1995, S. 16; Übersetzung A. K.). Besonders deutlich zeigt sich dies für die Gruppe der allein Erziehenden, die in der Bundesrepublik Deutschland eine im Vergleich extrem hohe Kinderarmut aufweist (vgl. Tab. 2). Offensichtlich greifen in den übrigen Staaten für diese Gruppe arbeitsorganisatorische Regelungen, finanzpolitische Entlastungen und sozialstaatliche Unterstützungssysteme besser als in der Bundesrepublik. Den einzelnen national-staatlichen Familienpolitiken gelingt es offenbar nicht gleichermaßen erfolgreich, Armutsrisiken durch Kinder zu verhindern und Kosten von Kindern zu vergesellschaften. Eine differenzierte Analyse der Wirksamkeit und Treffgenauigkeit staatlicher Politiken („trageting") ist gegenwärtig ein bevorzugtes Arbeitsfeld der international vergleichenden Armutsforschung. Unterschiede in der sozialen Unterstützung von Familien reflektieren unterschiedliche politisch-ideologische Konzepte der Familienpolitik, kommentiert Hantrais (1995 S. 91 ff.).

Tab. 2: Kinderarmut und Familientypen (Angaben in Prozent)

	Kinderarmut insgesamt	allein Erziehende Mutter	Zwei Eltern	Andere Familienformen
Italien (1995)	21,2	20,2	20,9	22,3
Großbritannien (1995)	21,3	40,3	17,5	13,9
Frankreich (1989)	9,8	25,4	7,7	12,6
Niederlande (1991)	8,4	29,6	6,8	4,2
Deutschland (1994)	11,6	43,3	8,5	7,3
Luxemburg (1994)	6,3	30,1	4,4	6,8
Schweden (1992)	3,7	4,5	3,6	2,6

Quelle: Bradbury & Jäntti, 1999, S.27, Luxembourg Income Survey, Medianberechnung.

In dem nun folgenden zweiten Abschnitt dieses Beitrags wird der Auswirkung von Armut im Kindes- und Jugendalter nachgegangen. Dabei konzentrieren sich die Analysen auf drei Wohlfahrtsstaaten: Deutschland, Großbritannien und Schweden. Die Begrenzung auf drei Länder ist primär der Übersichtlichkeit geschuldet (vgl. auch Kohl, 1992). Die Auswahl der Länder orientiert sich weiterhin an den Arbeiten zur Typologisierung von Wohlfahrtsstaaten (Esping-Anderson, 1990; Schmid, 1996). Danach wird ein eher *konservativer* (Deutschland), ein *liberaler* (Großbritannien) und ein *sozialdemokratischer* Typ (Schweden) unterschieden (Esping-Anderson, 1990, S. 74). Des Weiteren repräsentieren diese Länder unterschiedliche Kinderarmutsquoten (vgl. Tab. 2) und können somit einen instruktiven Einblick in die je eigene gesellschaftliche Mediation von Armut und der Verarbeitung von Armut auf der individuellen Ebene geben.

3   Auswirkung von Armut im Kindes- und Jugendalter

Es soll hier untersucht werden, ob und wie sich Armut a) auf die Teilnahme an jugendlichen Alltags- und Lebensmustern der Gleichaltrigen auswirkt und b) ob Kinder und Jugendliche aus sozial schwachen Familien eine Beeinträchtigung ihres Selbstwertgefühls, ihres psychosozialen Wohlbefindens und ihrer Lebensfreude erfahren. Die Bedeutsamkeit der Armut im Kindes- und Jugendalter hängt dabei sowohl von der „Stärke" (strenge Armut versus Niedrigeinkommen) als auch von der Dauer der Armut (kurze Episoden versus „vererbte" Armut) ab. Die Forschungslage zu den Langzeitauswirkungen von Armut auf Kinder und Jugendliche ist in der Bundesrepublik bisher noch völlig unzureichend. US-amerikanische Studien verweisen auf die Transmission von spezifischen Wertemustern und Lebenschancen im intergenerationellen Verlauf (Korenman & Miller, 1997; Duncan & Brooks-Gunn, 1997; Duncan u.a., 1998). Weiterhin haben Studien herausgearbeitet, dass keine unmittelbare Koppelung von sozialen Lebensbedingungen und subjektivem Verhalten bzw. emotionalen Empfinden erwartet werden kann, sondern insbesondere der Familie und den Eltern-Kind-Beziehungen sowie der jugendlichen Alltagswelt eine moderierende Funktion zukommt (Dodge u.a., 1994; Walper, 1997; Klocke, 1996, 2000b; Grundmann in diesem Band). Damit sind die folgenden Aussagen zu den Auswirkungen der Armut unter einem probabilistischen Vorzeichen zu lesen, denn die intervenierenden und moderierenden Faktoren können in den summarischen Analysen zur Kinderarmut in Europa nicht berücksichtigt werden. Typische Problemkonstellationen und -kumulationen von Armut und familialen Störungen sind somit in den hier präsentierten Analysen auf Grund der Aggregatebene nicht erkennbar.

4   Studie und Stichprobe

Datenbasis ist die Studie „Health Behaviour in School-Aged Children – A WHO Cross National Survey" (vgl. Currie u.a., 2000). Die Studie wird von der WHO koordiniert und gegenwärtig sind 28 Länder an dem Forschungsverbund beteiligt. Die Studie liefert sozialepidemiologisch aussagekräftige Daten über den körperlichen, psychischen und sozialen Gesundheits- und Krankheitszustand der Jugendlichen und es werden gesundheitsrelevante Daten über Einstellungen und Verhaltensweisen erhoben. Die Studie richtet sich an Kinder und Jugendliche im Alter von elf, 13 und 15 Jahren. Die Befragung der Kinder und Jugendlichen findet in allen beteiligten Ländern an Schulen statt und es werden jeweils ganze Schulklassen befragt. Da bis zur ältesten befragten Schuljahrgangsstufe (Klasse 9) in allen an der Studie beteiligten Ländern die Kinder und Jugendlichen schulpflichtig sind, liegt eine repräsentative und valide Datenbasis zur Bewertung sozialer Ungleichheit und Armut im Kindes- und Jugendalter vor. Die Stichprobe ist eine proportional geschichtete Klumpenstichprobe nach den Merkmalen Schultyp und Jahrgangsstufe (Alter). Der Survey 1997/98 ist in den hier analysierten Ländern in der Zeit zwischen Oktober 1997 und April 1998 durchgeführt worden. Die Daten sind in der hier vorgenommenen Analyse auf die Altersklassen der zwölf bis 16-Jährigen konzentriert, da in der Altersgruppe der zehn- bis Elfjährigen sehr viel größere Reliabilitätsprobleme auftreten. Die Tabelle 3 gibt einen Überblick über die Struktur der Datensätze.

Tab. 3: Stichprobenstruktur (Angaben in Prozent)

	Deutschland	Großbritannien	Schweden
Mädchenanteil	49,3	50,9	47,4
Durchschnittsalter (SD)	14,81 (1,10)	14,28 (1,28)	14,38 (1,05)
N	3272	4690	2511

Quelle: Health Behaviour in School-Aged Children (HBSC) – A WHO Cross-National Survey (1998), Universität Bielefeld.
* Die Angaben für die Bundesrepublik Deutschland beziehen sich auf das Bundesland Nordrhein-Westfalen.
** Der britische Datensatz ist eine nach der Einwohnerzahl proportionale Zusammenstellung der Teildatensätze aus England, Schottland und Wales.

5 Messung der Armut im Kindes- und Jugendalter

Armut wird in der hier vorliegenden Studie als Extremausprägung sozialer Ungleichheit und nicht als monetärer Schwellenwert gemessen. Ein Grund liegt darin, dass in einer reinen Kinder- und Jugendbefragung keine exakten Einkommensangaben erwartet und somit auch keine Armutsschwellen berechnet werden können. Alternativ zur Berechnung der relativen Einkommensarmut lässt sich Armut über den Lebenslagenansatz berechnen, indem die Kumulation von Unterversorgungslagen in einzelnen Lebensbereichen (z.B. Einkommen und Wohnbedingungen) gemessen wird (vgl. Hanesch u.a., 1994; Klocke, 2000a). Dieser Ansatz ist in vielerlei Hinsicht lebensnäher, da er Armut umfassender abbildet und positive wie negative Kumulationen sozialer Merkmale berücksichtigt.

In der WHO-Studie wird die Messung der sozialen Lage der Kinder und Jugendlichen mit vergleichsweise robusten und einfachen Indikatoren vorgenommen, da in der Befragung ausschließlich die Kinder und Jugendlichen selbst, also nicht zugleich auch deren Eltern, befragt werden. Es wird darauf geachtet, die Abstufung in den sozialen Lebensbedingungen der Kinder und Jugendlichen insgesamt abzubilden und nicht nur eine Armutsgruppe auszuweisen. Da Armut in Wohlfahrtsstaaten aber immer ein relatives Konstrukt ist, ist das In-Beziehung-Setzen zu den objektiven Lebensbedingungen und dem subjektiven Wohlbefinden der Mitmenschen in mittleren und höheren Soziallagen ein notwendiges Vorgehen. Die im Folgenden präsentierten Analysen geben somit Auskunft über die Bedeutsamkeit von Armut und sozialer Randstellung der Kinder und Jugendlichen im Kontext der Gleichaltrigengruppe.

Die Operationalisierung sozialer Ungleichheit im Kindes- und Jugendalter wird über die soziale Lage der Familie vorgenommen und über eine Gruppe von Indikatoren abgefragt, die Aufschluss über die Wohlstandsposition der Familie geben: A) Der *sozioökonomische Status der Familie*. Hierzu werden von den nationalen Forscherteams die abgefragten Berufspositionen von Vater und Mutter in

Anlehnung an die ISCO Codes codiert und in eine fünfstufige Hierarchie gebracht. Der höchste vorliegende Statuswert wird in dem Index berücksichtigt. B) Die *subjektive Bewertung der finanziellen Situation des Haushalts*. Dieser Indikator gibt die relationale soziale Position des Haushalts an. Da Kinder und Jugendliche Unterschiede in den sozialen Lebensbedingungen und den finanziellen Möglichkeiten der Familie wahrnehmen und einordnen können, wird dieses Maß herangezogen. C) Die *Anzahl der Automobile im Haushalt*. Dieser Indikator liefert einen stärker materiellen Hinweis auf die finanziellen Ressourcen des Haushalts. Zwei und mehr Kraftfahrzeuge pro Haushalt indizieren in den meisten Haushalten ein gutes Haushaltseinkommen. D) Die Frage nach dem *eigenen Zimmer des Jugendlichen im Haushalt* ist ein Indikator für die Wohnraumsituation der Familie. Hat der Jugendliche kein eigenes Zimmer, so liegt nach der Definition der kumulativen Armut eine Unterversorgung in diesem Lebensbereich vor. E) Die *Anzahl der Urlaubsreisen im letzten Jahr*. Dieser Indikator misst sowohl den Lebensstandard als auch reale Lebensqualität.

Die fünf Indikatoren werden in einem „Sozialen Ungleichheitsmaß" gebündelt. Die Konstruktion des Index folgt einem additiven Verfahren, wobei die soziale Schlechter- bzw. Besserstellung in den einzelnen Dimensionen sozialer Ungleichheit über die Konstruktionsschritte kumulativ bzw. nivellierend berücksichtigt wird. Das soziale Ungleichheitsmaß zeigt in den drei untersuchten Ländern einen sehr ähnlichen Verlauf und wird anhand eines einheitlichen Schwellenwertes in zwei Gruppen eingeteilt: In eine Armutsgruppe und in eine „nicht-arme" Gruppe, ein Gesamt, das alle übrigen sozialen Lagen ohne die Armutsgruppe umfasst. Damit wird kein Extremgruppenvergleich vorgestellt, sondern es wird eine mögliche Abkoppelung der Kinder und Jugendlichen in Armut von den Gleichaltrigen deutlich. Die Einteilung in nur zwei Gruppen gewährleistet darüber hinaus, dass die Armutsvariable eine möglichst einfache und robuste Struktur erhält.[3]

Da in der Befragung alle schulpflichtigen Kinder und Jugendlichen erreicht werden und somit keine soziale Selektion vorliegt, kann die unterste Gruppe der sozialen Stratifikation als Armutsgruppe verstanden werden. Die so gebildete Armutsvariable stimmt in erstaunlicher Weise mit den nationalen einkommensstatistischen Armutsquoten in den drei Ländern überein. Die Surveyvariable weist für Großbritannien einen Anteil von 17,1% der befragten Kinder und Jugendlichen aus, die in Armut leben, für Deutschland 11,8% und für Schweden 5,3%. Ein Blick auf die Armutsstatistik, wie sie zuvor dargestellt wurde (vgl. Tab. 2), weist folgende nationale Kinderarmutsquoten aus: für Großbritannien 21,3%, für Deutschland 11,6% und für Schweden 3,7%. Damit liegt die Armutsvariable in dem Kindersurvey für Großbritannien unter dem tatsächlichen Wert (Δ -4,2), in Deutschland stimmen die Zahlen nahezu exakt überein (Δ +0,2) und in Schweden liegen sie leicht darüber (Δ +1,6). Insgesamt sind die Abweichungen jedoch vertretbar und es kann gesagt werden, dass im Großen und Ganzen mit diesem Verfahren die Armutspopulationen in den drei untersuchten Gesellschaften „richtig" identifiziert

---

[3] Die einzelnen Indikatoren sozialer Ungleichheit weisen jeweils für sich einen signifikanten Zusammenhang zu den im Folgenden analysierten Zielvariablen auf und zeigen untereinander ein konsistentes Bild.

werden. Dieses Ergebnis deckt sich im Übrigen mit der gleichartig angelegten Armutsberechnung der Daten aus der Erhebungswelle 1993/94 und kann insofern eine gewisse Konstruktvalidität in Anspruch nehmen.

6 Armutserleben und subjektives Wohlbefinden

Aufwachsen in Armut kann „problemlos" verlaufen, es kann aber auch mit einer ganzen Reihe von psychosozialen Belastungen und soziokulturellen Einschränkungen einhergehen. Eine erste Frage lautet daher: Wie sieht der Alltag und die Lebensperspektive der Kinder und Jugendlichen in Armut aus, d.h. gibt es signifikante Unterschiede zur Gesamtheit der befragten Kinder und Jugendlichen? Wenn Unterschiede in den sozialen Lebensbedingungen sich auf die Sozialisationsbedingungen, auf die Teilnahmechancen an den Lebensmustern der Gleichaltrigen und auf die soziale Integration der Kinder und Jugendlichen auswirken, dann sollten sie sich an Indikatoren der jugendlichen Alltagswelt, an den Lebensperspektiven und an der Lebenszufriedenheit ablesen lassen (Tab. 4). In der Tabelle 4 sind ausgewählte Indikatoren des jugendlichen Alltags sowie Zukunftsperspektiven nach der sozialen Lage aufgeschlüsselt präsentiert. Bei der Interpretation der Daten ist zu beachten, dass hier kein Extremgruppenvergleich (Unterschicht versus Oberschicht) vorgenommen, sondern eine Abkopplung der Armutsgruppe von dem Durchschnitt ausgewiesen wird (alle befragten Kinder und Jugendlichen ohne die Armutsgruppe). Diese Analysestrategie hat den gesellschaftlichen Durchschnitt der Lebensbedingungen der Kinder- und Jugendlichen zum Maßstab und weist entsprechend geringere Prozentsatzdifferenzen als ein Extremgruppenvergleich aus.

Insgesamt zeichnen die Daten ein Bild, in dem die Kinder und Jugendlichen aus Armutsfamilien schlechter abschneiden als ihre Altersgleichen aus den übrigen sozialen Schichten. Obwohl die Unterschiede zwischen den beiden Gruppen oftmals nur sehr gering sind, können die Zahlen auf Grund der ausreichend großen Stichproben und Konfidenzintervalle inhaltlich interpretiert werden. Die Daten lassen eine schwache, aber durchgängige Segregation der Armutsgruppe von den übrigen sozialen Schichten erkennen, und zwar in allen drei analysierten Ländern. Kinder und Jugendliche aus der Armutsgruppe sehen sich in der Zukunft *häufiger* in einer ungelernten Arbeit oder in Arbeitslosigkeit und wollen entsprechend *seltener* eine weiterführende Schule besuchen. Die Schulleistungen werden *häufiger* als „unterdurchschnittlich" bewertet. Eine Verschränkung und wechselseitige Verstetigung von benachteiligten Lebens- und Bildungschancen ist für diese Gruppe in allen drei Ländern ablesbar. Lediglich in Schweden zeigt sich eine etwas andere Verteilung: Hier sehen sich kaum Kinder und Jugendliche in einer ungelernten Arbeit und der Anteil der Jugendlichen, die angeben eine weiterführenden Schule besuchen zu wollen, ist in der Armutsgruppe sogar höher als in der Vergleichsgruppe. Ein Blick auf die subjektive Einschätzung der eigenen Schulleistungen, in denen die Jugendlichen aus der Armutsgruppe schlechter abschneiden, lässt jedoch erkennen, dass bei der Bewertung der Zukunftsperspektiven Enttäuschungen vorprogrammiert sein können.

Tab. 4: Alltagsindikatoren und Zukunftserwartungen nach sozialer Lage (Angaben in Prozent)

Indikator *	Deutschland		Großbritannien		Schweden	
	Armuts-gruppe	Übrige	Armuts-gruppe	Übrige	Armuts-gruppe	Übrige
Zukunft						
arbeitslos/arbeiten gehen	3,7	2,5	20,4	14,4	–[a]	–
weiterführende Schule	32,7	46,2	71,2	79,9	79,3	77,6
Schulleistungen						
unterdurchschnittlich	6,3[b]	5,3[b]	7,0	3,7	6,0	2,5
Sport						
selten/nie	13,4	8,7	15,5	9,9	21,7	16,0
TV-Konsum						
über 4 Std./Tag	32,1	20,7	32,7	27,5	39,1	21,8
N	380	2838	639	3106	115	2073

Quelle: Health Behaviour in School-Aged Children (HBSC) – A WHO Cross-National Survey (1998), Universität Bielefeld.
* Wenn nicht anders ausgewiesen, dann sind alle Zusammenhänge signifikant auf dem Niveau p 0,05.
a Werte nicht ausgewiesen, da die Zellenbesetzungen N < 15 sind.
b nicht signifikant

Im Freizeitbereich sind zwei Indikatoren angeführt, die exemplarisch a) ein eher aktives und gesundheitsförderndes Verhalten (Sport) und b) ein passives und eher gesundheitsabträgliches Verhalten (TV-Konsum) indizieren. Ein etwas größerer Anteil der Kinder und Jugendlichen aus der Armutsschicht treibt selten oder nie Sport und zugleich ist der Anteil, der angibt, mindestens vier Stunden am Tag Fernsehen zu schauen, in dieser Gruppe überproportional hoch. Auch wenn Unterschiede zwischen den drei Ländern ablesbar sind, so gilt dieser Befund doch über die Ländergrenzen hinweg. Sozialstrukturelle Unterschiede in den Alltagsroutinen (Sport/TV-Konsum) der Jugendlichen sowie in den antizipierten Zukunftserwartungen (Schulleistungen und Arbeitsmarktchancen) unterstreichen nicht nur faktische Ungleichheiten, sondern zeigen auch, dass die Kinder und Jugendlichen ihre ungleichen Lebenschancen und Lebenslagen „richtig" einschätzen. Die Zirkelbewegung aus faktischer Ungleichstellung und der sozial zugeschriebenen sowie einer selbst antizipierten Marginalisierung setzt einen selbstverstärkenden Prozess in Gang, der die materielle und soziale Lebenslage um eine psychosoziale Komponente erweitert. Dass hiermit für die Kinder und Jugendlichen in Armutslagen eine einengende Lebensperspektive vorgezeichnet ist, spiegelt sich auch in Maßen des psychosozialen Wohlbefindens wider. In Tabelle 5 sind solche Indikatoren aufgelistet.

Die Tabelle 5 gibt Antworten auf die Frage, inwieweit Armut Kinder und Jugendliche belastet bzw. beeinträchtigt. Wie die Zahlen ausweisen, sind Kinder und Jugendliche in Armut durch ihre Lebensumstände belastet: Geringere Lebenszufriedenheit, Gefühle der Hilflosigkeit und der Einsamkeit sowie ein geringeres Selbstvertrauen sind überproportional häufig bei Kindern und Jugendlichen in Armutsfamilien zu beobachten. Dass nicht alle Kinder und Jugendliche Armut als gleichermaßen belastend empfinden und entsprechend stabil und unbeeindruckt Armut verarbeiten, ist ebenfalls erkennbar und an anderer Stelle ausführlicher behandelt (Klocke, 1996, 2000b). So berichten beispielsweise in Deutschland knapp ein Viertel der Kinder und Jugendlichen in Armutsfamilien, dass sie ihre aktuelle Lebenszufriedenheit als „nicht sehr glücklich" einschätzen, drei Viertel geben aber eine positivere Bewertung ab. Im Aggregat betrachtet ist jedoch der Zusammenhang von Armut und sozialpsychologischer Belastung unübersehbar. Dies wird deutlich, wenn das „relative Risiko" berechnet wird. Das relative Risiko (Odds Ratio) gibt an, in welchem Umfang Ereignisse auf Grund verschiedener Rahmenbedingungen eintreten. Die Odds Ratio-Werte in der Tabelle 5 zeigen, um das Wievielfache das Risiko in der Armutsgruppe gegenüber dem gesellschaftlichen Durchschnitt in dieser Altersgruppe erhöht ist, soziale und seelische Beeinträchtigungen zu erfahren.

Tab. 5: Pychosoziales Wohlbefinden nach sozialer Lage (Angaben in Prozent)

Indikatoren	Deutschland			Großbritannien			Schweden		
	Armuts-gruppe	Übrige	Odds-Ratio[a]	Armuts-gruppe	Übrige	Odds-Ratio	Armuts-gruppe	Übrige	Odds-Ratio
Lebenszufriedenheit nicht sehr glücklich	23,0	11,2	2,08	11,2	7,7	1,38	12,1	6,7	1,83
Außenseiter häufig	13,5	6,0	2,11	16,4	13,0	1,25	12,2	4,1	2,93
von Mitschülern akzeptiert selten/nie	18,9	9,2	2,01	9,7	7,8	1,21[b]	11,3	4,3	2,59
Einsamkeit sehr/ziemlich oft	18,9	9,6	1,95	12,3	9,9	1,22	14,8	7,9	1,92
Hilflosigkeit häufig/immer	9,3	4,4	1,96	12,4	8,1	1,45	7,0	3,7	1,85[b]
Selbstvertrauen selten/nie	22,2	17,1	1,33	22,4	13,9	1,59	28,7	15,5	2,08
mittleres relatives Risiko			1,90			1,35			2,20
N	380	2838	3218	639	3106	3745	115	2073	2188

Quelle: Health Behaviour in School-Aged Children (HBSC) – A WHO Cross-National Survey (1998), Universität Bielefeld.
* Wenn nicht anders ausgewiesen, dann sind alle Zusammenhänge signifikant auf dem Niveau p ≤ 0,05.
a Odds Ratio ist ein Quotient, der das relative Risiko angibt, in welchem Umfang die psychosozialen Belastungen auf Grund der Armutslage erhöht sind.
b nicht signifikant

So ist das relative Risiko, dass die Kinder und Jugendlichen eine geringere Lebenszufriedenheit aufweisen, in der Armutsgruppe gegenüber dem gesellschaftlichen Durchschnitt in Deutschland um das 2,1-fache, in Großbritannien um das 1,4-fache und in Schweden um das 1,8-fache erhöht. Diese Wahrscheinlichkeit, psychosoziale Belastungen auf Grund der Armut zu erfahren, schwankt je nach Indikator sowie zwischen den Ländern, ist jedoch immer erhöht (≥1). Damit wird deutlich, dass durchgängig ein Einfluss der sozialen Lebenslage auf das psychosoziale Wohlbefinden und die Lebensfreude der Kinder und Jugendlichen in den drei analysierten Ländern vorliegt.

Die Verlockungen und Verheißungen, die die Waren- und Konsumwelt der modernen Gesellschaft bereithält und die für die überwiegende Zahl der Kinder und Jugendlichen in Armut nicht erreichbar ist, lässt verschiedene Formen der Bewältigung und Verarbeitung zu. Neben internalisierenden Verarbeitungsweisen, wie sie in Tabelle 5 zum Ausdruck kommen, sind aber auch externalisierende Formen bekannt, wie aggressives und selbstgefährdendes Verhalten oder Suchtverhalten (Walper, 1997). Eine entsprechende Analyse der Daten bestätigt jedoch weder einen statistisch signifikanten Zusammenhang zwischen Armut und Gewaltanwendung, noch einen erhöhten Drogenkonsum (Alkohol und Tabak; Analyse hier nicht ausgewiesen, vgl. auch Furstenberg u.a., 1999). Und dieser Befund gilt mit einer Ausnahme für alle drei analysierten Länder. Lediglich in Schweden ist der Tabakkonsum in der Armutsgruppe leicht erhöht. Viele der gewaltförmigen Reaktionsmuster und sozialen Auffälligkeiten, die im Zusammenhang mit Armutslagen von Jugendlichen in den Medien berichtet werden, deuten auf eine besondere Problemkumulation in einzelnen großstädtischen Stadtteilen („Brennpunkten") hin (vgl. Dangschat in diesem Band). Hier kommen mehrere sozialökologische Einflussfaktoren zusammen, die offensichtlich Reaktionsweisen unterstützen, die eine stärker außengerichtete Verarbeitung innerer Spannungszustände enthalten. Die sozialräumliche Konzentration von Armutslagen bringt zugleich eine Orientierung der Kinder und Jugendlichen an Handlungsmaximen der Gleichaltrigengruppe hervor, die sehr ähnliche Lebensbedingungen haben. Dies hat oftmals einen selbstverstärkenden Effekt zur Folge. Eine Betrachtung der Verarbeitungsweisen sozialer Randstellung für die Gesamtheit der von Armut betroffenen Kinder und Jugendlichen, wie sie hier vorgenommen wird, kann jedoch den Zusammenhang von Armut und Gewaltneigung nicht bestätigen. Dieser Befund deckt sich auch mit anderen Studien, die hervorheben, dass sozioökonomische Deprivation nicht sui generis zu delinquentem Handeln führt, sondern allenfalls über die intrafamiliale Verarbeitung erklärbar ist (Conger u.a., 1994; Sampson & Laub, 1994; Walper, 1997; Furstenberg u.a., 1999; Hefler, Rippl & Boehnke in diesem Band).

Die Verarbeitung und Mediation von Armut in den Familien, d.h. das Verhalten der einzelnen Familienmitglieder, ist von besonderer Bedeutung, da in gewissem Umfang die unmittelbaren Auswirkungen für die Kinder abgefedert werden können. In qualitativen Studien ist erkennbar, dass in vielen Armutsfamilien die Eltern und insbesondere die Mütter darum bemüht sind, die Armut vor den Kindern zu verbergen bzw. den Kindern die Auswirkungen der Armut weitestgehend zu ersparen. Dies führt in der Regel dazu, dass die Eltern und hier wiederum insbesondere die Mütter versuchen, das eigene Budget zugunsten der Kinder umzuschichten (vgl. Harker & Lister in diesem Band). In einigen Fällen kann dann auch eine regelrechte Überversorgung der Kinder mit einfachen Spielsachen, Videofilmen etc. beobachtet werden.

7 Unterschiede und Gemeinsamkeiten im Armutserleben der Kinder in Deutschland, Großbritannien und Schweden

Erleben und Wahrnehmen von Armut mag in nicht unerheblichem Maße mit dem Umfang und der Verbreitung von Armut in der Gesellschaft variieren. Dort, wo Armut ein fester Bestandteil der sozialräumlichen Alltagswelt ist, sollte sie weniger zu Ausschluss und Marginalisierung innerhalb des engeren sozialen Netzwerkes tendieren als in Gebieten und auch in ganzen Gesellschaften, in denen Armut nur eine vergleichsweise kleine Minderheit betrifft. Dort sollte Armut entsprechend stärkere Konsequenzen für die soziale Partizipation und das psychosoziale Wohlbefinden der Einzelnen haben. Eine Analyseperspektive ist folglich die, nationale Unterschiede in der Bedeutsamkeit von Armutslagen für die Kinder und Jugendlichen in Abhängigkeit von den nationalen Armutsquoten zu betrachten. Es können nach dieser Überlegung Unterschiede zwischen den drei analysierten Ländern erwartet werden: Je höher die nationalen Kinderarmutsquoten sind, desto geringer sollten sich die psychosozialen Belastungen im Kindes- und Jugendalter zeigen. Obwohl die hier zur Verfügung stehenden Daten nicht nach kleinräumigen Einheiten (Regionen oder Stadtteilen) aufschließbar sind und somit keine Aussagen zur Geographie der Kinderarmut in den einzelnen Ländern möglich sind, soll dennoch versucht werden, Zusammenhänge zwischen der sozialen Verbreitung von Armut einerseits und den Auswirkungen von Armut andererseits in den Blick zu nehmen. Dies kann nur mit einer gebotenen Zurückhaltung geschehen. Nichtsdestoweniger ist aber die Frage nach den Folgen von Armut im Kindes- und Jugendalter in Abhängigkeit von der sozialökologischen Umwelt von Bedeutung.

Ein Blick auf die Tabellen 4 und 5 belegt, dass trotz einiger Abweichungen zwischen den drei analysierten Ländern zunächst einmal das Resümee so zu ziehen ist, dass die Aussagen zur Armut im Kindes- und Jugendalter in allen drei Ländern gleichermaßen gelten. Damit ist das Muster sozialer Ungleichheit und die Verarbeitung von Armut durch die Kinder und Jugendlichen sehr einheitlich. Die Frage, ob Armutserfahrungen und -belastungen mit der Verbreitung und Veralltäglichung von Armut im jeweiligen Land oder der jeweiligen Region variieren, kann näherungsweise mit Hilfe des „relativen Risikos" beantwortet werden. Dazu können die Verhältniszahlen (Odds Ratio) aufaddiert und deren Länder-Mittelwert („mittleres relatives Risiko") bestimmt werden. Diese Mittelwerte können als Belastungskennwerte verstanden werden (vgl. Tab. 5, unterste Zeile). Die Tabelle 5 lässt eine inverse Kovariation des relativen Risikos mit den Kinderarmutsquoten erkennen. In Schweden, wo die Kinderarmutsquote 3,7% beträgt, ist das „mittlere relative Risiko", psychosoziale Belastungen auf Grund der Armutslage zu erleiden, um das 2,2-fache erhöht. In Deutschland nimmt dieser Quotient mit steigender Kinderarmutsquote auf das 1,9-fache ab, und in Großbritannien ist er mit einem Wert von 1,4 bei der insgesamt höchsten Kinderarmutsquote am geringsten. Das heißt, die Auswirkungen der Armut auf das Wohlbefinden und die Lebensfreude der jungen Generation weisen in den einzelnen Ländern graduelle Unterschiede auf, und zwar dergestalt, dass mit der allgemeinen Verbreitung von Kinderarmut im jeweiligen

Land die Auswirkungen (inverser Zusammenhang) abnehmen. Die Zusammenstellung in Tabelle 6 versucht dies zu verdeutlichen.

Tab. 6: Verbreitungsgrad der Kinderarmut und der Belastung durch Armut

	Großbritannien	Deutschland	Schweden
Anteil der Kinder in Armut	hoch (21,3%[1] ; 17,1%[2])	mittel (11,6%[1]; 11,8%[2])	niedrig (3,7%[1]; 5,3%[2])
Belastungskennwert der Armut[3]	niedrig (1,35)	mittel (1,90)	hoch (2,20)

Quelle:	Health Behaviour in School-Aged Children (HBSC) – A WHO Cross-National Survey (1998), Universität Bielefeld.
1	Armutsquoten: Bradbury & Jäntti, 1999, LIS-Datensatz, Medianberechnung.
2	Armutsquoten: HBSC-Survey.
3	Mittelwerte der Odds Ratio für die einzelnen Länder (s. Tab. 5).

Die Ausgangshypothese der abnehmenden psychosozialen Belastung der Kinder und Jugendlichen mit dem Grad der Verbreitung von Armut kann somit bestätigt werden. Soziale und psychische Belastungen sind umso gravierender, je exponierter die Armut in der Gesellschaft ist. Dieses auf den ersten Blick kurios anmutende Ergebnis, dass mit steigendem Umfang von Armut die dadurch hervorgerufenen Belastungen ab- und nicht zunehmen, ist dann verstehbar, wenn die gesellschaftliche Akzeptanz von Armut und sozialer Randstellung bedacht wird. Denn offenbar sind kollektiv empfundene „Armutsschicksale" weniger belastend, und/oder milieugebundene Armutserfahrungen können von den Kindern und Jugendlichen als protektive Ressourcen im Lebensalltag genutzt werden. In Gesellschaften wie der Bundesrepublik Deutschland, in der allgemein eine Auflösung sozialmoralischer Milieus diagnostiziert wird (Lepsius, 1979; Beck, 1986), sind die kollektiven Vergemeinschaftungsformen stärker abgeschmolzen als dies beispielsweise in der britischen Gesellschaft der Fall ist (Münch, 1991). Eine Schlussfolgerung lautet, dass in hochgradig klassen- und milieu*un*abhängigen Gesellschaften wie der Bundesrepublik Deutschland und auch des schwedischen Wohlfahrtsstaates (vgl. hierzu Schmid, 1996) Armut von den Menschen isolierter aufgenommen und individueller interpretiert wird und so vermutlich diskriminierender auf der individuellen Ebene wirkt. Damit sind diese Gesellschaften zugleich anfälliger für die Auswirkungen der gesellschaftlichen Fragmentierungen wie wir sie gegenwärtig in Europa beobachten.

8 Schluss

Armut von Kindern in Europa ist die Folge einer Einkommens- und Arbeitsmarktentwicklung, die in den letzten zwei Jahrzehnten in der überwiegenden Zahl der europäischen Länder zu einer wachsenden sozialen Ungleichheit geführt hat. Trotz eines nun ansteigenden Wirtschaftswachstum führt der internationale Wettbewerbsdruck zu einer uneinheitlichen Entwicklung, in der einzelne Bevölkerungsgruppen profitieren, andere hingegen umso deutlicher von dieser Dynamik der allgemeinen Wohlfahrtsentwicklung abgehängt werden. Diese Ungleichheiten lassen auch das Armutsproblem mittelfristig nicht verschwinden. Wie die nationalen Armutsstatistiken ausweisen, treffen Arbeitslosigkeit und Niedrigeinkommen nicht nur den einzelnen Erwerbstätigen, sondern zugleich die Familienangehörigen. Wenn wir heute rund 18 Millionen erwerbslose Menschen in der EU zählen, dann sind immer zugleich statistisch 1,6 weitere Personen von Einkommenseinbußen und sozialer Deklassierung mitbetroffen (eurostat, 1995). Weiterhin fällt auf, dass insbesondere allein Erziehende-Haushalte und kinderreiche Familien von Armut betroffen sind. Ganz offenkundig gelingt es der Politik nicht, gerade diesen Familien ausreichende Unterstützung zuteil werden zu lassen.

Die Entwicklungen der sozialen Ausschließung und der sozialpolitischen Marginalisierung hängen eng zusammen und bedeuten für immer mehr Menschen eine Verfestigung ihrer inferioren Lebenslage. Die hiervon betroffenen Menschen geraten so in die Gefahr, auf Dauer an den gesellschaftlichen Rand gedrängt zu werden. Nicht selten sind askriptive Merkmale (Nationalität, Alter, Geschlecht) für die Armutsbetroffenheit ausschlaggebend, wie die nationalen Statistiken belegen. Die Gründe liegen aber auch im Ausbildungsstand, in der Mobilitätsbereitschaft oder einfach in einem regionalen oder auch überregionalen Arbeitskräfteüberangebot. Die europäischen Gesellschaften sehen sich in den nächsten Jahren mit der Möglichkeit der Ausbildung einer „sozialen Unterschicht" junger Erwachsener konfrontiert, wie wir sie bisher nur aus den Vereinigten Staaten kennen (Wilson, 1987; Devine & Wright, 1993; Hauser, 1999). Zumindest für die jungen Menschen (16- bis 25-Jährigen), die an der Schwelle von der Schule in die Berufswelt scheitern, ist eine Entfremdung von dem gesellschaftlichen Konsens nicht völlig auszuschließen.

Armut von Kindern ist eine neue Entwicklung nach den Jahrzehnten der kontinuierlichen Verbesserung des Lebensstandards in Europa. Der Jugend wird von jeher der Freiraum zum Experiment, zur Selbstverwirklichung und zur Lebensfreude zugestanden. Ausschluss, Nicht-Mithalten-Können und Rückzug aus den Aktivitäten der Freundesgruppe auf Grund der Armut sind im öffentlichen Bild der Jugend nicht präsent. Aufwachsen in Armut bedeutet somit für die betroffenen Kinder und Jugendlichen, Diskrepanzen und Widersprüche auszuhalten, die ihre Altersgleichen nicht kennen. Die Vermutung, dass Kinder und Jugendliche unvorteilhafte Lebensumstände auf Grund einer wie immer gearteten „Robustheit" unbeschadet meistern, kann nach den Analysen nicht bestätigt werden. Vielmehr muss festgehalten werden:

1. Kinder und Jugendliche in Armut berichten im Bereich des psychosozialen Wohlbefindens einen schlechteren Status als Kinder und Jugendliche aus der Vergleichsgruppe. Auf die unterprivilegierten Lebensbedingungen und die damit einhergehenden geringeren Lebenschancen reagieren die Kinder und Jugendlichen mit seelischen Belastungen und Anomiesymptomen. Dieses Ergebnis deckt sich mit der „klassischen" Studie von Elder (1974) sowie mit der aktuellen kanadischen Studie von Lipman, Offord & Boyle (1994).
2. Betrachten wir dieses Ergebnis der psychischen Belastung im Zusammenhang mit den Teilnahmedefiziten an den jugendlichen Alltagsroutinen, dann wird

deutlich, dass hier eine Kumulation und Verstetigung von einerseits negativen und andererseits positiven Lebenssituationen vorliegt.
3. Der Befund des soziallagenabhängigen psychosozialen Wohlbefindens gilt für alle drei untersuchten Länder. Daraus kann gefolgert werden, dass sich Armut von Kindern nicht auf einige wenige ländliche oder randständige Regionen der EU beschränkt. Relative Armut ist auch in den Kernstaaten Europas mit einem Anteil von 5%-20% in der Altersgruppe vertreten (UNICEF, 2000).
4. Soziale und psychologische Effekte sozialer Randstellung treten in Ländern deutlicher hervor, wo Armut exponierter ist und damit stärker zur Marginalisierung und Stigmatisierung drängt. Das relative Risiko, auf Grund der Armutslage ein ungünstigeres Wohlbefinden und Lebensgefühl zu haben, kovariiert umgekehrt mit der Verbreitung von Kinderarmut in den hier betrachteten Ländern. Dies verweist darauf, wie wichtig die sozialen Umweltreaktionen auf soziale Randstellung sind.

Moderierende Faktoren der psychosozialen Belastungen durch Armut im Kindes- und Jugendalter sind bekannt: die Qualität der Familienbeziehungen, die Einbindung in die Gleichaltrigengruppe, die Rolle von Schule und Vereinen und auf der individuellen Ebene die Empfindsamkeit des Kindes oder des Jugendlichen (Silbereisen u.a., 1990; Klocke, 1996, 2000b; Walper, 1997). Der Überblick über die Armut der Kinder in Europa verweist auf die Dringlichkeit politischer Intervention zur Sicherung des Lebensstandards einer wachsenden Zahl von Familien im armutsnahen Bereich.

Literatur

Beck, U. (1986): Risikogesellschaft. Frankfurt a. M.
Bradbury, B./Jäntti, M. (1999): Child Poverty across Industrialized Nations. Innocenti Occasional Papers. Economic and Social Policy Series, No. 71. Florence: UNICEF International Child Development Centre.
Bradshaw, J./Ditch, J./Holmes, H./Whiteford, P. (1993): Support for Children. A Comparison of Arrangements in fifteen Countries. Department of Social Security Research Report No. 21. London.
Conger, R. D./Ge, X./Elder, G. H./Lorenz, F. O./Simons, R. L.(1994): Economic Stress, Coercive Family Process, and Developmental Problems of Adolescents. In: Child Development 1994/65.
Currie, C./ Hurrelmann, K./Settertobulte, W./Smith, R./Todd, J. (2000): Health and Health Behaviour among Young People. Health Policy for Children and Adolescents (HEPCA) Series, 1. Copenhagen: World Health Organization.
Devine, J. A./Wright, J. D. (1993): The Greatest of Evils. Urban Poverty and the American Underclass. New York.
Duncan, G. J./Brooks-Gunn, J. (Hrsg.) (1997). Consequences of growing up poor. New York: Russel Sage.
Duncan, G. J./Brooks-Gunn, J./Yeung, W. J./ Smith, J. R. (1998): How much does childhood poverty affect the life chances of children? In: American Sociological Review, 63.
Dodge, K./Pettit, G./Bates, J. (1994): Socialisation mediators of the relation between socioeconomic status and child conduct problems. In: Child Development, No. 1994/65.
Elder, G. H. (1974): Children of the Great Depression. Chicago.
Esping-Andersen, G. (1990): Three worlds of Welfare Capitalism. Cambridge.
eurostat (1995): Sozialporträt Europas. Herausgegeben vom Statistischen Amt der Europäischen Gemeinschaften. Brüssel, Luxemburg.

eurostat (1999a): Langzeitarbeitslose in % aller Arbeitslosen. New Cronos Database, eurostat. [http://europa.eu.int/comm/eurostat/Public/datashop/print-catalogue/DE?catalogue=Eurostat]
eurostat (1999b): Sozialleistungen ohne Renten verringern die Armutsquote in der EU um ein Drittel. Eurostat Memo Nr. 8/99 vom 28.9.1999.
eurostat (2000): BIP pro Kopf in 48 von 50 Regionen unter 75% des EU-Durchschnitts. Eurostat Memo Nr. 48/2000 vom 18.4.2000.
Furstenberg, F. F. Jr./Cook, T. D./Eccles, J./Elder, G. Jr./Sameroff, A. (1999): Managing to Make It. Chicago.
Hanesch, W./Adamy, W./Martens, R./Rentzsch, D./Schneider, U./Schubert, U./Wißkirchen, M. (1994): Armut in Deutschland. Der Armutsbericht des DGB und des Paritätischen Wohlfahrtsverbandes. Reinbek.
Hantrais, L. (1995): Social Policy in the European Union. London.
Hauser, R. (1993): Armutszonen und Armutspolitik in der Europäischen Gemeinschaft. In: Schäfers, B. (Hrsg.): Lebensverhältnisse und soziale Konflikte im neuen Europa. Verhandlungen des 26. Deutschen Soziologentages in Düsseldorf 1992. Frankfurt a. M., New York.
Hauser, R. (1995): Das empirische Bild der Armut in der Bundesrepublik Deutschland – Ein Überblick. In: Aus Politik und Zeitgeschichte, 31-32.
Hauser, R. (1999): Tendenzen zur Herausbildung einer Unterklasse? Ein Problemaufriss aus sozioökonomischer Sicht. In: Glatzer, W./Ostner, I. (Hrsg.): Deutschland im Wandel. Sozialstrukturelle Analysen. Opladen.
Huster, E. U. (1996): Armut in Europa. Opladen.
Kennedy, St./Whiteford, P./Bradshaw, J. (1996): The Economic Circumstances of Children in Ten Countries. In: Brannen, J./O'Brien, M. (Hrsg.): Children in Families. Research and Policy. London.
Klocke, A. (1996): Aufwachsen in Armut. Auswirkungen und Bewältigungsformen der Armut im Kindes- und Jugendalter. In: Zeitschrift für Sozialisationsforschung und Erziehungssoziologie. Heft 4/96.
Klocke, A. (2000a): Methoden der Armutsmessung. Einkommens-, Unterversorgungs-, Deprivations- und Sozialhilfekonzept im Vergleich. In: Zeitschrift für Soziologie. Heft 4/2000.
Klocke, A. (2000b): Bewältigungsressourcen Jugendlicher in armen oder armutsnahen Familien in Deutschland und den USA. In: Zeitschrift für Soziologie der Erziehung. Heft 4/2000.
Kohl, J. (1992): Armut im internationalen Vergleich. Methodische Probleme und empirische Ergebnisse. In: Leibfried, St./Voges, W. (Hrsg.): Armut im modernen Wohlfahrtsstaat. Sonderheft 32 der KZfSS. Opladen.
Korenmann, S./Miller, E. (1997): Effects of long term poverty on physical health of children in the national longitudinal survey of youth. In: Duncan, G. J./Brooks-Gunn. J. (Hrsg.): Consequences of growing up poor. New York.
Lepsius, R. (1979): Soziale Ungleichheit und Klassenstrukturen in der Bundesrepublik Deutschland. In: Wehler, H. (Hrsg.): Klassen in der europäischen Sozialgeschichte. Göttingen.
Lipman, E./Offord, D./Boyle, M. (1994): Relation between economic disadvantage and psychosocial morbidity in children. In: Canadian Medical Association Journal, No.151.
Münch, R. (1991): Kulturen, Strukturen und Lebensstile. Eine theoretische und vergleichende Analyse. In: Vetter, H. R. (Hrsg.): Muster moderner Lebensführung. Ansätze und Perspektiven. München.
Oppenheim, C./Harker, L. (1996): Poverty. The facts. London.
Oxley, H./Burniaux, J.-M./Dang, T.-T./Mira d' Ercole, M. (1997): Income Distribution and Poverty in 13 OECD Countries. In: OECD Economic Studies, No. 29.
Rainwater, L./Smeeding, T. M. (1995): Doing Poorly: The Real Income of American Children In a Comparative Perspective. Luxembourg Income Study, Working Paper No.127.
Ramprakash, D. (1994): Poverty in the countries of the European Union: A synthesis of Eurostat's statistical research on poverty. In: Journal of European Social Policy, 4.
Sampson, R./Laub, J. (1994): Urban poverty and the family context of delinquency. A new look at structure and process in a classic study. In: Child Development, Vol. 65/No.2.
Schmid, J. (1996): Wohlfahrtsstaaten im Vergleich. Soziale Sicherungssysteme in Europa: Organisation, Leistungen und Probleme. Opladen.
Silbereisen, R./Walper, S./Albrecht, H. (1990): Family income loss and economic hardship. Antecedents of adolescents' problem behaviour. In: McLoyd, V. C./Flanagan, C. A. (Hrsg.): Economic stress. Effects on family life and child development. New Directions for Child Development, 46.

Smeeding, T. (1997): Financial Poverty in Developed Countries. The Evidence from LIS. Luxembourg Income Study Working Paper No. 155. Walferdange, Luxembourg.
Statistisches Bundesamt (1998): Statistisches Jahrbuch für das Ausland 1998. Stuttgart.
UNICEF (2000): Child Poverty in Rich Nations. Innocenti Report Card 1. Florence.
Walper, S. (1997): Wenn Kinder arm sind. Familienarmut und ihre Betroffenen. In: Böhnisch, L./Lenz, K. (Hrsg.): Familien. Eine interdisziplinäre Einführung. Weinheim, München.
Wilson, W.J. (1987): The Truly Disadvantaged. The Inner City, the Underclass, and Public Policy. Chicago.

Kapitel III

Armut von Kindern und Jugendlichen als (sozial-)politische Herausforderung

Das Ende der fordistischen Kindheit
Michael-Sebastian Honig und Ilona Ostner

1 Fragestellung und These

Kinder haben Konjunktur – zumindest das Reden über Kinder hat Konjunktur. Auch die Bundesrepublik ist inzwischen auf den internationalen Zug der Zeit aufgesprungen, hat Kinderarmut und Kinderrechte entdeckt. Dem britischen Premier Blair ist die Armut der Kinder Maßstab für den Erfolg einer „radical welfare reform", die er in seiner „Beveridge Lecture" – benannt nach dem Beveridge-Report vom Dezember 1942, der als eine Art „Magna Charta" des britischen Wohlfahrtsstaats gilt – ankündigte (Walker, 1999). Die Aussagen des Zehnten Kinder- und Jugendberichts zur Armut von Kindern (BMFSFJ, 1998) bildeten immerhin (den einzigen) Anlass zur öffentlichen Kontroverse zwischen der (alten) Bundesregierung und der Sachverständigenkommission. Dabei sind bundesdeutsche Kinder im Vergleich der westlichen Länder weder besonders arm noch ohne Rechte. Konzentriert man sich auf Einkommensarmut, dann nimmt die Armutsquote deutscher Kinder zusammen mit Ungarn eine mittlere Position ein. In Deutschland leben 10,7 Prozent der Kinder in relativer Armut; die Skala reicht von 2,6 Prozent (Schweden) bis zu 22,4 bzw. 26,2 Prozent (USA bzw. Mexiko) (UNICEF, 2000). Bezieht man andere Faktoren mit ein, z.B. das Gesundheits- und Bildungssystem, dann schneiden deutsche Kinder sogar gut ab. Eine Publikation des Zentrums für Umfragen, Methoden und Analysen (ZUMA) behauptet, die Kinderarmut sei in den letzten zehn Jahren gar nicht gestiegen (Weick, 1996). Und obwohl die verfassungsmäßigen Rechte von Kindern oft nicht respektiert werden – beispielsweise ihr Recht auf körperliche Unversehrtheit –, ist *Kind* ein differenzierter, altersgradierter Status, dessen Rechte und Pflichten detaillierter geregelt sind als die jeder anderen Altersphase im Lebenslauf (Proksch, 1996; Nauck, 1996, S. 26). Viele gesetzliche Regelungen zum Schutz von Kindern lassen sich als Sozial*rechte* des Kindes lesen, wie sie Vertreter von Kinderrechten einfordern: z.B. als Recht darauf, nicht erwerbstätig sein zu müssen oder im Falle eines Vergehens wie ein Kind be- und gegebenenfalls verurteilt zu werden. Im Alter von 14 Jahren können Kinder die Religion der Eltern abwählen, sie können mit Hilfe des Jugendamtes in einer Jugendwohngemeinschaft leben oder ihre Eltern darauf verklagen, ihnen eine angemessene Ausbildung zu finanzieren.

Wir fragen daher in diesem Beitrag: Worum geht es in der verbreiteten Rede von der „Armut der Kinder"? Die Bezugnahme auf Kinder und Kinderarmut steht für eine Sozialpolitik, die ihre Gewichte neu justieren will: von der Kompensation zur Prävention, von passivierenden Zahlungen zu aktivierenden Maßnahmen, von der Privilegierung bestimmter Gruppen am Arbeitsmarkt zur Neuverteilung der Erwerbschancen. Es geht, so unsere These, in der wissenschaftlichen und (sozial-)politischen Debatte nicht um Kinder, nicht um deren Wohlfahrt, sondern um einen „Umbau von Kindheit", um eine Rekonstruktion der Kindheit als Institution.

Unser Beitrag klopft zunächst die Rede von der Kinderarmut auf ihren Realitätsgehalt ab. Dabei ist ein Blick über den Zaun heilsam, da er nicht nur manche Einäugigkeit und Übertreibung – z.B. was das Ausmaß von Kinderarmut, Scheidung usw. angeht – zurechtrückt, sondern weil er auch für die Variabilität von vermeintlich fixen Begriffen, folglich für die soziale Konstruiertheit der Wirklichkeit sensibilisiert. Im nächsten Schritt bestimmen wir, was mit „Kindheit" und was mit „Umbau" gemeint sein soll. Dabei fassen wir den Kindheitsbegriff relational, das heißt: Wir grenzen ihn einerseits gegen ein traditionelles Verständnis ab, das Kinder allzu rasch in und hinter der Familie verschwinden ließ, andererseits aber grenzen wir ihn von solchen Ansätzen der neuen Kindheitssoziologie ab, die das Kind zum autonomen Akteur und Konstrukteur seiner Wirklichkeit verabsolutieren. Diese Rekontextualisierung des Kindheitsbegriffs (vgl. Brannen & O'Brien, 1996) ermöglicht es, die flexible Zuordnung von Kind und Familie sichtbar zu machen, die den aktuellen politischen Tendenzen entspricht, Zuständigkeiten von Staat und Familie im Hinblick auf das Kind neu zu schneiden. Die Rede von der „Kinderarmut", so unsere These, fungiert als rhetorisches, zeitdiagnostisches Ferment (Lange, 1995) in diesem Prozess der Neugestaltung von Kindheit, bezeichnet ihn also nicht nur, sondern ist ein Moment dieses „Umbaus". Erkennbar ist dies entsprechend schon an der Semantik: „Kinderarmut" wurde noch Mitte der 70er Jahre als Armut an Kindern verstanden (Familien mit weniger als zwei Kindern galten als „kinderarm"); jetzt sind es die Kinder selbst, die „arm" sind: ein starker Hinweis auf einen veränderten Status von Kindern. Zwei aktuelle Beispiele sollen abschließend unsere Überlegungen illustrieren: Das Recht auf einen Kindergartenplatz hilft nicht nur – wie es gemeinhin diskutiert wird – Müttern und Vätern, ihren Kinderwunsch zu verwirklichen, sondern rückt die Kindheit näher an den Markt, indem es die ökonomische Unsicherheit antizipiert, denen immer mehr Haushalte ausgesetzt sein werden. Kinder gehen in größerer Zahl und früher in Fremdbetreuung, damit Mütter erwerbstätig sein können. Väter dagegen haben mehr oder weniger freiwillig mehr Zeit – dafür oft allerdings weniger Einkommen – für ihre Kinder. Das neue Kindschaftsrecht – unser zweites Beispiel – reagiert auf die Dynamik der Familienformen und Geschlechterrollen, indem Elternschaft statt Ehe die Stabilität der familialen Zuständigkeit für Kinder sichern soll.

2   Kinderarmut revisited

Die Untersuchung der Armut, zumal der von Kindern, ist eine Wissenschaft für sich (einen Überblick gibt Joos, 1997). Armut ist ein normatives Konzept. Je nach Zugriff auf Armut wie auch je nachdem, was man unter „Kind" und „Kindheit" versteht, und damit je nach Komplexität der verwendeten Indikatoren sind Kinder in einem Land mehr oder weniger arm:

- Der vielzitierte Sozialhilfebezug z.B. ist nicht unbedingt ein guter Indikator für die Zahl armer Kinder in der Bundesrepublik, denn er erfasst nur diejenigen (Haushalte), die ihre Ansprüche angemeldet haben. Dieser Indikator ist zudem paradox, denn obwohl sich die Sozialhilfe am Maßstab des soziokulturellen Existenzminimums orientiert, bestimmen die administrierten Kriterien des Anspruchs auf Sozialhilfe mit dem Kreis der Bezugsberechtigten zugleich das Ausmaß der Armut. Armutsbekämpfung durch Ausbau des Anspruchs auf Sozialhilfe erzeugt also, was sie beseitigen will – und vice versa.

- Die meisten Untersuchungen zur Kinderarmut konzentrieren sich aber auf Ungleichheit im Einkommen und auf Einkommensarmut, gemessen mit Hilfe von verschiedenen Einkommensschwellen. Was diesen Maßstab attraktiv macht, ist die Möglichkeit, Armut vergleichend und unabhängig vom subjektiven Hilfesuchverhalten zu erfassen.

Je nach Methode der Erfassung von Einkommensungleichheit können Kinder jedoch wieder ganz unterschiedlich abschneiden. Vergleicht man z.B. Einkommensabstände, also das durchschnittliche Einkommen von Kindern in der höchsten Einkommensgruppe mit dem in der niedrigsten, so haben die Bundesrepublik, Luxemburg oder die Niederlande eine geringe Einkommensungleichheit, die USA bei weitem die höchste, gefolgt von Italien, Australien und dem Vereinigten Königreich; Schweden schließlich hat die niedrigste Ungleichheit der Einkommen. Dies bedeutet, vereinfacht gesagt, dass die Einkommensarmen in der Bundesrepublik vor allem im Vergleich zu den USA und zu England sozusagen auf einem höheren Einkommensniveau arm sind. Eine andere Methode der Erfassung von Einkommensungleichheit besteht darin, den Anteil der Kinder zu betrachten, auf die weniger als 50% des durchschnittlichen gewichteten Haushaltseinkommens entfallen – das ist die EU-offizielle Armutsschwelle. Auch unter diesem Zugriff ist die Armut von Kindern – der Anteil von Kindern unterhalb dieser Schwelle – in der Bundesrepublik im internationalen Vergleich niedrig. Die Aussagekraft dieses Maßstabs ist dadurch begrenzt, dass er auf nationalen Durchschnitten beruht; man kann also in einem Land arm, aber keineswegs schlechter gestellt sein als alle anderen in der Region, in der man lebt. Die regionalen Armutsraten von West- und Ostdeutschland beispielsweise variieren beträchtlich, je nach dem welche Bezugsgröße der Berechnung zugrunde gelegt wird.

Kinder unter sechs Jahren in Haushalten mit geringem Einkommen leben häufiger nur mit einem Elternteil. Die Kinder allein Erziehender haben in Deutschland viermal so häufig ein Einkommen unterhalb der EU-offiziellen Armutsschwelle als Kinder mit zwei Eltern (Kennedy u.a., 1996). 1994 waren 22,2% der westdeutschen und 34,6% der ostdeutschen Kinder allein erziehender Mütter nach EU-Standard arm. Kinder in Einelternfamilien verfügen jedoch nicht nur über weniger Einkommen. Sie sind auch im Hinblick auf andere Dimensionen der Lebensqualität im Lauf ihres Lebens weniger erfolgreich – vor allem dann, wenn die Mütter bei ihrer Geburt unverheiratet, jung und gering qualifiziert sind. Dies allerdings kommt in Deutschland – verglichen mit anderen Ländern, beispielsweise den USA – selten vor. Armut lässt sich also nicht lediglich mit dem Maßstab des Einkommens erfassen, weil sie von weiteren Merkmalen der Lebenslage von Bevölkerungsgruppen bestimmt ist. In

Deutschland sind allein Erziehende in einem größeren Ausmaß erwerbstätig als verheiratete Mütter, haben jedoch weniger Zeit für Haushalt und Kind.
- Vor diesem Hintergrund plädieren Kennedy u.a. (1996, S. 155ff.) dafür, das auf Einkommen fokussierende Ressourcenkonzept um nicht monetäre Komponenten zu erweitern. Erst solch eine Erweiterung ermöglicht es, den Lebensstandard der Bürger angemessen zu vergleichen. Nicht monetäre Leistungen können vom Sozialstaat gewährt, z.b. in Form öffentlicher Ausbildungs- und Krankenversorgungsleistungen, aber auch von den Haushalten selbst erbracht oder gekauft werden.

Damit nicht monetär Wohlfahrt gesteigert werden kann, müssen Familien gegründet und ausreichend Möglichkeiten zur Nichterwerbsarbeit geschaffen werden: Sei es durch ausreichend hohe Einkommen, die eine Verringerung der in der Erwerbsarbeit verbrachten Zeit erlauben – das ist (noch) der (west)deutsche Fall. Die andere Möglichkeit besteht in der flexiblen Vereinbarung von Erwerb und Familie, am besten für beide Eltern. Stein Ringen (1997) hat für das Vereinigte Königreich nachgewiesen, dass Familien ihre Wohlfahrt und die ihrer Kinder durch Haushaltsproduktion – dazu gehört auch die Sorge für die Kinder, und innerfamiliale Kooperation – also auf nicht monetäre Weise, um wenigstens 20% erhöhen; eine vergleichbare Untersuchung für die Bundesrepublik steht noch aus. Ringens Studie stützt sich auf Einkommens- und Verbrauchsdaten, analysiert sie aber vor allem unter dem Gesichtspunkt von Opportunitäten: Nicht Einkommen per se, sondern Möglichkeiten, die Einkommen bzw. seine Verwendung eröffnen, stehen im Kern seines Zugriffs. Haushaltsproduktion und innerfamiliale Kooperation steigen mit der Größe und der Stabilität der Familie. Verkleinerte und instabilere Familien, sinkende familiale Potentiale für Haushaltsproduktion und Kooperation sowie prekärere Erwerbs- und Einkommenschancen haben trotz Wachstums der britischen Wirtschaft die Wohlfahrt von Kindern sinken lassen. Ringen kommt daher zu dem Ergebnis, dass Kinder die Verlierer der sozioökonomischen Entwicklung der letzten zehn Jahre gewesen sind. Neuere angloamerikanische Untersuchungen legen einen multifaktoriellen Maßstab zur Messung von Kinderarmut an, der in der Tradition der Erforschung der Lebensqualität Überlegungen zu kindlichem *being*, z.B. Säuglings- und Kindersterblichkeit sowie Geburtsgewicht, *doing*, z.B. Schulversagen bzw. fehlender Schulabschluss, und *belonging*, z.B. Aufwachsen in Einelternfamilien, kombiniert (U.S. NEWS Story Page, CNN, 19.02.1997, Web 18:33).

Betrachtet man derartige Indikatoren, dann können amerikanische, britische und skandinavische Kinder im Vergleich zu bundesdeutschen Kindern weniger Anspruch auf die Zeit ihrer Eltern anmelden und – die skandinavischen Kinder noch ausgenommen – auf deren Einkommen. Dagegen dürften sich in der Bundesrepublik die Lebenschancen von Kindern vor allem in den 1960er und 1970er Jahren erheblich verbessert haben. Die Kindersterblichkeit und -armut sank, Bildungsniveaus stiegen beträchtlich. Weder die Selbstmord- noch die Erwerbslosigkeitsraten der Jugendlichen sind signifikant gestiegen. Nur wenige verlassen die Schule ohne einen qualifizierten Abschluss. Teenagermütter kommen relativ selten vor (Amt für amtliche Veröffentlichungen in der Europäischen Gemeinschaft, 1995). Zwischen 1984 (alte Bundesrepublik) und 1994 (neue Bundesrepublik) ist die Armutsquote von Kindern insgesamt von 6% auf 5% gesunken. Verringert hat sich dabei auch die Armut von Kindern allein Erziehender von etwa 35% (Westdeutschland) auf 25% (Gesamtdeutschland) (Weick, 1996). Eine komplexe Empirie veranlasst uns also immer noch eher dazu, von einer im Vergleich zu anderen Ländern niedrigen Armut von Kindern in der Bundesrepublik zu sprechen. Im Ländervergleich sind deutsche Kinder weniger arm, weil alle – unabhängig vom Einkommen und beitragsfrei – den gleichen Zugang zu einem qualitativ hochwertigen Gesundheitssystem und einem zwar früh selektiven, dennoch durchlässigen und insgesamt immer noch aussichtsreich qualifizierenden Bildungssystem haben. Das Angebot an Kinderbetreuung mag zwar nicht ausreichend sein, was Umfang und tägliche Stunden angeht. Für Kinder über drei Jahre sichert es jedoch wiederum im Vergleich westlicher Länder eine gute Versorgung. Das Erziehungszeitengesetz von 1986 stellt schließlich aus der Perspektive der Mütter ein Instrument der „negativen", aus dem Arbeitsmarkt aussteuernden Politik der flexiblen Bewältigung eines überschüssigen Arbeitsangebotes dar. Aus der Sicht der Kinder eröffnet es die Möglichkeit, zu Hause von ein und derselben vertrauten Person betreut zu werden.

Andererseits sehen wir durchaus, dass sich dies ändern kann, und zwar in dem Maße, wie die Bundesrepublik auf den angloamerikanischen *low-skill-low-wage*-Pfad einschwenkt und die Maastricht-Kriterien weiter dafür herhalten müssen, diesen Umstieg sozialpolitisch nicht ausreichend abzufedern. Der Höhepunkt qualitativer Zuwächse ist jedenfalls überschritten; Fortschritte stagnieren, werden zurückgenommen oder beginnen sich zu polarisieren: Verliererkinder stehen den Gewinnern gegenüber. Zeit- und Geldressourcen für Kinder sind vor allem als Folge von Trennung, Scheidung und nichtehelicher Mutterschaft geschrumpft. Es liegt nahe, in dieser Trendwende – und nicht in der Zuspitzung des Problems selbst – den Auslöser für die bundesdeutsche Debatte über „Kinderarmut" zu sehen.

Im Vordergrund dieser Debatte steht das Schicksal allein Erziehender und ihrer Kinder – also die Armutsrelevanz familialer Lebensformen. In den Hintergrund rückt dabei, dass Armut primär ein Problem solcher Haushalte ist, die trotz Erwerbsanstrengungen beider Eltern die Armutsschwelle nicht überschreiten können („working poor"). Während allein erziehende Mütter mehr als früher Sozialhilfe und sonstige Leistungen beantragen, taten dies einkommensschwache Erwerbstätigenhaushalte mit Kindern oder Familien von Erwerbslosen sowohl 1984 wie 1994 seltener. Daher werden etwa zwei Drittel der Kinder, die unterhalb der EU-Armutsschwelle leben, nicht vom sozialen Netz aufgefangen (Weick, 1996, S. 3). Noch kritischer, vor allem unter psychosozialen Gesichtspunkten, sind die von Armut strukturell bedrohten Haushalte, die in „prekärem Wohlstand" (Vester) leben. Patricia Morgan (1995, S. 35ff.) und Sara McLanahan/Gary Sandefur (1994) haben dies auch für das Vereinigte Königreich und für die USA behauptet.

Falls, wie politisch erwünscht, auch bei uns Einkommenschancen in der Folge von Deregulierung und verschärften Zumutbarkeitsregeln sinken, wird die Einkommensarmut von Kindern und Familien in prekärem Wohlstand steigen. Weibliche Einkommen müssen dann mehr denn je sinkende männliche kompensieren.

Der weibliche Beitrag zum Haushaltseinkommen wird steigen; tatsächlich handelt es sich um einen relativen Anstieg: Er ist schlicht ein Effekt sinkender Löhne der Männer. Abgefedert durch ein Erziehungszeitengesetz, das der Mehrheit der Kinder unter drei Jahren die Mutter zu Hause hält, sowie durch den Rechtsanspruch auf einen Teilzeitkindergartenplatz und – nicht zu vergessen – die nach wie vor relativ starke Position des Ernährerehemannes, wird diese in der Bundesrepublik erst einsetzende Entwicklung eher positiv als überfällige Neuschneidung des Geschlechterverhältnisses gewertet. Dabei wird das – zumal für die Bevölkerungsgruppen in „prekärem Wohlstand" brisante – Dilemma zwischen gefährdeten Erwerbschancen einerseits und den unverzichtbaren nicht monetären Potentialen der Haushaltsproduktion andererseits in der bundesdeutschen Szenerie durch die Propagierung von egalitären Leitbildern einer partnerschaftlichen Verantwortung von Müttern und Vätern für Kinder verdeckt. Die veränderten Geschlechterrollen, die Erwartung an Mütter bzw. deren Wunsch, erwerbstätig zu sein bzw. zum Haushaltseinkommen beizutragen, verringern die Zeit, die Mütter mit ihren Kindern verbringen. Männer mit schlechten Erwerbs- und Einkommenschancen tun sich schwer auf dem Heiratsmarkt. Nicht nur gut qualifizierte „Optionsoptimierer", sondern gerade auch junge, geringer qualifizierte Männer, auch solche mit ungewissen Erwerbschancen, haben in der Bundesrepublik bereits begonnen, Heirat und Familiengründung aufzuschieben (Tölke, 1995). Sich eine Familie „leisten" zu können, beginnt auch hierzulande, ein ungleich verteiltes Gut zu werden.

Fassen wir zusammen: Nur wenige Debattanden legen ihre normativen Annahmen über Kindheit oder Armut auf den Tisch. Kinder erscheinen als Opfer, deren Aufwachsen durch Armut gefährdet ist: Armut und soziale Ungleichheit als Sozialisationsbedingung. Meist wird Kinderarmut verengt auf Sozialhilfebezug und von der Lage – meist der Einkommenslage oder vom Sozialhilfebezug – der Erwachsenen, der Väter oder Mütter, auf das Kind kurzgeschlossen. Dabei fehlen nicht nur oft erweiterte und dynamische Perspektiven auf die kindliche Einkommenssituation, sondern die Debatte verfehlt auch Kinder als eigenständige Gruppe der Bevölkerung. Falls die Bundesrepublik sich ernstlich mit der Armut von Kindern auseinandersetzen will, muss sie, wie andere Länder auch, zur Beweisführung sehr viel mehr Daten zu sehr unterschiedlichen Indikatoren präsentieren und kombinieren (vgl. Garfinkel u.a., 1996a, S. 6ff.). Entscheidend ist dabei der Zusammenhang zwischen Erwerbschancen, nicht monetärer Wohlfahrtsproduktion und (sozial-)staatlich gesetzten Opportunitätsstrukturen. Kindheit wird in diesem Zusammenhang – übrigens ebenso wie die Elternschaft und die soziale Definition der Geschlechtszugehörigkeit – nicht vorausgesetzt, sondern konstruiert und umstrukturiert. Die Debatte um Kriterien und Ausmaß von Armut ist gar nicht zu führen ohne eine (meist implizit bleibende) Debatte um die Strukturierung und Normierung von Kindheit, um öffentliche und private Verantwortung für Kinder, um ihre Verwundbarkeit und ihre Rechte, kurz: ihre Position in der Gesellschaft.

3   Kindheit, sozial konstruiert und relational

So wenig es in der Debatte um die Armut von Kindern lediglich um Erscheinungsformen und Ausmaß, sondern um das Verständnis von Armut selbst geht, so sehr sind es nicht allein die Kinder, deren Betroffenheit von Armut zur Debatte steht, sondern vielmehr der soziale Zuschnitt zeitgenössischer Kindheit und die gesellschaftliche Dynamik, die ihn verändert. Ausdrücke wie der einer „Infantilisierung der Armut" (Hauser, 1995) sind daher u.E. eher verwirrend.

Der Laie mag mit „Kindheit" seine eigene verbinden, diese mit der seiner oder anderer Kinder vergleichen und keiner weiteren Erläuterung bedürfen. Er weiß, was Kindheit „ist" und dass sich Kindheit verändert. Jenseits lebensweltlicher Bezüge liegt der Inhalt des Begriffs jedoch nicht ohne weiteres auf der Hand. Grundsätzlich muss man zwischen zwei Hauptkomponenten des Begriffs unterscheiden, einer genealogischen („Nachkomme") und einer entwicklungsbezogenen („noch nicht erwachsen") Komponente. In der Moderne emanzipiert sich gleichsam die entwicklungsbezogene von der genealogischen Komponente, genauer: die Bedingungen der Nachfolge werden nicht mehr an Erbschaft, sondern an Mündigkeit geknüpft; diese wird von dafür eingerichteten Institutionen des Bildungswesens zugesprochen (Lenzen, 1994, S. 359). Kind zu sein heißt danach, sich in schulisch und familial eingebetteten Entwicklungsprozessen als sozial anerkannte individuelle Persönlichkeit zu bilden. Im 20. Jahrhundert, dem „Jahrhundert des Kindes", ist dieses Modell der Erziehungskindheit zur kulturell verbindlichen Norm geworden. In diesem Modell bleibt das Verhältnis von Herkunft und Persönlichkeitsentwicklung spannungsreich, nur in der Ideologie geht es allein um Entwicklung und Selbstverwirklichung der Persönlichkeit: Dies zeigt sich etwa an Bedeutung und Wandel von Generationskonflikten in der Geschichte der modernen Kindheit und Jugend oder auch in den familialen Reproduktionsstrategien, die klassen- bzw. schichtenspezifisch differentiellen Kindheiten hervorbringen. Pierre Bourdieu hat diese „Vererbung" von ökonomischen, sozialen und kulturellen Kapitalien auf in der heutigen Kindheitsforschung einflussreiche Weise analysiert (vgl. etwa Bourdieu, 1983).

Diese Problemstruktur und die Anzeichen, dass sie sich wiederum neu konstellieren könnte, ist spätestens seit den frühen 80er Jahren in einer Soziologie der Kindheit thematisch geworden. Die neuere sozialwissenschaftliche Kindheitsforschung knüpft nicht an kindlichen Entwicklungsprozessen, sondern an der Vergesellschaftung von Kindheit an (Zeiher, 1996). Der norwegische Kindheitssoziologe Ivar Frönes etwa bestimmt „Kindheit [...] als (den) Lebensabschnitt, in dem ein Mensch als Kind betrachtet wird, und als die kulturellen, sozialen und ökonomischen Charakteristika dieses Lebensabschnitts" (Frönes, 1994, S. 148). Kindheit erscheint nun nicht mehr als eine psychologisch, letztlich biologisch determinierte Altersphase, die durch individuelle Reifungs- und Entwicklungsprozesse bestimmt ist, sondern als institutionalisiertes Konstrukt, das die Entwicklungstatsache mit der Sozialstruktur verknüpft (Alanen, 1992; Honig, 1999). In dieser Perspektive ist „Armut" nicht lediglich ein Sozialisationsfaktor, der die Entwicklung von Kindern beeinflusst bzw. gefährdet, sondern eine Chiffre für die Normierung von Kindheit und für die sozialpolitischen Strategien, welche die Lebensverhältnisse von Kindern mit Hilfe der klassischen Medien Recht, Macht, Geld oder Wissen (Expertise) strukturieren. Als Gefährdungsdiskurs ist die Armutsdebatte einerseits Teil spezifischer Kindheitskonstruktionen, andererseits problematisiert sie gesellschaftliche Modernisierungsprozesse unter dem Gesichtspunkt der Verwundbarkeit und der gesellschaftlichen Positionierung der Kinder. Daran schließt sich zwanglos die Frage nach den formativen Kräften an, die dieses Konstrukt hervorbringen; dies ist die Generalfrage, mit der sich die sozialwissenschaftliche Kindheitsforschung beschäftigt (vgl. James, Jenks & Prout, 1998).

Auf diese Frage gibt es – sehr verallgemeinert gesprochen – gegenwärtig zwei klar unterscheidbare Antworten. Zunächst dominierte ein Modell des Kindes als kompetenter Akteur als Gegenthese zum sozialisationstheoretischen Blick für die Kindheit (Waksler, 1991). Es wird jedoch zunehmend deutlich, dass dieses Akteurskonzept im Blick auf die erwähnten Normierungs- und Strukturierungsprozesse unterkomplex ist. Von Beginn an gab es jedoch auch eine sozialstrukturell argumentierende Position, welche die Kindheit in der gesellschaftlichen Arbeitsteilung positionierte und eine Theorie der Kindheit gleichsam als Politische Ökonomie der Generationenverhältnisse entwarf (Qvortrup, 1985, 1995). Diese Position hat sich jedoch rasch in ideologische Fallen verstrickt.

Daher räumen andere wiederum – wir schließen uns hier an – zwar ein, dass eine allzu rasche und enge Verknüpfung von Kind und Familie den Blick auf Kinder wie Kindheit zu verstellen droht. Sie bestehen dennoch auf dieser Verknüpfung und betonen die Relationalität von Kindheit. Anstatt Kinder aus ihrem Familienzusammenhang herauszutrennen, besteht, so Julia Brannen und Margaret O'Brien (1996, S. 1), die Herausforderung darin, Kinder auf neue Weise als Kinder in bzw. im Verhältnis zu ihren Familien zu begreifen. Man müsse anfangen, die Interessen und Perspektiven der Kinder in diesem Rahmen wahrzunehmen und dabei berücksichtigen, dass die Grenzen zwischen Familien und der Außenwelt durchlässig sind und wie Kinder mit dieser Offenheit umgehen. Das Konzept der Relationalität erlaubt, den Aspekt der Rückbindung in dieser Durchlässigkeit zur Geltung zu bringen. Diese Relationalität besteht in zweifacher Hinsicht: Zum einen in einem entwicklungsbezogenen Sinne, indem sie sich auf die Wechselbeziehungen der Erwachsenen-Kind-Differenz in einem historisch-biographischen, zum anderen indem sie sich auf Filiationsverhältnisse in einem makrostrukturellen Kontext bezieht (Alanen, 2000; Honig, 1999). In der Kindheit der Postmoderne sind beide Dimensionen miteinander verwoben (Lüscher & Schultheis, 1993). Kindheit lässt sich danach als ein relationales Strukturmuster fassen, als ein generationales Konstrukt, das altersspezifische Inklusion bzw. die gesellschaftliche Teilhabe von Kindern reguliert (Honig, 1996).

Mit unserer Position fallen wir also keineswegs hinter den Stand der Kindheitsforschung zurück, sondern versuchen, Kindheit neu zu kontextualisieren. Eine soziologische Rekontextualisierung von Kindheit entspricht dem internationalen politischen Trend, die Grenzen zwischen familialer und staatlicher Verantwortung für Kinder in Richtung eines verstärkten – wenn auch neu sortierten – Vorrangs familialer Verantwortung zu verschieben. Während in allen westlichen Ländern

Armut und Rechte von Kindern die politische Rhetorik bestimmen, bauen staatliche Politiken – je nach sozialpolitischer Kultur nach wie vor oder mehr denn je – auf die Selbsthilfekraft der Familien. Dieser Trend ist auf den ersten Blick paradox, denn er setzt sich in einer Zeit durch, in der immer mehr Kinder Trennung und Scheidung ihrer Eltern und die Neuzusammensetzung ihrer Familien erleben und der sozioökonomische Druck auf Familien und ihre Kinder zunimmt. Materielle und psychosoziale Ressourcen von Familien müssten eher gefördert, nicht selbstverständlich vorausgesetzt werden. Zugleich jedoch zwingt der Siegeszug der Marktkräfte den Sozialstaat zu einem intelligenten Minimalismus, zum effizienten Einsatz sinkender Mittel. Auch der zeitgenössische Wandel der Jugendphase spricht dafür, Kindsein im familialen Kontext zu erforschen. Denn während die traditionelle Forschung Kinder hinter ihren Familien verschwinden ließ, verortete sie Jugendliche als Sondergruppe in eigenständigen Jugendwelten in Absetzung von der Herkunftsfamilie und verlor so deren Familie als Arena, in der der Übergang ins Erwachsensein durch Einmündung in die Erwerbswelt wohl am sichtbarsten wird, aus dem Blick. Die steigende Jugendarbeitslosigkeit, die Schwierigkeiten, billigen Wohnraum zu finden, der Rückzug des Staates aus der Studienförderung, verschärfte Zugangsregeln zu Sozialleistungen, die längeren Ausbildungszeiten – all das hält junge Menschen heute länger denn je zu Hause und/oder in finanzieller Abhängigkeit von ihren Eltern. Sie bleiben im Sozialstatus Kind gefangen.

Dieses relationale Konzept vermag der Eigentümlichkeit der Armut von Kindern Rechnung zu tragen, weil und insoweit diese nicht eine Armut Erwerbsfähiger, sondern die Armut auf familiale Alimentierung Angewiesener ist. Die Relationalität der Kindheit steht im Mittelpunkt des von uns behaupteten „Umbaus", der das Verhältnis von Familie, Markt und Staat im Hinblick auf Kinder und Kindheit betrifft. Vor allem die Sozial- und Familienpolitik konstruiert durch rechtliche Regelungen sowie durch Transfers und Dienstleistungsangebote, durch Kindergeld und Kindergärten bzw. dadurch, dass sie kein Geld gewähren und keine Dienste anbieten – oder all dies nur „nachrangig" –, eine relationale Kindheit; dabei kann sie durchaus an einer Ethik der Generationenbeziehungen anknüpfen. Unser Laie weiß, dass er seinen Eltern gegenüber Kind und deshalb unter Umständen Hilfe schuldig bleibt, wie umgekehrt auch Eltern in der Regel in der Not (und nicht nur dann) ihren erwachsenen Kindern zur Seite stehen (vgl. verschiedene Beiträge in Lüscher & Schultheis, 1993). Sozialpolitik hat solche wechselseitigen Familienpflichten ebenso gefördert wie eingefordert. In vielen Ländern hat Sozialpolitik Familienpflichten auf die Unterstützung minderjähriger Kinder begrenzt, ist dabei manchmal für die Eltern eingesprungen und hat die noch nicht selbstständigen Kinder im Notfall unterstützt (Finch, 1989; Land, 1996). Die skandinavischen Länder haben in den letzten dreißig Jahren die Pflichten zwischen Eltern und Kindern auf ein Minimum reduziert, um Frauen in die Erwerbsarbeit zu integrieren (Erikson u.a., 1987). Die Bundesrepublik wiederum bestimmt bekanntlich die „gesteigerte Unterhaltspflicht" zwischen Eltern und Kindern ohne Altersgrenzen; erst wenn diese erschöpft ist, springt der Sozialstaat für den Notfall ein. Einmal institutionalisiert, verwandelt sich die für den Notfall gedachte, rechtlich sanktionierte Pflicht zum Rechtsanspruch des erwachsenen Sohnes oder der Tochter gegenüber den Eltern. Paradoxerweise rekonstruiert sich der Kläger, indem er auf sein Recht pocht, als Kind im Verhältnis zu seinen Eltern.

4 Umbaustrategien

Kinder werden in bestimmte Lebensverhältnisse hineingeboren. Sie haben diese nicht gewählt und können sie auch nicht ohne weiteres und kurzfristig abwählen. Sie befinden sich in sozialen Umständen, die sich ihrer Kontrolle entziehen bzw. entzogen haben. Zugleich sind es diese Umstände – ungleiche Bildungschancen, ethnische und geschlechterspezifische Diskriminierungen oder eben Armut –, die die Gesellschaft abbauen und damit Chancengleichheit erhöhen und Startgerechtigkeit herstellen kann, weil sie sie selbst hervorgebracht hat (Le Grand, 1999). Keine Debatte um echte vs. unechte bzw. um absolute vs. relative Armut oder um die „undeserving poor" vermag diesen Umstand zu verdecken. „Kindheit" bietet den idealen Ansatzpunkt für eine Neujustierung sozialstaatlicher Leistungen, weil Kindheit als dekommodifizierte Altersphase per definitionem Adressat sozialstaatlicher Leistungen ist; die Erziehungskindheit des 20. Jahrhunderts ist die „versozialstaatlichte" Kindheit per se.

Der Umbau setzt denn auch an der Mobilisierung von Erwerbspotentialen an: Dem „aktivierenden (Sozial-)Staat" (Olk, 1999) geht es – statt um den Ausbau sozialstaatlicher Leistungen – um ihre Umlenkung von den Kinderlosen zu den erwerbstätigen Familien sowie um die Mobilisierung von Erwerbsfähigkeit und die diesbezügliche Verantwortung der Mütter und Väter. Dieser Umbau von Kindheit findet auf zwei Ebenen statt, welche sich mit Hilfe von zwei Dreiecken veranschaulichen lassen. Im Wohlfahrtsdreieck von Markt, Staat und Familie lässt sich die Neujustierung von Subsidiarität darstellen, das heißt: der Umbau von Verantwortlichkeiten für Kinder. In einem zweiten Dreieck geht es um die inhaltliche Konkretisierung des Kindeswohls, das heißt um die normativen Maßstäbe von Sorgeverhältnissen. Sie bestimmen sich im Dreieck kindlicher Freiheitsgrade, Verwundbarkeit und Entwicklung. In diesem Dreieck lässt sich die Neujustierung des Modus sozialer Integration von Kindheit in der Spannung zwischen einer durch Gesellschaft gefährdeten bzw. schutzbedürftigen und für die Gesellschaft gefährlichen bzw. der Kontrolle bedürftigen Kindheit (Donzelot, 1980) darstellen. Das Wohlfahrtsdreieck kann zum Kindeswohl-Dreieck in einem unterstützenden oder in einem belastenden Verhältnis stehen, es stellt die sozialpolitischen Rahmenbedingungen der kindlichen Entwicklung dar. Der Umbau von Kindheit selbst folgt auf diesen beiden Ebenen drei Generalfragen: Wie soll welchen Kindern in welchen Familien wie viel unter welchen Bedingungen wie lange, in welcher Form vom Steuerzahler gegeben werden? Was sollen Eltern, richtiger: Mütter und Väter, für „ihre" Kinder erbringen? Was kann man berechtigterweise von Kindern erwarten?

Jede Gesellschaft verfolgt mehr als ein politisches Ziel. Oft stehen mehrere Ziele gleichrangig nebeneinander, müssen also vereinbart werden. So wird keine demokratische Gesellschaft – auch wenn die Absicherung der Alterslast bzw. ihrer Renten noch so sehr, wenn auch nicht naturwüchsig und unabänderlich, von der Kinderproduktion abhängt – das Kinderhaben kostenlos machen. Oder: Wie bringt man alle Erwerbsfähigen irgendwie in Lohn und Brot und damit zu Einkommen, wenn man gleichzeitig öffentliche Ausgaben, damit auch die für Kinder, wenn schon nicht verringern, so doch konstant halten will? Die USA folgen bekanntlich der Logik, dass auf Kinder verzichten soll, wer sich keine leisten kann, und dass Hilfe nur die Familie mit kleinen Kindern erhält, die trotz vereinter Erwerbsanstrengungen arm bleibt. Außerdem ist nicht jedes Kind unter jedweden Umständen von der Gesellschaft erwünscht (vgl. die Debatte um die Kinderkosten, Müller-Heine, 1999). Falls sich Staaten nicht ohnehin wo immer möglich aus der finanziellen Verantwortung für Familien in Not zurückziehen und/oder diesen neue Aufgaben aufbürden (vgl. die Unterhaltsverpflichtung auch mitteloser Eltern für ihre Teenagermütter in den USA, Seeleib-Kaiser, 1995 oder für arbeitslose Jugendliche im Vereinigten Königreich, Land, 1996), werden die Karten zumindest neu gemischt. Auch die Bundesrepublik wird eine Neujustierung ihrer Leistungen für Familien vornehmen und dabei das Prinzip der Kostenneutralität wenn nicht Kostensenkung walten lassen. Aber wie so oft im internationalen Vergleich ist die deutsche Politik für die Familie ein Ringen um die richtige Mitte, die Kinder, Erwerbsarbeit und dynamische Lebensformen unter einen Hut zu bringen vermag: das eine tun, ohne das andere zu lassen; Eigenverantwortung und Umverteilung einfordern, ohne die Bürger zu überfordern (Ostner, 1997b). Anders gesagt: Während andere Länder längst Abstriche am familienpolitisch Erreichten machen, erlässt die Bundesrepublik kostspielige Gesetze wie das Kindergartengesetz; zugleich jedoch sollen unter polemischer Verkehrung der Rede von der Kinderarmut Kinderlose und „Kinderarme" dafür zahlen, dass andere, brave Familien und ihre armen Kinder durch die soziale Tat des Zwei-und-mehr-Kinder-Habens an Lebensstandard einbüßen (Familienkasse).

Politik wird daher versuchen, die Familiengründung und das Familienleben „sozialintegrativ" zu steuern. Dies kann durch eine Neudefinition von „Familie" und durch ein definierendes Gegeneinander-Ausspielen unterschiedlicher Familienformen geschehen. Verschiedene Lebensformen werden unterschieden und auf ihre jeweilige Leistungsfähigkeit für ihre wiederum unterschiedlichen Mitglieder und für die Gesellschaft hin abgeklopft. Auch in der Bundesrepublik hat man sich von einem institutionalistischen Familienverständnis verabschiedet. So betont der Fünfte Familienbericht (Bundesministerium für Familie und Senioren, 1994), das Familienverständnis sei heute zwar undeutlicher geworden; damit sei aber keineswegs eine Gleichbehandlung aller Familienformen angesagt, da jede Gesellschaft ein vitales Interesse daran haben müsse, „diejenigen privaten Lebensformen besonders auszuzeichnen, zu schützen und zu fördern, welche Leistungen erbringen, die nicht nur für die Beteiligten, sondern auch für die übrigen Gesellschaftsbereiche *notwendig* sind" (a.a.O., S. 24 f., Hervorh. i. Orig.). Welche Leistungen auch immer das sein mögen – weder der Familienbericht noch die Stellungnahme der Bundesregierung zu diesem Bericht erwähnen die Ehe als Grundlage einer Familie (etwas ganz anderes ist, dass Familie mit Kindern faktisch mehrheitlich nach dem überkommenen „Normalentwurf" gelebt wird, vgl. Nauck, 1995). Stattdessen legt der Fünfte Familienbericht einen Familienbegriff zugrunde, für den „die biologisch-soziale und auch rechtlich bestimmte Kernfamilienstruktur, nämlich das Vater-Mutter-Kind-Verhältnis" (Bundesministerium für Familie und Senioren, 1994, S. 24) konstitutiv ist. Ferner besteht der Bericht auf der Unterscheidung von Familie und Haushalt: zusammen zu wohnen ist konstitutiv für den Haushalt, nicht unbedingt für die Familie; Familie kann also „multilokal" sein. Ins Blickfeld gerät diese Patchworkfamilie als Ressource für das Kind und so weit wie möglich für eine Gesellschaft, die die Verantwortlichkeiten zwischen Staat und Familie neu schneiden will (im Übrigen haben – wenn die Ehe als Ressource an Bedeutung verliert – Bestrebungen zur rechtlichen Absicherung gleichgeschlechtlicher Partnerschaften größere Chancen, wie die jüngsten Vorhaben der Bundesregierung belegen; vgl. Ostner, 1998). Statt die Kinder in den Familien „verschwinden" zu lassen, wie das kindheitssoziologische Plädoyer für die Kinder als kompetente Akteure unterstellt, sprechen die familienpolitischen Dokumente und Gesetzesinitiativen über Eltern und Familien fast nur noch aus der Perspektive von Kindern. Aus dieser Perspektive müssen Mütter und Väter weder verheiratet sein noch unbedingt oder gar dauerhaft mit – nicht unbedingt gemeinsamen – Kindern zusammenleben.

5 Kindheitskonstruktionen im Wandel

5.1 Vom Kinder„garten" zum Anspruch auf staatlich subventionierte Kinderbetreuung

Die Bundesrepublik ist bekannt für ihre Institutionalisierung der starken Ernährernorm (Esping-Andersen, 1996a,b). Sie ist aber auch in der Bundesrepublik brüchig geworden. Folgt man Trends und politischen Reden, dann hat Deutschland, auch sein Westen, Abschied genommen von Gary S. Beckers „Spezialisierungsmodell" der Kleinfamilie, die auf dem starken Ernährerehemann und der Hausfrau und Mutter aufbaute.

Vieles spricht dafür, dass in Zukunft auch in der Bundesrepublik Marktkräfte, die sich vor allem in der Erosion männlicher Erwerbs- und Einkommenschancen äußern, den Wandel in der weiblichen Erwerbsbeteiligung, Lohnhöhe und im Beitrag zum Haushaltseinkommen vorantreiben (Oppenheimer, 1994). Eine neuere Auswertung des Sozioökonomischen Panels zeigt, dass zwischen 1990 und 1995 vollzeitbeschäftigte Frauen – stabile 21% der westdeutschen Paarhaushalte und 43% im Osten (gegenüber 60% vor dem Fall der Mauer) – ihren Beitrag zum Haushaltsnettoeinkommen kontinuierlich erhöht haben, und zwar von 44 auf 48%. Teilzeitbeschäftigte Frauen – ihr Anteil an den Paarhaushalten beträgt im Westen etwa 30%, im Osten 25% – tragen in Westdeutschland konstant etwa 20%, in Ostdeutschland etwas mehr als 30% zum Haushaltsnettoeinkommen bei. Der Beitrag ostdeutscher Frauen ist – kaum überraschend – insgesamt größer als der westdeutscher. Er ist zwischen 1990 und 1995 von 40% auf 45% gestiegen, während der Beitrag westdeutscher Frauen im gleichen Zeitraum unverändert 33% betrug

(Holst, 1996, S. 466 f.). Die Unterschiede spiegeln weniger die größere ökonomische Unabhängigkeit ostdeutscher Frauen als vielmehr die schlechteren Einkommens- und Erwerbschancen ihrer Partner wider. Westdeutsche Paare können sich bedingt durch die höheren männlichen Einkommen und kontinuierlicheren Erwerbschancen immer noch eher einen geringeren weiblichen Einkommensbeitrag leisten. Aber auch von westdeutschen Ehefrauen und Müttern werden inzwischen Beiträge zum Haushaltseinkommen sowie zur Sozialversicherung erwartet; sie sollen wenigstens durch eine Teilzeitbeschäftigung die sinkenden und kontingenteren männlichen Einkommens- und Erwerbschancen auffangen helfen.

Flexible Betreuungsangebote sollen ihnen dabei helfen. Dabei ist der ökonomische und soziale, vor allem sozialintegrative Wert der Haus- und Erziehungsarbeit, der die Wohlfahrt der Kinder steigert, in der Bundesrepublik aller Gegenrede zum Trotz nie in Vergessenheit geraten. Frauen sollen erwerbstätig sein, jedoch nicht zu der Zeit, wenn Kinder sie zu Hause – zunächst ganz – dann nur noch halbtags nach der Schule – brauchen. Dieser Logik entspricht der Rechtsanspruch aller 3- bis 6-jährigen Kinder auf einen Kindergartenplatz, der seit dem 1. August 1996 gilt (Colberg-Schrader & Honig, 1996). Auch die Änderung des Bundeserziehungsgeldgesetzes vom Juli 2000 liegt ganz auf dieser Linie der Flexibilisierung von Erwerbs- und Erziehungsarbeit: Der Erziehungsurlaub mutiert zur „Elternzeit"; zugleich können Mütter und Väter mehr als ein Bein in der Erwerbsarbeit behalten, weil die zulässige Teilzeitarbeit während der „Elternzeit" von 19 auf 30 Wochenstunden erhöht wird. Zudem haben Eltern die Wahl, statt zwei Jahren lediglich ein Jahr „Elternzeit" zu nehmen und dafür DM 900 statt DM 600 Erziehungsgeld zu erhalten.

5.2 Parentalismus oder Die Wiederkehr der Väter

Die Mühe, die der Fünfte Familienbericht von 1994 auf die Definition der Familie verwendet, zielt u.E. darauf, eine Familienrhetorik auf den Weg zu bringen, die Ansatzpunkte wie Zuschnitt zukünftiger Familienpolitik vorzubereiten und zu rechtfertigen hilft. Eines ihrer Kernelemente ist eine eheunabhängige multilokale „Elterlichkeit". Der neue Fokus hat auch den Vater in den Blickpunkt des sozialpolitischen Interesses gerückt.

Während die DDR bereits 1950 im Gesetz über die Stellung von Mutter und Kind von der Gleichheit aller Kinder ausging, benachteiligten die Abstammungsregeln in der Bundesrepublik nichteheliche Kinder trotz des Nichtdiskriminierungsgebots des Artikel 6 GG bis in die jüngste Zeit. Das westdeutsche Gesetz über die rechtliche Stellung nichtehelicher Kinder von 1969 stellte zunächst einen Fortschritt dar, allerdings basierten der Status des nichtehelichen Vaters und die veränderte Vater-Kind-Beziehung nun allein und einseitig auf dessen Pflichten gegenüber dem Kind. Das Bundesverfassungsgericht bestätigte diese „schiefe" Rechtslage im Nichtehelichenrecht noch 1981, indem es den Paragraphen 1705 BGB, der der ledigen Mutter das alleinige Sorgerecht zuerkennt, als grundgesetzkonform anerkannte. Im Grunde blieb nach wie vor unterstellt, dass nichteheliche

Väter unverantwortlich, ihre Kinder „Waisen" und sie daher dem Kind in dessen Interesse vorzuenthalten seien. Ganz anders entschied das Bundesverfassungsgericht 1982 im Fall des Sorgerechts für Kinder geschiedener Eltern. Es erklärte die automatische Zuerkennung der alleinigen elterlichen Sorge nach der Scheidung an die Mutter mit der Begründung für grundgesetzwidrig, dass sie mit dem wohlverstandenen Interesse des Kindes unvereinbar sei, denn das Kind habe von Natur aus zwei Eltern und damit auch das Recht auf beide.

Meixner (1996) und Wichmann (1996) betonen die Rolle, die die Europäische und die UN-Menschenrechtskonvention bei der Förderung der Idee von Kinderrechten und insbesondere bei der Durchsetzung des Rechts des Kindes auf beide Eltern gespielt haben. Die deutsche Einigung war ein weiterer Katalysator für die Neuordnung der Eltern-Kind-Beziehung und hier insbesondere für die „Wiederkehr des Vaters". Seit der deutschen Einheit hat das Bundesverfassungsgericht sukzessive Raum für eine neues, die Vater-Mutter-Kind-Beziehung zum Ausgangspunkt nehmendes Familienverständnis geschaffen. So entschied es 1991, dass es mit dem Grundgesetz nicht vereinbar sei, dem Vater, der in einer nichtehelichen Lebensgemeinschaft mit Mutter und Kind lebt, das Sorgerecht zu verweigern. 1995 unterstrich es das Recht des ledigen Vaters, gehört zu werden, wenn die Mutter seines Kindes dieses zur Adoption freigeben wolle. Das neue Kindschaftsrecht von 1998 reagiert auf die Wende in den Entscheidungen des obersten Gerichts und bringt zunächst eine größere Flexibilität in die Bestimmung ein, wer gesetzlich die Mutter bzw. der Vater eines Kindes sei. Ferner sieht es ein geteiltes Sorgerecht als Regel im Fall von Scheidung und als Option im Fall der Nichtehelichkeit eines Kindes vor; weiterhin enthält das Gesetz Möglichkeiten für das nichteheliche Kind, den Kontakt zu seinem Vater aufzubauen bzw. zu halten und umgekehrt entsprechende Möglichkeiten für den Vater.

Die „Rückholung" des Vaters ist ein Moment in der allmählichen Transformation des Ernährerehemannes und seiner auf Ehe gegründeten Normalfamilie zum verantwortlich sorgenden Vater schlechthin (und ist nicht etwa motiviert durch die Mutation einer „neuen Väterlichkeit"). Männer sollen Väter sein; dafür müssen sie in Zukunft, wie die jüngsten Reformen von Unterhalts-, Umgangs- und Kindschaftsrecht zeigen, weder mit der Mutter verheiratet sein, noch die Wohnung mit Mutter und Kind teilen. Hauptsache, das Kind behält soweit wie nach einer Trennung möglich beide Eltern und damit – wiederum der Möglichkeit nach – Zugang zu den Ressourcen der Mutter- und Vaterfamilie. Diese Transformation reagiert sensibel auf das Faktum, dass heute und in Zukunft Kinder in Haushalten allein Erziehender sozial und ökonomisch verwundbarer sind als Kinder, die längerfristig und kontinuierlich ökonomische, soziale und kulturelle Ressourcen beider Eltern nutzen können. Indirect aber marginalisiert diese neue Familienrhetorik allein erziehende Mütter, stellt streng betrachtet sogar deren Familienstatus in Frage. Zugleich aber soll die Pluralität familialer Lebensformen anerkannt werden.

Den Ausweg aus dem Dilemma weist die Erwerbstätigkeit von Müttern. Wie in anderen westlichen Ländern wird der Vater als Ressource für das Kind betrachtet. Er ist indes selbst auf Ressourcen angewiesen, wenn er seiner väterlichen Verantwortung nachkommen soll. Daher nimmt die neue Familienpolitik mit dem

Kindsvater auch die Kosten in den Blick, die Kinder ihm – anders als den egoistischen Kinderlosen – verursachen, und stellt ihm mit der zumindest teilzeiterwerbstätigen Kindsmutter eine ökonomische Stütze in einer Zeit prekärerer männlicher Erwerbs- und Einkommenschancen zur Seite (Ostner, 1997a,b). Frauen sollen erwerbstätig sein – auch als Mütter. Dieser Logik folgt der Entwurf zur Reform des Erziehungszeitengesetzes: Man will es Müttern (und Vätern) ermöglichen, neben der Kleinkindbetreuung noch beschäftigt zu bleiben. Sogar lange Teilzeit (bis zu 30 Stunden die Woche) soll erlaubt sein. In diesem Kontext fungiert das Konstrukt „Armut von Kindern" als ein Hebel im Umbau von Kindheit, indem es Wissenschaft und Politik gleich welchen Lagers dazu dient, die Verantwortung gegenüber den Kindern als Zusammenhang von Elternpflicht und Arbeitspflicht zu konkretisieren und mit mehr oder weniger staatlicher Unterstützung zu verstärken (Garfinkel u.a., 1996b).

6 Bilanz

Kinderarmut ist weder neu, noch hat sie in Deutschland ein Ausmaß, das die Prominenz verständlich machen könnte, die das Thema hierzulande genießt. Unsere Ausgangsvermutung lautet daher: Kinderarmut ist ein Stellvertreterthema. Aber wofür steht es, worum geht es wirklich bei der Rede von der „Armut der Kinder"? Wir haben versucht, die These zu begründen, dass es nicht eine Sorge um Kinder, sondern eine Neujustierung des Sozialstaats ist, die dem Thema „Kinderarmut" Konjunktur verleiht. Mit dieser Neujustierung freilich – und dies bleibt weithin unbeachtet – ist eine Rekonstruktion der Kindheit als Institution verbunden.

Armut ist ein normatives Konstrukt; dies macht es schwer, zu allgemein anerkannten Aussagen über den Realitätsgehalt der Armutsrhetorik zu gelangen. Deutlich ist aber, dass die unterschiedlichen Armutsdefinitionen Implikationen für das Verständnis von Kindheit haben. Es wird über die Dimension der nicht monetären Wohlfahrtsproduktion in den Armutsbegriff implantiert; das hängt mit der kulturellen Normierung zusammen: Kindheit ist im 20. Jahrhundert Familienkindheit. Armutsbegriffe verweisen zudem auf ein uneindeutiges Geflecht armutsrelevanter Faktoren. Angesichts dieser Überkomplexität begreifen die maßgeblichen Dokumente der Europäischen Union Armut weniger als Ressourcenmangel denn als mangelnde Fähigkeit und damit Chance, für den eigenen Unterhalt und den der eigenen Familie aufzukommen. Die neue Armutspolitik konzentriert sich entsprechend darauf, für Frauen und Männer gleiche Chancen zur Erwerbsarbeit zu schaffen. Eine Politik der Mobilisierung von Erwerbspotentialen scheint angesichts globaler ökonomischer Konkurrenzverhältnisse geboten; sie läuft indes einer Politik der Dekommodifizierung zuwider, die bislang eine nicht monetäre Wohlfahrtsproduktion der Familien unterstützt hat. Familienpolitische Leistungen werden heute daraufhin abgeklopft, inwieweit sie mütterliche Erwerbsarbeit begünstigen oder behindern. Arbeitsunabhängige Sozialleistungen werden wieder höchst begründungsbedürftig; selbst Kinder rechtfertigen nicht mehr ohne weiteres, dass eine Mutter nicht erwerbstätig ist. Wirtschaftliche Unabhängigkeit wird zur unausweichlichen Notwendigkeit. Welcher Kindheitsbegriff ist diesem Armutsverständnis implizit? Kinder haben per definitionem – das heißt: dem kulturell verbindlichen Modell der Erziehungskindheit entsprechend – keine Chance, die eigene Existenz zu sichern. Wessen Verantwortung ist dies dann? Die Neujustierung der Sozialpolitik flexibilisiert die Beziehungen zwischen Kindheit, Familie, (Arbeits-)Markt und (Sozial-)Staat; dies bedeutet einen „Umbau von Kindheit". Die Kindheitsforschung artikuliert ihn in zahlreichen Studien, in denen sie die Individualisierung von Status und Lebensphase Kindheit und die Handlungsfähigkeit kindlicher Akteure demonstriert; die Kinderpolitik betont entsprechend nicht nur Schutz und Fürsorge, sondern vor allem Beteiligung und Rechte von Kindern. Wir suchen dem Prozess der Umgestaltung von Kindheit mit einem relationalen Kindheitsbegriff Rechnung zu tragen.

Das Dilemma der neuen Wohlfahrtsstaatlichkeit besteht darin, dass sie an den Jungen, den Kindern, anzuknüpfen sucht, aber die Ungewissheit individueller Lebensentwürfe und damit die Risiken von Familiengründung und nicht monetärer Wohlfahrtsproduktion erhöht. Kinderarmut ist also ein anderer Begriff dafür, dass Kinder Eltern arm machen können, wenn sie deren Chancen zur Existenzsicherung einschränken. Was heißt das für die „armen" Kinder? Zum einen rückt ihre Betreuung und Erziehung näher an den Markt, zum anderen wird die Elternpflicht, ihren Unterhalt zu sichern, von dem Vorbehalt einer spezifischen familialen Lebensform gelöst. Die sozialstaatlich durchgesetzte Erziehungskindheit des 20. Jahrhunderts entpuppt sich als fordistische Kindheit, die mit dem Dienstleistungshaushalt, seiner starken Ernährernorm und der Hausfrauenehe (vgl. Ostner, 1999) ihre Gestalt als durchschnittliches Bildungsmoratorium gewann und mit seinem Verschwinden verlieren wird.

Literatur

Alanen, L. (2000): Visions of a Social Theory of Childhood. In: Childhood (7) 4.
Alanen, L. (1992): Modern Childhood? Exploring the ‚Child Question' in Sociology. University of Jyväskylä. Institute for Educational Research. Research Reports, Vol. 50. Jyväskylä.
Amt für amtliche Veröffentlichungen der Europäischen Gemeinschaft (Hrsg.) (1995): Frauen und Männer in der Europäischen Union. Ein statistisches Portrait. Brüssel, Luxemburg.
Brannen, J./O'Brien, M. (1996): Introduction. In: Dies. (Hrsg.): Children in Families. Research and Policy. London.
Bourdieu, P. (1983): Ökonomisches Kapital, kulturelles Kapital, soziales Kapital. In: Kreckel, R.: Soziale Ungleichheiten. Soziale Welt, Sonderband 2, 183-198.
Bundesministerium für Familie, Senioren, Frauen und Jugend (Hrsg.) (1998): Zehnter Kinder- und Jugendbericht. Bericht über die Lebenssituation von Kindern und die Leistungen der Kinderhilfe in Deutschland. Bonn.
Colberg-Schrader, H./Honig, M.-S. (1996): Nach dem Rechtsanspruch. Pädagogik und Politik der Kinderbetreuung. DJI-BULLETIN Nr. 39. München.
Donzelot, J. (1980): Die Ordnung der Familie. Frankfurt a. M.
Erikson, R./Hansen, E. J./Ringen, S./Uusitalo, H. (Hrsg.) (1987): The Scandinavian Model. Welfare States and Welfare Research. Armonk, New York, London.
Esping-Andersen, G. (1996a): After the Golden Age? Welfare State Dilemmas in a Global Economy. In: Derslb. (Hrsg.): Welfare States in Transition. National Adaptions in Global Economies. London.

Esping-Andersen, G. (1996b): Welfare States without Work: The Impasse of Labour Shedding and Familialism in Continental European Social Policy. In: Derslb. (Hrsg.): Welfare States in Transition. National Adaptions in Global Economies. London.

Finch, J. (1989): Family Obligations and Social Change. Cambridge.

Frönes, I. (1994): Dimensions of Childhood. In: Qvortrup, J. u.a. (Hrsg..), Childhood Matters. Avebury.

Garfinkel, I./Hochschild, J. L./McLanahan, S. (1996a): Introduction. In: Dieslb. (Hrsg.): Social Policies for Children. The Brookings Institution. Washington D.C.

Garfinkel, I./Hochschild, J. L./McLanahan, S. (Hrsg.) (1996b): Social Policies for Children. The Brookings Institution.Washington D.C.

Hauser, R. (1995): Das empirische Bild der Armut in der Bundesrepublik Deutschland – ein Überblick. In: Aus Politik und Zeitgeschichte. B 31-32.

James, A./Jenks, Ch., Prout, A. (1998): Theorizing Childhood. Cambridge.

Joos, M. (1997): Armutsentwicklung und familiale Armutsrisiken von Kindern in den neuen und alten Bundesländern. In: Otto, U. (Hrsg.): Aufwachsen in Armut. Erfahrungswelten und soziale Lagen von Kindern armer Familien. Opladen.

Holst, E. (1996): Erwerbstätigkeit von Frauen in Ost- und Westdeutschland weiterhin von steigender Bedeutung. In: DIW-Wochenbericht 63 (28).

Honig, M.-S. (1996): Wem gehört das Kind? Kindheit als generationale Ordnung. In: Liebau, E./Wulf, C. (Hrsg.): Generation. Versuche über eine pädagogisch-anthropologische Grundbedingung. Weinheim.

Honig, M.-S. (1999): Entwurf einer Theorie der Kindheit. Frankfurt a. M.

Kennedy, S./Whiteford, P./Bradshaw, J. (1996): The Economic Circumstances of Children in Ten Countries. In: Brannen, J./O'Brien, M. (Hrsg.): Children in Families. Research and Policy. London.

Land, H. (1996): The Crumbling Bridges between Childhood and Adulthood. In: Brannen, J./O'Brien, M. (Hrsg.): Children in Families. Research and Policy. London.

Lange, A. (1995): Kindheitsrhetorik und die Befunde der empirischen Forschung. Universität Konstanz, Forschungsschwerpunkt „Gesellschaft und Familie", Arbeitspapier 19.

Le Grand, J. (1999): Conceptions of Social Justice. In: Walker, R. (Hrsg.): Ending Child Poverty. Popular Welfare for the 21st Century? Bristol.

Lenzen, D. (1994): Das Kind. In: Derslb. (Hrsg.): Erziehungswissenschaft. Reinbek.

Lüscher, K./Schultheis, F. (Hrsg.) (1993): Generationenbeziehungen in „postmodernen" Gesellschaften. Konstanz.

McLanahan, S./Sandefur, G. (1994): Growing up with a single Parent. What hurts, what helps. Cambridge.

Meixner, F. (1996): Gemeinsames Sorgerecht der Eltern für ein nichteheliches Kind? In: Familie und Recht 7 (1).

Morgan, P. (1995): Farewell to the Family? Public Policy and Family Breakdown in Britain and the USA. The IEA Health and Welfare Unit. London.

Müller-Heine, K. (1999): Ziele und Begründungen von Familienpolitik. In: Arbeit und Sozialpolitik 53, 9-10.

Nauck, B. (1995): Kinder als Gegenstand der Sozialberichterstattung. Konzepte, Methoden und Befunde im Überblick. In: Nauck, B./Bertram, H. (Hrsg.): Kinder in Deutschland. Lebensverhältnisse von Kindern im Regionalvergleich. Opladen.

Nauck, B. (1996): Beitrag zur Reform des Kindschaftsrechts aus sozialwissenschaftlicher Sicht. In: Evangelische Akademie Bad Boll, Protokolldienst 21/96.

Olk, Th. (1999): Weder Rundum-Versorgung noch „pure" Eigenverantwortung – Aktivierende Strategien in der Politik für Familien, alte Menschen, Frauen, Kinder und Jugendliche. Ms., Halle a. d. S.

Oppenheimer, V.K. (1994): Women's Rising Employment and the Future of the Family in Industrial Societies. In: Population and Development Review 20 (2).

Ostner, I. (1997a): Alleinerziehen vor und nach der deutschen Einigung. Ein Testfall für die Logik deutscher Sozial- und Familienpolitik. In: Sozialwissenschaftliche Literaturrundschau, Heft 34.

Ostner, I. (1997b): Zuckerbrot und Peitsche. Sozialstaat und Familienpolitik im Ländervergleich. In: DISKURS 7 (1).

Ostner, I. (1998): Soziale Ungleichheit, Ressentiment und Frauenbewegung. Eine unendliche Geschichte? In: Friedrichs, J./Lepsius, M. R./Mayer, K. U. (Hrsg.), Die Diagnosefähigkeit der Soziologie. Kölner Zeitschrift für Soziologie und Sozialpsychologie, Sonderheft.

Ostner, I. (1999): Das Ende der Familie wie wir sie kannten. In: Blätter für deutsche und internationale Politik 44 (1).

Proksch, R. (1996): Die Rechte junger Menschen in ihren unterschiedlichen Lebensaltersstufen. In: RdJB 44 (4).

Qvortrup, J. (1985): Placing Children in the Division of Labour. In: Close, P./Collins, R.(Hrsg.), Family and Economy in Modern Society. Houndmills.

Qvortrup, J. (1995): From Useful to Useful: The Historical Continuity of Children's Constructive Participation. In: Mandell, N.(Hrsg.), Sociological Studies of Children, Vol. 7. Greenwich.

Ringen, S. (1997): Citizens, Families and Reform. Oxford.

Seeleib-Kaiser, M. (1995): Sozialpolitik in den USA zwischen ‚Reform' und ‚Demontage'. In: WSI-Mitteilungen 48 (6).

Tölke, A. (1995): Geschlechtsspezifische Aspekte der Berufs- und Familienentwicklung. In: Nauck, B./Onnen-Isemann, C. (Hrsg.): Familie im Brennpunkt von Wissenschaft und Forschung. Neuwied.

UNICEF Innocenti Research Centre (2000): Child Poverty in Rich Nations. Innocenti Report Card 1. Florenz (www.unicef-icdc.org).

Weick, S. (1996): Zunehmende Kinderarmut in Deutschland? Studie zur Kinderarmut im Vergleich: 1984 und 1994. In: Informationsdienst Soziale Indikatoren (ISI) 15.

Wichmann, K. (1996): Zum Stand der Reform des Kindschaftsrechts. In: Nachrichtendienst des Deutschen Vereins für öffentliche und private Fürsorge 76 (2).

Walker, R. (Hrsg.) (1999): Ending Child Poverty. Popular Welfare Reform for the 21st Century? Bristol.

Waksler, F. C. (1991): Studying the Social Worlds of Children. Bristol.

Zeiher, H. (1996): Kinder in der Gesellschaft und Kindheit in der Soziologie. In: Zeitschrift für Sozialisationsforschung und Erziehungssoziologie 16 (1).

Kinder- und Jugendhilfepolitik als Politik gegen Kinder- und Jugendarmut: Möglichkeiten und Grenzen

Roland Merten

1 Einleitung

1900 hat Ellen Key mit ihrem gleichnamigen Buch programmatisch „Das Jahrhundert des Kindes" ausgerufen (vgl. Key, 1902). Die weiteren Entwicklungen können durchaus – trotz aller Friktionen – als Bestätigung dieser Programmatik angesehen werden, denn die soziale und rechtliche Situation von Kindern hat sich wie kaum je zuvor verbessert; dies lässt sich im Rückblick auf dieses Jahrhundert unbestreitbar feststellen.

Ähnlich sieht es im Bereich der Jugendphase aus. „Jugend" hat sich als eigenständiger Lebensabschnitt, als Postadoleszenz, herausgebildet. Sie ist eine Lebensphase, die nicht mehr allein auf die je nachwachsende Generation des Bürgertums beschränkt ist, sondern die heute im Wesentlichen *alle* Heranwachsenden der westlichen Industrienationen gleichermaßen durchlaufen. Die Jugendphase ist heute eine Zeit der Bildung und Ausbildung, in der eigene Lebensentwürfe probeweise realisiert werden können, ohne dem unmittelbaren Zwang zur Erwerbsarbeit ausgesetzt zu sein (vgl. Fend).

Soweit die Sonnenseiten des „Jahrhunderts des Kindes". Dass das 20. Jahrhundert aber auch Schattenseiten bereitgehalten hat, lässt bereits ein flüchtiger Blick auf zwei Weltkriege und die verheerenden Folgen der weltwirtschaftlichen Verwerfungen erkennen. Auch die ökologische Problematik – gegenwartsdiagnostisch im Begriff der „Risikogesellschaft" (Beck) festgehalten – macht deutlich, dass der gesamtgesellschaftliche Fortschritt nicht ohne Tribut an die Lebensqualität zu haben ist. Dieses Bewusstsein ist gerade bei den nachwachsenden Generationen besonders stark ausgeprägt (vgl. Deutsche Shell, 2000, S. 270 ff.).

Unterhalb der Betrachtung globaler Problemlagen wird jedoch deutlich, dass trotz aller Wohlfahrtssteigerungen die eher „klassischen" Formen sozialer Ungleichheit, Armut und Unterversorgung, keinesfalls aus den westlichen Industrienationen verschwunden sind. Allerdings sind es heute nicht mehr primär generationsspezifische Faktoren (z.B. Kriegsgeneration) oder soziale Klassenlagen (z.B. Arbeiter), die umstandslos zu Verarmung führen. Inzwischen ist das Bild der Armut heterogener, und dennoch zeichnen sich auch hier *neue* Gemeinsamkeiten ab. Es sind bestimmte *Lebensformen* und die *Zugangsmöglichkeiten zum Arbeitsmarkt*, die heute über Armut entscheiden.

Arbeitslosigkeit muss derzeit als der entscheidende Weg betrachtet werden, der in die Armut führt (vgl. BMFS, 1994, S. 128 f.; Leibfried u.a., 1995, S. 86 ff.; Andreß, 1999, S. 207). Allerdings dürfen die Zahlen der offiziellen Arbeitslosenstatistik nicht darüber hinwegtäuschen, dass der Kreis derjenigen Personen, die von den mittelbaren Folgen der Arbeitslosigkeit betroffen sind, ungleich größer ist. Wie viele Menschen es aber genau sind, darüber gibt es keine verlässlichen Daten. Auch darüber, wie viele Kinder und Jugendliche unter diesen Folgen zu leiden haben, lässt sich nur spekulieren.

Auf der anderen Seite ist zu erkennen, dass es bestimmte Lebensformen sind, die heute vermehrt Armut nach sich ziehen (vgl. Andreß, 1999, S. 132 ff.). Hierzu sind in erster Linie all jene Formen zu rechnen, die nicht der traditionellen Ehe entsprechen (vgl. Niemeyer, 1993). Soziale Ungleichheiten ergeben sich aber auch und insbesondere durch die Entscheidung für Kinder (vgl. u.a. Teichert, 1991; Merten, 1993/94; BMFS, 1994, S. 130; Kaufmann, 1997, S. 80).

Im Folgenden soll nunmehr gezeigt werden, dass trotz des „Jahrhunderts des Kindes" bis heute *keine* Kinder- und Jugendhilfepolitik entfaltet und realisiert worden ist, die tatsächlich beanspruchen kann, eine *Politik für Kinder und Jugendliche* zu sein.

2 Sozialpolitik für Kinder und Jugendliche

Die Überlegungen, die sich im Zusammenhang mit einer Sozialpolitik *für* Kinder und Jugendliche stellen, bedürfen eines doppelten Bezugs:

(1) Sozialpolitik *für* Kinder und Jugendliche ist „Sozialisationspolitik" (Lüscher, 1977, S. 591). Diese ebenso schlichte wie weitreichende Behauptung muss zunächst auf den modernen gesellschaftstheoretischen Kontext bezogen werden, damit die mit ihr verbundenen Reflexionsmöglichkeiten entfaltet werden können. Erst dann kann deutlich werden, dass Sozialpolitik für Kinder und Jugendliche nicht an einer *quantitativen Unzulänglichkeit* krankt, d.h. dass in bestimmten Bereichen nicht genug getan wird, sondern vielmehr durch ein *strukturelles Defizit* gekennzeichnet ist.

Moderne Gesellschaften sind durch funktionale Differenzierung gekennzeichnet. Das heißt, vormals zusammengebundene Aufgaben werden nunmehr nur noch – und zwar ausschließlich – von bestimmten gesellschaftlichen Teilsystemen wahrgenommen, die auf diese Aufgaben konzentriert sind. Exemplarisch zu denken ist hier an das Wirtschaftssystem, an das Rechtssystem oder aber auch an das Erziehungssystem, in dem Bildung und Qualifikation „hergestellt" werden.[1] Die vielfältigsten Handlungszusammenhänge innerhalb dieser gesellschaftlichen Teilsysteme werden über zweckhaft eingerichtete Organisationen stabilisiert. „Unter Organisationen verstehen wir soziale Einheiten, deren Mitgliedschaft durch ein rechtlich geregeltes Verfahren erworben werden und verlorengehen kann, die sich auf die Verfolgung spezialisierter Ziele und die Erbringung bestimmter Leistungen beschränken, hierarchisch und arbeitsteilig organisiert sind und Personen im Regelfall nur in zeitlich, sachlich und sozial beschränkter Hinsicht, nämlich in ihren

---

[1] Allerdings darf hier nicht übersehen werden, dass neben Bildung und Qualifikation – gleichsam als Schattenseite – auch Selektion mitbetrieben wird.

Eigenschaften und Pflichten als Mitglieder dieser Organisation, in Anspruch nehmen" (Kaufmann, 1980, S. 766). Mitglieds- und Publikumsrollen werden also strikt getrennt; das Individuum wird nur nach den funktionsrelevanten Anteilen seiner Lebensführung in die Organisation „aufgenommen" (vgl. Luhmann, 1981, S. 27).

Diese sehr allgemeinen sozialwissenschaftlichen Bestimmungen finden ihre inhaltliche Bedeutung, indem sie systematisch auf Kinder bezogen werden. Die allermeisten gesellschaftlichen Organisationen sind gerade nicht kindgerecht; sie folgen anderen Prinzipien als denen einer mühelosen Integration von Kindern und orientieren ihre Funktionslogik primär an Verhaltensdispositionen Erwachsener. Zudem sind Kinder und Jugendliche bereits rechtlich von der Möglichkeit der Mitgliedschaft ausgeschlossen; Organisationen setzen in aller Regel die volle Geschäftsfähigkeit (im Sinne des BGB) voraus, Kinder und Jugendliche sind hingegen geschäftsunfähig (bis zum vollendeten siebten Lebensjahr) bzw. nur beschränkt geschäftsfähig (bis zum vollendeten 18. Lebensjahr). Obgleich diese Einschränkungen – vor dem Hintergrund der sich erst entfaltenden kognitiven Möglichkeiten von Kindern und Jugendlichen – durchaus als Schutzmaßnahmen festgeschrieben wurden, zeitigen sie dennoch unter gesellschaftlichen Integrationsgesichtspunkten desintegrative Konsequenzen. „Kinder sind also strukturell von allen entscheidenden Lebensbereichen der Moderne ausgeschlossen, mit Ausnahme derjenigen Einrichtungen, die speziell für sie geschaffen werden [...]. Häufig ist sogar fraglich, ob man sie als Mitglieder oder nur als Klienten einer Einrichtung bezeichnen soll" (Kaufmann, 1980, S. 767). Unter Bezugnahme auf die für die moderne Gesellschaft typische Form der funktionalen Differenzierung und organisationelle Stabilisierung von Handlungszusammenhängen sind Kinder in rechtlicher, sozialer und psychologischer Hinsicht Außenseiter; es besteht insofern also nicht lediglich eine Benachteiligung, sondern eine *strukturelle Exklusion*.

(2) Staatliche Sozialpolitik für Kinder und Jugendliche kann nicht umhin, einen Bezug zu Familie und Familienpolitik herzustellen. Familie ist unverändert für die meisten Kinder der Ort ihrer primären Sozialisation (vgl. BMJFFG, 1990, S. 79). Diesem Faktum korrespondiert das normative Primat des Erziehungsrechts der Eltern, wie es im Artikel 6 Abs. 2 des Grundgesetzes festgelegt ist (vgl. Niemeyer, 1993, S. 30; Fieseler & Herborth, 1996, S. 25 f.). Die Begründung für dieses Primat ist heute jedoch von naturrechtlichen Überlegungen abgelöst, von denen noch die Formulierung des Grundgesetzes getragen ist[2], und als positive Rechtssetzung ausformuliert (vgl. Böckenförde, 1980, S. 69 ff.; Ossenbühl, 1981, S. 20 f. sowie 23 ff.), die insofern auch politischen Gestaltungsspielraum eröffnet, z.B. in Form eines Erziehungsrechtes für die Schule (Art. 7 GG) (vgl. Ossenbühl, 1981, S. 21 f.).[3]

---

[2] „Pflege und Erziehung der Kinder sind das natürliche Recht der Eltern und die zuvörderst ihnen obliegende Pflicht" (Art. 6 (2), Satz 1 GG).

[3] Das grundgesetzliche Erziehungsprimat der Eltern „umfaßt neben der Sorge und Pflege auch, im Begriff der Erziehung ausgedrückt, eine formende seelisch-geistige Einwirkung auf die Kinder, die deren Persönlichkeit mitprägt. Diese Einwirkung geht einseitig von den Eltern aus, erstreckt sich auf die Kinder unmittelbar und ist nicht an deren Zustimmung gebunden. Schutzgegenstand

„Familie" ist zugleich der Ort, der in spezifischer Weise als Gegenprinzip zur Organisationswelt der Öffentlichkeit verstanden werden muss. Sie allein gewährleistet als kleinräumige Sozialeinheit in der modernen Gesellschaft eine „Vollinklusion" (vgl. Luhmann, 1990, S. 210); Lebenszusammenhänge werden hier nicht nach funktionalen Gesichtspunkten parzelliert. Es sind – wie die ökologische Sozialisationsforschung hat zeigen können (vgl. Bronfenbrenner, 1976, 1983) – genau solche kleinräumigen, zusammenhängenden und stabilen Strukturen, die kindlichem Erleben entgegenkommen, d.h., „dass die Lebensqualität von Kindern in starkem Maße von kleinräumigen situativen Faktoren abhängt und die Bewertungen der Kinder sich auf diesen Nahraum beziehen" (Nauck, 1993, S. 223). „Familie" heißt in diesem Zusammenhang jedoch nicht, dies muss nochmals ausdrücklich hervorgehoben werden, die Fixierung auf eine bestimmte, (sozial-)rechtlich normierte Form, sondern hebt allein auf die eben erwähnten Strukturmerkmale ab (vgl. Niemeyer, 1993).

„Da die bisherige historische Erfahrung, auch solche mit Alternativen, gezeigt hat, dass in unserem Kulturbereich die Familie diejenige soziale Institution ist, die potentiell die beste Lebensumwelt für Kinder zu schaffen vermag, und da Eltern potentiell am besten die umfassende Verantwortung für die Entwicklung der Persönlichkeit des Kindes wahrzunehmen vermögen, besteht ein erstes Ziel einer Politik für Kinder darin, den Familien bzw. Eltern Voraussetzungen zu schaffen, damit sie auch aktuell diese Aufgabe optimal erfüllen können" (Kaufmann & Lüscher, 1979, S. 229). Damit ergibt sich inhaltlich ein sachlogischer Zusammenhang zwischen Familienpolitik einerseits und Sozialpolitik für Kinder und Jugendliche andererseits. Gleichwohl kann nicht geschlossen werden, dass beide Politikbereiche identisch sind bzw. ineinander aufgehen (vgl. Münder, 2000, S. 53). Denn wenngleich die Familie – wie dargestellt – insofern eine gesellschaftliche Sonderstellung einnimmt, als sie allein noch Vollinklusion gewährleistet, existiert sie dennoch nicht in einem gesellschaftsfreien Raum. Jenseits von politischen und rechtlichen Steuerungseinflüssen wirken unterschiedliche gesellschaftliche Faktoren in sie hinein: Schule, Arbeitswelt, um nur zwei zentrale Institutionen zu nennen. Dadurch gewinnen externe Institutionen – z.B. aufgrund unterschiedlicher Zeitregime – einen nachhaltigen Einfluss auf den innerfamiliären Raum; zeitliche, aber auch inhaltliche Koordinationen werden erforderlich. Kinder und Jugendliche leben heute mehr denn je in familienexternen Lebenswelten, so dass eine primäre oder gar ausschließliche Förderung über Familienpolitik eine sachlich falsche Fixierung politischer Aktivitäten bedeuten würde. Familienpolitik, die zugleich beansprucht, Sozialpolitik für Kinder und Jugendliche zu sein, bedarf folglich eines „kind- bzw. jugendzentrierten Fokus" (vgl. Nauck, 1993, S. 222).

---

des Elternrechts ist somit eine einseitige unmittelbare Bestimmungsmöglichkeit über andere Menschen, die Kinder, im Hinblick auf deren Persönlichkeitsentwicklung; dies ist, ob man es gerne hört oder nicht, ein Kriterium von Herrschaft [...]. Von diesem Schutzbereich her ist das Elternrecht als Grundrecht *einzigartig*. Es gibt kein anderes Grundrecht, zu dessen Schutzbereich einseitige, unmittelbare Bestimmungsmöglichkeiten und damit Herrschaft über andere Personen gehört" (Böckenförde 1980, S. 59 f.). Diese Form der positiv-rechtlichen Normierung des Elternrechts eröffnet parallel dazu auch die Legitimationsbasis des „staatlichen Wächteramtes" über dieses Recht (vgl. Münder 2000, S. 51).

Sozialpolitik für Kinder und Jugendliche muss aber auch gestaltend auf die familienexternen Lebenswelten einwirken, denn die Fixierung auf einen einzigen - wenngleich zentralen – Bereich muss unvollständig und insofern in ihrer Wirkung begrenzt erfolgreich bleiben. „Eine Politik für Kinder, die entweder für die Familie oder für öffentliche Einrichtungen optiert, wird der faktischen Problemlage nicht gerecht. Politik für das Kind unter Umgehung der Familie ist weder wünschbar noch erfolgreich. Daraus folgt jedoch keineswegs, dass allein die Maßstäbe der Eltern bzw. deren Verhaltensweisen den Maßstab staatlicher Politik für das Kind bilden sollen" (Kaufmann & Lüscher, 1979, S. 224). Trotz des über das Grundgesetz anerkannten Erziehungsprimats der Eltern bleibt also festzuhalten, dass (Sozial-)Politik für Kinder und Jugendliche weit über Familienpolitik hinausragt und entsprechend gestaltend tätig werden muss.

Sozialpolitik für Kinder und Jugendliche als „Sozialisationspolitik" ist folglich eine *Querschnittspolitik*.[4] Das heißt, auf die Ausformung von Sozialisationsbedingungen nehmen unterschiedliche politische Ressorts gestaltend Einfluss: Familienpolitik, Städtebaupolitik, Kulturpolitik, um nur einige Politikbereiche zu bezeichnen (vgl. auch Werner, 1991, S. 49). Soll Sozialpolitik für Kinder und Jugendliche im tagespolitischen Alltagsgeschäft jedoch zu einer wirksamen politischen Praxis herausgebildet werden, bedarf sie zugleich einer konzeptionell gestalteten Form und einer ressortierten Koordinierung. Insofern ist sie also zugleich Querschnitts- *und* Ressortpolitik (vgl. Münder u.a., 1991, S. 20). Die folgenden Überlegungen konzentrieren sich nunmehr auf den konstruktiven Teil dieser Politik, auf den Bereich der Kinder- und Jugendhilfe; die defensiven Formen des Kinder- und Jugendschutzes bleiben demgegenüber im Hintergrund.

3 Kinder- und Jugendhilfe

Zunächst kommt es auf eine inhaltliche Bestimmung dessen an, was im Zusammenhang mit einer (Sozial-)Politik für Kinder und Jugendliche unter Kinder- und Jugendhilfe verstanden werden soll. Damit ist zugleich die angesprochene Ressortpolitik zum Thema erhoben.

„Jugendhilfe als Interessenvertretung junger Menschen bezeichnet insbesondere auf der jugend- und gesellschaftspolitischen Ebene den Auftrag, durch politische Aktion und Intervention die Lebensbedingungen (Sozialisationsbedingungen) junger Menschen zu verbessern. Der Abbau sozialer Ungleichheit, die Sicherung der allgemeinen Förderung junger Menschen und der Ausgleich besonderer Benachteiligungen durch individuelle Angebote und Leistungen gehören zu einer offensiven Jugendhilfe, die dem Sozialstaatsangebot, der Chancengleichheit und der Emanzipation verpflichtet ist" (Münder u.a., 1991, S. 19). Mit dieser Begriffsbestimmung ist zugleich der Anschluss an das bereits oben entfaltete Verständnis

---

[4] „Der Titel Querschnittspolitik akzentuiert horizontale Verbindungen zu anderen jugendrelevanten Lebensbereichen und weniger die aus dem neuen Verständnis von Lebenslage resultierenden Überschneidungen zu den nicht primär jugendbezogenen Lebens- und Politikfeldern" (BMJFFG, 1990, S. 78).

einer Sozialpolitik für Kinder und Jugendliche als Sozialisationspolitik gewonnen. Auch in diesem Zusammenhang kann es nicht allein darum gehen, auf eventuell bestehende quantitative Unzulänglichkeiten im Bereich der Kinder- und Jugendhilfe zu verweisen, denn aufgrund der – gesellschaftlich induzierten – Dynamik dieses Feldes bleiben fortwährend Veränderungs-, Anpassungs- und Gestaltungsanforderungen bestehen. Jenseits dieser materialen Konzession muss jedoch untersucht werden, ob nicht auch in diesem Politikbereich, der sich dezidiert der Gestaltung der Sozialisationsbedingungen von Kindern und Jugendlichen zuwendet, das bereits konstatierte strukturelle Defizit vorzufinden ist. Zu diesem Zweck bedarf es eines eingehenden Blicks auf das das Feld der Kinder- und Jugendhilfe strukturierende Gesetz.

Dieses Recht, das Kinder- und Jugendhilfegesetz (KJHG), ist seit dem 03.10.1990 (Neue Bundesländer) bzw. seit dem 01.01.1991 (Alte Bundesländer) in Kraft. Es hat damit die rund drei Jahrzehnte andauernden Reformbemühungen zu einem vorläufigen Abschluss gebracht. Auch wenn mit dem KJHG nur eine bis dahin ohnehin schon gängige Praxis nunmehr einen gesicherten rechtlichen Rahmen erhalten hat (vgl. Münder, 1990; Werner, 1991), so darf doch die ins Grundsätzliche gehende Veränderung nicht übersehen werden, die mit ihm verbunden ist. Das Vorgängerrecht, das Jugendwohlfahrtsgesetz (JWG), entsprach im Wesentlichen – sowohl im Aufbau als auch in seiner Maßnahmenstruktur – dem bereits 1922 verabschiedeten Reichsjugendwohlfahrtsgesetz (RJWG). Das JWG orientierte sich an eingriffs- bzw. ordnungsrechtlichen Vorstellungen, so dass seine interne Einteilung nach „Maßnahmen" (Anbieterdominanz) und nicht nach „Leistungen" (Nachfrageorientierung) erfolgte (vgl. Hasenclever, 1978, S. 82-87; Münder u.a., 1991, S. 25). Das JWG blieb von, 1961[5] bis 1990/91 im Großen und Ganzen unverändert in Kraft, alle größeren jugendhilferechtlichen Reformbemühungen – zuletzt 1980 – scheiterten. Demgegenüber ist das KJHG gänzlich anders strukturiert. Es ist in seinem Grundzug ein Leistungsgesetz, in dem insbesondere das Wunsch- und Wahlrecht (§ 5 KJHG) der Anspruchsberechtigten dominiert (vgl. u.a. Werner, 1991, S. 50; Janssen, 1995, S. 1 f.). Mit diesem Gesetz ist im Wesentlichen der Abschied von obrigkeitsstaatlichen Interventionen in diesem Bereich vollzogen.

Und doch wäre mit dieser wichtigen Feststellung nur die Hälfte erfasst. Um die Schattenseiten des KJHG zu beleuchten, bedarf es eines kurzen Blicks auf seine Entstehungsgeschichte. Aufgrund der konkurrierenden Gesetzgebung fällt nach Art. 74 Nr. 7 GG dem Bund die Kompetenz der Rahmenregelung dieses Politikbereichs zu. Dieser ist er 1988 mit einem ersten Referentenentwurf nachgekommen, der in der Folge mehrfach geändert wurde. Am 28.03.1990 hat in letzter Lesung der Bundestag, am 11.05.1990 der Bundesrat dem KJHG zugestimmt. Parallel beschäftigte sich die Kommission zur Erstellung des Achten Jugendberichts der

---

[5] Frühe Versuche, dem JWG einen gegenüber seinem Vorgänger leistungsorientierten Charakter zu verleihen, waren bei den großen Reformbemühungen im Jahre 1961 ohne Erfolg geblieben: „Das JWG 1961 bringt die erhoffte grundlegende Umwandlung des RJWG in ein Leistungsgesetz und dessen Ausweitung auf Jugendberufshilfe nicht; mit ihm werden die Mängel und Schwächen des RJWG auf lange Zeit erneut festgeschrieben" (Hasenclever, 1978, S. 202).

Bundesregierung (vgl. BMJFFG, 1990), gemäß der rechtlichen Vorgabe des damals noch geltenden JWG, mit der Erarbeitung eines Überblicks über die Gesamtsituation der Jugendhilfe. Obgleich also in diesem Jugendbericht eine Gesamtbilanz über die Leistungen und Bestrebungen vorgenommen wurde, haben seine Ergebnisse aufgrund der bereits abgeschlossenen Beratungen keinen Eingang mehr in das neue KJHG gefunden (vgl. Wabnitz, 1992, S. 211). „Jugendberichterstattung und Gesetzgebungstätigkeit des Bundes sind Aktivitäten, die unabhängig voneinander und zeitlich nicht aufeinander abgestimmt verlaufen sind" (Wiesner, 1997, S. 57). Der vorausgehende Siebte Jugendbericht (vgl. BMJFFG, 1986) kann jedoch als hoch bedeutsam für die Ausgestaltung des KJHG angesehen werden, nicht zuletzt deshalb, weil die Kommissionsvorsitzende dieses Jugendberichts, Rita Süßmuth, zur Zeit der abschließenden Beratungen des KJHG als zuständige Fachministerin in das Bundeskabinett berufen worden ist.[6]

Für die bereits diskutierte Verhältnisbestimmung von Erziehungsprimat der Eltern und Jugendhilfe als Sozialpolitik für Kinder und Jugendliche ist insofern die entsprechende Relationierung im Siebten Jugendbericht besonders bedeutsam. Hierzu heißt es: „Ebensowenig wie Selbstverständnis und gesellschaftliche Leitvorstellungen von Familie einheitlich sind und historisch festgeschrieben werden können, darf Jugendhilfe, die sich auf die Familie bezieht, strukturell und inhaltlich unhistorisch verstanden werden. *Im Verhältnis der beiden Bereiche zueinander sollte Jugendhilfe als die abhängige Größe angesehen werden*" (BMJFFG, 1986, S. 3). Bei dieser Situierung des Verhältnisses der beiden Bereiche zueinander ist von vornherein eine konzeptionelle Schieflage vorprogrammiert, die sich weder aus einer erziehungswissenschaftlichen noch aus einer jugendsoziologischen Perspektive plausibilisieren lässt. Es ist insofern auch nicht weiter überraschend, dass sich der Achte Jugendbericht in einem eigens eingeführten Exkurs von genau diesem Verständnis distanziert. „Familie ist für Heranwachsende ein soziales Netz, aber nicht das einzige: Jugendhilfe muss ihre Lernbedürfnisse und Lebensschwierigkeiten auch da wahrnehmen, wo sie nicht auf die Familie verweisen oder an ihr orientiert sind, – also z.B. in Bezug auf die Gleichaltrigen-Gesellschaft, die Jugendkultur, z.B. in Bezug auf die Probleme der eigenen, von der Familie sich absetzenden Selbstständigkeit, z.B. in bezug auf Wohnen und Arbeiten" (BMJFFG, 1990, S. 79). Insgesamt herrscht Einigkeit darüber, dass vor dem Hintergrund sich pluralisierender Lebensverhältnisse Kinder und Jugendliche mehr denn je zuvor befähigt werden müssen, sich in unterschiedlichen Lebenszusammenhängen zurechtzufinden und eine Fixierung auf familiale (und schulische) Zusammenhänge gerade nicht mehr die Kompetenzen zu vermitteln gestattet, mit diesen neuen Anforderungen konstruktiv umzugehen (vgl. u.a. BMJFFG, 1990, S. 29 f.; Münder, 1990, S. 492; Fieseler & Herborth, 1996, S. 47 f.)

Jenseits der Frage, ob die vorgenommene Verhältnisbestimmung von Familie und Jugendhilfe durch den Siebten Jugendbericht einer eingehenden wissenschaft-

---

[6] Dass der hier vermutete sachliche Zusammenhang zwischen Siebtem Jugendbericht (BMJFFG 1986) und dem späteren Kinder- und Jugendhilfegesetz besteht, lässt sich auch durch den wiederholten Rekurs des dem Bundesrat vorgelegten Referentenentwurfs (BR-Drs. 503/89, insbes. S. 64 ff. und passim) problemlos rekonstruieren (vgl. auch Wabnitz, 1992, S. 211).

lichen Analyse standhält oder nicht, ist er dennoch – und allein auf diese Wirkung kommt es im hier interessierenden Zusammenhang an – mit seinem „eltern-/familienlastigen Vorverständnis" (Münder, 1990, S. 488) politisch wirkmächtig geworden; dieses Vorverständnis hat die Grundstruktur des KJHG geprägt (vgl. Kösters, 1999, S. 89).

Denn obgleich das KJHG ein Leistungsgesetz ist, sind genau diejenigen, die man als Begünstigte dieses Gesetzes vermuten könnte, nämlich Kinder und Jugendliche, bezüglich wesentlicher Leistungen nicht anspruchsberechtigt. Gerade für den Teil, der den Leistungscharakter des Gesetzes bestimmt, nämlich den Bereich der „Hilfen zur Erziehung" (§§ 27 ff. KJHG), ist die Anspruchsberechtigung den Personensorgeberechtigten vorbehalten: „Ein Personensorgeberechtigter hat bei der Erziehung eines Kindes oder eines Jugendlichen Anspruch auf Hilfe (Hilfe zur Erziehung), wenn eine dem Wohl des Kindes oder Jugendlichen entsprechende Erziehung nicht gewährleistet ist und die Hilfe für seine Entwicklung geeignet und notwendig ist" (§ 27 (1) KJHG). Lediglich für den Bereich der „weichen" Hilfen, der Beratung, ist Kindern und Jugendlichen – im familialen Konfliktfall – nach dem KJHG (§ 8 (3) KJHG) ein eigenständiger Anspruch eingeräumt, sowie für den Bereich der „unmittelbaren Gefahrenabwehr" (gegenüber der eigenen Familie) durch Inobhutnahme (vgl. § 42 (2) KJHG; sowie Münder u.a., 1991, S. 26). Damit ist das Kinder- und Jugendhilfegesetz, das sich als das rechtliches Nadelöhr einer zeitgemäßen (Sozial-)Politik für Kinder und Jugendliche betrachten lässt, durch eine Abkehr von dem kind- bzw. jugendzentrierten Fokus charakterisiert. „Das Kinder- und Jugendhilfegesetz ist somit primär ein erziehungsorientiertes Familienhilfegesetz" (Kiehl, 1990, S. 99).

Ferner weist Oberloskamp (1990, S. 263) darauf hin, dass die Rechtsposition der Eltern gegenüber den Kindern und Jugendlichen im KJHG noch über die im BGB im Zusammenhang mit der elterlichen Sorge formulierten Position hinausgeht. Denn für immanente Schranken des Elternrechts, die aus dem zunehmenden Alter der Kinder und der daraus resultierenden tendenziellen Abnahme der das Elternrecht rechtfertigenden Hilfs- und Erziehungsbedürftigkeit folgt, ist das KJHG, wie Kiehl (1990, S. 98) deutlich macht, nicht offen. Dabei wäre gerade im Sinne zunehmender Autonomie sowie Verselbstständigung der Kinder und Jugendlichen eine solche Haltung sowohl aus erziehungswissenschaftlicher als auch aus rechtlicher Perspektive selbstverständlich, ohne dass damit das verfassungsrechtliche Erziehungsprimat der Eltern tangiert wäre. Denn: „Wenn [...] sogar Teilmündigkeiten verfassungskonform sein können, dann müssen es – argumentum a maior ad minus – erst recht bloße Teilhaberechte sein. Mit anderen Worten: Auch im Jugendhilferecht muss es grundsätzlich möglich sein, außerhalb des staatlichen Wächteramtes die Rechtsmacht von Eltern zu beschränken, ohne dass dies ein Verstoß gegen Art. 6 II 1 GG wäre" (Oberloskamp, 1990, S. 265). Aber auch hier gilt, dass die Stärkung der rechtlichen Position von Kindern- und Jugendlichen durch das KJHG nicht erfolgt ist, auch hier bleibt der kind- bzw. jugendzentrierte Fokus unterbelichtet.

Wenn aber die grundsätzliche Entscheidung, die Familie ins Zentrum der kinder- und jugendhilferechtlichen Normierung zu stellen, weder aus einer juristischen

Notwendigkeit noch aus der Berücksichtigung der einschlägigen erziehungswissenschaftlichen und jugendsoziologischen Forschungsbestände resultiert, dann wird um so deutlicher, dass es sich hier ausschließlich um eine *politische Wertsetzung* handelt. Dies wird expressis verbis von dem zuständigen Ministerialdirektor des federführenden Fachministeriums – in Abgrenzung zum Konzept einer „lebensweltorientierten Jugendhilfe" des Achten Jugendberichts (vgl. BMJFFG, 1990) – zum Ausdruck gebracht: „Das Konzept der lebensweltorientierten Jugendhilfe ist ein pädagogisches Konzept. [...] Das KJHG will verbindliche Regelungen im Kontext von Sachproblemen treffen. Es rezipiert fachliche Erkenntnisse und Theorien (nur) insoweit, als sie zur Lösung von Rechtsfragen notwendig sind; es überlässt die Erörterung solcher Theorien im Übrigen dem fachlichen bzw. fachwissenschaftlichen Dialog" (Wabnitz, 1992, S. 211). Es besteht also an dieser Stelle zwischen der rechtlichen Normierung der Lebenstatbestände von Kindern und Jugendlichen einerseits und den fachwissenschaftlichen Erkenntnissen dieser Lebensumstände andererseits kein unmittelbarer Zusammenhang.

Auf diese Weise wird über die rechtliche Normierung des Bereichs der Kinder- und Jugendhilfe das Bild einer allzuständigen Familie vermittelt, die – bis auf wenige Krisensituationen – ohne äußere flankierende Maßnahmen sich selbst zu stabilisieren in der Lage sei. Eine solche Strategie führt jedoch nicht zu einer Entlastung (von staatlichen Eingriffen), sondern zu einer faktischen Überforderung von (insbesondere jungen) Familien (vgl. u.a. Münder, 1990, S. 492; Teichert, 1990, S. 214 ff.; Weidacher, 1995, S. 176).

An dieser Stelle muss auf einen wichtigen Aspekt aufmerksam gemacht werden, der sich auf die mit einer politischen Umsteuerung verbundenen Hoffnungen bezieht. Selbst wenn Kindern und Jugendlichen selbst der Rechtsanspruch auf Leistungen nach dem KJHG eingeräumt würde, wäre mit der rechtlichen Inklusion zwar ein wesentlicher Schritt in die richtige Richtung getan, ohne dass damit jedoch alle Schwierigkeiten schon beseitigt wären. Denn: „Es bleibt das funktionale Problem, wer für Minderjährige ihre Rechte wahrnimmt. [...] Hat hier die Jugendhilfe etwa den Auftrag, selbstständig, möglicherweise gegen den Willen der Eltern, Rechte von Kindern und Jugendlichen durchzusetzen? Oder bleibt es dabei, dass die Eltern als die gesetzlichen Vertreter ihrer minderjährigen Kinder unter zivilrechtlichen Gesichtspunkten diejenigen sind und bleiben, die entscheiden, ob und in welcher Weise die den Kindern eingeräumten Rechte von ihnen als ihren gesetzlichen Vertretern in Anspruch genommen, realisiert und umgesetzt werden?" (Münder, 2000, S. 56).

4   Kinder und Jugendliche in Armut

Seit einigen Jahren verstärkt sich in der Bundesrepublik die öffentliche Diskussion um Armut unter Kindern und Jugendlichen (vgl. u.a. Bieligk, 1996; Otto, 1997; Mansel & Brinkhoff, 1998; Mansel & Neubauer, 1998; Hock u.a., 2000; Butterwegge, 2000). Zum zentralen Anhaltspunkt werden in diesem Zusammenhang die seit 1984 ununterbrochen steigenden Zahlen von Kindern und Jugendlichen gemacht, die vom Bezug laufender Hilfe zum Lebensunterhalt außerhalb von Einrichtungen zur Bestreitung ihres Lebensunterhaltes abhängig sind.

So plausibel auf den ersten Blick dieses Vorgehen ist, so sehr ist es jedoch auch in die Kritik geraten. Diese Kritik resultiert aus dem Umstand, dass mit ihm in mindestens drei Dimensionen Verkürzungen des Phänomens „Armut" verbunden sind: Zunächst muss (1) hervorgehoben werden, dass Lebenslagen, auch Armut, ungleich komplexer sind, als dass sie über den finanziellen Aspekt allein adäquat zu erfassen wären. Insofern bedarf es eines komplexeren, mehrdimensionalen Armutsverständnisses (vgl. Döring u.a., 1990; Hauser & Hübinger, 1993; Hanesch u.a., 1994; Groenemeyer, 1999). Ferner ist (2) in diesem Zusammenhang zu berücksichtigen, dass mittels Sozialhilfestatistiken nur Querschnittsdaten zu erfassen sind. Sie sind bisher immer nur punktuell und können insofern die Dynamik der Wege in die, durch die und aus der Armut nicht angemessen konzeptualisieren (vgl. Leibfried u.a., 1995). Nicht zuletzt sind (3) die Daten insofern „geschönt", weil mit ihnen der Teil der Bevölkerung nicht erfasst wird, der zwar ein Anrecht auf laufende Hilfe zum Lebensunterhalt hat, diese jedoch – aus welchen Gründen auch immer – nicht in Anspruch nimmt (vgl. Walper, 1997; Neumann & Hertz, 1998).

4.1 Sozialhilfe als Armutsindikator

In den folgenden Überlegungen soll gleichwohl auf den Datenbestand der Sozialhilfestatistik zurückgegriffen werden; trotz der eben bezeichneten Mängel. Mit dieser Vorentscheidung wird zugleich ein absoluter Armuts-Begriff verabschiedet und der Blick auf die Problematik einer relativen Armuts-Bestimmung verschärft: „Armut ist [...] eine soziale Kategorie, deren konkrete Ausgestaltung in ganz besonderem Maße von sozialen Definitionsprozessen abhängig ist (Andreß, 1999, S. 71). In dieser *notwendigen* Normativität liegen die Ursachen für eine adäquate Bestimmung dessen, was Armut ist und wie sie sich in quantitativer Hinsicht bestimmt bzw. verändert hat. Sozialhilfebezug weist jedoch aufgrund seines subsidiären Charakters innerhalb des sozialen Sicherungssystems der Bundesrepublik darauf hin, dass alle anderen Möglichkeiten der Sicherung des eigenen Lebensunterhaltes ausgeschöpft sind; laufende Hilfe zum Lebensunterhalt wird dann und nur dann gewährt, wenn alle anderen finanziellen Ressourcen erschöpft sind. „Das Nachrangprinzip verdeutlicht den Ausnahmecharakter der Sozialhilfe, die ihren Leistungsgrund im anderweitig nicht gedeckten Bedarf hat" (Bäumerich, 1988, S. 97). Bei der „laufenden Hilfe zum Lebensunterhalt" handelt es sich also um eine im weiteren Sinne politische Definition von Armutsschwelle, unterhalb derer eine staatliche Hilfe einsetzen muss. Insofern ist es auch konsequent, dass die Gewährung laufender Hilfe zum Lebensunterhalt nicht von einem Antrag abhängt, sondern mit dem Bekanntwerden des jeweiligen Falles einzusetzen hat (§ 5 BSHG).

Dem exzeptionellen Leistungsgrund entspricht auch die Höhe der mit der laufenden Hilfe zum Lebensunterhalt verbundenen Leistungen. Wie im § 9 SGB I bzw. § 1 Abs. 2 BSHG formuliert ist, dienen die Leistungen der Sozialhilfe dazu, ein Leben entsprechend der Würde des Menschen führen zu können.[7] Auch dieser Maßstab ist ein relativer, der politisch interpretier- und gestaltbar ist und insofern nicht nur sachlichen Erwägungen folgt (vgl. Wenzel, 1996, S. 301 ff.). Durch die Möglichkeit der politischen Definition eines menschenwürdigen Lebens wird deutlich, dass es nicht um die Befriedigung der individuellen Bedürfnisse des von Sozialhilfebezug Abhängigen geht. Das heißt, „dass über die Sozialhilfe nur eine äußerst reduzierte Bedürfnisbefriedigung möglich ist. Die Befriedigung der individuellen Bedürfnisse ist also offensichtlich kein Kriterium, dem die Maxime des menschenwürdigen Lebens in großem Umfang verpflichtet ist" (Schulz, 1994, S. 18). Sozialhilfe sichert auf dem materiell untersten Niveau – aufgrund des Lohnabstandgebotes (§ 22 Abs. 4 BSHG) unterhalb der untersten Einkommen[8] – des sozialen Sicherungssystems die Existenz der hiervon abhängigen Personen. Diese These soll weiter unten anhand exemplarischer Konkretisierungen verdeutlicht werden.

Gleichwohl ist diese (politische) Form der Bestimmung von Armut selbst nicht unumstritten. So führte beispielsweise 1995 die ehemalige, CDU/CSU-FDP-geführte Bundesregierung in ihrer Antwort auf eine Große Anfrage Folgendes aus: „Auch die Zahl der Sozialhilfebezieher ist kein Armutsindikator. Die Sozialhilfe bekämpft Armut, sie schafft sie nicht. Wer die ihm zustehenden Leistungen der Sozialhilfe in Anspruch nimmt, ist nicht mehr arm" (BT-Drs. 13/3339, S. 2; vgl. auch BMFSFJ, 1998b, S. XV). Nun spricht angesichts des Sicherungsniveaus, das mittels laufender Hilfe zum Lebensunterhalt erreicht wird, nichts dafür, eine solche inhaltliche Bestimmung von Armut als angemessen zu akzeptieren. Aber selbst wenn sie unstrittig vorausgesetzt wird, dann entbindet dies nicht vom Blick auf die Veränderung der Zahlen, die sich bezüglich der Sozialhilfebedürftigkeit ergeben. Denn sie weisen deutlich die Zunahme derjenigen Population aus, die auch nach dieser (impliziten) Definition arm, weil sozialhilfebedürftig, geworden ist.

Der Lebensunterhalt von Asylbewerbern, abgelehnten und zur Ausreise verpflichteten Asylbewerbern sowie geduldeten Ausländern wurde bis November 1993 nach dem BSHG sichergestellt. Zu diesem Zeitpunkt trat das – im Verhältnis zum BSHG leistungsreduzierte – Asylbewerberleistungsgesetz (AsylbLG) in Kraft (vgl. Statistisches Bundesamt, 1999b, S. 5), so dass dieser Personenkreis nun nicht

---

[7] „Wer nicht in der Lage ist, aus eigenen Kräften seinen Lebensunterhalt zu bestreiten oder in besonderen Lebenslagen sich selbst zu helfen, und auch von anderer Seite keine ausreichende Hilfe erhält, hat ein Recht auf persönliche und wirtschaftliche Hilfe, die seinem besonderen Bedarf entspricht, ihn zur Selbsthilfe befähigt, die Teilnahme am Leben in der Gemeinschaft ermöglicht und die Führung eines menschenwürdigen Lebens sichert" (§ 9 SGB I).

[8] Nach den bisher vorliegenden Untersuchungen wird das Abstandsgebot auch tatsächlich eingehalten (vgl. zusammenfassend Volkert, 1999, S. 178 f.). Sofern es in ganz ausgewählten Einzelfällen – wenn mehrere ältere Kinder zu versorgen sind, die Mieten hoch liegen und nur eine Teilzeitarbeit möglich ist – zu Überschneidungen kommt, liegt dies an der unzureichenden Berücksichtigung individueller Bedarfe in den Löhnen. „Soweit also in der Realität Überschneidungen zwischen Löhnen und Sozialhilfe vorkommen, liegen die Ursachen nicht in einem überhöhten Sozialhilfeniveau – verantwortlich ist vielmehr in erster Linie der unzureichende Kinderlastenausgleich. Da das Kindergeld nicht den notwendigen Lebensbedarf eines Kindes abdeckt, das vorgelagerte Sozialsystem also nicht armutsfest ist, muss bei unteren Einkommensgruppen die Sozialhilfe ersatzweise die Funktion des Kinderlastenausgleichs übernehmen" (Bäcker, 1999, S. 250).

mehr – wie bis dato – in der Sozialhilfestatistik auftauchte. Hier wurde also durch die rechtliche Umsteuerung und die mit ihr einhergehende veränderte sozialstatistische Erfassung administrativ die Zahl der SozialhilfeempfängerInnen reduziert. Vor diesem Hintergrund erklärt sich auch der (numerische) Rückgang der Sozialhilfebedürftigen ab 1994, obgleich der auf (sozial-)staatliche Unterstützungsleistungen zur Sicherung seines Lebensunterhaltes angewiesene Personenkreis faktisch nicht nur nicht geringer geworden ist, sondern sich ausgeweitet hat. Berücksichtigt man diese Veränderung jedoch bei der inhaltlichen Diskussion (vgl. Abb. 1), dann zeigt sich bis 1998 ein ungebrochener Zuwachs im Bereich der Sozialhilfe.

Abb. 1: EmpfängerInnen laufender Hilfe zum Lebensunterhalt außerhalb von Einrichtungen (31.12. des jeweiligen Jahres): 1963 – 1998

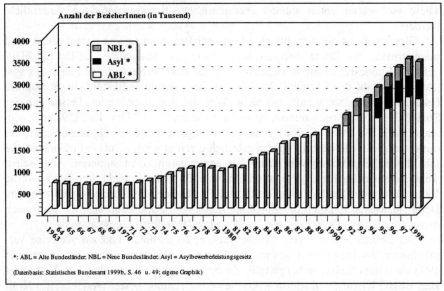

Ähnliches zeichnet sich ab, wenn die Sozialhilfebedürftigkeit entlang von Alterpopulationen ausgewiesen wird. Auch hier ist eine kontinuierliche Zunahme bis 1998 festzustellen.

So beziehen am 31.12.1997 aus der Altersgruppe der Kleinkinder (unter drei Jahren) 9,3%, der Kindergartenkinder (drei bis sechs Jahre) 7,9%, der schulpflichtigen Kinder (sieben bis 14 Jahre) 6,2% sowie der Jugendlichen (15 bis 17 Jahre) 4,9% laufende Hilfe zum Lebensunterhalt – bei einer durchschnittlichen Empfängerquote von 3,5% (vgl. Statistisches Bundesamt, 1999a, S. 21 f.). Während in den alten Bundesländern für 1998 erstmals ein leichter Rückgang feststellbar ist, ist der steigende Trend für die Neuen Bundesländer nach wie vor ungebrochen (vgl. Statistisches Bundesamt, 1999b, S. 48).

Abb. 2: Kinder- und Jugendpopulation der SozialhilfeempfängerInnen im Zeitreihenvergleich: 1984 – 1998

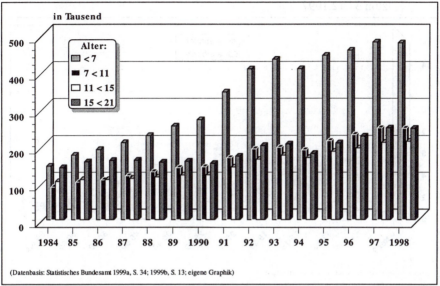

(Datenbasis: Statistisches Bundesamt 1999a, S. 34; 1999b, S. 13; eigene Graphik)

Vor dem Hintergrund der nach Alterspopulationen differenzierten Betrachtung der EmpfängerInnenzahlen laufender Hilfe zum Lebensunterhalt (vgl. Abb. 2) lässt sich begründet von einer „Infantilisierung der Armut" (Hauser, 1995, S. 9) sprechen (vgl. auch BMFSFJ, 1998a, S. 90). Die alterdifferenzierten absoluten Zuwächse müssen jedoch in Relation zur Entwicklung der jeweiligen Alterspopulation betrachtet werden, um das wahre Ausmaß der Kinderarmut zu erkennen. Für den Zeitraum von 1984 (100%) bis (zum Inkrafttreten des Asylbewerberleistungsgesetzes) 1993 lässt sich die reale Veränderung anhand der prozentualen Anteilsverschiebungen deutlich erkennen. Während bei der Gruppe der bis Siebenjährigen die Alterspopulation um 24% gewachsen ist, hat sich die Armutspopulation um 199% erhöht, also annähernd verdreifacht. Die Population der Sieben- bis Elfjährigen ist um 15% angewachsen, die entsprechende Armutsgruppe um 121%; bei den Elf- bis 15-Jährigen hat sich die Altersgruppe um 7% verringert, die Armenquote um 69% erhöht. Besonders bedeutsam ist die Betrachtung bei den 15-21jährigen, deren Population um 34% zurückgegangen ist, während die Armutsziffer um 59% angestiegen ist (vgl. Merten, 1999, S. 160).

Obgleich die bisher gelieferten Daten eine Infantilisierung der Armut ganz unzweideutig belegen, bedarf es hier jedoch einer Differenzierung, die sich inhaltlich abzeichnet, wenn die Bezieherquoten von Deutschen und Ausländern verglichen werden. Während für die deutsche Population aufgrund der linksschiefen Verteilung eindeutig eine Infantilisierung der Armut erkennbar ist, so gilt dies zwar auch – auf einem ungleich höheren Niveau – bezüglich der ausländischen Bevölkerung, für die jedoch zusätzlich das Problem der Altersarmut bestehen bleibt (vgl. auch Boos-Nünning, 2000, S. 152 ff.).

Abb. 3: Deutsche SozialhilfebezieherInnen in Prozent der jeweiligen Population zum 31.12.1997

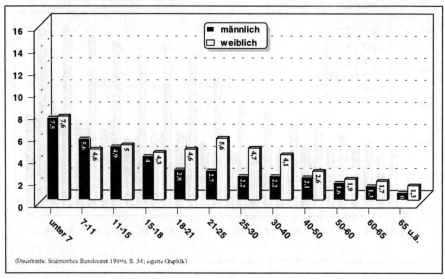

Abb. 4: Ausländische SozialhilfebzieherInnen in Prozent der jeweiligen Population zum 31.12.1997

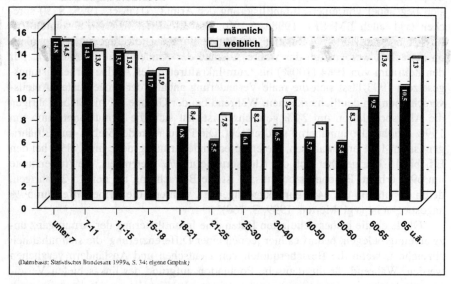

Wie die beiden Abbildungen zeigen, ist entgegen einer ersten Vermutung, das Bild der Armut, wie es sich in den Sozialhilfestatistiken präsentiert, durchaus heterogen. Betrachtet man nunmehr die deutsche Population an dieser Stelle genauer, dann fällt auf, dass sich Sozialhilfebezug zwischen der männlichen und der weiblichen Population bis zum 18. Lebensjahr annähernd gleich entwickelt. Danach verlaufend die Kurven allerdings in unterschiedliche Richtungen: die Zahl der männlichen Bezieher geht weiter zurück, während die der Sozialhilfebezieherinnen wieder ansteigt. Es ist auffällig, dass insbesondere die weibliche Bevölkerung des gebärfähigen Alters überdurchschnittlich stark sozialhilfebedürftig ist.

Hinter dieser Ziffer verbirgt sich eine „*selektive Armut*", denn es sind besondere persönliche Konstellationen, die ein erhöhtes Armutsrisiko nach sich ziehen. Es sind in einem geradezu dramatischen Ausmaß allein Erziehende und ihre Kinder, die von Armut betroffen und insofern sozialhilfebedürftig sind. Betrachtet man die unterschiedlichen Haushaltstypen, die laufende Hilfe zum Lebensunterhalt beziehen, in einem Vergleich, dann fällt die eklatante Belastung allein Erziehender und ihrer Kinder auf.

Abb. 5: Prozentualer Anteil der Haushalte mit laufender Hilfe zum Lebensunterhalt am jeweiligen Haushaltstyp zum 31.12.1997

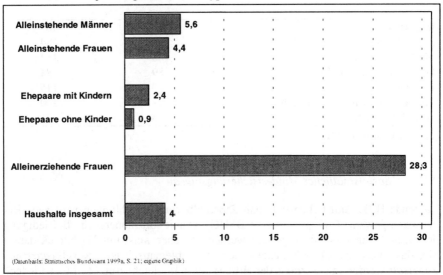

Wenn das Grundgesetz in seinem Artikel 6 (1) formuliert, dass Ehe und Familie unter dem besonderen Schutze der staatlichen Ordnung stehen, dann zeigt sich an dieser Stelle, dass bisher offensichtlich nicht all ihre Formen vom Gesetzgeber als gleichermaßen schutzwürdig betrachtet worden sind. Die Ehe scheint bisher das höhere Rechtsgut vor dem demographisch bedeutsameren Faktum des Kinderhabens zu sein. Hier deutet sich ein erheblicher politischer Handlungsbedarf an. Dieser erhöht sich noch zusätzlich, will der Gesetzgeber nicht sehenden Auges eine galoppierende Verarmung bestimmter Bevölkerungsteile zulassen. Denn die Zahl der Kinder allein Erziehender hat sich in den letzten Jahren deutlich erhöht, wobei sich mit Blick auf die neuen Bundesländer die Situation noch nachhaltiger darstellt.

Während sich in den alten Bundesländern der Anteil nichtehelicher Kinder im Zeitraum von 1977 bis 1997 von 6,5% auf 14,3% aller Lebendgeburten erhöht hat, ist er in den neuen Bundesländern im gleichen Zeitraum von 15,8% auf 44,1% hochgeschnellt!

Wenn dieser säkulare Trend in den neuen Bundesländern weiter anhält – und er hat sich seit der Wende von 1989/90 nachhaltig verstärkt und beschleunigt –, dann wird hier binnen weniger Jahre jedes zweite Kind nichtehelich geboren.

Bei der gebotenen Zurückhaltung mit Prognosen lässt sich dennoch in der Population der allein Erziehenden – insbesondere in den neuen Bundesländern – von einer zunehmenden Verschärfung der Situation ausgehen. Dies lässt sich auch durch die relative Einkommensposition dieser Bevölkerungsgruppe untermauern.

Tab. 1: Relative Einkommenspositionen unterschiedlicher Haushaltstypen (1998)

	Relative Einkommensposition	
	West	Ost
	%	
Insgesamt	100	100
Allein, ledig	98	84
Mit Lebenspartner	108	112
Lebenspartner und Kind	89	84
Ehepaare ohne Kinder	120	115
Ehepaare mit Kindern bis 17 Jahre	91	100
allein Erziehende	84	71

(vgl. Weick, 2000, S. 514)

4.2 Sozialstaatliches Mindestsicherungsniveau

Laufende Hilfe zum Lebensunterhalt außerhalb von Einrichtungen wird nach Regelsätzen gewährt (vgl. § 22 Abs. 1 BSHG). Damit soll monetär die Befriedigung der Grundbedürfnisse sichergestellt werden. Roscher weist mit Nachdruck darauf hin, dass diese Annahme durchaus nicht unproblematisch ist: „Regel*bedarf* und Regel*satz* werden in der Praxis der Hilfegewährung gleichgesetzt [...] Es ist jedoch zu beachten, dass der Regelsatz eine feste, *normative Größe* ist, während der Regelbedarf nach der Gesetzessystematik das ist, *was der Mensch zu einem menschenwürdigen Leben laufend benötigt.* Anders ausgedrückt: Die Gleichsetzung von Regelbedarf und Regelsatz kann verschleiern, dass der Regelsatz den Regelbedarf möglicherweise nicht deckt, sondern vielmehr tatsächlich darunter liegt" (Roscher, 1998, S. 351, Rz. 2). Angesichts des realen Versorgungsniveaus, das mit dem Regelsatz erreicht werden kann, können hier durchaus Zweifel auftreten.

Sozialhilfe für Kinder und Jugendliche bedeutet zunächst, dass der Regelsatz altersgestuft gegenüber einem Erwachsenen reduziert wird. Begründet wird dies mit der nicht unplausiblen Argumentation, dass sich Bedürfnisstrukturen von Kindern und Jugendlichen von denen Erwachsener unterscheiden.

Tab. 2: Regelsätze nach § 22 Bundessozialhilfegesetz (BSHG) (gültig ab 01.07.2000)

	Haushaltsvorstände und allein Stehende	sonstige Haushaltsangehörige nach Alter (in Jahren)				
		< 7	> 7; (allein erziehend)	8 – 14	15 – 18	> 19
Land	DM	DM	DM	DM	DM	DM
Baden-Württemberg	551	276	303	358	496	441
Bayern (Landesregelsatz)	533	267	293	346	480	426
Berlin	550	275	303	358	495	440
Brandenburg	527	264	290	343	474	422
Bremen	550	275	303	358	495	440
Hamburg	550	275	303	358	495	440
Hessen	551	276	303	358	496	441
Mecklenburg-Vorpommern	525	263	289	341	473	420
Niedersachsen	550	275	303	358	495	440
Nordrhein-Westfalen	550	275	303	358	495	440
Rheinland-Pfalz	550	275	303	358	495	440
Saarland	550	275	303	358	495	440
Sachsen	525	263	289	341	473	420
Sachsen-Anhalt	530	265	292	345	477	424
Schleswig-Holstein	550	275	303	358	495	440
Thüringen	525	263	289	341	473	420

Quelle: Mitteilung des Bundesministerium für Arbeit und Sozialordnung, Referat VI b4.

Problematisch ist die Höhe der Regelsätze für Kinder und Jugendliche allein schon deshalb, weil sie so außerordentlich gering bemessen sind, dass Zweifel daran aufkommen, ob wirklich all die kinder- und jugendtypischen Besonderheiten mit ihnen erfasst werden können. Dies ist auch Thema der Koalitionsvereinbarung, in der – anders als in der Vorgängerregierung – politischer Handlungsbedarf markiert wird. Denn die neue Regierung hat sich vorgenommen, „die Bedarfsgerechtigkeit der Regelsätze – insbesondere die der Kinder – zu überprüfen und weiter zu entwickeln" (Koalitionsvereinbarung, 1998, S. 26). Zudem wird angestrebt, die (finanzielle) Situation von Familien zu verbessern (vgl. ebd., S. 9 f.). Allerdings darf hier nicht übersehen werden, dass die neue Regierung den Deckelungsbeschluss der Regelsätze ihrer Vorgängerin bis zum 30. Juni 2001 verlängert hat. Gleichwohl handelt es sich hier nicht nur um einen Spareffekt, sondern um den Versuch, für die Neufestsetzung eine „verlässliche empirische Datenbasis" (Koalitionsvereinbarung, 1998, S. 26) zu schaffen. In der Logik einer solchen Neufundierung steht auch das Projekt, erstmals in der Geschichte der Bundesrepublik einen Armuts- und Reichtumsbericht (bis 2001) zu erstellen, der Auskunft über Ausmaß und Erscheinung von Armut in Deutschland gibt (vgl. BMAS, 1999).

5 Familienlastenausgleich

Die Verbesserung der finanziellen Situation lässt sich einerseits über indirekte Maßnahmen erreichen (Steuererleichterungen), oder aber durch direkte (sozialstaatliche) Transferleistungen. Beide Maßnahmenbündel zusammen bilden den *Familienlastenausgleich*[9]. Er beansprucht, die durch Kinder verursachten Kosten partiell auszugleichen (vgl. BVerfGE 82, 60 [81]; Walper, 1995, S. 91; Bergmann, 2000, S. 27 ff.)[10]. Obgleich die Vorgaben des Bundesverfassungsgerichts und die politischen Äußerungen in diesem Punkt eindeutig sind, kann jedoch gegenüber ihrer Realisierung Skepsis angemeldet werden. Denn: „Während die Entwicklung der Rentenpolitik in der Vergangenheit deutliche Erfolge bei der Beseitigung von Armutsrisiken im Alter erbracht hat, deutet das Anwachsen der Armut bei Kindern bzw. bei Familien und allein Erziehenden mit Kindern auf gravierende Defizite des Familienlastenausgleichs hin" (Groenemeyer, 1999, S. 297). An dieser Stelle kann es nicht darum gehen, Kinderarmut gegen Altersarmut auszuspielen, sondern nüchtern die Belastungen aus der Perspektive einer volkswirtschaftlichen Gesamtrechnung genau zu beziffern. Dass die Kosten, die durch Kinder entstehen, sich auf einen nicht unerheblichen Betrag summieren, ist heute unstrittig; welche genaue Höhe zu veranschlagen ist, bleibt jedoch ungleich schwerer auszutarieren und umstritten (vgl. exemplarisch BT-Drs. 12/6224, S. 9; Weidacher, 1995)[11]. Betrachtet man nunmehr diese Kosten in Bezug auf den „Generationenvertrag", dann werden Konstruktionsprobleme des sozialen Sicherungssystems deutlich: „Der Unterhalt der alten Generation ist zu fast 100% kollektiviert, derjenige der nachwachsenden Generation dagegen nur zu etwa 25%" (Kaufmann, 1997, S. 78). Dass sich gerade vor dem Hintergrund des Generationsvertrages ein Familienlastenausgleich gebietet, scheint eine Frage der Generationengerechtigkeit zu sein, aus der sich politischer Handlungsbedarf und politische Gestaltungsmöglichkeiten ableiten lassen. Entsprechend ist auch das Bundesverfassungsgericht in seiner Urteilsfindung verfahren: „Aus Art. 6 Abs. 1 GG in Verbindung mit dem Sozialstaatsprinzip lässt sich zwar die allgemeine Pflicht des Staates zu einem Familienlastenausgleich entnehmen, nicht aber die Entscheidung darüber, in welchem Umfang und in welcher Weise ein solcher Ausgleich vorzunehmen ist" (BVerfGE 82, 60 [81]). Hier zeigt sich also deutlich, dass dem Gesetzgeber ein nicht unerheblicher politischer Gestaltungsspielraum durch die Verfassung eröffnet wird.

Die unterste Grenze des Gestaltungsspielraums für den Familienlastenausgleich ist wiederum durch eine Entscheidung des Bundesverfassungsgerichts (vgl.

---

[9] Seit einigen Jahren hat sich der Begriff „Familienleistungsausgleich" im politischen Feld eingebürgert. Auf ihn soll jedoch hier verzichtet werden, weil eine hinreichende inhaltliche Präzisierung bisher nicht erreicht worden ist (vgl. Lampert, 1998, S. 339).

[10] „Wer Kindern Unterhalt zu leisten hat oder leistet, hat ein Recht auf Minderung der dadurch entstehenden wirtschaftlichen Belastungen" (§ 6 SGB I).

[11] „Bezogen auf das Preisniveau von 1990 wird der monetäre Aufwand einer Zwei-Kinder-Familie für die Erziehung ihrer Kinder (bis 18 Jahre) auf gut 300 000 DM geschätzt" (Kaufmann, 1997, S. 105). Ferner kann der Betreuungs- und Versorgungsaufwand in Kosten umgerechnet werden. „Bewertet man diesen Stundenaufwand gemäß dem durchschnittlichen Bruttoverdienst einer Arbeiterin, so beläuft er sich auf fast 500 000 DM" (ebd.).

BVerfGE 82, 60) festgelegt (vgl. auch Bareis, 1991, S. 1401). Hierzu führt das Gericht unter Verweis auf Art. 1 Abs. 1 GG (Achtung der Menschenwürde) in Verbindung mit Art. 20 Abs. 1 GG (Sozialstaatspostulat) aus: „Ebenso wie der Staat nach diesen Verfassungsnormen verpflichtet ist, dem mittellosen Bürger diese Mindestvoraussetzung erforderlichenfalls durch Sozialleistungen zu sichern (vgl. BVerfGE 40, 121 [133]), darf er dem Bürger das selbst erzielte Einkommen bis zu diesem Betrag – der im Folgenden als Existenzminimum bezeichnet wird – nicht entziehen. Aus den genannten Verfassungsnormen, zusätzlich aber auch aus Art. 6 Abs. 1 GG, folgt ferner, dass bei der Besteuerung einer Familie das Existenzminimum sämtlicher Familienmitglieder steuerfrei bleiben muss" (BVerfGE 82, 60 [85]). Es wird also ganz deutlich formuliert, dass es sich hierbei um eine Mindest- bzw. Untergrenze handelt, die aus verfassungsrechtlichen Gründen keinesfalls unterschritten werden darf. Aufgrund der neuesten verfassungsgerichtlichen Rechtsprechung ist für Kinder ein über das sächliche Existenzminimum hinausgehender Betreuungsbedarf und (ab 2002) ein Erziehungsbedarf zu berücksichtigen (vgl. BT-Drs. 14/1926, S. 5). An dieser Stelle gewinnt die Entscheidung, die Sozialhilfestatistik als Ausgangslage für die Armutsdiskussion zu nutzen, ihre rationale Grundlage. Denn der Gesetzgeber ist durch das Bundesverfassungsgericht fixiert: „Maßgröße für das einkommensteuerliche Existenzminimum ist [...] der im Sozialhilferecht anerkannte Mindestbedarf (BverfGE 87, 153 [169 bis 171])" (BT-Drs. 14/1926, S. 1).

Im Zusammenhang mit dem Familienlastenausgleich fällt der Ausgestaltung des Kindergeldes eine wichtige Indikatorenfunktion zu. Hier hat sich mit dem Regierungswechsel tatsächlich eine Kehrtwendung vollzogen. Denn so liegen die Kindergeldbeträge höher, als es in der Koalitionsvereinbarung (1998, S. 9 f.) vorgesehen war. Nach der seit dem 1. Januar 2000 gültigen Regelung erhalten Eltern heute 270 DM für die ersten beiden Kinder, 300 DM für das dritte Kind und 350 für jedes weitere Kind (vgl. Bundesamt für Finanzen, 2000, S. 7). Nun handelt es sich hierbei – abgesehen von der deutlichen Anhebung – noch nicht um eine grundsätzlich neue Politik. Diese zeichnet sich erst dann ab, wenn der Blick auf die Frage gelenkt wird, wie das Kindergeld bei denjenigen Familien behandelt wird, die in der Einkommenshierarchie ganz unten stehen, nämlich bei den Beziehern laufender Hilfe zum Lebensunterhalt außerhalb von Einrichtungen. Sozialhilfe ist nach der aktuell geltenden Rechtslage subsidiär gegenüber dem Kindergeld (§ 76 Abs. 1 BSHG). Das heißt, dass das Kindergeld bis zur Höhe des Bedarf eines Kindes als Einkommen voll eingesetzt werden müsste. Übersteigt das Kindergeld den Bedarf des Kindes, müsste es als Einkommen der Eltern auf die laufende Hilfe zum Lebensunterhalt gänzlich angerechnet werden (vgl. Giese, 1986, S. 159; Knopp u.a., 1992, S. 302 f.). Hier hat sich jedoch zum 1. Januar 2000 eine ordnungspolitische Kehrtwendung vollzogen.

Der Gesetzgeber hat vom Prinzip der Subsidiarität der Sozialhilfe an anderen Stellen vielfach Ausnahmen formuliert; verfassungsrechtlich ist dies bedenkenlos möglich (vgl. Bäumerich, 1988, S. 98). Exemplarisch seien hier die folgenden Sozialleistungen erwähnt, die bei laufender Hilfe zum Lebensunterhalt nicht in Anrechnung gebracht werden: Leistungen aus der Stiftung „Hilfe für das behinderte Kind", aus der Stiftung „Mutter und Kind – Schutz des ungeborenen Lebens", nach dem Bundeserziehungsgeldgesetz usw. Insofern besteht hier also ebenfalls ein politischer Gestaltungsspielraum, der für eine entsprechende Initiative seitens der Regierung verfügbar war und der in der Geschichte der Bundesrepublik erstmals auch genutzt worden ist. Denn die zweite Stufe der Kindergelderhöhung kommt seit dem 1. Januar 2000 anrechnungsfrei auch SozialhilfeempfängerInnen zugute. So heißt es in Ergänzung zu § 76 Abs. 2 BSHG jetzt, dass „bis zum 30. Juni 2002 für minderjährige, unverheiratete Kinder ein Betrag in Höhe von monatlich 20 Deutsche Mark bei einem Kind und von monatlich 40 Deutsche Mark bei zwei oder mehr Kindern in einem Haushalt" (Bundesgesetzblatt, 1999, Teil I, Nr. 58, S. 2559), vom Einkommen abzusetzen sind. Da Kindergeld im Sinne der Legaldefinition des BSHG selbst Einkommen ist, bedeutet dies, dass diese Beträge nicht angerechnet werden.

Insofern wird auch einem vorgängigen sozialrechtlichen Monitum Rechnung getragen, das Giese schon vor etlichen Jahren als ordnungspolitisch problematisch in die Diskussion eingeführt hat: Die vollständige Anrechnung des Kindergeldes als Einkommen, insbesondere wenn es im Verhältnis zum Erziehungsgeld betrachtet wird, ist bedenklich. Denn die „zwar nicht identische, aber doch weitgehend parallele Zweckrichtung von Erziehungsgeld und Kindergeld, nämlich die besonderen nicht ausschließlich finanziellen Belastungen, die mit dem ‚Haben' von Kindern verbunden sind, durch öffentliche Leistungen zu kompensieren, hebt die Voll-Freilassung einerseits, die Voll-Anrechnung andererseits in scharfer und nicht mehr überzeugend begründbarer Weise voneinander ab" (Giese, 1986, S. 161). Dieses Problem ist nunmehr – auch wenn über die Höhe strittig verhandelt werden kann – dem Grunde nach behoben.

6 Resümee

Im vorliegenden Beitrag wurde versucht zu zeigen, dass die Situation von Kindern und Jugendlichen in unserer Gesellschaft als strukturell benachteiligt angesehen werden muss. Besonders prekär nehmen sich dabei die Möglichkeiten von solchen Kindern und Jugendlichen aus, die unter erheblich benachteiligten und benachteiligenden Bedingungen aufwachsen müssen. Ihre Zahl nimmt, wie gezeigt werden konnte, beständig zu. Erst langsam beginnt sich öffentlich die Erkenntnis durchzusetzen, dass sich Armut heute in erste Linie und verschärft in den jüngsten Populationen unserer Gesellschaft eingenistet hat. Es kommt darauf an, diesem Prozess entgegenzusteuern. Hierzu kann die Kinder- und Jugendhilfe sicherlich einen konstruktiven Beitrag leisten, insbesondere im kommunalen Bereich. Aber auf die strukturellen Bedingungen, die für die Entstehung von Armut als primär verursachend in Anschlag gebracht werden müssen - zuallererst Arbeitslosigkeit - hat sie selbst keinen Einfluss. Wenngleich sie die Ursachen selbst nicht zu beseitigen in der Lage ist, so ist damit die Frage nach professionellen Angeboten zur Abwendung bzw. zur Beseitigung der einwirkenden Benachteiligungen noch nicht bantwortet. Hier gilt es, die beiden gesellschaftlichen Teilbereiche, Kinder- und Jugendhilfe einerseits sowie (Sozial-)Politik andererseits, systematisch zu unterscheiden und hinsichtlich ihrer jeweiligen Handlungsmöglichkeiten genau auszuloten. Erst wenn diese notwendige (systematische) Arbeit geleistet ist, dann wird man (Sozial-)Politik für Kinder und Jugendliche auf ihren Aufgabenbereich festlegen und entsprechende Interventionen unnachgiebig einfordern können.

Literatur

Bäcker, G. (1999): Niedriglöhne und soziale Sicherung – Armutsursache, Armutsvermeidung oder Armutsfalle? In: Sozialer Fortschritt, 48. Jg.
Bareis, P. (1991): „Kinderlast", Steuertarif und Besteuerung nach Leistungsfähigkeit – Folgerungen aus der Rechtssprechung des BVerfG. In: Deutsches Steuerrecht, 29. Jg., Nr. 42/91, und Nr. 43/91.
Bergmann, B. (2000): Wie können Staat und Gesellschaft die Entwicklung und Erziehung von Kindern und Jugendlichen fördern und sicher? In: Bundesministerium für Familien, Senioren, Frauen und Jugend (Hrsg.): mehr chancen für kinder und jugendliche. Stand und Perspektiven der Jugendhilfe in Deutschland. Veranstaltungsdokumentation. Band 1. Münster.
Bieback, K.-J./Milz, H. (Hrsg.) (1995): Neue Armut. Frankfurt a. M., New York.
Bieligk, A. (1996): „Die armen Kinder". Armut und Unterversorgung bei Kindern. Belastungen und ihre Bewältigung. Essen.
BMAS (Bundesministerium für Arbeit und Sozialordnung) (Hrsg.) (1999): Tagungsdokumentation Armut und Reichtum in Deutschland. Forum zur Berichterstattung der Bundesregierung am 7. Oktober 1999 in Berlin. Köln.
BMFS (Bundesministerium für Familie und Senioren) (Hrsg.) (1994): Fünfter Familienbericht: Familien und Familienpolitik im geeinten Deutschland – Zukunft des Humanvermögens. Deutscher Bundestag: Drucksache 12/7560. Bonn.
BMFSFJ (Bundesministerium für Familie, Senioren, Frauen und Jugend) (Hrsg.) (1998a): Zehnter Kinder- und Jugendbericht. Bericht über die Lebenssituation von Kindern und die Leistungen der Kinderhilfe in Deutschland. Deutscher Bundestag: Drucksache 13/11368. Bonn.
BMFSFJ (Bundesministerium für Familie, Senioren, Frauen und Jugend) (1998b): Stellung der Bundesregierung zum Zehnten Kinder- und Jugendbericht. In: BMFSFJ (Hrsg.): Zehnter Kinder- und Jugendbericht. Bonn.
BMJFFG (Bundesminister für Jugend, Familie, Frauen und Gesundheit) (Hrsg.) (1986): Siebter Jugendbericht: Jugendhilfe und Familie – die Entwicklung familienunterstützender Leistungen der Jugendhilfe und ihre Perspektiven. Deutscher Bundestag: Drucksache 10/6730. Bonn.
BMJFFG (Bundesminister für Jugend, Familie, Frauen und Gesundheit) (Hrsg.) (1990): Achter Jugendbericht: Bericht über Bestrebungen und Leistungen der Jugendhilfe. Deutscher Bundestag: Drucksache 11/6576. Bonn
Böckenförde, E.-W. (1980): Elternrecht – Recht des Kindes – Recht des Staates. Zur Theorie des verfassungsrechtlichen Elternrechts und seiner Auswirkung auf Erziehung und Schule. In: Krautscheidt, J./Marré, H. (Hrsg.): Essener Gespräche zum Thema Staat und Kirche 14. Münster.
Boos-Nünning, U. (2000): Armut von Kindern aus Zuwandererfamilien. In: Butterwegge, C. (Hrsg.): Kinderarmut in Deutschland. Frankfurt a. M.
Bronfenbrenner, U. (1976): Ökologische Sozialisationsforschung. Stuttgart.
Bronfenbrenner, U. (1983): Ökologische Perspektiven zur Kinder- und Familienpolitik. In: Neue Praxis, 13. Jg.
BR-Drs. 503/89 (Deutscher Bundesrat, Drucksache vom 29.09.1989): Gesetzentwurf der Bundesregierung: Entwurf eines Gesetzes zur Neuordnung des Kinder- und Jugendhilferechts (Kinder- und Jugendhilfegesetz – KJHG).
BT-Drs. 12/6224 (Deutscher Bundestag, Drucksache vom 24.11.93): Antwort der Bundesregierung auf die Große Anfrage [...] der Fraktion der SPD -Drucksache 12/4353- : „Wirtschaftliche Situation von Familien und deren soziale Auswirkungen". Bonn.
BT-Drs. 13/3339 (Deutscher Bundestag, Drucksache vom 28.11.95): Antwort der Bundesregierung auf die Große Anfrage [...] der Fraktion der SPD -Drucksache 13/1527- : „Armut in der Bundesrepublik Deutschland". Bonn.

BT-Drs. 14/1926 (Deutscher Bundestag, Drucksache vom 04.01.2000): Dritter Bericht über die Höhe des Existenzminimums von Kindern und Familien für das Jahr 2001. Bonn.

Bundesamt für Finanzen (2000): Merkblatt Kindergeld. o.O.

Butterwegge, C. (Hrsg.) (2000): Kinderarmut in Deutschland. Ursachen, Erscheinungsformen und Gegenmaßnahmen. Frankfurt a. M.

BVerfGE 82, 60 (Entscheidungen des Bundesverfassungsgerichts): Beschluß des Ersten Senats vom 29. Mai 1990 – 1 BvL 20, 26, 184 und 4/86. Tübingen.

Deutsche Shell (Hrsg.) (2000): Jugend 2000. 13. Shell Jugendstudie. Band 1. Opladen.

Engstler, H. (1999): Die Familie im Spiegel der amtlichen Statistik. Lebensformen, Familienstrukturen, wirtschaftliche Situation der Familien und familiendemographische Entwicklung in Deutschland. Hrsg. vom Bundesministerium für Familie, Senioren, Frauen und Jugend. Januar 1999. (5. Auflage) Bonn.

Fend, H. (1990): Sozialgeschichte des Aufwachsens. Bedingungen des Aufwachsens und Jugendgestalten im zwanzigsten Jahrhundert. (2. Aufl.) Frankfurt a. M.

Fieseler, G./Herborth, R. (1996): Recht der Familie und Jugendhilfe. Arbeitsplatz Jugendamt/Sozialer Dienst. (4. Aufl.) Neuwied, Kriftel, Berlin.

Groenemeyer, A. (1999): Armut. In: Albrecht, G./Groenemeyer, A./Stallberg, F. W. (Hrsg.): Handbuch soziale Probleme. Opladen.

Grundgesetz für die Bundesrepublik Deutschland. (Stand: Juli 1998). Bonn.

Hanesch, W. u.a. (1994): Armut in Deutschland. Der Armutsbericht des DGB und des Paritätischen Wohlfahrtsverbandes. (Herausgegeben vom Deutschen Gewerkschaftsbund und dem Paritätischen Wohlfahrtsverband – Gesamtverband – in Zusammenarbeit mit der Hans-Böckler-Stiftung). Reinbek.

Hasenclever, C. (1978): Jugendhilfe und Jugendgesetzgebung seit 1900. Göttingen.

Hauser, R. (1995): Das empirische Bild der Armut in der Bundesrepublik Deutschland – ein Überblick. In: Aus Politik und Zeitgeschichte, B 31-32/95, 45. Jg.

Hauser, R./Hübinger, W. (1993): Armut unter uns. Teil 1: Ergebnisse und Konsequenzen der Caritas-Armutsuntersuchung. (Herausgegeben vom Deutschen Caritasverband) Freiburg i. Br.

Hock, B./Holz, G./Wüstendörfer, W. (2000): Folgen familiärer Armut im frühen Kindesalter – Eine Annäherung anhand von Fallbeispielen. Frankfurt a. M.

Janssen, K. (1995): Kinder- und Jugendhilfegesetz. Gesetzessammlung mit einem Leitfaden für die Errichtung und Organisation von Jugendämtern. (5. Aufl.) Vieselbach u.a.

Kaufmann, F.-X. (1980): Kinder als Außenseiter der Gesellschaft. In: Merkur, 34. Jg., Heft 387.

Kaufmann, F.-X. (1997): Herausforderungen des Sozialstaates. Frankfurt a. M.

Kaufmann, F.-X./Lüscher, K. (1979): Wir brauchen eine Politik für Kinder. In: Neue Sammlung, 19. Jg.

Key, E. (1902): Das Jahrhundert des Kindes. Studien. Berlin.

Kiehl, W. H. (1990): Die Rechtsstellung Minderjähriger und Sorgeberechtigter im neuen Kinder- und Jugendhilfegesetz. In: Zeitschrift für Rechtspolitik, 23. Jg.

Knopp, A. u.a. (Hrsg.), 1992): Bundessozialhilfegesetz. Kommentar. (7. Aufl.) München.

Koalitionsvereinbarung (1998): Aufbruch und Erneuerung – Deutschlands Weg ins 21. Jahrhundert. Koalitionsvereinbarung zwischen der Sozialdemokratischen Partei Deutschlands und Bündnis 90/Die Grünen. Bonn, 20. Oktober 1998.

Kösters, W. (1999): Politik für die nächste Generation. Kinder-, Jugend- und Familienpolitik in Deutschland. München.

Lampert, H. (1998): Lehrbuch der Sozialpolitik. (5. Aufl.) Berlin u.a.

Leibfried, S. u.a. (1995): Zeit der Armut. Frankfurt a. M.

Lüscher, K. (1977): Sozialpolitik für das Kind. In: Ferber, C. v./Kaufmann, F.-X. (Hrsg.): Soziologie und Sozialpolitik. Kölner Zeitschrift für Soziologie und Sozialpsychologie: Sonderheft 19. Opladen.

Luhmann, N. (1981): Politische Theorie im Wohlfahrtsstaat. München, Wien.

Luhmann, N. (1990): Sozialsystem Familie. In: Luhmann, N.: Soziologische Aufklärung 5. Konstruktivistische Perspektiven. Opladen.

Mansel, J./Brinkhoff, K.-P. (Hrsg.) (1998): Armut im Jugendalter. Soziale Ungleichheit, Gettoisierung und die psychosozialen Folgen. Weinheim, München.

Mansel, J./Neubauer, G. (Hrsg.) (1998): Armut und soziale Ungleichheit bei Kindern. Opladen.

Merten, R. (1993, 1994): Junge Familien in den neuen Bundesländern: die vergessenen Verlierer im Prozeß der deutschen Vereinigung. In: Sozialer Fortschritt, 42. Jg. und 43. Jg.

Merten, R. (1999): Kinderarmut. Zum doppelten Integrationsdefizit einer Lebensphase. In: Treptow, R./Hörster, R. (Hrsg.): Sozialpädagogische Integration. Entwicklungsperspektiven und Konfliktlinien. Weinheim, München.
Münder, J. (1990): Das Verhältnis Minderjähriger – Eltern – Jugendhilfe. In: Zentralblatt für Jugendrecht, 77. Jg.
Münder, J. (2000): Jugendhilfe und Elternverantwortung – eine schwierige Balance. In: Bundesministerium für Familien, Senioren, Frauen und Jugend (Hrsg.): mehr chancen für kinder und jugendliche. Stand und Perspektiven der Jugendhilfe in Deutschland. Veranstaltungsdokumentation. Band 1. Münster.
Nauck, B. (1993): Lebensqualität von Kindern. Befunde und Lücken der Sozialberichterstattung. In: Deutsches Jugendinstitut (Hrsg.): Was für Kinder. Aufwachsen in Deutschland. Ein Handbuch. München.
Neumann, U./Hertz, M. (1998): Verdeckte Armut. Forschungsbericht im Auftrag der Friedrich-Ebert-Stiftung. Frankfurt a. M.
Niemeyer, G. (1993): Art. 6 GG auf dem Prüfstand. In: Familie und Recht, 4. Jg.
Oberloskamp, H. (1990): Die rechtliche Stellung von Kindern und Jugendlichen nach dem Regierungsentwurf eines Gesetzes zur Neuordnung des Kinder- und Jugendhilferechts. In: Zentralblatt für Jugendrecht, 77. Jg.
Ossenbühl, F. (1981): Das elterliche Erziehungsrecht im Sinne des Grundgesetzes. Berlin.
Otto, U. (Hrsg.) (1997): Aufwachsen in Armut. Erfahrungswelten und soziale Lagen von Kindern armer Familien. Opladen.
Roscher, F. (1998): § 22 Regelbedarf. In: Birk, U.-A. u.a.: Bundessozialhilfegesetz. Lehr- und Praxiskommentar (LPK-BSHG) mit einer Kommentierung zum Asylbewerberleistungsgesetz. (5. Aufl.) Baden-Baden.
Schulz, J. (1994): Einführung. In: Schulz, J. (Hrsg.): Sozialhilfe – eine systematische Einführung. Ausgewählte Texte. Weinheim, Basel.
Statistisches Bundesamt (1999a): Sozialleistungen. Sozialhilfe in Deutschland: Entwicklung und Strukturen. Presseexemplar. Januar 1999. Wiesbaden.
Statistisches Bundesamt (1999b): Statistik der Sozialhilfe. Empfänger/-innen laufender Hilfe zum Lebensunterhalt am 31.12.1998. Deutschland. Arbeitsunterlage. Dezember 1999. Bonn.
Teichert, V. (Hrsg.) (1991): Junge Familien in der Bundesrepublik. Familienalltag – Familienumwelt – Familienpolitik. Opladen.
Trauernicht, G. (1995): Armut von Kindern und Jugendlichen und kommunale Jugendpolitik. In: Bieback, K.-J./Milz, H. (Hrsg.): Neue Armut. Frankfurt a. M., New York.
Volkert, J. (1999): Soziale Dienste und Umverteilung in Deutschland. Berlin.
Wabnitz, R. J. (1992): Das Konzept „Lebensweltorientierte Jugendhilfe" und die gesetzlichen Regelungen des KJHG. In: Jugendhilfe, 30. Jg.
Walper, S. (1995): Kinder und Jugendliche in Armut. In: Bieback, K.-J./Milz, H. (Hrsg.): Neue Armut. Frankfurt a. M., New York.
Walper, S. (1997): Arme Kinder: eigentlich kein Geheimnis. In: Kinderschutz aktuell, 1.
Weick, S. (2000): Familie. In: Statistisches Bundesamt (Hrsg.): Datenreport 1999. Zahlen und Fakten für die Bundesrepublik Deutschland. Bonn.
Weidacher, A. (1995): Einkommenslagen in Haushalten ohne Kinder und mit Kindern. In: Bieback, K.-J./Milz, H. (Hrsg.): Neue Armut. Frankfurt a. M., New York.
Wenzel, G. (1996): Zur Festsetzung der Regelsätze nach der Reform des Sozialhilferechts. In: Nachrichtendienst des Deutschen Vereins für öffentliche und private Fürsorge, 76. Jg.
Werner, H. H. (1991): Jugendhilfe und kommunale Sozialpolitik. In: Wiesner, R./Zarbock, W. H. (Hrsg.): Das neue Kinder- und Jugendhilfegesetz (KJHG) und seine Umsetzung in die Praxis. Köln u.a.
Wiesner, R. (1997): Die Bedeutung der Jugendberichterstattung für die Politik der Jugendhilfe. In: Richter, H./Coelen, T. (Hrsg.): Jugendberichterstattung. Politik, Forschung, Praxis. Weinheim, München.
Zinnecker, J. (1981): Ein historisch neuer Altersstatus: Die Nach-Jugendphase (Post-Adoleszenz). In: Jugendwerk der Deutschen Shell (Hrsg.): Jugend '81. Lebensentwürfe, Alltagskulturen, Zukunftsbilder. Band 1. Hamburg.

Sozialpädagogische Familienhilfe – Hilfe zur Selbsthilfe für arme Familien[1]

Elisabeth Helming

1 Grundlegende Merkmale von Sozialpädagogischer Familienhilfe (SPFH)

Es gibt vielfältige Beratungseinrichtungen und soziale Dienstleistungen, die für Familien und Kinder/Jugendliche unterstützende Maßnahmen bereitstellen: Angebote, die sich auf die einzelnen Kinder und Jugendlichen beziehen (heilpädagogische Einrichtungen, verschiedene Formen von Tagesbetreuung wie Horte und Kindergarten, Soziale Gruppenarbeit, Frühförderung, Hausaufgabenhilfen, Einzeltherapien usw.), auf die ganze Familie wie z.B. Beratung durch Allgemeine Sozialdienste und Spezialdienste des Jugendamtes, Erziehungsberatung, vielfältige Gruppen- und Therapieangebote, Elternbildungsveranstaltungen, Selbsthilfegruppen usw. Aber für manche Familien, deren Schwierigkeiten sich auf mehrere Lebensbereiche beziehen, beginnend mit knappen Ressourcen in der materiellen Versorgung, reichen diese Angebote nicht aus bzw. können sie von den Familien aus verschiedenen subjektiven und objektiven Gründen nicht genutzt werden. Dazu ein Beispiel: Frau Pirger ist 22 Jahre alt und hat einen Sohn im Alter von vier Jahren.[2] Sie hat keine Berufsausbildung und lebt in Scheidung von ihrem Ehemann, der wegen einer alkoholbedingten Straftat eine mehrjährige Gefängnisstrafe verbüßt. Frau Pirger bleibt nach der Inhaftierung ihres Ehemannes schockiert und hilflos allein zurück und weiß nicht, wie sie mit ihrem Leben und ihrer Aufgabe als Mutter fertig werden soll, ihre finanzielle Situation ist ungeklärt, die Wohnung wurde ihr gekündigt usw. Sie schildert ihren Zustand folgendermaßen: *„Am Anfang hab ich eigentlich die Wohnung total verwahrlost, ich hab keinen Sinn mehr gesehen, für was auch. [...] Weil ich hab mich andauernd da in die Wohnung gehockt und wollt eigentlich keinen sehen. [...] Am Anfang war ich total verstockt, wollt mit keinem reden"*. Das Jugendamt erhält anonyme Hinweise darauf, dass ihr Sohn allzu häufig weint; sie würde ihn schlagen und vernachlässigen. Frau Pirger weist

---

[1] Die Darstellung basiert auf den Ergebnissen zweier Praxisforschungsprojekte im DJI: Erstens auf einer umfassenden Bestandsaufnahme der Sozialpädagogischen Familienhilfe (SPFH) in Bayern (1990-1993), die im Auftrag des Bayerischen Staatsministeriums für Arbeit, Familie und Sozialordnung erstellt wurde (Blüml u.a., 1994) und zweitens auf Erkenntnissen aus dem Projekt „SPFH in der BRD", das vom Bundesministerium für Familie, Senioren, Frauen und Jugend finanziert wurde und dessen Ergebnis ein Handbuch zur SPFH ist (Helming u.a., 1996).

[2] Im Rahmen der DJI-Projekte „SPFH in Bayern" und „SPFH in der BRD" wurden ca. 50 Interviews durchgeführt mit Familien, die diese Hilfe erhalten hatten. Alle im Text erwähnten Namen von Familien wurden geändert; die zitierten Aussagen der Familien wurden wegen der Lesbarkeit sprachlich geglättet.

dieses empört von sich; sie wehrt sich gegen die Einmischung vom Jugendamt. Die Bezirkssozialarbeiterin[3] wird von ihr als Kontrollinstanz wahrgenommen, die ihr keine Unterstützung gibt, sondern sie bevormundet und abwertet. Da die Mitarbeiterin des Jugendamtes um das Wohl des Kindes besorgt ist, das kaum redet, Entwicklungsrückstände aufweist, und die Mutter ihr völlig überfordert, aber von ihr nicht ansprechbar erscheint, möchte sie durch das Vormundschaftsgericht einen Sorgerechtsentzug und damit eine Unterbringung des Kindes in ein Heim oder eine Pflegestelle erreichen. Frau Pirger wehrt sich dagegen: *„Dann wollt sie mir den Bub wegnehmen, dann hab ich gesagt: ‚Das könnt ihr schon machen, aber dann passiert was'. [...] Und dann war die Verhandlung, wegen ihm, dem Buben, [...] weil ich angeblich den Buben vernachlässige und dass er total blass ist und dass er nicht rauskommt und angeblich soll ich den Buben schlagen. Das stimmt ja alles gar nicht, bloß weil er ab und zu so plärrt, wenn ihm was nicht rausgeht".* Zu einer Erziehungsberatung zu gehen, was ihr das Jugendamt vorschlägt, kann sie sich nicht vorstellen; „irgendwohin" zu gehen und etwas erzählen müssen, scheint ihr sehr fremd; davor fürchtet sie sich. *„Des haben sie mir auch angeboten, aber ich hab zu ihnen gesagt: Nein, bei denen weißt du nicht, ob die das rumerzählen [...] Nein, das liegt mir nicht, da einfach zu denen reinzugehen und denen die Probleme sagen, nein".* Frau Pirger fällt mit ihren vielfältigen Problemen durch das übliche Netz an Beratungseinrichtungen hindurch, auf vielen Ebenen hat sie Schwierigkeiten in der Bewältigung ihres Lebens: als Mutter in der Erziehung ihres Sohnes, in der Verarbeitung der Trennung von ihrem Ehemann, auf der finanziellen Ebene (Beantragung von Sozialhilfe), in Bezug auf ihre Wohnung und auf ein alltagspraktisches Fertigwerden. Hilfe anzunehmen, vor allem für ihren Sohn, fällt ihr schwer, da sie diese als Kritik an sich als Mutter wahrnimmt.

Familien wie die hier geschilderte, in denen Armutssituation, Beziehungs- und Erziehungsprobleme dazu führen, dass die Jugendhilfe im Interesse des Wohles der Kinder eingreift, und deren oft dauerhaft belastete Lebenssituation ihre Handlungs-Spielräume und Problemlösungsmöglichkeiten zutiefst einschränkt, brauchen eine Hilfe, die – anknüpfend an den Alltag und im Alltag – die Familien darin unterstützt, ihre Auseinandersetzung mit den situationsspezifischen, sozialen und beziehungsmäßigen Anforderungen zu verbessern und konstruktiver zu gestalten. Notwendig ist eine Hilfe, in der Beziehungsgestaltung, problemlösendes Tun und die Orientierung an inner- und außerfamiliären Ressourcen, die gemeinsam mit der Familie gefunden, entwickelt und nutzbar gemacht werden müssen, integriert werden (Pfeifer-Schaupp, 1995, S. 145). Mit Sozialpädagogischer Familienhilfe wurde in der Jugendhilfe eine dieser Zielsetzung folgende ambulante Hilfe zur Erziehung für Familien entwickelt und als Pflichtaufgabe der öffentlichen Jugendhilfe gesetzlich sanktioniert.[4] Der § 31 SGB VIII, Kinder- und Jugendhilfegesetz (KJHG)

---

[3] Da die überwiegende Zahl der Personen, die in der Sozialen Arbeit tätig sind, weiblichen Geschlechts sind (in der SPFH waren es 1994 87%), wird in dem Text durchgängig die weibliche Form gewählt.

[4] Inzwischen hat sich das Spektrum der Hilfen, die dieser Zielrichtung folgen, weiterentwickelt: Neben Formen aufsuchender Familientherapie (z.B. in Berlin, siehe dazu Conen, 1996b, 1996c) gibt es intensive Unterstützung von Familien in Krisensituationen wie z.B. „Familienaktivierungsmanagement", „Familie im Mittelpunkt", „Familie im Fokus". Diese Konzepte sehen vor,

lautet: „Sozialpädagogische Familienhilfe soll durch intensive Betreuung und Begleitung Familien in ihren Erziehungsaufgaben, bei der Bewältigung von Alltagsproblemen, der Lösung von Konflikten und Krisen sowie im Kontakt mit Ämtern und Institutionen unterstützen und Hilfe zur Selbsthilfe geben. Sie ist in der Regel auf längere Dauer angelegt und erfordert die Mitarbeit der Familie". SPFH bezieht sich im Vergleich zu den anderen Hilfen zur Erziehung auf die Familie als Ganze, es geht also nicht nur um die Schwierigkeiten eines einzelnen Kindes/Jugendlichen. Die Hilfe soll im Wesentlichen durch die Unterstützung der Eltern die Lebensbedingungen von Kindern und Jugendlichen in der Familie verbessern. SPFH ist die intensivste der – im KJHG genannten – ambulanten Hilfen zur Erziehung in Bezug auf die ganze Familie. Die Hilfe hat eine überwiegende Geh-Struktur, d.h. die Fachkräfte suchen die Familien in ihren Wohnungen auf; das ist ein Setting, das eine besondere und andere Balance von Distanz und Nähe erfordert als eine Beratung in einer Beratungsstelle. Da es um den Alltag und seine oft diffusen und unstrukturierten Schwierigkeiten geht, ist der Ansatz der Hilfe mehrdimensional, d.h. sie orientiert sich am gesamten Familiensystem und dessen sozialem Netzwerk mit seinen Erziehungs-, Beziehungs-, sozialen und materiellen Problemen und Ressourcen. Familien werden teilweise auch mehrmals in der Woche über einige Stunden besucht, abhängig z.B. von der Kinderzahl. Eine Fachkraft betreut im Durchschnitt drei Familien, häufig dauert eine Familienhilfe zwei Jahre.[5] In den Zeitstrukturen gibt es eine große Flexibilität und Variabilität, je nach Bedarf der Familien, Konzeption des Dienstes der SPFH, Erfahrung der jeweiligen Fachkraft.

2 Welche Familien erhalten Sozialpädagogische Familienhilfe?

Am Ende des Jahres 1996 (Stichtag 31.12.96) erhielten im gesamten Bundesgebiet 12.448 Familien Sozialpädagogische Familienhilfe (Statistisches Bundesamt, 1998), in denen etwas mehr als 31.317 Kinder[6] lebten. Die Zahlen der SPFH zum Stichtag 31.12. geben eine „Momentaufnahme" wieder. Will man die Zahl der Familien errechnen, die im Laufe eines Jahres insgesamt SPFH erhalten haben, dann müssen zu den Zahlen des Stichtages 31.12. noch die im Laufe des gleichen

---

innerhalb einer relativ kurzen Zeit, aber dafür sehr intensiv und strukturiert mit Familien zu arbeiten, in denen eine Fremdplatzierung akut bevorsteht. Oft jedoch schließt sich SPFH als nachfolgende Hilfe an (s. dazu Gehrmann & Müller, 1998; Römisch, 1998; Helming, 1999; Planungsgruppe Petra, 2000). Zudem gibt es Formen stationärer Unterbringung von ganzen Familien für einen bestimmten Zeitraum, die gleichfalls mit vielfältig belasteten Eltern und Kindern in der notwendigen Intensität und Anknüpfung an den Alltag und an die Ressourcen arbeiten (z.B. Margaretenstift Saarbrücken, Triangel Berlin).

[5] Laut statistischem Bundesamt (1998) wurde für 1996 ein Durchschnitt von ca. 16 Monaten für Familienhilfe angegeben; hier sind alle Abbrüche von Familienhilfen enthalten. Seit 1991 werden vom Statistischen Bundesamt jährlich Daten zur Sozialpädagogischen Familienhilfe im gesamten Bundesgebiet erhoben. Es werden nur solche Familien aufgenommen, die mindestens drei Monate SPFH erhalten haben. Die Statistik gibt es in einer Gesamtdarstellung für Deutschland, einer Länderaufschlüsselung, einer Aufschlüsselung alte Bundesländer/neue Bundesländer und Ostberlin.

[6] Bei der Zahl der Kinder ergibt sich eine geringe Unterschätzung, da in der amtlichen Statistik eine obere Kategorie von „sechs und mehr Kinder" gebildet wurde, hier in die Berechnung aber nur jeweils sechs Kinder genommen wurden.

Jahres beendeten SPFHs addiert werden. 1996 haben danach im Laufe des Jahres insgesamt 20.179 Familien SPFH erhalten, in denen etwas mehr als 49.992 Kinder ständig lebten. Betrachtet man die Anzahl der Familienhilfen von 1991 bis 1996, dann erweist sich die SPFH als eine Hilfeform mit insgesamt zunehmender Bedeutung.

Unter den 12.448 Familien, die Ende des Jahres 1996 Sozialpädagogische Familienhilfe erhielten, befanden sich im Vergleich zur Gesamtbevölkerung überproportional viele Stieffamilien (1996 waren es 15%; Gesamtdurchschnitt 10%) und Einelternteilfamilien (1996 waren es 49%; Gesamtdurchschnitt 18%). Nach der bayerischen Untersuchung des DJI zur SPFH, in der sich eine ähnliche Gewichtung der Familienformen ergab, bestanden 93% der Einelternteilfamilien aus allein erziehenden Müttern und ihren Kindern; drei Viertel der Einelternteilfamilien waren allein erziehend nach Trennung und Scheidung.

Familien, die durch Sozialpädagogische Familienhilfe unterstützt werden, sind häufig kinderreich. Die durchschnittliche Kinderzahl bei Familien mit Sozialpädagogischer Familienhilfe liegt deutlich über dem Bundesdurchschnitt von etwa 1.6 Kindern – der jeweilige Bundesdurchschnitt wird in allen drei Familienformen[7] übertroffen. Wenn man nur die ständig in den Familien lebenden Kinder einbezieht, dann ergibt sich für das Jahr 1996 schon eine durchschnittliche Kinderzahl von 2.5; wenn man noch die Kinder einberechnet, die Ende 1996 nicht ständig in den Familien lebten, dann ergibt sich eine durchschnittliche Kinderzahl von mindestens 2.66[8].

Familien, die Sozialpädagogische Familienhilfe erhalten, sind arme Familien die oft als „Multi-Problem-Familien" bezeichnet werden. Dieser Begriff umfasst letztlich nur die Ebene des Familiensystems, er blendet den Bezug zur sozialen Benachteiligung dieser Familien aus, die teilweise über Generationen hinweg vererbt wird und zu vielen Problemen in den Familien führt. Arm sind diese Familien nicht nur in materieller Hinsicht, sondern im Sinn einer Häufung von Unterversorgungslagen[9:] Finanzielle Situation, Bildung, Gesundheit, Wohnung, Arbeit oder in Bezug auf die Verfügbarkeit über soziale und gesundheitliche Dienste (vgl. Hanesch u.a., 1994). Mangelnde Verfügbarkeit ist hier im objektiven wie auch im subjektiven Sinn gemeint, d.h. als Nicht-Nutzen-Können. Die Untersuchung zur Sozialpädagogischen Familienhilfe in Bayern, in der von 155 Familienhelferinnen in Fragebogen detaillierte Angaben gemacht wurden über 330 zum Zeitpunkt der Untersuchung betreute Familien, ergab, dass die äußeren Belastungen mit innerfamiliären Schwierigkeiten verschränkt waren. Die Gesundheit der Familienmitglieder, von Eltern und Kindern, war oft beeinträchtigt. Bei einem Drittel der Familien wurde angegeben, dass bei mindestens einem Erwachsenen ein Suchtproblem vorlag (v.a. Männer mit Alkoholproblemen), in 55% der Familien wurde mindestens

---

[7] Rechnet man nur die ständig in den Familien lebenden Kinder, dann ergeben sich für 1996 folgende Werte: Einelternteilfamilien 2.05, Kernfamilien 2.79, Stieffamilien 2.59.
[8] Der Durchschnittswert von 2.66 ist unterschätzt, da hier für die 1.981 Familien, bei denen nicht alle Kinder ständig in der Familie lebten, jeweils nur ein Kind gerechnet wurde.
[9] Siehe dazu Blüml, Helming & Schattner, 1994. Andere Untersuchungen kommen zu ähnlichen Ergebnissen: Nielsen, Nielsen & Müller (1986); Der Minister für Arbeit, Gesundheit und Soziales des Landes NRW (Hrsg.) (1985); Christmann & Elger (1986); Stephan (1995).

ein Familienmitglied als behindert benannt, hier wurde vor allem psychische Behinderung angegeben. Auf chronische Schwierigkeiten von Familien weist hin, dass etwa die Hälfte der Familien der Bezirkssozialarbeit schon länger als vier Jahre bekannt war, 13% sogar zehn Jahre und länger. Drei Viertel der Familien hatten bereits vor der SPFH andere professionelle Hilfen erhalten. Bei einem Drittel der 330 Familien, die in der bayerischen Untersuchung des DJI zur SPFH erfasst wurden, wurde von den Fachkräften angegeben, dass SPFH hier als Alternative zur Fremdunterbringung von Kindern eingesetzt wurde. In 15% der Familien waren Kinder bereits fremd untergebracht, hauptsächlich in Heimen und Pflegefamilien. Für 3.273 Kinder, deren Familie 1996 SPFH erhielt, begann in diesem Jahr eine Hilfe zur Erziehung außerhalb des Elternhauses. Veranlasst wird die Sozialpädagogische Familienhilfe überwiegend von den Fachkräften des Jugendamtes/des ASD.

Die Unterversorgung zieht erhebliche Einschränkungen in der Vernetzung von Familien nach sich, d.h. darin, wie viel soziale Unterstützung zur Verfügung steht bzw. von ihnen nutzbar gemacht werden kann. Sie bedeutet eine Ausgrenzung in verschiedener Hinsicht: materiell, bildungsmäßig, sozial und räumlich (Marbach, 1989). Gesellschaftliche Wahl- und Teilhabemöglichkeiten sind beschnitten, was in der Sozialpädagogischen Familienhilfe besonders wichtig ist in Bezug auf Zukunftschancen von Kindern.

3 Soziale Arbeit in Armutsfamilien: Entwicklung und Aufgaben Sozialpädagogischer Familienhilfe

Armut – so der Entwicklungspsychologe Martin Dornes (1997) – erhöht nicht nur das Risiko der Misshandlung von Kindern in Familien, sondern hat ähnliche, wenn auch nicht ganz so gravierende Folgen (ebd., S. 243). Wie geht jedoch Jugendhilfe/Soziale Arbeit damit um? In einem Artikel über Misshandlung und Missbrauch von Kindern (Schrottmann, 1997) geht es um die Hintergründe von Vernachlässigung und schweren wiederholten Misshandlungen. Die Autorin gibt an, dass der Einfluss von sozioökonomischer und psychosozialer Belastung unbestritten ist. Sie zitiert eine Untersuchung, nach der 90% der Familien, in denen schwere Formen der Vernachlässigung vorkommen, unter der Armutsgrenze leben. Danach beschreibt sie im Einzelnen, wie die Eltern unter großer sozioökonomischer Belastung und in einer Dauerspannung von innerer und äußerer Not leben (S. 19). In Bezug auf die Einzelarbeit mit Familien fordert sie die Entlastung von Lebensumständen und die Stärkung der persönlichen Ressourcen der Familien, aber ihre gesamtgesellschaftliche Forderung lautet: Es solle eine obligatorische Elternschule für werdende Eltern geben, allen Eltern müsse man eine Woche Elternbildung im Jahr ermöglichen (S. 22), wenn sie auch erwähnt, dass Eltern, die ihre Kinder vernachlässigen oder misshandeln, die persönlichen, materiellen und sozialen Ressourcen fehlen, was man nicht vergessen dürfe. In diesem Beispiel findet sich eine nicht untypische Antwort Sozialer Arbeit auf das Problem von Armut von Familien und sozial er Benachteiligung und ihren innerfamilialen Konsequenzen: Es findet sich eine seltsame Blindheit oder auch Hilflosigkeit, wenn die Autorin zu dem Schluss kommt, als gesamtgesellschaftliche Forderung obligatorische Elternbildung zu verlangen und die sozioökonomischen Schwierigkeiten, die sie vorher lang und breit als hauptsächliche Basis von Vernachlässigung ausgemacht hat, nur nebenher bedenkt. Eine weitere, nicht untypische Lösung – und eine altbekannte der Jugendhilfe bzw. Fürsorge im älteren Sinn – war es, durch eine lediglich auf das Kind bezogene Intervention die Loslösung des Kindes aus seiner „armen" Familie zu fördern, die Trennung von den „unfähigen" Eltern in Gang zu bringen (s. dazu von Balluseck, 1999, 2000).

Die Art des Umgangs der Gesellschaft ebenso wie der Umgang der sozialen Arbeit mit armen Familien ist abhängig von der Vorstellung davon, welche Gründe Armut hat. Dieses spiegelt sich in den Konzepten, in den Methoden, im Verhalten und in der Praxis der Sozialarbeit wider. Wenn Sozialarbeiterinnen denken, dass die Armut und die familialen Schwierigkeiten durch Faulheit, Arbeitsunwilligkeit und Dummheit der Menschen verursacht sind, dann wird man sie erziehen oder disziplinieren wollen. Werden hingegen soziale Bedingungen als Grund für die Situation der Familie angesehen, dann gilt es, die Ressourcen der Familie zu erweitern, und Vorstellungen sozialer Gerechtigkeit und eines Anspruchs auf lebenswerte Existenz treten in den Vordergrund. Es geht also in einer auf Einzelarbeit mit Familien bezogenen Hilfe um den Balanceakt, die Armutsproblematik der Familien, ihre gravierenden Unterversorgungslagen, nicht aus dem Blick zu verlieren, wenn es um Erziehung geht: nicht in die Falle einer individuellen Zuschreibung von „Unfähigkeit, Faulheit" usw. gegenüber den Eltern zu geraten.

Historisch steht die soziale Disziplinierung und Erziehung der armen Bevölkerung im Zentrum der sozialen Arbeit. Entwicklungslinien der Jugendhilfe verlaufen ähnlich. Noch im Reichsjugendwohlfahrtsgesetz von 1922 bestand zwar ein „Recht des Kindes auf Erziehung", das jedoch keinesfalls als ein Recht eines einzelnen Kindes auf die Entwicklung seiner Persönlichkeit gemeint war, sondern eher als Recht des Staates auf „Beaufsichtigung und eventuelle Korrektur des Erziehungsprozesses namens und an Stelle des Kindes" (Peukert & Münchmeier, 1990, S. 9). Fürsorgeerziehung war hauptsächlich ein Unterschichtphänomen. Eltern wurden „schlechte Neigungen" zugeschrieben oder sie wurden als „geistig minderwertig" qualifiziert, dementsprechend mussten die Kinder/Jugendlichen möglichst aus dem Herkunftsmilieu herausgenommen und von den Eltern getrennt werden. Der Ausgangspunkt sozialer Arbeit als auch der Jugendhilfe sind zunächst die „festen Häuser": Armenhaus und Erziehungsanstalt (vgl. Müller, 1982; Müller, 1988). Die Weiterentwicklung von Sozialer Arbeit in Richtung ambulanter Unterstützung hatte eine „Veränderung der Hausordnung" zur Konsequenz, es ist der Beginn einer veränderten Beziehung von Sozialer Arbeit und Klientinnen: Beim Hausbesuch ist der Sozialarbeiter Gast. Dennoch enthielt auch der „freundliche Armenbesuch" durch den „friendly visitor", der in gewisser Weise Vorläufer sowohl der aufsuchenden Arbeit der Familienfürsorge als auch der Sozialpädagogischen Familienhilfe ist, durchaus kontrollierende und sozialdisziplinierende Aspekte: „Bettelei, Trunksucht, Glücksspiel, Unwissenheit, miserable sanitäre Verhältnisse, all diese Erscheinungen extremer Armut wurden von den zeitgenössischen Armutstheoretikern (Mitte bis Ende des 19. Jahrhunderts, d.Vf.) nicht als Resultat der spezifischen Strukturen des Londoner Arbeitsmarktes, sondern als moralischer Zerfall interpretiert. Nicht Armut, sondern Pauperismus war das Problem: Die Demoralisierung der Armen, der nur mit energischen Erziehungsmaßnahmen entgegengewirkt werden konnte. [...] Nur im unmittelbaren persönlichen Kontakt könnten die Elemente von Kontrolle, Erziehung und Belehrung wieder Bestandteil der Fürsorgebeziehung zwischen den Klassen werden." (Sachße, 1994, S. 248 f.). Aber es gab auch Vorformen ambulanter Hilfen, die Ansätze einer demokratischeren Unterstützung armer Familien beinhalteten. In den ab 1883 gegründeten „settlements", kommunitären Wohngemeinschaften junger Akademiker in den Elendsquartieren von englischen und amerikanischen Hafenstädten (z.B. Chicago und New York), wurde Sozialarbeit in Form von Netzwerk- und Gemeinwesenarbeit geleistet: mit alltäglichen Hilfen wie z.B. Verbesserung der sozialen Infrastruktur (Krabbelstuben, Kindergärten, Schulspeisungen), Anleitungen zur rationellen Haushaltsführung, Mittagstische, Stellenvermittlung, Erwachsenenbildung; mit der Unterstützung der Verbesserung von Arbeits- und Wohnbedingungen. (Nielsen, Nielsen & Müller, 1986). Mary Richmond, Begründerin der Sozialen Einzelfallhilfe, des Social Casework, entwickelte eine intensive Form einer aufsuchenden Sozialen Arbeit, in deren Zentrum der Armenbesuch stand (ab 1889). Ergebnis der helfenden Intervention sollte die Entwicklung einer selbstverantwortlichen Persönlichkeit sein. Problemdefinition und Abhilfemaßnahme sollten nicht autokratisch vorgegeben, sondern in einem gleichberechtigten Diagnoseprozess von Sozialarbeiterinnen und Klientinnen gemeinsam herausgearbeitet werden. (Sachße, 1994, S. 254 f.). Allerdings war das Social Casework trotz Einbezugs der sozialen Umgebung hauptsächlich auf die Bildung der Persönlichkeit eines Einzelnen und auf dessen Selbstverantwortung gerichtet, hatte weniger einen integrativen, gemeinwesenorientierten Aspekt wie z.B. die Settlements oder die Nachbarschaftsprojekte.

Die Entstehung der Sozialpädagogischen Familienhilfe ist zu sehen im Zusammenhang mit dem Reformdiskurs der 1960er und 1970er Jahre, der darauf hinzielte, Sozialpädagogik bzw. Jugendhilfe als präventive Erziehungsinstanz auszubauen im Gegensatz zum reaktiven Handeln sozialer Arbeit insbesondere in armen Familien, deren Unterstützung hauptsächlich darin bestand, Kinder aus den Familien herauszunehmen und in Heimen oder Pflegefamilien unterzubringen. Hans Heindl, langjähriger Jugendamtsleiter von Würzburg, erzählte in einem Vortrag das folgende Beispiel, um die Notwendigkeit der Einrichtung einer aufsuchenden, intensiven Hilfe für Familien zu unterstreichen [10]: *„Auslöser für die Einführung der Sozialpädagogischen Familienhilfe war unter anderem das folgende Schlüsselerlebnis [...] 1975 nimmt unser Amt fünf Kinder, Geschwister aus einer Familie, und bringt sie als Gruppe in einem Kinderdorf unter wegen einer nicht mehr aufzuhaltenden, zunehmenden Verwahrlosung, ausgelöst durch den Totalausfall der Mutter, die kränklich, aber auch sonst äußerst apathisch und wenig bereit war, das Notwendige zu tun. Der Vater durchaus arbeitsam, aber überfordert. Die sporadischen Besuche der Bezirkssozialarbeiterin haben an dem Zustand*

---

[10] Vortrag auf der Fachtagung der Landesarbeitsgemeinschaft der Bayerischen Familienhelferinnen, am 22.11.1996 im DJI München.

nichts geändert oder nur kurzfristige Besserungen erreichen können, drei der Kinder waren bereits in die Sonderschule überwiesen, nicht wegen Lernbehinderung, sondern wegen der Defizite im Lernverhalten überhaupt. Die Unterbringung der Kinder damals dauerte ca. zehn Jahre bis zur Volljährigkeit und kam einer Auflösung dieser Familie gleich, denn einige Versuche der Reintegration scheiterten regelmäßig an dem weiterhin desolaten Familienmilieu, ohne dass allerdings auch irgendwelche Versuche unternommen worden sind, an diesem Milieu etwas zu verändern oder zu verbessern. Dabei hätte es gerade auch bei dieser Familie durchaus nutzbare Ressourcen gegeben. Der Kostenaufwand betrug rückblickend über 1,2 Millionen DM, der durchaus vertretbar ist. Anders allerdings sieht es aus, wenn Sie erfahren, dass die Kinder in den zehn Jahren ihres Heimaufenthaltes einen zehnmaligen Wechsel ihrer Bezugsperson, also der Gruppenmutter, Kinderdorfmutter, erleben mussten". Aus der Forderung der Reduzierung von Fremdplatzierungen wurde das Konzept einer präventiven Unterstützung von Familien entwickelt. Diese Form intensiver und direkter Betreuung von Familien schien vor allem für die Kinder eine bessere Lösung bei wesentlich geringeren Kosten. Die ersten Einsätze von Familienhilfe zur Vermeidung von Heimunterbringung von Kindern wurden von der Berliner Gesellschaft für Heimerziehung zu Beginn der 1970er Jahre vermittelt; die Hilfe breitete sich seit der Mitte der 1970er Jahre als Sozialpädagogische Familienhilfe im gesamten Bundesgebiet aus.

Kühl (1996) unterscheidet in der Entwicklung der SPFH in den neuen Bundesländern drei Phasen: „1.) Die Pionierphase: Haushaltshilfe, Nachhilfeunterricht und Schuldenregulierung auf Anweisung des Jugendamtes. 2.) Die Phase der elementaren Grundqualifizierung und Grundausstattung; alltagsorientierte, ‚zupackende' Unterstützung der Familien, der Hilfeplan als Druck produzierende Regieanweisung, eigenes Büro, aber noch ABM. 3.) Die Phase der Entfaltung fachlicher Standards und Entwicklung zum Kooperationspartner des Jugendamtes: mit Zusatzausbildung, differenziertem Konzept und Festanstellung" (ebd., S. 3). Die Entwicklung in den alten Bundesländern verlief in ähnlichen Phasen. Zu Beginn der SPFH schien es zunächst nur möglich zu sein, in den „Problemfamilien" „die Ärmel hochzukrempeln" und energisch, kontrollierend einzugreifen und das mit viel zeitlichem Aufwand: Hausaufgabenhilfe, gemeinsames Aufräumen, Schuldnerberatung, Spielen mit den Kindern. Miteinander reden zu können wurde demgegenüber als eher unwichtig angesehen, man traute es diesen Familien nicht zu. Kühl zitiert eine Teilnehmerin einer Weiterbildungsveranstaltung der SPFH, die den Beginn ihrer Tätigkeit folgendermaßen charakterisiert: *„Zu dem Zeitpunkt hatte ich keine klare Vorstellung davon, was SPFH bedeutet, welche Inhalte und Ziele sie hat, und mit welchen Methoden sie arbeitet. Eine Konzeption der Arbeit war nicht vorhanden. Arbeitsgrundlage bildeten fast ausschließlich die Vorgaben und Aufträge des Jugendamtes. So leisteten wir vor allem viel tätige Hilfe, wie z.B. die gemeinsame Säuberung der Wohnung, Erledigung von Behördengängen für die Familie, Kinderbetreuung oder Freizeitgestaltung. Wertmaßstab für unsere Arbeit waren schnelle sichtbare Erfolge, die sich in einer schönen sauberen Wohnung, vollständig gestellten Anträgen oder abgebauten Schulden ausdrückten"* (ebd.). In dieser Form steht SPFH noch stark in der Tradition klassischer Familienfürsorge, d.h. auf der Seite der Behandlung von Abweichung und Nicht-Normalität, von Randgruppen und abweichendem Verhalten, das unter Kontrolle gebracht werden muss. Diese Tradition ist auch eine der moralisierenden Abwertung von armen Familien, die für ihre Defizite verantwortlich gemacht werden, wie z.B. in dem folgenden Zitat: „Zwei Räume werden nicht genutzt, da sie aus Bequemlichkeit und Faulheit nicht hergerichtet wurden. Hier spiegelte sich für mich schon der geringe Intellekt und ein sehr geringes Anspruchsniveau der erwachsenen Personen in diesem Haushalt wider. Finanzielle Schwierigkeiten durch falsches Wirtschaften waren auch immer vorhanden. [...] Die Familie ist kaum einsichtig und kritikfeindlich" (Maßmann, 1994, S. 113).

Wenn man mit Armut und ihren Folgen auf dieser individuellen Ebene in einer einzelnen Familie zu tun hat, kann es schwer fallen, die Ursachen dafür eben nicht auf individueller Ebene zu sehen, da diese langfristigen Prozesse der Demoralisierung oft eine negative Konsequenz auch auf der persönlichen Verhaltensebene haben. Es ist nicht ganz einfach, sich dann von Vorwürfen frei zu halten, zudem haben Sozialarbeiterinnen eher „gute Worte" als „Geld" zu bieten und wenig Einfluss auf die gesellschaftlichen Ursachen von Armut und sozialer Benachteiligung. Die Familie glaubt man demgegenüber erziehen und beeinflussen zu können. Doch diese Art von Betreuungsarbeit zeigt nur bedingt längerfristige Erfolge (s. dazu auch Conen, 1993), die oftmals mit einem sehr hohen persönlich-emotionalen Einsatz der Familienhelferinnen verbunden sind. Frau Reinert, allein erziehende Mutter von drei Kindern, bringt es folgendermaßen auf den Punkt: *„Für mich wäre es gut, wenn die Frau S. noch da wäre, auch wegen der Kinder, die hören auf die Frau S. mehr als auf mich".* Diese Art des lebenspraktischen Anpackens in den Familien verstärkte oft eher die Defizitgefühle der Eltern, brachte die Kinder in Loyalitätskonflikte, die Eltern fühlten sich stigmatisiert (vgl. dazu Ninck, 1981). In den im Rahmen der Projekte des DJI zur SPFH durchgeführten Interviews mit Familien, die diese Hilfe erhalten hatten, wurde durchgehend von den Familien als Erfahrung berichtet, sich von „Experten" abgewertet und kontrolliert zu fühlen: in der Schule, im Kindergarten, auf dem Jugendamt, im Kontakt mit Ärzten, in Krankenhäusern und in sonstigen Behörden. Frau Tagert, eine junge allein erziehende Mutter: *„Ich merk das auch im Kindergarten, mit dem Kleinen – wenn die sagen, der Peter würde riechen, der ist eine Zumutung für die anderen Kinder, und lauter solche Dinger, runterputzen tun sie dich. Aber wenn du jemand hast, der hinter dir steht* (und sagt): *‚So läuft es aber nicht, ich weiß genau, sie kümmert sich um die Kinder', das ist gut. [...] Gerade bei Behörden und Sozialamt, wenn es um Geld geht. Man fühlt sich total herabgewürdigt. Wenn man da niemand hat, geht man total unter".* Frau Stallmann, Mutter von sechs Kindern, die von Sozialhilfe lebt und nach sehr vielen negativen Erfahrungen mit Gewalt und Alkohol in der ersten Ehe, Aufenthalten im Frauenhaus, kurzfristiger Fremdplazierung der Kinder usw. einen Neuanfang mit einem neuen Ehepartner wagt und von der Familienhilfe im Prozess der Trennung und Scheidung begleitet wurde, beschreibt sich mit dem Kernsatz: *„Ich bin nicht asozial. Das eine Dumme ist, dass sogar manche von den Lehrern eine falsche Einstellung haben: ‚Um Gottes willen, die haben nichts, die bringen nichts', da ist eine Voreingenommenheit schon da. Und wenn dann die*

Familienhelferin mit den Lehrern redet: „Hoppla, die Mutter würde vielleicht gerne mehr zu Ihnen kommen, kann aber bedingt durch die Kleinen nicht, hat keinen Führerschein, und und und' – dann sehen sie das alles in einem anderen Licht". Die Ausgrenzung der Familien auf der materiellen Ebene zieht eine soziale Ausgrenzung nach sich, was zu großer Empfindlichkeit, zu schnell verletztem Stolz und auch Widerstand auf Seiten der Familien führt. Jemanden zu haben, mit dem man „reden kann", ohne dass dieser den Zeigefinger hebt und auf sie herabschaut, wird oft als wichtigste Erfahrung formuliert: *„Das war halt dann so, dass sie eben nicht mit dem Zeigefinger dagestanden ist, sondern halt ganz normal geredet hat mit mir und mir meine eigenen Entscheidungen überlassen hat*", so eine junge Mutter, die nach der Geburt des ersten Kindes vom Jugendamt SPFH angeboten bekommt. Eine andere Mutter: *„ Und dadurch, dass sie uns als ganz normale Menschen angenommen hat, und auch seine Familie, nicht so wie andere Leut, die sagen: ‚Schau dir die an'. "*

4 Arbeitsansätze der Sozialpädagogischen Familienhilfe

Die methodisch-konzeptionelle Entwicklung der SPFH verlief, parallel zur Weiterentwicklung der Jugendhilfe, weg vom obrigkeitsstaatlichen Eingreifen hin zu Konzepten der Partizipation der betroffenen Eltern und Kinder, d.h. in Richtung einer lebensweltlichen Orientierung. Die Weiterentwicklung der Konzeptionen der SPFH erfolgte unter heftiger fachlicher Diskussion um den Einbezug therapeutischer Elemente, vor allem von Vorstellungen und Methoden aus der Familientherapie. Letztlich haben sich in starkem Maße systemisches Denken, familientherapeutische Betrachtungsweisen, auch Methoden der amerikanischen pragmatisch-lösungsorientierten therapeutischen Ansätze in qualifizierten Ansätzen der SPFH durchsetzen können. In dieser Form ist sie heute eine Hilfe, die sowohl emotionale, informelle und instrumentelle Unterstützung als auch die Verbesserung der materiellen Grundlage der Familie zum Ziel hat.

Diese Integration verschiedener Ansätze konnte auch im Projekt „SPFH in Bayern" (330 ausgewertete Familienhilfen) mit Hilfe einer Faktorenanalyse der Tätigkeiten der SPFH in der Familie bestätigt werden. Vier Arbeitsansätze wurden dabei schwerpunktmäßig herausgearbeitet: a) ein erwachsenenzentrierter-familiendynamischer Ansatz, b) die Verbesserung der Situation von Erwachsenen und Kindern durch gezielte Außenkontakte und gezielte Förderung der Kinder, c) ein lebenspraktischer Bereich und d) die Verbesserung der materiellen Grundlagen.

4.1 Der erwachsenenzentrierte-familiendynamische Ansatz

Dieser Ansatz ist auf die Eltern und auf familiendynamische Aspekte zentriert, es geht dabei um die gezielte Förderung der Elternpersonen und um die Arbeit an der Eltern-Partnerbeziehung. Gefördert werden sollen diejenigen Grundlagen, die ein soziales Zusammenleben in den Familien ermöglichen und erleichtern. Tätigkeiten in diesem erwachsenenzentrierten-familiendynamischen Bereich wurden in der

Umfrage am häufigsten genannt (92% der Familien). In Unterschichtfamilien hat das Familienleben nach wie vor einen hohen Wert als Lebenssinn, da ansonsten die Chancen selbstbestimmten Handelns sehr gering sind (vgl. Wahl u.a., 1980; Meier, 1994). Frau Mesner, Mutter von drei Kindern, die nach ihrer Scheidung SPFH als Unterstützung erhält, schildert ihre Sehnsucht nach Harmonie und Zufriedenheit in der Familie folgendermaßen: *„Aber es ist halt auch in mir drin der Wunsch einfach so groß, eine normale Familie zu sein, wo man miteinander redet oder der andere dem anderen auch mal zuhören kann und nicht immer nur meckert und schimpft oder auf einem rumhackt. Und so lange rumhackt, bis man so ist, wie er ihm passt. Wir waren zuhause sieben Kinder, wir haben zwar auch gestritten, aber wir sind schon aneinander gehängt. Und trotzdem, wie wenig ich von der Mama weiß und wie wenig die Mama von mir gewusst hat – wir waren zwar eine riesengroße Familie, aber im Prinzip war doch jeder allein, und dass das in meiner Ehe genauso weitergelaufen ist, wo ich mich einfach nicht wehren hab können dagegen. Der Wunsch, es anders zu machen, ist enorm groß in mir. Dann denk ich mir: Wenn man lang genug hinbastelt und hintut, dann müsst doch vielleicht so was zu erreichen sein, so eine Art von Harmonie in einem drin, wo du dich halt einfach rundum ein bisschen wohl fühlst, nicht immer nur funktionierst oder arbeitest oder Dinge erledigst, die du erledigen musst".* Die eigenen biographischen Erfahrungen sind aber oft hart[11] und machen es nicht leicht, die Wünsche, Phantasien und Erwartungen zu realisieren. Zudem machen mangelnde Ressourcen dieses Projekt eines harmonischen Familienlebens zu einem äußerst schwierigen Unterfangen. Das führt zu Problemen „im doppelten Sinn, nämlich einerseits als hautnah zu verspürende Mangellagen und andererseits als Themen für den Ehestreit. So verquicken sich die verschiedensten Schwierigkeiten der Situation dieser Familien zu immer neuen Kombinationen, in denen ein Problem in einem Lebensbereich der Familie Folgeprobleme in anderen Bereichen auslöst – ein schwer zu durchbrechender Zirkel" (Wahl u.a., 1980, S. 58).

Diese Teufelskreise von Hoffnungen und Enttäuschungen, von biographischen Belastungen, die in niedrigem Selbstwert münden, äußerst knappen materiellen Ressourcen, gesellschaftlichen Beschränkungen, die nur wenig Spielraum lassen, usw. sind typisch für Familien, die mit Sozialpädagogischer Familienhilfe unterstützt werden sollen. Dazu kommen vermehrt Konflikte in der Partnerschaft: Die Ehefrauen fordern in wachsendem Maß, die Regeln des gemeinsamen Lebens mehr und neu auszuhandeln. Konfliktpunkt ist z.B. die Erwartung der Frauen, dass sich die Väter mehr an der Familienarbeit, an der Kindererziehung beteiligen. Frau Horchmann formulierte den Lernprozess während der SPFH im Interview folgendermaßen: *„Aber wir versuchen auch mal, miteinander zu sprechen, das ist jetzt besser geworden. Ich denk, dass das schon mehr ist als sonst, weil er hat mich eigentlich ganz allein gelassen mit den Kindern damals. Er hat's vielleicht gar*

---

[11] Die langjährig in der SPFH – in der Arbeitsgemeinschaft Dachauer Familienhilfe – tätige Sozialpädagogin, Diplom-Pädagogin und Familientherapeutin Claudia Spachtholz berichtete in einer mündlichen Mitteilung von ihrer Erfahrung, dass ein sehr hoher Prozentsatz von Eltern, die von ihr durch SPFH begleitet worden waren, selbst in der Kindheit Gewalt und Misshandlungen erlebt hatte, dass etwa 50% der Mütter sexualisierte Gewalt überlebt hatten.

nicht gemerkt, das kann schon sein, er hat halt seinen Beruf gehabt und dann wollt er sich ausruhen, und hat des halt normal gefunden, weil er es vielleicht auch nicht anders gewohnt war, von früher von seinem Vater. Und aber die Zeiten sind anders, und jetzt müssen wir halt lernen, mit den Kindern zurechtzukommen, und auch so, in der heutigen Zeit ist Miteinander wichtig und nicht nur die Frau als Magd; also ich glaub, ich tät des nicht aushalten, wenn ich nur die Magd wär".

Die alten Rollenbilder rühren an lebenslang aufgebaute Erwartungen, sind äußerst zähe Bestandteile der persönlichen Identität, Veränderungen sind hier nur sehr mühsam für die Männer wie für die Frauen erreichbar. Van Stolk und Wouters (1987) beschreiben in ihrer Studie über Frauen in einem Frauenhaus in den Niederlanden, dass die Frauen sich in einem Zwiespalt befanden: „Der innere Zwiespalt in der Form, wie wir ihn bei den Frauen im Bongerd antrafen, kann als ein soziales und psychisches Merkmal von Arbeiterfrauen ihrer Generation aufgefasst werden. Unter dem Druck eines langfristigen sozialen Wandlungsprozesses verschoben sich ihre persönlichen Erwartungen, global gesprochen, in Richtung auf ein egalitäreres Verhältnis zwischen Mann und Frau und auf ein Verhandlungsmodell als Umgangsideal" (ebd., S. 177). Frauen beginnen mit ihren Männern einen Kampf darum, gehört und ernst genommen zu werden, es geht um den Übergang vom „Befehlshaushalt" zum „Verhandlungshaushalt" (ebd., S. 127). Diese Veränderung gilt auch großenteils für die Frauen aus den Familien, die mit Sozialpädagogischer Familienhilfe unterstützt werden. Frau Steiner beschreibt sich selbst so: *„Aber die Zeit, wo ich mit meinem Mann zusammen war, da hab ich zu allem Ja und Amen gesagt und hab geschluckt, und eines Tages ist das zur Explosion gekommen. Und das hat er nie gedacht, dass ich die Scheidung einreich. Ich bin ja viermal schon weg mit den Kindern und immer wieder zurück, weil ich ja nirgends untergekommen bin, mit zwölf Kindern wollte mich niemand haben".* In Familieninterviews, die wir im Rahmen des Projektes durchgeführt haben, betonen Frauen wie Männer die Wichtigkeit dieses Aspektes der SPFH: miteinander reden lernen, sich trauen, einen gemeinsamen Aushandlungsprozess zu beginnen, wie die folgenden Zitate zeigen. Frau Amann hatte auf ein Gesprächsangebot der Familienhelferin hinsichtlich ihrer Partnerschaft mit ihrem Mann zunächst so geantwortet: *„Und ich dann nee, unsere Ehe ist in Ordnung – wie man halt reagiert. Und dann haben wir halt doch gemerkt, da ist was nicht in Ordnung, dass es doch viel an der Ehe liegt, dass wir halt zuwenig miteinander reden. Des sind alles Probleme, die man so gar nicht anspricht, und auch einfach wieder untern Tisch fallen lässt, weil einfach die Zeit nicht da ist oder die Zeit ist da und man nützt die irgendwo anders".* Ihr Mann ergänzt folgendermaßen: *„Und meistens ist des so eingefahren, dass man einfach, da setzt man sich wieder vorn Fernseher und die Kiste läuft und läuft und läuft, und da kann man sich nicht unterhalten".*

Die Mütter in den Familien betonten den wachsenden Mut, mit dem sie sich der Auseinandersetzung stellen: *„Ich weiß auf jeden Fall, seitdem die Familienhelferin bei uns in der Familie ist, ich bin mehr aus mir rausgekommen. Ich konnte mit meinem Mann über viele Dinge nicht reden. Ich konnte ihm meine Meinung nicht sagen. Wenn er mit mir gesprochen hat, bin ich dagesessen und hab geheult wie ein kleines Kind und konnte nichts mehr sagen".* Frau Mesner, die mit 17 geheiratet und drei Kinder hat, erhielt nach der Scheidung Unterstützung durch Sozialpädagogische Familienhilfe und schildert die Trennung folgendermaßen: *"Ich hab wahrscheinlich auch nicht gelernt, irgendwo für mich stark zu sein oder irgendwas durchzudrücken. Mir ist in meiner Ehe alles abgenommen worden, und ich war es einfach nicht gewohnt [...] Die Scheidung war, glaub ich, der letzte Weg. Wir hatten uns also wirklich nichts mehr zu sagen und es hab nicht nur ich drunter gelitten, es haben auch die Kinder drunter gelitten und auch mein Mann bestimmt und wir haben uns wahrscheinlich gegenseitig aufgearbeitet. Und ich war halt diejenige, die gesagt hat: Wenn da so wenig rüberkommt, nur einander aufarbeiten oder nur, weil das so eingelaufen ist oder so eingespielt ist und Trägheit da irgendwo mitspielt, so will ich das auch nicht. [...] Mein Mann ist dermaßen verbittert und kreidet mir das dermaßen an, dass ich die Scheidung eingereicht hab"*. Für Männer sind diese Veränderungen mit vielen Ängsten verbunden: Angst vor Gesichtsverlust, der das oft prekäre Selbstwertgefühl in Frage stellt, Angst vor dem Machtverlust und der Verkürzung der Freiheit, der drohende Verlust von Sinn und Wert, wenn die Frauen mit Scheidung drohen, und Angst vor Verwahrlosung, wenn sie allein zurückbleiben (vgl. van Stolk & Wouters, 1987, S. 217 ff.).

Für die Arbeit der SPFH in Einelternteilfamilien, d.h. zum größten Teil mit allein erziehenden Müttern und ihren Kindern, bedeutet dieser erste Arbeitsansatz, die Einelternfamilien darin zu unterstützen, sich als nicht-defizitäres Familiensystem zu begreifen. Imber-Black (1990) führt aus: „Die Beziehung zwischen größeren Systemen und Familien mit allein erziehenden Müttern ist häufig durch die Zusammenwirkung ähnlicher Überzeugungen über Familien mit einem allein erziehenden Elternteil gekennzeichnet, wobei solche Familien implizit als unvollständig angesehen werden. Oft vertraut dann der allein erziehende Elternteil darauf, dass Erwachsene aus dem größeren System die Rolle des fehlenden Elternteils übernehmen, und die Helferinnen sind oft irrtümlicherweise der Ansicht, dass dies ihre Aufgabe sei. Die Stärken von Familien mit allein erziehendem Elternteil werden nicht anerkannt. Vorhandene Fähigkeiten der allein erziehenden Mutter werden nicht gefördert." (ebd., S. 252). Ein wichtiger Aspekt der Unterstützung der SPFH ist in den Familien nach Trennung und Scheidung die Unterstützung der Mütter und Kinder in diesem Anpassungsprozess. Furstenberg und Cherlin (1993) nennen als Ergebnis ihrer Auswertung verschiedenster empirischer Studien in den USA, dass es für die langfristige Anpassung der Kinder an ihr durch die Scheidung der Eltern verändertes Leben günstig ist, wenn die sorgeberechtigte Elternperson Verantwortung übernimmt und ihre elterlichen Aufgaben so gut wie möglich erfüllt: „Unsere Untersuchungen haben uns davon überzeugt, dass es für das Wohl der Kinder nach der Scheidung vor allem darauf ankommt, dass die Mutter ihren elterlichen Aufgaben nachkommt – also Liebe und Versorgung bietet, eine feste Routine schafft und das richtige Maß an Routine erreicht – und die Kinder nicht in einen anhaltenden Konflikt ihrer Eltern hineingezogen werden."(ebd., S. 182). Zudem geht es um eine Vermittlung zwischen der Familie und dem ausgeschiedenen Elternteil, so dass der Kontakt der Kinder zum abwesenden Elternteil, zumeist der Vater, erhalten bleibt.

4.2 Die Verbesserung der Situation von Erwachsenen und Kindern durch gezielte Außenkontakte und gezielte Förderung der Kinder

Dieser zweite Arbeitsansatz zielt mit in etwa gleichem Arbeitsaufwand auf die Verbesserung der Situation von Erwachsenen und Kindern durch die Förderung gezielter Außenkontakte und die Förderung der Kinder (89% der Familien in der Untersuchung). Dieser Faktor beinhaltet die Organisation von Zusatzhilfen. In der Untersuchung erhielten 56% der Familien zusätzliche Hilfen zur SPFH, die meisten davon bezogen sich auf die Kinder, wobei als häufigste Zusatzhilfen Frühförderung, Hausaufgabenhilfe und Einzeltherapie genannt wurden. Hier geht es um den Bereich der professionellen und privaten Vernetzung der Familien in ihren vielfältigen Bezügen zur Außenwelt, z.B. um Antragstellung und sonstige Kontakte zu Behörden und anderen Institutionen. Der Begriff der Vernetzung zielt im Gegensatz zur formellen Kooperation auf die eher nicht-formalisierten, informellen Bezüge (vgl. Kurz-Adam, 1995; Rothe, 1993; Straus, 1995). Für eine Vernetzung brauchen die Fachkräfte eine gute Kenntnis der Zuständigkeiten und Unterstützungsmöglichkeiten von Familien im Gemeinwesen.

Der erste Bereich von Vernetzung von Familien bezieht sich dabei auf Behörden, Institutionen und sonstige psycho-soziale und gesundheitsfördernde Dienstleistungen: Jugendamt, Wohnungsamt, Arbeitsamt, Sozialamt, Schulen, Kindergärten und Horte, schulpsychologischer Dienst, heilpädagogische Tagesstätten, Frühförderung, Hausaufgabenbetreuung, Berufsbildungsmaßnahmen für Jugendliche, evtl. Ärzte, Kliniken, sozialpsychiatrische Dienste, Rechtsberatung, Schuldnerberatung, Suchtberatung, Eheberatung, Erziehungsberatung, Gruppen für allein Erziehende, Kinderbetreuung, Babysitterdienste, Selbsthilfegruppen, Energieversorgungsunternehmen etc. Kooperationspartner sind hier Einrichtungen, die durch ihr spezifisches Wissen SPFH ergänzen bzw. deren Dienste den Familien und den Kindern und Jugendlichen als längerfristige Unterstützungsleistungen vermittelt werden. Der zweite Bereich von Vernetzung bezieht sich auf informellere Unterstützungsleistungen und Organisation von Sachmitteln. Das beginnt damit, dass eine Familienhelferin weiß, wer einer allein erziehenden, von Sozialhilfe abhängigen Mutter etwas transportieren kann, wo eine Familie günstig Möbel und Kleidung erhält, welche zusätzlichen finanziellen Fördermöglichkeiten es gibt (z.B. Stiftungsmittel), wer informell Kinderbetreuung und Babysitting übernehmen kann usw. Drittens geht es um Freizeitangebote, Sportvereine, öffentliche Bibliotheken, Museen, Ferienangebote für Kinder und Familien, Kuren, Volkshochschulkurse, Gruppenangebote (meist für Mütter) und Familienfreizeiten, wenn sie nicht vom Dienst der SPFH selbst durchgeführt werden.

Dieses Wissen gilt es, den Familien zur Verfügung zu stellen und mit ihnen daran zu arbeiten, dass sie selbst diese Möglichkeiten für sich nutzen lernen. Die Familie muss allerdings selbst entscheiden, welche Angebote sie wann und wie annehmen will. Netzwerkarbeit mit Familien muss vorsichtig vorgehen und die nicht unberechtigten Ängste der Familien beachten. Die Grenzen der Intervention müssen von den Familien selbst gesetzt werden: „Netzwerkberatung [...] muss sich davor hüten, mit einem romantisierenden Bild kollektiver Sozialbeziehungen an die Wirklichkeit heranzutreten, einer Wirklichkeit, der oft nichts ferner ist, als die Sehnsucht nach solchen Formen caritativer Alltagshilfe."(Straus u.a., 1987, S. 198). Im wesentlichen geht es bei diesem Aspekt der Arbeit um Vermittlung: Vermittlung des Alltags der Familien in andere gesellschaftliche Bereiche und zu den in ihnen geltenden besonderen, strukturellen und kommunikativen Logiken, vor allem im Interesse der Kinder, die diesen Spagat, z.b. zwischen den unterschiedlichen Anforderungen und Normen von Schule/Kindergarten/Hort und Elternhaus immer wieder leisten müssen. Neben dieser Arbeit an der Stärkung eines öffentlichen Unterstützungsnetzwerkes von Familien geht es ebenso um das private Netzwerk der Familien: „Freilich muss auch diese natürliche Netzwerkberatung sehr behutsam geschehen und darf nicht zu einer ‚Kolonialisierung' eines weiteren Alltagsbereiches führen [...]" (Straus u.a., 1987, S. 198). Im Rahmen dieses Bereichs der Vernetzung der Familien bieten etliche Dienste der Sozialpädagogischen Familienhilfe verschiedene Formen von Gruppenarbeit zusätzlich zur Einzelfallarbeit mit den Familien an.[12] Die hauptsächlichen Formen sind Gruppenangebote für Mütter, gemeinsame Jahreszeitenfeste und Familienfreizeiten (siehe dazu Helming u.a., 1996, S. 369 ff).

4.3 Der lebenspraktische Bereich und die Verbesserung der materiellen Lage

In diesen Ansätzen geht es um die Verbesserung der Wohnsituation, der materiellen Grundlagen durch Schuldenregulierung oder eine Verbesserung der Einkommens- und Arbeitssituation sowie um die Anleitung der Erwachsenen in praktischen Dingen in verschiedener Hinsicht (60% der befragten Familien).

Ein Beispiel soll die besondere Mischung, die eine „Mehrgleisigkeit" (Goldbrunner, 1989) des Denkens und Handelns der Fachkräfte notwendig macht, verdeutlichen.

Familie Karst ist eine Kernfamilie mit zwei Kindern im Alter von sieben und vier Jahren. Anlass für die Familienhilfe sind Schulschwierigkeiten des ältesten Kindes, das nicht in die Schule gehen will. Hinzu kommen Schwierigkeiten in der Erziehung der Kinder, die Mutter fühlt sich von ihrem Mann allein gelassen und ist überfordert. Dazu kommen Angst vor Arbeitsplatzverlust, Angst vor Verteuerung der Betriebswohnung, Schulden, voraussichtlich längere Abwesenheit des Vaters wegen einer Schulungsmaßnahme, hoher Alkoholkonsum beider Eltern, Partnerschaftsprobleme und eine schwere Krebserkrankung des Vaters. All das trägt bei zu einer äußerst prekären, riskoreichen und schwer zu bewältigenden Existenz dieser Familie. Das Handeln der Familienhilfe soll anhand des zweiten Besuchs der Familienhelferin in dieser Familie illustriert werden: Frau Karst ist ebenfalls erkrankt, es steht eine Operation bevor, die Familienhelferin klärt mit der Familie Bedingungen für Familienpflege, die in dieser Zeit die Kinder versorgen soll; Anträge auf Kostenübernahme für die Familienpflege müssen ausgefüllt werden. Die Eltern beklagen sich über die Belastung durch ständigen Streit ihrer Kinder. Die

---

[12] Ries (1995a, 1995b) spricht hier von „Einbindung" und von der Notwendigkeit der Schaffung einbindender Kulturen.

Kinder haben Kindergarten und Schule nicht besucht. Die Familienhelferin erzählt von einer Selbsthilfegruppe für Krebskranke für den Vater. Es wird beredet, ob die ältere Tochter in einer heilpädagogischen Einrichtung ganztags untergebracht werden soll, die Familienhelferin gibt der Familie Adressen. Sie versucht mit Frau Karst ihren Tagesablauf durchzugehen, um Stresspunkte und Überforderungssituationen in Bezug auf die Kinder herauszufinden. Die Familienhelferin möchte die Eltern ermutigen, den Kindern klarere Grenzen zu setzen. Sie stellt die Familienfreizeit des Dienstes der SPFH vor, die von Frau Karst begrüßt wird, da sie sich darüber beklagt, dass sie nie rauskommt aus der Familie. (Helming u.a., 1996, S. 94)

5 Organisationsformen der Hilfe in der BRD

Ein Paradox in der Jugendhilfe ist, dass Fremdunterbringungen von Kindern als selbstverständliche Kosten akzeptiert werden, an der ambulanten Unterstützung aber zu sparen versucht wird. Vergleicht man Heimerziehung und Sozialpädagogische Familienhilfe, dann wird klar, dass die SPFH im Vergleich zur Heimunterbringung deutlich günstiger ist. SPFH erfordert Vielseitigkeit, Flexibilität und Integration verschiedenster Methoden, so dass die Anforderungen an die Qualifikation einer Fachkraft der SPFH entsprechend hoch sind. Dass diese Hilfeform in der BRD oft nicht auf dem notwendigen Niveau, sondern manchmal durch Honorarkräfte oder sogar durch Laien durchgeführt wird, ist ein weiteres zu konstatierendes Paradox. Vermutlich hat dies seinen Grund in der sozialen und gesellschaftlichen Randstellung armer Familien, die in der Kombination von „helping the poor" und „poor helping" eine Entsprechung findet. Zudem ist die soziale Wertschätzung derart „alltagsnaher", nicht spezialisierter Tätigkeit gering. Spezialisierte, z.B. therapeutische Leistungen, werden als „professioneller" und qualifizierter angesehen und damit auch besser bezahlt. Die Rahmenbedingungen der Arbeit sind in der SPFH äußerst unterschiedlich: Die Einbindung der Hilfe vor Ort in organisatorische Strukturen (bei öffentlichen oder freien Trägern, in Teams, festangestellt oder auf Honorarbasis) variiert ebenso wie die Art der Finanzierung (einzelfallbezogen oder pauschal) sowie die Qualifikation der Fachkräfte und die räumlichen und sächlichen Voraussetzungen. Diese Rahmenbedingungen beeinflussen die Qualität und die Wirksamkeit der Arbeit.

In vielen Bundesländern gibt es die SPFH auf Honorarbasis, bspw. in Berlin ausschließlich. Dies bedeutet, dass das Jugendamt den Familien Familienhelferinnen vermittelt und die Kosten für eine stundenweise abzurechnende Tätigkeit übernimmt. Oft werden arbeitslose Akademikerinnen, Studentinnen der höheren Semester usw. eingestellt, die durch ihre Tätigkeit weder sozial abgesichert noch ausreichend ausgestattet sind (Supervision, Räume, bezahlte Zeit für Arbeitsbesprechungen). Die Zusammenarbeit mit der Bezirkssozialarbeit ist schwierig, die Familienhelferinnen haben keinen fachlichen Rückhalt in einer eigenen Institution. Sie sind abhängig vom Wohlwollen der Mitarbeiter des Jugendamtes, um weiterhin Arbeitsaufträge zu erhalten. Hilfe wird so eher im Sinn einer fürsorglichen Betreuung geleistet, statt Anregung und Unterstützung von Veränderung zu sein (Helming u.a., 1996, S.108 ff.). Es besteht die Gefahr einer einseitigen Parteinahme, womit sowohl ein Scheitern der Familienhilfe als auch die Möglichkeit verbunden ist, dass das Wohl der Kinder sogar Schaden nimmt (vgl. Nielsen u.a., 1986; Conen, 1993).

Stark (1996) spricht aus den Erfahrungen der Selbsthilfebewegung von einer notwendigen „strukturellen Souveränität der Rahmenbedingungen des Helfens" (ebd., S. 31), welche die persönliche und professionelle Souveränität ergänzen muss. Auch wenn fachlich qualifizierte Familienhelfer ohne Anbindung an ein Team arbeiten, ist der fachliche Austausch für sie nur in sehr reduziertem Maß möglich. Dabei ist der Druck des Alltagsgeschehens in den Familien in der Sozialpädagogischen Familienhilfe oft so groß, dass kollegialer Austausch und gegenseitige Beratung dringend notwendig sind. Bei einer Anbindung von Familienhelfern an das Jugendamt ist die Frage nach der Unabhängigkeit der Fachkräfte von den hoheitlichen Aufgaben der öffentlichen Jugendhilfe zu stellen. Denn in vielen Familien sind die Probleme so gravierend, dass ein Sorgerechtsentzug im Gespräch ist, d.h. die öffentliche Jugendhilfe auch tätig wird in Bezug auf ihr gesetzliches Wächteramt. Zugleich findet die Hilfe im Innenraum der Familie statt und hier kann ein Konflikt zwischen Kontrolle und Hilfe entstehen.

6   Ambivalenzen und Spannungsfelder

Sozialpädagogische Familienhilfe steht in einem auszubalancierenden Feld von Hilfe und Kontrolle, von Kindeswohl und Unterstützung der Eltern. Das Wohl der Kinder und Jugendlichen ist der Ausgangspunkt der Hilfe und diese ist eingebunden in das System der Jugendhilfe, deren Selbstverständnis sich allerdings verändert hat. Aber trotz aller Orientierung an Prinzipien von Partizipation und Lebensweltorientierung mag es im Einzelfall schwierig sein, diese Orientierung aufrechtzuerhalten: wenn Eltern beispielsweise schwere Suchtprobleme haben, wenn sie mit ihren Kindern auf eine sehr destruktive Art und Weise umgehen oder offensichtliche Hilfemöglichkeiten nicht nutzen. Es gibt keine eindeutige Antwort auf die Frage, ob SPFH „Hilfe oder Kontrolle" ist. Es gibt Elemente von Kontrolle, da Sozialarbeiterinnen in der Familie auch bestimmte gesellschaftliche Normen vertreten. Jede Sozialarbeiterin wird Arbeitshypothesen darüber haben, was in einer Familie ihrer Meinung nach „falsch läuft"; Handeln braucht als Basis Annahmen darüber, welche Veränderungen sinnvoll erscheinen. Thiersch (1978) spricht von „moralisch riskanten Balanceakten": „Alltag ist gefährdet durch die Einseitigkeit einer weichen überidentifizierten Alltäglichkeit ebenso wie durch die Verfremdung der abstrakten Ansprüche und Theorien, daraus resultieren Loyalitätskonflikte, Unsicherheiten, Zweifel, Verzweiflung in der Identität, im Selbstverständnis des Pädagogen"(ebd., S. 230). Dennoch sollte der Ausgangspunkt der Hilfe in den Familien selbst liegen, d.h. welche Hilfe sie für sich wollen, mit der Einschränkung, dass das Kindeswohl zu beachten ist. Dies erfordert immer Prozesse der Abwägung, die selten wirklich eindeutig zu klären sind. Wenn es um die Herstellung von Mündigkeit und Personalität geht, wird es immer wieder im Einzelfall ein zerbrechliches Gleichgewicht und Auspendeln der notwendigen Interventionen, Schritte, methodischen Vorgehensweisen geben. Wiesner (1996) gibt das Beispiel: „Wie weit muss etwa ein Verdacht auf sexuellen Missbrauch substantiiert sein, damit das Jugendamt tätig wird und welche Strategie ist im Einzelfall die erfolgversprechende Behandlung? Beratung, Hilfe, Therapie oder auch vormundschaftliche Eingriffe? Hier helfen auch Rechtsvorschriften nicht weiter, sie können nur den Rahmen liefern für eine folgenschwere, fachlich fundierte und durch Lebenserfahrung abgesicherte Risikoabwägung im Einzelfall" (ebd., S. 288).

Wichtig bleibt, dass SPFH grundsätzlich orientiert ist an der Würde und Integrität auch der sich in großen Schwierigkeiten befindenden Eltern, Kinder und Jugendlichen, daran, ob die Interventionen in der Lage sind, die Möglichkeiten der Selbstbestimmung zu erhöhen. „Wir glauben, es ist eher unser Job, Klientinnen zu helfen, Kontrolle über ihr eigenes Leben zu übernehmen, als dass wir die Kontrolle über ihr Leben übernehmen", so das Motto eines amerikanischen Kriseninterventionsprogramms in Familien (Kinney, Haapala & Booth, 1991, S. 63, Übersetzung d. Vf.). Leicht ist es oft nicht, weil das Wohl der Kinder Ziel der Arbeit ist und Sozialpädagogen deshalb in Interessenkonflikte hineingeraten können. Am Ausgangspunkt der Jugendhilfe stand die Vorstellung, das Wohl von Kindern hauptsächlich über die Trennung der Kinder von den Eltern, von ihrem Herkunftsmilieu erreichen zu können, was im Übrigen in starkem Maße auch das Selbstverständnis der Jugendhilfe in der DDR bestimmt hat (vgl. Weise, 1995). Andererseits gibt es Ansatzpunkte aus Untersuchungen von Heimkindern, aus Studien zum Pflegekinderbereich, aus Befragungen von Straßenkindern usw., in denen die Kinder und Jugendlichen äußern, dass sie eigentlich doch bei ihren leiblichen Eltern leben möchten (van Susteren, 1996; Jogschies, 1996; DJI, 1987). In der Familientherapie ist das Problem als eines der Loyalitäten bzw. Loyalitätskonflikte formuliert worden (Boszormenyi-Nagy & Spark, 1993; Conen, 1996a; Wolf, 1999; Balluseck, 1999). Wenn Sozialarbeiterinnen abwertend und bevormundend mit Eltern umgehen, bedeutet dies, Kinder in Konflikte zu stürzen bzw. ihre Schwierigkeiten zu verschärfen. Auch wenn eine Fremdunterbringung notwendig wird, sollte diese in einem Konsens mit den Eltern verlaufen, um Bindungen der Kinder nicht zu zerreißen. Die Vorbereitung einer solchen einvernehmlichen Trennung kann auch Aufgabe von Sozialpädagogischer Familienhilfe sein.

7 Empowerment als konzeptionelle Basis von Sozialpädagogischer Familienhilfe

Das Konzept des Empowerment, das als konzeptionelle Basis einer qualifizierten Sozialpädagogischen Familienhilfe sinnvoll erscheint, nimmt diese Ambivalenzen und Widersprüche auf, ohne sie einzuebnen. Rappaport (1985) benennt zwei grundsätzliche Ansätze psychosozialer Arbeit, die jeweils die Widersprüche zu umgehen versuchen. Der erste Ansatz geht aus von den Bedürfnissen der Klientinnen, der zweite betont die Rechte der Menschen. Rappaport zeigt auf, dass keiner der beiden Ausgangspunkte allein ausreichend ist. Die Betonung der Rechte führt zu „wohlwollender Vernachlässigung. [...] Rechte ohne Ressourcen zu besitzen, ist ein grausamer Scherz. Diese Haltung ist motiviert durch den großen Respekt vor dem individuellen Recht, nicht sozialisiert oder kontrolliert zu werden, solange man niemandem außer sich selbst Schaden zufügt. [...] Derzeit entsteht eine neue Form einer konservativen Ideologie der persönlichen Verantwortung, die auf neue und raffiniertere Weise den Opfern die Schuld zuschreibt"(ebd., S. 268 f.). Die Betonung der Bedürfnisse kann andererseits zu „fürsorglicher Belagerung" (ebd., S. 266) führen. Im Konzept des Empowerment sollen beide Seiten, Rechte und Bedürfnisse, verknüpft werden: „Unter ‚empowerment' verstehe ich, dass es unser Ziel sein sollte, für Menschen die Möglichkeiten zu erweitern, ihr Leben zu bestimmen. [...] Mit dem Konzept ‚empowerment' können wir nicht länger Menschen einfach als ‚Kinder in Not' oder als ‚Bürger mit Rechten' sehen, sondern vielmehr als vollwertige Wesen, die sowohl Rechte als auch Bedürfnisse haben. Wir müssen uns mit dem Widerspruch auseinandersetzen, dass selbst Menschen mit wenigen Fähigkeiten oder in extremen Krisensituationen, genauso wie jeder von uns, eher mehr als weniger Kontrolle über ihr eigenes Leben brauchen. Das heißt nicht notwendigerweise, dass wir deren Bedürfnisse nach Hilfe vernachlässigen, wenn wir für mehr Selbstbestimmung votieren. Empowerment ist eine Denkweise, die mehr Klarheit über die divergente Natur sozialer Probleme bringt"(ebd., S. 269). Ausgangspunkt wird die Frage, wie man anderen zu ihren eigenen Bedingungen helfen kann. Das heißt, professionelle Hilfe darf nicht abgekoppelt sein von den Motiven, den Rechten und den Stärken der Klientinnen. Die Frage lautet also: „Sind wir in unserer Gesellschaft fähig, die Rechte der Menschen zu erkennen und zu respektieren, ohne ihre Bedürfnisse zu vernachlässigen? Können wir anderen Gutes tun zu ihren Bedingungen?" (Rothman, zit. nach Stark, 1996, S. 28). Eine Haltung des Empowerment kann sich gerade nicht nur auf ein bestimmtes Klientel beziehen, das von der Sozialen Arbeit dazu für „fähig" erachtet wird, sondern ist eine grundsätzliche Arbeitshaltung, die in Übereinstimmung steht mit der Philosophie des Kinder- und Jugendhilfegesetzes. Im Vordergrund einer Arbeit auf der Basis von Empowerment steht der Aspekt der Gewinnung oder Wiedergewinnung von Kontrolle über das eigene Leben und die eigenen Lebensbedingungen, von Stärke, Energie und Phantasie zur Gestaltung seines Lebens.

Frau Pirger, die zu Beginn zitiert wurde, beschreibt die Veränderung von sich selbst als einen Prozess des Selbstständig-Werdens, der Fähigkeit, Kontakte aufnehmen zu können und sich mit dem Sohn zu verstehen. Durch die Familienhilfe hat sich verändert: *„Dass ich mit dem Buben besser umgehen kann. Wenn ich zu ihm sag: ‚Das darfst du nicht machen', dann macht er's auch nicht. Und dass er jetzt endlich mal redet, weil der hat ja vorher nichts geredet. Und dass ich halt viel offener geworden bin, zu den Leuten, und da hab ich schon viel gelernt von der Familienhilfe. [...] Weil ich hab mich andauernd da reingehockt in die Wohnung und wollt eigentlich keinen sehen, und seitdem, dass die Familienhelferin da war, hab ich mich eigentlich verändert [...], dass ich jetzt auf meinen eigenen Füßen stehe".*

Nach Stark (1996, S. 119) hat *Empowerment* folgende Dimensionen, die anhand von Aussagen aus einem Interview erläutert werden sollen. Frau Tagert [13] spricht darüber, was die Sozialpädagogische Familienhilfe für sie bedeutet hat:
- Ein aktives und positives Gefühl des ‚In der Welt- Seins' leben: „Aber ich weiß jetzt wenigstens, was ich geschafft hab. Und wofür ich da bin. Früher: jeden Morgen aufstehen, jeden Abend ins Bett gehen, immer dasselbe. Jetzt ist es anders: Ich hab einen Lebenslauf, ich hab einen Grund, wofür ich existiere."
- Fähigkeiten und Strategien ausbauen, um Ziele erreichen zu können: „Ich tue, was mir mein Herz sagt", „Ich gehe hin und frage danach" (Pflegegeld für den behinderten Sohn), „Da hast Du (Familienhelferin) mich ein bisschen runtergeholt, nicht gleich immer ausflippen (auf Behörden, in Institutionen), immer strahlen." Frau Tagert kämpft um Unterstützung für ihre Kinder, besonders ihren behinderten Sohn.
- Netzwerk entwickeln: „Weil jetzt hab ich wirklich Freunde gefunden, und ich hab's gut, die wohnen hier im Haus. Ich hatte früher eigentlich keine Freundin, die einzige Freundin, die ich hatte, die wohnt weit weg". „Ich weiß, dass Leute da sind, wenn ich sie brauch, was früher auch nicht so war."
- Kritisch um die eigene Situation wissen: „Das versteht eine Frau K. vom Sozialamt nicht, weil die ihr schönes Zuhause hat und Designermöbel und was weiß ich noch alles. Wenn wir nach einer Rolle Tapete fragen, die 13,50 kostet und dann einen Arschtritt kriegen, das ist nicht so schön, das gefällt mir auch nicht. [...] Beim Sozialamt haben wir oft das Gefühl gehabt, die nehmen's aus der eigenen Tasche. [...] Aber es ist keine Realität, wenn man hinschreibt: Wir tun was für Behinderte. [...] Ein Herz für Behinderte, ein Herz für Kinder. Und wenn du mit einem Kind über die Straße gehst, hält kein Autofahrer an."
- Sich in sozialen Austauschprozessen bewegen: z.B. zu den eigenen Eltern: *„Jetzt hat sich mein Vater ja geändert, er kommt auch her, besucht uns, jetzt geht's so"* (nachdem sie mit Unterstützung der Familienhelferin vor Gericht einen Entzug der Vormundschaft ihrer Eltern ihr gegenüber durchgesetzt hatte). Gegenüber Kindergarten, Ärzten, Behörden aller Art: *„Behördenmäßig, da ist es eben so, ich merk das auch durch den Kindergarten: ‚Der Alex würde riechen, der ist eine Zumutung für die anderen Kinder' – und lauter solche Dinge: Die tun dich runterputzen. Aber wenn du jemand hast, der hinter dir steht und sagt: ‚So läuft es nicht, ich weiß genau, sie kümmert sich um die*

---

[13] Frau Tagert stammt aus den neuen Bundesländern, sie ist selbst im Heim aufgewachsen, ihr eigener Vater war alkoholabhängig. Sie bekam mit 16 das erste Kind, das behindert ist und ein Jahr später das zweite Kind. Frau Tagert war persönlich ziemlich am Ende: *„Und wäre sie* (die Familienhelferin) *nicht gekommen, da wäre ich auf jeden Fall schon tot. Weil wenn man so viele schlechte Erfahrungen macht immer, dass du schlecht bist und es wird nichts und wird alles schlechter, dann dauert es nicht mehr lange. Also, ich wäre da schon längst weg gewesen, weil ich selber mit meinem Leben nicht klar gekommen wäre. Und dann noch die Geburt, die Anträge ausfüllen, Erziehungsgeldantrag, zu erledigen und zu bezahlen, ich hätt es nicht alleine gemacht. Dem Jungen die Flasche geben, mich um den gekümmert, musste ich ja auch alles lernen [...] Also, ich hätte mich nicht um den gekümmert."* Die Unterstützung von Frau Tagert durch Familienhilfe dauert drei Jahre.

Kinder', das ist gut. Gerade bei Behörden und Sozialamt, wenn es um Geld geht. [...] Man fühlt sich total herabgewürdigt. Wenn man da niemand hat, geht man total unter."
- Die Demoralisierung überwinden: „Ich habe gelernt, dass es anders sein kann, als in einer Welt voll Müll zu leben."

Für eine professionelle Arbeitshaltung im Sinne des Empowerments werden von Schachtner (1994) folgende sozialpädagogische Kompetenzen benannt:
- Eigen-Sinn entdecken können, statt vorschnell etikettieren
- Widersprüche denken können
- Ideen zu Lösungen entwickeln und als offene in die sozialpädagogische Beziehung einbringen und verhandeln, Lösungsideen nicht als einzig mögliche Patentrezepte verkaufen
- vertragsförmige Gestaltung der Beziehung
- Fähigkeit der Koordination und Vermittlung zwischen verschiedenen Kontexten.

Familienhelferinnen brauchen also eine Arbeitshaltung, die wie folgt von Stark (1993) beschrieben wird: „Empowerment als professionelle Haltung kann als Versuch verstanden werden, die sozialtechnologische ‚Reparaturmentalität' helfender Berufe zu überwinden, indem die Aufgabe der Professionellen darin gesehen wird, einen Prozess zu ermöglichen und anzustoßen, durch den Personen innerhalb sozialer Systeme bestimmte (persönliche, organisatorische und gemeinschaftliche) Ressourcen entdecken können, die sie befähigen, größere Kontrolle über ihr eigenes Leben (und nicht über das anderer Menschen) auszuüben und ihre Ziele zu erreichen"(ebd., S. 41). Deshalb ist ein Umdenken erforderlich, das vielleicht mit Fragen beginnt wie z.B.: Wie hat diese Familie bisher unter so schlechten Bedingungen überlebt? In welchen Bereichen braucht diese Familie keine Unterstützung? Auf was kann die Hilfe in der Familie, bei den einzelnen Personen, aufbauen? Es geht also um „Geschichten der Stärke in einer Situation des Mangels" (ebd., S. 43). Manchmal müssen auch Familien, Väter und Mütter erst überzeugt werden von den eigenen Stärken und Fähigkeiten, denn es kann Unsicherheit hervorrufen, als kompetenter Mensch ernst genommen zu werden, was bedeutet, Verantwortung nicht mehr delegieren zu können (Conen, 1996b). Empowerment beginnt mit einer bestimmten Haltung den Familien gegenüber, durch die ein Suchprozess initiiert wird, eine Suche nach Ressourcen innerhalb und außerhalb der Familien. „Empowerment ist [...] der dritte Weg neben Prävention und Anwaltschaft, auf dem der Experte nicht, wie in den beiden anderen Konzepten, der Meister ist, der die Antwort weiß. Er übernimmt vielmehr die Rolle eines Katalysators, indem er bezogen auf die drei genannten Ebenen (individuelle Ebene, Gruppenebene, sozialstrukturelle Ebene) handelt mit dem Ziel, Verbindungen herzustellen und Austauschprozesse einzuleiten, in deren Verlauf sich neue, das Subjekt stützende und fördernde Konfigurationen bilden. So könnte z.B. Sozialpädagogische Arbeit mit isolierten Familien in einem Stadtviertel darin bestehen, neben der Einzelberatung Familienfreizeiten für mehrere Familien anzubieten sowie darüber hinaus mitzuarbeiten in stadtteilbezogenen überinstitutionellen Gremien zur Verbesserung der Infrastruktur für Familien" (Schachtner, 1994, S. 304). Hier kann ein konsequenter Einbezug von Gruppenarbeit für Familien, die deren Vernetzung fördert, als auch eine Kooperation und Vernetzung mit anderen sozialen Einrichtungen im Stadtteil oder in einer bestimmten Region hilfreich sein. Dies setzt eine Regionalisierung der Sozialpädagogischen Familienhilfe voraus. Beispiele von gemeinwesenorientierten Arbeitsansätzen in ein Konzept Sozialpädagogischer Familienhilfe sind die Initiierung von Alphabetisierungskursen, die Förderung der Zusammenarbeit von Schule und Jugendhilfe (vgl. May, 1993), die Einbindung in stadtteilbezogene Arbeitskreise, in denen sozialstrukturelle Defizite des Stadtteils eruiert und an die Politik weitergegeben werden (vgl. Kinderschutz und Mutterschutz München e.V., 1993). Sinnvoll ist die Vernetzung mit anderen Angeboten eines Stadtteils oder einer Region bis hin zu Arbeitsbeschaffungsmaßnahmen und Qualifizierungsmaßnahmen (Ries, 1995a,b), da Ausgrenzungen vom Arbeitsmarkt z.B. über einzelfallbezogene Hilfen allein kaum zu überwinden sind. Unter einer Perspektive des Empowerment erscheint diese Art der Verbindung der Arbeit in einzelnen Familien mit Gruppenarbeit und gemeinwesenorientierten Aspekten die aussichtsreichste und beste Möglichkeit, mit armen Familien zu arbeiten und gemeinsam mit ihnen nach Ressourcen zu suchen. Jugendhilfe ist in der Arbeit mit gesellschaftlichen Widersprüchen konfrontiert, die im Ort der Familie zum Tragen kommen. Oft genug kommt Sozialpädagogische Familienhilfe an ihre Grenzen. Vernetzung, Kooperation und ressourcenorientiertes Handeln brauchen Voraussetzungen im Gemeinwesen, die aber durch eine Sozialpädagogische Familienhilfe, die gemeinwesenorientierte Aspekte in die Arbeit mit den einzelnen Familien einbezieht, gefördert werden können (s. dazu Helming u.a., 1996).

Eine zukünftige Weiterentwicklung Sozialpädagogischer Familienhilfe sollte zudem die Ansätze der Krisenintervention in Familien (siehe dazu Gehrmann & Müller, 1998; Helming, 1999; Planungsgruppe Petra, 2000) zum Anstoß nehmen, um konzeptionell mehr über Dauer, Effizienz und Evaluation nachzudenken – trotz ihrer Mehrdimensionalität und der Notwendigkeit, auf die vielfältigen und diffusen, wenig eingrenzbaren Schwierigkeiten der Familien einzugehen. SPFH sollte in ihrem Einsatz besser strukturiert werden, beispielsweise durch konsequente Selbstevaluation, Einsatz von Selbsthilfeplänen, Ausbau von Kontraktmanagement (Rothe, 1996). Kriterien qualitativer Arbeit in der SPFH müssen in den alltäglichen Handlungen erkennbar sein. Empowerment, Ressourcen- und Lebensweltorientierung dürfen nicht zu beschönigenden Vokabeln verkommen, die jede/r locker im Mund führt, ohne zu wissen, was sie praktisch bedeuten: Es verlangt einige Übung und Erfahrung, um diese Haltungen in den Alltag, ins alltägliche methodische Verhalten und in Sprache zu übersetzen, „kleinzuarbeiten". Für diesen Lernprozess sind Formen der Selbstevaluation nicht nur nützlich, sondern Bedingung.

Literatur

Balluseck, H. v. (2000): Ressourcen von Eltern – Ressourcen der Sozialarbeit. Zur Elternarbeit bei drohender Fremdplazierung. Soziale Arbeit Heft 1/2000, 10-15.

Balluseck, H. v. (1999): Familien in Not. Wie kann Sozialarbeit helfen? Freiburg.
Bayerisches Landesjugendamt (Hrsg.) (1995): Bericht über die 9. Arbeitstagung für Fachkräfte in der SPFH vom 17.7. – 19.7. 1995.
Blüml, H./Helming, E./Schattner, H. (1994): Sozialpädagogische Familienhilfe in Bayern, Abschlussbericht.
Boszormenyi-Nagy, I./Spark, G. M. (1993): Unsichtbare Bindungen. Die Dynamik familiärer Systeme. Stuttgart.
Christmann, Ch./Elger, W. (1986): Sozialpädagogische Familienhilfe im Überblick. Bestandsaufnahme für die Bundesrepublik und Berlin-West. In: Neue Praxis, 16, 2.
Conen, M.-L. (1993): Sozialpädagogische Familienhilfe am Wendepunkt. Soziale Arbeit 9-10. 1993, 291-298.
Conen, M.-L. (1996a): Wenn Heimerzieher zu nett sind. Heimkinder im Loyalitätskonflikt zwischen Eltern und Erziehern. In: Evangelische Jugendhilfe, Nr. 4.
Conen, M.-L. (1996b): Aufsuchende Familientherapie mit Multiproblemfamilien. In: Kontext – Zeitschrift für Familientherapie, Heft 27/2, 1996, 150-165.
Conen, M.-L. (1996c): „Wie können wir Ihnen helfen, uns wieder loszuwerden?" – Aufsuchende Familientherapie mit Multiproblemfamilien. In: Zeitschrift für systemische Therapie, Jg. 14(3), Juli 1996, 178-185.
Der Minister für Arbeit, Gesundheit und Soziales des Landes NRW (Hrsg.) (1985): Sozialpädagogische Familienhilfe in Nordrhein-Westfalen. Bestandsaufnahme fachlicher Entwicklungen durch das Institut für soziale Arbeit e.V. Münster.
DJI (Hrsg.) (1987): Handbuch Beratung im Pflegekinderbereich. München.
Dornes, M. (1997): Die frühe Kindheit. Entwicklungspsychologie der ersten Lebensjahre. Frankfurt a. M.
Furstenberg, F./Cherlin, A. (1993): Geteilte Familien. Stuttgart.
Gehrmann, G./Müller, K. D. (1998): Praxis sozialer Arbeit: Familie im Mittelpunkt. Handbuch effektives Krisenmanagement für Familien. Regensburg, Bonn.
Goldbrunner H. (1989): Arbeit mit Problemfamilien. Systemische Perspektiven für Familientherapie und Sozialarbeit. Mainz.
Hanesch, W. u.a. (1994): Armut in Deutschland. Der Armutsbericht des DGB und des Paritätischen Wohlfahrtsverbandes. Hamburg.
Heindl, H. (1996): Rede auf der Fachtagung der Landesarbeitsgemeinschaft der Bayerischen Familienhelferinnen am 22.11.1996 im DJI München.
Helming, E. (1999): Hilfen für Familien in Krisensituationen. Vom „Homebuilders Model" über das „Families First Program" zu Familienaktivierungs-Konzepten in Deutschland. In: Zeitschrift für Pädagogik, 39. Beiheft, 1999, 153-168.
Helming, E./Schattner, H./Blüml, H. u.a. (1996, 3. Auflage 1999): Handbuch Sozialpädagogische Familienhilfe. Stuttgart: Kohlhammer Verlag.
Herrmanns, J. (1996): Risk Accumulation in Child Rearing and the Concept of Family Support. In: Reader der Tagung „Youth at Risk", Nordwijkerhout, Holland, November 1996. Unveröffentlichtes Manuskript.
Imber-Black, E. (1990): Familien und größere Systeme. Im Gestrüpp der Institutionen. Heidelberg.
Jogschies, P. (1996): Auf der Straße abholen. In: Caritas in NRW. Heft März.
Kinderschutz und Mutterschutz e.V. München, Außenstelle Heidemannstraße (1993): Tätigkeitsbericht. Stand 31.12.1993. München.
Kinney, J./Haapala, D./Booth, Ch. (1991): Keeping Families Together. The Homebuilders Model. New York.
Kühl, W. (1996): Kompetenzentwicklung der Sozialpädagogischen Familienhilfe in den neuen Bundesländern. Manuskript.
Kurz-Adam, M. (1995): Geistergespräch: Kooperation + Vernetzung in der Erziehungsberatung. In: Neue Praxis.4/95.
Marbach, J. (1989): Soziale Netzwerke von Familien – Wer hat, dem wird gegeben. In: DJI (Hrsg.): Familienalltag. Ein Report des Deutschen Jugendinstituts. Reinbek.
Maßmann, A. (1994): Erfahrungen einer Sozialpädagogischen Familienberaterin. In: Jugendhilfe 32, Heft 2.
May, G.-R. (1993): Der Ansatz der Gemeinwesenarbeit in der SPFH. DJI-Arbeitspapier Nr. 5-100.
Meier, U. (1994): Die neue Beliebigkeit? Familie der 90er Jahre. In: Diskurs, 27, 4.

Müller C. W. (1982): Wie helfen zum Beruf wurde. Weinheim, Basel.
Müller C. W. (1988): Achtbare Versuche. Zur Geschichte der Praxisforschung in der Sozialen Arbeit. In: Maja, H. (Hrsg.): Praxisforschung in der Sozialen Arbeit. Freiburg.
Nielsen; H./Nielsen, K./Müller, C. (1986): Sozialpädagogische Familienhilfe. Probleme, Prozesse und Langzeitwirkungen. Weinheim, Basel.
Ninck, D. (1981): Diese fremde Familie, mein guter Wille und meine schwierige Parteilichkeit. In: Sozialmagazin. Heft Februar.
Peukert, D./Münchmeier, R. (1990): Historische Entwicklungsstrukturen und Grundprobleme der deutschen Jugendhilfe. In: Sachverständigenkommission 8. Jugendbericht (Hrsg.): Jugendhilfe – Historischer Rückblick und neuere Entwicklungen. München.
Pfeifer-Schaupp H.-U. (1995): Jenseits der Familientherapie. Systemische Konzepte in der Sozialen Arbeit. Freiburg.
Planungsgruppe Petra (Hrsg.) (2000): Modelle familienorientierter Hilfen zur Erziehung in der Jugendhilfe. Tagungsdokumentation von Günter Koch und Rolf Lambach. Schlüchtern.
Rappaport, J. (1985): Ein Plädoyer für die Widersprüchlichkeit: Ein sozialpolitisches Konzept des „empowerment" anstelle präventiver Ansätze. In: Verhaltenstherapie und psychosoziale Praxis, Heft 2.
Ries, H. (1995a): Hilfe als professionelle Herausforderung. In: Ries, H./Hünersdorf, B.: Sozialpädagogische Familienhilfe – Modelle und Perspektiven, DJI-Arbeitspapier 5-103.
Ries, H. (1995b): Sozialpädagogische Familienhilfe als stadtteilbezogene Beratungs-Einrichtung auf ganzheitlicher Grundlage. Expertise zum Projekt: SPFH in der BRD. DJI-Arbeitspapier Nr. 5-111. München.
Römisch, K. (1998): Neue Jugendhilfeformen im Kontext der Lebensweltorientierung. Beispiel FSP: Familienstabilisierungsprogramm. In: Unsere Jugend 4/1998, 149-153.
Rothe, M. (1993): Grundsätze systemischer Familienarbeit und ihre Bedeutung für die Sozialpädagogische Familienhilfe. In: Zentralblatt für Jugendrecht, 80. Jg. Heft 2.
Rothe Marga (1996): Das Neue an den „Families First" Ansätzen. Kritisches und Selbstkritisches aus dem Blickwinkel der Sozialpädagogischen Familienhilfe. In: Forum Erziehungshilfen, 5/1996, 225 ff.
Sachße, Ch. (1994): Mütterlichkeit als Beruf. Sozialarbeit, Sozialreform und Frauenbewegung 1871-1929. Opladen.
Sachverständigenkommission 8. Jugendbericht (Hrsg.) (1990): Jugendhilfe – Historischer Rückblick und neuere Entwicklungen. München.
Schachtner, Ch. (1994): Funktionen der Sozialpädagogik und gesellschaftliche Veränderungen. In: Neue Praxis, 4.
Schrottmann Ria-Elisa (1997): Bevor das Kind in den Brunnen fällt ... In: „und Kinder" – Misshandlung und Missbrauch von Kindern. Nr. 59, Dezember 1997, 17. Jg., hrsg. vom Marie-Meierhofer-Institut für das Kind, Zürich, S. 16-23.
Stark, W. (1993) Die Menschen stärken. Empowerment als neue Sicht auf klassische Themen von Sozialpolitik und sozialer Arbeit. In: Blätter der Wohlfahrtspflege, Heft 2.
Stark, W. (1996): Empowerment. Neue Handlungskompetenzen in der psychosozialen Praxis. Freiburg.
Stephan, H. (1995): SPFH in Hannover – katamnestische Untersuchung. Marburg.
Straus, F. (1995): Netzwerke in der Sozialpädagogischen Familienhilfe – leistungsinhaltliche und methodische Aspekte. In: Bayerisches Landesjugendamt (Hrsg.): Bericht über die 9. Arbeitstagung für Fachkräfte in der SPFH vom 17.7. – 19.7. 1995.
Straus, F./Höfer, R./Buchholz, W./Gmür, W. (1987): Die Bewältigung familiärer Probleme im sozialen Netzwerk – Überlegungen zur Praxisrelevanz der Netzwerkperspektive in der Familienarbeit. In: Keupp, H./Röhrle, B. (Hrsg.): Soziale Netzwerke. Frankfurt, New York.
Thiersch, H. (1978): Alltagshandeln und Sozialpädagogik. In: Neue Praxis, 25.Jg., Heft 3.
Thiersch, H. (1995): Wohlfahrtsstaat im Umbruch – Perspektiven der Sozialen Arbeit. In: Neue Praxis, 25. Jg. Heft 3.
van Stolk, B./Wouters, C. (1987): Frauen im Zwiespalt. Beziehungsprobleme im Wohlfahrtsstaat. Eine Modellstudie. Frankfurt a. M.
van Susteren, J. (1996): Approach of Homeless Young People. In: Verbellen, E. (Hrsg.): Monitoring Children's Rights. New York.
Wahl, K./Tüllmann, G./Honig, M./Gravenhorst, L. (1980): Familien sind anders. Wie sie sich selbst sehen: Anstöße für eine neue Familienpolitik. Hamburg.

Weise, C. (1995): Zur Organisierung des gesellschaftlichen Einflusses auf Familien, deren Kinder im Heim sind. Rekonstruktionen von DDR-Jugendhilfepraxis. Diplomarbeit, TU Chemnitz-Zwickau.
Wiesner, R. (1996): Zwischen familienorientierter Hilfe und Kinderschutz – Interventionen im Rahmen des KJHG: Ein unlösbares Dilemma? In: Praxis der Kinderpsychologie und Kinderpsychiatrie, Nr. 45.
Wolf, K. (1999): Machtprozesse in der Heimerziehung: eine qualitative Studie über ein Setting klassischer Heimerziehung. Münster.

Flüchtlingskinder in Berlin

Hilde von Balluseck

Problemstellung

Weltweit befinden sich schätzungsweise 50 Millionen Menschen auf der Flucht oder sind aus ihrer Heimat vertrieben. Davon sind etwa die Hälfte Kinder und Jugendliche (Nuscheler, 1999). Von ihnen flüchten sechs bis zehn Millionen ohne ihre Eltern aus den Herkunftsländern (UNICEF, 1999, S. 6). In Deutschland lebten Ende 1998 etwa 220.000 Flüchtlingskinder und –jugendliche[1], von denen 5.000 bis 10.000 ohne ihre Familien gekommen sind, als sogenannte unbegleitete minderjährige Flüchtlinge (UNICEF, 1999, S. 24). Alle diese Kinder und Jugendlichen leben unter Bedingungen, die durch ihre ethnische, kulturelle und familiäre Herkunft und ihre Lebensbedingungen in Deutschland geprägt sind. Dazu gehört wesentlich auch ihr Aufenthaltsstatus[2], der beinhaltet, ob sie sich dauerhaft in Deutschland niederlassen dürfen, ob ihre Eltern oder – als Jugendliche – sie selbst eine Erwerbsarbeit aufnehmen dürfen, ob und welche Art von Unterstützungsleistungen sie erhalten, ob sie der Schulpflicht unterliegen und ein Recht auf Ausbildung haben. Der Aufenthaltsstatus entscheidet also sowohl über die Erwerbsmöglichkeiten wie auch über das Ausmaß der Unterstützung durch Sozialhilfe, Maßnahmen der Kinder- und Jugendhilfe und das Bildungssystem. Die Lebensbedingungen dieser Kinder wie der MigrantInnen in Deutschland generell sind von Verleugnunsprozessen gekennzeichnet, die Renner (1999, S. VII) so beschreibt: „Das beständige Leugnen der millionenfachen Einwanderungssitutation hat es verhindert, die Regelung des Aufenthalts von Ausländern in Deutschland endlich als einen Teil der gemeinsamen Daseinsvorsorge zu begreifen, statt Nichtdeutsche ausschließlich oder vorwiegend als Quelle polizeilicher Gefahren anzusehen und zu behandeln."

Im Folgenden soll die Lebenssituation von Flüchtlingskindern in Berlin dargestellt werden, wobei die zentrale Fragestellung die nach den sozioökonomischen Bedingungen und ihren Auswirkungen ist. Dieses Thema hat große sozialpolitische Relevanz. Viele der Flüchtlingskinder leben über Jahre hinweg in der Bundesrepublik und erhalten dann z.B. aufgrund von „Altfallregelungen" doch einen gesicherten Aufenthaltsstatus. Solange eine sichere Stufe der Aufenthaltsverfestigung nicht erreicht ist, gehören sie zur untersten Schicht der MigrantInnen, deren Bedürfnisse und Bedarf an sozialen Diensten (vgl. Gaitanides, 1992; Kriegel, Tripp-

---

[1] Zur Unterteilung der Flüchtlinge in Asylsuchende, Bürgerkriegsflüchtlinge, Asylberechtigte, Kontingentflüchtlinge u.a. vgl. UNICEF, 1999, S. 23.
[2] Zu den unterschiedlichen Formen von Aufenthaltstiteln und Aufenthaltsstatus vgl. Rössler, 1999, S. 62 f., zur quantitativen Verteilung Münz u.a., 1999, S. 64.

ner & Balluseck, 1999) und Strukturen innerhalb von Städten (vgl. Häußermann, 1999) ohnehin grob vernachlässigt werden. Die Folgen der unbefriedigenden Integrationsbemühungen der deutschen Gesellschaft[3] sind derzeit noch nicht abzusehen. Dieser Beitrag soll der wachsenden Brisanz dieser Thematik Rechnung tragen, indem die Kinder der am stärksten von Unsicherheit und Desintegration betroffenen MigrantInnen in den Mittelpunkt des Interesses gerückt werden. Dabei wird auch deutlich werden, dass viele Fragen mangels entsprechender Forschung offen bleiben.

1 Rahmenbedingungen

1.1 Definition

Der Begriff „Flüchtling" wird in Deutschland unterschiedlich interpretiert. Einerseits werden als Flüchtlinge alle Menschen bezeichnet, die aus den verschiedensten Gründen – Kriege, ethnische Konflikte, Bürgerkriege, Folter, geschlechtsspezifische Verfolgung – ihr Land verlassen haben. Diese Terminologie verwenden Menschenrechtsorganisationen und die UNHCR. Andererseits werden als Flüchtlinge von vielen amtlichen Stellen nur diejenigen Personen bezeichnet, die das Asylbewerberverfahren erfolgreich durchlaufen haben[4]. In diesem Artikel wird der Begriff Flüchtling auch für Asylsuchende verwendet. Drei Gruppen von Flüchtlingskindern werden im Folgenden unterschieden:

- Kinder und Jugendliche, die mit ihren Eltern oder anderen Familienangehörigen als Asylsuchende in die Bundesrepublik kommen und deren Aufenthalt (noch) nicht gesichert ist,
- unbegleitete minderjährige Flüchtlinge, die bzw. deren VormünderInnen sich (noch) um einen gesicherten Aufenthaltsstatus bemühen,
- illegal sich aufhaltende minderjährige Flüchtlinge bzw. junge Erwachsene.

Für alle drei Gruppen, die bzw. deren Eltern langfristig ihre Heimat verlassen wollten, wird der Aufenthaltsstatus zur entscheidenden Variable für ihre sozioökonomischen Lebensbedingungen, aber auch für ihre Sozialisation in Deutschland. Die beiden erstgenannnten Gruppen sind von Abschiebung bedroht, wenn dieser Aufenthaltsstatus nicht mehr verlängert werden kann. Die dritte Gruppe wählt von Anfang an den Status der Illegalität und versucht damit, einer Abschiebung zu entgehen. Alle drei Gruppen von Flüchtlingskindern bzw. -jugendlichen haben unterschiedliche rechtliche und politische Möglichkeiten in Deutschland. Auf sie soll kurz eingegangen werden, um die Voraussetzungen für die ökonomische Lage deutlich zu machen. Dabei muss einschränkend betont werden, dass hier nicht der

---

[3] Die baden-württembergische „Zukunftskommission Gesellschaft 2000" sagt für bestimmte Ballungsgebiete im Jahr 2030 einen Anteil von 50-60% an MigrantInnen voraus (aus: die tageszeitung vom 8. Dezember 1999, S. 10).
[4] So die Terminologie der Senatsverwaltungen, mündliche Mitteilung eines Beamten in der Senatsverwaltung sowie zahlreiche Dokumente von Senatsdienststellen in Berlin.

gesamte, außerordentlich komplexe rechtliche Kontext (vgl. dazu u.a. Menzel, 1996; UNICEF, 1999; Handbuch, 1999, S. 223-312, Loeper & Loeper, 1995) ausgelotet werden kann. Zudem gibt es zum Zeitpunkt, zu dem dieser Artikel verfasst wird (Februar 2000) mehrere Initiativen, den rechtlichen und sozialen Status von Flüchtlingen zu verbessern[5]. Davon unberührt sind zunächst die Lebensbedingungen der Kinder und Jugendlichen, die als Flüchtlinge schon geraume Zeit in Deutschland leben. Die Beschreibung der Lebenslage dieser Minderheit unter dem Armutsaspekt ist Anliegen dieses Artikels.

1.2 Ausgangssituation und politische bzw. rechtliche Bedingungen in Deutschland

Die minderjährigen Flüchtlinge, die in die Bundesrepublik einreisen, kommen aus vielen verschiedenen Kulturen. Sie sind „besonders schutzbedürftig, weil durch die Flucht nicht nur ihre bisherigen sozialen und kulturellen Lebenszusammenhänge zerrissen werden, sondern weil sie dieser Einschnitt in einer Lebensphase trifft, die für die Entwicklung ihrer Persönlichkeit und ihrer Lebensperspektiven entscheidend ist" (UNICEF, 1999, S. 10). Bei den meisten Kindern und Jugendlichen ist davon auszugehen, dass sie schon bei der Einreise schwerwiegende Ereignisse verarbeiten müssen. Dies ist zum ersten der Verlust der gewohnten Umgebung und gegebenenfalls der Familie, zum zweiten sind es die Erlebnisse, die zur Flucht geführt haben: Armut, Krieg, Unterdrückung und Bedrohung, bis hin zur Ermordung nächster Angehöriger. Wie diese Eindrücke verarbeitet werden hängt ab von der Schwere der Ereignisse (auch auf der Flucht), dem Alter der Kinder, von ihrer Sozialisation im Heimatland, von den Begleitpersonen, die sie unterstützen und von den Reaktionen, denen sie im Aufnahmeland begegnen. Von der Erklärung der Menschenrechte und der Genfer Flüchtlingskonvention von 1951 her steht Flüchtlingen Schutz zu und die Möglichkeit, die Staatsangehörigkeit zu wechseln. Tatsächlich aber betreiben die EU-Staaten, darunter auch die Bundesrepublik, eine Politik, die die Anzahl von Flüchtlingen und die Kosten für ihre Integration gering halten soll. Im Rahmen der Abkommen von Schengen und Dublin, mit der Regelung, Flüchtlinge in sichere Drittstaaten zurückzuschicken und mit strikten Visumsbestimmungen ist deshalb seit Beginn der 90er Jahre die Zahl der Flüchtlinge gesunken. Zusätzlich sorgen innerstaatliche rechtliche Regelungen dafür, dass immer weniger Flüchtlinge die Möglichkeit erhalten, auf Zeit oder auf Dauer in der Bundesrepublik zu verbleiben (Bommes & Scherr, 1999).

Für Kinder und Jugendliche könnte aufgrund der Kinderrechtskonvention (KK), die 1989 von den Vereinten Nationen verabschiedet wurde, ein besonderer Schutz geltend gemacht werden. Darüber hinaus wird in der KK gefordert, Kindern, die ohne ihre Eltern oder andere Familienangehörige einreisen, den gleichen Schutz zu gewähren wie jedem anderen Kind in dieser Situation (Huber, 1999, S. 240). Demzufolge wird hier eine Gleichbehandlung von minderjährigen Flüchtlin-

---

[5] Aus der Tagespresse (24.2.00) ist z.B. zu entnehmen, dass Ausländerbeauftragte und Bundesregierung darin übereinstimmen, dass Arbeitsverbote für Flüchtlinge aufgehoben werden sollen.

gen mit inländischen Kindern postuliert, was auch auf die Jugendhilfe zutrifft. Die Regierung der Bundesrepublik Deutschland hat die Kinderrechtskonvention zwar unterzeichnet, sie aber faktisch in ihrer „Völkerrechtlichen Erklärung zum Auslegungsvorbehalt" für ungültig erklärt. In dieser Erklärung wird betont, dass alle Ausländer betreffenden Gesetze von der Kinderrechtskonvention unberührt bleiben. „Leitet man [...] aus Art. 22 KK auch ein Recht auf Einreise von Kinderflüchtlingen her, dann beinhaltet die Erklärung der alten Bundesregierung ein Lossagen von jener völkervertraglichen Verpflichtung." (ebd., S. 241) [6]. Von daher wird die Vorbehaltserklärung vom UN-Komitee für die Rechte des Kindes und von den über 90 in der „National Coalition für die Umsetzung der UN-Kinderrechtskonvention in Deutschland" zusammengeschlossenen Verbänden kritisiert. Auch im Zehnten Kinder- und Jugendbericht werden aus den besonderen Problemen von Flüchtlingskindern Forderungen nach einer Verbesserung der Situation abgeleitet, u.a. sollte demnach ein Flüchtlingsrecht für Kinder geschaffen werden (1998, S. 171). In der gegenwärtigen Situation ist jedoch kein politischer Wille zur Umsetzung dieser Forderung erkennbar.

Generell ist die deutsche Politik gegenüber Flüchtlingen restriktiver geworden. Dabei spielen rechtliche Regelungen wie das Ausländergesetz und das Asylbewerberleistungsgesetz (vgl. Huber, 1999; Löhlein, 1999) eine entscheidende Rolle. Bis 1981 hatten AsylbewerberInnen und AusländerInnen ein Recht auf alle Leistungen des BSHG. Das zweite Haushaltsstrukturgesetz 1982 begrenzte die Hilfe für Asylsuchende auf die Hilfe zum Lebensunterhalt. Die anderen Leistungen wurden zu Ermessensleistungen. Ab 1.1.1984 galt diese Einschränkung für alle zur Ausreise verpflichteten AusländerInnen. Es wurde außerdem festgelegt, dass die Hilfe soweit möglich als Sachleistung gewährt und „die laufenden Geldleistungen auf das ‚zum Lebensunterhalt Unerlässliche' eingeschränkt werden können" (Löhlein, 1999, S. 246, vgl. dort auch zu verfassungsrechtlichen Bedenken). Die schon vorher praktizierte Absenkung auch der Leistungen der Hilfe zum Lebensunterhalt wurde im Asylbewerberleistungsgesetz von 1993, das 1997 teilweise verschärft wurde, gesetzlich festgelegt.

Schon für Migrantenfamilien kann festgestellt werden, dass die Kinder häufiger in Armut leben als Kinder von Eltern mit deutschem Pass (Balluseck & Trippner, 1995; Zehnter Kinder- und Jugendbericht, 1998, S. 91) und dass sie in der Schule aufgrund von Lebensbedingungen, Schulstruktur und geringerer elterlicher Unterstützung (Zehnter Kinder- und Jugendbericht, 1998, S. 137) weniger erfolgreich sind. Eine Folge daraus ist das neue Staatsbürgerschaftsrecht, nach dem alle in Deutschland geborenen Kinder, deren Eltern mindestens acht Jahre lang einen rechtlich gesicherten Aufenthaltsstatus haben, die deutsche Staatsbürgerschaft erhalten. Damit partizipieren die künftigen Generationen von MigrantInnen qua Geburt in Deutschland an den Leistungen des deutschen Wohlfahrtsstaates. Die Folgen der fehlenden Integrationspolitik der letzten Jahre werden damit allerdings nicht beseitigt. Die Benachteiligung der jungen Generation von Zuwanderern ist weitaus drastischer bei Flüchtlingskindern. Unter ihnen wiederum ist die ärmste

---

[6] Zum Widerspruch zwischen KK und der Völkerrechtlichen Erklärung der Bundesregierung vgl. Huber 1999.

Gruppe die der illegal sich aufhaltenden Flüchtlinge[7], nämlich Kinder und Jugendliche, deren Fluchtgründe nicht als ausreichend angesehen werden, um ein Bleiberecht in der Bundesrepublik zu erlangen. Diese Gruppe ist in den letzten Jahren stark angestiegen (Alt, 1999).

2 Legal sich aufhaltende minderjährige Flüchtlinge

2.1 *Begleitete Kinder und Jugendliche*

2.1.1 Unterkunft

Familien mit Kindern werden nach einer maximalen Aufenthaltsdauer von sechs Monaten in Erstaufnahmeeinrichtungen, anschließend in anderen Einrichtungen untergebracht, wenn das Asylbewerbungsverfahren nicht abgeschlossen ist (UNICEF, 1999, S. 62). Die entsprechenden Heime und Pensionen werden von privaten Unternehmern, von staatlichen Instanzen oder von Trägern der Freien Wohlfahrtspflege betrieben. Die genaue Anzahl der Kinder und Jugendlichen in diesen Heimen ist nicht bekannt, obgleich es den staatlichen Stellen ein Leichtes wäre, die entsprechenden Statistiken bereitzustellen (ebd., S. 22 f.). In Berlin sind nach eigenen Recherchen unterschiedliche Behörden wie die Ausländerbehörde und das Büro der Ausländerbeauftragten nicht in der Lage, die Anzahl von Familien in Heimen, Pensionen und in eigenen Wohnungen anzugeben. Das Landesamt für Gesundheit und Soziales (LAGeSo) verfügte am 1.6.99 über 40 Unterkünfte mit insgesamt 10.968 Plätzen. 42% werden von gemeinnützigen Betreibern, 58% von privaten Anbietern betrieben (Senatorin für Gesundheit und Soziales, 1999). Der hohe Prozentsatz an privaten Trägern lässt darauf schließen, dass die Unterbringung von Flüchtlingen ein profitables Geschäft ist. Über die vom LAGeSo betriebenen Unterkünfte hinaus gibt es eine nicht bekannte Anzahl von bezirklichen Unterkünften. Das Leben in den Unterkünften für Flüchtlinge ist durch vielfältige Restriktionen gekennzeichnet (vgl. Holzapfel, 1999; Thimmel, 1994). Wenig Material liegt über das Leben von Familien in Pensionen vor. Als durchschnittliche Dauer des Aufenthalts in Hotels in Frankfurt wurden zwei Jahre festgestellt (Comerford & Starke, 1996, zitiert nach Holzapfel, 1999). Es wäre für die Sozialämter weitaus billiger, wenn allen Flüchtlingen eigene Wohnungen zugewiesen würden. So wurde vom Sozialamt Kreuzberg ausgerechnet, dass bei einer eigenen Wohnung für eine vierköpfige Familie pro Jahr 18.950 DM eingespart werden könnten, für eine sechsköpfige Familie sogar 32.450 DM. Für alle Flüchtlinge mit einer Duldung, die von Unterkünften in Wohnungen umgesetzt würden, errechnete die Kreuzberger Sachbearbeiterin für Berlin einen Betrag zwischen 6,7 und 14,5 Milli-

---

[7] Die Terminologie ist umstritten, da der Begriff „illegale Flüchtlinge" suggeriert, es gebe für diese Menschen kein Daseinsrecht (vgl. Alt, 1999, S. 22). Ein dem französischen Begriff „sans papiers" entsprechender deutscher Terminus fehlt. Auf der Tagung „Armut und Gesundheit" am 3./4. Dezember 1999 in Berlin wurde der Begriff „statuslos" vorgeschlagen. Ich ziehe es derzeit vor, die entsprechenden Personen als „illegal sich aufhaltende" zu bezeichnen. Damit ist allein der Aufenthaltsstatus als illegal angesprochen, die Existenz der jeweiligen Personen selbst jedoch nicht.

onen DM (Reinke 1999). Die Unterkunft von Flüchtlingen in Heimen und Pensionen ist somit nicht durch finanzielle Erwägungen, sondern durch die Abschreckungsfunktion bestimmt.

Die Entwicklungs- und Spielmöglichkeiten für Kinder sind in vielen Heimen desolat. Außerdem erleben die Kinder, wie ihre Eltern entmündigt werden. Da die Eltern häufig psychisch und sozial sehr belastet sind, kommt es zu Konflikten innerhalb der Familien (Holzapfel, 1999). Befragungen von Kindern und Jugendlichen in diesen Unterkünften fehlen.

Aber selbst wenn die Lebensbedingungen in den Heimen nicht gut sind, so bieten sie doch eine Wohnmöglichkeit. Diese wird Flüchtlingen, die zur Ausreise verpflichtet sind, in manchen Fällen verwehrt. In einigen Bezirken Berlins wird eine Politik dergestalt betrieben, dass Flüchtlinge, auch Flüchtlingsfamilien, mit einer Fahrkarte und Geld für Reiseproviant versehen auf die Straße gesetzt werden. Das Landesamt für Gesundheit und Soziales hält die Betreiber von LAGeSo-Einrichtungen (Schreiben vom 3.2.99) zu solchen Maßnahmen an: „Weigern sich die Betroffenen freiwillig aus der Unterkunft auszuziehen, müssen Sie als Betreiber auf der Durchsetzung des Hausrechtes bestehen. Hierzu kann es erforderlich werden, dass Sie bei der Polizei Strafanzeige wegen Hausfriedensbruch stellen müssen. Erst dann kann die zuständige Polizeibehörde Ihnen bei der Durchsetzung Ihres Hausrechtes behilflich sein. In diesem Zusammenhang weisen wir darauf hin, dass die Bezirksämter von Berlin, wenn Sie Leistungen einstellen, den betroffenen Personen regelmäßig Fahrkarten zum Heimatort sowie ausreichend Verpflegung für die Ausreise ins Heimatland zur Verfügung stellen. Das bedeutet, dass die Betroffenen das Eintreten von Obdachlosigkeit durch die Ausreise selbst abwenden können und nicht dadurch obdachlos werden, weil Sie auf der Durchsetzung Ihres Hausrechts bestehen müssen. [...] Wir wissen, dass das oben beschriebene Verfahren im Einzelfall menschlich – zumal dann, wenn Kinder betroffen sind – äußerst schwierig zu verstehen und umzusetzen ist, dennoch müssen wir auf der Einhaltung unseres Vertrages bestehen, der eine illegale Unterbringung von Personen in unseren Vertragsheimen nicht zulässt."

2.1.2 Bildung und Ausbildung

Institutionen des Bildungssystems und der Jugendhilfe haben für die Kinder Asylsuchender eine große Bedeutung. Häufig aber nehmen Kindergärten sie nicht auf bzw. die Sozialämter weigern sich, die Kosten zu übernehmen (Holzapfel, 1999, S. 60) Die Schule hat für geflüchtete Kinder eine wesentliche Stabilisierungsfunktion, da sie Kontinuität und Struktur bietet, Anregungen vermittelt und Voraussetzungen zumindest für eine sprachliche Integration verschafft (Neumann, 1995). Für Flüchtlingskinder gilt die Schulpflicht bis zum 16. Lebensjahr nicht durchgängig. In manchen Bundesländern ist der Schulbesuch nur für Kinder und Jugendliche unter 16, die als Asylbewerber anerkannt sind, obligatorisch. Berlin hingegen bietet den Schulbesuch für diese Kinder an. Sie werden in normalen Schulen („Regelklassen") unterrichtet. Wenn die Deutschkenntnisse dafür nicht ausreichen, besuchen sie zunächst Förderklassen. Die Ausbildung von Jugendlichen wird sehr unterschiedlich gehandhabt. Haben die Jugendlichen eine Duldung, so müssen sie ständig damit rechnen, abgeschoben zu werden. Dies gibt den Bemühungen am Ausbildungsplatz eine prekäre Note.

Wenn die schulischen und/oder rechtlichen Voraussetzungen für eine Ausbildung nicht gegeben sind, werden Jugendliche zur Untätigkeit verurteilt (Holzapfel, 1999, S. 171). Dabei spielt auch die restriktive Arbeitsmarktpolitik eine Rolle.

2.1.3 Gesundheit

Der Gesundheitszustand von Kindern und Jugendlichen, deren Eltern in permanenter Unsicherheit und unter sozioökonomischen Restriktionen leben, leidet dadurch (Holzapfel, 1999, S. 99 ff.). Ihre medizinische Versorgung ist nur noch in akuten Fälle gewährleistet, die Behandlung chronischer Erkrankungen wird durch die neuen Ausführungsbestimmungen des Asylbewerberleistungsgesetzes nicht mehr finanziert.[8] Zu der Verschlechterung der Lebensbedingungen von Flüchtlingen trägt auch die Bestimmung bei, nach der Flüchtlinge in manchen Heimen nur noch Vollverpflegung und keinerlei Bargeld erhalten. Damit ist ihnen die Möglichkeit genommen, ihre Verpflegung nach eigenen Wünschen zu gestalten. Die Pakete mit Lebensmitteln, die den Flüchtlingen ausgehändigt werden, sind nicht einmal deutschen Standards angepasst – ganz zu schweigen von Rücksichten auf kulturelle Eigenheiten in der Ernährung. Die Verpflegung ist darüber hinaus vitaminarm und unausgewogen.

2.2 Unbegleitete Flüchtlinge

Die Situation und Probleme von unbegleiteten minderjährigen Flüchtlingen haben in den letzten Jahren viel Aufmerksamkeit erfahren. In der BRD wurden zwischen 1979 und 1983 erstmals 1.500 Kinderflüchtlinge aus Südostasien aufgenommen (Jockenhövel-Schieke, zitiert nach Weiss & Enderlein, 1999, S. 205). In den alten Bundesländern nahm die Anzahl der Kinderflüchtlinge bis zur Wende stetig zu. Die verfügbaren Zahlen beziehen sich allerdings auf einzelne Städte, eine Bundesstatistik liegt nicht vor. In Frankfurt am Main z.B. betrug die Anzahl jugendlicher Flüchtlinge in den Jahren 1980 bis 1985 188, im Jahre 1988 war sie sprunghaft auf 2.540 gestiegen (Weiss & Enderlein, 1999, S. 206). Durch die Einführung der Visumspflicht 1991 kam es zu einer Verringerung der legal in der Bundesrepublik lebenden minderjährigen Flüchtlinge. Die 1993 eingeführte Regelung des Asylbewerbergesetzes führte überdies dazu, dass über 16-jährige Flüchtlinge nur noch in der allgemeinen Asylbewerberstatistik geführt werden. Auf diese Weise kam es 1994 zu geringeren Zahlen, danach stieg die Zahl jedoch wieder an (ebd., S. 206). Eine nicht vollständige Erhebung für das Jahr 1995/96 kommt zu einer Anzahl von

---

[8] Laut Aussagen einer Mitarbeiterin der Gruppe „Asyl in der Kirche" versuchen ÄrztInnen diese Vorschrift zu umgehen, indem sie auch chronische Erkrankungen als akute definieren.

6.800 in den Landesjugendämtern gemeldeten jugendlichen Flüchtlingen. Abgesehen von den vier Bundesländern, die an dieser Umfrage nicht teilgenommen haben, kommen zu dieser Zahl diejenigen Kinder und Jugendlichen hinzu, die aufgrund drohender Abschiebung in die Illegalität abgetaucht sind. 1998 waren 2.630 unbegleitete jugendliche Flüchtlinge in Berlin erfasst (Weiß & Enderlein, 1999, S. 207). Andere Autoren kommen auf eine Zahl von 1.800 (Pax Christi u.a., 1998, S. 20).

Allein reisende Jugendliche fliehen vor allem in Regionen, in denen eine wenig zu kontrollierende Einreise über Land oder Wasser erfolgen kann. Deshalb konzentrieren sich jugendliche Flüchtlinge auf die Städte Berlin, Frankfurt und Hamburg (Weiss & Enderlein 1999, S. 207). Entscheidend für die Wahl des Zielortes sind Erreichbarkeit und – tatsächliche oder vermutete – Netzwerke. So ist zu erklären, dass Hamburg derzeit Anlaufort für SchwarzafrikanerInnen ist, Berlin hingegen für VietnamesInnen. Nach dem neuen Ausländergesetz, das am 1.1.1991 in Kraft trat, ist die Einreise von Kindern und Jugendlichen unter 16 Jahren stark erschwert worden, weil auch sie seitdem aufenthaltsgenehmigungspflichtig sind (Huber, 1999, S. 242 f.). Eine weitere Schwierigkeit für die Anerkennung als minderjähriger Flüchtling ist die Außerkraftsetzung der ansonsten festgelegten Altersgrenze für Minderjährige. Sowohl nach dem Bürgerlichen Gesetzbuch der BRD wie auch nach der Kinderrechtskonvention zählt als Minderjährige/r, wer das 18. Lebensjahr noch nicht vollendet hat. Für unbegleitete minderjährige Flüchtlinge gilt hier jedoch anderes Recht. Das Asylverfahrensgesetz hält auch Jugendliche, die das 16. Lebensjahr vollendet haben, für fähig, Asylverfahrenshandlungen vorzunehmen und erklärt sie damit implizit zu Erwachsenen. So jedenfalls legen Landesjugendämter diesen Passus aus. Dies bedeutet, dass 16-18-jährige unbegleitete Jugendliche keinen Vormund erhalten und wie Erwachsene untergebracht werden, bis hin zur Abschiebehaft. Entsprechend werden zumeist nur Flüchtlinge unter 16 Jahren in die Maßnahmen der Kinder- und Jugendhilfe einbezogen (Jockenhövel-Schiecke & Bacherl, 1998; Heun, Kallert & Bacherl, 1992; Kallert, 1999).

Unbegleitete minderjährige Flüchtlinge kommen zumeist aus wohlhabenden Familien, die die Flucht – häufig unter Einsatz letzter Mittel – finanzieren konnten. Zu fragen wäre hier nach der Bedeutung des Wechsels von Lebensbedingungen für die Kinder der Oberschichten, und wie sich ihr Verhältnis zur deutschen Gesellschaft – in der sie zunächst die Unterschicht darstellen – und zur Gesellschaft im Heimatland gestaltet. Wenn Kinder und Jugendliche legal einreisen, ist die erste Begegnung mit einer behördenartigen Instanz die mit dem Bundesgrenzschutz, der überprüft, ob sie einreisen dürfen oder abgeschoben werden. Im ersten Falle werden sie einem/r VertreterIn des örtlichen Jugendamtes übergeben (Heun, Kallert & Bacherl, 1992; Kallert, 1999, S. 443). In den ersten Wochen werden viele von ihnen in Erstversorgungseinrichtungen untergebracht, die auch als Clearingstellen für die weitere Unterbringung fungieren (ebd., UNICEF, 1999, S. 64 f.). Die Erstaufnahmeeinrichtungen (vgl. Goldbach, 1999) entscheiden darüber, ob die Kinderflüchtlinge in Obhut genommen oder abgeschoben werden. Minderjährige unbegleitete Flüchtlinge, die diese Klippen der Einreise überwunden haben und im Besitz eines gültigen Aufenthaltspapiers sind, steht bis zum 16. Lebensjahr das soziale Netz der Kinder- und Jugendhilfe zur Verfügung. Deren Leistungen nach dem Kinder- und Jugendhilfegesetz (KJHG) können in Anspruch genommen werden, wenn die Flüchtlinge „rechtmäßig oder aufgrund einer ausländerrechtlichen Duldung ihren gewöhnlichen Aufenthalt in der BR-Deutschland haben" (Huber, 1999, S. 231). sie können über die Ausländerbehörde zum Jugendamt geschickt werden oder selbst zum Jugendamt gehen (Killguß, 1999, S. 343). Das Jugendamt ist verpflichtet, sie sofort in Obhut zu nehmen und über das Familiengericht eine Vormundschaft einzurichten. Das Vormundschafts- oder Familiengericht muss einen Vormund bzw. eine Vormünderin oder eine/n PflegerIn bestellen. Diese haben dann das Aufenthaltsbestimmungsrecht und entscheiden, wo der/die Minderjährige untergebracht wird.

In den Einrichtungen der Jugendhilfe können Kinderflüchtlinge in mono- oder multiethnischen Gruppen untergebracht werden. Beide Unterbringungsformen haben Vor- und Nachteile (vgl. Kallert, 1999, S. 445). Der derzeitige Stand ist der, dass multiethnischen Gruppen der Vorzug gegeben wird, u.a. auch weil damit flexibel auf den Bedarf reagiert werden kann. Empfohlen wird in jedem Fall ein multikulturelles Team, um den komplexen Bedürfnissen der Kinderflüchtlinge besser entsprechen zu können (ebd., S. 446). In Berlin ist die Vormundschaft für unbegleitete jugendliche Flüchtlinge seit 1996 beim Bezirksamt Treptow konzentriert. Dabei haben die Vormünder die Verantwortung für jeweils 200 bis 300 Kinder und Jugendliche. Dies führt dazu, dass die Vormünder ihrer Verantwortung nicht gerecht werden können (UNICEF, 1999, S. 67). Sie sind z.T. über die Herkunftsländer nicht informiert und erheben keine Klage bei Ablehnung des Asylantrages bzw. ziehen die Klage eigenmächtig, ohne Absprache mit dem Mündel, zurück.[9] . Über 16-jährige Flüchtlinge erhalten zumeist keinen Vormund bzw. keine Vormünderin mehr (ausführlich dazu Huber, 1999). Dies wird u.a. von der UNHCR (1996) für „unangemessen" gehalten und auch von juristischer Seite teilweise scharf kritisiert (z.B. von Jockenhövel-Schiecke, 1998). Über 16-jährige Jugendliche[10] werden wie Erwachsene in Gemeinschaftsunterkünften untergebracht, wo ein/e SozialarbeiterIn für 50 bis 100 Flüchtlinge zuständig ist (UNICEF, 1999, S. 73). Diese Jugendlichen können auch in Pensionen untergebracht werden, wenn das Jugendamt feststellt, dass kein Erziehungsbedarf vorliegt. In diesen Pensionen gibt es keine sozialpädagogische Unterstützung. Viele Jugendliche gleiten von dort (noch stärker) in die Kriminalität ab (ebd., S. 74). Letztlich gibt es wenig Wissen über diese Gruppe von Jugendlichen, „obwohl hier besonders problematische Bedingungen vorliegen dürften" (Rieker & Weiss, 1999, S. 540).

---

[9] Vgl. Verwaltungsgerichtssache VG 34 X 383.98 (Briefwechsel zwischen einem Mündel und dem Verwaltungsgericht im Sommer 1998).
[10] Viele jugendliche Flüchtlinge sind über die unterschiedliche Behandlung der verschiedenen Altersgruppen informiert und geben deshalb ein falsches Alter an. Auch andere falsche Angaben werden z.T. gemacht, um einen besseren Aufenthaltsstatus zu erlangen. Ausführlich dazu vgl. UNHCR, 1994, S. 41.

3 Illegal sich aufhaltende minderjährige Flüchtlinge

„*Illegale Migration ist die Rückseite der wohlfahrtsstaatlichen Formen der Wanderungskontrolle*" *(Bommes & Scherr, 1999, S. 152).*
Die restriktive Politik auch gegenüber jugendlichen Flüchtlingen basiert u.a. darauf, dass Flüchtlinge vermutete Kostenfaktoren sind, zum einen im Hinblick auf den Bezug von Sozialhilfe, zum anderen – bei Minderjährigen – im Hinblick auf die Inanspruchnahme von Leistungen nach dem KJHG (UNICEF, 1999, S. 11). Es gibt minderjährige Flüchtlinge, die schon von ihrer Einreise an in der Illegalität bleiben, weil sie keine Hoffnung auf einen gesicherten aufenthaltsrechtlichen Status haben. Sie werden möglicherweise von der Polizei auf der Straße aufgegriffen und zum Jugendamt gebracht (Stein, 1999, S. 323). Viele minderjährige Flüchtlinge über 16, die Einrichtungen der Jugendhilfe verlassen müssen, weil sie nicht mehr berechtigt sind, sich in Deutschland aufzuhalten, bleiben dennoch illegal in Deutschland. Hoffmann-Schiller spricht von einem Prozentsatz von 10% der betreuten Flüchtlingskinder und -jugendlichen, die dann ohne Papiere in Deutschland weiter leben (1999, S. 313). Diese Jugendlichen verlieren von einem Moment auf den anderen alle Versorgungsmöglichkeiten und die bis dahin gewachsenen Kontakte. „Der Schutz- und Ruheraum im Rahmen der Jugendhilfe wird entzogen, Schul- und Ausbildungsmaßnahmen abgebrochen, Integrationsprozesse zunichte gemacht, laufende therapeutische Begleitung und Versorgung unterbrochen und Beziehungen zu Vertrauenspersonen zerstört" (1999, S. 315). Die Folgen für die psychische und physische Verfassung der Minderjährigen sind dramatisch: Es gibt keine Kontinuität mehr, Unsicherheit und Instabilität beherrschen das Leben (Pollmann, 1996). Sie können extrem ausgenutzt werden, z.B. durch überhöhte Mieten, und sind leichte Beute für kriminelle Organisationen und Freier. Die permanente Anspannung führt überdies zu Nervosität, psychosomatischen oder psychiatrisch relevanten Krankheitsbildern.

Eine andere Gruppe von unbegleiteten minderjährigen Flüchtlingen wird von kriminellen Personen und Organisationen in die Bundesrepublik geschleust, um hier durch entsprechende Delikte zu Geld zu kommen. Sie sind faktisch von vorneherein ausgebeutet, es dürfte sich jedoch um eine Minderheit handeln. Über das entsprechende Zahlenverhältnis liegen keine Angaben vor. Es ist auch unbekannt, wie viele Kinder und Jugendliche in Einrichtungen der Kinder- und Jugendhilfe durch entsprechende Kontakte dazu ermuntert werden, in die Illegalität abzutauchen. Zumindest für die illegal hier lebenden Jugendlichen lässt sich von einer, wie ich es nennen will, sekundären Traumatisierung sprechen. Zu den Traumatisierungen durch Ereignisse im Heimatland und die Flucht kommt die durch das Ausgestoßensein in der deutschen Gesellschaft. Dies gilt auch dann, wenn kriminelle Karrieren begonnen oder fortgesetzt werden.

4 Die Helferinnen und Helfer

Für die Kinder und Jugendlichen, die für unter 16-jährig gehalten und nicht abgeschoben werden, verwaltet im Jugendamt der Allgemeine Soziale Dienst die Hilfen des KJHG für die Minderjährigen. Durch ihn werden eine stationäre Unterbringung und gegebenenfalls ambulante Hilfen organisiert. Schon hier ist es für die Professionellen aufgrund der Verständigungsprobleme schwierig, das Vertrauen der Flüchtlinge zu gewinnen. Dieses wird nochmals gefährdet, wenn deutlich wird, dass die Befugnisse des Jugendamts begrenzt sind. Die MitarbeiterInnen kommen von daher häufig in Konflikte zwischen dem Kindeswohl und den ausländerrechtlichen Vorschriften. Sie müssen mit ansehen, wie pädagogisch sinnvolle Maßnahmen abgebrochen werden, weil der aufenthaltsrechtliche Status der Minderjährigen sie nicht (mehr) legitimiert (Hoffmann-Schiller, 1999, S. 315). Praktisch „wird das KJHG, ohne dass ein Aufschrei passiert, vom Asylrecht ausgehebelt" (ebd.). Wenn eine rechtskräftige Ablehnung des Gesuchs um Asyl erfolgt ist, erhalten Kinderflüchtlinge unter 16 Jahren eine Duldung nach § 55 Abs. 2 AuslG (Jockenhövel-Schiecke, 1999, S. 304), die jederzeit widerrufen werden kann. Über 16-jährige Jugendliche werden aus Maßnahmen der Jugendhilfe entfernt, ihnen droht die Abschiebung, teilweise werden Bildungsmaßnahmen abgebrochen. Letztlich ist die Ausländerbehörde die dem Jugendamt gegenüber mächtigere Instanz, entscheidet sie doch darüber, ob ein Flüchtling überhaupt in Deutschland bleiben darf oder nicht.

Die Flüchtlingsproblematik und die Ohnmacht der Professionellen (vgl. Zepf, 1999) hat eine Reihe von UnterstützerInnen auf den Plan gerufen, die sehr unterschiedlichen Organisationen angehören oder als ehrenamtliche MitarbeiterInnen tätig sind. Zu den Organisationen, die in Berlin die Aktivitäten für Flüchtlinge tragen, gehören die katholische und die evangelische Kirche, die Internationale Liga für Menschenrechte, Pro Asyl, Medico International, der Flüchtlingsrat u.a. Innerhalb dieser Organisationen ergreifen jeweils einzelne Personen oder Gruppen die Initiative, um durch politische Aktion, Öffentlichkeitsarbeit oder durch persönliche Hilfeleistung die Problematik anzugehen. Der Flüchtlingsrat z.B. reagiert prompt auf jede Senatsentscheidung bezüglich von Flüchtlingen durch entsprechende Schreiben und Öffentlichkeitsarbeit. In manchen Gemeinden versuchen einzelne Pfarrer, von Abschiebung bedrohten Flüchtlingen zu helfen. Darüber hinaus gibt es engagierte Einzelpersonen, die illegale Flüchtlinge unterstützen. Die Unsicherheit des Aufenthaltsstatus trifft also nicht nur die Kinder und Jugendlichen, sondern auch die Helferinnen und Helfer. Sie können sowohl für begleitete wie für unbegleitete Flüchtlinge nicht die Angebote machen, die ihnen von ihrer Professionalität und/oder Motivation her vernünftig erscheinen. Außerdem werden ihre Aktivitäten häufig durch Abschiebungsvefahren konterkariert.

5 Die Abschiebung

Der Abschiebung vorgelagert ist häufig die Abschiebehaft. Asylsuchende werden dann in Abschiebehaft genommen, wenn sie unerlaubt eingereist sind und nicht gleich einen Asylantrag gestellt haben, wenn sie Straftaten begangen haben, oder wenn unterstellt wird, dass sie sich der Abschiebung entziehen wollen. Die Abschiebehaft wird immer wieder verlängert, wenn die Möglichkeit besteht, dass

Abschiebungshindernisse beseitigt werden können. Sie kann von daher wenige Tage bis zur absoluten Höchstfrist von 18 Monaten dauern (§ 57 Abs. 3 Satz 2 AuslG). Der Anwendungsbereich für die Abschiebehaft ist in Berlin in den letzten zwei Jahren ausgedehnt worden, d.h. es wird eher und häufiger Abschiebehaft angeordnet als zuvor. Bei bestimmten Gruppen von illegal eingereisten Menschen wird sie „zur regelhaften Begleiterscheinung der Aufenthaltsbeendigung. Dies geschieht, wenn an bestimmte Verhaltensweisen (Einreise ohne Papiere oder mit falschem Platz, unerlaubte Arbeitsaufnahme) [...] ohne weiteres die Annahme geknüpft wird, dass sich der Ausländer der Abschiebung entziehen will." (Beirat 1999, S. 11). Häufig liegen aber keine Reisedokumente vor. Mütter mit kleinen Kindern werden nicht in Abschiebehaft genommen. Es werden aber Familien getrennt. Allein reisende jugendliche Flüchtlinge können ab 16 Jahre in Abschiebehaft genommen werden. In den ersten sieben Monaten des Jahres 1999 waren insgesamt 132 Jugendliche in Abschiebehaft, viele von ihnen allerdings nur wenige Tage. Während der Senat Abschiebehaft für angemessen hält „nur unter Anlegung eines strengen Maßstabes – etwa bei der Verurteilung zu erheblichen Jugendstrafen" (Senatsverwaltung für Inneres, 1995, zitiert nach Beirat, 1999, S. 65), haben Mitglieder des Beirats für den Abschiebegewahrsam in Berlin bei ihren Besuchen auch Jugendliche angetroffen, die in den Hungerstreik getreten und/oder suizidgefährdet waren, zum einen weil sie mangels Dolmetscher den Grund für ihre Inhaftierung nicht begriffen, zum anderen aus Angst vor Repressalien im Heimatland (ebd., S. 65 f.). Die Abschiebung ist der letzte Teil einer Negativkarriere in Deutschland, bei der den Familien mit ihren Kindern oder den Jugendlichen ständig klar gemacht wird, dass sie nicht erwünscht sind. Diese Art der Armut hat mit Sicherheit für Kinder und Jugendliche eine stark prägende Wirkung.

6 Fazit

Kinder und Jugendliche, die als Flüchtlinge in Deutschland leben, sind von der deutschen Gesellschaft nicht erwünscht. Diese Ablehnung äußert sich in diskriminierenden Regelungen, die ihren Eltern und ihnen selbst vorläufige Anpassungsprozesse, umso mehr aber langfristige Integrationsziele unmöglich machen. Wenn es den Eltern oder Jugendlichen nicht gelingt, zusätzliche Einkommensquellen aufzutun, sind sie vom Asylbewerberleistungsgesetz abhängig, das ein Leben nur auf einem sehr niedrigen Niveau – unterhalb des Sozialhilfesatzes – ermöglicht, darüber hinaus aber auch die Eigenaktivität stark einschränkt. Kinder und Jugendliche, die Jahre ihres Lebens unter diesen Umständen in Deutschland verbringen, sind in höchster Weise gefährdet: durch die materielle Armut, die soziale Isolierung und ein Lebensgefühl, in dem sie ihren Überlebenswillen mit den diskriminierenden Verhältnissen ihres Daseins verbinden müssen. Hier besteht weiterer erheblicher Forschungsbedarf.

Literatur

Alt, J. (1999): Illegal in Deutschland. Forschungsprojekt zur Lebenssituation „illegaler" Migranten in Leipzig. Herausgegeben im Auftrag des Jesuit Refugee Service Europe. Karlsruhe.
Balluseck, H. von/Trippner, I. (1995): Armut von Kindern und Jugendlichen in Berlin. In: Kind Jugend Gesellschaft 40, 1, 15-26.
Balluseck, H. von (Hrsg.) (1999): Familien in Not. Wie kann Sozialarbeit helfen? Freiburg i. Br.
Beirat für den Abschiebungsgewahrsam (1999): Bericht des Beirates für den Abschiebungsgewahrsam in Berlin vom 24. September 1999. Berlin, Ms.
Bommes, M./Scherr, A. (1999): Einwanderungspolitik. In: Handbuch, 146-154.
Brand, K. (1999): Leitfaden zum Ausländergesetz. Frankfurt a. M.
Comerford, S./Starke, A. (1996): Kinder und Armut. Die Situation von Kindern in Hotels in Frankfurt unter besonderer Berücksichtigung der Lebenslage Wohnen mit Einbeziehung allgemeiner theoretischer Aspekte von Armut. Diplomarbeit an der FH Frankfurt a. M.
Gaitanides, S. (1992): Psychosoziale Versorgung von Migrantinnen und Migranten in Frankfurt am Main. Herausgegeben vom Amt für Multikulturelle Angelegenheiten der Stadt Frankfurt a. M.
Handbuch 1999. Woge e.V./Institut für soziale Arbeit e.V. (Hrsg.) (1999): Handbuch der Sozialen Arbeit mit Kinderflüchtlingen. Münster.
Hartmann-Kraatz, C.: Protokoll der Veranstaltung „Asyl in der Kirche" in der Kreuzberger Heilig-Kreuz-Kirche am 10.11.99. Manuskript.
Häußermann, H. (1999): Aufwachsen im Ghetto? – Folgen sozialräumlicher Differenzierung in den Städten. Einführungsvortrag zur Tagung „Aufwachsen und Lernen in der Sozialen Stadt. Kinder und Jugendliche in schwierigen Lebensräumen" am 25.11.99 in Berlin.
Heun, H.-D./Kallert, H./Bacherl, C. (1992): Jugendliche Flüchtlinge in Heimen der Jugendhilfe. Situation und Zukunftsperspektiven. Freiburg i. Br.
Hoffmann-Schiller, T. (1999): Illegalität. In: Handbuch, 313-317.
Holzapfel, R. (1999): Kinder aus asylsuchenden und Flüchtlingsfamilien: Lebenssituation und Sozialisation. Unter Berücksichtigung der Lage unbegleiteter minderjähriger Kinderflüchtlinge. In: Dietz, Barbara/Holzapfel, Renate: Kinder aus Familien mit Migrationshintergrund. Kinder in Aussiedlerfamilien und Asylbewerberfamilien – alleinstehende Kinderflüchtlinge. Herausgegeben von der Sachverständigenkommission Zehnter Kinder- und Jugendbericht. Bd. 2. München (Verlag Deutsches Jugendinstitut).
Huber, B. (1999): Gesetzliche Grundlagen. In: Handbuch, 223-145.
Jockenhövel-Schiecke, H. (1998): Schutz für unbegleitete Flüchtlingskinder: Rechtsgrundlagen und gegenwärtige Praxis. In: ZAR 4/1998, 165-175.
Jockenhövel-Schiecke, H./Bacherl, C. (1998): Ausländische Jugendliche in Einrichtungen der Jugendhilfe – Entwicklungen, Erfahrungen, aktuelle Fragen. In: Weiss, K./Rieker, P.: Allein in der Fremde, 45-72.
Kallert, H. (1999): Unterbringung. In: Handbuch, 442-448.
Kleve, H. (1999): Postmoderne Sozialarbeit. Aachen.
Kosan, I. (1999a): Kleine Anfrage Nr. 12/4960 an den Senat von Berlin. Über: Flüchtlingswohnheime.
Kosan, I. (1999b): Kleine Anfrage Nr. 13/4694 an den Senat von Berlin. Über: Abschiebung eines 12-jährigen Jungen in Begleitung seiner volljährigen Schwester.
Kriegel, B./Trippner, I./Balluseck, H. von (1999): Es ist schwer, Fremde zu verstehen. Migrantinnen im ASD. In: Balluseck, 187-201.
Löhlein, H. (1999): Asylbewerberleistungsgesetz. In: Handbuch, 246-251.
Loeper, D. von/Loeper, A. von (Hrsg.) (1995 ff.): Handbuch der Asylarbeit, Karlsruhe.
Lohre, W./Mayer, U./Stevens-Bartol, E. (Hrsg.) (1999): Arbeitsförderung/Sozialgesetzbuch III. Frankfurt a. M. 1999.
Martins, J. (1999): Kleine Anfrage Nr. 13/4734 an den Senat. Über: Unterbringung von Kindern im Kindernotdienst und im Kinderheim.
Menzel, H.-J. (1996): Minderjährige Flüchtlinge zwischen völkerrechtlichem Kinderschutz und nationaler Ausländerabwehr. In: ZAR 1/1996, 14-19.
Münz, R./Seifert, W./Ulrich, R. (1999): Zuwanderung nach Deutschland. Strukturen, Wirkungen, Perspektiven. Frankfurt a. M.

National Coalition für die Umsetzung der UN-Kinderrechtskonvention in Deutschland (Hrsg.) (1997): Informationsmaterialien zur Situation unbegleiteter minderjähriger Flüchtlingskinder in Deutschland. Bonn.
Neumann, U. (1995): Die Bedeutung von schulischer Bildung für Flüchtlingskinder. In: Cropley, A./Ruddat, H./Dehn, D./Lucassen, S. (Hrsg.): Probleme der Zuwanderung, Band II. Göttingen, 104-113.
Nuscheler, F. (1999): Flucht und Migration. Ursachen und Dimensionen. In: Handbuch, 127-136.
Pax Christi, Berlin/Asyl in der Kirche e.V./Internationale Liga für Menschenrechte (Hrsg.) (1998): Ausländische Kinder allein in Berlin. Berlin.
Pollmann, U. (1996): „Jetzt lebe ich wie ein Vogel." Junge Flüchtlinge und Migranten in der Illegalität. In: terre des hommes (Hrsg.): Wer darf hier leben? Alleinstehende jungendliche Flüchtlinge und Migranten in Deutschland.
Rauschenbach, T. (1992): Soziale Arbeit und soziales Risiko. In: Rauschenbach, T./Gängler, H. (Hrsg.): Soziale Arbeit und Erziehung in der Risikogesellschaft. Neuwied, Kriftel, Berlin.
Reinke, R. (1999): Einsparpotential und zahlenmäßige Schätzung des betroffenen Personenkreises. Berechnung des Sozialamts Kreuzberg von Berlin.
Renner, G. (1999): Ausländerrecht. Kommentar. München.
Rieker, P./Weiss, K. (1999): Mono- oder multiethnische Unterbringung? In: Handbuch, 539-546.
Rössler, S. (1999): Aufenthaltstitel und Aufenthaltsstatus der Ausländer in Deutschland. In: Münz, R./Seifert, W./Ulrich, R.: Zuwanderung nach Deutschland. Strukturen, Wirkungen, Perspektiven. Frankfurt a. M., 62 f.
Senatorin für Gesundheit und Soziales Berlin (1999): Antwort auf die Kleine Anfrage Nr. 13/4960.
Senatorin für Schule, Jugend und Sport (1999): Antwort auf die Kleine Anfrage Nr. 4734.
Senatsverwaltung für Gesundheit und Soziales Berlin (1997): Rundschreiben VII Nr. 15/1997 vom 11. Juli 1997.
Senatsverwaltung für Inneres (1999): Antwort auf die Kleine Anfrage Nr. 4694.
Statistisches Landesamt Berlin (Hrsg.) (1998): Asylbewerberleistungen in Berlin 1997. Berliner Statistik, Statistische Berichte. Berlin.
Stein, A.: Kommunale Behörden. In: Handbuch 1999, 323-328.
Staub-Bernasconi, S. (1995): Soziale Probleme –Soziale Berufe – Soziale Praxis. In: Heiner, M./Meinhold, M./von Spiegel, H./Staub-Bernasconi, S.: Methodisches Handeln in der Sozialen Arbeit. Freiburg i. Br.
UNHCR (Hrsg.) (1994): Working with Unaccompanied Minors in the Community – a family based approach. Genf.
UNHCR 1996. Stellungnahme des Hohen Flüchtlingskommissars der Vereinten Nationen für die Sitzung des Innenausschusses des Deutschen Bundestages am 17.1.1996 zur „Situation unbegleiteter minderjähriger Flüchtlinge".
UNHCR (Hrsg.) (1997): Richtlinien über allgemeine Grundsätze und Verfahren zur Behandlung asylsuchender unbegleiteter Minderjähriger. O.O.
UNICEF. Deutsches Komitee für UNICEF (Hrsg.) (1999): Minderjährige Flüchtlinge in Deutschland. Problembereiche und Lösungsansätze. Verfasser: Steffen Angenendet. Berlin.
Vereinte Nationen – Zentrum für Menschenrechte/Internationaler Verband der SozialarbeiterInnen (IFSW)/Internationale Vereinigung der Ausbildungsstätten für Soziale Arbeit (IASSW) (Hrsg.) (1997): Menschenrechte und Soziale Arbeit. Ein Handbuch für Ausbildungsstätten der Sozialen Arbeit und für den Sozialarbeitsberuf. Erschienen als Soziale Arbeit – Arbeitsmaterialien Heft 1/1997 (3. Aufl. 1999) aus dem Fachbereich Sozialwesen der Fachhochschule Ravensburg-Weingarten.
Watzlawick, P. (Hrsg.) (1985): Die erfundene Wirklichkeit. Wie wissen wir, was wir zu wissen glauben? Beiträge zum Konstruktivismus.
Weiss, K./Rieker, P. (Hrsg.) (1998): Allein in der Fremde. Fremdunterbringung ausländischer Jugendlicher in Deutschland. New York, München, Berlin.
Weiss, K./Enderlein, O. (1999): Statistik. In: Handbuch, 205-211.
Zehnter Kinder- und Jugendbericht (1998). Bericht über die Lebenssituation von Kindern und die Leistungen der Kinderhilfen in Deutschland. Herausgegeben vom Bundesministerium für Familie, Senioren, Frauen und Jugend. Bonn.
Zepf, B. (1999): Bewältigungsstrategien in der Flüchtlingssozialarbeit. In: iza Zeitschrift für Migration und Soziale Arbeit 3-4-1999, 104-110.

Autorenliste

Hans-Jürgen Andreß, Dr. phil., Dipl.-Soz., ist Professor für Methoden und Computeranwendungen in den Sozialwissenschaften an der Fakultät für Soziologie der Universität Bielefeld.

Hilde von Balluseck, Dr. rer. pol., ist Professorin an der Alice-Salomon-Fachhochschule Berlin.

Klaus Boehnke, Dr. phil., Dipl.-Psych., ist Professor für Sozialisationsforschung und Empirische Sozialforschung am Institut für Soziologie der Technischen Universität Chemnitz

Jonathan Bradshaw, Dr., ist Professor für Sozialpolitik und Direktor des Instituts für Forschungen in den Sozialwissenschaften an der University of York, UK.

Andrea Breitfuss, Dipl. Ing., ist Universitätsassistentin am Institut für Stadt- und Regionalforschung, Bereich Siedlungssoziologie und Demografie, an der TU Wien.

Petra Buhr, Dr. rer. pol., Dipl.-Soz., ist wissenschaftliche Assistentin am Zentrum für Sozialpolitik der Universität Bremen im vom BMA geförderten Projekt "Verlaufs- und Ausstiegsanalyse Sozialhilfe".

Jens S. Dangschat, Dr. phil., Dipl.-Soz., ist Professor für Siedlungssoziologie und Demografie am Institut für Stadt- und Regionalforschung an der TU Wien.

Matthias Grundmann, Dr. phil., Dipl.-Soz., ist Professor für Soziologie an der Westfälischen-Wilhelms-Universität Münster.

Lisa Harker, ist wissenschaftliche Referentin am The Save the Children Fund, London.

Gerd Hefler, Dr. phil., war wissenschaftlicher Mitarbeiter am Lehrstuhl für Sozialisationsforschung und Empirische Sozialforschung an der Technischen Universität Chemnitz. Heute arbeitet er als Zielgruppenmarktforscher in der Industrie.

Elisabeth Helming, Dipl.-Soz., ist wissenschaftliche Referentin am Deutschen Jugendinstitut in München mit Schwerpunkt Familien und Jugendhilfe.

Michael-Sebastian Honig, Dr. rer. soc., M.A. ist Professor für Pädagogik an der Universität Trier.

Klaus Hurrelmann, Dr. sc. pol., Dipl.-Soz., ist Professor für Sozialisations- und Gesundheitsforschung an der Universität Bielefeld.

Andreas Klocke, Dr. phil, Dipl.-Soz., ist Professor für Soziologie im Fachbereich Sozialarbeit an der Fachhochschule Frankfurt am Main.

Gero Lipsmeier, Dipl-Soz., ist wissenschaftlicher Mitarbeiter an der Fakultät für Soziologie der Universität Bielefeld.

Ruth Lister, Dr., ist Professorin für Sozialpolitik an der Loughborough University, UK.

Roland Merten, Dr. phil., M.A., ist wissenschaftlicher Assistent am Fachbereich Erziehungswissenschaften der Martin-Luther-Universität Halle-Wittenberg.

Andreas Mielck, Dr. phil., M.P.H., ist wissenschaftlicher Angestellter in der Arbeitsgruppe Geundheitssystemanalyse am Forschungszentrum für Umwelt und Gesundheit (GSF), Neuherberg.

Thomas Olk, Dr. phil., Dipl.-Päd., ist Professor für Sozialpädagogik am Institut für Pädagogik im Fachbereich Erziehungswissenschaften an der Martin-Luther-Universität Halle-Wittenberg.

Ilona Ostner, Dr. phil., M.A., ist Professorin für Sozialpolitik an der Georg-August-Universität Göttingen und Sprecherin des Graduiertenkollegs "Die Zukunft des Europäischen Sozialmodells".

Doris Rentzsch, Dr. oec., Dipl.-Wirt.Math., ist Wissenschaftliche Mitarbeiterin im DFG-Projekt "Sozialhilfedynamik in den Neuen Bundesländern" an der Martin-Luther-Universität Halle-Wittenberg.

Susanne Rippl, Dr. rer. soz., Dipl. Sozwiss., ist wissenschaftliche Mitarbeitern am Institut für Soziologie der Technischen Universität Chemnitz.

Sabine Walper, Dr. phil., ist Oberassistentin am Institut für Psychologie der Ludwig-Maximilians-Universität München.

Gunter E. Zimmermann, Dr. rer. nat., ist wissenschaftlicher Mitarbeiter am Institut für Soziologie der Geistes- und Sozialwissenschaftlichen Fakultät an der Universität Karlsruhe.

AUS DEM PROGRAMM

Gerhard Bäcker, Reinhard Bispinck, Klaus Hofemann, Gerhard Naegele
Sozialpolitik und soziale Lage in Deutschland
Band 1: Ökonomische Grundlagen, Einkommen, Arbeit und Arbeitsmarkt, Arbeit und Gesundheitsschutz
3., grundlegend überarb. und erw. Aufl. 2000. 476 S. mit 40 Abb.
Geb. DM 49,80
ISBN 3-531-13333-0

Band 2: Gesundheit und Gesundheitssystem, Familie, Alter, Soziale Dienste
3., grundlegend überarb. und erw. Auf. 2000. 410 S. Geb. DM 49,80
ISBN 3-531-13334-9

Das zweibändige Handbuch bietet einen breiten empirischen Überblick über die Arbeits- und Lebensverhältnisse in Deutschland und die zentralen sozialen Problemlagen. Im Mittelpunkt der Darstellung stehen Einkommensverteilung und Armut, Arbeitsmarkt, Arbeitslosigkeit und Arbeitsbedingungen, Krankheit und Pflegebedürftigkeit sowie die Lebenslagen von Familien und von älteren Menschen.

Jürgen Mackert, Hans-Peter Müller (Hrsg.)
Citizenship – Soziologie der Staatsbürgerschaft
2000. 275 S. Br. DM 44,00
ISBN 3-531-13369-1

Der Band vereinigt klassische und zeitgenössische Beiträge, die eine sozialwissenschaftliche Perspektive eröffnen, und wendet sich an die Sozial-, Politik-, Wirtschafts- und Geschichtswissenschaften ebenso wie an Philosophie und Pädagogik.

Klaus Holz (Hrsg.)
Staat und Citizenship
2000. 211 S. mit 2 Abb. Br. DM 56,00
ISBN 3-531-14000-0

Der Band untersucht die politische In- und Exklusion von Individuen aus einer differenzierungstheoretischen Perspektive. Ob und wie die Staatsbürgerschaft die Vielfalt sozialer In- und Exklusionen integrieren kann, lässt sich nur beurteilen, wenn die Differenzierungsformen der modernen Gesellschaft systematisch berücksichtigt werden. In dieser Perspektive analysiert der Band citizenship im Kontext des Politischen, einschließlich des Nationalismus, der civil society und der Sozialpolitik.

Sozialpolitik

www.westdeutschervlg.de

Erhältlich im Buchhandel oder beim Verlag.
Änderungen vorbehalten. Stand: April 2000.

Abraham-Lincoln-Str. 46
65189 Wiesbaden
Tel. 06 11. 78 78 - 285
Fax. 06 11. 78 78 - 400

Westdeutscher Verlag

AUS DEM PROGRAMM

Soziologie

Werner Fuchs-Heinritz, Rüdiger Lautmann,
Otthein Rammstedt (Hrsg.)
Lexikon zur Soziologie
3., völlig neubearb. und erw. Aufl. 1994. 763 S. Br. DM 78,00
ISBN 3-531-11417-4

Das Lexikon zur Soziologie ist das umfassendste Nachschlagewerk für die sozialwissenschaftliche Fachsprache. Es bietet aktuelle, zuverlässige Erklärungen von Begriffen aus der Soziologie sowie aus Sozialphilosophie, Politikwissenschaft und Politischer Ökonomie, Sozialpsychologie, Psychoanalyse und allgemeiner Psychologie, Anthropologie und Verhaltensforschung, Wissenschaftstheorie und Statistik.

Jürgen Friedrichs
Methoden empirischer Sozialforschung
14. Aufl. 1990. 430 S. wv studium, Bd. 28. Br. DM 26,80
ISBN 3-531-22028-4

Dieses Buch ist eine Einführung in Methodologie, Methoden und Praxis der empirischen Sozialforschung. Die Methoden werden ausführlich dargestellt und an zahlreichen Beispielen aus der Forschung erläutert. Damit leitet das Buch nicht nur zur kritischen Lektüre vorhandener Untersuchungen, sondern ebenso zu eigener Forschung an.

Rüdiger Jacob
Wissenschaftliches Arbeiten
Eine praxisorientierte Einführung für Studierende
der Sozial- und Wirtschaftswissenschaften
1997. 146 S. wv studium, Bd. 176. Br. DM 22,80
ISBN 3-531-22176-0

Voraussetzung für ein erfolgreiches wissenschaftliches Studium ist das souveräne Beherrschen der Techniken wissenschaftlichen Arbeitens. Dazu zählen nebem dem Umgang mit wissenschaftlicher Literatur, der Archivierung gelesenen Materials und der Erstellung von Manuskripten und wissenschaftlicher Abhandlungen auch Präsentationstechniken und die Moderation von Arbeitsgruppen. Dies ist die erste kompakte Einführung für Studienanfänger und Studierende im Grundstudium.

www.westdeutschervlg.de

Abraham-Lincoln-Str.46
65189 Wiesbaden
Tel. 06 11. 78 78 - 285
Fax. 06 11. 78 78 - 400

Erhältlich im Buchhandel oder beim Verlag.
Änderungen vorbehalten. Stand: April 2000.

Westdeutscher Verlag